KB232557

新HSK 5급
30일 만에 끝내기

초판인쇄	2011년 1월 3일
2쇄 발행	2014년 1월 14일

저 자	김연희
발 행 인	윤우상
책임편집	윤병호, 최준명
북디자인	Design Didot 디자인디도
발 행 처	송산출판사
주 소	서울특별시 서대문구 홍제 2동 104-6
전 화	(02) 735-6189
팩 스	(02) 737-2260
홈페이지	http://www.songsanpub.co.kr
등록일자	1976년 2월 2일. 제 9-40호

ISBN	978-89-7780-160-8 13720

* 이 교재의 내용을 사전 허가없이 전재하거나 복재할 경우
  법적인 제재를 받게 됨을 알려 드립니다.
* 잘못된 책은 구입하신 서점이나 본사에서 교환해 드립니다.
* 정가는 표지에 표시되어 있습니다.

5급 新HSK 30일 만에 끝내기

김연희 지음

 송산출판사

머리말

흔히 공부하는 데에는 왕도(王道)가 없다고들 하지만 신HSK 시험에서는 무조건 열심히 공부만 한다고 해서 반드시 좋은 점수를 받을 수 있는 것은 아닙니다. 저자가 현장에서 직접 수험생들을 만나보면 시험을 볼 때 시간이 부족하거나, 중국어 실력과는 무관하게 원하는 점수가 안 나와서 고민하는 분들을 자주 볼 수 있습니다. 한어수평고시를 요령 없이 준비하면 좋은 성과를 거둘 수 없다는 것을 말해주는 예라고 할 수 있습니다.

신HSK시험에서 주어진 시간 내에 빠르고 정확하게 문제를 풀려면 평소에 쌓은 기본실력을 바탕으로 정확히 문제를 풀 수 있는 '공부기술' 까지 함께 익혀 나가야 하며, 거기에 '풍부한 입시정보' 까지 곁들인다면 금상첨화일 것입니다.

수험생이 신HSK를 학습할 때 가장 좋은 학습 방법 중의 하나는 무작정 문제를 많이 풀기보다는 과목마다 유형별로 분류를 해서 필수 이론과 어휘를 공부를 한 후에 문제 유형을 분석하고 나서 문제 푸는 방법을 익히고, 그와 관련된 문제의 유형을 한꺼번에 많이 풀어 보는 것입니다.

《5급 新HSK 30일 만에 끝내기》에서는 '기본기학습 (20일) → 총정리하기 (10일)'로 구성한 학습서로 총 30일 내에 신ＨＳＫ 5급 시험 준비를 완벽하게 할 수 있도록 구성이 되어 있는 책입니다. 또 '날짜별 계획'과 '요일별 계획'을 동시에 제공하여 수험생 각자의 성향에 맞게 가장 효율적으로 학습할 수 있는 최적의 학습 방향을 제시하였습니다.

《5급 新HSK 30일 만에 끝내기》에서는 HSK 관련 수험서가 이론 부분만 치중하여 다른 문제집과 병행해서 공부해야 하는 단점이 있고, 또 문제집 중심으로 문제풀이에만 치중하다보니 기본기를 확실히 다질 수 없었던 단점을 동시에 개선하여, 문법과 어휘 등 이론에 충실한 기본서 내용을 바탕으로 기출문제를 완벽히 분석하여 실제 시험과 99% 유사한 5회 분량의 실전문제에 자세한 해설까지 덧붙여서 수험생 누구나 이 책 한 권으로 新HSK 시험을 완벽히 준비할 수 있게 하였습니다.

또한 쓰기 2부분의 80자 단문쓰기는 2문제가 출제되지만 60점에 해당하기 때문에, 5급을 준비하는 수험생이 고득점을 받을 수 있는지의 여부는 한 마디로 '80자 단문쓰기'에 달려있다고 해도 지나치지 않습니다.

《5급 新HSK 30일 만에 끝내기》에서는 수험생들이 어렵게 여기는 단문쓰기의 문제와 정답만

실어 놓은 것이 아니라, 제시어 단문쓰기와 사진보고 단문쓰기에서 나올 수 있는 유형을 선별하여 기출문제 유형을 분석하고, 문제풀이 전략을 제시하였으며, '단어 또는 사진 파악하기 → 핵심단어 선별하기 → 내용 구상하기 → 기본문형 만들기 → 추가하고 다듬기 → 최종 점검하기'의 순으로 단계별 학습을 할 수 있도록 체계적으로 정리를 해놓아서 수험생 누구나 어떤 문장이 나와도 쉽게 풀 수 있게 하였습니다. 또한 한 문제당 '모범답안'을 여러 개 실어 놓았고, '오답노트'에서는 자세한 설명과 함께 수험생들이 틀리기 쉬운 문법이나 표현을 정리해 놓아서 같은 실수를 되풀이하지 않게 구성하였습니다.

그밖에 《5급 新HSK 30일 만에 끝내기》에서는 듣기문제 파일뿐만 아니라, 기초 필수어휘 MP3 파일까지 무료로 제공하여 수험생이 이 책으로 좀 더 편리하고 쉽게 공부를 할 수 있게 세심한 부분까지 신경을 썼습니다.

《5급 新HSK 30일 만에 끝내기》는 여러분께 고득점으로 향하는 지름길을 안내해 드릴 것입니다. 자, 이제부터 마음을 비우시고 요일별로 흥미롭게 학습해서 듣기, 독해, 쓰기 전체 부분을 한 번에 완벽하게 끝내십시오. 30일 후면 여러분의 중국어 실력과 점수에 기적 같은 일이 일어날 것입니다.

끝으로 좋은 책 만들기에 여념이 없으신 송산 출판사 윤우상 사장님, 윤병호 과장님, 최준명 대리님, 신HSK 어학연구소 조교 李喆, 김희영 선생님 등께 감사합니다.

2010.12.
저자

이 책은 이런 점이 좋아요!

- 5급 신HSK 독학하기가 너무 어렵다고요?
- 듣기 · 독해 · 쓰기영역을 학습하고도 이해가 안 된다고요?
- 걱정 마세요! 30일 만에 끝내는 학/습/전/략을 제시합니다

1. **책 한 권으로 기본부터 실전까지 완벽 대비**

   듣기·독해·쓰기영역의 출제경향을 완벽하게 분석한 실전대비 고득점 학습전략 기본서이며, 충분한 양의 신HSK 문제까지 풀어볼 수 있는 실전 문제집을 겸비한 종합서이다.

2. **30일 학습 계획 제시**

   20일 간의 기본 내용 학습, 10일 간의 전체 내용을 총정리!
   30일 내에 신HSK 5급 시험을 완벽하게 준비할 수 있게 구성한 책이며, 수험생 스스로 학습 성향에 맞게 선택해서 독학할 수 있게 '날짜별 계획', '요일별 계획'을 함께 제공하였다.

3. **기출문제를 유형별로 구성한 문제풀이 학습전략 제시**

   최신 신HSK 출제경향을 철저히 분석하고 교재에 반영하여 효과적인 문제풀이 학습전략을 제시하였다.

4. **정확한 원고지사용법과 문장 부호쓰기 제시**

   원고지 위에 직접 쓴 적절한 예문을 제공하여, 신HSK 5급 단문쓰기의 원고지사용법과 더불어 수험생이 혼돈하기 쉬운 문장부호의 위치를 일목요연하게 정리해 놓았다.

5. **어떤 문장이 나와도 다 쓸 수 있는 '단문쓰기' 단계별 학습법 제시**

   '단어 또는 사진 파악하기 → 핵심단어 선별하기 → 내용 구상하기 → 기본문형 만들기 → 수정하기 → 최종점검하기'의 순으로 단계별로 학습할 수 있도록 하고, 기출문제유형 분석, 문제풀이 전략 제시, 여러 가지 모범답안과 오답노트 등을 제공하였다.

6. **실전유형문제 모의고사 총 5회 분량 수록**

   실전 응용력 강화를 위해 실제시험과 99% 유사한 유형의 [新 HSK문제 출제유형 문제]와 [실력 다지기 실전문제]를 제공하였다.

7. **단어 MP3 파일 무료제공**

   듣기문제 파일뿐만 아니라, 단어 MP3 파일까지 무료로 제공하여 수험생이 쉽게 공부할 수 있게 하였다.

《5급 新HSK 30일 만에 끝내기》는 20일 간 기본 내용을 학습하고 나서, 10일 간 전체적으로 정리하는 방식으로 30일 안에 신HSK 5급 시험을 완벽하게 준비할 수 있도록 구성한 최적의 학습서입니다.

기본 내용 학습 기간인 20일 동안은 '교재 내용'을 바탕으로 구성한 '날짜별 과목 학습 계획'과 학원 수업 방식에 맞춘 '요일별 과목 학습 계획을 동시에 제공하여, 수험생 학습 성향에 맞게 학습 계획을 선택해서 짧은 기간 안에 가장 효율적으로 학습할 수 있는 방향을 제시하였습니다.

또한 스스로 일일 학습량을 마치고 나서, 학습 계획 옆의 □ 부분에 ☑ 표시를 해 나가면, 자신의 학습 진도 상황도 한눈에 점검하면서 성취감도 맛볼 수 있습니다.

30일 집중 학습 계획은 다음과 같습니다.

30일 집중 학습 계획과 나의 학습 진도 상황 점검표

1 단계 기본기 다지기 [20일 간]

(1) 날짜별 과목 학습 계획

일수	과목	학습 내용		페이지	학습 방법	
1일	듣기 부분	1 부분	육하원칙 □	34–53p	1 기초필수어휘를 중심으로 공부하고, '新HSK 문제유형분석' 집중해서 읽기 (MP3녹음파일 적극 활용) □	
2일			태도와 어투 □	54–65p		
3일			이중부정 □, 비교구문 □, 접속사 □	66–79p	2 실력 다지기 실전문제 풀기 □	
4일			회화표현 1 □ · 2 □	80–97p	3 틀린 문제 확인하고 체크해 놓기 □	
5일		2 부분	대화문 □	98–107p	1 '新HSK문제 유형 분석' 집중해서 읽기 □	
6일			단문 □	108–117p	2 실력다지기실전문제 풀기 □ 3 틀린 문제 확인하고 체크해 놓기 □	

일차	부분	항목		페이지	학습 내용
7일	1부분	기본문형 정리 □, 서술어 □		120-135p	1 '집중공략'파트와 핵심단어를 중심으로 공부하고, '新HSK 문제유형분석' 집중해서 읽기 □
8일		[수식어] 부사어 □, 관형어 □		136-148p	
9일		보어	□	149-167p	2 실력 다지기 실전 문제 풀기 (8-10분 간)□
10일		최종 점검	□	168-173p	3 틀린 문제 확인하고 체크해 놓기 □
11일	쓰기 부분	2부분	제시어	원고지 사용법 익히기 □ 문장부호 익히기 □ 단문쓰기형식 익히기 □	174-186p	1 원고지 사용법과 문장 부호 익히기 □ 2 단문 쓰기 형식 읽어보기 □ 3 '고득점을 향한 문제풀이 방법'과 '新HSK 문제유형분석' 집중해서 읽기 □ 4 '모범답안'과 '학생단문쓰기 문장 엿보기' 되도록 많이 암기하기 □ 5 '오답노트' 틈틈이 읽어보기 □ 6 실력 다지기 실전문제 풀고 확인하기 (15분 간) □
				시간 또는 장소 관련 [서술문]	187-196p	
12일			사진	사람(동식물포함) 또는 사물 관련 [서술문] □	197-207p	
13일			제시어	사람이나 사물 또는 상황 관련 [서술문] □	208-216p	
14일			사진	표시나 표지판 또는 상황 관련 [논설문] □	217-226p	
15일	독해 부분	1부분	기본기 다지기 □		230-232p	1 '기본기 다지기' 부분 완전히 숙지하기 □ 2 '新HSK 문제 유형 분석' 집중해서 읽고, 용법 외우기 □ 3 실력 다지기 실전 문제 풀기 (15분간) □ 4 틀린 문제 확인하고 체크해 놓기 □
			문장성분에 따른 단어의 호응 □		233-245p	
16일			문맥 이해 □		246-252p	
17일			품사 관련 □		253-265p	
18일			최종 점검 □		266-276p	
19일		2·3부분	기본기 다지기 □		277-279p	1 '기본기 다지기' 부분 완전히 숙지하기 □ 2 '新HSK문제유형분석' 집중해서 읽기 □ 3 실력 다지기 실전문제 풀기 (30분간) □ 4 틀린 문제 확인하고 점검하기 □
			내용 파악하기 □		280-296p	
20일			주제문 찾기 □		297-313p	

(2) 요일별 과목 학습 계획

주/요일	월	화	수	목	금
과 목	듣기 1부분	쓰기 1부분	독해 1부분	듣기 2부분 + 독해 2·3부분	쓰기 2부분
1주	육하원칙	• 기본문형정리 • 서술어	• 기본문형정리 • 문장성분에 따른 호응관계 찾기	[듣기] 대화 4-5마디 짧은 대화 + 8-10마디 긴 대화	[제시어] 시간 또는 장소 관련 서술문 쓰기
2주	태도와 어투	수식성분 부사어, 관형어	문맥 이해하기	[독해] 내용파악하기	[사진] 사람(동식물포함) 또는 사물관련 서술문쓰기
3주	이중부정, 비교 구문, 접속사	보충 성분 보어	알맞은 품사 찾기	[듣기] 단문듣기	[제시어] 사람이나 사물 또는 상황관련 서술문 쓰기
4주	문장의 회화표현	최종 점검	최종 점검	[독해] 주제문 찾기	[사진] 표시나 표지판 또는 상황관련 논설문 쓰기

주	요일	과목	학습 내용		페이지	학습 방법
1주	월	듣기 1부분	육하원칙	☐	34-53p	'요일별 집중공략의 학습 방법'은 아래의 '과목별 집중공략'의 학습 방법과 동일합니다.
	화	쓰기 1부분	기본문형 정리, 서술어	☐	120-135p	
	수	독해 1부분	기본기 다지기	☐	230-232p	
			문장성분에 따른 단어의 호응	☐	233-245p	
	목	듣기 2부분	대화문	☐	98-107p	
	금	쓰기 2부분	제시어 / 원고지 사용법 익히기 문장부호 익히기 단문쓰기형식 익히기	☐☐☐	174-186p	
			시간 또는 장소 관련 서술문 쓰기	☐	187-196p	
2주	월	듣기 1부분	태도와 어투	☐	54-65p	
	화	쓰기 1부분	수식어 – 부사어, 관형어	☐	136-148p	
	수	독해 1부분	문맥 이해	☐	246-252p	
	목	독해 2·3부분	기본기 다지기	☐	277-279p	
			내용 파악	☐	280-296p	
	금	쓰기 2부분	사진 / 사람(동·식물 포함) 또는 사물 관련 서술문 쓰기		197-207p	
3주	월	듣기 1부분	이중부정 ☐, 비교구문 ☐, 접속사 ☐		66-76p	
	화	쓰기 1부분	보어	☐	149-167p	
	수	독해 1부분	품사 관련	☐	253-265p	
	목	듣기 2부분	단문	☐	108-117p	
	금	쓰기 2부분	제시어 / 사람이나 사물 또는 상황 관련 서술문 쓰기	☐	208-216p	

4 주	월	듣기 1부분	회화 표현 1 · 2	☐	80–97p	
	화	쓰기 1부분	최종 점검	☐	168–173p	
	수	독해 1부분	최종 점검	☐	266–276p	
	목	독해 2 · 3부분	주제문 찾기	☐	297–313p	
	금	쓰기 2부분	사진	표시나 표지판 또는 상황 관련 논설문 쓰기 ☐	217–226p	

2단계 총정리하기 [10일 간]

일수	학습 과목		페이지	학습 방법	
21일	듣기	1부분	34–97p	기초필수어휘를 집중해서 다시 숙지하고, 실력 다지기 실전문제 중에서 틀린 부분을 점검해 놓았던 문제 다시 한번 풀어보기	☐
22일		2부분	98–117p	*듣기 2부분은 단기간에 실력을 높이기 힘든 부분이므로 문제 푸는 방법만 간단히 점검해 보기 1 5급 취득을 목표로 하는 수험생은 이 시간에 듣기1부분을 정리하는 것이 더 효율적임 2 고득점을 목표로 하는 수험생은 틀렸던 부분 문제 위주로 다시 한번 풀어보기	☐ ☐ ☐
23일	독해	1부분	230–276p	1 '기본기 다지기' 부분 다시 한번 숙지하고, '新HSK문제유형 분석'과 실전문제 다지기 해설 부분 중 용법을 정리해 놓은 부분을 다시 한번 암기하기 2 틀렸던 문제와 점검해 놓았던 문제 다시 확인하기	☐ ☐
24일		2 · 3 부분	277–313p	*단기간에 성적이 오르지 않는 부분이므로 문제 푸는 방법만 간단히 점검하기 1 5급 취득을 목표로 하는 수험생은 이 시간에 듣기 2부분과 독해 2 · 3부분 이외의 다른 부분을 정리하는 것이 더 효율적임 2 고득점을 목표로 하는 수험생은 틀렸던 부분 문제 위주로 다시 한번 풀어보기	☐ ☐ ☐
25일 26일	쓰기	2부분	174–207p	1 원고지 사용법과 문장부호 다시 한번 점검하기 2 '고득점을 향한 문제풀이 방법'과 '新HSK문제유형 분석' 다시 한번 집중해서 읽어 보기 3 '모범답안'과 '학생단문쓰기 문장 엿보기', 자신이 쓴 문장(교정한 것)을 모두 완벽하게 암기하기 4 '오답노트'를 책 읽듯이 집중해서 처음부터 끝까지 한 번 읽어보기	☐ ☐ ☐ ☐
27일 28일 29일		1부분	120–173p	1 '집중공략' 부분과 핵심단어를 다시 한번 완벽하게 복습하고, 실력 다지기 실전문제 중 틀린 문제 검토해 놓았던 것 다시 한번 확인하기	☐
30일	소설책 읽듯이 집중해서 처음부터 끝까지 책 한 권 모두 읽고 최종 마무리하기				☐

목차

제 **1** 단원

유형 및 분석

1단원 유형 및 분석

듣기부분

1. 시험형식

듣기부분은 1부분과 2부분으로 나누어져 있으며, 총 45문제가 출제되고, 45문제를 약 30분 동안 풀어야 합니다. 듣기는 일괄적으로 한 문제씩 먼저 녹음을 들려주면 수험생이 약 15~20초 동안 문제를 풀고, 다시 다음 문제로 넘어가게 되어있으므로, 개인적으로 따로 시간을 안배할 필요가 없습니다.

듣기	총 문항 수	영역별 문항 수	시간	점수 배점	총점
1	총 45문항 (01~45번)	총 20문항 (01~20번)	약 30분	한 문제당 약 2.2점	100점
2		총 25문항 (21~45번)			

2. 시험방식

방식1. **먼저 녹음을 듣고 시험지 위에 답을 체크한다.**

新HSK 시험은 듣기문제부터 풀기 시작합니다. 듣기부분은 우선 해당 부분의 문제 푸는 방법을 간단히 알려주고 나서 문제를 들려줍니다. 이때 문제는 시험지 위에 바로 풀기 시작하면 되고, 문제를 풀 때에는 시험지 위에 메모를 하거나 정답을 표시해도 됩니다.

방식2. **나중에 답안지에 정답을 표시하는 시간 5분이 따로 주어진다.**

듣기문제를 다 풀고나면 5분간 듣기정답을 답안지에 표시하는 시간을 따로 줍니다.

16

3. 출제경향분석

듣기	총 문항 수	문제 형식	내용	지문	문항 수	정답 형식
1	20 문항	남녀 두 사람의 대화 문	두 사람간의 두 마디 대화	20개	20문제	보기 A B C D 중 알맞은 정답 고르기
2	25 문항	남녀 두 사람의 대화 문	4~5마디의 짧은 대화	10개	10문제	
			8~10마디의 긴 대화	5개	각각 2~4문제씩 15문제	
		단 문	100~120자 정도의 짧은 단문			
			250~300자 정도의 비교적 긴 단문			

● 전체적인 경향분석

분석1. 기출문제가 중요하다.

기출문제를 잘 살펴보면 시험문제의 출제유형과 난이도를 한눈에 파악할 수 있어서, 그만큼 시험공부를 효과적으로 할 수 있습니다.

분석2. 일상생활에서 자주 쓰는 회화적인 표현이 많이 출제된다.

5급 新HSK 듣기시험문제는 지나치게 어렵거나 생소한 표현은 거의 나오지 않고, 일상생활에서 자주 쓰는 무난한 회화표현들이 주로 출제되고 있습니다. 평상시에 듣기공부를 할 때 시험유형의 일상회화 표현 위주로 정리하고 듣기연습을 하면 좀 더 효율적으로 공부할 수 있습니다.

분석3. 시험문제의 속도는 점점 빨라지고 있다.

듣기 시험문제는 내용을 한 번 밖에 들려주지 않고, 30분 동안 45문제를 들려주는데, 속도가 빨라진다는 것은 지문이 길어졌다는 것을 의미합니다. 실전에서 긴장하지 않고 차분하게 문제를 풀 수 있도록 평소에 하루에 30분씩이라도 듣기공부를 생활화해야 합니다.

 듣기 1부분 ◎

분석1. 두 사람간의 대화형식으로 되어있는 문제이다.

듣기 1부분은 한 사람이 질문을 하면, 다른 사람이 대답을 하는 형식으로 되어 있으며, 육하원칙 (누가 · 언제 · 어디서 · 무엇을 · 어떻게 · 왜), 태도와 어투, 반문구, 평가, 이중부정, 비교구문, 접속사, 회화표현, 습관용어 등과 관련된 문제들이 출제되므로, <mark>유형별로 분류해서 공부를 하면 단기간 안에 쉽게 내용을 파악할 수 있습니다.</mark>

분석2. 주로 두 번째 말하는 사람의 대답에 핵심어와 정답이 숨어있다.

듣기 1부분의 문제 중 '육하원칙' 과 관련된 문제를 제외한 모든 문제는 주로 두 번째 말하는 사람의 대답에 핵심어와 정답이 숨어있으므로, 주로 두 번째 사람의 말을 집중해서 듣는 연습을 해야 합니다.

분석3. 시험에 자주 출제되는 필수 단어를 우선순위로 정리하자.

내용을 유형별로 파악한 후에는 각각에 해당하는 필수어휘를 정리해서 입에서 술술 나올 정도로 완전히 익혀서 기본기를 튼튼히 다져야 합니다. 듣기영역은 한 번 밖에 들려주지 않기 때문에 핵심어휘 위주로 듣는 연습을 하면 좀 더 쉽고 정확하게 문제를 풀 수 있습니다.

분석4. 유형별 문제를 많이 풀어보면서 응용력을 향상시키자.

'유형별 핵심내용 파악' 과 '각각에 해당하는 필수어휘정리' 가 '이론' 부분에 해당한다면, 이를 바탕으로 비슷한 유형의 문제를 많이 풀어 보는 것은 '실전' 부분에 해당합니다. 아무리 이론 부분이 확실히 정리되어 있다 할지라도 실전에서 문제를 풀 수 없다면 아무 소용이 없습니다. 문제를 많이 풀어 봄으로써 실제 시험에서도 문제를 확실히 풀 수 있도록 응용력을 높이도록 합시다.

 듣기 2부분 ◎

분석1. 두 사람간의 대화형식 또는 단문형식으로 된 문제이다.

듣기 2부분은 두 사람 간의 대화형식 또는 단문형식으로 이루어진 문제입니다. 대화문은 4~5 마디로 된 짧은 대화 형식과 8~10마디로 된 긴 대화형식이 있고, 단문형식의 문장은 100~120자 정도의 짧은 단문과 250~300자 정도 되는 긴 단문 형식이 있습니다.

분석2. **다양한 주제와 관련된 문제들이 폭넓게 출제된다.**

듣기 2부분 대화 형식에 관한 문제에는 주로 학교나 직장생활, 대인관계, 문화, 취미생활, 결혼문제 등 일상생활에서 일어나는 개인의 신변잡기에 관한 대화들이 주로 시험문제로 출제되고, 단문 형식에 관한 문제는 항공 · 농업 · 공업 · 상업 · 동식물 · 과학기술 · 역사 · 신변잡기 등 개인과 사회 각 분야에 걸쳐 폭넓게 출제됩니다.

분석3. **테잎을 따라 소리 내어 읽으면서 문장을 완전히 암기하자.**

쓰면서 외우기보다는 소리 내어 외우는 것이 훨씬 효과적이라는 것은 이미 과학적으로 입증이 되었습니다. 듣기부분의 문제를 풀고 난 후에는 원문을 보면서 테잎을 따라 소리 내어 읽으면서 저절로 외워질 때까지 완전히 암기해 봅니다. 문장을 읽을 때에는 의미단위로 끊어서 읽는 연습하면 들을 때에도 훨씬 잘 들립니다.

4. 문제풀이전략

전략1. **우선 보기 ABCD를 먼저 확인해서 어떤 유형의 문제인지 파악한다.**

新HSK 시험은 어떤 영역이든 상관없이 문제를 풀기 전에 우선 문제지에 제시된 보기 ABCD의 내용을 확인하는 것이 문제를 푸는데 훨씬 유리합니다. 듣기부분도 마찬가지로 보기의 단어를 확인하면, 어떤 내용이 나올 것이라는 것을 미리 짐작할 수 있습니다. 말하자면 보기 ABCD는 시험문제와 관련된 힌트라고 보면 됩니다.

전략2. **듣기 1부분 문제풀이전략**

01. 두 사람의 대화 중 두 번째 사람의 대답에 좀 더 귀 기울여서 듣는다.
02. 핵심어를 듣고 나서 재빨리 정답과 연결시킨다.

전략3. **듣기 2부분 대화형식 문제풀이전략**

01. 두 사람의 직업이나 신분, 나이, 직업, 가족관계, 말하는 사람의 생각, 대화가 일어나고 있는 '장소', 시간이나 숫자 '계산문제', 두 사람의 '관계', 대화의 '주제' 등과 관련된 핵심단어를 주의 깊게 듣는다.
02. 핵심어를 간단히 메모하고, 필요에 따라서 보기 ABCD 옆에 체크해 가면서 듣는다.

전략4. 듣기 2부분 단문형식 문제풀이전략

01. 주제나 목적은 반드시 객관성을 염두에 두고 문제에 접근해야 하며, 본문을 부분적으로 듣지 말고 종합적으로 파악해야 한다.

02. '다음 중 옳은 것은?' 또는 '옳지 않은 것은?'에 해당하는 문제는 본문에 나온 내용을 근거로 보기 ABCD 옆에 하나하나 체크해 가며 정답을 찾아야 한다.

03. 단어의 뜻을 문제는 어휘의 사전적인 의미보다는 문맥상의 의미에 유의해야 한다.

독해부분

I. 시험형식

독해부분은 1부분, 2부분, 3부분으로 나누어져 있으며, 총 45문제가 출제되고, 45문제를 답안지에 정답을 표시하는 시간까지 포함해서 45분 동안 풀어야 합니다. 그러므로 한 문제 당 늦어도 1분 내에 풀어야 시간이 모자라지 않습니다.

독해	총 문항 수	영역별 문항 수	시 간	시간안배	점수 배점	총점
1	총 45문항 (46–90번)	총 15문항 (46–60번)	약 45분	평균 한 문제당 1분 이내	한 문제당 약 2.2점	100점
2		총 25문항 (61–70번)				
3		총 20문항 (71–90번)				

2. 시험방식

45분 동안 독해 1 · 2 · 3 부분의 문제를 모두 풀고 정답표표시까지 해야 한다.

듣기시험이 다 끝나면 바로 독해 문제를 풀기 시작합니다. 독해부분은 45분 안에 1 · 2 · 3부분의 문제를 다 풀어야 하고, 답안지에 정답까지 표시해야 합니다.

3. 출제경향분석

독해	총 문항 수	문제 형식	정답 형식	지문	문항 수
1	15 문항	150자 또는 그 이상 되는 지문안의 빈칸에 알맞은 단어나 구절 찾기	보기 A, B, C, D 중 알맞은 정답 고르기	4개	각각 3~4문제씩 총 15문항
2	10 문항	80~130자 정도의 짧은 단문독해	보기 ABCD 본문의 내용과 일치하는 정답 고르기	10개	10문제
3	20 문항	200~500자 정도의 긴 단문 독해	보기 A, B, C, D 중 알맞은 정답 고르기	5개	각각 3~5문제씩 총 20문항

● 전체적인 경향분석

분석1. 문제를 풀 때 시간안배를 잘해야 한다.

독해부분은 1 · 2 · 3부분의 총 45문제를 45분 안에 문제를 풀고, 답안지 작성까지 끝내야 하므로, 시험에 한 번도 응시해 본 적이 없는 수험생이라면 실제시험에서 시간이 모자라서 시험을 망치는 경우가 상당히 많습니다. 독해부분의 문항 수를 시간으로 나누어 계산했을 때, 한 문제당 늦어도 1분 내에 풀어야만 시간이 모자라지 않습니다. 그러나 新HSK 시험은 300점 만점 중 전체 성적이 180점 이상만 되면 5급 증서를 취득할 수 있으므로, 본인이 자신 있는 부분과 자신 없는 부분을 파악해서, 실전에서는 좀 더 확실히 점수를 받을 수 있도록 본인이 자신 있는 부분에 시간을 좀 더 할애하는 것이 좋습니다.

분석2. 기출문제 유형을 파악하자.

수험생은 가능하면 기출문제를 풀어보고 나서 시험에 응시하여야 합니다. 앞에서 말한 것처럼 기출문제를 잘 살펴보면 시험문제의 출제유형과 난이도를 한눈에 파악할 수 있어서, 그 만큼 시험공부를 효과적으로 할 수 있기 때문입니다.

분석3. **반드시 단어정리를 병행하자.**

문제를 풀고 나서는 반드시 단어를 정리하는 습관을 들여야 합니다. 단어 정리를 할 때에는 우선 뜻이 같거나 비슷하지만 문장에서 쓰이는 용법이 다른 어휘들을 함께 묶어서 정리하고, 모르는 단어가 나왔을 경우에도 단어를 따로 정리해서 암기해야 합니다.
이전의 '旧HSK' 학습에서 필요한 단어가 5000개이었던 반면, '新HSK' 학습에서 필요한 단어는 2500개로 줄었으므로 5급을 목표로 한다면 너무 어려운 단어는 피하고, 한반(汉办)[新HSK 시험을 책임지고 주관하는 국가기관]에서 발표한 5급에 해당하는 단어를 위주로 공부하면 효과적으로 시험 준비를 할 수 있습니다.

분석4. **문제를 많이 풀어보자.**

문제 푸는 방법을 익히고 모르는 단어를 암기한 후에는 시험문제 난이도에 맞춘 비슷한 유형의 문제를 많이 풀어보면서 문맥상 알맞은 의미의 어휘나 문장을 찾는 훈련을 꾸준히 해나가야 합니다.

● 부분별 내용분석

 1부분

분석. **'어휘와 독해'에 관한 문제이다.**

독해 1부분은 빈칸에 문맥상 알맞은 단어, 구절, 문장을 고르는 묻는 문제 또는 핵심어휘와의 호응관계(搭配)가 알맞은 단어를 고르는 문제가 출제됩니다.

 2·3부분

분석1. **독해 2·3부분은 '독해(阅读)'에 관한 문제이다.**

독해 2부분은 80자~130자 정도의 지문 하나를 읽고 본문 내용과 일치하는 알맞은 답을 고르는 문제이고, 독해 3부분은 200~500자 정도의 비교적 긴 지문 하나를 읽고 3-5개의 질문에 대한 알맞은 답을 고르는 문제입니다. 독해2부분과 3부분은 모두 객관적인 시각을 바탕으로 문맥상 의미를 파악하면서 주어진 시간 안에 지문의 내용을 읽고서 알맞은 정답을 골라야 합니다.

분석2. **내용은 폭넓은 범위에서 다양하게 출제된다.**

독해 2·3부분에 관한 문제는 모두 항공, 농업, 공업, 상업, 동물, 식물, 과학기술, 상식, 문화, 교육, 인체와 건강, 여행, 명승지, 유적, 여러 가지 역사와 유래, 유머, 신변잡기 등 폭넓은 범위에서 다양하게 출제됩니다.

4. 문제풀이전략

전략1. 우선 보기 ABCD를 먼저 확인해서 어떤 유형의 문제인지 파악한다.

新HSK 시험은 어떤 영역이든 상관없이 문제를 풀기 전에 문제지에 제시된 보기 ABCD의 내용을 확인하는 것이 문제를 푸는 데 훨씬 유리합니다. 독해부분도 마찬가지로 보기의 단어를 확인하면 미리 어떤 내용이 나올 것이라는 것을 짐작할 수 있습니다. 말하자면 보기 ABCD는 시험문제와 관련된 힌트라고 보면 됩니다.

전략2. 독해 1부분 문제풀이전략

01. 먼저 지문의 길이를 살펴본다.

(1) 지문이 짧은 경우 :

보기 ABCD의 단어의 품사와 뜻을 확인 한 후 바로 지문을 보면서 문제를 풀면 됩니다.

(2) 지문이 긴 경우 :

먼저 지문의 첫째~둘째 줄 정도를 읽어보면 어떤 내용에 관한 문장인지 한눈에 파악할 수 있기 때문에, 문제를 좀 더 쉽게 풀어 나갈 수 있습니다.

02. 빈칸의 앞 뒤 구절의 품사와 문장성문 또는 내용을 정확히 파악한다.

: 무조건 처음부터 끝까지 문장을 읽어 내려가기 보다는 우선 빈칸의 앞 뒤 구절을 잘 보면서, 품사와 문장성분 또는 내용을 파악해야 합니다.

03. 밑줄 친 부분의 문장성분과 조합이 가장 잘 어울리는 단어를 찾는다.

: 빈칸 앞 뒤 구절의 품사와 문장성분을 파악한 다음에는, 밑줄 친 부분의 문장성분과의 조합이 가장 어울리는 단어를 보기 ABCD에서 찾거나 문맥상 알맞은 문장을 고르면 됩니다.

전략3. 독해 2 · 3부분 문제풀이전략

01. 문제와 보기 ABCD를 먼저 읽은 후 지문을 의미단위로 끊어서 읽어 내려간다.

02. 주제나 목적은 반드시 객관성을 염두에 두고 문제에 접근해야 하며, 글을 부분적으로 보지 말고 종합적으로 파악해야 한다.

03. '언급한 것은? 또는 언급하지 않은 것은?' 에 해당하는 문제는, 각 단락의 중간부분의 문장을 근거로 하나하나 체크해 가며 보기에서 알맞은 정답을 찾아야 한다.

04. 단어의 뜻을 문제는 어휘의 사전적 의미보다는 문맥상 의미에 유의해야 한다.

쓰기부분

1. 시험형식

쓰기부분은 1부분과 2부분으로 나누어져 있으며, 총 10문제가 출제되고, 10문제를 40분 동안 풀고, 정답까지 답안지에 작성해야 합니다. 쓰기 1부분은 '단어 재배열 문제' 이므로 한 문제당 약 1분 정도를 할애해서 늦어도 8분~10분 이내에 풀도록 하고, 나머지 시간은 될 수 있는 대로 쓰기 2부분에 안배를 하는 편이 좋습니다. 쓰기 2부분은 두 개의 80자 단문 쓰기를 해야 되므로, 한 문제 당 늦어도 15~16분 내에 풀어야 시간이 모자라지 않기 때문입니다.

쓰기	총 문항 수	영역별 문항 수	시 간	시간안배	점수 배점	총점
1	총 10문항 (91-100번)	총 8문항 (91-98번)	40분	평균 한 문제당 1분 씩 (약 8~10분 간)	한 문제당 5점 (총 40점)	100점
2		총 2문항 (99-100번)		평균 한 문제당 15분 씩 (약 30분 간)	한 문제당 30점 (총 60점)	

2. 시험방식

방식1. 먼저 쓰기 1부분의 문제를 시험지 위에 바로 풀고, 쓰기 2부분의 80자 단문 쓰기는 시험지의 여백에 전체적인 흐름을 메모해 둔다.

독해시험이 다 끝나면 바로 쓰기 문제를 풀기 시작하는데, 쓰기부분은 40분 안에 1·2부분의 문제를 다 풀어야 합니다. 쓰기 1부분 문제는 시험지 위에 바로 풀면 되고, 쓰기 2부분의 80자 단문 쓰기는 우선 시험지의 여백을 이용해서 글 전체적인 흐름과 줄거리를 메모해 둡니다.

방식2. 답안지에 전체적인 내용을 마무리를 한다.

시험지의 여백에 쓰기 2부분의 전체적인 문장 또는 단문쓰기의 줄거리를 메모하고 난 후, 답안지에 쓰기부분의 답을 옮겨 적습니다. 이때 쓰기부분의 글씨는 또박또박 정확하게 써야 합니다.

3. 출제경향분석

쓰기	총 문항 수	문제 형식
1	8 문항	4~6개의 단어를 알맞은 순서로 재배열하여 하나의 문장 만들기
2	2 문항	제시된 5개 단어를 사용하여 80자 단문 쓰기
		제시된 사진을 보고 80자 단문 쓰기

● 전체적인 경향분석

분석1. 쓰기 1부분은 '어순'에 관한 문제이다.

쓰기 1부분은 주어, 동사, 목적어, 관형어, 부사어, 보어 등을 문법에 맞게 재배열하여 하나의 완전한 문장을 만드는 문제로 新HSK 5급에서 '어법 영역'에 해당합니다. 그러나 단어 하나하나 세부적인 문법까지 정리해야 하는 것은 신HSK 6급의 '독해 1부분'에서 학습하는 내용이고, 5급 新HSK 쓰기 1부분에서는 기본적인 품사와 문장 성분을 학습한 후, 전체적인 문장의 구조를 파악하여 올바른 한 문장으로 재배열하는 연습만 하면 됩니다.

분석2. 80자 단문 쓰기는 문장부호와 글자 수를 합한 글자 수를 말한다.

단문 쓰기에서 80자란 '문장부호'와 '글자'를 모두 합한 글자 수를 말합니다. 수험생들의 입장에서 보면, 글을 쓰는 것 자체가 자칫 어렵게 느껴질 수 있으나, 사실 문장부호 10개 정도를 제외하고, 70자 정도의 단문을 쓰는 것이므로, A4 용지에서 두 줄 반 정도의 분량 밖에 안 된다고 보면 됩니다. 어렵다는 생각은 연습을 통해서 충분히 극복할 수 있습니다.

분석3. 단문 쓰기 영역은 주어진 원고지에 작성해야 한다.

단문 쓰기시험은 시험시간에 나누어 준 답안지 안의 96자 원고지에 작성을 해야 하므로 일반 원고지 사용법이 아니라 新HSK '5급 시험용' 원고지 사용법도 정확히 익혀두어야 합니다. 또한 제목은 쓰지 않으며, '문장부호'와 '글자 수'를 모두 합쳐서 80자 미만이거나 96자 이상이 되어서는 안 됩니다. 가장 적당한 글자 수는 80~90자 정도라고 할 수 있습니다.

분석4. 제시어 단문 쓰기는 반드시 제시한 단어를 모두 사용해야 한다.

제시어를 사용한 80자 단문 쓰기는 제시어의 순서가 바뀌어도 상관없지만, 반드시 제시어를 모두 사용해야 하고, 문법이나 단어 간의 조합 등 제시어를 올바르게 사용해야 합니다.

분석5. 사진 보고 단문 쓰기는 단순히 배경 자체를 묘사하는 문제가 아니다.

예를 들어 사진 보고 단문 쓰기 문제에서 '정수기를 사이에 두고, 두 사람이 이야기를 하고 있는 사진'이 나왔다면, 여기서 정수기가 중국어로 무엇인지는 전혀 중요하지 않습니다. 즉 사진 보고 단문 쓰기 문제는 단순히 배경 자체만을 객관적으로 묘사해서 쓰는 것이 아니라, 그 사진 안의 상황을 분석하고 나서, 제시된 상황에 맞게 자신만의 언어로 줄거리가 있는 하나의 짧은 글을 쓰는 것이 핵심입니다.

● 부분별 내용분석

 쓰기 1부분

분석1. 가장 기본적인 문장구조 위주로 출제된다.

쓰기 1부분은 중국어에서 가장 기본이 되는 문장구조 위주로 시험에 출제되므로, 중국어의 기본성분을 익히고 문장의 구조를 정확히 파악할 줄 알아야 합니다. '주어+동사+목적어'로 이루어진 문장의 3대 기본성분이 사람의 형태를 만드는 '기본 골격'에 해당한다면, '관형어, 부사어'로 이루어진 수식성분과 서술어를 보충해주는 '보어'는 기본 골격에 붙어서 완전한 사람의 모습을 갖추게 하는 '살'과 같은 구실을 합니다. 문장의 골격을 만들어 놓고, 그 골격에 살을 붙이는 작업을 하면 문장의 구조가 한 눈에 들어와서 훨씬 쉽게 문제에 접근할 수 있습니다.

분석2. 품사별로 단어를 정리하고 암기하자.

문장의 구조를 알려면 우선 문장을 이루는 단어 즉 '명사, 대명사, 수량사, 동사, 형용사, 전치사, 부사, 접속사, 조사' 등의 품사를 5급 수준에 맞게 정리하고 암기해야 합니다. 또한 한반(汉办)에서 발표한 5급 단어를 놓치지 않고 정리하면 효과적으로 시험 준비를 할 수 있습니다.

분석3. 문제를 많이 풀어 보면서 '이론' 과 '실전' 을 병행하자.

'품사'와 '문장의 기본성분'을 익혀서 전체적인 문장의 구조를 파악하는 부분이 '이론' 부분에 해당한다면 실제로 문제를 많이 풀어보면서 스스로 문장을 정확히 만드는 연습을 하는 것은 '실전' 부분에 해당합니다. 반드시 '이론'과 '실전'을 함께 병행해야만 좋은 성적을 거둘 수 있습니다.

 2부분

분석1. 제시어 단문 쓰기는 5급 단어에서 주로 출제된다.

新HSK 기출문제를 분석해 보면 제시어 단문 쓰기에 출제되는 단어 중 서술어나 부사어에 해당하는 단어들은 1~4급 단어보다는 5급 단어 중에서도 비교적 어려운 단어가 많이 출제되고 있습니다. 그래서 평소에 단어공부를 소홀히 한 수험생들 중에는 실제시험에서 제시어 단문 쓰기를 백지로 내는 경우도 많습니다. 그러므로 평소에 5급 단어 1300개를 완전히 숙지해야하며, 주로 5급 단어를 사용한 단문 쓰기 연습을 많이 해야 고득점을 받을 수 있습니다.

분석2. 사진 보고 단문쓰기는 주로 간단한 인물 또는 사물사진이 나온다.

사진 보고 단문 쓰기 문제로 출제되는 것은 '두 사람이 이야기하고 있는 사진, 한 여성이 전화를 하고 있는 사진, 한 여성이 길에 있는 화살표 표지판을 보고 있는 사진, 선물상자 사진' 등 복잡한 배경과 많은 등장인물을 담고 있기 보다는 주로 단순한 배경에 한 두 사람 정도가 등장하는 매우 간단한 하나의 장면이 나옵니다.

분석3. 주제별로 상황을 정해놓고 단문 쓰기 연습을 하자.

사진 보고 단문 쓰기 문제로 출제되는 그림 중에는 배경은 다르지만 '두 사람이 함께 이야기하는 사진'이 자주 출제되고 있습니다. 이것은 평소에 주제별로 몇 가지 상황을 정해놓고 단문 쓰기 연습을 한다면 완벽하게 시험대비를 할 수 있다는 것을 말해주는 것입니다. 또한 단문 쓰기를 써본 후에는 되도록이면 원어민이나 중국어 선생님 등 이 방면의 전문가에게 문장을 교정을 받아야 하며, 교정 받은 원고 내용은 모두 외워야 합니다. 본인이 직접 쓰고, 교정을 받은 좋은 문장들을 많이 외우고 있을 수 록 실제 단문쓰기 시험에서 그대로 옮겨 쓰거나 응용을 해서 쓸 수 있는 확률은 그만큼 높아지기 때문입니다.

4. 문제풀이전략

전략1. 쓰기 1부분 문제풀이전략

01. 우선 주어와 서술어를 찾고, 만약에 동사 서술어가 있다면 '주어+동사+목적어'를 찾는다.
02. 수식성분인 '관형어, 부사어'가 있다면 알맞은 자리에 추가한다.
03. 서술어를 보충해주는 각종 '보어'에 해당하는 단어가 있다면 알맞은 자리에 추가한다.
04. '了', '着', '过' 등 나머지 단어를 알맞은 자리에 추가한다.
05. 마지막으로 다시 한 번 전체적으로 문장을 최종 점검한다.

전략2. 쓰기 2부분 제시어를 이용한 단문 쓰기 문제풀이전략

01. 제시어의 품사와 뜻을 정확히 판단하고, 서로 호응이 되는 단어가 있는지 살펴본다.

02. 제시어에서 인물이나 사물, 또는 장소와 관련된 핵심이 되는 중심어 하나를 정한다.

03. 핵심이 되는 중심어와 연관된 장소나 때(시기) 또는 상황을 구체적으로 설정하고 나서, 머릿속에서 장면을 연상하면서 나머지 제시어와 관련된 내용을 추가해 가면서 한 편의 자연스러운 이야기를 만든다.

04. 문장이 매끄럽게 이어지도록 전체적으로 다시 살펴보면서, 제한된 글자수에 맞게 살을 붙이거나 다듬어서 줄거리가 있는 단문을 만든다.

전략3. 쓰기 2부분 사진 보고 단문 쓰기 문제풀이전략

01. **사진을 자세히 관찰하고 내용을 정확히 분석한다.**
사진 보고 단문 쓰기는 사진 안의 '등장인물이 무엇을 하고 있는지', '일은 언제 어디서 발생했는지', '주변 환경은 어떠한지', '인물 간의 관계는 어떠한지', "표시" 또는 "표지판" 등은 어떤 의미를 나타내고 있는 지' 등을 자세히 관찰해서 우리에게 질문하고자 하는 내용을 분명히 파악해내야 합니다.

02. **반드시 사진의 내용과 관련된 글을 써야 한다.**
가령 '길에 있는 화살표 표지판을 보고 있는 여성의 뒷모습'이 담긴 사진을 보고 단문 쓰기를 해야 한다면 반드시 화살표 표지판을 보고 있는 여성에 관한 이야기가 언급되어야 하며, 사진과 관련된 내용과 전혀 무관한 이야기를 쓴다면 점수를 받기가 힘듭니다.

03. **자신만의 완성된 글 한 편을 써야 한다.**
사진에 관한 '관찰과 분석'이라는 기초적인 파악이 끝났으면 바로 자신만의 상상의 나래를 펼쳐야 합니다. '02'에서처럼 '길에 있는 화살표 표지판을 보고 있는 여성의 뒷모습'이 담긴 사진을 보고 단문 쓰기를 해야 한다면, 반드시 화살표 표지판을 보고 있는 여성에 관한 이야기가 언급되어야 하지만, 단순히 그 장면만을 묘사하는데 그치는 것이 아니라, '누가, 언제, 왜 표지판을 표고 있는지, 어디를 가려고 하는지' 등과 관련된 내용은 본인 스스로 하나의 줄거리가 있는 간단한 이야기로 재창조해야 합니다.

흔히 공부하는 데에는 왕도(王道)가 따로 없다고 하지만
무조건 열심히 공부만 한다고 해서 시험점수가 잘 나오는 것은 아닙니다.
수험생이 HSK를 학습할 때 단기간 안에 많은 내용을
가장 체계적이고 완벽하게 마스터할 수 있는 방법 중의 하나는
처음부터 무작정 문제집에 있는 문제를 많이 풀어 보기 보다는
주어진 시험기간을 기준으로 학습계획을 세우고
과목마다 비슷한 유형별로 묶어서 필수이론과 어휘를 공부를 한 후에
그와 관련된 문제의 유형을 한꺼번에 많이 풀어 보는 것입니다.

《5급 新HSK 30일만에 끝내기》의 본문 2~4단원에서는
우선 듣기, 독해, 쓰기 영역 전체를 날짜별 · 요일별로 구분한 시간표를 제시해서
최단기간 안에 효율적으로 학습할 수 있도록 하였고,
내용면에 있어서 시험에서는 듣기, 독해, 쓰기의 순으로 진행되지만
학습할 때는 듣기 → 쓰기 → 독해 순으로 학습을 하면 훨씬 효과적이기 때문에
2단원 듣기부분, 3단원 쓰기부분, 4단원 독해부분으로 과목을 나누고
과목마다 반드시 알아야 하는 '이론 또는 문법 · 어휘 · 문제' 등을
유형별로 정리해 놓았습니다.

수험생 여러분 매일 정해진 분량을 꾸준히 30일 동안 학습해 보십시오.
반드시 여러분께서 원하는 좋은 결과가 있을 것입니다.

듣기 1부분

제2단원의 듣기 1부분은 한 사람이 질문을 하면, 다른 사람이 대답을 하는 형식으로 되어 있으며, 육하원칙 (누가 · 언제 · 어디서 · 무엇을 · 어떻게 · 왜), 태도와 어투, 이중부정, 비교구문, 접속사, 함축적인 문장의 뜻, 습관용어 등과 관련된 문제들이 출제되므로 유형별로 묶어서 공부를 하면 단기간 안에 쉽게 내용을 파악할 수 있습니다.

듣기 1부분의 문제 중 '육하원칙'과 관련된 문제를 제외한 모든 문제는 주로 두 번째 말하는 사람의 대답에 핵심어와 정답이 숨어있으므로, 주로 두 번째 사람의 말을 집중해서 듣는 연습을 해야 합니다.

또한 듣기 1부분의 '육하원칙'과 관련된 필수어휘는 듣기 2부분에서도 출제빈도수가 상당히 높으므로 반드시 잘 숙지해서 듣기 1·2부분의 실전문제와 연결시켜 공부하도록 합시다.

 유형별 집중공략

1주차_ 육하원칙
필수이론 마스터하기
 · 내용
 · 질문유형
 · 필수어휘 마스터하기
*新HSK 문제 유형분석 / 실력다지기 실전문제

2주차_ 태도와 어투
필수이론 마스터하기
 · 내용
 · 질문유형
 · 필수어휘 마스터하기
*新HSK 문제 유형분석 / 실력다지기 실전문제

3주차_ 이중부정 · 비교구문 · 접속사
필수이론 마스터하기
 · 내용
 · 질문유형
 · 필수어휘 마스터하기
*新HSK 문제 유형분석 / 실력다지기 실전문제

4주차_ 회화표현 1 · 2
필수이론 마스터하기
 · 내용
 · 질문유형
 · 필수어휘 마스터하기
*新HSK 문제 유형분석 / 실력다지기 실전문제

제 2 단원

듣기 2부분

제2단원의 듣기 2부분은 두 사람 간의 대화형식 또는 단문형식으로 이루어진 문제입니다.
대화문은 4~5 마디로 된 짧은 대화 형식과
8~10마디로 된 긴 대화형식이 있고,
단문형식의 문장은 100~120자 정도의
짧은 단문과 250~300자 정도 되는 긴 단문 형식이 있습니다.

대화형식에 관한 문제에는 주로 학교나 직장생활, 대인관계, 문화, 취미생활, 결혼문제 등
일상생활에서 일어나는 개인의 신변잡기에 관한 대화들이 주로 시험문제로 출제되고,
단문형식에 관한 문제는 항공·농업·공업·상업·동식물·과학기술·역사·신변잡기, 이솝우화 등
개인과 사회 각 분야에 걸쳐 폭넓게 출제됩니다.

 **유형별 집중공략**

1주차_ 대화형식	3주차_ 단문형식
필수이론 마스터하기	**필수이론 마스터하기**
·내용	·내용
·질문유형	·질문유형
*新HSK 문제 유형분석 / 실력다지기 실전문제	*新HSK 문제 유형분석 / 실력다지기 실전문제

육하원칙

육하원칙이란 '누가', '언제', '어디서', '무엇을', '어떻게', '왜'에 해당하는 내용으로 듣기 1, 2부분에서 모두 자주 출제되는 부분입니다.

I. 시간과 계산 (时间与计算)

이 부분은 '언제'에 해당하는 부분으로 '시간 관련 문제'와 함께 '시간 계산 문제'도 자주 출제되므로 함께 정리해 두어야 합니다.

1 내용

① 들리는 그대로의 시간이나 날짜를 묻는 유형의 문제
② 시간이나 날짜를 들려준 후 간단하게 더하기 빼기를 해서 계산해 내는 유형의 문제
③ 시간이나 날짜를 유추할 수 있는 핵심어가 들어가 있는 유형의 문제

2 시간이나 계산하는 것을 묻는 질문유형

① 대부분 시간, 날짜 등을 '什么时候', '什么时间', '什么日子', '多长时间', '几点', '几号', '星期几', '几个月' 등의 형식으로 질문을 하고, 시험에 자주 등장하는 대표적인 질문유형은 다음과 같습니다.

(问) 现在大概是什么时间? 지금은 언제일까?
(问) 明天是什么日子? 내일은 무슨 날인가?
(问) 现在几点? 지금은 몇 시인가?
(问) 这段对话可能发生在什么时候? 이 대화는 언제 했나?
(问) 从对话中可以知道什么? 대화에서 알 수 있는 것은 무엇인가?

② 계산문제는 대부분 날짜나 시간을 '多久', '多长时间', '什么时候' 등의 형식으로 질문

을 하고 대표적인 질문 형식은 다음과 같습니다.

(问) 男的打算去上海多久? 남자는 상해에 가서 얼마나 있을 계획인가?

(问) 她等了多长时间? 그녀는 얼마나 기다렸는가?

(问) 男的打算什么时候完成报告? 남자는 언제 보고서를 완성할 수 있는가?

(问) 他们几点出发? 그들은 몇 시에 출발하는가?

(问) 女的假期有多长时间? 여자의 방학기간은 얼마나 되는가?

③ 계산 문제는 날짜나 시간과 관련된 문제이외에도 가격, 나이, 사람 수, 전화번호, 방 번호, 버스노선번호, 증가된 혹은 감소된 량 등을 '几', '多少', '多' 등의 형식으로 질문을 하고, 대표적인 질문형식은 다음과 같습니다.

(问) 说话人一共花了多少钱? 말하는 사람은 전부 얼마를 썼는가?

(问) 说话人家里一共有几口人? 말하는 사람 집은 모두 몇 식구인가?

(问) 去年产量多少? 작년 생산량은 얼마인가?

(问) 这些孩子最可能多大了? [= 几岁了?] 이 아이들은 나이가 몇 살일까?

(问) 女的最可能多大岁数? [= 多大年纪了?] 여자는 나이가 몇 살일까?

3 기초 필수어휘 #001

〈기초 필수어휘〉는 수험생이 알아야 할 가장 기본이 되는 필수 단어와 듣기 시험에 자주 출제되는 핵심단어를 정리한 것입니다. 문제를 풀기 전에 이 부분을 반드시 확인해 봅시다.

① 시간

- 刻 kè : 一刻 15분 / 三刻 45분 ('半'이라는 단어가 있기 때문에 '两刻'란 말은 없음)
- 半 bàn 30분 / 差 chà ~전

例 由于飞机晚点，他两点一刻才到达北京机场。
비행기가 좀 연착을 해서, 그는 2시15분에야 비로소 북경공항에 도착했다.

教室里的钟表指向两点三刻，马上就要上课了。
교실의 시계는 2시 45분을 가리키고 있었고, 수업은 곧 시작 될 것이다.

这项工作大家用了半个小时就完成了。
모두가 이 일을 30분만에 다 했다.

足球比赛差十分12点才开始，你先别着急!
축구 시합은 12시 10분 전이나 되어서야 시작하니까, 너무 조급하게 서두르지 말아라!

② 날짜 ★

- **上旬** shàngxún 상순 / **中旬** zhōngxún 중순 / **下旬** xiàxún 하순
  (한 달 중 10일씩 나누어서 1일~10일 까지를 "上旬", 11일~20일 까지를 "中旬", 21~30일까지를 "下旬"
  이라고 함)

- **底** dǐ 말 (매 월 끝 무렵을 말함)

예 今年三月中旬，下了一场大雪。
올해 삼월 중순에 큰 눈이 한차례 내렸다.

现在是一月底，学校已经放寒假了。
지금은 일월 말이라서 학교는 이미 겨울방학을 했다.

③ 나이와 물건 값 계산

- **大 / 小** (나이가) 많다, 적다   • **找钱** (돈을) 거슬러주다   • **半价** 50% 할인, 반값
- **打 + 숫자 + 折** zhé ~ % 할인 [= 숫자 + 折优惠 zhéyōuhuì]

예 我比你大一岁，你应该叫我姐姐。
나는 너보다 한 살 많잖아. 네가 당연히 나를 언니라고 불러야 돼.

我去超市买东西，收银员少给我找十块钱。
나는 수퍼에 물건을 사러 갔고, 계산대 직원이 나에게 10원을 거슬러 주었다.

商场最近搞促销，所有商品都打七折。
상점에서는 요즘 판촉활동을 하느라 모든 상품을 30% 세일하고 있다.

 新 **HSK** 문제 유형분석 #002

01. **시간을 그대로 들려주는 유형의 문제**

> A. 8点   B. 8点半   C. 9点   D. 9点半

[원문] 男：电影是晚上9点的，如果我下班后去接你的话，大概8点到你家。
女：知道了，那么我在我家等你。
问：他们打算几点见面？

[번역] 남：저녁 9시 영화니까 내가 퇴근하고나서 너를 데리러 가면, 아마 8시면 너희 집에 도착할 거야.
여：알았어, 그럼 난 집에서 너를 기다리고 있을 게.

질문: 그들은 몇 시에 만나기로 했는가?
A. 8시   B. 8시 반   C. 9시   D. 9시 반

[해설] 남자가 여자에게 "大概8点到你家 (아마 8시면 너희 집에 도착할 거야)" 하고 말하자, 여자는 남자에게 "知道了，～. (알았어, ～)"라고 말한 것으로 보아 두 사람은 8시에 만나기로 한 것을 알 수 있습니다.

[정답] A

02. 핵심어를 듣고 시간을 유추하는 유형의 문제

A. 6月初   B. 6月15号   C. 7月初旬   D. 7月中旬

[원문] 女：今天已经6月15号了，你到底什么时候可以完成这份工作？
男：大概下个月3号就可以。
问：男的打算什么时候完成工作？

[번역] 여: 오늘이 벌써 6월 15일인데, 너는 도대체 언제쯤 그 일을 다 끝낼 수 있는 거니?
남: 다음 달 3일 쯤엔 다 끝낼 수 있을 거야.
질문: 남자는 언제 이 일을 다 끝낼 예정인가?
A. 6월 초   B. 6월15일   C. 7월 초순   D. 7월 중순

[해설] 여자의 말에서 "오늘은 6월15일인 것"을 알 수 있고, 남자가 여자에게 "다음 달 3일쯤이면 다 끝낼 수 있을 것(大概下个月3号就可以)"이라고 말한 것으로 보아, "1일~10일" 사이는 초순을 말하므로, 이 일은 7월 초순쯤에 완성할 수 있다는 것을 알 수 있습니다.

[정답] C

2. 장소(地点)

이 부분은 '어디서'에 해당하는 부분으로 대화가 일어나고 있는 장소를 묻는 문제가 출제됩니다.

① 내용

① 직접 장소를 말해주는 문제
② 장소를 유추할 수 있는 핵심어가 들어가 있는 문제

2 장소를 묻는 질문유형

대부분 '在什么地方?', '在哪儿?' 등의 형식으로 질문을 하고, 시험에 자주 등장하는 질문형식은 다음과 같습니다.

(问) 对话最可能发生在什么地方? 대화는 어디에서 했나?

(问) 他们在什么地方说话? 그들은 어디에서 말하고 있나?

(问) 男的很可能在哪儿工作? 남자는 어디에서 일할까?

(问) 女的要去哪儿? 여자는 어디에 가려고 하나?

(问) 女的可能不去哪儿? 여자는 어디에 가지 않을까?

(问) 关于小刘可以知道什么? 샤오류에 관해 알 수 있는 것은?

(问) 女的在找什么地方? 여자는 어디를 찾고 있나?

3 기초 필수어휘 #003

상점 (商店)

: '물건이름, 가격흥정, 세일, 물건 값 물어보기' 등과 관련된 단어가 들리면 됩니다.

商品 shāngpǐn 상품 | 一顶帽子 yìdǐngmàozi 모자 한 개 | 一件衣服 yíjiànyīfu 옷 한 벌 |
羽绒服 yǔróngfú 오리털파카 | 玩具 wánjù 장난감 | 一双鞋 yìshuāngxié 신발 한 컬레 | 文
具 wénjù 문구 | 日用品 rìyòngpǐn 일용품 | 化妆品 huàzhuāngpǐn 화장품 | 茶叶 cháyè
차 | 开张 kāizhāng 개업하다 | 不讲价 bùjiǎngjià 정찰제, 값을 깍지 않다 [= 不二价 búèrjià] |
减价 jiǎnjià 할인하다 [= 打折(扣) dǎzhé(kòu)] | 七折优惠 qīzhéyōuhuì 30%할인 | 打八折
dǎbāzhé 20%할인 | 大甩卖 dàshuǎimài 헐값으로 막 팔아 치우다, 폭탄세일하다 | 挑选 tiāoxuǎn
고르다 | 服务员 fúwùyuán 판매원, 직원 | 用信用卡付款 yòng xìnyòngkǎ fùkuǎn 신용카드로
계산하다 [= 刷卡 shuākǎ 카드로 계산하다] | 用现金付钱 yòng xiànjīn fùqián 현금으로 계산하다 |
讨价还价 tǎojiàhuánjià (가격을) 흥정하다 [= 讲价钱 jiǎngjiàqián]

자주 쓰이는 표현

能不能便宜点儿? 좀 싸게 해 주세요. | 您要点儿什么? 찾으시는 물건 있으세요?

多少钱? 얼마예요? | 给我看看。 좀 보여 주세요.

可以试试吗? 좀~해봐도 될까요? | 请给我大一号的。 한 치수 큰 걸로 보여 주세요.

这儿可以刷卡吗? 여기에서 카드로 계산할 수 있나요? | 给我看看。 좀 보여 주세요.

这儿只能收现金[= 这里只能用现金付款], 不能刷卡。
여기에서는 현금으로만 계산이 가능하고, 카드는 안 됩니다.

음식점 (饭馆, 馆子, 食堂, 餐厅)

: '음식이름, 메뉴, 주문하다, (음식)맛, 먹다, 계산하다' 등과 관련된 단어가 들리면 됩니다.

菜 cài 음식 | 味道 wèidao 맛 | 菜单 càidān 메뉴판 | 点菜 diǎncài 주문하다 | 上菜 shàngcài 요리를 내다 | 餐巾纸 cānjīnzhǐ 냅킨 | 筷子 kuàizi 젓가락 | 勺子 sháozi 국자 | 饮料 yǐnliào 음료 | 白酒 báijiǔ 백주 | 啤酒 píjiǔ 맥주 | 汽水 qìshuǐ 사이다 | 可乐 kělè 콜라 | 汤 tāng 탕 | 服务员 fúwùyuán 종업원 | 快餐 kuàicān 패스트푸드점 | 肯德基 kěndéjī KFC | 麦当劳 mài dāngláo 맥도널드 | 必胜客 bìshèngkè 피자헛

자주 쓰이는 표현

你们几位? 몇 분이세요?

请问, 您来点儿什么? [= 吃点儿什么?, 您想吃什么?] 뭐 드시겠습니까?

你点一点吧。 당신이 골라보세요, 주문해 보세요. | 趁热吃吧。 식기 전에 드세요.

我来付钱。 [= 我付吧] 내가 계산 할게. | 我请客。 [= 我请你] 내가 쏠게, 내가 한 턱 낼게.

算账。 [= 买单] 계산해 주세요.

窗户旁边的桌子已经被别人预订了, 您这边请可以吗?
창가 쪽 테이블은 이미 다른 사람이 예약을 해 놓았으니, 손님 이쪽에 앉으시겠습니까?

병원 (医院)

: '병이 나다, 의사, 입원하다, 퇴원하다, 약 처방하다' 등과 관련된 단어가 들리면 됩니다.

病了 bìngle 병이 나다 [= 生病 shēngbìng, 得病 débìng, 害病 hàibìng] | 感冒 gǎnmào 감기에 걸리다 [= 着凉 zháoliáng, 伤风 shāngfēng, 受寒 shòuhán] | 发烧 fāshāo 오한이 나다 | 头疼 tóuténg 머리가 아프다 | 咳嗽 késou 기침하다 | 得了癌症 dé le áizhèng 암에 걸리다 | 胃疼 wèiténg 위장병에 걸리다, 위가 아프다 | 挂号 guàhào 접수하다 | 检查身体 jiǎncháshēntǐ 건강 검진을 하다 | 看病 kàn bìng 진찰을 받다, 치료를 받다 [= 看医生 kàn yīshēng, 治疗 zhìliáo, 治病 zhìbìng] | 量体温 liàng tǐwēn 체온을 재다 | 打针 dǎzhēn 주사를 놓다, 주사 맞다 | 病房 bìngfáng 병실 | 住院 zhùyuàn 입원하다 [= 进院 jìnyuàn] | 出院 chūyuàn 퇴원하다 | 好转 hǎozhuǎn (병이) 호전되다, 좋아지다 [= 好多了 hǎoduōle] | 大夫 dàifu 의사 | 开(药)方 kāi(yào)fāng 약 처방을 하다 | 药方 yàofāng 처방전 | (动)手术 (dòng)shǒushù 수술(하다) | 挽救生命 wǎnjiùshēngmìng 생명을 구해내다 | 做整容手术 zuò zhěngróngshǒushù 성형 수술하다

자주 쓰이는 표현

你哪儿不舒服? 어디가 아프세요? | 我有点儿恶心。 토할 것 같다.

39

육하원칙

脸色不太好。 안색이 안 좋다 | 嗓子疼。 목이 아프다.

医院里保持安静。 병원에서는 조용히 해 주세요.

우체국 (邮局)

: '편지, 소포, 우표(를 부치다)' 등과 관련된 단어가 들리면 됩니다.

(寄)一封信 jì yìfēngxìn 편지 한 통(을 부치다) | (寄)包裹 jì bāoguǒ 소포(를 부치다) | (贴)邮票 tiē yóupiào 우표(를 붙이다) | 明信片 míngxìnpiàn 엽서 | 邮政编码 yóuzhèngbiānmǎ 우편번호

은행 (银行)

: '돈(钱 = 款), 저금하다, 인출하다' 등과 관련된 단어가 들리면 됩니다.

存钱 cúnqián (돈을) 저금하다[= 存款 cúnkuǎn] | 取钱 qǔqián (돈을) 인출하다[= 取款 qǔkuǎn] | 支票 zhīpiào 수표 | 存折 cúnzhé 예금통장 | 利息 lìxī 이자 | 汇款 huìkuǎn 송금하다 | 开户(头) kāi hù(tóu) 구좌를 개설하다

자주 쓰이는 표현   存多少钱? 얼마 저금하시겠습니까?

학교 (学校)

: '학생, 선생님, 학우, 우리 반, 공부하다, 수업하다, 기숙사' 등과 관련된 단어가 들리면 됩니다.

高中 gāozhōng 고등학교 | 大学 dàxué 대학교 | 研究所 yánjiūsuǒ 대학원 | 重点大学 zhòngdiǎndàxué 명문대학 | 学生 xuésheng 학생 | 班长 bānzhǎng 반장 | 同学 tóngxué 같은 반 학우, 급우 | 老师 lǎoshī 선생님 | 校长 xiàozhǎng 교장 선생님 | 教授 jiàoshòu 교수 | 上课 shàngkè 수업하다 | 下课 xià kè 수업을 마치다, 수업이 끝나다 | 逃课 táo kè 수업을 빼먹다, 땡땡이치다 | 放假 fàng jià 방학하다 | 寒假 hánjià 겨울방학 | 暑假 shǔjià 여름방학 | 打瞌睡 dǎkēshuì 졸다 [= 打盹儿 dǎ dǔr] | 考试 kǎoshì 시험 | 期中考试 qīzhōngkǎoshì 중간고사 | 期末考试 qīmòkǎoshì 기말고사 | 模拟考试 mónǐkǎoshì 모의고사 | 高考 gāokǎo 대입시험 | 作弊 zuòbì 컨닝하다 [= 小动作 xiǎodòngzuò] | 成绩 chéngjì 성적 | 及格 jígé 합격하다 | 不及格 bùjígé 불합격하다 | 分数 fēnshù 점수 | 得80分 dé bāshífēn 80점을 받다 | 专业 zhuānyè 전공 | 作业 zuòyè 숙제 | 课程 kèchéng 교과과정, 커리큘럼 | 选课 xuǎnkè 과목을 선택하다 | 学期 xuéqī 학기 | 本科 běnkē 본과 | 学生食堂 xuéshengshítáng 학생식당 | 学生宿舍 xuéshengsùshè 학생기숙사

40

차 안 (车上)

: '운전하다, 길이 막히다' 등과 관련된 단어가 들리면 됩니다.

司机 sījī 기사 | 乘客 chéngkè 승객 | 上车 shàng chē 차를 타다[= 搭车 dā chē] | 下车 xià chē 차에서 내리다 | 打车 dǎchē 택시를 타다, 택시를 잡다 [= 打的 dǎdí] | 开车 kāi chē 운전하다 | 堵车 dǔ chē 차가 막히다, 길이 붐비다 [= 交通堵塞 jiāotōngdǔsāi] | 班车 bānchē 통근차, 출퇴근차 | 下一站 xiàyízhàn 다음 정류장 | 让座 ràngzuò 자리를 양보하다 | 拥挤 yōngjǐ 붐비다 | 交通卡 jiāotōngkǎ 교통카드

자주 쓰이는 표현

不能开快。 빨리 운전할 수 없다. | 请您开快点儿。 빨리 좀 운전해주세요, 빨리 좀 가주세요.

交通拥挤很严重。 교통체증이 아주 심각하다. | 违反交通信号。 교통신호를 위반하다.

请停车。 차 세워주세요. [= 请停下] | 去故宫坐几路车? 고궁에 가려면 몇 번 버스를 타야 됩니까?

我得在什么地方下车? 어디에서 내려야 됩니까?

~到了请打开票。 ~에 도착했으니, 차표를 준비해주세요

공항 · 비행기 안 (机场 · 飞机里)

: '비행기에 탑승하다, 여객기, 여권, 비자, 이륙하다, 착륙하다' 등과 관련된 단어가 들리면 됩니다.

坐飞机 zuò fēijī 비행기를 타다 | (飞)机票 (fēi)jīpiào 비행기 표 | 护照 hùzhào 여권 | 签证 qiānzhèng 비자 | 出国 chūguó 출국하다 | 回国 huíguó 입국하다 | 航班 hángbān (정기) 여객기, 항공기 [= 班机 bānjī] | 早班飞机 zǎobānfēijī 아침비행기 | 843次航班 bāsìsāncìhángbān 843편 항공기 | 起飞 qǐfēi 비행기가 이륙하다, 뜨다 | 降落 jiàngluò 비행기가 착륙하다

자주 쓰이는 표현

乘几点的班机? 몇 시 비행기를 탑니까?

飞往北京的飞机，要飞多长时间? 북경으로 가는 비행기는 몇 시간 걸리나요?

机翼(jīyì)变得平稳了。 이륙하면서 비행기의 날개가 안정되다, 흔들리지 않고 안정되다.

我们快要降落了，请系(jì)好安全带。 곧 착륙합니다, 안전벨트를 매세요.

翅膀震得更凶了。 chìbǎng zhèn de gèng xiōng le 비행기 날개의 떨림이 더 심해지다.

기차 안 · 기차역 (火车里 · 列车里 · 火车站)

: '기차표, 일반석, 침대 석, 침대 석의 종류, 몇 호 기차' 등과 관련된 단어가 들리면 됩니다.

41

候车室 hòuchēshì 대합실 | 进站口 jìnzhànkǒu 열차(기차)가 들어오는 곳 | (火)车票 (huǒ) chēpiào 기차표 | 硬座 yìngzuò 일반석, 보통석 [열차의 딱딱한 좌석을 말함] | 软座 ruǎnzuò 일 등석 [열차의 푹신한 좌석을 말함] | 硬卧 yìngwò 일반 침대 석 [열차의 딱딱한 침대 석을 말함] | 软卧 ruǎnwò 일등 침대 석 [열차의 푹신한 침대 석을 말함] | 下铺 xiàpù 침대의 제일 아래 칸 | 中铺 zhōngpù 침대의 중간 칸 | 上铺 shàngpù 침대의 제일 위 칸

자주 쓰이는 표현

你要哪趟车? 무슨(몇 호) 기차를 탑니까? | 我要12次。 12호 기차를 탑니다.
请到前边 4 号窗口去排队。 앞의 4번 창구로 가서 줄을 서주세요.

항구 (港口)
: '배, 부둣가' 등과 관련된 단어가 들리면 됩니다.

船 chuán 배 | 码头 mǎtou 항구, 부둣가 | 坐船 zuòchuán 배를 타다 | 船票 chuánpiào 승선표

이발소·미용실 (理发馆, 理发店·美容院, 美容室, 美容厅)
: '머리, 머리카락, 머리를 자르다' 등과 관련된 단어가 들리면 됩니다.

洗头 xǐtóu 머리를 감다 [= 洗发 xǐfà] | 剪发 jiǎnfà 커트하다, 이발하다 [= 理发 lǐfà, 剪头 jiǎntóu] | 理发师 lǐfàshī 이발사 | 美容师 měiróngshī 미용사 | 头发 tóufa 머리(카락), 두발 | 发型 fàxíng 헤어스타일 | 烫发 tàngfà 머리를 파마하다

자주 쓰이는 표현

您喜欢什么样的发型? 어떤 헤어스타일을 원하세요?
剪短点儿。 [= 理得短一点] 좀 짧게 잘라주세요.
修去一点就可以。 조금만 다듬어 주시면 되요.

호텔·여관 (饭店·宾馆·旅馆)
: '방'과 관련된 단어가 들리면 됩니다.

单(人)间 dān(rén)jiān 1인실 [= 标准间 biāozhǔnjiān] | 双人间 shuāngrénjiān 2인실 | 登记 dēngjì 체크인하다 | 退房 tuìfáng 체크아웃하다

 자주 쓰이는 표현 需要几个房间? 방이 몇 개 필요하세요?

新 **HSK**문제 유형분석　　⊙ #004

01.

| A. 餐厅 | B. 电影院 | C. 停车位 | D. 医院 |

[원문]　女：请问一下，<mark>这里有没有停车位?</mark>
　　　　男：这里已经没有了，前面还有个停车场，你去看看吧。
　　　　问：女的在找什么?

[단어]　停车位 tíngchēwèi 통 주차할 곳 / 车库 chēkù 명 차고

[번역]　여: 말씀 좀 묻겠는데요, <mark>여기 주차할 데가 있나요?</mark>
　　　　남: 여기는 이미 자리가 없습니다, 앞 쪽에 주차장이 하나 더 있는데, 그쪽에 가보세요.
　　　　질문: 여자가 찾고 있는 곳은 어디인가?
　　　　A. 음식점　B. 극장　C. 주차할 곳　D. 병원

[해설]　여자가 남자에게 "有没有停车位? (주차할 곳이 있나요?)" 하고 물어 본 것으로 보아 여자는 지금 주차할 곳을 찾고 있는 것을 알 수 있습니다.

[정답]　C

02.

| A. 飞机里 | B. 商店 | C. 图书馆 | D. 银行 |

[원문]　女：请问，<mark>这儿能刷卡吗?</mark>
　　　　男：对不起，我们这里只能用现金，不能用信用卡。
　　　　问：他们最可能在哪儿?

[단어]　刷卡 shuākǎ 통 카드로 긁다, 카드로 계산하다 / 信用卡 xìnyòngkǎ 명 신용카드

[번역]　여: 말씀 좀 묻겠는데요, <mark>여기 카드로 결제할 수 있나요?</mark>
　　　　남: 죄송합니다, 여기에서는 현금계산만 가능하고, 신용카드는 사용할 수 없습니다.
　　　　질문: 그들은 어디에 있을 가능성이 큰가?
　　　　A. 비행기 안　B. 상점　C. 도서관　D. 은행

[해설]　여자가 남자에게 "这儿能刷卡吗? (여기 카드로 계산할 수 있나요?)" 하고 물어 본 것으로 보

아 보기 ABCD 중에서 상점에서 물건을 사고 계산하고 있을 가능성이 가장 큰 것을 알 수 있습니다.

[정답]　B

3. 인물·직업과 신분·인물과의 관계

이 부분은 '누가'에 해당하는 부분으로 어떤 특정한 인물 또는 특정 인물의 직업이나 신분에 대해 직접 물어보거나 두 사람과의 관계에 해당하는 문제가 출제됩니다.

1　내용

① 직접 사람이나 직업을 말해주는 문제★
   (2명 이상의 사람들이 등장해서 그 중에서 누가 무엇을 했나?, 이 물건은 누구의 것인가?, 누가 어디에 갔나?, 누구는 무엇을 하나? 등의 형식으로 묻는다.)
② 사람과 관련된 호칭 또는 직업이나 신분을 유추할 수 있는 핵심어가 들어가 있는 문제★

2　인물을 묻는 질문유형

① 인물에 대해 묻는 문제는 대부분 '谁'의 형식으로 질문을 하고, 시험에 자주 등장하는 질문형식은 다음과 같습니다.★

   (问) 女的吃的饭是谁做的?　여자가 먹는 밥은 누가 한 것인가?
   (问) 这支笔是谁的?　이 펜은 누구의 것인가?
   (问) 谁过生日?　누가 생일을 쇠는가?
   (问) 他们谈论的是什么人?　그들은 어떤 사람에 대해 말하고 있는가?

② 인물과의 관계를 묻는 문제는 대부분 '什么关系'의 형식으로 질문을 하고, 시험에 자주 등장하는 질문형식은 다음과 같습니다.

   (问) 说话的两个人是什么关系?　말하는 두 사람은 어떤 사이인가?
   (问) 谁和谁在谈话?　누구와 누가 이야기하고 있나?
   (问) 根据这段对话我们可以知道什么?　이 대화에서 알 수 있는 것은?

③ **직업이나 신분**을 묻는 문제는 대부분 '是干什么的？', '是什么人', '是做什么(工作)的?' 등의 형식으로 질문을 하고, 시험에 자주 등장하는 질문형식은 다음과 같습니다.

(问) 女的可能是干什么的? 여자는 무엇을 하는 사람인가?

(问) 男的是做什么工作的? 남자는 어떤 일을 하는가?

③ 기초 필수어휘 ⚪ #005

① 인물★

> **남편을 부르는 호칭**
>
> 老公 lǎogōng 남편 **ㅣ** 我先生 wǒxiānsheng 우리 남편 **ㅣ** 我那位 wǒnàwèi 우리 그이 **ㅣ** 孩子 他爸 háizitābā 아이아빠
>
> **아내를 부르는 호칭**
>
> 老婆 lǎopo 아내, 마누라 **ㅣ** 孩子他妈 háizitāmā 아이엄마

② 인물과의 관계

부부지간 (夫妻关系)★

: '남편이나 아내를 부르는 호칭, 집안일, 아이문제, 사랑, 결혼' 등과 관련된 단어가 들리면 됩니다.

> 两口子 liǎngkǒuzi 부부 (두 사람) **ㅣ** 老两口 lǎoliǎngkǒu 노부부 **ㅣ** 小两口 xiǎoliǎngkǒu 젊은 부부 **ㅣ** 孩子 háizi 아이 **ㅣ** 家务 jiāwù 집안일, 가사 [= 家里的事] **ㅣ** 送孩子 sòng háizi 아이를 배웅하다 **ㅣ** 接孩子 jiē háizi 아이를 마중하다 **ㅣ** 看孩子 kàn háizi 아이를 돌보다 **ㅣ** 回家 huíjiā 귀가하다, 집에 돌아오다

🔴 两口子过日子，吵架是在所难免的，重要的是要互相体谅对方。
부부가 생활할 때 싸우는 것은 피하기 어렵지만, 중요한 것은 서로 상대방을 이해하는 것이다.

小张是南方人，他的老婆是北方人。
샤오장은 남쪽 사람이고, 그의 아내는 북쪽 사람이다.

她照顾孩子和老公，从来不觉得累，感觉很幸福。
그녀는 아이와 남편을 보살피는데 지금까지 피곤하게 생각한 적이 없고, 매우 행복하게 여긴다.

경찰과 기사 (警察与司机)

停车 tíngchē 차를 세우다 | 给我看看驾(驶执)照 gěi wǒ kànkan jià(shǐzhí)zhào 운전면허증 좀 보여 주세요 | 请您放过我这一次吧! qǐng nín fàng guò wǒ zhè yí cì ba 이번 한 번 만 봐 주세요

연인사이 (恋人关系)

男朋友 nánpéngyou 남자친구 | 女朋友 nǚpéngyou 여자친구 | 对象 duìxiàng 배우자 | 搞对象 gǎo duìxiàng 배우자를 구하다 [= 找对象 zhǎo duìxiàng] | 谈恋爱 tán liànài 연애하다 | 天生的一对 tiānshēngdeyíduì 천생연분 | 看上了 kànshàngle 마음에 들다, 눈에 들다 [= 看中了 kànzhòngle] | (男女之间) 吹了 chuīle 헤어지다 [= 分手了 fēnshǒule]

자주 쓰이는 표현 咱们这事你爸你妈能同意吗? 당신 부모님이 우리결혼을 허락하실까?

예 学校规定不允许学生搞对象，否则开除。
학교에서는 배우자를 구할 수 없도록 규정하고 있는데, 그렇지 않으면 퇴학조치를 취한다.

小兰和小刘正谈恋爱呢，看他们多甜蜜啊!
샤오린과 샤오류는 지금 연애를 하고 있는데, 그들이 얼마나 깨가 쏟아지는 지 봐라!

③ **직업과 신분★**
: 아래에 제시된 핵심어 이외의 다른 직업과 관련된 핵심어는 '장소' 관련 핵심어와 동일합니다.

기자 (记者)

采访 cǎifǎng 인터뷰하다 | 访问 fǎngwèn 방문하다 | 报道 bàodào 보도(하다)

예 经过劝说，他终于同意接受电视台记者的采访。
설득 끝에 그는 결국 TV 방송국 기자의 인터뷰에 응하기로 동의했다.

她报道了这次展会的盛况。
그녀는 이번 전시회의 성황을 보도했다.

아나운서 (播音员)·사회자 (主持人)

节目 jiémù 프로(그램) | 广播电台播音员 guǎngbōdiàntáibōyīnyuán 라디오 방송국 아나운서 | 各位听众 gèwèitīngzhòng 청취자 여러분 | 欢迎收听 huānyíngshōutīng 청취해 주셔서 감사합니다

| 电台播音员 diàntáibōyīnyuán TV 방송국 아나운서 | **各位观众** gèwèiguān zhòng 시청자 여러분 | **欢迎收看** huānyíng shōukàn 시청해 주셔서 감사합니다

（예） **各位听众**，这里是交通广播欢迎您收听。
청취자 여러분 여기는 교통방송입니다. 청취해 주셔서 감사합니다.

各位观众，您好！欢迎收看《动物世界》栏目。
시청자 여러분, 안녕하세요.《동물의 세계》를 시청해 주셔서 감사합니다.

비서(秘书)

安排日程 ānpáirìchéng 스케줄을 조정하다 | **告诉会议日程** gàosu huìyìrìchéng 회의 일정을 보고하다 | **整理资料** zhěnglǐ zīliào 자료를 정리하다 | **打字** dǎzì 타이핑하다 | **发传真** fā chuánzhēn 팩스를 보내다 | **冲咖啡** chōng kāfēi 커피를 타다 | **泡茶** pào chá 차를 끓이다 | **联络客户** liánluò kèhù 고객과 연락하다

자주 쓰이는 표현 王经理，这份文件需要您签字。 왕 사장님, 이 서류에 사인해 주십시오.

（예） 他的**秘书**负责公司的日常工作，比如安排日程、通知会议、采购等。
그의 비서는 예를 들어 스케줄 조정, 회의통지, 물건 구매 등 회사의 일정을 관리한다.

他在国外**发传真**给我，我两分钟就收到了。
그가 외국에서 나에게 팩스를 보낸 것을 나는 2분만에 바로 받았다.

교통경찰(交通警察)

人(行)道 rén(xíng)dào 인도, 보도 | **红绿灯** hónglǜdēng 신호등 | **出示驾(驶执)照** chūshì jià(shǐzhí)zhào 운전면허증을 제시하다 | **罚款** fá kuǎn 벌금을 내다 | **出交通事故** chū jiāotōngshìgù 교통사고가 나다 | **违反交通规则** wéifǎn jiāotōngguīzé 교통규칙을 위반하다

자주 쓰이는 표현
停车！ 차 세우세요!
遇上交通事故了。교통사고가 나다. [= 被汽车撞了 bèiqìchēzhuàngle]

（예） 他的**驾驶执照**已经过期了，不能开车上路。
그의 운전면허증은 이미 기간이 지나서, 차를 몰 수 없다.

早上出门的时候，**路上遇上交通事故了**，造成长时间堵车。
아침에 외출했을 때, 길에서 교통사고가 나서 장시간 길이 막혔다.

新 HSK문제 유형분석  #006

01.

> A. 她的顾客　　B. 她的爸爸　　C. 她的儿子　　D. 她的丈夫

[원문]　男：这几天，你为什么总是那么晚回家啊？
　　　　女：我家那位出差了，我不愿意一个人在家。
　　　　问：谁出差了？

[번역]　남：요즘에 너는 왜 늘 그렇게 늦게 귀가를 하니？
　　　　여：우리 그이가 출장을 갔거든, 나 혼자 집에 있는 게 싫어서.
　　　　질문：누가 출장을 갔는가？

[해설]　여자가 남자에게 "我家那位出差了。(우리 그이가 출장을 갔다)"라고 말한 것으로 보아 여자의
　　　　남편은 지금 출장 중임을 알 수 있습니다.

[정답]　D

02.

> A. 邮递员　　B. 记者　　C. 老师　　D. 演员

[원문]　女：我特别羡慕你这一行的人。
　　　　男：是吗？ 是因为我可以采访各种各样的人吗？
　　　　问：男的最可能是干什么的？

[단어]　羡慕 xiànmù 동 부러워하다, 선망하다 ／ 采访 cǎifǎng 명·동 인터뷰하다, 취재하다, 탐방하다

[번역]　여：저는 당신과 같은 직업을 가진 분들이 너무 부러워요.
　　　　남：그래요？ 제가 다양한 사람들을 취재할 수 있어서 그런가요？
　　　　질문：남자는 어떤 일을 할 가능성이 가장 큰가？
　　　　A. 우편 배달원　B. 기자　C. 선생님　D. 배우

[해설]　남자가 여자에게 "是因为我可以采访各种各样的人吗？(제가 다양한 사람들을 취재할 수 있
　　　　어서 그런가요？)" 하고 물어 보았는데, 듣기문제에서 '采访 (취재 하다)', '报道 (보도하다)' 등의
　　　　단어가 들리면 직업이 기자인 것을 금방 알 수 있습니다.

[정답]　B

4. 화제·활동

'무엇'에 해당하는 부분으로, 두 사람이 무엇에 대해 대화하고 있는지 또는 특정사람이 무엇을 하고 있는지에 관해 물어보는 문제가 출제됩니다.

듣기
1부분

1 내용

① 직접 무엇에 대해 대화하고 있는지 또는 무엇을 하고 있는 지에 대해 말해주는 문제
② 무엇에 대해 말하고 있는지 또는 무엇을 하고 있는지 직접 말하고 있지는 않지만, 그것과 관련된 핵심어가 있어서 유추할 수 있는 문제

2 화제나 활동을 묻는 질문유형

화제에 대한 문제는 주로 '谈(论)什么?'의 형식으로 질문을 하고, 활동에 대한 문제는 주로 '干什么?', '做什么?' 등의 형식으로 질문을 하며, 시험에 자주 등장하는 질문형식은 다음과 같습니다.

(问) 他们在谈什么? 그들은 지금 무엇을 이야기하고 있나?

(问) 他们两个人在谈论什么? 그들 두 사람은 지금 무엇에 대해 말하고 있나?

(问) 女的买什么? 여자는 무엇을 샀나?

(问) 男的在学习什么课程? 남자는 어떤 과목을 공부하고 있나?

(问) 小王在做什么? 샤오왕은 무엇을 하고 있나?

(问) 男的正在干什么? 남자는 지금 무엇을 하고 있나?

(问) 女的认为男的应该怎么做? 여자는 남자가 당연히 어떻게 해야 한다고 생각하나?

(问) 女的打算干什么? 여자는 무엇을 할 계획인가?

(问) 男的怎么了? 남자는 어떻게 되었나?

(问) 男的兴趣是什么? 남자는 무엇에 관심이 있나?

(问) 从对话中我们可以知道什么? 대화에서 알 수 있는 것은?

3 기초 필수어휘 #007

전화하다 (打电话)★

: 두 사람이 서로 다른 장소에서 함께 대화를 하고 있으면 전화로 대화하고 있는 것을 알 수 있습니다.

喂 wèi 여보세요? ┃ 听不见 tīngbujiàn 잘 안 들려요 [= 听不清楚 tīngbuqīngchu] ┃ 变了声音 biàn le shēngyīn 음성변조하다

49

자주 쓰이는 표현

声音太小，听不清楚。 소리가 너무 작아서 잘 안 들립니다.

请您大声一点说。 좀 크게 말씀해 주세요. | 喂，你是北京大学吗? 여보세요, 북경대학이죠?

您找谁?[= 你找哪位?] 누굴 찾으세요? | 电话占线。 diànhuà zhànxiàn 통화 중입니다.

您打错了。 nín dǎ cuò le 전화 잘못 걸었습니다. | 拨[bō]哪一个号码? 몇 번에 거셨어요?

一直没有人接。 계속 전화를 받지 않는다.

예 你大点声音说话，行吗? 声音太小，听不清楚!
목소리가 너무 작아서 잘 안 들리니까 좀 크게 말씀하세요!

对不起，您打错了，这里不是北京大学，而是清华大学。
죄송하지만 전화를 잘못 거셨어요. 여기는 북경대학교가 아니라 청화 대학교입니다.

공부하다 · 일하다 (学习 · 工作)

开夜车 kāiyèchē (공부하거나 일하느라) 밤샘하다 [= 熬夜 áoyè, 睡得很晚 shuì de hěn wǎn] | 开会 kāi huì 회의를 하다 | 出差 chūchāi 출장을 가다 | 上班 shàng bān 출근하다 | 下班 xià bān 퇴근하다

예 快考试的时候，千万不要开夜车，会影响身体的。
시험 볼 때쯤에 건강에 지장을 주므로 절대로 밤샘해서는 안 된다.

선물을 주다 (送礼物)

过生日 guò shēngrì 생일을 지내다, 생일을 쇠다

자주 쓰이는 표현

这是我的一点心意 [= 这是我的一点诚意 // 这是我的意思意思]，请收下吧。
이 건 제 작은 정성이니까, 받으세요.

예 这是我的一点心意，请您一定要收下。
이것은 제 작은 정성이니까 반드시 받으셔야 되요.

  #008

듣기
1부분

01.

A. 学习   B. 睡觉   C. 等车   D. 看电视

[원문]　女：都几点了？你快去睡觉吧。
　　　男：妈妈，等一会儿，电影片马上就完了。
　　　问：男的在做什么？

[번역]　여: 지금이 몇 시니? 빨리 가서 자렴.
　　　남: 엄마, 잠깐만요, 영화 곧 끝날 거예요.
　　　질문: 남자는 무엇을 하고 있나?
　　　A. 공부하고 있음　B. 잠을 자고 있음　C. 차를 기다리고 있음　D. TV를 보고 있음

[해설]　여자가 남자에게 "你快去睡觉吧。 (빨리 가서 자라)"고 하자, 남자가 여자에게 "等一会儿, 电影片马上就完了。 (잠깐만요, 영화 곧 끝날 거예요)"라고 대답한 것으로 보아 남자는 지금 집에서 TV를 보고 있는 것을 알 수 있습니다.

[정답]　D

02.

A. 计算机   B. 流行病   C. 运动   D. 健康

[원문]　女：你的电脑有点儿奇怪，是不是中毒了？
　　　男：不会吧，今天我已经检查了好几遍了。
　　　问：他们在谈什么？

[번역]　여: 네 컴퓨터가 좀 이상한데, 바이러스 먹은 거 아니야?
　　　남: 그럴 리가 없어, 바이러스 먹었는지, 오늘 나는 벌써 몇 번이나 검사를 했거든.
　　　질문: 그들은 무엇을 이야기하고 있나?
　　　A. 컴퓨터　B. 유행병　C. 운동　D. 건강

[해설]　남자가 여자에게 "你的电脑 ~? (네 컴퓨터 ~ ?)" 하고 물어 보자, 남자가 그것에 대해 대답하는 것으로 보아 그들은 지금 컴퓨터에 대해서 이야기하고 있는 것을 알 수 있습니다.

[정답]　A

1
A. 一个月　　　　　　　B. 半个月
C. 一个半月　　　　　　D. 两个月

2
A. 7:00　　　　　　　　B. 7:25
C. 7:35　　　　　　　　D. 8:00

3
A. 两天　　　　　　　　B. 半个月
C. 十三天　　　　　　　D. 一个月

4
A. 8:00　　　　　　　　B. 8:30
C. 9:00　　　　　　　　D. 9:30

5
A. 一块七　　　　　　　B. 一块八
C. 一块九　　　　　　　D. 两块钱

6
A. 书店　　　　　　　　B. 学校
C. 工商银行　　　　　　D. 交通银行

7
A. 火车站　　　　　　　B. 机场
C. 公共汽车站　　　　　D. 饭店

8
A. 公共汽车上　　　　　B. 电影院
C. 飞机里　　　　　　　D. 饭馆

9
A. 火车上　　　　　　　B. 工厂里
C. 出租汽车上　　　　　D. 汽车站

10
A. 国外　　　　　　　　B. 公司
C. 商店　　　　　　　　D. 医院

⑪ A. 秘书　　　　　　　　B. 记者

　　C. 职员　　　　　　　　D. 经理

⑫ A. 美容师　　　　　　　B. 老师

　　C. 司机　　　　　　　　D. 医生

⑬ A. 夫妻　　　　　　　　B. 同事

　　C. 师生　　　　　　　　D. 朋友

⑭ A. 李经理　　　　　　　B. 女的

　　C. 男的　　　　　　　　D. 不知道

⑮ A. 厨师的　　　　　　　B. 女的

　　C. 男的　　　　　　　　D. 妈妈的

⑯ A. 买家具　　　　　　　B. 买房子

　　C. 做生意　　　　　　　D. 搞装修

⑰ A. 介绍对象　　　　　　B. 买机票

　　C. 吃饭　　　　　　　　D. 打电话

⑱ A. 吃饭　　　　　　　　B. 减肥

　　C. 按摩　　　　　　　　D. 运动

⑲ A. 西方历史　　　　　　B. 西方文学史

　　C. 东方艺术史　　　　　D. 东方文学史

⑳ A. 买手机　　　　　　　B. 想开通手机服务

　　C. 办理身份证　　　　　D. 买房子

2주차 월요일 태도와 어투(态度与语气)

대화 속의 말투(语气)나 태도(态度)를 들은 후에 '좋은지(喜欢), 싫은지(不喜欢)', '동의하는지(同意), 동의하지 않는지(不同意)' 또는 '만족스러운지(满意), 불만스러운지(不满意)' 등 대화하는 사람의 심리상태를 물어보는 문제를 말합니다.

1 내용

: 태도나 어투를 말해주는 단어가 핵심어로 등장하는 유형의 문제

2 태도나 어투를 묻는 질문유형

대부분 '什么语气?', '什么口气?', '什么态度?', '什么感觉?', '什么心情?' 등의 형식으로 질문을 하고, 시험에 자주 등장하는 질문형식은 다음과 같습니다.

(问) 女的是什么语气(=口气)? 여자는 어떤 어투인가?

(问) 女的是什么态度? 여자는 어떤 태도인가?

(问) 男的有什么反应? 남자의 반응은 어떠한가?

(问) 女的对他是什么感觉? 여자는 남자에 대해 어떤 감정인가?

(问) 女的是什么心情? 여자는 어떤 기분인가?

(问) 从对话中我们可以知道什么? 대화에서 우리가 알 수 있는 것은?

3 기초 필수어휘 #010

〈기초 필수어휘〉는 수험생이 알아야 할 가장 기본이 되는 필수 단어와 듣기 시험에 자주 출제되는 핵심단어를 정리한 것입니다. 문제를 풀기 전에 이 부분을 반드시 확인해 봅시다.

동의하다 (同意 tóngyì)

> 可不 kěbù 암그렇고 말고 [= 可不是 kěbúshì , 可不是吗 kěbúshìma] ｜ 你说的是 nǐshuōdeshì
> 네 말이 맞아 [= 你说的也是 nǐshuōdeyěshì, 你说的对 nǐshuōdeduì, 那倒是 nàdàoshi, 倒也是
> dàoyěshì] ｜ 谁说不是呢 shéishuōbúshìne 누가 아니라니 ｜ 你说的有道理 nǐshuōdeyǒudàoli

네 말이 일리가 있다 | **那当然** nàdāngrán 당연히, 물론, 당연하다 [= **那是** nàshi, **就是(嘛)** jiùshì(ma)] | **那还用说?** nàháiyòngshuō 그걸 또 말할 필요가 있겠니? | **那不用说** nàbúyòngshuō 두 말할 필요도 없다

例 A: 你家里装修得不错呀? 너희집 인테리어 훌륭한데?

B: **那还用说?** 我花了不少钱装修呢。그걸 말이라고 하니? 돈을 얼마나 들였는데.

칭찬하다 (称赞 chēngzàn)

称赞 chēngzàn 칭찬하다 [= **表扬** biǎoyáng, **赞扬** zànyáng, **赞美** zànměi, **夸奖** kuājiǎng, **夸** kuā, **奖** jiǎng] | **很好** hěnhǎo 좋다, 훌륭하다, 잘한다 [= **太好了** tàihǎole, **非常好** fēichánghǎo] | **真棒** zhēnbàng 대단하다, 훌륭하다 [= **真不错** zhēnbúcuò, **(还)真了不起** (hái) zhēnliǎobuqǐ, **还真行** háizhēnxíng] | **(表演/比赛/晚会/说话/写文章) 精彩** jīngcǎi 훌륭하다, 재미있다, 멋지다 | **突出** tūchū 특출 나다, 뛰어나다 [= **出色** chūsè, **出众** chūzhòng, **优秀** yōuxiù, **拔尖** bájiān] | **不含糊** bùhánhu (1) 훌륭하다 [= **(真)不简单** zhēnbùjiǎndān] (2) **(说话)** 우물쭈물 하지 않다, 직접 말하다 [= **说话连一点弯儿都不会拐** shuōhuà lián yìdiǎn wār dōu bú huì guǎi] | **有能力** yǒunénglì 능력이 있다 [= **有本事** yǒuběnshi, **有本领** yǒuběnlǐng, **有才能** yǒucáinéng, **有才华** yǒucáihuá, **有一手** yǒuyīshǒu, **有一把手** yǒuyìbǎshǒu] | **露一手** lòuyìshǒu 솜씨를 보여주다, 자랑하다 | **拿手好戏** náshǒuhǎoxì 뛰어난 특기, 장기 | **很拿手** hěnnáshǒu 한 가지 방면에 뛰어나다, 능력이 있다 [= **(还真)有两下子** háizhēn yǒu liǎngxiàzi, **擅长** shàncháng, **能干** nénggàn] | **没的说** méideshuō 나무랄 데가 없다, 잘한다 [= **没说的** méishuōde, **没治(了)** méi zhì liǎo] | **数一数二** shǔyīshǔèr 1, 2등을 다툴 정도로 뛰어나다, 손꼽히다 | **是一流的** shìyìliúde 일류이다 | **懂行** dǒngháng 정통하다, 능통하다 | **内秀** nèixiù 내실이 있다, 똑똑하다

例 他写的文章写得**很精彩**。그가 쓴 글은 정말 훌륭하다.

他这么快就把电脑修好了，**还真有两下子!**
그가 이렇게 빨리 컴퓨터를 고치다니, 정말 대단하다!

동의하지 않다 · 부정하다 · 반대하다 (不同意 bùtóngyì · 否定 fǒudìng · 反对 fǎnduì)

不至于 búzhìyú ~할 정도는(~까지는) 아니다 [= **至于吗?** zhìyúma] | **绝(对)不答应** juéduìbùdāyìng 절대로 허락(승낙)하지 않다, (허락할 수 없다는 뜻으로) 절대로 안 된다 [= **绝对不行** juéduìbùxíng] | **不建议** bùjiànyì ~하라고 제안하지 않다, 권하지 않다 | **不怎么样** bùzěnmeyàng

55

별로다, 시원치않다 [= 不太好 bútàihǎo, 不好 bùhǎo] | **不对** búduì 틀리다 | **不行** bùxíng 안 된다 [= 不成 bùchéng] | **谁说的?** shéishuōde 누가 그래? | **不见得** bújiàndé (그러나) 꼭~한 것은 아니다, 아닐 수도 있다 [= 不一定 bùyídìng, 未必 wèibì] | **你说到哪儿去了?** nǐshuōdàonǎrqùle 너 지금 무슨 말 하는 거니? [= 你别这么说 nǐbiézhèmeshuō 그런 식으로 말하면 안 된다] | **摇头** yáotóu 고개를 가로젓다 | **A是(shì)A, 但是(dànshì) …** A는 A이지만, 그러나 …이다 [= 虽然(suīrán) A … 但是(dànshì)…, A 归(guī) A 但是(dànshì) …, 别看(biékàn) A 但是(dànshì) …] | **你觉得不错就不错吗?** nǐ juéde bú cuò jiù bú cuò ma 네가 괜찮으면 다 괜찮은 거니? | **那怎么行?** nàzěnmexíng 그게 어떻게 가능하니?

예 A: 咱们是好朋友, 你借给我一点钱, 行吗?
우리는 좋은 친구사이잖니, 네가 나한테 돈 좀 빌려 줄래?

B: 朋友归朋友, 我从来不借钱给别人。
친구는 친구이고, 나는 여태껏 다른 사람한테 돈 빌려준 적이 없어.

책망하다, 탓하다, 혼내다 (**责备** zébèi) · 불만스럽다 (**不满** bùmǎn)

责怪 zéguài 책망하다, 탓하다, 혼내다 [= 责备 zébèi, 指责 zhǐzé, 批评 pīpíng, 批判 pīpàn, 教训 jiàoxun] | **怎么搞的?** zěnmegǎode 뭐 하는 거니?, 어떻게 된 거야? | **真是的** zhēnshìde (아휴) 정말! [= 你可真是 nǐkězhēnshì] | **你看你** nǐkànnǐ 얘 좀 봐, 네가 널 좀 봐라 [= 你瞧你 nǐqiáonǐ] | **得了(得了)** déle(déle) 됐어, 그만해 [= 算了 (算了) suànle(suànle)] | **得了得了** déle déle 됐다 됐어 [= 好了好了 hǎole hǎole]

예 A: 你卖得太贵了, 再便宜点儿可以吗? 너무 비싸게 파시는데, 좀 더 싸게 해주실 수 있어요?

B: 得了, 得了, 你不想买就不买吧!
됐어요, 됐어요, 사고 싶지 않으면 사지 마세요!

怎么搞的, 天天迟到, 你到底是什么人?
뭐하자는 거니? 매일 지각이나 하고, 너는 도대체 뭐하는 사람이니?

싫어하다, 미워하다 (**不喜欢** bùxǐhuan)

不喜欢 bùxǐhuan 싫어(미워)하다 [= 讨厌 tǎoyàn, 不顺眼 búshùnyǎn, 看不惯 kànbuguàn, 恨 hèn] | **给(gěi) ~ 找麻烦** zhǎománfan ~를 일부러 성가시게 하다, 귀찮게 굴다 [= 给(gěi) ~出难题 chūnántí, 跟(gēn) ~过不去 guòbuqù, 为难 wéinán, 刁难 diāonàn~] | **别扭** bièniu 불편하다 [= 不舒服 bùshūfu] | **去去去** qùqùqù 가라, 가라, 가

56

예 我前几天跟他吵架了，看见他就觉得别扭。
나는 며칠 전에 그와 싸워서, 그를 보면 좀 불편하다.

믿을 수 없다 (不相信 bùxiāngxìn) · 불가능하다 (不可能 bùkěnéng)

别逗了 bié dòule 농담하지 마라, 장난치지 마라, 놀리지 마라 [= 别开玩笑 bié kāi wánxiào, 别拿我开心了 bié ná wǒ kāixīnle] | 别做梦 bié zuòmèng 꿈꾸지 마라 [= 别做白日梦 biézuò báirìmèng] | 想得美 xiǎngdeměi 꿈은 야무지네 | 不会的 búhuìde 아닐 거야 [= 不会呀 búhuìya] | 不能相信 bùnéngxiāngxìn 믿을 수 없다 [= 靠不住 kàobuzhù, 靠得住吗? kàobuzhùma, 靠不着 kàobuzháo, 靠不上 kàobushàng, 不可靠 bùkěkào, 不可信 bùkěxìn, 信不过 xìnbúguò] | 这怎么可能呢? zhèzěnmekěnéngne 이게 어떻게 가능하니? | 令人难以相信 lìngrénnányǐxiāngxìn 믿기 어렵다 [= 很难相信 hěnnánxiāngxìn] | 怀疑 huáiyí 의심스럽다 | 我怀疑自己的耳朵出了毛病 wǒ huáiyí zìjǐde ěrduo chūle máobing 나는 스스로의 귀를 의심했다 | 我看 (wǒkàn) ~ 不行 (bùxíng) búhuìde 내가 보기에 아니다 | 没门儿 méi mér 방법이 없다, 가망이 없다 | 说假话 shuōjiǎhuà 거짓말하다 [= 说谎(话) shuōhuǎng(huà)] | 骗人 piànrén 사람을 속이다 | 上当 shàngdàng (남에게) 속다, 바가지 쓰다 [= 被人骗了 bèirénpiànle]

예 我觉得这个人靠不住，你不要相信他。
내 생각에 이 사람은 믿을 수 없는 사람이니, 너는 그를 믿어서는 안 된다.

这个东西是假的，你上当了。
이 물건은 가짜야, 너는 속았어.

자신이 없다 (没信心 méixìnxīn) · 자신이 있다 (有信心 yǒuxìnxīn)

没信心
没信心 méixìnxīn 자신이 없다 [= 没(有)把握 méiyǒubǎwò, 没底儿 méidǐr] | 不敢保证 bùgǎnbǎozhèng 약속할 수 없다, 책임질 수 없다

有信心
有信心 yǒuxìnxīn 자신있다 [= 自信 zìxìn, 有把握 yǒubǎwò] | 一定会 yídìnghuì 반드시 ~할 것이다

예 我有把握用三天时间把这个工作做完。
나는 삼일 안에 이 일을 다 할 자신이 있다.

방법이 없다, 어쩔 수 없다, 하는 수 없다 (没办法 méibànfǎ)

没办法 méibànfǎ 방법이 없다, 어쩔 수 없다 [= 无法 wúfǎ, 只好 zhǐhǎo, 只能 zhǐnéng, 只得 zhǐděi, 不得不 bùdébù, 不得已 bùdéyǐ, 无可奈何 wúkěnàihé] | 没法说 méifǎshuō 어쩔 수 없다, 방법이 없다, 구제불능이다 (주로 부정적인 뜻으로 많이 쓰고, 구어에서는 주로 méifǎshuō라고 발음함. "不好"의 뜻임)

예 这里到处是垃圾，环境真没法说！
이곳은 사방이 다 쓰레기라서, 환경은 정말 방법이 없다.

비꼬다, 조롱하다 (讽刺 fěngcì)

讽刺 fěngcì 비꼬다, 조소하다, 비난하다 [= 嘲笑 cháoxiào, 嘲讽 cháofěng] | 亏你(还是) kuīnǐ(háishi) ~ 呢(ne)? ~라면서?

예 亏你还是大学生呢，这么简单的道理都不懂?
너는 대학생이라면서 이렇게 간단한 도리도 모르냐?

거절하다 (拒绝 jùjué)

상대방이 호의를 베풀었을 때 부드럽게 거절 하는말
不用了 búyòngle 필요 없어요, 됐어요 [= 用不着 yòngbùzháo, 甭费心了 béngfèixīnle, 不必费心了 búbìfèixīnle]

상대방이 부탁을 했을 때 부드럽게 거절하는 말
(我现在很忙)，以后再说吧 (wǒ xiànzài hěnmáng), yǐhòu zài shuōba (내가 지금 바쁘니까) 나중에 다시 이야기 하자 | 看情况吧 kàn qíngkuàngba 상황을 좀 지켜보자 | 以后再来吧 yǐhòu zàiláiba 며칠 후에 다시 와라 | 咱们研究一下吧 zánmen yánjiū yíxià ba 우리 연구를 좀 해보자 | 我说了不算 wǒshuōle búsuàn 책임지지 않겠다, 책임질 수 없다 [= 管不了 guǎnbùliǎo]

상대방이 선물을 주거나 호의를 베풀었을 때 부드럽게 거절하는 말
谢谢你的好意 xièxie nǐde hǎoyì 당신의 호의(성의)는 감사히 받겠습니다 [= 你的心意我领了 nǐde xīnyì wǒ lǐngle, 你的诚意我领了 nǐde chéngyì wǒlǐngle]

예 A: 我的论文写完了，你能帮我检查一下吗?
내가 논문을 다 썼는데, 네가 좀 검사해 줄 수 있니?
B: 我现在很忙，以后再说吧。내가 지금 바쁘니까, 나중에 다시 얘기하자.

모르겠다 (不知道 bùzhīdao)

说不清(楚) shuōbuqīng(chu) 분명히 말할 수 없다, 잘 모르겠다 | 搞不清(楚) gǎobuqīng(chu) 잘 구분을 할 수 없다, 모르겠다 [= 搞不明白 gǎobùmíngbai, 糊涂 hútú] | 只有天知道 zhǐyǒutiānzhīdao 하늘만 안다, 아무도 모른다 [= 没人知道 méirénzhīdao] | 我怎么知道? wǒzěnmezhīdao 내가 어떻게 알아? [= 哪儿知道? nǎrzhīdao, 如何知道? rúhézhīdao] | 谁知道? shéizhīdao 누가 알겠어?, 모른다 | 这不好说 zhèbùhǎoshuō 말하기가 쉽지 않다, 잘 모르겠다 [= 这不容易说 zhèbùróngyìshuō] | 真不知道怎么回事 zhēn bù zhīdao zěnme huíshì 어떻게 된 일인지 모르겠다 | 莫名其妙 mòmíngqímiào 알다가도 모르겠다, 영문을 모르겠다 [= 不明白 bùmíngbai]

예 这钱怎么算只有天知道。 이 돈을 어떻게 계산하는 지는 하늘만 안다.

이상하다 (奇怪 qíguài)

奇怪 qíguài 이상하다 [= 怪 guài, 不对劲儿 bùduìjìnr, 不正常 búzhèngcháng, 反常 fǎncháng] | 惊讶 jīngyà (놀랍고) 의아하다

예 今天天气有点儿不对劲儿，一会儿阴，一会儿晴。
흐렸다 맑았다가 하는 것이 오늘 날씨가 좀 이상하다.

놀라다 (吃惊 chījīng)

吃惊 chījīng (깜짝, 몹시) 놀라다 [= 震惊 zhènjīng, 惊人 jīngrén, 大吃一惊 dàchīyìjīng, 吓了一跳 xiàleyítiào] | 竟然 jìngrán 뜻밖에, 뜻밖이다, 생각지도 못하다 [= 没想到 méixiǎngdào, 不料 búliào, 想不到 xiǎngbúdào, 意外 yìwài, 居然 jūrán, 没预料到 méiyùliàodào, 出乎意料 chūhūyìliào]

예 大家都知道这件事，你竟然不知道!
모두가 이일을 알고 있는데, 네가 뜻밖에 모르고 있다니!

겸손하다 (谦虚 qiānxū)

상대방이 칭찬했을 때 겸손하게 하는 말
不敢当 bùgǎndāng 천만의 말씀이세요, 황송합니다 | 哪里哪里 nǎlinǎli 어디요, 뭘요, 별말씀을요 |

还差得远呢 hái chàde yuǎnne 아직도 멀었어요 | 过奖了 guòjiǎngle 과찬이세요 | 哪儿的话 nǎrdehuà 무슨 말씀이세요, 아니예요 | 没什么 méishénme 별거 아니예요 [= 算不了什么 suànbùliǎo shénme, 算不得什么 suànbùdé shénme] | 了不起什么 liǎobuqǐ shénme 뭐 대단할 것 없어요, 별거 아니에요 [= 了不得什么 liǎobùdé shénme, 没什么了不起的 méi shénme liǎobuqǐde]

상대방에게 은혜를 입었을 때 겸손하게 하는 말

真不知道怎么感谢您才好 zhēn bùzhīdao zěnme gǎnxiè cái hǎo 정말 어떻게 감사 드려야 할지 모르겠어요 [= 真不知道感谢什么才好 zhēn bùzhīdao gǎnxiè shénme cáihǎo]

A: 听说你获得了很多奖，真了不起呀！
　　너는 상을 많이 탔다던데, 정말 대단하구나!
B: 那算不了什么，我只是运气好而已。
　　별거 아니야, 그냥 운이 좋았을 뿐이야.

아마도 ～ 일 것이다 (可能 kěnéng)
: '추측이나 가능성'을 나타내는 말입니다.

猜测 cāicè 추측하다, 헤아리다 [= 推测 tuīcè]

可能의 동의어

아마도 ～일 것이다 [= 也许 yěxǔ, 或许 huòxǔ, 恐怕 kǒngpà, 说不定 shuōbúdìng, 说不准 shuōbùzhǔn, 没准儿 méizhǔr, 多半 duōbàn, 大概 dàgài]

很可能을 나타내는 말

八成 bāchéng 80% | 十有八九 shíyǒubājiǔ 십중팔구 | 十拿九稳 shínájiǔwěn 손에 넣은 것과 마찬가지로 확실하다, 떼놓은 당상이다

A: 这次合作你有把握吗?
　　이번 합작에 대해 너는 자신이 있니?
B: 我觉得十拿九稳，应该没问题。
　　나는 떼놓은 당상이라고 생각해, 문제없을 거야.

상대방의 말을 따르다 (听任 tīngrèn)

随你便 suínǐbiàn 네 말 대로 하다, 네 말에 따르다
爱(ài)A不(bù)A, (随你便) ～하든지 말든지! (네 맘대로 해라)

예) 你爱去不去，谁管你呢。 가든지 말든지, 누가 너를 신경 쓰겠니!

상관없다 (没关系 méiguānxi)

没关系 méiguānxi 상관없다, 괜찮다, 신경 쓰지 않다 [= 无所谓 wúsuǒwèi, 不在乎 búzàihu, 不介意 bújièyì] | A就A吧, (我都无所谓) A할 테면 A해라, (나는 신경 쓰지 않는다, 괜찮다) | 他们爱怎么说就怎么说 tāmen ài zěnme shuō jiù zěnme shuō 그들이 말하고 싶은 대로 말하라고 해라

예) A: 他们总是在背后说你的坏话，你知道吗?
그들은 늘 뒤에서 네 흉을 보는데, 너 알고 있니?

B: 他们爱怎么说就怎么说，我都不在乎。
그들이 말하고 싶은 대로 말하라고 해, 나는 다 상관없어.

후회하다 (后悔 hòuhuǐ)

当时(dāngshí) ~ 就好了(jiùhǎole) 그때 당시 ~했더라면 좋았을 텐데
早(就)知(道) zǎo(jiù)zhī(dao) ~ 진작에 ~할 줄 알았다면

예) 早知道你是这种人，我就不会求你帮忙!
네가 이런 사람인 줄 진작 알았다면, 나는 너한테 도와달라고 부탁하지 않았을 거야.

귀찮아하다, 싫어하다 (厌烦 yànfán)

他说话没完没了! tā shuōhuà méiwánméiliǎo 그는 말을 끝도 없이해!
他说来说去, 总是那些! tā shuōláishuōqù zǒngshì nàxiē 계속해서 말을 하고, 늘 그런 식이야!
又来了! yòuláile 또 시작이야!

예) A: 你坐火车的时候要小心，不要和陌生人说话。
너는 기차탈 때 조심해야 된다, 모르는 사람과 말하지 말고.

B: 知道了，知道了，妈妈你又来了! 都说好几遍了。
알았어요, 알았어, 엄마는 또 시작이셔! 벌써 여러 번 말씀 하셨다 구요.

 新 HSK 문제 유형분석 #011

01.

A. 没信心　　B. 还在犹豫　　C. 错过机会　　D. 十分自信

[원문] 男: 这么好的机会来得不容易，你千万不要错过这个机会呀！
女: 我一定能把握这个机会！
问: 关于女的，可以知道什么？

[번역] 남: 이렇게 좋은 기회는 오기가 쉽지 않으니, 너는 절대로 이 기회를 놓쳐서는 안 된다!
여: 나는 반드시 이 기회를 잡을 수 있어!
질문: 여자에 관해 알 수 있는 것은 무엇인가?
A. 자신이 없음　B. 망설이고 있음　C. 기회를 놓침　D. 매우 자신이 있음

[해설] 여자가 "一定能把握 (반드시 잡을 수 있어)"라고 말하는 것으로 보아 아주 자신있어 하는 것을 알 수 있다.

[정답] D

02.

A. 鼓励　　B. 称赞　　C. 没信心　　D. 发脾气

[원문] 男: 对我来说，这份工作不好做，有点儿没把握。
女: 你不做怎么知道好办不好办，你先尽力去做吧。
问: 女的是什么态度？

[번역] 남: 나한테 이 일은 하기가 쉽지 않아서 좀 자신이 없어.
여: 너는 하지도 않고 쉽게 할 수 있는지 없는 지 어떻게 아니? 우선 힘껏 해보렴.
질문: 여자는 어떤 태도인가?
A. 격려함　B. 칭찬함　C. 자신 없어 함　D. 화를 냄

[해설] 남자가 "有点儿没把握 (좀 자신이 없다)"고 하자, 여자가 남자에게 "你不做怎么知道好办不好办，你先尽力去做吧。(해보지도 않고 어떻게 아느냐, 우선 열심히 해봐라)"라고 말한 것으로 보아 여자는 남자에게 격려를 해주고 있는 것을 알 수 있습니다. 참고로 '称赞'은 상대방이 잘했을 때 하는 말투이고, 상대방이 상심해 있거나 자신 없어 할 때에 하는 말투로는 정답으로 '鼓励'를 골라야 합니다.

[정답] A

03.

A. 表示肯定　　B. 有点熟悉　　C. 记不清楚　　D. 从来没见过

듣기
1부분

[원문]　女：看起来你们的关系很好，**认识很长时间了吧?**
　　　男：**就是，我们从小就一起长大。**
　　　问：男的是什么意思?

[번역]　여: 너희들 사이가 아주 좋아 보이는데, 알고 지낸지 오래됐지?
　　　남: 맞아, 우리 어릴 때부터 함께 자랐어.
　　　질문: 남자가 한 말은 무슨 뜻인가?
　　　A. 긍정을 표시함　　B. 조금 알고 있음
　　　C. 기억을 할 수 없음　　D. 한 번도 만난 적이 없음

[해설]　여자가 남자에게 "认识很长时间了吧? (알고 지낸지 오래됐지?)"라고 질문을 하자, 남자는 "就是(맞아)"라고 대답하는 것으로 보아 상대방의 의견에 동의하고 있는 것을 알 수 있습니다.

[정답]　A

04.

A. 很后悔　　B. 非常勇敢　　C. 没办法　　D. 十分自信

[원문]　男：最近手头有点儿紧，你节省着花钱吧。
　　　女：我又没大手大脚，家里人多、你挣得少，**有什么办法?**
　　　问：关于女的，可以知道什么?

[단어]　手头有点儿紧 shǒutóuyǒudiǎrjǐn 수중에 돈이 없다, 경제적으로 넉넉하지 않다 / 节省 jiéshěng 동 아끼다, 절약하다 / 大手大脚 dàshǒudàjiǎo 성 씀씀이가 헤프다

[번역]　남: 요즘 생활하기 빠듯한데, 돈 좀 아껴 써요.
　　　여: 저 헤프게 쓰는 거 없어요, 식구들은 많은데, 당신 벌이는 신통치 않고, 무슨 방법이 있겠어요?
　　　질문: 여자에 관해 알 수 있는 것은 무엇인가?
　　　A. 아주 후회함　B. 매우 용감함　C. 어쩔 수 없음　D. 매우 자신이 있음

[해설]　여자가 남자가 한 말에 대해 "有什么办法? (무슨 방법이 있어요?)"라고 반문한 것으로 보아 '방법이 없음'을 알 수 있습니다.

[정답]　C

① A. 理解　　　　　　　　　　B. 鼓励
　　 C. 责怪　　　　　　　　　　D. 安慰

② A. 同意　　　　　　　　　　B. 不同意
　　 C. 正在研究　　　　　　　　D. 没有表态

③ A. 温和　　　　　　　　　　B. 惊讶
　　 C. 厌烦　　　　　　　　　　D. 担心

④ A. 不满　　　　　　　　　　B. 满意
　　 C. 平静　　　　　　　　　　D. 赞许

⑤ A. 骄傲　　　　　　　　　　B. 愤怒
　　 C. 谦虚　　　　　　　　　　D. 悲伤

⑥ A. 称赞　　　　　　　　　　B. 说服
　　 C. 怀疑　　　　　　　　　　D. 赞同

⑦ A. 很奇怪　　　　　　　　　B. 犹豫不决
　　 C. 非常肯定　　　　　　　　D. 很满意

⑧ A. 嘲讽的　　　　　　　　　B. 称赞的
　　 C. 满意的　　　　　　　　　D. 表扬的

⑨ A. 想拒绝　　　　　　　　　B. 挺痛快
　　 C. 没主意　　　　　　　　　D. 有意见

⑩ A. 很相信　　　　　　　　　B. 很生气
　　 C. 不同意　　　　　　　　　D. 称赞

듣기
1부분

⑪ A. 不满　　　　　　　B. 怀疑
　 C. 遗憾　　　　　　　D. 抱歉

⑫ A. 尊敬　　　　　　　B. 称赞
　 C. 害怕　　　　　　　D. 讽刺

⑬ A. 很有意思　　　　　B. 很精彩
　 C. 很无聊　　　　　　D. 还没看过新电影

⑭ A. 后悔　　　　　　　B. 责备
　 C. 满意　　　　　　　D. 高兴

⑮ A. 不感谢男的　　　　B. 非常感谢男的
　 C. 觉得男的很麻烦　　D. 不知道男的是什么意思

⑯ A. 讽刺　　　　　　　B. 怀疑
　 C. 责备　　　　　　　D. 称赞

⑰ A. 满意　　　　　　　B. 责怪
　 C. 紧张　　　　　　　D. 怀疑

⑱ A. 非常满意　　　　　B. 很生气
　 C. 还可以　　　　　　D. 很不满

⑲ A. 拒绝　　　　　　　B. 理解
　 C. 吃惊　　　　　　　D. 高兴

⑳ A. 不满　　　　　　　B. 惊喜
　 C. 怀疑　　　　　　　D. 同意

이 부분은 부정을 두 번하여 의미를 강조하는 이중부정, 둘 이상을 서로 비교하는 비교구문, 그리고 접속사를 사용한 문장에 대해 학습하는 부분입니다. 특히 접속사와 관련된 문장의 뜻을 묻는 문제는 출제빈도수가 매우 높은 부분이므로 특히 집중적으로 학습해야 합니다.

1 내용

① 이중부정 표현이 있는 문제
② 비교구문 표현이 있는 문제
③ 접속사를 사용하여 문장에서 말하고자 하는 내용 자체를 묻는 문제

2 이중부정 · 비교구문 · 접속사를 묻는 질문유형

이중부정, 비교구문, 접속사 관련문제는 주로 '什么意思', '可以知道什么', '告诉我们什么' '등의 형식으로 질문을 하고, 시험에 자주 등장하는 질문형식은 다음과 같습니다.

(问) 女的主要是什么意思? 여자의 말은 무슨 뜻인가?

(问) 男的是什么意思? 남자의 말은 무슨 뜻인가?

(问) 关于小张可以知道什么? 샤오장에 관해 알 수 있는 것은?

(问) 这段对话告诉我们什么? 이 대화는 우리에게 무엇을 알려주는가?

3 기초 필수어휘 #013

① 이중부정 (双重否定)

: 부정을 두 번하여 자신의 생각이나 의견을 강하게 강조하는 것을 이중부정이라고 합니다.

> 非 fēi (要 yào, 得 děi) … 不可 bùkě [= 不行 bùxíng, 不成 bùchéng]
>
> = 一定要 yídìngyào ~, 必须 bìxū ~

: ~ 하지 않으면 안 된다. 반드시~해야 된다 (듣기부분에서는 대부분 "要[=得]"가 생략되어 나옴)

예 你就在这儿非说清楚不行。 너는 바로 여기에서 분명히 말하지 않으면 안 된다.

= 你就在这儿<u>一定要</u>说清楚。 너는 바로 여기에서 반드시 분명히 말해야 된다.

没有 méiyǒu ~ 不 bù ⋯

예 没有人不知道这部小说。 이 소설을 모르는 사람이 없다.

= 大家都知道。 누구든지 다 안다.

不 bù ~ 不 bù ⋯

예 今天的会议很重要，咱们不去不行。 우리는 가지 않으면 안 된다.

= 咱们<u>一定要</u>去。 우리는 반드시 가야 된다.

 新 HSK문제 유형분석    #013-1

A. 大家都说他不好   B. 大家都说他很好
C. 只有一个人说他不好   D. 不知道别人怎么说

[원문] 男: 你看，小王这个人怎么样？
女: 不论是同班同学还是单位同事，没有一个人说他不好。
问: 关于小王，我们可以知道什么？

[번역] 남: 네가 보기에 샤오왕은 어떤 사람인거 같니?
여: 같은 반 친구들이든 회사 동료들이든 상관없이, 그를 나쁘다고 말하는 사람은 한 사람도 없어.
질문: 샤오왕에 관해서 우리가 알 수 있는 것은 무엇인가?
A. 모두가 다 그를 나쁘다고 말함   B. 모두가 다 그를 좋다고 말함
C. 한 사람만 그를 나쁘다고 말함   D. 다른 사람이 어떻게 말하는 지 모름

[해설] 남자가 여자에게 샤오왕은 어떤 사람이냐고 묻자, 남자는 "没有一个人说他不好 (그를 나쁘다고 하는 사람은 한 사람도 없다)"고 대답하는 것으로 보아 샤오왕에 대해서 모두가 좋은 사람이라고 말하고 있는 것을 알 수 있습니다.

[정답] B

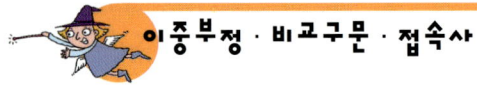

② 비교구문 #014

기본 문형

> 주어 + [比 (전)+문장/절] + 还 + (형용사) 서술어 + 一些 / 一点
> A   B   更   多了 / 得多 / 多 (×)
>   명/대

: 'A가 B보다 (더) ~ 하다'는 뜻이다. [→ A 선택]

예 他的个子比我的个子还高一些。 그의 키가 내 키보다 좀 더 크다. [→ 他的个子高]

> 주어 + 不 [比 (전)+문장/절] + (형용사) 서술어
> A   B
>   명/대

: 'A가 B보다 ~ 하지 않다' 즉, 'B가 더 ~하다'는 뜻이다. 위의 문형의 부정문이다. [→ B 선택]

예 他的个子不比我的个子高。 그의 키는 내 키보다 크지 않다. [→ 我的个子高]

참고
> 주어 + 不 [比 (전)+문장/절] + (형용사) 서술어 + 多少
> A   B
>   명/대

: '不比'와 '多少'를 함께 쓰는 경우 'A가 B보다 얼마 ~ 하지 않다' 즉, 'A와 B는 둘 다 (비슷하게) ~하다'는 뜻이다. [= 差不多]

예 他的个子不比我的个子矮多少。 그의 키는 내 키보다 얼마 작지 않다.
= 他的个子和我的个子差不多高。 그의 키와 내 키는 둘 다 크다.

> A 不如 B
> [= 比不上 , 比不过 , 比不了 / 赶不上 / 没有]

: 'A는 B만 못하다, A하느니 B하는 게 낫다'는 뜻이다. (= A는 B에 비교될 수 없다 / A는 B를 따라 잡을 수 없다 / A가 B보다 ~한 것이 없다) [→ B 선택]

예 他的外语实力不如你的外语实力强。 그의 외국어 실력은 네 외국어 실력보다 못하다.
= 你的外语实力比他强。 네 외국어 실력이 그보다 더 낫다.

我无论如何也比不上他。 나는 아무리 해도 그 보다는 못하다.
= 他比我好。 그가 나보다 낫다.

68

我的功课赶不上他。 나는 그만큼 공부를 잘 하지 못한다.
= 他的功课比我好。 그가 나보다 공부를 잘한다.

습관용어

듣기
1부분

A 跟 B 一样 [= 似的，相同，一般]

: 'A와 B는 같다' 는 뜻이다.

(예) 他跟他哥哥跑得一样快。 그는 그의 형과 똑같이 빨리 뛴다.

* 아래는 '最(很) + 형용사'의 뜻을 의미하는 비교구문의 관용적인 표현이고, 참고 의 내용
은 비교구문은 아니지만 같은 뜻을 가진 습관용어로 듣기부분에 자주 나오는 표현이므로
함께 알아 둡시다.

没有比… + 更(再) + 형용사 + 的了

: '～보다 더 …한 것은 없다' 즉 '가장(매우) 형용사하다'는 뜻의 관용적인 표현이다.

(예) 没有比她更漂亮的了。 그녀보다 더 예쁜 것은 없다. [= 她最(很)漂亮]

참고 1
再 + 형용사 + 不过了

: '더 이상 형용사 할 수 없다' 즉 '가장 형용사하다'는 뜻의 관용적인 표현이다.

(예) 她再漂亮不过了。 그녀보다 더 예쁜 것은 없다.

참고 2
형용사 + 得 + 不能 + 再 + 형용사 + 了 [= 형용사 + 得 + 无法形容]

: '더 이상 ～할 수 없다' 즉 '가장 형용사하다'는 뜻의 관용적인 표현이다.

(예) 这个苹果甜得不能再甜了。 이 사과는 더 이상 달 수 없을 정도로 달다.
= 这个苹果甜得无法形容。 이 사과는 형용할 수 없을 정도로 달다.

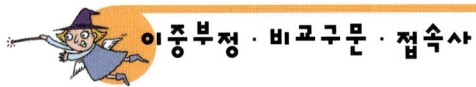

 新 HSK문제 유형분석  #014-1

A. 他不合适　　B. 非常不满　　C. 他最合适　　D. 他没有别人合适

[원문]　男：你觉得我有资格当班长吗?
　　　　女：我觉得没有比你更适合的人了。
　　　　问：关于男的当班长，女的表达的是什么意思?

[번역]　남: 너는 내가 반장이 될 자격이 있다고 생각하니?
　　　　여: 나는 너 보다 더 적합한 사람은 없다고 생각해.
　　　　질문: 남자가 반장이 되는 것에 대해서 여자의 말뜻은 무엇인가?
　　　　A. 그는 적합하지 않음　　　B. 매우 불만스러움
　　　　C. 그가 가장 적합함　　　　D. 그는 다른 사람보다 적합하지 않음

[해설]　남자가 여자에게 자신이 반장이 되는 것에 대해 묻자, 여자는 "没有比你更适合的人了(너 보다 더 적합한 사람은 없다)"라고 대답한 것으로 보아, 여자는 남자가 반장이 되기에 가장 적합하다고 생각하고 있는 것을 알 수 있습니다.

[정답]　C

③ 접속사 　　#015
: 단어와 단어, 구와 구, 절과 절,문장과 문장을 중간에서 하나로 이어주는 낱말을 접속사라고 합니다. 듣기부분에서 접속사는 문장의 뜻을 묻는 문제로 100% 출제되고 있습니다.

병렬관계(并列关系)
: 앞 뒤 형식과 길이가 비슷하거나 같으며, 한쪽으로 치우쳐지지 않고 대등한 관계를 나타내는 낱말을 말합니다.

又 yòu [= 既 jì] ~ 又 yòu ……。 / 也 yě [= 既 jì] ~ , 也 yě ……。

: (한 편으로) ~하면서, (또 한 편으로) …하다

예　这件衣服又便宜又好看。 이 옷은 싸면서도 예쁘다.
　　我们既会工作又会休息。 우리는 일을 할 수도 있고, 또 쉴 수도 있다.

一边 yìbiān [= 一面 yímiàn] ~ 一边 yìbiān [= 一面 yímiàn] ……。

: ~하면서, …하다 (두 가지 구체적인 동작이 동시에 진행될 때 씀)

듣기 1부분

(예) 我们一边唱歌一边跳舞。우리는 노래를 부르면서 춤을 춘다.

丈夫靠在沙发上，一边抽烟一边看电视。
남편은 소파에 기대서, 담배를 피우면서 TV를 본다.

인과관계(因果关系) ★
: 원인과 결과를 나타내는 낱말을 말합니다.

因为 yīnwèi + 원인 ~ , 所以 suǒyǐ [= 就 jiù, 才 cái, 而 ér] + 결과 ……。
= 由于 yóuyú ~ , 因此 yīncǐ [= 因而 yīnér, 就 jiù, 才 cái, 而 ér] ~ 。

: ～이니까 (～하기 때문에), 그래서 (그러므로) …하다

(예) 我因为事情太多，所以没去颐和园。나는 일이 너무 많아서 이화원에 못 갔다.
= 由于大家的观点不同，因此意见不统一。
모두의 관점이 다르기 때문에, 의견이 통일되지 않았다.

가정관계(假设关系)
: 가정과 결과를 나타내는 낱말을 말하고, 如果 뒤의 가정부분이 핵심내용에 해당합니다.

如果 rúguǒ + 가정 ~ , (那么) 就 + 결과 ……。 ★
[= 要是 yàoshi, 倘若 tǎngruò, 假如 jiǎrú]

: 만약 ～한다면, 곧 …일 것이다 (가정에 따라 결과가 바뀔 때 씀)

(예) 如果明天天气很冷，我就不去公园了。
만약 내일 날씨가 춥다면, 나는 공원에 가지 않을 것이다.

你如果身体不好，今天晚上就别再加班了。
네가 몸이 안 좋다면, 오늘 저녁에 또 야근하지 마라.

即使 jíshǐ + 가정 ~ , 也 [= 都] + 결과 ……。
[= 即便 jíbiàn, 就是 jiùshì, 就算 jiùsuàn, 哪怕 nǎpà]

: 설령 ～라 할지라도, (그러나) 모두 …이다
(가정과 상관없이 결과는 불변일 때 쓰며, "也 / 都" 뒤의 결과에 해당하는 부분이 핵심내용입니다)

(예) 即使明天下大雨，我也要去公园玩儿。
설령 내일 비가 많이 오더라도, 나는 공원에 놀러 갈 것이다.

(1) ·········· , 要不然 yàobùrán [= 否则 fǒuzé, 要不 yàobù, 不然 bùrán] ~ 。

(2) 幸亏 xìngkuī ~ , 要不然 yàobùrán ······ 。

: (1) ·········· , 그렇지 않았다면, 안 그랬으면 (~했을 것이다.)

　(2) 다행히, 운 좋게도 ~했다, 그렇지 않으면 ···했을 것이다

예 你一定要完成任务，要不然我们会失望的。

　너는 반드시 임무를 완성해야 돼, 안 그러면 우리가 실망할 거야.

　看来他已离开这儿了，否则为什么没看见他？

　보니까 그는 이미 여기를 떠난 것 같아, 그렇지 않으면 왜 그가 안 보이겠어?

　幸亏我早来五分钟，要不然就赶不上火车了。

　다행이 내가 5분 일찍 왔으니 망정이지, 안 그랬으면 기차를 못 탔을 거야.

전환관계(转折关系)★

: '그러나'의 뜻으로 서로 반대되는 뜻을 나타내는 두 개의 짧은 절을 이어주는 낱말을 말하고, "그러나" 바로 뒤 부분이 핵심 내용에 해당합니다.

虽然 suīrán + 사실 　　 ~ 　　, 但是 dànshì + 결과 ······ 。

[= 固然 gùrán, 尽管 jǐnguǎn, 虽说 suīshuō] 　[= 可是 kěshì, 不过 búguò, 然而 ránér]

: 비록(물론) ~이지만, 그러나 ···이다

예 虽然她没有经验，但是工作做得很好。 비록 그녀가 경험은 없지만, 일은 매우 잘한다.

= 尽管每个作家都有自己的风格，可是同一年代的作品总还有些共同的特点。

　비록 작가마다 모두 자신의 스타일이 있지만, 같은 시대의 작품은 늘 여전히 공통적인 특징들이 있다.

조건관계(条件关系)

: '조건'과 '결과'의 뜻을 나타내는 두 개의 짧은 절을 이어주는 낱말을 말하고, 대부분 "只要" 또는 "只有" 뒤의 조건에 해당하는 부분이 핵심내용입니다.

只要 zhǐyào + 여러 가지 조건 중 하나 ~ , 就 jiù + 결과 ······

: (조건이) ~라면, 곧 ···하다 (뒤의 결과가 나오기 위해서 앞의 조건이 필요함을 나타냅니다.)

예 只要你给她写一封信，她就会帮助你。

　네가 그녀에게 편지를 한 통 쓰기만 하면, 그녀는 너를 도와줄 것이다.

　只要我们说清楚，妈妈就会允许的。

　우리가 분명이 말씀드리면, 엄마께서는 허락하실 것이다.

只有 zhǐyǒu [= 除非 chúfēi] + 유일한 조건 ~ , 才 cái + 결과 …… 。

: 오로지(이러한 조건) ~이어야만, 비로소...이다
  (뒤의 결과가 나오기 위해서는 반드시 앞의 조건이 필요함을 나타냅니다.)

듣기
1부분

예 只有你答应他的要求，他才能做这件事。
  당신이 그의 요구를 들어 주어야만, 그는 비로소 이일을 할 수 있을 것이다.

  只有掌握了汉语，才能很好地学习各种专业知识。
  중국어를 마스터 해야만, 비로소 여러 가지 전공지식을 아주 잘 배울 수 있다.

不管 bùguǎn + 의문문 형식 ~ , 都 + 결과 …… 。
[= 无论 wúlùn，不论 búlùn]   [= 也，总是，反正]

: ~을 막론하고(~와 상관없이), 모두 …이다.
  (앞의 조건과 상관없이 결과는 불변임을 나타내고, "都/也" 뒤의 결과가 핵심어에 해당합니다.)

예 不管有多少理由，他那样说都是不对的。
  이유가 어떻든 간에, 그가 그렇게 말하는 것은 모두 틀렸다.

  无论出了什么事，都不能不休息啊。
  무슨 일이 일어났든지 상관없이, 모두 쉬지 않을 수는 없다.

凡是 fánshì [= 只要是 zhǐyàoshì] ~ , 都 dōu …… 。

: (무릇, 대체로) ~이기만 하면, 모두 …이다.
  (앞의 것이기만 하면 예외 없이 모두 뒤의 것임을 나타냅니다.)

예 凡是他的作品，我都喜欢。그의 작품이기만 하면, 나는 다 좋아한다.

  凡是孩子自己能做的事情，都应该让孩子自己去完成。
  아이 스스로 할 수 있는 일이기만 하면, 모두 아이 스스로 완성하게 해야 한다.

선택관계(选择关系)
: '두 개 또는 두 개 이상을 말한 후, 그 중에서 하나 또는 하나 이상을 '선택' 하는 뜻을 나타내는 복문
  에서 두 개의 짧은 절을 이어주는 낱말을 말합니다.

(1) (是) A ~ , 还是 B (呢)？ [의문문]
(2) 或者 A ~ , 或者 B 。 [평서문]

73

: (1) A 니, B니?

(2) A이거나, B이다

㉠ 他们是赞成还是不赞成？ 그들은 찬성을 했니, 아니면 반대를 했니?

你去或者我去，反正得去一个。 네가 가든 아니면 내가 가든, 어쨌든 한 사람은 가야된다.

---

(1) 不是 búshì A ~ , 就是 jiùshì B …… 。[A와 B 둘 중 하나를 선택]

[= 或者 A ~ , 或者 B …… 。]

(2) 不是 búshì A ~ , 而是 érshì B …… 。[B선택]

: (1) A가 아니면, (그러면) 바로 B이다, 즉 'A이거나 B이다'

(2) A가 아니라 (바로) B이다

㉠ 他不是老师就是学生。[= 他是老师或者是学生。]

그는 선생님이 아니면 학생이다. [= 그는 선생님이거나 학생이다.]

他不是老师而是学生。[= 他是学生。]

그는 선생님이 아니라 학생이다. [= 그는 학생이다.]

与其 yǔqí A , 不如 bùrú B 。[B 선택]

: A 하느니, B 하는 게 낫다 (A와 B 둘 중 "B를 선택" 할 때 씀)

㉠ 星期天与其呆在家里休息，不如出去散散步。

일요일에 집에서 쉬느니, 나가서 좀 산책을 하는 것이 낫다.

= 出去散散步比呆在家里休息好。

나가서 산책을 좀 하는 것이 집에서 쉬는 것 보다 낫다.

这个东西与其扔掉，不如送给需要的人。

이 물건은 버리느니, 필요로 하는 사람에게 주는 것이 낫다.

= 这个东西送给需要的人比扔掉好。

이 물건은 필요로 하는 사람을 주는 것이 버리는 것 보다 낫다.

진일보관계(进一步关系)

: 뒷 절의 내용이 앞 절의 내용보다 한걸음 더 나아갔음을 나타내는 낱말을 말합니다.

---

(1) 不但 búdàn ~ , 而且 érqiě [= 并且 bìngqiě, 还 hái, 又 yòu, 也 yě] …… 。

[= 不仅 bùjǐn, 非但 fēidàn]

(2) 不但 búdàn + 不 bù / 没 méi ~ , 反而 fǎnér …… 。

: (1) ~ 뿐만 아니라, 게다가 (또) …하다
 (2) ~하기는커녕, 오히려 (더) …하다

例 他**不但**会说英语，**而且**说得很流利。
그는 영어를 할 줄 알 뿐만 아니라, 유창하게 까지 한다.

我们的生活**不但**有了保障，生活水平**也**一天天提高了。
우리의 생활은 보장이 되었을 뿐만 아니라, 생활수준도 나날이 향상되었다.

你这样说**不仅不**能解决问题，**反而**会影响团结。
네가 이렇게 말하는 것은 문제가 해결되기는커녕, 오히려 단결에 영향까지 줄 것이다.

他生病去了医院，可是病**不但**没好，**反而**更严重了。
그는 병이 나서 병원에 갔는데, 그러나 병이 좋아지기는커녕, 오히려 더 심해졌다.

连 lián A **都** [= **也**] ~ ，**何况** hékuàng B **呢**？ [반문구]
= **连** lián A **都** [= **也**] ~ ，**更不用说** gèngbúyòngshuō B 。 [평서문]

[= **别说** biéshuō]

: A 조차도 …한데, 하물며 B는?, B는 말할 필요도 없다, B는 더 …하다

例 **连**北方都这么热，**何况**南方**呢**？ 북쪽조차도 이렇게 더운데, 하물며 남쪽은?
= **连**北方都这么热，**更不用说**南方了。/ 南方更热。
북쪽조차도 이렇게 더운데, 남쪽은 말할 필요도 없다. / 남쪽은 더 덥다.

这道题**连**老师都不知道，**何况**学生们**呢**？
이 문제는 선생님조차도 모르는데, 하물며 학생들은?
= 这道题**连**老师都不知道，**更不用说**学生们了。/ 学生们更不知道。
이 문제는 선생님조차도 모르는데, 학생들은 더 말할 것도 없다. / 학생들은 더 모른다.

 新 **HSK**문제 유형분석 #015-1

 **01.**

A. 早点儿没告诉他	B. 取消约会
C. 飞机没按时起飞	D. 迟到了

[원문] **男**：已经过了很长时间了，这到底是怎么回事？
 女：因为天气不好，今天的航班全都取消了。不能按规定的时间起飞，非常抱歉。
 问：女的为什么向男的表示道歉？

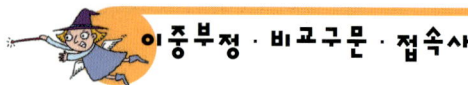

[번역]　남: 벌써 한참이 지났는데, 이게 도대체 어떻게 된 일인가요?
　　　여: 날씨가 안 좋아서, 오늘 비행기가 모두 결항되었습니다. 규정된 시간에 이륙을 하지 못하게
　　　　　돼서 너무 죄송합니다.
　　　질문: 여자는 왜 남자한테 미안함을 표시했나?
　　　A. 좀 일찍 그한테 알려주지 못했기 때문에　　　B. 약속이 취소되었기 때문에
　　　C. 비행기가 정해진 시간에 이륙을 못했기 때문에　　D. 늦었기 때문에

[해설]　여자가 남자에게 "不能按规定的时间起飞，非常抱歉。(정해진 시간에 비행기가 이륙을 하지
　　　못해서 죄송합니다.)"라고 말한 것으로 보아, 정답이 C인 것을 알 수 있습니다.

[정답]　C

02.

A. 赶上火车了　　　　　　　B. 赶不上火车
C. 可能赶上了　　　　　　　D. 不知道

[원문]　女：你知道东东昨天赶上火车了吗?
　　　男：幸亏他早来五分钟，要不然就赶不上火车了。
　　　问：关于东东，我们可以知道什么?

[번역]　여: 너 어제 동동이 기차를 탔는지 아니?
　　　남: 그가 5분 일찍 왔으니 망정이지, 안 그랬으면 기차 못 탈 뻔 했어.
　　　질문: 동동에 관해 알 수 있는 것은 무엇인가?
　　　A. 기차를 탔음　　　　　　B. 기차를 못 탔음
　　　C. 아마도 탔을 것임　　　　D. 모르겠음

[해설]　남자가 여자의 질문에 "幸亏 . . . . ，要不然就赶不上火车了。(다행이 ....했어, 안 그랬으
　　　면 기차를 놓쳤을 거야)"라고 대답한 것으로 보아 어제 동동은 기차를 탄 것을 알 수 있습니다.

[정답]　A

03.

A. 工作做得不好　　　　　　B. 经验很丰富
C. 工作做得很好　　　　　　D. 说不清楚

[원문]　女：刚新来的张经理，你觉得怎么样?
　　　男：我觉得虽然他没有经验，但工作做得非常突出。
　　　问：张经理怎么样?

[단어] 突出 tūchū ⑧ 뛰어나다, 우수하다 [= 出色 chūsè / 出众 chūzhòng / 优秀 yōuxiù]

[번역] 여: 막 새로 오신 장 사장님, 너는 어떤 것 같아?
남: 나는 그가 경험은 없지만, 일하는 것은 무척 뛰어나다고 생각해.
질문: 장사장님은 어떠한가?
A. 일을 못함 　　　　　　　 B. 경험이 풍부함
C. 일을 아주 잘함 　　　　　 D. 잘 모르겠음

[해설] 여자의 질문에 남자는 "虽然他没有经验，但工作做得非常突出。(경험은 없지만, 일은 아주 잘한다.)"라고 말한 것으로 보아, 정답이 C인 것을 알 수 있습니다.

[정답] C

듣기
1부분

 04.

A. 不用去医院 　　　　　 B. 要去医院
C. 在家休息 　　　　　　 D. 都不在乎

[원문] 女：我经常胃疼，可是最近工作很忙，一直没时间去医院。
男：即使工作再忙，你也还是要去医院检查一下。
问：男的建议女的怎么做？

[단어] 胃疼 wèiténg 위장병에 걸리다, 위가 아프다

[번역] 여: 나는 자주 위가 아픈데, 요즘 일이 너무 바빠서 계속 병원에 갈 시간이 없어.
남: 네가 일이 바쁘더라도, 역시 병원에 가서 검사를 받는 게 좋을 거 같아.
질문: 남자는 여자에게 어떻게 하라고 했는가?
A. 병원 갈 필요가 없다고 함 　　 B. 병원에 가라고 함
C. 집에서 쉬라고 함 　　　　　　 D. 다 상관없다고 함

[해설] 남자가 여자의 질문에 "你也还是要去医院检查一下。(너는 역시 병원을 가서 검사를 좀 해 보아야 한다)"라고 말하는 것으로 보아 정답은 B인 것을 알 수 있습니다.

[정답] B

1
A. 不相信小兰的话
B. 相信小兰的话
C. 非常喜欢小兰
D. 小兰在电视台工作

2
A. 不可信任
B. 很会办事
C. 说到做到
D. 准备充分

3
A. 小王化学没有我好
B. 小王化学比我好
C. 小王数学不如我好
D. 我数学比小王好

4
A. 城市不好
B. 城市的空气质量比农村的好
C. 农村的空气更好
D. 对现在的生活很满意

5
A. 比以前好
B. 糟糕极了
C. 和以前一样
D. 不如以前了

6
A. 小张发言没问题
B. 最好还是你发言
C. 你和他谁都无所谓
D. 他俩应一起发言

7
A. 人很容易犯错误
B. 不要太紧张
C. 一定要抓住好机会
D. 机会很重要

8
A. 今天是女的的生日
B. 今天不是妈妈的生日
C. 男的在提醒女的
D. 男的不知道妈妈的生日

9
A. 质量非常好
B. 以后再说吧
C. 价格可以再谈
D. 现在没有产品

10
A. 西瓜
B. 葡萄
C. 香蕉
D. 草莓

⑪ A. 现在很便宜   B. 现在很贵

C. 质量是关键   D. 价格要降低

⑫ A. 有实践经验   B. 个人学习过

C. 是她大学的专业   D. 跟朋友学习过

⑬ A. 款式新颖   B. 颜色漂亮

C. 质量好   D. 价格便宜

⑭ A. 没去火车站   B. 没见到舅舅

C. 不愿意去火车站见舅舅   D. 见到舅舅了

⑮ A. 王刚当然知道   B. 王刚和别人都不知道

C. 王刚不知道   D. 别人都不知道

⑯ A. 没做好计划   B. 没准备好钱

C. 没买到飞机票   D. 没干完身边的工作

⑰ A. 正在吃饭   B. 很喜欢做菜

C. 请朋友吃饭   D. 非常不喜欢做菜

⑱ A. 阿敏必须来我家   B. 阿敏来不来都可以

C. 阿敏愿意来   D. 阿敏不愿意来

⑲ A. 明天要去爬山   B. 今天风太大了

C. 不喜欢原来买的鞋   D. 买的鞋不合适

⑳ A. 哪儿都去过   B. 哪儿都没去过

C. 不喜欢去别的地方   D. 只喜欢去美国

4주차 월요일 회화표현

회화표현 1

듣기영역에서 舊HSK와 新HSK의 가장 큰 차이점은 이전의 듣기시험에서는 습관용어 관련 문제가 시험의 30~40% 이상을 차지했던 반면, 새로 바뀐 듣기시험에서는 들리는 그대로의 회화표현이 주류를 이룬다는 점입니다.

그러나 다른 여러 가지 시험과 마찬가지로 앞으로 新HSK 시험 역시 해를 거듭할수록 분명히 시험의 난이도는 점점 더 어려워질 것이며, 듣기부분에서도 단순히 그대로 들리는 문제뿐만이 아니라, 듣기부분에서 자주 다루어지는 습관용어와 관련된 문제도 많이 출제될 것입니다.

4주차 월요일 듣기부분에서는 이 두 가지를 병행해서 학습하는 방식으로 시험에 만전을 기하도록 합시다.

1 내용

① 대화를 들려준 후 대화 내용 자체를 그대로 묻는 문제 ★
② 말하고자 하는 내용을 유추할 수 있는 단어나 구절이 들어가 있는 문제

2 회화표현 자체를 묻는 질문유형

대부분 '什么意思', '可以知道什么', '怎么样' 등의 형식으로 질문을 하고, 시험에 자주 등장하는 질문형식은 다음과 같습니다.

(问) 男的是什么意思? 남자는 무슨 뜻인가?

(问) 从对话中我们可以知道什么? 대화에서 우리는 무엇을 알 수 있나?

(问) 女的对对方有什么看法? 여자는 상대방에 대해서 어떻게 생각하나?

(问) 男的怎么了? 남자는 어떠한가?

(问) 这家公司怎么样? 이 회사는 어떠한가?

듣기
1부분

01.

A. 他身体不好	B. 他感冒得很严重
C. 鼻子过敏	D. 他现在非常困

[원문] 女：你整天流鼻涕、打喷嚏，好像感冒了?
男：不，我的鼻子只是稍微有点儿过敏而已。
问：男的是什么意思?

[번역] 여: 너는 온종일 콧물을 흘리고, 재채기를 하는 것이 감기에 걸린 것 같은데?
남: 아니야, 내 코가 단지 좀 예민해서 그럴 뿐이야.
질문: 남자는 무슨 뜻인가?
A. 그는 몸이 아픔   B. 그는 심하게 감기에 걸렸음
C. 코가 예민함   D. 그는 지금 매우 피곤함

[해설] 여자의 감기 걸렸냐는 질문에 남자가 "我的鼻子只是稍微有点儿过敏而已。(내 코가 좀 예민해서 그럴 뿐이다.)"라고 말한 것으로 보아, 정답이 C인 것을 알 수 있습니다.

[정답] C

02.

A. 现在在医院	B. 需要手术
C. 今天可以出院	D. 男的是大夫

[원문] 女：你检查身体的结果怎么样?
男：你放心吧，大夫说再过一个星期就可以出院了。
问：关于男的，我们可以知道什么?

[번역] 여: 당신 신체검사 결과는 어때요?
남: 안심해, 의사 선생님께서 일주일만 더 있으면 퇴원할 수 있다고 하셨어.
질문: 남자에 관해서 우리가 알 수 있는 것은?
A. 지금 병원에 있음   B. 수술이 필요함
C. 오늘 퇴원해도 됨   D. 남자는 의사임

[해설] 여자가 남자에게 건강이 어떠냐고 묻자, 남자가 여자에게 "大夫说再过三、四天就可以出院了。(의사 선생님께서 며칠 만 더 있으면 퇴원할 수 있다고 하셨다.)"라고 말한 것으로 보아, 남자는 아직 병원에 입원 중인 것을 알 수 있습니다.

[정답] A

회화표현 2

가령 우리나라 사람들은 흔히 재미없는 이야기를 했을 때 상대방에게 '썰렁하다'라는 표현을 쓰는데 외국 사람들이 '썰렁하다'라는 말을 들으면 '날씨가 춥다'라고 사전적인 말 뜻 그대로 알아듣거나무슨 뜻인지 모르는 경우가 많습니다.
이처럼 중국 사람들도 일상생활에서 습관적으로 사용하는 회화적인 표현 즉 습관용어가 많은데'회화표현 Ⅱ'에서 듣기시험에 자주 등장하는 습관용어를 마스터해 보도록 합시다.

1 **내용**

: 일상생활에서 습관적으로 자주 사용하는 어휘의 뜻을 묻는 문제

2 **습관용어 관련문제를 묻는 질문유형**

대부분 '什么意思', '可以知道什么', '怎么样' 등의 형식으로 질문을 하고, 시험에 자주 등장하는 질문형식은 다음과 같습니다.

(问) 这句话是什么意思? 이 말의 뜻은 무엇인가?

(问) 男的是什么意思? 남자는 무슨 뜻인가?

(问) 从对话中我们可以知道什么? 대화에서 우리는 무엇을 알 수 있나?

(问) 男的怎么了? 남자는 어떠한가?

(问) 这句话告诉我们什么? 이 말은 우리에게 무엇을 알려주는가?

3 **기초 필수어휘** #018

01 爱 ài A 不 bù A A하든지 말든지 / A 就 jiù A 吧 ba A할 테면 해라

➡ 随你的便 네 맘대로 해라

예 A: 你再这样淘气, 我就告诉你妈妈!
   너 다시 이렇게 장난치면, 내가 너희 엄마한테 이를 거야!

   B: 你爱说不说, 随你的便。
   말하든지 말든지, 네 맘대로 해라.

02 巴不得 bābude, 恨不得 hènbudé, 恨不能 hènbunéng ~하기를 간절히 바라다, 갈망하다

➡ 很希望 아주 바라다, 很想 매우 ~하고 싶다

(예) 我巴不得快点儿放暑假，回老家看朋友。

나는 좀 빨리 여름방학을 해서, 고향에 가서 친구를 보기를 간절히 바란다.

03 百里挑一千里挑一 bǎilǐ tiāo yī qiānlǐ tiāo yī

백에서 하나를 고르다, 매우 출중하다, 우수하다, 매우 드물다

➡ (人) 有能力 능력이 있다 / (事情) 很难做 하기 어렵다

(예) 他是百里挑一千里挑一的人，老板您一定要抓住他。

그는 아주 우수한 사람이니, 사장님께서는 반드시 그를 잡아야 합니다.

小刘得到了全国冠军，这是百里挑一千里一挑的事儿。

샤오류는 전국우승을 했는데, 이것은 매우 드문 일이다.

04 彼此彼此 bǐcǐbǐcǐ 도토리 키재기이다, 피차일반이다, 마찬가지이다

➡ 差不多 비슷하다

(예) A: 几年不见，你的书法进步不少啊。

몇 년 만에 보았더니, 당신 서예솜씨가 많이 늘었군요.

B: 你过奖了，你也不错呀，咱们彼此彼此。

과찬이세요, 당신도 훌륭하니, 서로 피차일반이네요.

05 别看 biékàn A，可是 kěshì B。A라고 보지마라, 그러나 B이다.

➡ 虽然 A，但是 B。비록 A이지만, 그러나 B이다.

(예) 你别看他才工作一年，可是他已经当上经理了。

너는 그가 겨우 일 년 밖에 일하지 않았다고 얕보지 마라, 그는 이미 사장이 되었다.

06 别做梦 biézuòmèng 꿈꾸지 마라, 别做白日梦 biézuòbáirìmèng 헛된 꿈을 꾸지 마라,

想得美 xiǎngdeměi 꿈은 야무지다

➡ 不可能 불가능하다

(예) 你别做梦了，就你的水平绝对考不上北京大学!

꿈꾸지 마라, 네 수준으로는 절대로 북경대학에 들어갈 수 없으니!

07 不见得 bújiàndé，未必 wèibì 꿈꾸지 마라，不一定 bùyídìng 반드시, 꼭 ~인 것은 아니다, 아
닐 수 도 있다

➡ 否定语气 부정적인 어감

(예) 他说的话不见得就是真的，你还得亲自确认一下。

그가 한 말이 반드시 사실은 아니니, 네가 직접 확인을 좀 해야 한다.

83

08 不要紧 búyàojǐn 문제없다, 괜찮다, 대수롭지 않다

➡ ① (病) 不严重 병이 심하지 않다

② (事情) 没事儿 괜찮다, 대수롭지 않다, 상관없다, 没关系 상관없다

예 孩子的病不要紧，吃点感冒药就好了，你别担心了。
아이의 병은 심하지 않아서, 감기약을 좀 먹으면 되니까, 당신은 걱정하지 마세요.

会议一共举行三天，今天你不来也不要紧。
회의는 전부 삼일 간 열렸기 때문에, 오늘 네가 안와도 상관없다.

09 不至于 búzhìyú ~까지는 안 된다, ~할 정도까지는 아니다

➡ 不同意，反对语气 (상대방 의견에) 반대하는 어감

예 你不用担心，他就是不小心摔了一跤，我看不至于这么严重。
너는 걱정할 필요 없어, 그가 부주의해서 좀 넘어졌을 뿐이라서, 내가 보기에 그렇게 심각 할 정도는 아닌 것 같아.

10 差点儿 chà diǎr 하마터면 ~할 뻔 했다

➡ ① 差点儿(没) + 바라지 않는 일
[바라지 않는 일이 실제로 일어나지 않아서 다행임 / 没가 있든 없든 상관없음]

② 差点儿就 + 바라는 일
[바라는 일이 실제로 일어나지 않아서 아쉬움 / 보통 就를 함께 씀]

差点儿没 + 바라는 일
[바라는 일이 실제로 일어나서 너무 기쁨 / 没를 함께 씀]

예 我差点儿(没)死。(= 没死) 나 하마터면 죽을 뻔 했다.
我差点儿就考上大学了。(= 没考上) 나 대학에 합격할 뻔 했는데.
我差点儿没考上大学。(= 考上了) 나 대학에 합격 못 할 뻔 했다.

11 答应 dāying 동의하다, 허락하다, 대답에 응하다

➡ 同意 동의하다, 允许 허락하다

예 我觉得他说得有道理，你就答应他吧。
나는 그가 말하는 것이 일리가 있다고 생각해, 네가 그의 말을 들어 줘라.

12 地道 dìdao 본고장의, 순수한, 진짜의, (일이나 재료의 질 등이) 알차다, 좋다

➡ 标准 biāozhǔn 표준(적이다), 기준 / 很纯 hěnchún 순수하다, 정통하다

正宗 zhèngzōng 정통의, 전통적인 / 真正 zhēnzhèng 진정한, 진짜의 / 非常好 아주 좋다

예 你要想吃烤鸭，就去全聚德，那里的烤鸭很地道。
너는 오리구이가 먹고 싶으면, 전취덕에 가라. 그곳의 오리구이는 아주 일품이다.

13 发福 fāfú (인사말로) 몸이 좋아지다, 뚱뚱해지다 / 成胖子 chéngpàngzi 뚱뚱보가 되다

➡ 发胖 fāpàng 살찌다, 뚱뚱해지다

예 她天天吃零食，没过多久就成了胖子了。
그녀는 날마다 간식을 먹는데, 얼마 안 있으면 뚱뚱해 질 거야.

她喜欢吃很甜的食物，所以很容易发胖。
그녀는 단 음식을 좋아해서, 살이 찌기 쉽다.

14 放松 fàngsōng (긴장이나 근육 등을) 풀다, 완화시키다

➡ 不要太紧张了 너무 긴장하지 마라

예 考试的时候，我们要放松，不然会影响考试的。
시험 때, 우리는 긴장을 풀어야지, 안 그러면 시험에 영향을 줄 것이다.

15 给 gěi … 出难题 chū nántí，给 gěi … 找麻烦 zhǎo máfan，刁难 diāonàn …，
跟 gēn … 过不去 guòbuqù，为难 … wéinán，给 gěi … 添乱 tiān luàn
…를 못살게 굴다, 괴롭히다, 귀찮게 하다, 성가시게 하다, 난처하게 하다

예 你别再给我出难题了，我已经够烦的了。
너는 더 이상 나를 괴롭히지 마라, 나는 이미 너무 지겨우니까.

16 怪不得 guàibude 과연, 어쩐지

➡ 不觉得奇怪 이상하게 여겨지지 않다

예 怪不得你学做饭，原来是想当厨师呢。
어쩐지 네가 음식하는 것을 배우더라니, 알고 보니 요리사가 되고 싶어서 그러는 구나.

17 好容易 hǎoróngyì，很不容易 hěnbùróngyì，好不容易 hǎobùróngyì，不容易 bùróngyì
가까스로, 겨우

➡ 很难 매우 어렵다

예 转了好几家书店，我好容易才买到这本书。
나는 여러 서점을 돌아다니고 나서야 겨우 이 책을 샀다.

18 ① 火 huǒ，红火 hónghuo (장사, 사업 등이) 번성하다, 번창하다, 흥성하다
② 走红 zǒuhóng (사람이) 인기가 오르다, 유명하다, (물건이나 상품 등이) 인기가 있다, 잘 팔리다

➡ 很受欢迎 환영을 받다, 인기가 있다

예 这个连续剧最近特别火。 이 드라마는 요즘에 아주 인기가 있다.

这家新开的饭馆特别火，每天都有很多人来吃饭。
이 새로 개업한 음식점은 아주 장사가 잘되어서, 매일 많은 사람이 식사를 하러 온다.

19 几乎 jīhū, 差不多 chàbuduō 거의, 대부분

（예） 她几乎把这本书读完了。 그녀는 거의 이 책을 다 읽었다.

20 开夜车 kāiyèchē 밤새워 일하다, 공부하다

➡ 熬夜 áoyè 밤샘하다, 철야하다, 很晚睡觉 매우 늦게 잠자다

（예） 工作任务还没完成，我今晚又得开夜车了。
일을 다 끝내지 못해서, 나는 오늘 저녁에 또 밤샘을 해야 한다.

21 恐怕 kǒngpà, 也许 yěxǔ, 或许 huòxǔ, 说不定 shuōbudìng, 大概 dàgài,
说不准 shuōbùzhǔn, 没准儿 méi zhǔr, 多半 duōbàn

➡ 可能 아마도 (~일 것이다)

（예） 事情这么多，恐怕来不及了。 일이 너무 많아서, 아마 시간이 모자랄 것 같다.

22 可惜 kěxī, 遗憾 yíhàn 안타깝다, 아쉽다, 유감스럽다

（예） 她那么聪明，没通过考试太可惜了。
그녀는 그렇게 똑똑한데, 시험에 통과하지 못해서 너무 유감스럽다.

23 来不及 láibují 손쓸 틈이 없다, 시간이 맞지 않다, 赶不上 gǎnbushàng 제 시간에 안되다, 제 시간에
댈 수 없다

➡ 时间不够 시간이 부족하다, 모자라다

（예） 时间来不及了，你们先走，我一会儿打车去。
시간이 부족하니까, 너희가 먼저가라, 나는 조금 이따가 택시로 갈테니.

24 ① 露一手 lòuyīshǒu 솜씨를 보이다, 자랑하다
② 有两下子 yǒu iǎngxiàzi 실력이 보통이 아니다, 꽤 솜씨가 있다

➡ 能干 nénggàn 유능하다, 재능이 있다, 뛰어나다, 擅长 shàncháng 장기가 있다, 뛰어나다,
非常好 아주 잘 한다, 称赞语气 칭찬하는 어투

（예） 今天我给你露一手，让你尝尝我的手艺。
오늘 내가 너한테 솜씨를 발휘할 테니, 네가 내 솜씨를 좀 맛보도록 해라.

25 马大哈 mǎdàhā 덜렁이, 부주의한 사람, 부주의 하다

丢三落四 diūsānlàsì 이것저것 잘 잊어버리다, 건망증이 심하다

➡ 粗心 cūxīn 데면데면하다, 세심하지 못하다, 부주의하다

예 你这个马大哈，钱包没丢，在家里的桌子上，马上给你送过去。
이 덜렁아, 너 지갑 잃어버리지 않았어, 집 책상 위에 있잖아, 금방 너한테 가져다 줄께.

듣기 1부분

26 没说的 méishuōde, 没的说 méideshuō, 没治 méizhì 나무랄 것이 없다, 매우 잘한다

➡ 非常好 매우 잘 한다, 称赞语气 칭찬하는 어투

예 这个产品质量没说的，只是价钱有点儿贵。
이 물건은 품질은 너무 좋은데, 단지 가격이 좀 비싸다.

27 难过 nánguò, 痛苦 tòngkǔ, 伤心 shāngxīn 괴롭다, 고통스럽다, 힘들다

为难 wéinán 곤란하다, 힘들다, 난처하다

예 他因为太难过了，一整天都没有说话。
그는 너무 괴로워서, 온종일 말을 하지 않았다.

28 你说到哪儿去了 nǐshuōdàonǎrqùle 무슨 말을 그렇게 하니

➡ 你别这么说 그렇게 말하면 안 된다, 그렇게 말하지 마라

예 A: 这件事我不想做了，太麻烦了。
나는 이 일을 하고 싶지 않아요, 너무 번거롭단 말이에요.

B: 你说到哪儿去了，你不做谁做呢？
너 무슨 말을 그렇게 하니, 네가 안하면 누가하니?

29 去了 qùle, 过去了 guòqùle, 过世了 guòshìle, 去世了 qùshìle
가시다, 가다, 죽다, 사망하다, 서거하다

➡ 死了 sǐle 죽다

예 爷爷昨天在医院里去了，家里人很伤心。
할아버지께서 어제 병원에서 돌아가셨기 때문에, 가족이 매우 슬퍼했다.

30 失眠 shīmián 불면증, 잠을 못 이루다, 睡不着觉 shuìbuzháojiào 잠들 수 없다, 잠들지 못하다

예 我最近失眠了，喝牛奶、吃药都试过了，可怎么也睡不着。
나는 요즘 불면증이라서, 우유도 마셔보고, 약도 먹어 보았지만, 어떻게 해도 잠을 잘 수 가 없다.

31 上当 shàngdàng 속다, 속임수에 걸리다

➡ 被人骗了 bèirénpiànle 속다, 속임을 당하다

예 A: 你看，我在网上买的新手机怎么样?
네가 보기에는 내가 인터넷으로 구입한 새 핸드폰 어떤 것 같아?

B: 你上当了，这部手机是假的。 너 속았어, 이 핸드폰 가짜야.

32 受累 shòulèi, 吃力 chīlì, 吃苦 chīkǔ, 费力 fèilì, 辛苦 xīnku
~하기를 간절히 바라다, 갈망하다

➡ 真够你受的 zhēngòunǐshòude 고생하다, 힘들다, 수고하다

예 孩子太调皮了，让他受累了。 아이가 너무 개구쟁이라서 그를 힘들게 했다.

33 说不过去 shuōbuguòqù 말이 되지 않는다, 경우(사리)에 어긋나다

➡ 不应该这样做 이렇게 해서는 안 된다

예 你上班总是迟到，这样做太说不过去了。
너는 출근을 항상 늦게 하는데, 이렇게 하는 것은 너무 경우가 없는 것이다.

34 说不通 shuōbutōng, 听不进去 tīngbujìnqù
말이 통하지 않다, 말을 (귀담아) 듣지 않다, 귀 기울이지 않다

➡ 不听话 말을 듣지 않다

예 我说他好几次了，可他怎么也说不通。
나는 그에게 여러 번 말을 했지만, 그는 아무리 말해도 말이 통하지 않는다.

35 说话不算话 shuōhuàbúsuànhuà 말에 책임을 지지 않다, 말 한 대로 하지 않다

➡ 没说真话 거짓말하다, 只说不做 말만하고 하지는 않다

예 你说话不算话，以后谁还能相信你呀?
너는 말 한 대로 하지를 않는데, 나중에 누가 너를 믿을 수 있겠니?

36 态度不像话 tàidubúxiànghuà 하는 짓이 말이 아니다, 너무 못한다, 너무 나쁘다

➡ 态度不好 태도가 나쁘다

예 那家饭店的服务员态度不像话，总是和客人吵架。
그 음식점의 종업원은 태도가 너무 나빠서, 늘 손님과 다툰다.

37 土 tǔ 촌스럽다, 시류에 맞지 않다, 过时 guòshí 시대에 뒤떨어지다, 유행하지 않다

➡ **不流行** 유행하지 않다

(예) 这衣服看上去太**土**了，我还是买别的吧。
이 옷은 너무 촌스러워 보여서, 나는 아무래도 다른 것을 사는 게 낫겠다.

38 无可奈何 wúkěnàihé，无法 wúfǎ，只好 zhǐhǎo，只能 zhǐnéng，不得不 bùdébù，
不得已 bùdéyǐ 어쩔 수 없이, 하는 수 없이, 어찌할 방법이 없다, ~할 수 있을 뿐이다

➡ **没办法** (~할) 방법이 없다

(예) 失望归失望，对于他的决定我们也**无可奈何**。
실망한 것은 실망한 것이고, 그의 결정에 대해서 우리도 어쩔 수 없다.

39 无所谓 wúsuǒwèi，没关系 méiguānxi，不在乎 búzàihu，不在意 búzàiyì，
不介意 bújièyì 상관없다, 개의치 않다, 신경 쓰지 않다, 괜찮다, 대수롭게 여기지 않다

(예) 这件事你做不做都**无所谓**，别人也可以做。
이 일은 네가 하든 안 하든 상관없어, 다른 사람도 할 수 있거든.

40 下岗 xiàgǎng，被炒鱿鱼 bèichǎoyóuyú，被解雇 bèijiěgù 직장을 잃다, 해고당하다

➡ **失业了** shīyèle 직업을 잃다, 실업하다

(예) 自从**下岗**以后，我家家境越来越差了。
직장을 잃은 후, 나는 집안 형편이 점점 더 나빠졌다.

41 有把握 yǒubǎwò 자신이 있다 ➡ **有信心** yǒuxìnxīn
没把握 méibǎwò，没底 méidǐ 자신이 없다 ➡ **没信心** méixìnxīn

(예) 我**有把握**用三天时间把这个工作做完。 나는 삼일동안 이 일을 다 할 자신이 있다.

42 有出路 yǒu chūlù 방법이 있다，没(有)出路 (méi)yǒu chūlù 방법이 없다

➡ **(没)有办法** 방법이 있다(없다)

(예) 你只有努力学习，才能**有出路**找到好工作。
네가 열심히 공부해야만이 비로소 좋은 직장을 구할 방법이 있을 것이다.

43 有的是 yǒudeshì 얼마든지 있다, 많이 있다 ➡ **很多**
应有尽有 yīngyǒujìnyǒu 있어야 할 것은 전부 다 있다, 매우 잘 갖추어져 있다 ➡ **很全**

(예) 新开的那家超市商品**应有尽有**，吸引了很多顾客。
새로 연 그 수퍼마켓에는 물건이 고루 다 갖추어져 있어서, 많은 고객을 끌었나.

44 有我呢 yǒuwǒne 내가 있잖니

➡ 我帮助你 내가 너를 도울 수 있다, 你不用担心 걱정하지 마라

예 A: 我明天出差，家里的小狗没人照顾，怎么办?
나는 내일 출장을 가는데, 우리 집 강아지를 돌봐줄 사람이 없어서 어떻게 하지?

B: 别担心，有我呢，把它送到我家里来吧。
걱정하지 마, 내가 있잖니, 강아지를 우리 집에 데리고 와라.

45 서술어 + 得 + 很 (= 慌 huāng，要命 yàomìng，要死 yàosǐ，不得了 bùdéliǎo，了不得 liǎobudé，不行 bùxíng)

➡ 很 + 서술어 매우 ~하다

예 我肚子疼得要命，要马上去医院。 나는 배가 너무 아파서, 바로 병원에 가려고 한다.

46 被车撞倒了 bèichēzhuàngdǎole 차에 치이다

➡ 出交通事故 chūjiāotōngshìgù 교통사고가 나다, 发生事故 fāshēngshìgù 사고나다

예 那位老奶奶过马路的时候，被车撞倒了。
그 할머니께서 길을 건너실 때, 차사고가 났다.

47 别拿我开心了 bié ná wǒ kāixīnle，别拿我开玩笑了 bié ná wǒ kāiwánxiàole，别逗了 biédòule 장난치지 마라, 놀리지 마라, 농담하지 마라

➡ 不能相信 믿을 수 없다

예 A: 这个戒指送给你。 이 반지 너한테 줄게.

B: 这么贵的戒指怎么会送给我呢，别拿我开玩笑了。
이렇게 비싼 반지를 어떻게 나한테 줄 수 있겠니, 농담하지 마.

48 差不多全还给老师了 chàbuduō quán huán gěi lǎoshī le
거의 선생님께 다 돌려드렸다, 거의 다 잊어버렸다

➡ 几乎都忘了 거의 다 잊어버렸다, 거의 다 까먹었다

예 小学的时候学过的古诗，我差不多全还给老师了。
초등학교 때 배운 적이 있는 고시는 나는 거의 다 까먹었다.

49 多一个朋友多一条路 duōyígè péngyou duōyìtiáo lù
친구가 한 명 더 있으면 길도 하나 더 있다, 친구가 많으면 일을 처리할 때 매우 편리하다

➡ 朋友多办事才方便 친구가 많으면 일을 처리할 때 매우 편리하다

예 出门在外，要多交几个朋友，**多一个朋友多一条路嘛**。
밖에 나가서 친구를 몇 명 더 사귀면 일처리할 때 매우 편리하다.

50 过去的事 guòqùdeshì，就让它过去吧！jiù ràng tāguòqù ba
지나간 일은 지나가게 내버려두자, 과거는 잊어버려라

➡ **忘了过去吧** 과거는 잊어버려라

예 A: 以前咱俩吵架，都是我不好，你能原谅我吗？
전에 우리 둘이 싸웠는데, 다 내가 잘못했어, 네가 나를 용서해 줄 수 있겠니?

B: 算了吧，**过去的事，就让它过去吧！** 됐어, 지나간 일은 잊어 버리자!

51 (东西) 有味儿了 dōngxi yǒuwèr le 음식에서 냄새가 난다. 음식이 상했다

➡ **东西坏了** 음식이 상했다

예 A: 这块蛋糕是上个星期买的，你闻一闻是不是坏了。
이 케이크 지난주에 산 건데, 네가 상한 게 아닌지 냄새를 좀 맡아봐라.

B: 好像**有味儿了**，你别吃了。 상한 것 같으니까 먹지마라.

52 便宜没好货 piányi méi hǎohuò，好货不便宜 hǎohuò bù piányi
싼 것은 좋은 물건이 없고, 좋은 물건은 비싸다, 싼게 비지떡이다

➡ **不喜欢便宜的东西** 값이 싼 물건을 싫어하다

예 A: 前几天大减价，我买了一台洗衣机，没用几天就坏了。
며칠 전 대 바겐세일을 해서 나는 세탁기 한 대를 구입했는데, 며칠 쓰지도 않고 고장이 났다.

B: 你应该记住，**便宜没好货，好货不便宜**。
너는 싼 게 비지떡이라는 것을 확실히 기억해 둬라.

53 人应该活到老 rén yīnggāi huó dào lǎo，学到老 xué dào lǎo
늙을 때까지 살고 늙을 때까지 배운다. 죽을 때까지 배운다.

➡ **人应该坚持学习** 사람은 마땅히 계속 공부를 해야 한다

예 A: 你老这么大岁数了，还学英语啊？
너는 나이가 이렇게 많은데 아직도 영어를 배우니?

B: 人不**是应该活到老，学到老**嘛。 사람은 당연히 죽을 때까지 배워야 되는 거 아니니.

54 我们都怀疑自己的耳朵出了毛病 wǒmen dōu huáiyí zìjǐ de ěrduo chū le máobìng
우리는 모두 스스로의 귀를 의심했다.

➡ **不能相信** 믿을 수 없다

(예) 听到班长没考上大学的消息，我们都怀疑自己的耳朵出了毛病。

반장이 대학에 합격하지 못했다는 소식을 듣고, 우리는 모두 스스로의 귀를 의심했다.

55 现在都什么年代了? xiànzài dōu shénme niándài le 지금이 어느 시대이니?

➡ 太保守了 tàibǎoshǒule 매우 보수적이다

(예) A: 孩子，你的黄头发太难看了，还是换成黑色的头发吧。

애야, 네 노란색 머리는 너무 보기 싫으니, 아무래도 검은 색으로 바꾸는 게 좋겠다.

B: 妈妈，现在都什么年代了，我就喜欢黄色的头发，正在流行。

엄마, 지금이 어느 시대인데요, 나는 노란색 머리가 좋아요, 지금 유행이란 말이에요.

56 我跟你说东 wǒ gēn nǐ shuō dōng，你别跟我扯西 nǐ bié gēn wǒ chěxī

내가 너한테 동쪽을 이야기하는데, 너는 서쪽을 끌어다 대지 마라. 내가 이야기할 때에 딴 이야기 좀 하지 마라

➡ 我只想谈我们的事 나는 우리 일만 이야기하고 싶다

(예) A: 家里的烦心事，你就别说了，我们说点别的吧。

집안 걱정은 그만하고, 우리 다른 이야기를 좀 합시다.

B: 我跟你说东，你别跟我扯西， 家里的事还没解决呢!

내가 말할 때 딴 소리 좀 하지 마요, 집안일을 아직 해결 못했단 말이에요!

57 我认识他不是一天两天了 wǒ rènshi tā búshì yìtiān liǎng tiān le

내가 그를 알고지낸 것이 하루 이틀이 아니다

➡ 很了解他 그를 매우 잘 안다

(예) A: 这件事交给他去做，你觉得可靠吗?

이일을 그에게 맡겨서 하게 하는 것이 네 생각에 믿을 만한거니?

B: 放心吧，我认识他也不是一天两天了，他值得信任。

안심해, 내가 그를 안지도 하루 이틀이 아니니까, 그는 믿을 만해.

58 没坚持下来 méi jiānchí xiàlái 계속하지 않다

➡ 放弃了 fàngqìle 포기하다

(예) A: 听说你报名学车了，学得怎么样了?

네가 자동차 운전 연습장에 등록했다며, 배우는 것은 어떠니?

B: 别提了，我没坚持下来，早就不去了。

말도 마, 나 운전연습 그만 뒀어, 벌써 안 나간 지 오래됐다구.

59 以后你的路可要自己去走 yǐhòu nǐ de lù kě yào zìjǐ qù zǒu 앞으로 네 길은 스스로 가야 된다

➡ 你应该学会独立 (dúlì) 너는 당연히 홀로서는 것을 배워야 한다.

我不会让别人来决定的 wǒ búhuì ràng biéren lái juédìng de

나는 다른 사람이 결정을 하게하지 않을 것이다

➡ 自己做决定 스스로 결정하다

担心他们会影响我做出决定 dānxīn tāmen huì yǐngxiǎng wǒ zuòchū juédìng

그들이 내가 결정하는데 영향을 줄까봐 걱정이다

➡ 我愿意自己做决定 내 스스로 결정하기를 원하다

 我们只能给你提些意见，不能替你做决定，以后你的路可要自己去走。

우리는 네게 의견을 좀 말해줄 수 있을 뿐이지, 너 대신 결정을 할 수 없으니 앞으로 네 길은 네가 알아서 가야된다.

60 又让您破费了 yòu ràng nín pòfèi le 또 당신께 돈을 쓰게 하다, 금전상으로 폐를 끼치다

➡ 对方要付钱请客 상대방이 돈을 내서 한턱내려고 하다

 A：这次从国外回来，给您带了礼物，请收下吧。

이번에 외국에서 돌아왔는데, 당신께 드릴 선물을 가져왔으니 받아 주시오.

B：真不好意思，又让您破费了。 죄송해요, 또 당신께 폐를 끼치네요.

  #019

01.

A. 男的已经看了　　　　B. 很受欢迎
C. 还没有人看过　　　　D. 不好看

[원문]　男：你昨天晚上看的那部电影怎么样，挺有意思吧？我也很想去看看！
　　　　女：听说那部电影最近特别火，看了之后果然真不错啊！
　　　　问：关于那部电影，我们可以知道什么？

[번역]　남: 네가 어제 저녁에 본 그 영화 어땠니? 재미있었지? 나도 너무 보러가고 싶은데!
　　　　여: 그 영화 요즘 아주 인기가 있다고 들었는데, 보니까 과연 정말 괜찮더라.
　　　　질문: 그 영화에 관해서 우리가 알 수 있는 것은 무엇인가?
　　　　A. 남자는 이미 보았음　B. 매우 인기가 있음
　　　　C. 아직 본 사람이 없음　D. 재미없음

[해설]　남자가 여자에게 그 영화가 어떠냐고 묻자, 여자는 "那部电影最近特别火.(그 영화 요즘 아주 인기가 있다.)"라고 대답한 것으로 보아, 정답은 B인 것을 알 수 있습니다.

[정답]　B

02.

A. 跟大家吵过架　　　　B. 大家还没来
C. 时间不够了　　　　　D. 不想让大家去那儿

[원문]　男：这件事你自己不能决定，应该和大家商量商量。
　　　　女：不行，来不及了，以后再说吧。
　　　　问：女的为什么不同意跟大家商量？

[번역]　남: 이 일은 네 스스로 결정할 수 없고, 당연히 모두와 의논을 좀 해야된다.
　　　　여: 안 돼, 시간이 없어, 나중에 다시 이야기하자.
　　　　질문: 여자는 왜 모두와 상의하는 것에 동의하지 않았나?
　　　　A. 모두와 싸운 적이 있었기 때문에　　B. 모두가 아직 안 왔기 때문에
　　　　C. 시간이 부족하기 때문에　　　　　D. 모두를 그곳에 가게하고 싶지 않기 때문에

[해설]　남자가 여자에게 모두와 의논을 좀 해야 된다고 하자, 여자는 "来不及。(시간이 없다.)"라고 대답한 것으로 보아, 정답은 C인 것을 알 수 있습니다.

[정답]　C

03.

A. 应该还钱　　　　　　B. 不要还钱
C. 你误会了　　　　　　D. 别担心

[원문]　女：你放心，这钱我一定还给你。
　　　　男：哎，我可不是那个意思啊！
　　　　问：男的是什么意思？

[단어]　误会 wùhuì 명동 오해(하다)

[번역]　여: 이 돈 내가 반드시 네게 갚을 테니까 안심해라.
　　　　남: 아휴, 내 말은 그런 뜻이 아니잖니!
　　　　질문: 남자의 말뜻은 무엇인가?
　　　　A. 반드시 돈을 갚아야 됨　　　B. 돈을 갚을 필요가 없음
　　　　C. 자신의 말뜻을 오해했음　　　D. 걱정하지 말라고 함

[해설]　남자가 여자에게 "我可不是那个意思呀! (나는 그런 뜻이 아니다)"라고 말하는 것으로 보아 여자는 지금 남자의 말을 잘못 알아들은 것을 알 수 있다.

[정답]　C

04.

A. 不懂你的意思   B. 当然欢迎

C. 你来得很晚   D. 你快点说

듣기
1부분

[원문]   女：怎么？我来这儿，你不欢迎？
       男：看你说的，快来呀！
       问：男的的话最可能是什么意思？

[번역]   여: 왜? 내가 여기 오는 거 달갑지 않아?
       남: 얘 말하는 것 좀 보게, 빨리 와!
       질문: 남자의 말은 무슨 뜻일까?
       A. 네 말을 못 알아듣겠음   B. 당연히 환영함
       C. 네가 너무 늦게 왔음   D. 빨리 말해라

[해설]   여자가 남자에게 "你不欢迎？ (너 환영 안하니?)"라고 말하자, 남자는 여자에게 "看你说的，快来呀！ (얘 말하는 것 좀 봐, 빨리 와라!)" 하고 대답한 것으로 보아 남자는 여자가 오는 것을 좋아하고 있음을 알 수 있습니다.

[정답]   B

05.

A. 现在不想吃   B. 吃的东西坏了

C. 吃的时间长   D. 味道不好

[원문]   男：咱们吃饭吧，我早饭还没吃呢，饿死了。
       女：你的饭有味儿了，室内这么暖和，放的时间太长了。
       问：女的是什么意思？

[번역]   남: 우리 밥 먹자, 나 아침도 아직 안 먹어서 배고파 죽겠어.
       여: 네 밥 상했어, 실내가 이렇게 따뜻한데, 상온에 놔둔 시간이 너무 길었잖아.
       질문: 여자의 말뜻은 무엇인가?
       A. 지금은 먹고 싶지 않음   B. 먹는 음식이 상했음
       C. 먹는 시간이 김   D. 맛이 없음

[해설]   여자가 남자에게 "你的饭有味儿了。(네 밥 상했어)"라고 말하는 것으로 보아 정답은 B인 것을 알 수 있습니다.

[정답]   B

① A. 男的马上要工作了   B. 自己挣了钱，就会懂得挣钱不容易
C. 女的还没有工作   D. 家里经济困难

② A. 女的还没拿到驾照   B. 开运动会
C. 有人受伤   D. 出了事故

③ A. 路上还没找到牌子   B. 两件衣服的款式差别很大
C. 名牌东西价钱贵   D. 男的被骗人

④ A. 她昨晚很困   B. 男的没来很可惜
C. 话剧不好看   D. 她根本不喜欢看话剧

⑤ A. 不适应气候   B. 住宿有困难
C. 在国内工作   D. 饭食上不习惯

⑥ A. 考第一名   B. 上学
C. 努力学习   D. 做好孩子

⑦ A. 买最便宜的   B. 买功能最多的
C. 一定要抓住好机会   D. 买广告上介绍的

⑧ A. 生意不好   B. 生意很好
C. 饭店的面积很大   D. 菜不好吃, 但客人多

⑨ A. 孩子爱学习   B. 孩子接受女的的教育
C. 孩子不听女的的话   D. 女的只说过孩子一次

⑩ A. 他一会儿就走   B. 他不想见男的
C. 他很忙，不能来   D. 他一定要见男的

듣기 1부분

⑪ A. 这次考试太难　　　　　　B. 这次考试简单

　　C. 上次考试更难　　　　　　D. 上次没考好

⑫ A. 小王不想参加聚会　　　　B. 小王不知道今天有聚会

　　C. 小王马上参加聚会　　　　D. 她还没告诉小王

⑬ A. 女的不想去逛街　　　　　B. 男的没有衣服

　　C. 女的想买几本书　　　　　D. 男的有很多衣服

⑭ A. 现在不能发送　　　　　　B. 邮件有问题

　　C. 需要别人帮忙　　　　　　D. 文件很大

⑮ A. 价格很贵　　　　　　　　B. 婚礼取消了

　　C. 没有房间了　　　　　　　D. 已经找到了别的地方

⑯ A. 换一个房间　　　　　　　B. 想找设计师

　　C. 想铺一下地毯　　　　　　D. 打通客厅和卧室

⑰ A. 不能下载　　　　　　　　B. 中病毒了

　　C. 出故障了　　　　　　　　D. 反应很慢

⑱ A. 是一位大夫　　　　　　　B. 身体健康

　　C. 睡眠不好　　　　　　　　D. 已经去过医院检查身体

⑲ A. 买了新车　　　　　　　　B. 周末去郊区兜风

　　C. 要放假了　　　　　　　　D. 拿到驾照了

⑳ A. 这是不可能的　　　　　　B. 现在女的房子很大

　　C. 可以有大房子　　　　　　D. 她愿意买就买

듣기 2부분은 4~5마디로 구성된 대화형식의 문제 10문항과 8~10마디로 구성된 대화형식의 문제 또는 120–300자 정도로 구성된 단문형식의 문제 15문항이 출제됩니다. ==제1주차 목요일 듣기 2부분에서는 대화형식의 문제를 마스터해 봅시다.==

1 내용

① 대화 내용 자체를 그대로 묻는 문제
② 시간(과 계산), 인물(과의 관계, 직업과 신분), 장소, 원인이나 이유, 활동과 화제 등 육하원칙에 관한 것을 묻는 문제

2 질문유형

대부분 '什么意思', '可以知道什么', '怎么样' 등의 형식으로 질문을 하고, 시험에 자주 등장하는 질문형식은 다음과 같습니다.

① 대화 내용 자체를 그대로 묻는 문제

(问) 根据对话可以知道什么? 대화에 근거해서 알 수 있는 것은 무엇인가?
(问) 关于男的下列哪项正确? 남자에 관해 다음 중 옳은 것은 무엇인가?

② 육하원칙을 묻는 질문유형

(问) 男的要给谁打电话? 남자는 누구에게 전화를 해야 하는가? 〔인물〕
(问) 他什么时候可以出院? 그는 언제 퇴원할 수 있는가? 〔시간〕
(问) 他们现在在哪里? 그들은 지금 어디에 있는가? 〔장소〕
(问) 他们在谈论什么? 그들은 무엇을 이야기하고 있는가? 〔화제〕
(问) 男的正在做什么? 남자는 지금 무엇을 하고 있는가? 〔활동〕
(问) 男的为什么要回家? 남자는 왜 집에 돌아가야 하는가? 〔이유,원인〕

듣기 2부분

4-5마디 대화형식

01. 대화내용을 묻는 질문유형

> A. 女的没接到男的电话　　　B. 男的故意不接她的电话
> C. 男的外出修理电话了　　　D. 男的家里有点问题

[단어] 打不通 dǎbùtōng ⑧ 전화 통화가 안 되다, 전화연결이 안 되다 / 占线 zhànxiàn ⑧ (전화가) 통화 중이다 / 出故障 chū gùzhàng ⑧ 고장이 나다 / 修理 xiūlǐ ⑧ 수리하다, 고치다, 수선하다

[원문] 女：昨天你家的电话就是打不通，不是没人接就是占线。
男：我家的电话机出了点儿故障，只能往外打，不能往里接，我拿出去修理了。
女：现在修理好了吗?
男：没问题了。
问：根据对话可以知道什么?

[번역] 여: 받는 사람이 없는지 아니면 통화 중인지, 어제 너희 집에 전화통화가 안되더라.
남: 우리 집 전화기가 고장이 좀 나서 걸 수 만 있고 받을 수가 없어서 수리하러 가지고 나갔었어.
여: 지금은 다 고쳤니?
남: 문제없어.
질문: 대화에 근거해서 알 수 있는 것은 무엇인가?

A. 여자는 남자의 전화를 못 받았음　　　B. 남자는 여자의 전화를 일부러 받지 않았음
C. 남자는 전화기를 수리하러 밖에 나갔었음　　D. 남자의 집에 문제가 좀 있음

[해설] 여자가 남자한테 전화통화가 안 됐다고 하니까, 남자는 여자에게 "我家的电话机出了点儿故障 ～ 我拿出去修理了. (우리 집 전화기가 고장이 좀 나서 ～ 수리하러 나갔었다.)"라고 대답한 것으로 보아 정답이 C인 것을 알 수 있습니다.

[정답] C

02. 육하원칙을 묻는 질문유형

> A. 早上8点40分　　　B. 下午3点左右
> C. 晚上8点　　　　　D. 20点40分

[단어] 站台 zhàntái ⑧ 플랫폼

대화형식

[원문] 女：请问，314次到站了吗？

男：没有，现在是下午5点40分，大约要晚点3个小时左右。

女：什么时间可以进站台接人？

男：晚8点再来看看。

问：火车什么时候到站？

[번역] 여: 말씀 좀 묻겠는데, 314호 기차가 역에 도착했나요?

남: 아직 도착하지 않았어요, 지금이 오후 5시 40분이니까 아마 3시간쯤 연착 될 것 같습니다.

여: 언제 쯤 플랫폼에 들어가서 손님을 맞이할 수 있나요?

남: 저녁 여덟 시에 다시 나와 보세요.

질문: 기차는 몇 시에 역에 도착하는가?

A. 아침 8시 40분   B. 오후 3시 쯤   C. 저녁 8시   D. 20시 40분

[해설] 여자가 남자에게 314호 기차가 역에 도착했느냐고 묻자, 남자는 "现在是下午5点40分，大约要晚点3个小时左右.(지금이 오후 5시40분인데, 3시간 쯤 연착이 될 것이다.)"라고 대답한 것으로 보아, 기차는 20시 40분쯤 도착하는 것을 알 수 있습니다.

[정답]   D

8-10마디 대화형식

01.~03.

01.	A. 一个星期左右	B. 8天左右
	C. 20天左右	D. 1个月左右

02.	A. 身体不太好	B. 不能在家里吃饭
	C. 工作很忙	D. 要早点儿起床

03.	A. 父女	B. 同事
	C. 朋友	D. 夫妻

[단어] 来不及 láibují 통 시간이 모자라다, 늦다, 틈이 나지 않다 / 提前 tíqián 통 (시간이나 날짜 등을) 앞당기다 / 动身 dòngshēn 통 출발하다, 떠나다 [= 出发]

[원문] 男：明天公司派我去上海出差，你给我准备行李吧。

女：怎么突然出差啦？你这次出差多长时间呀？

男：今天是8月底，大概下个月中旬回来。怎么了？你不高兴了？

女：看你说的，你又不是一天两天这样。

男：因为这次出差时间有点长，加上你身体最近不太好，所以我有点担心。

女：我没事，你就放心走吧，家里的事都包在我身上。你明天可以在家吃饭吗？

100

男：不，来不及了，我早上9点30分的飞机，至少得提前3个小时动身。
女：好的，那我现在准备行李。
男：谢谢你，家里的事就辛苦你了。
女：看你说的，我们不是外人，不要这样说！

01. 问：男的大概出差多长时间？
02. 问：男的为什么担心女的？
03. 问：他们是什么关系？

[번역] 남: 내일 회사에서 나를 상하이로 출장을 보내는데, 당신이 짐을 좀 챙겨줘.
여: 어떻게 갑자기 출장을 가요? 당신 이번에 출장은 얼마나 걸려요?
남: 오늘이 8월 말이니까, 다음 달 중순쯤에 돌아 올 거야. 왜 그래? 기분이 안 좋아?
여: 당신도 참, 하루 이틀 이러는 것도 아닌데요, 뭘.
남: 이번 출장기간이 좀 긴데다, 당신 건강도 요즘 별로 안 좋아서, 내가 좀 걱정이 되네.
여: 전 괜찮아요, 안심하세요. 집안일은 다 내가 도맡아 할게요. 당신 내일 집에서 식사할 수 있어요?
남: 아니, 시간 없어. 내일 아침 9시 30분 비행기이니까, 최소한 3시간 전에는 출발해야 돼.
여: 알겠어요. 그럼 전 지금 짐을 챙길게요.
남: 고마워 당신, 집안일 때문에 고생이 많네.
여: 당신도 참, 우리가 모르는 사람도 아닌데, 그렇게 말하지 마세요!

01. 질문: 남자는 출장을 대략 얼마나 다녀오는가?
　　A. 1주일 쯤 다녀 옴　　　　B. 8일 쯤 다녀 옴
　　C. 20일 쯤 다녀 옴　　　　D. 1개월 쯤 다녀 옴

02. 질문: 남자는 왜 여자를 걱정하는가?
　　A. 건강이 별로 좋지 않아서　　B. 집에서 식사를 할 수 없어서
　　C. 일이 너무 바빠서　　　　D. 좀 일찍 일어나야 하기 때문에

03. 질문: 그들은 어떤 사이인가?
　　A. 부녀지간　　　　　　　　B. 직장동료사이
　　C. 친구지간　　　　　　　　D. 부부지간

[해설] 01. 남자의 두 번째 대화에서 남자가 여자한테 "今天是8月底，大概下个月中旬回来。(오늘이 8월 말이니까, 다음 달 중순쯤에 돌아 올 거야.)"라고 했는데, '11일~20일'을 중순이라고 하므로 남자가 출장을 20일 정도 다녀오는 것을 알 수 있습니다.

02. 남자의 세 번째 대화에서 여자한테 "你身体最近不太好，所以我有点担心。(당신 건강도 요즘 별로 안 좋아서, 내가 좀 걱정이 되네.)"라고 말한 것으로 보아 정답은 A인것을 알 수있습니다.

03. 남자가 여자에게 출장을 가니까 짐을 챙겨달라고 한 것, 여자가 남자에게 집안일은 자기가 맡아서 할 테니까 걱정하지 말라고 한 것 등을 볼 때 두 사람은 부부사이인 것을 알 수 있습니다.

[정답] 01. C　　02. A　　03. D

1
A. 房主和租房人
B. 旅客和宾馆服务员
C. 房主和购房人
D. 同事

2
A. 演员
B. 作家
C. 运动员
D. 学生

3
A. 2点
B. 2点15分钟
C. 3点
D. 1点55分钟

4
A. 今年比去年凉快
B. 去年比今年好受
C. 今年不如去年湿度大
D. 今年不如去年热

5
A. 今天一定下雨
B. 今天不会下雨
C. 不能肯定是否下雨
D. 下雨但不需带雨伞

6
A. 报社记者
B. 工厂厂长
C. 学校老师
D. 商店售货员

7
A. 王平已经多次去国外工作
B. 王平要出门
C. 王平恐怕要出国工作
D. 王平准备去日本

8
A. 他是小张的邻居
B. 人们想不起他来
C. 有了很大的进步
D. 他想当公司经理

⑨ A. 打得很不好   B. 够得上专业水平

C. 还可以，但不是专业水平   D. 无法确定

⑩ A. 公司职员   B. 公司老板

C. 继续上学   D. 不明确

⑪ A. 明天天气很不好   B. 明天天气很好

C. 明天有雨   D. 明天多云

⑫ A. 看了连续剧   B. 看了乒乓球比赛的电视节目

C. 打了一场乒乓球赛   D. 加入了韩国乒乓球队

⑬ A. 是"老太太"的意思   B. 是女人对丈夫母亲的称呼

C. 和"妈妈"完全不一样   D. 和"大妈"、"大娘"是一样的

⑭ A. 司机   B. 行人

C. 学车的教练   D. 乘车的客人

⑮ A. 这件事办得很糟糕   B. 这件事容易办

C. 这件事办得太马虎了   D. 这件事办得还算可以

⑯ A. 不愿意卖给男的   B. 她不是卖东西的

C. 女的要下班了   D. 没有东西可卖

⑰ A. 非常骄傲   B. 很满意

C. 惊讶   D. 谦虚

⑱ A. 足球爱好问题   B. 计算机操作问题

C. 孩子教育问题   D. 孩子习惯问题

⑲ A. 孩子现在发烧需要去医院   B. 孩子好转了很多

C. 昨天晚上电话坏了   D. 孩子的病完全好了

⑳ A. 女的觉得太便宜   B. 男的觉得花很新鲜

C. 男的认为价格很合算   D. 女的认为太贵

㉑ A. 男的是公司的经理   B. 女的想离开公司

C. 公司有很多年的历史   D. 男的很羡慕女的

㉒ A. 他觉得还是认真工作好   B. 不熟悉领导的脸色

C. 不接受领导的吩咐   D. 领导不太喜欢男的

㉓ A. 看孩子更重要   B. 看孩子并不重要

C. 认为男的说得有点儿过分   D. 认为男的说得太客气了

㉔ A. 质量很好   B. 质量不好

C. 想买一双   D. 价格不便宜

㉕ A. 老赵   B. 小张

C. 我   D. 老李

㉖ A. 问路   B. 指错了路

C. 坐错了公车   D. 要坐地铁

27
A. 考上大学了
B. 没考上大学
C. 不太聪明
D. 找到了工作

28
A. 不想吃饭
B. 去饭馆吃饭
C. 在朋友家做客
D. 请客人吃饭

29
A. 天气很好
B. 天气不正常
C. 多云
D. 不是刮风而是下雨

30
A. 女的换工作了
B. 男的觉得女的的工作不太好
C. 他们事先没有商量
D. 女的已经找到了别的工作

31
A. 工作
B. 学习
C. 结婚
D. 喝酒

32
A. 大学生
B. 教授
C. 饭馆的老板
D. 中学教师

33
A. 电脑服务中心
B. 家里
C. 百货商店
D. 朋友家

34
A. 电脑坏了
B. 系统中毒了
C. 质量有问题
D. 不能上网

35
A. 朋友
B. 顾客和售货员
C. 同事
D. 顾客和修理工

㊱ A. 是爱情片子　　　　　　　　B. 很受欢迎

　　C. 还没上映　　　　　　　　　D. 不知道好不好

㊲ A. 星期天下午一点　　　　　　B. 星期六下午两点半

　　C. 星期六下午一点　　　　　　D. 还没决定

㊳ A. 商店　　　　　　　　　　　B. 医院

　　C. 养老院　　　　　　　　　　D. 咖啡店

㊴ A. 喝得很香　　　　　　　　　B. 可以暖胃，促消化

　　C. 预防衰老　　　　　　　　　D. 减肥效果很好

㊵ A. 50元　　　　　　　　　　　B. 100元

　　C. 350元　　　　　　　　　　D. 400元

㊶ A. 工作　　　　　　　　　　　B. 出去玩儿

　　C. 去参加家长会　　　　　　　D. 做家务

㊷ A. 很关心儿子　　　　　　　　B. 不关心儿子

　　C. 要去参加家长会　　　　　　D. 经常跟孩子谈话

㊸ A. 机场　　　　　　　　　　　B. 地铁站

　　C. 火车站　　　　　　　　　　D. 郊区

㊹ A. 卧铺车票　　　　　　　　　B. 硬座车票

　　C. 软座车票　　　　　　　　　D. 没买到车票

㊺ A. 北京   B. 香港

C. 广东   D. 广州

㊻ A. 休息   B. 工作

C. 打电话   D. 生意

㊼ A. 很粗心   B. 非常慎重

C. 工作认真   D. 非常乐观

㊽ A. 很吃惊   B. 很开心

C. 很生气   D. 很着急

㊾ A. 病情更严重了   B. 病情比以前好了

C. 还没动手术   D. 没人照顾他

㊿ A. 今天   B. 明天上午

C. 下个月   D. 还不知道

3주차 목요일 단문형식

듣기 2부분은 4~5마디로 구성된 대화형식의 문제 10문항과 8~10마디로 구성된 대화형식의 문제 또는 120–300자 정도로 구성된 단문형식의 문제 15문항이 출제됩니다. 제3주차 목요일 듣기 2부분에서는 단문형식의 문제를 마스터해 봅시다.

① 내용

① 단문에서 말하고자 하는 요지 즉 글 전체의 주제를 묻는 문제
② 구체적인 내용을 묻는 문제

② 질문유형

① 글 전체의 주제를 묻는 질문유형

'可以知道什么', '主要谈什么', '主要想告诉我们什么' 등의 형식으로 질문을 하고, 시험에 자주 등장하는 질문형식은 다음과 같습니다.

(问) 这个故事主要想告诉我们什么? 대화에 근거해서 알 수 있는 것은 무엇인가?
(问) 这段话主要谈什么? 이 한 단락은 주로 무엇을 말하고 있는가?
(问) 这段话主要想说明什么道理? 이 한 단락은 주로 어떤 도리를 설명하려고 하는가?
(问) 根据这段话可以知道什么? 이 단락에 근거해서 알 수 있는 것은 무엇인가?

② 구체적인 내용을 묻는 질문유형

'下列哪项正确', '为什么这么做', '怎么样' '发生在哪里', '谁告诉他', '主要是什么意思' 등의 내용과 관련된 구체적인 사항을 질문을 하고, 시험에 자주 등장하는 질문형식은 다음과 같습니다.

(问) 关于这段话下列哪项正确? 단문 내용에 관해 다음 중 옳은 것은 무엇인가?
(问) 关于这段话下列哪项说法不正确? 단문 내용에 관해 다음 중 옳지 않은 것은 무엇인가?
(问) 小刚在经理面前表现的怎么样? 샤오강이 사장 앞에서 표현한 것은 어떠했는가?
(问) 孩子为什么这么做? 아이는 왜 이렇게 했는가?
(问) 关于小王可以知道什么? 샤오왕에 관해 알 수 있는 것은 무엇인가?

(问) 这个故事发生在哪里？이 이야기는 어디에서 일어났는가?

(问) "人生地不熟" 主要是什么意思？ "人生地不熟"는 주로 무슨 뜻인가?

 新 HSK문제 유형분석　#023

듣기
2부분

31.~33.

31. A. 长辈　　　　　　　　　　B. 年轻人
    C. 父辈　　　　　　　　　　D. 青少年

32. A. 他们跟老人的观念差不多　B. 喜欢过时的、传统的
    C. 很关心钱财　　　　　　　D. 喜欢追逐新潮

33. A. 指吃光用光的人　　　　　B. 指节省的人
    C. 指努力挣钱的人　　　　　D. 指喜欢旅游的人

[단어]
所谓 suǒwèi 이른바, 소위, ~라는 것은 (…를 말하다) / 父辈 fùbèi 명 아버지 대 / 勤俭 qínjiǎn 형 근검하다, 부지런하고 알뜰하다 / 节约 jiéyuē 동 절약하다 / 追逐 zhuīzhú 동 추구하다, 쫓다 / 新潮 xīncháo 형 최신유행(의), 새로운 풍조(의) / 不在乎 búzàihu 대수롭지 않게 여기다, 신경 쓰지 않다, 문제 삼지 않다 / 钱财 qiáncái 명 돈, 금전 / 攒钱 zǎnqián 동 돈을 모으다, 저축하다 [= 储蓄 chǔxù 명동 저축(하다)]

[원문 / 번역]
33. "月光族" 指的是将每月赚的钱都用光、花光的人，所谓吃光用光，身体健康。
    '月光族'는 매달 번 돈을 모두 써버리는 사람을 말하는데, 소위 다 먹고, 다 쓰고 건강하게 살자는 것을 말한다.
31. "月光族" 一般都是年轻一代，32. 他们与父辈勤俭节约的消费观念不同，
    '月光族'는 보통 젊은 세대인데, 그들은 아버지 대의 근검절약하는 소비관념과 달리
    喜欢追逐新潮，只要吃得开心，穿得漂亮。想买就买，根本不在乎钱财。
    최신 유행을 쫓는 것을 좋아하고, 즐겁게 먹고, 옷을 잘 입으려고만 한다. 사고 싶으면 사고, 돈은 아예 신경을 쓰지 않는다.

    "月光族" 是相对于努力攒点钱的 "储蓄族" 而言的。
    '月光族'는 돈을 벌려고 노력하는 '储蓄族'과는 상대적인 말이다.
    "月光族" 的口号：挣多少就花多少。
    '月光族'의 구호는 버는 것만큼 쓰는 것이다.

109

단문형식

31. 问 : "月光族" 指的是什么人? "月光族"는 어떤 사람을 가리키는가?
　　A. 손윗사람, 연장자　　　　　　　　B. 젊은 사람
　　C. 아버지 대　　　　　　　　　　　D. 청소년

32. 问 : 关于月光族下列哪项正确? "月光族"에 관해 다음 중 옳은 것은 무엇인가?
　　A. 그들은 노인의 관념과 비슷함　　　B. 유행이 지난 것, 전통을 좋아함
　　C. 돈에 관심이 많음　　　　　　　　D. 최신유행을 좇는 것을 좋아함

33. 问 : "月光族" 是什么意思? "月光族"는 무슨 뜻인가?
　　A. 다 먹고 다 쓰는 사람을 가리킴　　B. 절약하는 사람을 가리킴
　　C. 열심히 돈을 버는 사람을 가리킴　　D. 여행을 좋아하는 사람을 가리킴

[해설]

31. 둘째 줄에서 " '月光族' 一般都是<mark>年轻一代</mark>。('月光族'는 보통 젊은 세대이다.)"라고 말한 것으로 보아 정답이 B인 것을 알 수 있습니다.

32. 둘째 줄~ 셋째 줄에서 "他们与父辈勤俭节约的消费观念不同，<mark>喜欢追逐新潮</mark>，…根本不在乎钱财。(그들은 아버지 대의 근검절약하는 소비관념과 달리, 최신 유행을 좇는 것을 좋아하고, 돈은 아예 신경을 쓰지 않는다.)"라고 말한 것으로 보아 정답이 D인 것을 알 수 있습니다.

33. 첫째 줄에서 " '月光族' 指的是将每月赚的钱都<mark>用光、花光的人</mark>。('月光族'는 매달 번 돈을 모두 써버리는 사람을 가리킨다.)"라고 말한 것으로 보아 정답이 A인 것을 알 수 있습니다.

[정답]　31. B　　32. D　　33. A

34.~37.

34.　A. 山谷　　　　　　　　　　B. 路上
　　C. 动物园　　　　　　　　　D. 公园

35.　A. 闻了闻大熊的气味　　　　B. 逃跑了
　　C. 爬上了树　　　　　　　　D. 假装死了

36.　A. 很聪明　　　　　　　　　B. 不太勇敢
　　C. 办事很容易放弃　　　　　D. 喜欢开玩笑

37.　A. 遇到猛兽要假装死了
　　B. 遇到困难时能互相帮助的人，才是真正的朋友
　　C. 朋友之间应该要守信用
　　D. 多一个朋友多一条路

[단어]

躲 duǒ 통 숨다, 피하다 / 眼见 yǎnjiàn 통 눈으로 직접보다 부 곧, 즉시 / 机灵 jīling 형 영리하다, 기지가 있다 / 呼吸 hūxī 통 숨을 쉬다, 호흡하다 / 假装 jiǎzhuāng 통 ~인 척 하다, 가장하다 / 跟前 gēnqián 명 옆, 근처, 곁 / 患难 huànnàn 명 환난, 고난, 어려움 / 同行 tóngxíng 통 함께 가다, 동행하다

[원문 / 번역]

小王和王刚是平时非常要好的朋友, 34. 有一天他们一起上路。
샤오왕과 왕강은 평소에 아주 사이가 좋은 친구였는데, 어느 날 그들은 함께 길을 가게 되었다.
途中, 突然遇到一头大熊, 小王立即飞快地爬上了树, 躲了起来。
길을 가는 도중에 갑자기 큰 곰을 만나게 되었고, 샤오왕은 곧바로 빨리 나무위로 올라가서 숨었다.
35.36. 而王刚眼见逃跑也没希望, 便机灵地马上躺倒在地上, 不呼吸, 假装死了。
그리고 왕강은 도망가도 가망이 없다는 것을 직접보고, 영리하게 곧바로 땅바닥에 누워서 숨을 쉬지 않고 죽은 척을 했다.
据说, 熊从来不吃死人。곰은 죽은 사람을 먹지 않는다고 들었기 때문이다.
熊走到他跟前, 用鼻子在他脸上闻了闻, 转身就走了。
곰은 그의 곁으로 와서 코로 그의 얼굴 냄새를 좀 맡아 보더니 몸을 돌려 가버렸다.
躲在树上的小王下来后, 问王刚熊在他耳边说了什么。
나무 위에 숨어있던 샤오왕은 내려와서 곰이 왕강의 귀에 대고 뭐라고 말했는지 물어 보았다.
王刚回答说:"熊告诉我, 今后千万要注意, 别和那些不能共患难的朋友一起同行。"
왕강은 "곰이 나한테 꼭 명심하라고 했는데, 오늘이후부터 고난을 함께하지 않는 친구와는 같이 가지 말라고 했어" 하고 말했다.
37. 这故事说明, 能够共患难的人, 才是真正的朋友。
이 이야기는 고난을 함께하는 사람이야말로 진정한 친구라는 것을 설명하고 있다.

34. 问: 这个故事发生在哪里? 이 이야기는 어디에서 일어났는가?
   A. 산골짜기　　　　　　　　　B. 길, 도중
   C. 동물원　　　　　　　　　　D. 공원

35. 问: 王刚怎么应付大熊? 왕강은 커다란 곰을 어떻게 대처했는가?
   A. 커다란 곰의 냄새를 좀 맡았음　　B. 도망갔음
   C. 나무 위로 올라갔음　　　　　　D. 죽은 척 했음

36. 问: 根据这个故事, 王刚的性格有什么特点?
   이야기에 근거해 볼 때, 왕강의 성격은 어떤 특징이 있는가?
   A. 매우 똑똑함　　　　　　　　　B. 별로 용감하지 않음
   C. 일을 처리할 때 쉽게 포기함　　D. 농담하는 것을 좋아함

37. 问: 这个故事主要想说明什么道理? 이 이야기는 주로 어떤 도리를 설명하려고 했는가?
   A. 맹수를 만나면 죽은 척을 해야 함
   B. 어려울 때 서로 도울 수 있는 사람이야말로 진정한 친구임
   C. 친구사이에는 당연히 신용을 지켜야 함
   D. 친구가 한 명 더 있으면 길도 하나 더 있다 (친구가 많으면 일을 처리할 때 편리함)

[해설]

34. 첫째 줄에서 "有一天他们一起上路。(어느 날 그들은 함께 길을 가게 되었다.)"라고 말한 것으로 보아 정답이 B인 것을 알 수 있습니다.

35.36. 셋째 줄에서 "而王刚 ……, 便机灵地 ……, 不呼吸, 假装死了。(그리고 왕강은 ……, 영리하게 곧바로 ……, 숨을 쉬지 않고 죽은 척을 했다.)"라고 말한 깃으로 보아 35번의 정답은 D

이고, 36번 정답은 A인 것을 알 수 있습니다.

37. 맨 마지막 줄에서 "这故事说明，能够共患难的人，才是真正的朋友。(이 이야기는 고난을 함께하는 사람이야말로 진정한 친구라는 것을 설명하고 있다.)"라고 말한 것으로 보아 정답이 B인 것을 알 수 있습니다.

[정답] 34. B   35. D   36. A   37. B

38.~40.

38.	A. 不听父母的话	B. 一直当班长	
	C. 不爱说话	D. 没有朋友	
39.	A. 非常主动的	B. 很调皮	
	C. 比较消极的	D. 没有信心	
40.	A. 父母代替女儿办事	B. 采取强制手段	
	C. 总是责备她	D. 让她自己去做	

[단어]
激发 jīfā ⑧ (감정을) 불러일으키다, 끓어오르게 하다, 분발시키다 / 一致 yízhì 몡/형) 일치(하다), 같다 / 两口子 liǎngkǒuzi 몡 부부 (두 사람) / 耽误 dānwu ⑧ ① 일을 망치다, 그르치다 ② 시간을 지체하다, 늦다 / 对待 duìdài ⑧ 대하다, 접대하다 / 积极 jījí 형 적극적이다 / 稍微 shāowēi (부) 좀, 약간 / 采取 cǎiqǔ ⑧ (제도, 정책, 방법, 태도 등을) 취하다, 채택하다, 받아들이다 / 判断 pànduàn 명동 판단(하다) / 消极 xiāojí 형 소극적이다 / 主动 zhǔdòng 형 주동적이다, 능동적이다, 적극적이다

[원문 / 번역]
在教育孩子方面，我老婆比我做得很多，
아이를 교육하는 방면에서, 내 아내는 나보다 더 많이 하지만,
但是在经常鼓励、激发勇气等方面，我们的观点和做法是一致的。
그러나 자주 격려하고, 용기를 북돋워 주는 등 방면에서, 우리의 관점과 하는 방법은 같다.
38. 我的女儿从小学到高中一直在她们班里当班长。
　　내 딸은 초등학교 때부터 고등학교 때까지 계속 반에서 반장을 했다.
我们两口子从来不因为可能会耽误学习而反对，总是鼓励她开心地学习。
우리 부부는 여태껏 공부하는데 지장을 줄까봐 반대하는 경우는 없었고, 늘 딸에게 즐겁게 공부하라고 격려를 한다.
每当女儿带着一大堆同学到家里来玩儿的时候，我们夫妻非常热情地对待他们。
매 번 딸이 반 학생들을 몰고 집에 와서 놀 때면, 우리 부부는 아주 친절하게 그들을 대했다.
作为父母的一定要相信自己的孩子。
부모는 반드시 자기의 아이를 믿어야 한다.

112

39. 因为我女儿十分积极，所以我们稍微有点不安，
　　 우리 딸이 너무 적극적이기 때문에, 우리는 좀 불안하지만,
40. 但没有采取任何方法，而是既让她知道我们的意思，又让她自己判断，自己决定怎么去做。
　　 그러나 어떤 방법을 취한 적이 없으며, 딸이 우리의 뜻을 알게 하고, 또 한 편으로는 딸 스스로 판단
　　 을 해서, 자기 스스로 어떻게 해야 할 지 결정을 하게 한다.
结果她在每个方面都做得很好。
그 결과 딸은 모든 방면에서 모두 매우 잘한다.

38. 问：女儿从小学到高中有什么特点? 딸은 초등학교 때부터 고등학교 때까지 어떠한가?
　　 A. 부모님 말씀을 듣지 않음　　　　　 B. 줄곧 반장이었음
　　 C. 말이 없음　　　　　　　　　　　　 D. 친구가 없음

39. 问：女儿的性格怎么样? 딸의 성격은 어떠한가?
　　 A. 매우 주동적임　　　　　　　　　　 B. 아주 개구쟁이 임
　　 C. 소극적인 편임　　　　　　　　　　 D. 자신감이 없음

40. 问：说话人用什么方法教育孩子? 말하는 사람은 어떤 방법으로 아이를 교육하는가?
　　 A. 부모가 딸 대신 일을 처리함　　　　 B. 강압적인 방법을 취함
　　 C. 늘 딸을 혼냄　　　　　　　　　　　 D. 딸 스스로 하게 함

[해설]

38. 셋째 줄에서 "我的女儿从小学到高中一直在她们班里当班长。(내 딸은 초등학교 때부터 고등
　　 학교 때까지 계속 반에서 반장을 했다.)"라고 말한 것으로 보아 정답이 B인 것을 알 수 있습니다.

39. 맨 아래의 넷째 줄에서 "我女儿十分积极。(우리 딸이 너무 적극적이다.)"라고 말한 것으로 보아
　　 정답이 A인 것을 알 수 있습니다.

40. 맨 아래의 둘째~셋째 줄에서 "但没有采取任何方法，而是既让她知道我们的意思，又让她自
　　 己判断，自己决定怎么去做。(그러나 어떤 방법을 취한 적이 없으며, 딸이 우리의 뜻을 알게 하
　　 고, 또 한 편으로는 딸 스스로 판단을 해서, 자기 스스로 어떻게 해야 할 지 결정을 하게 한다.)"라
　　 고 말한 것으로 보아 정답이 D인 것을 알 수 있습니다.

[정답]　38. B　39. A　40. D

1
A. 将手洗干净还存有很多细菌
B. 涂抹洗手液以后要立即用水冲洗
C. 只要洗手就能彻底消除细菌
D. 洗手时间必须达到2分钟以上

2
A. 洗手是件很简单的事情
B. 洗手以后细菌就全部消灭了
C. 洗手一定要仔细认真
D. 旅途洗手太麻烦了

3
A. 手上的细菌很容易杀死
B. 洗手的重要性
C. 洗手需要用洗手液
D. 饭前便后要洗手

4
A. 大蒜的气味好
B. 大蒜能杀死多种细菌
C. 大蒜可以治病
D. 大蒜让人很烦恼

5
A. 很辣
B. 很香
C. 杀菌
D. 天然

6
A. 大蒜的历史
B. 大蒜的好处
C. 大蒜的缺点
D. 大蒜的吃法

7
A. 中国人口多缺少粮食
B. 中国农业发展不太好
C. 中国重视粮食问题
D. 中国粮食需要进口

8
A. 人口问题
B. 粮食问题
C. 经济问题
D. 土地问题

9
A. 吃的饱, 穿的暖
B. 吃饭
C. 穿衣
D. 种粮食

10
A. 晚餐后喝咖啡对健康有好处
B. 对睡眠没什么影响
C. 空腹喝咖啡刺激肠胃
D. 不能分解高热量的食物

⑪　A. 早餐前　　　　　　　　　B. 午餐后

　　C. 晚饭后　　　　　　　　　D. 睡觉前

⑫　A. 那些人适合喝咖啡　　　　B. 喝咖啡有什么好处

　　C. 喝咖啡的方法　　　　　　D. 什么时候喝咖啡合适

⑬　A. 艺术性　　　　　　　　　B. 娱乐性

　　C. 技术性　　　　　　　　　D. 力量性

⑭　A. 是一项体育运动　　　　　B. 不需要力量

　　C. 只需要技巧　　　　　　　D. 不需要训练很长时间

⑮　A. 介绍花样游泳的特点　　　B. 花样游泳的发展

　　C. 花样游泳的历史　　　　　D. 介绍游泳的项目

⑯　A. 很爱玩　　　　　　　　　B. 很聪明

　　C. 力气很大　　　　　　　　D. 爱喝水

⑰　A. 智慧比力气重要　　　　　B. 没有水会渴死

　　C. 喝水的方法很重要　　　　D. 力气比智慧重要

⑱　A. 渴死了　　　　　　　　　B. 喝到了水

　　C. 把水瓶打破了　　　　　　D. 没有喝到水

⑲　A. 喜欢养金鱼　　　　　　　B. 工作压力大

　　C. 很乐观　　　　　　　　　D. 容易疲劳

⑳　A. 可以改善情绪　　　　　　B. 缓解眼部疲劳

　　C. 减轻工作压力　　　　　　D. 人际关系冷漠

㉑　A. 上班族工作压力大　　　　B. 上班族的人际关系差

　　C. 在办公室养金鱼的好处　　D. 在办公室里养金鱼影响工作

115

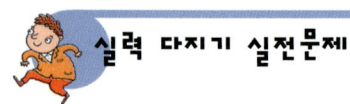

㉒ A. 被人杀死的　　　　　　　　　B. 撞死的

　　C. 饿死的　　　　　　　　　　D. 病死的

㉓ A. 捡到了很多兔子　　　　　　　B. 被人们嘲笑

　　C. 被人们羡慕　　　　　　　　D. 收获了很多粮食

㉔ A. 农民　　　　　　　　　　　　B. 猎人

　　C. 工人　　　　　　　　　　　D. 商人

㉕ A. 天下没有免费的午餐　　　　　B. 守在大树下就以捡到兔子

　　C. 做人要诚实　　　　　　　　D. 要保护动物

㉖ A. 是风景旅游区　　　　　　　　B. 只有山没有水

　　C. 是世界上面积最大的山　　　D. 动物和自然相融

㉗ A. 西部　　　　　　　　　　　　B. 东部

　　C. 南部　　　　　　　　　　　D. 中部

㉘ A. 地理环境　　　　　　　　　　B. 风土人情

　　C. 植物和动物　　　　　　　　D. 历史和人物

㉙ A. 经常骗人　　　　　　　　　　B. 经常帮助别人

　　C. 喜欢放羊　　　　　　　　　D. 害怕狼

㉚ A. 很好　　　　　　　　　　　　B. 不想理他

　　C. 可怜他　　　　　　　　　　D. 疼爱他

㉛ A. 被狼吃了很多只　　　　　　　B. 被狼咬伤了

　　C. 被狼全部吃掉了　　　　　　D. 被人们救了

㉜ A. 要学会尊重别人　　　　　　　B. 遇到狼不要惊慌

　　C. 做人要诚实，不要说谎　　　D. 不要和别人开玩笑

33
A. 被小孩偷了
B. 是邻居偷的
C. 是他自己弄丢的
D. 他借给邻居了

34
A. 没找到
B. 找到了
C. 又丢了
D. 被邻居的小孩偷了

35
A. 他喜欢刀
B. 他喜欢和孩子玩
C. 他喜欢怀疑人
D. 他不喜欢邻居家的小孩

36
A. 不要随便怀疑别人
B. 要好好保管自己的东西
C. 做事不要马虎
D. 要尊重孩子的意见

37
A. 三个人
B. 四个人
C. 五个人
D. 六个人

38
A. 强大的人
B. 有爱心的人
C. 有力量的人
D. 有钱人

39
A. 喜欢花的孩子
B. 喜欢玩儿的孩子
C. 善良的孩子
D. 有力量的孩子

40
A. 责任感和爱心使人强
B. 应该保护弱小的人
C. 做事情一定要坚持
D. 家人之间应该互相帮助

쓰기 1부분

제3단원의 쓰기 1부분은 4~6개의 단어를 알맞은 순서로
재배열하여 하나의 완전한 문장으로 만드는 문제가 출제됩니다.

쓰기 1부분에서 단어 재배열을 할 때에는 우선 '주어 + 동사 + 목적어'로 이루어진
문장의 3대 기본성분을 파악하고 나서 '관형어, 부사어'로 이루어진 수식성분과 서술어를 보충해주는 '보어'를
보충해서 배열하면 문장의 구조가 한 눈에 들어와서 훨씬 쉽게 문제에 접근할 수 있습니다.

그리고 문장의 구조를 알려면 우선 문장을 이루는 단어
즉 '명사, 대명사, 수량사, 동사, 형용사, 전치사, 부사, 접속사, 조사' 등에 해당하는 品詞를
5급 수준에 맞게 정리하고 암기해야 하는데 HSK 시험을 주관하는 단체인 한반(汉办)에서 발표한
5급 단어를 놓치지 않고 정리하면 효과적으로 시험 준비를 할 수 있으며,
문장성분과 품사 등 '이론' 부분을 학습한 후에 유형별로 묶어서 이와 관련된 문제를 풀어본다면
쉽고 빠르게 쓰기 1부분 전체를 마스터할 수 있습니다.

문장구조를 제대로 파악할 줄 아는 것은 모든 외국어학습의 기본바탕이라고 할 수 있으며,
新HSK 시험에서도 쓰기 1부분은 물론이고, 독해와 80자 단문쓰기 등
전 과목에 걸친 내용을 마스터하는데 상당히 도움이 됩니다.

 유형별 집중공략

1주차_ 문장의 기본구조 집중공략
1. 문장의 기본기 다지기   2. '주어 + 동사 + 목적어' 재배열하기   [1단계] 기본문형 배열하기 [2단계] 목적어의 형태
의 따른 동사의 분류 [3단계] 서술어 특수구문 (1) 주술술어문 (2) 연동문 (3) 겸어문 让·叫·使·令·请

2주차_ 수식어 집중공략
1. 부사   2. 전치사구   3. 부사어 地   4. 관형어 的

3주차_ 보어 집중공략
1. 결과보어   2. 방향보어   3. 가능보어   4. 정도보어   5. 수량보어 (시량보어, 동량보어)

4주차_ 문장구조 최종분석
1. 문장의 3가지 기본성분 찾기   2. 수식어 추가하기   3. 문장구조에 관한 최종분석 도표 / 총정리문제

제 3 단원

쓰기 2부분

쓰기 2부분의 단문쓰기에는 제시어를 사용한 단문쓰기와 사진보고 단문쓰기가
각각 1문제씩 출제되는데, 단문쓰기를 할 때에는 우선 시험지의 여백에
전체적인 흐름을 메모해 두었다가, 답안지에 정리된 내용을 쓰면서 마무리를 합니다.

단문쓰기는 중국어 회화와도 일맥상통해 있습니다.
글을 흐름이나 논리에 맞게 쓸 줄 알면 그것을 바탕으로 자신의 생각이나 의견도
정확하게 말로 표현해내기 쉽기 때문입니다. 제 3단원의 단문쓰기 부분을 잘 학습해서
쓰기와 말하기 두 마리토끼를 다 잡아 봅시다.

유형별 집중공략

1주차 화요일 문장의 기본구조 집중공략

쓰기 1부분은 '주어, 서술어, 목적어, 관형어, 부사어, 보어' 등을 문법에 맞게 재배열하여 하나의 완전한 문장을 만드는 부분입니다. 따라서 문법을 자세히 공부할 필요가 없으며, 기본적인 품사와 문장성분을 익히고 나서, 전체적인 문장의 구조를 파악하여 올바른 하나의 문장으로 만드는 것을 학습하면 됩니다.

제1주차 화요일 쓰기 1부분에서는 우선 문장의 기본골격에 해당하는 '주어+서술어(+목적어)' 로 이루어진 문장을 학습해 보기로 하는데, 특히 기본기 다지기 → '주어+서술어(+목적어)' 재배열하기 → 목적어의 형태에 따른 동사의 분류 → 주술 술어문 → 연동문 → 겸어문 让 · 叫 · 使 · 令 · 请의 순서로 학습하면서 문장의 가장 핵심이 되는 서술어를 완전히 마스터해 봅시다.

I. 기본기 다지기

1 '품사'란 무엇일까?

단어의 의미, 형태, 기능을 문법적으로 분류해 놓은 것을 품사라고 합니다. 한 마디로 '품사 = 단어'라고 말할 수 있습니다. 중국어는 '수사, 양사, 명사, 대명사, 동사, 형용사, 전치사, 방위사, 부사, 접속사, 조사, 감탄사, 의성사' 등 주로 13품사로 분류합니다. 우리가 제1주차 화요일에서 학습해야 할 품사들이 가지고 있는 뜻은 다음과 같습니다.

수사

'수사'는 바로 '숫자'를 말합니다.

예 一 일, 二 이, 三 삼, 四 사 ……

양사

사람, 동물, 식물, 사물 등을 세는 단위를 '양사'라고 합니다.

예 一个人 한 사람, 一只鸽子 비둘기 한 마리, 一棵树 나무 한 그루, 一把椅子 의자 하나 ……

명사

사람이름과 호칭, 동물과 식물의 이름과 명칭, 사물의 명칭 등 모든 이름을 나타내는 낱말을 명사라고 합니다.

(예) 小王 샤오왕, 老刘 라오류, 老虎 호랑이, 猫 고양이, 玫瑰 장미, 菊花 국화, 桌子 책상 (테이블), 镜子 거울, 眼睛 눈, 手 손 ……

대명사

다른 낱말이나 문장을 대신하거나 가리키는 낱말을 대명사라고 합니다. 대명사에는 사람의 이름이나 호칭을 대신하는 '인칭대명사', 앞의 낱말이나 문장을 가리키는 낱말인 '지시대명사', 의문문에서 상대방에게 물어 볼 때 쓰는 '의문대명사'등이 있습니다.

(예) 인칭대명사 (人称代词)
: 我 나, 你 너, 您 당신 (존칭어), 他 그, 她 그녀, 我们 우리들, 你们 너희들, 他们 그들, 她们 그녀들 ……

지시대명사 (指示代词)
: 那 그(저)것, 这 이것, 那里 거기(그곳), 这里 여기(이곳) ……

★ '수사, 양사, 명사'는 '수량사'의 형태로 함께 다니며, 명사와 비슷한 역할을 합니다.

동사

움직임, 사람의 심리 또는 존재, 발전, 변화, 소실을 나타내는 낱말을 '동사'라고 합니다.

(예) 움직임을 나타내는 동사
: 来 오다, 去 가다, 跑 뛰다, 写 쓰다 ……

심리를 나타내는 동사
: 希望 바라다, 喜欢 좋아하다, 讨厌 싫어(미워)하다 …… ['심리활동 동사'라고 부름]

존재, 발전, 변화, 소실을 나타내는 동사
: 是 ~이다, 在 ~에 있다, 有 있다, 住 살다, 变化 변화하다 ……

형용사

사람이나 사물의 상태나 성질을 묘사하는 낱말을 '형용사'라고 합니다.

(예) 高兴 기쁘다, 漂亮 예쁘다, 干净 깨끗하다, 慢 (속도가) 느리다, 快 (속도가) 빠르다, 红 붉다, 白 희다 ……

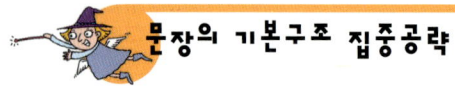

2 '문장성분' 이란 무엇일까?

문장을 구성하고 있는 주요성분을 '문장성분'이라고 합니다. 문장성분에는 기본성분인 '주어 · 서술어 · 목적어', 수식성분인 '부사어 · 관형어', 그리고 서술어를 보충해주는 '보어'가 있습니다.

3 품사는 문장에서 어떤 성분으로 쓰일까?

문장 맨 앞의 명사나 대명사를 '주어'라고 하고, 문장 맨 뒤의 명사나 대명사를 '목적어'라고 합니다. '주어+서술어+목적어'로 쓰일 수 있는 품사는 다음과 같습니다.

① '주어나 목적어' 가 될 수 있는 것

'명사', '(인칭 · 지시) 대명사', '수량사' 등이 있습니다.

> 예 一个年轻人养了一只猫。 한 젊은이가 고양이 한 마리를 길렀다. [수량사]
>
> 我去图书馆看书。 나는 책 보러 도서관에 간다. [인칭대명사, 명사]
>
> 这是我昨天买回来的东西。 이것은 내가 어제 사가지고 돌아온 물건이다. [지시대명사, 명사]

② '서술어' 가 될 수 있는 것

'동사와 형용사' 등이 있습니다. 특히 동사 서술어 뒤에는 주로 목적어가 오지만, 형용사 서술어 뒤에는 목적어가 올 수 없습니다.

> 예 家长应该培养孩子爱学习的习惯。 [동사서술어 + 목적어]
> 학부모는 아이에게 공부하는 것을 좋아하는 습관을 길러 주어야 한다.
>
> 这条裙子很漂亮，只是有点儿贵。 [형용사서술어 + ~~목적어~~]
> 이 치마는 예쁜데, 좀 비싸다.

2. '주어 + 서술어(+목적어)' 재배열하기 집중공략

[1단계] 기본문형 배열하기

> 공략1. 제시된 단어의 품사와 뜻을 파악한다.
>
> 공략2. 제일 먼저 서술어를 찾는다.
>
> 공략3. ① 동사 서술어가 있는 경우
> • 동사 서술어와 조합이 알 맞는 주어와 목적어를 찾는다.

> ⋯➤ 주어 + 동사 + 목적어。
> > [주어와 목적어 : 명사 / 대명사 / 수량사 / (인칭, 지시)대명사]
>
> ② 형용사 서술어가 있는 경우
> * 형용사 서술어와 조합이 알맞는 '주어'를 찾는다.
> ⋯➤ 주어 + 형용사 서술어。
> > [명사 / 대명사 / 수량사 / (인칭, 지시)대명사]
>
> * '정도부사'가 있는 경우 형용사 서술어 바로 앞에 쓴다.
> ⋯➤ 주어 + 정도부사 + 형용사 서술어 。

新 HSK 문제 유형분석

📍 01.~06.

01.	就是	休息	现在的任务
02.	有	这段经历	很多意义
03.	创造	一种精神劳动	是
04.	离不开	语言	我们
05.	缺少	说服力	那个理由
06.	低	外语水平	咱们班的 很

[단어] 任务 rènwu 📖 임무 / 经历 jīnglì 📖 📖 경험(하다) / 意义 yìyì 📖 의미, 의의, 가치 / 创造 chuàngzào 📖 📖 창조(하다) / 精神劳动 jīngshén láodòng 📖 정신노동 / 离不开 líbukāi 📖 떨어질 수 없다, 뗄 수 없다 / 缺少 quēshǎo 📖 부족하다, 모자라다 / 说服力 shuōfúlì 📖 설득력 / 理由 lǐyóu 📖 이유

[해설]
01. 서술어는 동사 '是'입니다. 문맥상 '현재의 임무는(지금 해야 할 일은) 쉬는 것이다'라는 뜻이므로 주어는 '~的任务'이고, 목적어는 '休息'가 되어야 합니다.

02. 서술어는 동사 '有 (있다)'입니다. 문맥상 '경험은 가치가 있다'라는 뜻이므로 주어는 '这段经历'이고, 목적어는 '~意义'가 되어야 합니다.

03. 서술어는 동사 '是'입니다. 문맥상 '창조는 정신노동이다'라는 뜻이므로 주어는 '创造'이고, 목적어는 '一种精神劳动'이 되어야 합니다. 가령 서술어가 여러 개 나오는 경우 가 있다면 '是'

123

는 보통 첫 번째 서술어 자리에 씁니다.

04. 서술어는 동사 '离不开'입니다. 문맥상 '우리는 언어와 뗄 수 없다'는 뜻이므로 주어는 '我们'이고, 목적어는 '语言'이 되어야 합니다. 피동문이 아니라면 사람명사와 사물 명사가 함께 있다면 주어자리에는 주로 사람명사가 오는 경우가 많습니다.

05. 서술어는 동사 '缺少'입니다. 문맥상 '그 이유는 설득력이 부족하다'는 뜻이므로 주어는 '那个理由'이고, 목적어는 '说服力'가 되어야 합니다.

06. 서술어는 형용사 '低'이므로 정도부사 '很'과 함께 써서 '很低'라고 해야 합니다. 또한 문맥상 '수준이 낮다'는 뜻이므로 주어는 '外国水平'이고, 소유를 나타내는 낱말 '咱们班的'는 주어 앞에 써서 '咱们班的外国水平'의 형태로 씁니다.

[정답] 01. 现在的任务/就是/休息。 현재 임무는 바로 쉬는 것이다.

02. 这段经历/有/很多意义。 이 기간 동안의 경험은 많은 의미가 있다.

03. 创造/是/一种精神劳动。 창조는 일종의 정신노동이다.

04. 我们/离不开/语言。 우리는 언어와 뗄 수 없다.

05. 那个理由/缺少/说服力。 그 이유는 설득력이 부족하다.

06. 咱们班的/外语水平/很/低。 우리 반 외국어 수준은 매우 낮다.

[2단계] 목적어의 형태에 따른 동사의 분류

동사는 크게 목적어와 함께 쓰이는 '타동사'와 목적어 없이 혼자 쓰이는 '자동사'로 나뉩니다. 그 중에서 타동사의 목적어의 형태는 다시 '명사/대명사 목적어', '동사 목적어', '문장 또는 절 목적어'로 나뉩니다. 동사는 대부분 '명사/대명사' 목적어와 함께 다니지만, '동사 목적어'나 '문장/ 절' 목적어와 함께 다니는 동사는 반드시 외워 두어야 합니다.

예 公司决定于2010年9月1号在长城饭店举办联欢会。
회사에서는 2010년9월1일에 장성호텔에서 환영회를 열기로 결정했다.

我们继续学习了一年汉语。
나는 1년간 중국어 공부를 계속했다.

자동사는 주로 이합동사를 말하는데, 이합동사(离合动词)란 '见面(만나다)' 처럼 동사로 쓰이지만, '见'과 목적어 '面(얼굴)'로 나눌 수 있는 동사를 말합니다.

예 见面 (동) 만나다 = 见(동) + 面(목)

목적어를 이미 가지고 있는 이합동사는 뒤에 목적어를 다시 쓸 수 없습니다. 그밖에 '送行(배웅하다)' 처럼 이합동사가 아니더라도 목적어를 쓰면 안 되는 자동사도 있습니다.

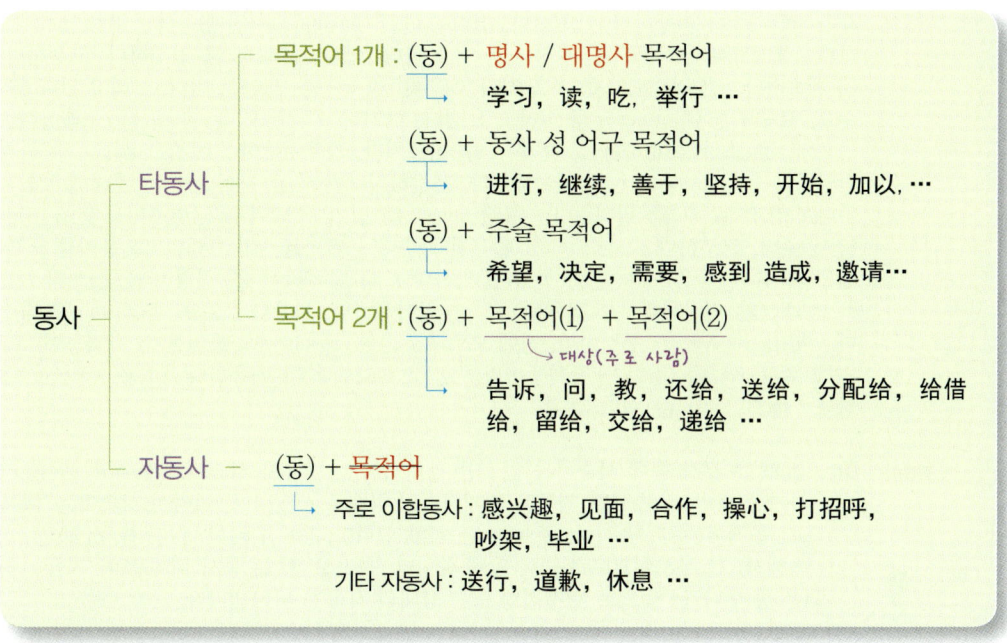

예 为了达到目的，他伤害了所有爱他的人 。
목적에 도달하기 위해서, 그는 그를 사랑하는 모든 사람들을 다치게 했다.

他善于交际，因此在公司里有不错的人缘 。
그는 인간관계 맺는 것을 잘해서, 회사에서 인맥이 좋다.

我希望这次新HSK考试能取得好成绩 。
나는 이번 신HSK시험에서 좋은 성적을 받기를 바란다.

我对汉语很感兴趣。 나는 중국어에 대해 아주 흥미를 느낀다.

新 HSK문제 유형분석

01.~04.

01.	沉默	王阿姨	一直	保持着	
02.	讨论	热烈的	进行了	我们	
03.	去北京	我	留学	决定	
04.	毕业	我	北京大学	去年	了

125

[단어] 举行 jǔxíng 통 거행하다, 개최하다, 열다 / 进行 jìnxíng 통 (진행)하다 / 继续 jìxù 통 계속하다 / 善于 shànyú 통 ~을 잘하다, ~에 능하다 / 坚持 jiānchí 통 견지하다, 고수하다, 끝까지 계속하다 / 加以 jiāyǐ 통 ~을 하다 / 需要 xūyào 통 필요(로)하다, ~해야 된다 명 필요, 수요, 요구 / 感到 gǎndào 통 ~라고 느끼다, 여기다 / 造成 zàochéng 통 초래하다 / 邀请 yāoqǐng 통 초청(초대)하다 / 教 jiāo 통 가르치다, 가르쳐주다 / 还给 huángěi 통 돌려주다, 반납하다 / 送给 sònggěi 통 선물해주다, 선물하다 / 分配给 fēnpèigěi 통 분배해주다, 나누어주다 / 借给 jiègěi 통 빌려주다 / 留给 liúgei 통 남기다, 남겨주다, 맡기다 / 交给 jiāogei 통 (건네)주다, 교부하다 / 递给 dìgěi 통 (건네)주다 / 感兴趣 gǎn xìngqù 통 흥미를 느끼다, 관심을 가지다 / 合作 hézuò 통 합작(협력)하다 / 操心 cāoxīn 통 신경(마음)을 쓰다 / 打招呼 dǎ zhāohu 통 인사하다 / 吵架 chǎo jià 통 말다툼하다, 싸우다 / 鼓掌 gǔ zhǎng 통 박수를 치다 / 爬山 pá shān 통 등산하다, 산에 오르다 / 上涨 shàngzhǎng 통 (물가, 가격등이) 오르다 / 占线 zhànxiàn 통 (전화가) 통화중이다 / 送行 sòngxíng 통 배웅하다 / 道歉 dàoqiàn 통 사과하다 / 休息 xiūxi 통 쉬다 휴

[해설] 01. '沉默'는 문장 중에 서술어가 없으면 '침묵하다'는 형용사 서술어로 쓰이고, '保持'라는 동사가 있으면 '保持沉默(침묵을 지키다)' 의 형태로 쓰입니다. 따라서 서술어는 '保持着'이고, 목적어는 '沉默'이며, 주어는 '王阿姨'입니다. [→ 王阿姨/保持着/沉默。] '一直(계속해서)'는 부사이므로 서술어 앞에 씁니다. 참고로 '着'는 동사 뒤에 쓰여 '지금 ~하고 있(는 중이)다' 는 뜻으로 '현재진행 또는 상태의 지속'을 나타냅니다.

02. 서술어가 될 수 있는 것은 '讨论'과 '进行'인데, '进行'은 목적어 자리에 '두 글자 동사 성 어구'가 와야 하므로, 여기서 서술어는 '进行'이고, 목적어는 '讨论'이며, 토론을 하는 것은 사람이므로 주어는 '我们'입니다. [→ 我们/进行/讨论。] 그 밖에 문맥상 '열띤 토론'이라고 해야 하므로 '热烈的讨论'이라고 해야 하고, '了'는 동사 '进行' 뒤에 써야 합니다.

03. 서술어가 될 수 있는 것은 '去北京', '留学', '决定'인데, '决定'은 첫 번째 서술어 자리에 쓰는 동사로 목적어 자리에 '문장 또는 절'이 오며, 결정을 하는 것은 사람이므로 주어는 '我'입니다. [→ 我/决定/(문장 또는 절 목적어)。] 또한 문맥상 '북경에 가서 유학하다'는 뜻이므로 '决定' 뒤의 목적어 자리에는 '去北京留学'이 와야 합니다. '来 또는 去' 가 다른 동사와 함께 있으면 '来 또는 去'를 앞쪽에 씁니다.

04. 서술어는 이합동사 '毕(마치다) + 业(학업)' 이고, 뒤에 목적어를 쓸 수 없으므로 '北京大学毕业'라고 해야 하며, 대학을 졸업한 사람은 사람이므로 주어는 '我'입니다. [→ 我/北京大学/毕业。] 그 밖에 '去年(작년)'은 시간사로 주어와 함께 맨 앞 쪽에 씁니다. 시간사는 주어 앞 또는 뒤 쪽에 모두 쓸 수 있습니다. '了'는 동사 뒤에 씁니다.

[정답] 01. 王阿姨/一直/保持着/沉默。 왕 아주머니께서는 계속해서 침묵을 지키고 계신다.

02. 我们/进行了/热烈的/讨论。 우리는 열띤 토론을 했다.

03. 我/决定/去北京/留学。 나는 북경에 유학을 가기로 결정했다.

04. 我/去年/北京大学/毕业了。 [= 去年/我/北京大学/毕业了。]
나는 작년에 북경대학을 졸업했다.

[3단계] 서술어 특수 구문

(1) 주술 술어 문

주술 술어문이란 '他// 态度诚恳。(그는// 태도가 성실하다)' 처럼 서술어의 형태가 '주어+서 술어'

로 되어있는 구조를 말합니다. 新HSK 시험의 쓰기 1부분에서 동사/형용사 서술어 이외에 주술 술어 문도 자주 등장하므로 반드시 잘 알아 두어야 합니다. 주술 술어 문에 해당하는 문장을 재배열하는 방법은 다음과 같습니다.

공략1. 제시된 단어의 품사와 뜻을 파악한다.

공략2. 제일 먼저 서술어를 찾는다.
- 정도부사와 형용사가 함께 있으면 '정도부사 + 형용사 서술어'의 형태를 전체 서술어로 본다. [→ 정도부사 + 형용사 서술어]

공략3. 나머지 낱말 중 '명사/대명사' 가 두 개 이상 있으면, 서술어와 직접 관련이 있는 '명사/대명사'를 찾아서 서술어 바로 앞에 함께 붙여서 쓴다. [→ 주술 술어]

공략4. 나머지 '명사/대명사'를 맨 앞에 쓰는데, 이것이 바로 문장의 전체주어에 해당한다.
[→ 주어 + 주술 술어]

쓰기
1부분

 新 HSK 문제 유형분석

01.~03.

01.	工作	我	很忙	每天
02.	很高	个子	小李	
03.	一向	他	认真	办事 很

[단어]　一向 yíxiàng 🔵 내내, 줄곧, 여태껏, 지금까지 / 工作 gōngzuò 🟢🟠 일(하다)

[해설]　01. 서술어가 될 수 있는 것은 '工作', '很忙'인데, 전체 서술어는 형용사 서술어인 '很忙'입니다. 문맥상 '일이 바쁘다'는 뜻이므로 서술어는 '工作很忙'이고, 주어는 '我'입니다. [→ 我 // 工作/很忙。] 그 밖에 '每天'은 시간사이므로 주어 앞 또는 뒤에 쓸 수 있습니다.

　　02. 서술어는 '很高'이고, 문맥상 '키가 크다'는 뜻이므로 서술어는 '个子很高'이고, 주어는 '小李'입니다.

　　03. 서술어가 될 수 있는 것은 '认真', '办事'인데, 우선 정도부사 '很'과 형용사 '认真'을 '很认真'의 형태로 함께 씁니다. 문맥상 '일처리 할 때 매우 열심이다'는 뜻이므로 서술어는 '办事很认真'이고, 주어는 '他'입니다. [→ 他 // 办事/很认真。] 그 밖에 부사 '一向'은 서술어 앞에 써야 합니다. [→ 他 / 一向 / 办事很认真。]

[정답]　01. 我/每天/工作/很忙。 [= 每天/我/工作/很忙。]
　　　　　나는 매일 일하느라 매우 바쁘다.

　　02. 小李/个子/很高。 샤오리는 키가 매우 크다.

　　03. 他/一向/办事/很/认真。 그는 지금까지 일처리를 아주 열심히 해왔다.

(2) 연동 문

연동 문이란 '我// 去北京/ 旅行。' 처럼 하나의 주어에 동사가 두 개 이상 연이어서 나오는 구문을 말합니다.
→ 주어₁ + 동사₁ + 목적어₁ + 서술어₂ (= 동사 또는 형용사)

연동문은 서술어가 여러 개 나오기 때문에 쓰기 1부분의 문제와 같이 단어의 위치를 바꾸어 놓으면 순서를 재배열할 때 혼동하기 쉬우므로 반드시 문장의 순서를 정확히 재배열하는 방법을 마스터하는 동시에, 연동 문에 자주 출제되는 낱말도 함께 알아두어야 합니다. 연동 문을 재배열하는 방법은 다음과 같습니다.

> **공략1.** 제시된 단어의 품사와 뜻을 파악한다.
> **공략2.** 제일 먼저 서술어를 찾는다.
> • 동사 서술어가 있다면 함께 쓰이는 목적어를 찾아서 '동사 + 목적어'의 형태로 만들어 놓는다.
> **공략3.** 그 중에서 항상 첫 번째 서술어 자리에 쓰는 동사가 있는 지 살펴본다.
> **공략4.** 항상 첫 번째 서술어 자리에 쓰는 동사가 없다면, 한국어로 읽어서 매끄러운 순서대로 서술어를 나열한다.
> **공략5.** 부사와 조동사는 첫 번째 동사 앞에 쓴다.

〈연동 문에서 주로 첫 번째 동사 자리에 쓰는 동사〉

주어₁	동사₁	목적어₁	서술어₂	번역
我	来 去	图书馆 [장소]	看书。	나는 책을 보러 도서관에 간다.
	到	图书馆 [장소]	(来/去)看书。	나는 도서관에 책보러 왔다(갔다).
		晚上10点 [시간]	学习外语	나는 저녁 10시까지 외국어를 공부한다.
	用	[구체적인 물건, 사물] 词典	查了生词。	나는 사전으로 새로운 단어를 찾았다.
	带(着)	雨伞 [물건]	出去。	나는 우산을 가지고 나갔다.
		微笑 [얼굴표정]	说话。	나는 미소를 띠고 말한다.
		孩子 [사람]	出去玩。	나는 아이를 데리고 놀러 나간다.

我	陪(着) 陪同	客人 [사람]	去故宫观光。	나는 손님을 모시고 고궁에 관광을 간다.
	通过	[물건, 도구, 방법] 电脑	得到了不少消息。	나는 컴퓨터를 통해서 많은 소식을 얻었다.
	经过	[과정] 一年的努力	, 我取得了好成绩。 └ 주어	1년간의 노력 끝에, 나는 좋은 성적을 받았다. → '经过'는 보통 문장 맨 앞에 씀.
(×)	有	[대부분 수량] 一个人	找我。	한 사람이 나를 찾아왔다. → '有'는 해석을 하지 않고, 그 뒤의 목적어를 주어처럼 해석해도 됨. 이 경우 보통 '有' 앞에는 주어를 쓰지 않음

쓰기
1부분

新 HSK 문제 유형분석

🔍 01.~03.

01.	常常	买	商店	我	东西	去
02.	长城	去参观	打算	我们	下周	
03.	机会	和朋友们	我	没有	见面	

[해설] 01. 서술어가 될 수 있는 것은 '买'와 '去'인데, 목적어와 함께 쓰면 '买东西' '去商店'이고, 문맥상 '상점에 가서 물건을 사다' 는 뜻이므로 '去商店/买东西'의 순서가 되어야 합니다. 그 밖에 '我'는 주어이고, 부사 '经常'은 연동 문에서 첫 번째 서술어 앞에 써야 합니다.

02. 서술어가 될 수 있는 것은 '去参观'과 '打算'인데, '打算'은 맨 앞의 동사 자리에 써야하고, 그 뒤의 목적어 자리에 계획하고 있는 내용에 해당하는 문장이나 절이 나와야 하며, 주어는 '我们'입니다. [→ 我们/打算// (계획하는 내용)。] 뒤의 목적어 자리의 서술어와 목적어는 '去参观长城'이며, 시간사 '下周'는 목적어 자리 맨 앞에 써야 합니다.

03. 서술어가 될 수 있는 것은 '没有'와 '见面'인데, 목적어나 전치사와 함께 쓰면 '没有机会' 와 '和朋友们见面'의 형태가 되어야 합니다. 동사 '有'는 다른 동사와 함께 있는 경우 앞쪽에 쓰며 주어는 '我'입니다. [→ 我/没有/机会//和朋友们见面。]

[정답] 01. 我/常常/去/商店/买/东西。 나는 자주 상점에 가서 물건을 산다.

02. 我们/打算/下周/去参观/长城。 우리는 다음 주에 만리장성에 가기로 계획했다.

03. 我/没有/机会/和朋友们/见面。 나는 친구들과 만날 기회가 없다.

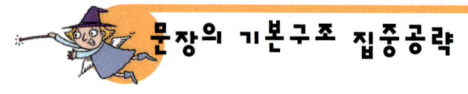

(3) 겸어 문 让 · 叫 · 使 · 令 · 请

1 '让 · 叫 · 使 · 令'는 '~에게 …하도록 하다, ~에게 …하도록 시키다, ~를 …게 하다' 라는 뜻으로, 앞 문장의 목적어가 뒷문장의 주어를 겸하는 문장을 말하며, '让 · 叫 · 使 · 令' 뒤에는 '주어+서술어' 구조가 옵니다.
'使'는 '주어가 使 뒤의 결과를 초래하다' 는 뜻으로만 쓰이며, 사람주어가 올 수 없고, 사물주어만 옵니다. 이 경우 '让 · 叫 · 使 · 令'은 동의어입니다.

> 주어₁ + 동사₁ + 목적어₁
> └ 사람, 사물 └ 让, 叫, 使, 令 주 어₂ + 서술어₂ …… 。

예 她的话让我生气。그녀의 말은 나를 화나게 했다. [让 = 叫, 使, 令]

2 '사람주어가 (어떤 사람) 에게 …하도록 시키다'는 뜻인 경우 '让 · 叫'만 쓰고, '使'와 '令'은 쓸 수 없습니다. 따라서 '让 · 叫'는 사람 주어가 올 수 있지만, '使'와 '令'은 사람주어는 올 수 없고, 사물 주어만 옵니다.

> 주어₁ + 동사₁ + 목적어₁
> └ 사람 └ 让, 叫, 使, 令 주 어₂ + 서술어₂ …… 。

예 我让他买东西。나는 그에게 물건을 사오도록 시켰다. [让 = 叫]

3 조동사는 '让 叫 使 令' 앞에 쓰고, 부사는 때에 따라서 '让 叫 使 令' 앞 또는 서술어2 앞에 오기도 합니다.

> 주어₁ + 부사/조동사 + 동사₁ + 목적어₁
> └ 让, 叫, 使, 令 주 어₂ + (부사) + 서술어₂ …… 。

예 这样做才能使大家满意。이렇게 해야만 비로소 모두를 만족시킬 수 있다.
　　重感冒使他不得不请假休息。심한 감기는 그를 어쩔 수 없이 휴가를 내고 쉬게 만들었다.

4 정도부사 '很', '非常' 등은 보통 '让 · 叫 · 使 · 令' 뒤의 형용사 서술어 바로 앞에 쓰는데, 정

도부사 '很'은 '让'과 함께 쓰는 경우에는 '让' 앞에 써도 됩니다.

① 주어₁ + 동사₁   +   목적어₁
    ↳ 让, 叫, 使, 令   주 어₂ + 정도부사 + (형용사)서술어₂ ……。
                              ↳ 很, 非常 …

② 주어₁ + (很) + 让 + 목적어₁
                  주 어₂ + 很 + (형용사)서술어₂ ……。

예) 这件事让我很感动。[= 这件事很让我感动。] 이 일은 나를 매우 감동시켰다.

⑤ '请'은 '~에게 …을 부탁하다, 요청하다' 또는 '상대방에게 ~을 해주기를 바라다'는 뜻입니다. 맨 앞의 주어는 생략하는 경우가 많으며, '请' 뒤의 목적어1(=주어2)도 생략할 수 있고, 조동사와 부사는 '请' 앞에 올 수도 있고, '请' 뒤의 서술어2 앞에 올 수 도 있습니다. (请은 주로 문장 맨 앞에 쓰임)

① (주어₁) + 请 + (목적어₁)
              (주 어₂) + 서술어₂ ……。

② (주어) + 조동사 + 请 + 부사 + 서술어₂ ……。
          부 사

예) (我)请他买点饮料。(나는) 그에게 음료수를 사오도록 부탁했다.
    可以请别人帮助。 남에게 도움을 청해도 된다.
    请你随便对我说。 편하게 저한테 말씀해주세요.

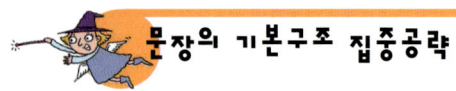

'让 · 叫 · 使 · 令 · 请'이 있는 문장을 재배열하는 방법은 다음과 같습니다.

공략1. 제시된 단어의 품사와 뜻을 파악한다.

공략2. 제일 먼저 서술어를 모두 찾는다. '让 · 叫 · 使 · 令 · 请'이 있다면 첫 번째 동사 자리에 쓴다.

공략3. '让 · 叫 · 使 · 令 · 请' 뒤에 오는 '주어+서술어'를 알맞게 재배열한다.

⋯→ (주어 +) 서술어₁ + // 주어₂ + 서술어₂。
　　　　　└→ 让, 叫, 使, 令

공략4. '使' 앞에는 사물주어를 쓴다. 이 경우 '让 · 叫 · 令'과 바꾸어 쓸 수 있다.

⋯→ 주어 + 서술어₁ + // 주어₂ + 서술어₂。
　　└→사물　└→ 让, 叫, 使, 令

공략5. '请'은 보통 문장 맨 앞에 쓰고, 그 뒤에 '주어+서술어'를 쓰며, '请' 뒤의 주어도 생략할 수 있다.

⋯→ (주어 +) 서술어₁ + // 주어₂ + 서술어₂。
　　　　　└→ 请

공략6. 나머지 부사, 관형어 등을 알맞은 자리에 배열한다.

 新 HSK 문제 유형분석

01.~03.

01.	忘记	大家	请	考场纪律　不要
02.	叫我	他	拿来	把材料
03.	感到	我	他的话	很吃惊　使

[해설]　01. 동사1인 '请'은 맨 앞에 쓰고, 그 뒤에는 '주어+서술어'의 형태가 와야 하므로, 문맥상 '大家/忘记/考场纪律'가 와야 합니다. 또한 '不要(~해서는 안 된다)'는 '不(부정부사)+要(조동사)'이므로 서술어 '忘记' 앞에 씁니다.

02. 동사1은 '叫'이고, 그 뒤에는 '주어+서술어'의 형태가 와야 하므로, 문맥상 '叫我拿来'가 와야 하며, 전치사구 '把材料'는 서술어 '拿来' 앞에 써야합니다. [→ 叫//我/把材料/拿来] 그리고 '他'는 맨 앞의 주어자리에 씁니다.

03. 동사1은 '使'이고, 주어는 사물주어인 '他的话'입니다. [→ 他的话/使//~] 서술어 '使' 뒤에는 '주어+서술어'의 형태가 와야 하므로, 문맥상 '我感到很吃惊'이라고 써야합니다.

[정답] 01. 请/大家/不要/忘记/考场纪律。 모두 고사장 규칙을 잊지 마십시오.

02. 他/叫我/把材料/拿来。 그는 나에게 자료를 가져오라고 했다.

03. 他的话/使/我/感到/很吃惊。 그의 말은 나를 매우 놀라게 했다.

쓰기
1부분

▶ 정답 & 해설 p. 361 – 364

1회

第91–98题: 完成句子。

91 贸易   我   行业   从事

92 一个   是   传统的   中秋节   节日

93 创造力   你的   缺乏   发明

94 写日记的   一直   我   着   习惯   保持

95 一般   北京的   风   冬天   很大

96 向别人请教   诚恳   必须   态度   的时候

97 非常   妹妹   突出   学习成绩

98 我弟弟   很   一直   认真   工作

第91–98题: 完成句子。

(91) 邀请　　学校　　开学典礼　　王教授　　要　　参加

(92) 导致　　粮食　　小麦减产　　上涨　　价格

(93) 适当　　商店　　延长　　决定　　营业时间

(94) 您　　柜台前　　查询　　去　　请　　一下

(95) 会　　我　　图书馆　　去　　偶尔　　看书

(96) 使　　高兴　　我　　这条消息

(97) 技术　　佩服　　你的　　令　　我们　　很

(98) 冠军　　那个　　获得了　　运动员

제2주차 화요일 쓰기 1부분에서는 어떤 낱말 앞에서 수식을 해서 내용을 보충해 주는 '부사어'와 '관형어'가 있는 문장을 학습해 보기로 하겠습니다. 부사어 → 관형어의 순서로 학습하면서 수식어의 위치를 완전히 마스터해 봅시다.

[1단계] 수식어 기본기 다지기

(1) '부사어' 란 무엇일까?

동사/형용사 서술어 앞에서 수식하는 낱말을 모두 부사어(状语)라고 하는데, 전치사구나 부사 이외에 '형용사, 동사, 수량사' 등이 부사어 자리에 오는 경우에는 뒤에 '地' 자를 함께 써줍니다.

> 주어 + 부사어 + 서술어
> └▶ 부사, 전치사구, [형용사, 동사, 수량사] + 地

❶ 부사

부사는 서술어인 '동사와 형용사' 앞 또는 '전치사' 앞에서 시간·중복·빈도·어투·범위·정도 및 긍정이나 부정의 상황을 설명하는데 쓰이는 낱말을 말합니다.

> ① 주어 + 부사 + 서술어 。
> ② 주어 + 부사 [(전) + 명/대] + 서술어 。

예 他曾经去美国留学，所以对这个国家非常了解。
그는 미국으로 유학을 간 적이 있어서, 이 나라에 대해 아주 잘 알고 있다.

我想单独[和你]谈一谈关于工作的事情。
저 혼자서 당신과 일에 관한 업무를 좀 이야기하고 싶습니다.

② 전치사구

'~는, ~은, ~이, ~가, ~에게, ~을 향해서' 등과 같이 한국어의 조사와 같은 역할을 하는 것을 중국어에서는 전치사라고 하며, 중국어로 '개사(介词)'라고 합니다. 전치사 뒤에는 주로 명사나 대명사가 와서 전치사 구를 이룹니다.

대표적인 전치사로는 '跟 [=和, 与, 同] (~와,~과), 从 [=自, 由, 打] (~로 부터), 在 (~에, ~에서), 于(~에, ~에서), 离(~에서, ~까지), 给 (~에게 ...을 주다), 为 (~을 위해서, ~ 때문에 ...해 주다), 向 [=往, 朝, 冲 chòng](~을 향해서), 对 [=对于] (~에 대해서), 以 (~로써, ~로), 被 (~에 의해서), 把 (~을, ~를), 按照 (~에 따라서), 比 (~보다), 凭 (~에 따라서, ~을 근거로), 随着 (~에 따라서), 关于 (~에 관해서), 为了 (~을 위해서)' 등이 있습니다.

전치사 구는 보통 주어와 서술어 사이의 부사어 자리에 옵니다. 그러나 몇몇 전치사는 반드시 맨 앞에 써야 하거나, 강조하기 위해서 주어 앞쪽에 쓰기도 하며, 동사 바로 뒤에 쓸 수 있는 전치사도 있습니다.

쓰기
1부분

---

① 주어 + [(전) + 명/대] + 서술어
↳跟, 从, 在, 离, 给, 为, 向, 对, 以, 被, 把, 按照, 比, 凭(着) …

② [(전) + 명/대], 주어 + 서술어 。
↳随(着), 关于, 为了 …

③ 주어 + 동사 + [(전) + 명/대]
↳在, 于, 给, 向, 往, 自 …

예 昨天她[和妈妈]一起去北京。 어제 그녀는 엄마와 함께 북경에 갔다.
→ '둘 이상이 함께 ~을 하다'는 뜻을 나타내는 경우에 쓰임

我[从早上9点][到晚上5点]一直学习。 나는 아침 9시부터 저녁 5시까지 계속 공부한다.
→ '시작 또는 출발'의 뜻을 나타내는 경우에 쓰임

他们[为我们]提供了服务。 그들은 우리에게 서비스를 제공해 주었다.
→ '~을 위해서, ~ 때문에 ...해주다'는 뜻을 나타내는 경우에 쓰임

我[向大家]表示感谢。 나는 모두에게 감사를 표시했다.
→ '~한테 ...하다'는 뜻을 나타내는 경우에 쓰임

我[对那条路]不太熟悉。 나는 그 길에 대해서 잘 알지 못한다.
→ '(대상)에 대해서'라는 뜻을 나타내는 경우에 쓰임

我[以(代表的)资格]发言。 나는 대표의 자격으로 발언한다.
→ '(신분, 자격, 형식, 점수)로써 ...하다'는 뜻을 나타내는 경우에 쓰임

你应该[按照(说明书上的)产品说明]进行安装。
너는 설명서의 상품설명에 따라 설치를 해야 한다.
→ '(기준)에 따라 ...하다'는 뜻을 나타내는 경우에 쓰임

他[凭着(自己的)能力]当了名牌大学的教授。

그는 자신의 능력으로 명문대학의 교수가 되었다.
→ '(주어의 능력)에 따라 …하다' 는 뜻을 나타내는 경우에 쓰임

예 [随着(社会的)发展]，人们的生活水平也提高了。
사회의 발전에 따라서 사람들의 생활수준도 높아졌다.

[为了(幸福的)明天]，人们都在努力地工作。
행복한 내일을 위해서, 사람들은 모두 열심히 일하고 있다.
→ '~을 위해서' 라는 뜻으로, 뒤에 '① 명사/대명사 ② 동사(+목적어) ③ 문장, 절'이 모두 올 수 있음

예 *동사 뒤에 오는 전치사는 고정형식이므로 한 단어처럼 그냥 외우면 됩니다.

这样做有利于我们。 이렇게 하는 것은 우리에게 유리하다.

我们正在走向和平。 우리는 지금 평화의 길로 나아가고 있다.

我坐的飞机[从北京]出发，飞往上海。 내가 탄 비행기는 북경에서 출발해서, 상하이로 간다.

他来自北京。 그는 어제 북경에서 왔다.

● 전치사 필수어휘 모음

把

전치사 '把'는 '~를, ~을'이라는 뜻으로, '주어가 (능동적으로) ~을 하다'는 것을 강조하기 위해서 '把+목적어'의 형태로 동사 앞에 쓰며, 보통 동사서술어 뒤에 다른 낱말이 함께 와야 합니다.

⋯ 주어 + [把(전) + 명사/대명사] + 동사 + 기타 ~ 。
　　　　　└→ 동작의 주체　　└→ 목적어

쓰기 1부분에 '把' 자가 나오면 다음과 같이 문제를 풉니다.

① 동사와 목적어를 찾는다. ⋯ 동사 + 목적어 。

② 목적어 앞에 '把'를 붙여 써서 '把 + 목적어'를 동사 바로 앞에 쓴다.
　⋯ [把 + 목적어] + 동사 。

③ '조동사'와 '부사'는 전치사 '把' 앞에 쓰고, 주어와 시간사 등을 알맞은 자리에 배열한다.
　⋯ 주어 + 부사 + 조동사 + [把 + 목적어] + 동사 。

*'부사'와 '조동사'가 함께 있으면, 보통 '부사 + 조동사'의 순서로 씁니다.
　조동사의 구체적인 위치는 제4주차 화요일 쓰기 1부분 최종점검 파트에서 정리해 보세요.

예 我总[把(他的)电话号码]忘了。 나는 늘 그의 전화번호를 잊는다.

我又[把密码]修改了。 나는 또 비밀번호를 수정했다.

被

(1) 전치사 '被'는 '주어가 (피동적으로) ~에 의해서 ...하게 되다'는 뜻입니다. '被' 뒤의 명사/
대명사가 동작을 하는 주체이고, 주어가 동작을 받는 대상이므로, '被'뒤의 주체가 주어를
~하다'는 뜻과 같으며, 보통 동사서술어 뒤에 다른 낱말이 함께 와야 합니다.

> ··· 주어 + [被(전) + 명사/대명사] + 동사 + 기타 ~ 。
> 　　　　　↳ 동작을 받는 사람 또는 사물 　↳ 동작을 하는 주체

쓰기
1부분

(2) 동사 서술어 앞에 동작의 주체에 해당하는 '명사/대명사'가 없는 경우에는 '被'를 동사 바로
앞에 붙여 쓸 수 있습니다.

> ··· 주어 + 被(전) + 동사 + 기타 ~ 。
> 　　　　　↳ 동작을 받는 사람 또는 사물

쓰기 1부분에 '被' 자가 나오면 다음과 같이 문제를 풉니다.

> ① 우선 동사를 찾은 다음, 명사/대명사를 모두 찾는다.
>
> ② 명사/대명사가 두 개인 경우 동작의 주체에 해당하는 명사/대명사를 被자 뒤에 쓰고, 나머
> 지 명사/대명사는 주어자리에 쓴다.
>
> > ⇒ 주어 + [被 + 명사/대명사] + 동사 。
> > 　　　　　　　↳ 동작을 하는 주체
>
> ③ 명사/대명사가 한 개밖에 없는 경우 '被'는 동사 바로 앞에 붙여 쓰고, 명사/대명사는 주어자
> 리에 쓴다.
>
> > ⇒ 주어 + 被 + 동사 。
> > 　　　　　↳ 동작을 받는 대상
>
> ④ '조동사'와 '부사'는 전치사 '被' 앞에 쓰고, 나머지 단어를 알맞은 자리에 배열한다.
>
> > ⇒ 주어 + 부사 + 조동사 + [被 (+ 명사/대명사)] + 동사 + 기타 。

예 我的要求已经[被经理]接受了。 사장은 이미 내 요구를 받아들였다.

这部小说被称为世界之作。 이 소설은 세계적인 작품으로 불리어진다.

139

给

(1) 전치사 '给'는 '增添(~에게 ...을 보태주다, 더해주다)', '带来(~에게 ...을 가져다주다, 가져오다)', '打电话(~에게 전화를 걸다, 전화를 하다)', '找麻烦(~를 성가시게 하다, 귀찮게 하다)', '添乱(~에게 번거로움을 보태주다, ~를 번거롭게 하다, 귀찮게 하다)' 등처럼 '~에게 ...을 주다'는 뜻이고, 뒤에 '긍정적인 뜻과 부정적인 뜻이 모 두 올 수 있습니다.

··· 주어 + [给(전) + 명사/대명사] + 서술어 ~ 。
     └→ 增添, 带来(了), 打电话, 找麻烦, 添乱 …

예 他[给家里]打了个电话。 그는 집에 전화 한통을 했다.
　　小兰故意[给我]找麻烦。 샤오란은 일부러 나를 못살게 군다.

(2) ① '给'는 '还给(~에게 ...을 돌려주다, 반납하다)', '送给(~에게 ...을 선물하다)', '留给(~에게 ...을 남기다, 맡기다)', '交给(~에게 ...을 건네주다, 교부하다, 제출하다)', '借给(~에게 ...을 빌려주다)' 등처럼 동사 서술어 바로 뒤에 쓸 수 도 있는데, 이 경우 관용적으로 쓰이므로 '동사+给'의 형태를 한 단어처럼 외우면 되고, 이 경우 보통 목적어는 2개가 옵니다.

··· 주어 + 동사 + 给 + 목적어₁ + 목적어₂。
     └→ 还, 送, 留, 交, 借 … └→ 대상(대부분 사람)

② '동사+给' 뒤에 목적어가 2개가 오는 경우 다음과 같이 목적어₂를 '把'자 와 함께 '把+목적어₂'의 형태로 쓰여 동사 바로 앞에 올 수도 있습니다.

··· 주어 + [把(전) + 목적어₂] + 동사 + 给 + 목적어₁。
                              └→ 대상(대부분 사람)

예 我的朋友送给我礼物。 [= 我的朋友 / 把礼物 / 送给我。]
　　내 친구는 나한테 선물을 하나 했다.

　　他还给图书馆这本书。 [= 他 / 把这本书 / 还给图书馆。]
　　그는 도서관에 이책 한권을 반납했다.

③ '给'를 동사 바로 앞에 붙여 쓰면 '被'와 동의어입니다.

··· 주어 + 给 + 동사 + 기타 ~ 。
         └→ (= 被)

예 他给感动了。 [= 他被感动了。] 그는 감동 받았다.

140

④ 문장 중에 서술어가 없다면 '给'는 동사로 '~에게 ...을 주다'는 뜻이고, 뒤에 보통 목적어가 2개가 옵니다.

··· 주어 + 给(동) + 목적어₁ + 목적어₂。
　　　　　　　　↳ 대상(대부분 사람)

쓰기 1부분에 '给' 자가 나오면 다음과 같이 문제를 풉니다.

① 제일 먼저 서술어를 찾는다.

② 서술어가 없는 경우 '给'는 서술어이고, 뒤에는 '목적어₁ + 목적어₂'가 온다.
··· 주어 + 给(동) + 목적어₁ + 목적어₂。
　　　　　　　↳ 대상(대부분 사람)

③ 서술어가 있는 경우 '给'는 전치사로 '给 + 명사/대명사'의 형태로 동사 바로 앞에 붙여 쓴다.
··· 주어 + [给(전) + 명사/대명사] + 서술어。

④ 서술어가 있고, '给'와 '把'가 함께 있는 경우에는 '[把 + 명/대] + 동사 + 给 + 목적어₁'의 형태로 써야합니다.
··· 주어 + [把(전) + 목적어₂] + 동사 + 给 + 목적어₁。
　　　　　　　　　　　　　　　　　　↳ 대상(대부분 사람)

⑤ '조동사'와 '부사'는 전치사 '给' 앞에 쓰고, 나머지 단어를 알맞은 자리에 배열한다.
··· 주어 + 부사 + 조동사 + [给(전) + 명사/대명사] + 서술어。

比

(1) 전치사 '比(~보다)'는 '주어가 ~보다 (더) .... 하다'는 뜻으로 비교구문으로 쓰이고, 보통 형용사 서술어를 많이 쓰며, 비교하는 대상은 같은 종류이어야 합니다. 서술어 바로 앞에는 부사 '还(훨씬)', '更(더욱)', '都(모두)', '要(별다른 뜻이 없이 내용을 강조하기 위해 서술어 앞에 쓸 수 있음)'가 올 수 있고, 서술어 뒤의 보어자리에는 '좀, 약간'의 뜻으로 '一些', '一点'과 '많이, 훨씬~하다'는 뜻으로 '多了', '得多'가 올 수 있습니다.

문장, 절
··· 주어 + [比(전) + 명사/대명사] + 还 + (형용사)서술어 + 一些/一点。
　　　A　　　　　　　B　　　　　　更　　　　　　　　　　多了/得多/多 (×)
　　　　　　　　　　　　　　　　　都
　　　　　　　　　　　　　　　　　要

141

예 他的个子[比我的个子]还高一些。 그의 키가 내 키보다 좀 더 크다.

这次考试[比上次]还要难。 이번 시험은 지난 번 보다 훨씬 어렵다.

(2) 부정부사 '不'는 전치사 '比'자 앞에 써서 부정의 뜻을 나타내는데, 이 경우 'A가 B보다 ~하지 않다' 즉 'B가 더 ~하다'는 뜻입니다. 쓰기 1부분에 '比'자가 나오는 경우는 일반적인 전치사구와 같이 '比+명사/대명사'를 서술어 앞에 쓰면 됩니다.

> … 주어 + 不 [比(전) + 문장/절] + (형용사)서술어 。
>   A   명/대   B

예 他的个子不[比我的个子]高。 그의 키는 내 키보다 크지 않다.   [→ 我的个子高]

(3) 정도보어 '得' 구문에서는 '比(전)+명/대'는 '得' 앞 또는 뒤에 모두 쓸 수 있습니다.

> … A[比 B] + 서술어 + 得 // 更/还(要) + 형용사 서술어 。
>   A + 서술어 + 得 // [比 B] + 更/还(要) + 형용사 서술어 。

예 她的汉语[比我]说得更好。 [= 她的汉语说得[比我]更好。]
그녀는 중국어를 나보다 더 잘한다.

在

(1) 전치사 '在(~에, ~에서)'는 '어떤 시간이나 장소에서 ~하다'는 뜻으로 '在' 뒤에 시간이나 장소에 해당하는 명사/대명사를 함께 씁니다.

(2) '在' 뒤에 장소가 나오면 그 뒤에 방향을 나타내는 방위사를 함께 쓸 수 있습니다.

(3) '在'는 '坐在(~에 앉다)', '站在(~에 서다)', '躺在(~에 눕다)', '挂在(~에 걸다)', '放在(~에 두다, 놓다)', '发生在(~에서 발생하다, 일어나다)' 등처럼 동사 바로 뒤에도 쓸 수 있는데, 이 경우 대부분 관용적으로 쓰이며, 특히 동사 + 在 + 장소'의 형태로 쓰면, 국가 이름이나 지역이름처럼 고유명사를 제외하고는, 맨 뒤에는 반드시 방위사를 함께 써야합니다.

> ① 주어 + 在(전) + 명사/대명사 + 서술어 。
>   └→ 시간, 장소, (범위)
>
> ② 주어 +[在(전) + 명사/대명사 + 방위사] + 서술어 。
>   └→ 시간, 장소, (범위)   └→ 上, 下, 中, 里[=内], 边儿 …

③ a. 주어 + 동사 + 在 + 명사/대명사。
└→ 시간

   b. 주어 + 동사 + 在 + 명사/대명사 + 방위사。
      └→ 坐, 站, 躺, 挂, 放, 发生… └→ 시간, 장소, (범위) └→ 上, 下, 中, 里[=内], 边儿…

예 我喜欢安静，所以总是[在夜里]学习和工作。(시간)
나는 조용한 것을 좋아해서, 항상 밤에 공부하거나 일을 한다.

他前年[在北京]工作，后来调到上海去工作了。(장소)
그는 재작년에 북경에서 일했고, 나중에 상하이로 옮겨서 일했다.

小张坐在椅子上看着天空。(동사 / 在장소 / 방위사)
샤오장은 의자에 앉아서 하늘을 보고 있다.

쓰기
1부분

于

(1) 전치사 '于(~에, ~에서)'는 '어떤 시간에 ~하다'는 뜻으로 이 경우 '在'와 같은 뜻이며, '于(전)+명사/대명사'의 형태로 동사 바로 앞에 씁니다.

(2) '于'가 '产于(~에, ~에서 나다), 发源于(~에, ~에서 발원하다, 시작하다), 诞生于(~에, ~에서 탄생하다, 생겨나다), 毕业于(~에, ~에서 졸업하다), 成立于(~에 설치하다, 만들다)' 등처럼 '어떤 장소에서 ~하다'는 뜻인 경우에는 '동사+于+장소'의 형태로 씁니다.

(3) '于'가 '趋向于(~하는 추세이다), 从事于(~에 종사하다), 便于(어떤 일을 하기에 편하다), 敢于(대담하게, 용감하게 ~하다), 忙于(~에 바쁘다), 乐于(기꺼이 ~하다, 기쁘게 ~하다), 有利于(~에 유리하다, 도움이 되다), 取材于(~에서 재료를 얻다, 소재를 얻다)' 등처럼 '어떤 방향, 목표, 분야, 사람이나 사물' 등을 나타내는 경우에는 '동사+于+동사/형용사/명사'의 형태로 씁니다.

① 주어 + [于(전) + 명사/대명사] + 서술어。
   └→ 시간, 연도

② 주어 + 동사 + [于 + 명사/대명사]。
   └→ 产, 发源, 诞生, 毕业, 成立 └→ 장소, 시간

③ 주어 + 동사 + [于 + 동사 / 형용사 / 명사]。
   └→ 趋向, 从事, 便, 敢, 忙, 乐, 有利, 取材 └→ 방향, 분야, 목표, 사람이나 사물

예 我[于2010年]在一家公司工作。(연도)
나는 2010년에 한 회사에서 일을 한다.

她毕业于北京大学。(장소)
그녀는 북경대학에서 졸업했다.

143

这部电影取材于一个传说。 (사물)

이 영화는 전설에서 소재를 얻었다.

这样做有利于我们。 (대상)

이렇게 하는 것은 우리한테 유리하다.

关于

(1) 전치사 '关于'는 '~에 관해서' 라는 뜻입니다. '关于+명사/대명사'는 부사어자리에 쓸 수 없고, 문장 맨 앞에 써야 합니다.

(2) '关于'는 '(关于+명사/대명사+的)'의 형태로 목적어 앞의 관형어자리에 쓸 수도 있습니다.

부사어

··· a. 주어 + [关于(전) + 명사/대명사] + 서술어 。 (×)
└→ 내용

b. [关于(전) + 명사/대명사], 주어 + 서술어 。 (○)
└→ 내용

··· 주어 + 동사 + (关于(전) + 명사/대명사 + 的) + 목적어 。

··· 주어 + 동사 + [很多 / 不少] 수사 + 양사 + (关于(전) + 명사/대명사 + 的) + 목적어 。 └→ 명사

예 [关于交通问题]，我们进行了热烈的讨论。

교통문제에 관해서, 우리는 열띤 토론을 했다.

他读了一本(关于中国历史的)书。

그는 중국역사에 관한 책 한 권을 읽었다.

3 부사어 '地'

전치사구나 부사 이외에 "형용사, 동사, 수량사" 등이 부사어 자리에 오는 경우에는 그 뒤에 "地"자를 함께 써줍니다.

주어 + [·············· + 地](부)+ 서술어
└→ 동사, 형용사, 수량사

예 很多学生早上[飞快地]骑自行车去学校。

많은 학생들은 아침에 매우 빨리 자전거를 타고 학교에 간다.

144

쓰기 1부분에 부사어가 나오면 다음과 같이 문제를 풉니다.

① 주어 + 서술어(+ 목적어)를 찾는다.

② '전치사 + 명/대'를 서술어 앞에 쓴다.
··· 주어 + [(전) + 명/대] + 서술어 + 목적어 。

③ '부사'를 전치사 앞에 쓴다.
··· 주어 + 부사 + [(전) + 명/대] + 서술어 + 목적어 。

④ '……地'를 서술어 앞에 쓴다.
··· 주어 + [(전) + 명/대] + [……地] + 서술어 + 목적어 。

'관형어'란 무엇일까?

명사나 대명사 앞에서 수식하는 낱말을 모두 관형어(定语)라고 합니다. 두 글자 이상으로 된 관형어인 경우 보통 뒤에 '的' 자를 함께 써줍니다.

(………的) + 명사/대명사
└▶ 관형어

따라서 관형어는 '주어 앞', '목적어 앞', '전치사와 명사/대명사 사이', '양사와 명사 사이' 등에 올 수 있습니다.

① (...的) + 주어 + [(전) + (...的) + 명/대] + 동사 + (...的) + 목적어 。
　　　　　　　└▶ 명/대　　　　　　　　　　　└▶ 명/대

② 수사 + 양사 + (...的) + 명사 + 동사 + 수사 + 양사 + (...的) + 명사 。
　　　　　　└▶ 주어　　　　　　　　　　　　└▶ 목적어

*수량사도 명사의 역할을 하므로 문장에서 주어나 목적어가 될 수 있습니다.

참고
목적어 자리에 수량사가 오고, 숫자가 '1'인 경우 수량사를 붙여 쓰고, 그 앞에 관형어가 올 수 도 있습니다.
수사 + 양사 + (...的) + 명사 + 동사 + (...的) + 수사 + 양사 + 명사 。
　　　　　└▶ 주어　　　　　　　　　　└▶ 목적어

145

예 一位（从北京请来的）教授演讲了一个小时。
북경에서 모셔온 교수님께서 한 시간 동안 강의를 하셨다.

我只是要求一件（我应该得到的）东西。
나는 단지 내가 당연히 받아야 되는 것을 요구했을 뿐이다.

 新 HSK 문제 유형분석

01.~03.

01.	在	王阿姨	深深地	保持沉默 一直	
02.	很大的	受到	冲击	他	了	显然
03.	我们企业	贡献	他	巨大的	对	有

[단어] 保持/沉默 bǎochí/chénmò (동+목) 침묵을 지키다, 침묵을 하다 / 受到 shòudao (동+결과보어) 받았다 [~추상적인 것, ~欢迎,~好评,~批评,~冲击,~教育] / 冲击 chōngjī (명) 충격, 쇼크 / 显然 xiǎnrán (부) 분명히, 분명하게 / 贡献 gòngxiàn (명동) 공헌(하다), 기여하다, 이바지하다 / 巨大 jùdà (형) 거대하다, 크다

[해설] 01. '동사+목적어'는 '保持沉默'이고, 주어는 '王阿姨'입니다. [→ 王阿姨 / 保持沉默.] 여기서 시간이나 장소에 해당하는 명사/대명사가 없으므로 '在'는 '지금 ~하고 있(는 중이)다'는 뜻의 부사로 쓰였으며, 이 경우 '一直在 (계속해서 ~하고 있다)'는 한 단어처럼 함께 서술어 앞에 씁니다. 또한 '深深地(아주 깊게)' 역시 부사어인데, 이 경우 보통 '부사+[....]地'의 순서로 써야 합니다. [→ 王阿姨 / 一直在 / 深深地 / 保持沉默.]

02. 서술어는 동사 '受到'이고, 주어와 목적어는 각각 '他'와 '冲击'입니다. [→ 他 / 受到 / 冲击.] 그밖에 부사 '显然'은 서술어 앞에 써야하며, 문맥상 '아주 큰 충격을 받았다'라고 해야하므로 '很大的冲击'가 되어야 하고, '了'는 동사 바로 뒤에 써서 완성을 나타냅니다.

03. 서술어는 동사 '有'이고, 주어와 목적어는 각각 '他'와 '贡献'입니다. [→ 他 / 有 / 贡献.] 그밖에 전치사 '对' 뒤에 명사 '我们企业'를 쓴 전치사구 '对我们公司'는 서술어 바로 앞에 써야하며, 문맥상 '거대한 공헌이 있다(공헌을 했다)'라고 해야 하므로 '巨大的贡献'이라고 써야합니다.

[정답] 01. 王阿姨 / 一直 / 在 / 深深地 / 保持沉默。
왕 이모님께서는 계속해서 깊은 침묵을 하고 계신다

02. 他 / 显然 / 受到/了/ 很大的 / 冲击。
그는 분명히 매우 큰 충격을 받았다.

03. 他 / 对 / 我们企业 / 有/巨大的 / 贡献。
그는 우리 기업에 대해서 지대한 공헌을 했다.

1회

第91-98题: 完成句子。

쓰기
1부분

91 还   老王   一家餐厅   经营   在

92 一共   消费   我们   600美元

93 朝   挥了挥   他   出租车   手

94 她   东西   拿出来   一包   从提包里   好吃的

95 取材   这部小说   民间传说   于

96 属于   自己的   拥有   汽车   我

97 挂着   教室里   的   牌子   禁止吸烟

98 占线   办公室   的   总是   电话

2회

第91-98题: 完成句子。

91 每个孩子   把   老师   分配给了   午饭

92 开业时间   公司   定在   把   下个月中旬

93 把   我   都   短信   删除了   手机里的

94 顾客   已经   了   被   最后一件衣服   买走

95 小李   录取   一家大企业   了   被

96 比   话   什么道歉的   一句对不起   管用   都

97 采取   我们公司   立即   得   积极地   态度

98 我们   再   了   不能   时间   推迟

보어 집중공략

제3주차 화요일 쓰기 1부분에서는 서술어 뒤에서 서술어를 보충해주는 성분인 '보어'가 있는 문장을 학습해 보기로 하는데, 특히 결과보어 → 방향보어 → 가능보어 → 정도(정태)보어 → 시량보어 → 동량보어의 순서로 학습하면서 보어를 완전히 마스터해 봅시다.

쓰기
1부분

'보어'란 무엇일까?

서술어인 동사/형용사 뒤에서, 서술어에 대한 결과, 방향, 가능, 정도, 수량 등을 보충 설명(补)하는 낱말(语)을 보어라고 합니다. 보어에는 결과보어, 방향보어, 가능보어, 정도보어, 수량보어(数量补语) [= 시량보어 / 동량보어] 등으로 나눌 수 있습니다.

1 결과보어

'결과보어'란 동사 바로 뒤에 '동사나 형용사'를 붙여 써서 동작이나 변화로 인해 생긴 '결과'를 강조하는 낱말을 말합니다. 동사와 결과보어 뒤에 결과를 나타내는 '了'나 '过'는 올 수 있지만 동작의 진행이나 상태의 지속을 나타내는 '着'는 쓸 수 없습니다.

> 주어 + 동사 + 동사/형용사 + (了/过/着) + 목적어 ~ 。
> └→ 결과보어

예 我看完了这本小说。 나는 이 소설을 다 보았다.

我能看清楚本子上的字。 나는 노트의 글씨를 분명히 보았다.

① 결과보어로 쓰이는 대표적인 동사

결과보어는 동사 뒤에 쓰여서 동작의 결과를 강조하는 역할을 합니다. 따라서 기본적으로 모두 '~했다'는 완성의 뜻을 나타내지만, '★ 到(① 到+장소: 사람이나 사물이 어떤 곳에 이르렀음 ② 到+시간: 동작이 어떤 시간까지 지속되었음 ③ 到+동작의 대상 : 동작이 목

149

보어 집중공략

적에 이르렀거나 어떤 결과를 얻었음)', '见(보이다, 시각 · 청각 · 후각 등으로 ~을 느꼈다)', '成(~가 ...이 되다)', '住(한 자리에 멈추게 하다, 고정되게 하다)', '完(완성하다, 다 ~하다)', '懂(몰랐던 것을 알게 되다)', '会(배워서 할 줄 알게 되었다)', '动(움직여서 ~하다)', '开(분리하다, 이탈하다)', '倒 dǎo(넘어지다)', '掉 diào(버리다)' 등과 같이 결과보어에 따라 강조하는 뜻은 달라집니다.

주어 + **동사** + **동사** + 목적어 ~ 。
        └→ 결과보어(= 到, 见, 成, 住, 完, 懂, 会, 动, 开, 倒 dǎo,
           掉 diào ……)

예 他今天竟然收**到**了朋友的一封信。[어떤 결과를 얻음]
그는 오늘 뜻밖에 친구의 편지 한 통을 받았다.

春节的时候，我回**到**了我的家乡。[동사 + 到 + 장소]
설날 때 나는 나의 고향으로 돌아갔다.

我今天跟朋友一起玩**到**深夜。[동사 + 到 + 시간]
나는 오늘 친구와 함께 늦은 밤까지 함께 놀았다.

咱们吃**完**饭再去书店吧。 우리 식사를 다하고 나서 서점에 가자.

他不小心摔**倒**了。 그는 부주의해서 넘어졌다.

我想马上离**开**这里。 나는 곧 여기를 떠나고 싶다.

② **결과보어로 쓰이는 대표적인 형용사**

형용사도 동사 바로 뒤에서 결과보어로 쓸 수 있습니다. 이 경우도 동사와 마찬가지로 기본적으로는 모두 '~했다'는 완성의 뜻을 나타내지만, '好(다 잘 ~했다)', '清楚(분명히 ~했다)', '干净(깨끗하게 ~했다)', '光(모조리, 모두 ~했다)', '满(가득 ~했다)', '对(맞게~했다)', '错(틀리게 ~했다)' 등과 같이 결과보어에 따라 강조하는 내용은 달라집니다.

주어 + **동사** + **형용사** + 목적어 ~ 。
        └→ 결과보어(= 好, 清楚, 干净, 光, 满, 对, 错 ……)

예 我写**好**了一封信。 나는 편지 한 통을 다 (잘) 썼다.

他把一瓶啤酒喝**光**了。 그는 맥주 한 병을 모두 마셨다.

你就在这儿一定要说**清楚**。
너는 바로 여기에서 말을 분명히 해야 한다.

广场周围围**满**了看热闹的人。
광장 주위는 구경하는 사람들로 가득 둘러싸였다.

150

쓰기 1부분의 '결과보어'는 다음과 같이 문제를 풉니다.

공략1.   제시된 단어의 품사와 뜻을 파악한다.

공략2.   제일 먼저 서술어가 될 수 있는 것을 모두 찾는다.

공략3.   서술어가 2개 이상 있는 경우

① '결과보어'로 쓰이는 동사나 형용사가 있으면 동사 바로 뒤에 이어서 쓴다.

┈▷ 동사 + 결과보어。
         └▸ 동사 / 형용사

② '了' 또는 '过'가 있는 경우 '동사+결과보어' 바로 뒤에 쓴다.

┈▷ 동사 + 결과보어 + 了/过 …… 。

공략4.   '동사 + 결과보어'와 조합이 알맞는 '주어'와 '목적어'를 찾는다.

┈▷ 주어 + 서술어 + 결과보어 (+ 목적어)。

공략5.   수식성분인 부사어와 관형어가 있으면 알맞은 자리에 배치한다.

┈▷ (관형어 + 的) + 주어 + 부사 + [(전) + (관형어 + 的) + 명/대] + 서술어 + (관형
어 + 的) + 목적어。

新 HSK 문제 유형분석

01.~05.

01.	回	了	小李	故乡	前几天	到
02.	玩到	昨天	从下午	我们	晚上8点	
03.	了	我	摔	在马路上	不小心	倒
04.	了	好	我	认真地	做	这件事
05.	把水果	妈妈	干净	了	洗	已经

[단어]   故乡 gùxiāng 명 고향 / 摔 shuāi 동 넘어지다, 엎어지다

[해설]   01. 서술어가 될 수 있는 것은 동사 '回'와 '到'인데, 과거를 나타내는 시간사 '前几天'이 있으
므로 '到'는 동사 뒤의 결과보어로 쓰여 '了'와 함께 '回到了'의 형태로 써야 합니다. 또한
'到' 뒤에는 장소에 해당하는 단어 '故乡'이 와야 하며, 주어는 '小李'입니다. [→ 小李回到
了故乡。] 시간사 '前几天'은 주어 앞 또는 뒤에 모두 쓰일 수 있습니다.

151

02. 서술어는 '玩到(동사+결과보어)' 이고, 결과보어 '到' 뒤에는 시간에 해당하는 단어 '晚上 8点'이 와야 하며, 주어는 '我们'입니다. [→ 我们玩到晚上8点.] 그밖에 시간사 '昨天'은 주어 앞 또는 뒤에 모두 쓰일 수 있고, 부사어 '从下午'는 서술어 바로 앞에 써야 합니다.

03. 서술어가 될 수 있는 것은 동사 '摔'와 '倒'인데, '倒'는 동사 뒤의 결과보어로 쓰여서 '了'와 함께 '摔倒了'의 형태로 써야하며, 주어는 '我'입니다. [→ 我摔倒了.] 그밖에 '在马路上' 은 부사어이므로 서술어 바로 앞에 써야하고, 부사 '不小心'은 전치사 '在' 앞에 써야 합니다.

04. 서술어로 쓰일 수 있는 것은 동사 '做'와 형용사 '好'인데, '好'는 동사 뒤의 결과보어로 쓰여 '了'와 함께 '做好了'의 형태가 되어야 하며, 문맥상 '이 일을 다 (잘) 했다' 는 뜻이므로 목적어는 '这件事'이고, 주어는 '我'입니다. [→ 我做好了这件事.] 그밖에 '认真地'는 부사어이므로 동사 바로 앞에 써야 합니다.

05. 서술어로 쓰일 수 있는 것은 동사 '洗'와 형용사 '干净'인데, '干净'은 동사 뒤의 결과보어로 쓰여 '了'와 함께 '洗干净了'의 형태가 되어야 하며, 주어는 '妈妈'입니다. [→ 妈妈洗干净了.] 또한 '把水果'는 부사어이므로 서술어 바로 앞에 써야하고, 부사 '已经'은 주어 바로 뒤에 쓰이는 부사입니다.

[정답] 01. 小李 / 前几天 / 回/到 / 了 / 故乡。[= 前几天 / 小李 / 回/到 / 了 / 故乡。]
샤오리는 며칠 전에 고향으로 돌아왔다.

02. 我们 / 昨天 / 从下午 / 玩到 / 晚上8点。[= 昨天 / 我们 / 从下午 / 玩到 / 晚上8点。]
우리는 어제 오후부터 저녁 8시까지 놀았다.

03. 我 / 不小心 / 在马路上 / 摔 / 倒/了。나는 부주의해서 길거리에서 넘어졌다.

04. 我 / 认真地 / 做 / 好 / 了 / 这件事。나는 열심히 이 일을 다 (잘)했다.

05. 妈妈 / 已经 / 把水果 / 洗 / 净干 / 了。
엄마께서는 이미 과일을 깨끗이 다 씻으셨다.

② 방향보어 집중공략

'방향보어'란 동사 뒤에서 사람이나 사물이 움직이는 '방향'을 나타내는 동사를 말합니다. 방향보어에는 한 글자 방향보어(= 단순 방향보어)와 두 글자 방향보어(= 복합 방향보어)가 있습니다.

① 단순 방향보어 [= 한 글자 방향보어]

동사 뒤에 '上, 下, 进, 出 …' 등 방향을 나타내는 한 글자 동사를 써서 동작의 방향을 나타내는 것을 '단순방향보어' 라고 하는데, 어법용어는 중요하지 않으므로 《新HSK 5급 20일 집중공략》에서는 편의상 '한 글자 방향보어'라고 하겠습니다.

> 주어 + 동사 + 한 글자 방향보어 + ~ 。
> └→ 上, 下, 进, 出, 回, 过, 起, 来, 去

- 한 글자 방향보어와 목적어의 일반적인 위치

일반적으로 모든 보어는 서술어 바로 뒤에서 함께 쓰여 서술어를 보충해주는 역할을 하고, 목적어는 그 뒤에 씁니다. 한 글자 방향보어도 마찬가지입니다.

> 주어 + 동사 + 한 글자 방향보어 + 목적어。

예 我飞快地爬上了树。 나는 날쌔게 나무 위로 기어 올라갔다.
　 孩子们唱着歌走进了学校。 아이들은 노래를 부르면서 학교로 걸어 들어갔다.

- 예외

쓰기 1부분

장소 목적어이면서 동시에 한 글자 방향보어가 '来' 또는 '去'가 오는 경우에는 장소 목적어를 동사 뒤에 씁니다.

> 주어 + 동사 + 장소 목적어 + 한 글자 방향보어(= 来/去)。

예 他回来北京了。(×) / 他回北京来了。(○)
　 그가 북경으로 돌아왔다. [→ 동사(回) + 장소목적어(北京) + 来]
　 学生们进去教室了。(×) / 学生们进教室去了。(○)
　 학생들은 교실로 들어갔다. [→ 동사(走) + 장소목적어(教室) + 去]

> **비교하기**
> 前边走来一个人。(○) / 前边走一个人来。(×) 앞쪽에서 한 사람이 걸어왔다.
> [한 글자 방향보어가 '来' 또는 '去'가 오더라도 '장소목적어'가 아니면 예외에 속하지 않습니다.
> → '동사(走) + 来 + 일반목적어 (一个人)']

② 복합 방향보어 [= 두 글자 방향보어]

동사 뒤에 '上, 下, 进, 出…' 등 한 글자 방향보어 뒤에 '来' 또는 '去'를 함께 써서 '上来, 上去, 下来, 下去, 进来, 进去…' 등 두 글자 방향보어로 쓰는 것을 복합방향보어 라고 하는데, 어법용어는 중요하지 않으므로 《5급 新HSK 30일만에 끝내기》에서는 편의 상 '두 글자 방향보어'라고 하겠습니다.

> 주어 + 동사 + 두 글자 방향보어 + ～ 。
> 　　　　　└▶(= 上, 下, 进, 出, 回, 过, 起) + 来 / 去
> = 上来, 上去, 下来, 下去, 进来, 进去, 出来, 出去, 回来, 回去, 过来, 过去, 起来, 起去

153

● 두 글자 방향보어와 목적어의 일반적인 위치

동사 뒤에 두 글자 방향보어를 붙여 쓰고, 그 뒤에 목적어를 쓰거나 또는 방향보어와
방향보어 사이에 목적어를 씁니다.

> ① 주어 + **동사** + **두 글자 방향보어** + **목적어** 。
>
> ② 주어 + 동사 + **방향보어₁** + **목적어** + **방향보어₂** [= **来/去**] 。

(예) 前边跑过来一只小狗。[= 前边跑过一只小狗来。]
앞쪽에서 강아지 한 마리가 달려왔다.

● 예외

'장소 목적어'이거나 동사와 목적어로 나뉠 수 있는 '이합동사(离合动词)'인 경우에는
목적어를 반드시 방향보어와 방향보어 사이에 써야 합니다.

> ① 주어 + 동사 + **방향보어₁** + 장소 목적어 + **방향보어₂** [= **来/去**] 。
>
> ② 주어 + 동사 + **방향보어₁** + 이합동사 목적어 + **방향보어₂** [= **来/去**] 。

(예) 一只鸽子突然飞进来房间了。(×) / 一只鸽子突然飞进房间来了。(○)
비둘기 한 마리가 갑자기 방으로 날아 들어왔다.

我把爷爷背进去医院了。(×) / 我把爷爷背进医院去了。(○)
나는 할아버지를 업고 병원으로 들어갔다.

> **알아두기** 〈 이합동사(离合动词) 〉
>
> **下雨** 비가 내리다 / **下雪** 눈이 내리다 / **办事** 일을 처리하다 / **跳舞** 춤을 추다 / **鼓掌** 박
> 수를 치다 / **转身** 몸을 돌리다 / **转头** 고개를 돌리다 / **唱歌** 노래를 부르다 / **睡觉** 잠을
> 자다 / **散步** 산책을 하다 / **说话** 말을 하다 / **洗澡** 목욕을 하다 / **洗脸** 얼굴을 씻다 / **见
> 面** 만나다 / **干活** 일을 하다 / **打仗** 싸움을 하다

③ **방향보어가 있는 문장에서 '了'의 위치**

● 한 글자 방향보어

'동사+한 글자 방향보어' 뒤 또는 문장 맨 끝에 모두 쓰일 수 있지만, 목적어가 없거나
한 글자 목적어인 경우에는 문장 맨 끝에 了를 씁니다. 그밖에 '장소목적어' 또는 '이합
동사목적어'와 한 글자 방향보어 '来' 또는 '去'가 함께 있는 경우에도 '了'는 문장 맨 끝
에 씁니다.

① a. 주어 + 동사 + 한 글자 방향보어 + 了 + 목적어 。

　b. 주어 + 동사 + 한 글자 방향보어 + 목적어 + 了 。

② 주어 + 동사 + 한 글자 방향보어 + (한 글자 목적어) 了 。

③ 주어 + 동사 + 장소 목적어 / 이합동사 + 来/去 + 了 。

例 我们走出了房间。[= 我们走出房间了。] 우리는 방에서 나왔다.

　　大家都讨论上了，你怎么才来呀? 모두가 토론을 시작했는데, 너는 왜 이제야 오니?

　　我一说，他就转过头来了。 내가 말을 하자, 그는 바로 고개를 돌렸다.

- 두 글자 방향보어

'동사+두 글자 방향보어+목적어' 의 형태로 쓰여 '~했다'는 뜻의 완성을 나타내는 경우에는 두 글자 방향보어 뒤에 '了'를 쓰고, 목적어가 방향보어 사이에 오는 경우 문장 맨 끝에 了를 씁니다. 그러나 목적어가 없는 경우 에는 '了'는 동사와 두 글자 방향보어 사이에 쓰거나 , 문장 맨 끝에 쓸 수 있습니다.

〈목적어가 있는 경우〉

① 주어 + [동사 + 두 글자 방향보어 + 了] + 목적어 。

② 주어+ [동사 + 방향보어₁] + 목적어+ [방향보어₂] + 了 。

〈목적어가 없는 경우〉

① 주어 + [동사 + 了] + 두 글자 방향보어 。

② 주어+ [동사 + 두 글자 방향보어] + 了 。

例 我买回来了一台电视。 나는 TV 한 대를 사가지고 돌아왔다.

　　他把妹妹背进房间去了。 그는 여동생을 업고 방으로 들어갔다.

　　我把苹果、哈密瓜包了 起来。 나는 사과와 하미과를 (종이로)쌌다.

　　李教授一演讲完，他就鼓起掌来了。
　　이 교수님께서 연설을 마치자마자, 그는 곧바로 박수를 치기 시작했다.

쓰기 1부분의 '방향보어'는 다음과 같이 문제를 풉니다.

공략1. 제시된 단어의 품사와 뜻을 파악한다.

공략2. 제일 먼저 서술어를 찾는다.

공략3. 방향보어가 있으면 서술어 뒤에 붙여 쓰고, 목적어는 그 뒤에 쓴다.
⋯⋯ 동사 + 방향보어 + 목적어 。

공략4. 방향보어와 장소목적어가 있으면 문법에 맞게 다시 재배열한다.
① 동사 + 장소목적어 + 来/去 。
② 동사 + 방향보어₁ + 장소목적어 + 방향보어₂ + [= 来/去] 。
③ 동사 + 방향보어₁ + 이합동사목적어 + 방향보어₂ + [= 来/去] 。

공략5. '了'가 있는 경우 '了'를 알맞은 위치에 배열한다.

공략6. 주어, 부사어, 관형어 등을 문맥에 맞게 배열한다.

01.~05.

01.	把那个东西		你	上来	赶快	拿
02.	小刘	来	北京	回	昨天	了
03.	说起	有条有理	他	来	话	
04.	出去	他	书包	就跑	拿着	了
05.	走进	同学们都	了	教室	来	

[단어] 赶快 gǎnkuài 🖝 빨리, 얼른, 어서 / 有条有理 yǒutiáoyǒulǐ 🖝 논리정연하다, 조리가 있다

[해설]
01. 동사 '拿'와 방향보어 '上来'를 붙여 써서 서술어는 '拿上来'의 형태로 써야하고, 문맥상 주어는 '你'입니다. [→ 你拿上来] 부사어 '把那个东西'는 서술어 앞에 씁니다. [→ 你把那个东西拿上来] 그밖에 부사 '赶快'는 전치사 '把' 자 앞에 써야 합니다.

02. 동사는 '回'이고, 한 글자 방향보어 '来'와 장소목적어 '北京'이 있으므로 '回+北京+来'의 형태가 되어야 합니다. 주어 '小刘'와 시간사 '昨天'은 순서와 상관없이 문장 맨 앞에 쓰고, '了'는 목적어가 동사와 방향보어 사이에 오는 경우 문장 맨 뒤에 씁니다.

03. 우선 서술어가 될 수 있는 것은 '说起'와 '有条有理'가 있습니다. 그런데 동사 '说话'는 '说+话'의 형태로 나뉠 수 있는 이합동사이며, 두 글자 방향보어는 '起来'이므로, '说起话来'의 형태가 되어야 합니다. 문맥상 '말을 할 때 논리정연하다' 라고 해야 하므로 '说起话来 有条有理'의 순서로 써야 하고, 주어는 '他'입니다.

04. 우선 서술어가 될 수 있는 것은 '拿着'와 '就(부)+跑(동)'가 있습니다. 그런데 동사 '拿'는 '(구체적인 물건이나 사물 등을) 손으로 쥐다, 잡다, 들다' 는 뜻이므로 목적어 '书包'와 함

께 써야 하며, 동사 '跑'와 두 글자 방향보어 '出去'는 함께 붙여 써야 합니다. [→ 拿着书包/跑出去] 또한 문맥상 '책가방을 들고 밖으로 나갔다'라고 써야하므로 '拿着书包跑出去'의 순서로 써야합니다. 그밖에 주어는 '他'이고, '了'는 서술어 '跑出去' 뒤에 목적어가 없으므로 문장 맨 끝에 씁니다.

05. 서술어는 동사 '走'이고, 두 글자 방향보어는 '进来'인데, 장소목적어 '教室'가 있으므로 '走进教室来'의 형태가 되어야 하고, 이 경우 '了'는 문장 맨 끝에 쓰며, 주어는 '同学们'입니다.

[정답] 01. 你 / 赶快 / 把那个东西 / 拿 / 上来。 네가 빨리 그 물건을 가지고 올라와라.

02. 小刘 / 昨天 / 回 / 北京 / 来 / 了。 [= 昨天 / 小刘 / 回 / 北京 / 来 / 了。]
    샤오류는 어제 북경으로 돌아왔다.

03. 他 / 说起 / 话 / 来 / 有条有理。 그는 말할 때 논리정연하다.

04. 他 / 拿着 / 书包 / 就跑 / 出去 / 了。 그는 책가방을 가지고 바로 뛰어나갔다.

05. 同学们都 / 走进 / 教室 / 来 / 了。 학우들은 모두 교실로 걸어들어 왔다.

③ 가능보어 집중공략

'가능보어'란 동사 뒤에서 어떤 결과나 상황에 도달할 수 있는지에 대한 '가능여부'를 나타내는 낱말을 가능보어라고 합니다. 가능보어는 '~할 수 있다' 또는 '~할 수 없다'는 뜻으로 쓰이며, 다음과 같이 두 가지 형태가 있습니다.

① 동사 + 得/不 + 결과보어

가능보어는 동사와 결과보어 사이에 '得' 또는 '不'를 써서 '~할 수 있다' 또는 '~할 수 없다'는 뜻을 나타냅니다.

> ① 주어 + [**동사** + **得**] + **결과보어**。 [~할 수 있다]
> ② 주어 + [**동사** + **不**] + **결과보어**。 [~할 수 없다]
> └▸ 동/형

예 这本小说这么厚，一天看不完。 [동사(看) + 不 + 결과보어(完)]
이 소설책은 너무 두꺼워서, 하루에 다 볼 수 없다.

你说得很清楚，我听得懂。 [동사(听) + 得 + 결과보어(懂)]
네가 말을 분명히 해서, 나는 알아들을 수 있다.

② 동사 + 得/不 + 방향보어

가능보어는 동사와 방향보어 사이에 '得' 또는 '不'를 써서 '~할 수 있다' 또는 '~할 수 없다' 는 뜻을 나타냅니다.

① 주어 + [동사 + 得] + 방향보어。 [~할 수 있다]
② 주어 + [동사 + 不] + 방향보어。 [~할 수 없다]

예 我已经看了四个小时教材了，太累了，看不下去了。[동사(看) + 不 + 방향보어(下去)]
나는 이미 4시간 동안 교재를 보았기 때문에 너무 피곤해서 더 이상 계속 볼 수 없다.

这个菜很好吃，再多我也能吃得下去。[동사(吃) + 得 + 방향보어(下去)]
이 음식은 너무 맛있어서, 더 많이 있어도 나는 먹을 수 있다.

쓰기 1부분의 '가능보어'는 다음과 같이 문제를 풉니다.

공략1. 제시된 단어의 품사와 뜻을 파악한다.

공략2. 제일 먼저 서술어를 찾는다.

공략3. 결과보어 또는 방향보어가 있으면 서술어 뒤에 붙여 쓰고, 목적어는 그 뒤에 쓴다.
① 동사 + 결과보어 + 목적어。
② 동사 + 방향보어 + 목적어。

공략4. '得' 또는 '不'가 있으면 동사와 결과보어 또는 사이에 쓴다.
① 동사 + 得/不 + 결과보어 + 목적어。
② 동사 + 得/不 + 방향보어 + 목적어。

※ '공략5~공략7'까지는 방향보어와 순서가 모두 같습니다.

공략5. 방향보어와 장소목적어가 있으면 문법에 맞게 다시 재배열한다.
① 동사 + 장소목적어 + 得/不。
② 동사 + 방향보어₁ + 장소목적어 + 방향보어₂ + [= 来/去] 。
③ 동사 + 방향보어₁ + 이합동사목적어 + 방향보어₂ + [= 来/去] 。

공략6. '了'가 있는 경우 '了'를 알맞은 위치에 배열한다.

공략7. 주어, 부사어, 관형어 등을 문맥에 맞게 배열한다.

01.~05.

01.	得	拿	这么多的书	动	你	吗
02.	他	不	高兴	了	起来	怎么也
03.	出来	我	听得	声音	你的	
04.	你说的	我	明白	意思	听	不
05.	小刚	话	一时	来	了	说不出

쓰기
1부분

[해설]　01.　동사 '拿'와 결과보어 '动'을 붙여 쓰고, 중간에 '得'를 함께 쓴 서술어는 '拿得动'이고, 문맥상 '이렇게 많은 물건을 들 수 있다'의 뜻이므로 주어는 '你'이며, 목적어는 '这么多的东西'입니다. [→ 你/拿/得/动/这么多的书.] 상대방한테 질문을 할 때 쓰이는 어기조사 '吗'는 문장 맨 끝에 씁니다.

02.　동사 '高兴'과 두 글자 방향보어 '起来'를 붙여 쓰고, 동사와 첫 번째 방향보어 사이에 '不'를 쓴 서술어는 '高兴不起来'이고, 주어는 '他'이며, '了'는 문장 맨 끝에 씁니다. [→ 他/高兴/不/起来了.] 그밖에 부사어 '怎么也(아무리~하려고 해도)'는 서술어 앞에 써야 합니다. 부사어 '怎么也' 뒤에는 서술어의 부정형태가 와서 '아무리~하려고 해도 ...할 수 없다'는 뜻을 나타냅니다.

03.　동사 '听'과 방향보어 '出来' 사이에 '得'를 쓴 서술어는 '听得出来'이고, 주어는 '我'이며, 목적어는 '声音'입니다. [→ 我/听得/出来/声音.] 그밖에 관형어 '你的'는 문맥상 '你的声音'이라고 해야 합니다. 여기서 '出来'는 '판단, 구별, 식별'의 의미로 네 목소리를 들어서 구별할 수 있다는 뜻을 나타냅니다.

04.　동사 '听'과 결과보어 '明白' 사이에 '不'를 쓴 서술어는 '听不明白'이고, 주어는 '我'이며, 목적어는 '意思'입니다. [→ 我/听/不/明白/意思.] 그밖에 관형어 '你说的'는 문맥상 '你说的意思'라고 해야 합니다.

05.　동사 '说'와 두 글자 방향보어는 '出来' 사이에 '不'를 쓴 서술어는 '说不出来'이고, 주어는 '小刚'이며, 목적어는 '话'입니다. 그러나 이합동사 '说话'는 목적어를 반드시 방향보어와 방향보어 사이에 써야 하므로 서술어는 '说不出话来'의 형태가 되어야 합니다. [→ 小刚/说不出/话/来.] 그 밖에 '了'는 문장 맨 끝에 쓰며, 부사 '一时'는 서술어 앞에 씁니다.

[정답]　01.　你 / 拿得动 / 这么多的东西 / 吗。네가 이렇게 많은 물건을 들을 수 있니?

02.　他 / 怎么也 / 高兴 / 不 / 起来 / 了。그는 아무리 기뻐하려고 해도 기뻐할 수 가 없었다.

03.　我 / 听得 / 出来 / 你的 / 声音。나는 네 목소리를 들어서 구분해 낼 수 있다.

04.　我 / 听不 / 明白 / 你说的 / 意思。나는 네 말 뜻을 이해할 수 없다.

05.　小刚 / 一时 / 说不出 / 话 / 来 / 了。샤오강은 일시적으로 말을 할 수 없었다.

4 정도보어 집중공략★

'정도보어'란 대부분 동사 뒤에서 '동작이나 상태가 어떤 정도나 상태에 이르렀음'을 나타내는 낱말을 말합니다. 정도보어는 '매우~하다' 또는 '~할 정도로 ...하다'는 뜻으로 쓰이며, 다음과 같이 '정도보어' 형태와 '정태보어' 형태로 나눌 수 있습니다.

① 정도보어(程度补语)

'정도보어'는 ① '동사+得' 뒤에 '정도부사+형용사서술어'를 써서 '매우 ~하다' 또는 '~할 정도로 ...하다'는 뜻을 나타냅니다. ② 동사 뒤에 목적어가 있는 경우에는 다시 한 번 동사를 쓴 후에 그 뒤에 '得+정도보어'를 써야 합니다. 이 경우 앞의 동사는 생략할 수 있습니다. ③ 만약 소유를 나타내는 '명사나 대명사'가 있다면 목적어 앞에 씁니다. ④ 그밖에 정도보어의 부정형식은 '동사+得' 뒤의 형용사 서술어 앞에 부정부사를 써야 합니다.

① 주어 + 동사 + 得 + 정도보어。
    └ 정도부사 + 형용사서술어

② 주어 + (동사₁) + 목적어 + 동사₁ + 得 + 정도보어。

③ (...... + 的) + 목적어 + 동사₁ + 得 + 정도보어。
    └ 소유를 나타내는 명사/대명사

④ 주어 + 동사 + 得 + 정도보어의 부정。[부정형태]
    └ 부정부사(不) + 형용사서술어

예 他说得很流利。 그는 말을 유창하게 한다.
   他(说)汉语说得很流利。 그는 중국어를 매우 유창하게 한다.
   他的汉语说得很流利。 그의 중국어는 아주 유창하다.
   他的汉语说得不流利。 그의 중국어는 유창하지 않다.

② 정태보어(状态补语)

'정태보어'란 '서술어+得' 뒤에 주어를 '평가'하거나, 서술어를 '설명 또는 묘사'하는 내용이 나오는 것을 정태보어라고 합니다. 일반적으로 '정도보어'와 '정태보어'를 모두 '정도보어'라고 부르지만, 이 두 가지 형태를 나누어서 학습하면 쉽게 이해할 수 있어서 정도보어를 훨씬 효율적으로 학습할 수 있습니다.

주어+ 서술어 + 得 + 정태보어。
      └ 동사/형용사   └ 절, 서술어 (동사, 형용사), 4글자로 된 관형어

예 他们听音乐听得不想吃饭。 그들은 노래를 듣느라 밥도 먹고 싶어 하지 않는다.
   她长得像妈妈一样漂亮。 그녀는 엄마처럼 예쁘게 생겼다.

160

天气热得气都喘不过来了。 더워서 숨도 쉬지 못한다.

他高兴得跳了起来。 그는 뛸 듯이 기쁘다.

他说得一清二楚。 그는 아주 분명히 말했다.

참고

정도(정태)보어 구문에서는 일반적으로 서술어 앞에 부사어는 쓰지 않지만, '一定, 经常, 比 (전)+명사/대명사, 都' 등 몇몇 부사어는 서술어 앞에 쓸 수 있다.

예 我经常打扫得很干净。 나는 자주 깨끗하게 청소를 한다.

他的口语、听力、阅读和写作水平都进步得很快。

그의 회화, 듣기, 독해, 그리고 작문수준은 모두 매우 빨리 늘었다.

참고

목적어가 있는 정태보어 구문에서는 뒤에 있는 동사 앞에 부사를 써야한다.

예 明天就要回国了，我一定(收拾)行李收拾得很好。(×)

明天就要回国了，我(收拾)行李一定收拾得很好。(○)

내일 귀국을 하니까, 나는 꼭 짐을 잘 챙겨야 한다.

쓰기 1부분의 '정도보어 · 정태보어'는 다음과 같이 문제를 풉니다.

공략1. 제시된 단어의 품사와 뜻을 파악한다.

공략2. 제일 먼저 서술어를 찾는다.

공략3. '得'와 '정도부사'가 있으면 정도보어 구문이므로, '동사 + 得' 뒤에 '정도부사 + 형 용사서술어' 또는 '不 + 형용사서술어'를 붙여 쓴다.

① 동사 + 得 + 정도부사 + 형용사서술어。

② 동사 + 得 + 不 + 형용사서술어。

공략4. 목적어가 있으면 '동사 + 得' 바로 앞에 쓴다.

목적어 + 동사 + 得 + 정도부사 + 형용사서술어。

공략5. 소유를 나타내는 '(......的)'가 있으면 목적어 바로 앞에 쓴다.

(......的) + 목적어 + 동사 + 得 + 정도부사 + 형용사서술어。

↳ 동명사 / 대명사

공략6. 주어, 시간사 등 나머지 낱말을 문맥에 맞게 배열한다.

쓰기 1부분의 '정태보어'는 다음과 같이 문제를 풉니다.

> **공략1.** 제시된 단어의 품사와 뜻을 파악한다.
>
> **공략2.** 제일 먼저 서술어를 찾는다.
>
> **공략3.** '서술어'와 '得'가 있으면 붙여 쓰고, 나머지 낱말은 모두 '得' 뒤에 쓴다.
> ··· 서술어 + 得 + 정태보어。
> └▸ 절, 서술어(동사, 형용사), 4글자로된 관용어
>
> **공략4.** '得' 뒤의 정태보어에 절이 나온 경우, 문맥에 맞게 재배열하는데, 이 부분은 일반 문장을 재배열하는 방법과 같다.
>
> **공략5.** 나머지 주어, 목적어, 관형어 등을 정도보어부분과 같이 알맞게 배열한다.

01.~05.

01.	快的	跑	弟弟	得	挺
02.	仗	他们	非常	打得	激烈
03.	鱼香肉丝	很	做得	妈妈的	地道
04.	小兰	哭起来了	得	大声地	伤心
05.	写得	他	快	汉字	比我

[해설] 01. 동사 '跑', '得', 정도부사 '挺'이 있으므로 정도보어 구문입니다. 그러므로 동사(跑)와 '得'를 붙여 쓰고, 그 뒤에 '정도부사(挺)'과 '형용사 서술어(快)'를 써야합니다. [→ 跑/得/挺/快的] 정도부사 '挺'은 뒤에 '的'와 함께 쓰여서 '매우~하다'는 뜻을 나타내며, 여기서 '弟弟'는 주어입니다.

02. 동사는 '打仗(싸움을 하다)'인데, 이합동사이므로 동사(打) 뒤에 '得'를 붙여 쓰고 목적어(仗)은 그 앞에 써야하며, 정도부사(非常)와 형용사서술어(激烈)는 그 뒤에 써야합니다. [→ (打)仗/打得/非常/激烈] 여기서 '他们'은 주어입니다.

03. '동사+得'의 형태인 '做得' 뒤에 '정도부사(很)+형용사서술어(地道)'를 써야하며, 목적어(鱼香肉丝)는 동사 바로 앞에 씁니다. [→ 鱼香肉丝/做得/很/地道] 또한 소유를 나타내는 관형어 '妈妈的'는 목적어(鱼香肉丝) 바로 앞에 써야 합니다.

04. 서술어 '伤心'과 '得'를 붙여 쓰고, 슬퍼하는 모습을 묘사하는 낱말은 모두 그 뒤에 써야합

니다. [→ 伤心得//大声地/哭起来了。] 여기서 주어는 '小兰'이고, 부사어 '大声地'는 '得' 뒤의 서술어(哭起来了) 앞에 씁니다.

05. 동사 '写'와 '得'를 붙여 쓰고, 목적어(汉字)는 동사 바로 앞에 씁니다. [→ 汉字/写得 ~。] 또한 쓰는 모습을 묘사하는 낱말은 모두 그 뒤에 써야합니다. [→ 写得/比我/快。] 여기서 주어는 '他'이며, 부사어 '比我'는 '写得' 앞 또는 뒤의 부사어 자리에 모두 쓸 수 있습니다.

[정답] 01. 弟弟 / 跑 / 得 / 挺 / 快的。 남동생은 매우 빨리 달린다.

02. 他们 / 仗 / 打得 / 非常 / 激烈。 그들은 매우 격렬하게 싸운다.

03. 妈妈的 / 鱼香肉丝 / 做得 / 很 / 地道。 엄마가 만드신 위시앙로우쓰는 매우 맛있다.

04. 小兰 / 伤心 / 得 / 大声地 / 哭起来了。 샤오란은 너무 슬퍼서 큰소리로 울기 시작했다.

05. 他 / 汉字 / 写得 / 比我 / 快。 [= 他 / 汉字 / 比我 / 写得 / 快。]
그는 한자를 나보다 빨리 쓴다.

5 수량보어 집중공략

'수량보어'란 서술어 뒤에서 수량을 나타내는 낱말을 말하는데, 수량보어에는 다음과 같이 '시량보어'와 '동량보어'로 나눌 수 있습니다.

① 시량보어(时量补语)

'시량보어'란 동사 뒤에서 동작을 하거나 상태가 지속되면서 <mark>흘러간 시간의 양</mark>을 나타내는 낱말을 말하는데, 대부분 '~동안'의 뜻으로 쓰입니다. 시량보어는 ① 동사 바로 뒤에 쓰고, 목적어는 그 뒤에 써야하지만, ② 대명사 목적어인 경우에는 대명사 목적어를 동사 바로 뒤에 씁니다.

> ① 주어 + **동사 + (了/过) + 시량보어** + 목적어。
> ② 주어 + **동사 + (了/过) + 목적어** + 시량보어。
> └→ 대명사

예 我等了一个小时(的)公车。 나는 한 시간 동안 버스를 기다렸다.
我等了他一个小时。 나는 그를 한 시간 동안 기다렸다.

② 동량보어(动量补语)

'동량보어'란 동사 뒤에서 동작의 횟수를 세는 낱말을 말하는데, 모두 '~번, ~차례(…하다)'의 뜻으로 쓰이지만, '一次(반복되는 횟수) [- 一回]', '一遍(처음~끝)', '一趟(왕복)', '一顿(욕하거나 때리는 동작)' 등과 같이 동량보어에 따라 의미하는 내용은 모두 다릅니다. 동량보어는 ① 동사 바로 뒤에 쓰고, 목적어는 그 뒤에 써야하지만, ② 대명사 목적어인 경우에는 대명사 목적어를 동사 바로 뒤에 씁니다.

> ① 주어 + **동사** + (了/过) + 동량보어 + 목적어。
> ↳ 一次[= 一回], 一遍, 一趟, 一顿 ……
>
> ② 주어 + **동사** + (了/过) + **목적어** + 동량보어。
> ↳ 대명사

예 我读了一遍小说。 나는 소설을 한 번 읽었다.
我见了他一次。 나는 그를 한 번 보았다.

③ 수량보어[= 시량보어 / 동량보어] 집중공략

공략1. 제시된 단어의 품사와 뜻을 파악한다.

공략2. 제일 먼저 서술어와 목적어를 찾는다.

공략3. 시량보어나 동량보어가 있는 경우 서술어 뒤에 쓰며, '了' 또는 '过'가 있다면 동사 바로 뒤에 쓴다.
① 주어 + **동사** + (了/过) + 시량보어 + 목적어。
② 주어 + **동사** + (了/过) + 동량보어 + 목적어。

공략4. 시량보어나 동량보어가 있고, '대명사목적어'가 있는 경우 서술어 뒤에 '대명사목적어'를 쓴다.
① 주어 + **동사** + (了/过) + 목적어 + 시량보어。
② 주어 + **동사** + (了/过) + 목적어 + 동량보어。

공략5. 방향보어와 장소목적어가 있으면 문법에 맞게 다시 재배열한다.

공략5. 주어, 부사어, 관형어 등을 알맞은 자리에 배열한다.

新 HSK 문제 유형분석

🎯 01.~05.

01.	两个多小时	他们	在	参观了	那家工厂
02.	睡了	我们家人都	觉	只	三个小时
03.	他	一遍	比我	多读了	教材
04.	去过	我	以前	上海	一趟
05.	先后	小赵	过	几次	讨论会	参加

쓰기
1부분

[해설]　01. 주어는 '他们'이고, 서술어는 '参观'이며, 시량보어 '两个多小时'는 동사(参观) 뒤에 써야
합니다. [→ 他们/参观了/两个多小时。] 그리고 만약에 '那家工厂'을 목적어로 본다면,
'在(지금~하고 있는 중이다)'는 현재진행이나 상태의 지속을 나타내는 부사이므로, 이 경
우 동사 뒤에는 '了'를 쓸 수 없고, '着'를 함께 써야합니다. 따라서 '那家工厂'은 목적어가
아니라 전치사 '在' 뒤에 장소를 나타내는 낱말로 쓰여서 서술어 앞에 써야합니다. [→ 我/
在那家工厂/参观了两个多小时。]

02. 주어는 '我们家人'이고, 서술어는 이합동사 '睡(동)+觉(목)'이므로, '了'는 동사(睡) 바로
뒤에 쓰고, 시량보어 '三个小时'는 동사 뒤에 써야합니다. [→ 我们家人都睡了三个小时
觉。] 그밖에 부사 '只'는 서술어 앞에 씁니다.

03. 주어는 '他'이고, 서술어는 '读'이며, 목적어는 '教材'입니다. [→ 他多读了教材。] 여기서
'多'는 '더, 많이~하다'는 뜻으로 동사 바로 앞에 쓰이는 부사어이며, 동량보어 '一遍'은 동
사 바로 뒤에 씁니다. [→ 他多读了一遍教材。] 그밖에 부사어 '比我'는 서술어 바로 앞에
써야 합니다.

04. 주어는 '我'이고, 서술어는 '去'이며, 목적어는 '上海'입니다. [→ 我/去过/上海。] 동량보
어 '一趟'은 동사 바로 뒤에 씁니다. [→ 我/去过/一趟/上海。] 그밖에 시간사 '以前'은 주
어 앞 또는 뒤에 모두 쓸 수 있습니다.

05. 주어는 '小赵'이고, 서술어는 '参加'이며, 목적어는 '讨论会'입니다. [→ 小赵/参加/讨论
会。] 동량보어 '几次'는 동사 바로 뒤에 쓰며, 과거의 경험을 나타내는 '过(이전에 ~한 적
있다)'는 동사 바로 뒤에 씁니다. [→ 小赵/参加/过/几次/讨论会。] 그밖에 부사 '先后'는
서술어 바로 앞에 씁니다. [→ 小赵/先后/参加/过/几次/讨论会。]

참고 부사 '先后(잇따라, 계속해서)'는 '先后+수량'의 형태로 부사어로 쓰여 서술어 앞
에 함께 쓸 수도 있습니다. [→ 小赵/先后几次/参加/过/讨论会。]

[정답]　01. 他们/在/那家工厂/参观了/两个多小时。 그들은 그 공장에서 두 시간 정도 견학을 했다.

02. 我们家人都/只/睡了/三个小时/觉。 우리 가족은 모두 겨우 세 시간 잠을 잤다.

03. 他/比我/多读了/一遍/教材。 그는 나보다 교과서를 한 번 더 읽었다.

04. 我/以前/去过/一趟/上海。 [= 以前/我/去过/一趟/上海。]
나는 이전에 상해에 한 번 갔다 온 적이 있다.

05. 小赵/先后/参加/过/几次/讨论会。 [= 小赵/先后几次/参加/过/讨论会。]
샤오자오는 잇따라 토론회에 몇 번 참가한 적이 있었다.

1회

第91–98题: 完成句子。

91 还没   他   定   主意   拿

92 北京   我   到   来   前天   从上海

93 已经   妈妈   干净   把水果   了   洗

94 打算   爸爸   回   明天   北京   来

95 我   起来   不禁   了   大哭

96 同学们   教室   都   来   了   走进

97 会议   热烈   讨论   他们   非常   得

98 张厨师   做得   的   很好   菜

第91-98题: 完成句子。

쓰기
1부분

91 高　　　一样　　　我们俩　　　得　　　差不多　　　长

92 得　　　她　　　过去　　　昏了　　　吓

93 他　　　不　　　高兴　　　又　　　了　　　起来

94 说不出　　　我　　　一时　　　来了　　　话

95 怎么也　　　这个孩子　　　不动　　　这么多的　　　拿　　　书

96 那家工厂　　　他们　　　在　　　两个多小时　　　参观　　　了

97 连续　　　我　　　好几遍　　　课本　　　精读了

98 她　　　一大跳　　　被我　　　吓了

167

문장구조 최종분석

제4주차 화요일 쓰기 1부분에서는 1-3주차에서 배운 6가지 기본성분인 주어, 서술어, 목적어, 관형어, 부사어, 보어의 위치를 다시 한 번 체크해 보면서 문장 배열에 관한 부분을 최종점검하고, 실력다지기 실전문제의 총정리문제를 풀어보면서 쓰기 1부분을 완벽하게 마스터해 봅시다.

1. 문장의 3가지 기본성분 찾기

문장을 이루는 가장 기본적인 성분으로 주어, 서술어, 목적어가 있습니다.

주어	서술어	목적어
我	买	手机。

나는 핸드폰을 샀다.

2. 수식어 추가하기

1 부사어

동사/형용사 서술어 앞에서 수식하는 낱말을 부사어라고 하는데, 전치사구, 부사, '형용사, 동사, 수량사 + 地'가 있습니다.

주어		부사어			서술어+(보어)	목적어
我	又	[高高兴兴地]	[在商店]	[飞快地]	买到了	手机。

└→ 부사　└→ 감정과 관련된 '地'　└→ 전치사구　└→ 동작과 관련된 '地'

나는 또 아주 기쁘게 상점에서 재빨리 핸드폰을 샀다.

② **관형어**

명사나 대명사 앞에서 수식하는 낱말을 말하며, 두 글자 이상으로 된 관형어인 경우 "的" 자를 써줍니다. [주어, 목적어, 전치사 뒤 명사/대명사 앞에 옴]

관형어	주어	부사어	서술어+(보어)	관형어	목적어
(喜欢买东西的)	我	又[在 (离这儿不远的) 商店]	买到了	(新上市的)	手机。

└→ 관형어

물건 사는 것을 좋아하는 나는 또 여기서 멀지 않은 상점에서 새로 출시된 핸드폰을 샀다.

③ **문장구조에 관한 최종분석 도표**

쓰기
1부분

1. 문장의 6대 기본성분의 위치는 다음과 같다.

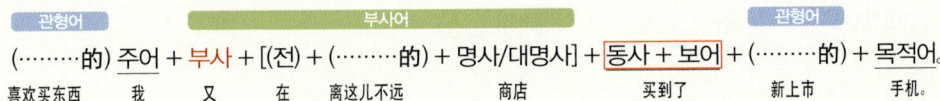

관형어		부사어			관형어	
(………的) 주어 + 부사 + [(전) + (………的) + 명사/대명사] + 동사 + 보어 + (………的) + 목적어。
喜欢买东西　我　又　在　离这儿不远　商店　买到了　新上市　手机。

[수량사, 동사, 형용사 + 地]
　　飞快地　　　: 서술어 앞 (동작과 관련)

[형용사 중첩 + 地]
　　高高兴兴地 : 전치사구 앞 또는 서술어 앞 모두 가능 (감정과 관련)

···▶ (喜欢买东西的)我又[高高兴兴地][在(离这儿不远的)商店][飞快地]买到了(新上市的)手机。
　　　　　　　　└→ 감정과 관련　　　　　　　　　　　　└→ 동작과 관련

2. 수량사도 명사나 대명사처럼 주어나 목적어가 될 수 있고, 관형어는 보통 양사와 명사 사이에 온다.

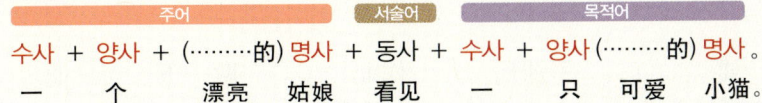

주어			서술어	목적어		
수사 + 양사 + (………的) 명사 + 동사 + 수사 + 양사 (………的) 명사 。
一　个　漂亮　姑娘　看见　一　只　可爱　小猫。

···▶ 一个(漂亮的)姑娘看见一只(可爱的)小猫。 어여쁜 한 아가씨가 귀여운 고양이 한 마리를 보았다.

3. 형용사 서술어는 뒤에 목적어를 가질 수 없고, 보통 정도부사와 함께 쓴다..

　　주어 + 정도부사 + 형용사 서술어 + 목적어 。
　这些花儿　　　很　　　　好看。　　　　　　　　　이 꽃들은 매우 아름답다.

1회

第91-98题: 完成句子。

91 别说   大衣   你   那件   穿上   新买的

92 印象   她   终身难忘的   给我   留下了

93 什么时候   李海军   过去   不知道   事情

94 他的话   信心   那样   就   充满了   是

95 考上了   小金   终于   北京大学   代表名牌大学的

96 我   要   下课后   作业   做一下   把

97 敢于   老板   大家的   批评   接受

98 把   决定   市政府   降下来   蔬菜价格   要尽快

第91-98题: 完成句子。

쓰기
1부분

91 问题　　　他　　　总算　　　解决　　　把　　　了

92 见面　　　我们　　　公园门口　　　明天上午八点　　　在

93 我　　　非常　　　汽车　　　感兴趣　　　这家公司生产的　对

94 我和大哥　　　没　　　好几年　　　了　　　见面

95 看到了　　　李经理　　　似乎　　　光明　　　在黑暗中

96 在　　　都　　　躺　　　他们家人　　　一张大床上

97 介绍给　　　导游　　　游客们　　　这儿的　　　把　　　情况

98 绝大多数人　　　着　　　城市里的　　　甜睡　　　还在

第91-98题: 完成句子。

91 去看　　　　和朋友　　　　我弟弟　　　　一起　　　　经常　　　　电影

92 离我们　　　　一把椅子上　　　　坐在　　　　不远的　　　　他

93 处于　　　　他　　　　在　　　　只是　　　　中游位置　　　　竞争者中

94 在那里　　　　可以　　　　就　　　　你们俩　　　　住下来

95 不少的　　　　着　　　　现代人　　　　面临　　　　挑战　　　　正在

96 锻炼身体　　　　紧张的　　　　可以　　　　情绪　　　　缓解

97 回答　　　　没想到　　　　竟　　　　问题　　　　小王

98 不能　　　　任何　　　　绝对　　　　出　　　　你　　　　差错

第91–98题: 完成句子。

쓰기
1부분

91 一件 买到 我 没 喜欢的 毛衣

92 你 哭起来了 怎么 就 呢 一下子

93 给自己 这 脸上 吗 不是 抹黑

94 球 那个男孩的 好 踢 特别 得

95 任何景点 他们 去 几乎 游玩 没有

96 换成 帮我 人民币 把美元 请

97 成功了 多年的 我 终于 努力 经过

98 在那里 我 没 过 自行车 存

기본기 익히기

1. 원고지 사용법 익히기

5급 단문쓰기 시험은 답안지 안의 96자 원고지에 작성을 해야 하므로 우리가 일반적으로 알고 있는 작문을 쓸 때의 원고지 사용법이 아닌 '新HSK 5급 시험용 원고지'의 사용법을 정확히 익혀두어야 합니다. 5급 단문쓰기의 <mark>알맞은 원고지 사용법은 다음과 같습니다.</mark>

① 제목은 쓰지 않고, 첫 째 줄의 맨 앞 세 번째 칸에서 부터 내용을 쓴다.

신HSK 5급의 단문쓰기는 작문을 쓰는 것이 아니라 주어진 96자 원고지에 말 그대로 '80자 단문'을 써야 하므로 제목은 쓰지 않고, 첫 째 줄 맨 앞 세 번째 칸에서부터 내용을 쓰기 시작 합니다.

		芳	芳	是	一	个	很	有	礼	貌	的	孩	子	。	一
天	，	她	在	上	学	的	路	上	遇	见	了	老	师	，	她

② 단락을 되도록 바꾸지 않고 쓰며, 낱말과 낱말 사이를 띄어 쓰지 않는다.

96자 원고지 안에 80자 정도의 단문쓰기를 해야 하므로 단락을 바꾸면 글자 수가 모자랄 수 있으므로 될 수 있는 대로 단락을 바꾸어 쓰지 않으며, 중국어에는 띄어쓰기가 없으므로 낱말과 낱말, 낱말과 문장부호는 모두 붙여 쓰고 띄어 쓰지 말아야 합니다.

잘못된 예

		芳	芳	是	一	个	很	有	礼	貌	的	孩	子	。	
		一	天	，	她	在	上	学	的	路	上	遇	见	了	老
师	，		她	很	有	礼	貌	地	向	老	师	问	好	，	
老	师	也	热	情	地	问	她	最	近	情	况	怎	么	样	，

174

올바른 예

		芳	芳	是	一	个	很	有	礼	貌	的	孩	子	。	一
天	，	她	在	上	学	的	路	上	遇	见	了	老	师	，	她
很	有	礼	貌	地	向	老	师	问	好	，	老	师	也	热	情
地	问	她	最	近	情	况	怎	么	样	，	她	回	答	："	我

❸ 문장부호도 글자 수에 포함한다.

문장부호 역시 글자 수에 포함되므로 한 칸에 하나씩 씁니다. 단 직접화법을 쓰는 경우만 클론(:)과 인용부호(") 또는 '마침표(。)·느낌표(!)·물음표(?)'와 인용부호(")는 한 칸에 함께 씁니다.

쓰기
2부분

잘못된 예

一	天,	她	在	上	学	的	路	上	遇	见	了	老	师,	她	很
有	礼	貌	地	向	老	师	问	好,	老	师	热	情	地	问	：
"	你	好,	最	近	情	况	怎	么	样	？	"				

올바른 예

一	天	，	她	在	上	学	的	路	上	遇	见	了	老	师	，
她	很	有	礼	貌	地	向	老	师	问	好	，	老	师	热	情
地	问	："	你	好	，	最	近	情	况	怎	么	样	？"		

❹ 문장부호는 보통 맨 앞에 쓰지 않고, 맨 마지막 글자 옆에 함께 쓴다.

문장부호는 보통 맨 앞에 쓰지 않고, 맨 마지막 글자 옆에 함께 씁니다. 단, 《 》와 " "는 맨 앞에 써도 됩니다.

잘못된 예

有	一	天	，	她	在	上	学	的	路	上	遇	见	了	老	师
，	她	很	有	礼	貌	地	向	老	师	问	好	，	老	师	很

| … | ， | 小 | 丽 | 低 | 下 | 了 | 头 | ， | 不 | 好 | 意 | 思 | 地 | 笑 | 了 |
| 。 | | | | | | | | | | | | | | | |

올바른 예

有	一	天	，	她	在	上	学	的	路	上	遇	见	了	老	师，
	她	很	有	礼	貌	地	向	老	师	问	好	，	老	师	很
…	，	小	丽	低	下	了	头	，	不	好	意	思	地	笑	了。
《	太	阳	有	耳	》	是	一	部	反	映	20	年	代	中	国
妇	女	社	会	地	位	的	影	片	。						
这	几	天	我	没	看	见	他	，	小	张	过	来	告	诉	我：
"	后	天	他	去	美	国	。"								

5 생략부호와 부연설명부호는 두 칸에 이어서 쓴다.

'생략부호(省略号)' 두 칸에 점 세 개 씩 나누어 6개를 쓰고, '부연설명부호(破折号)'는 중간에 끊지 않고 두 칸에 길게 이어서 씁니다.

| 桌 | 子 | 上 | 放 | 着 | 本 | 子 | 、 | 杂 | 志 | 、 | 书 | …… | …… | 。 | |
| 小 | 李 | 从 | 小 | 时 | 候 | 非 | 常 | 喜 | 欢 | 宠 | 物 | —— | | 小 | 狗 |

6 알파벳 대문자는 한 칸에 한 글자씩 쓰고, 소문자와 숫자는 한 칸에 두 글자씩 쓴다.

알파벳 대문자는 한 칸에 한 글자씩 쓰고, 소문자와 숫자는 한 칸에 두 글자 씩 씁니다. 또한 '2010年11月1日' 처럼 연도에 해당하는 아라비아 숫자는 한자로 쓰지 않고, 숫자 그대로 써도 됩니다.

| K | O | R | E | A | | | | | | | | | | | |
| ab | cd | ef | gh | | | | | | | | | | | | |

1	2	3	4	5	6	7	8							

2	0	1	0	年	1	1	月	1	日					

2. 문장부호 익히기

원고지에 글을 쓸 때 문장부호는 보통 하나의 글자처럼 취급을 하기 때문에, 문장부호 역시 글자의 한 종류라고 생각하면 됩니다. 문장부호를 적절히 사용할 줄 아는 것은 요약하기의 기본이라고 할 수 있습니다. 5급 쓰기시험에 자주 쓰이는 문장부호는 그 쓰임과 위치를 정확히 파악하여, 실제 시험에서 초보적인 실수를 하지 말아야 하겠습니다.

쓰기
2부분

〈기본적인 문장부호에 관한 정리〉

문장 부호	명칭	의미	주의 사항	위치
。	句 号 (마침표)	진술문(陳述句)이 끝난 후 휴지(休止)를 표시 함	다른 언어는 '.'을 쓰지만 중국어는 '。'를 씀	진술문의 문장 맨 끝 [한 문장은 완전한 의미를 나타낼 수 있어야 함]
,	逗 号 (쉼표, 콤마)	문장 중간에 휴지를 표시 함	'.'와 '。' // '.'와 ','를 잘 구분해서 써야 함	문장 중간

잘못된 예

小	王	会	说	汉	语	。		也	会	说	日	语	。	
因	为	,		她	有	了	很	多	新	朋	友	,		所	以	感	到

올바른 예

小	王	会	说	汉	语	,		也	会	说	日	语	。	
因	为	她	有	了	很	多	新	朋	友	,		所	以	感	到	生

* '因为……, 所以……。'는 관용적인 형태이므로, '因为'와 같은 접속사 뒤에는 보통쉼표를 쓰지 않음

 기본기 익히기

문장 부호	명칭	의미	주의 사항	위치
、	顿号 (모점)	문장 중에서 열거하는 단어와 단어 사이의 휴지를 표시 함	병렬로 말할 때 휴지가 필요하지 않은 곳은 顿号를 쓰지 않음	열거하는 단어와 단어 사이

잘못된 예

这	次	英	语	考	试	，		我	一	定	要	争	取	八	、	九
十	分	。														

兰	兰	是	一	个	漂	亮	，	聪	明	，	开	朗	的	姑	娘	。

올바른 예

这	次	英	语	考	试	，		我	一	定	要	争	取	八	九	十
分	。															

* 숫자를 연이어 쓸 때에는 모점을 쓰지 않습니다.

兰	兰	是	一	个	漂	亮	、	聪	明	、	开	朗	的	姑	娘	。

문장 부호	명칭	의미	위치
?	问号 (물음표)	의문문에서 문장이 끝났음을 표시함	의문문의 문장 맨 끝
!	感叹号 (느낌표)	감탄문에서 휴지를 표시함	감탄문의 문장 맨 끝

올바른 예

请	问	，	动	物	园	怎	么	走	?				
这	里	的	风	景	多	美	丽	啊	!				

문장 부호	명칭	의미	주의 사항	위치
" "	引 号 (큰 따옴표)	문장 중에서 다른 사람의 말을 인용하는 경우에 씀	인용부호 안의 말은 원래 모양 그대로 쓰며, 형태를 바꾸어서는 안 됨.	문장 안에서 씀
' '	引 号 (작은 따옴표)	(1) 일반적으로 모두 큰 따옴표를 사용함. (2) 인용문 안에서 다시 인용을 하는 경우에는 작은 따옴표를 사용함. (강조, 부정, 풍자 등)		

쓰기 2부분

잘못된 예

金	老	师	对	我	说	"	只	要	你	坚	持	练	习	写	,		就
会	写	出	好	文	章	。		"	天	下	无	难	事	,		只	怕
有	心	人	"		。	"											

올바른 예

金	老	师	对	我	说	:	"	只	要	你	坚	持	练	习	写	,
就	会	写	出	好	文	章	。		'	天	下	无	难	事	,	只
怕	有	心	人	'		。	"									

문장 부호	명칭	의미	주의 사항	위치
;	分 号 (반 구절 점, 쌍반점, 세미콜론)	문장을 일단 끊었다가 다시 추가로 설명을 계속하여 덧붙이는 것을 나타냄. [문장에서 병렬로 나뉜 구문과 구문 사이에서 휴지를 나타냄]	(1) 문장에서 병렬이 아닌 문장 중간의 휴지에는 반구절점을 쓰면 안 되고, 쉼표를 써야 함. (2) 두 문장은 완전한 문장이어야 함	문장 안에서 씀
:	冒 号 (쌍섬, 콜론)	질문, 질문에 대답하는 내용을 직접 인용하는 경우 또는 부연설명을 하는 경우에 씀		

잘못된 예

| 我 | 问 | 了 | 旁 | 边 | 走 | 路 | 的 | 人 | ； | 才 | 明 | 白 | 了 | 这 | 到 |
| 底 | 怎 | 么 | 回 | 事 | 。 | | | | | | | | | | |

| 星 | 期 | 天 | ， | 天 | 气 | 好 | ， | 我 | 们 | 出 | 去 | 玩 | ， | 天 | 气 |
| 不 | 好 | ， | 我 | 们 | 就 | 留 | 在 | 家 | 看 | 电 | 视 | 。 | | | |

| 老 | 师 | 问 | | " | 放 | 了 | 假 | ， | 你 | 们 | 要 | 做 | 什 | 么 | 呀 | ？" |

올바른 예

| 我 | 问 | 了 | 旁 | 边 | 走 | 路 | 的 | 人 | ， | 才 | 明 | 白 | 了 | 这 | 到 |
| 底 | 怎 | 么 | 回 | 事 | 。 | | | | | | | | | | |

* 앞 뒤 절의 내용이 하나로 이어지는 경우에는 쉼표를 써야 합니다.

| 星 | 期 | 天 | ， | 天 | 气 | 好 | ， | 我 | 们 | 出 | 去 | 玩 | ； | 天 | 气 |
| 不 | 好 | ， | 我 | 们 | 就 | 留 | 在 | 家 | 看 | 电 | 视 | 。 | | | |

* 앞 뒤 절이 병렬로 이어지는 경우에는 쉼표를 쓰지 않고, 반구절점(;)을 써야 합니다.

| 老 | 师 | 问 | ：" | 放 | 了 | 假 | ， | 你 | 们 | 要 | 做 | 什 | 么 | 呀 | ？" |

* 직접 상대방에게 물어보는 경우 쌍점(:)과 인용부호(")를 한 칸에 함께 써야 합니다.

문장 부호	명칭	의미	주의 사항	위치
……	省略号 (줄임표, 생략표)	문장 안에서 같은 종류의 사물을 생략하는 것을 나타냄	'等'과 생략 부호는 함께 쓸 수 없음.	문장 중간 또는 맨 끝
——	破折号	앞의 문장 바로 뒤에서 의미를 전환하거나, 부연 설명을 하는 것을 나타냄		문장 안에서 씀

잘못된 예

| 桌 | 子 | 上 | 放 | 着 | 书 | 、 | 本 | 子 | 、 | 杂 | 志 | 等 | … | … | 。 |

올바른 예

桌	子	上	放	着	书	、	本	子	、	杂	志	等	。		
桌	子	上	放	着	书	、	本	子	、	杂	志	⋯	⋯	。	

＊ '等'과 '⋯⋯'는 둘 중 하나만 써야 합니다.

她	除	了	做	家	务	以	外	，	还	得	照	顾	多	病	的
老	伴	—	我	。											

문장 부호	명칭	의미	위치
《　》	书名号 (큰 묶음표, 큰 괄호)	문장 중에서 **책 제목, 영화제목, 문장제목** 등을 나타냄	**문장 맨 처음 또는 중간**
（　）	括号 (작은 괄호)	문장 중의 **주석(注释)부분을** 나타냄	**부연 설명하려는 단어 바로 뒤**

올바른 예

《	太	阳	有	耳	》	是	一	部	反	映	20	年	代	中	国
妇	女	社	会	地	位	的	影	片	。						
我	写	的	小	说	就	登	在	《	人	民	日	报	》	上	。
今	天	组	织	三	年	级	（	2	03	班	除	外）	去	参	观	长
城	。														

문장 부호	명칭	의미	위치
．	着重号 (강조점)	문장 중에서 **강조하는 부분을** 나타냄	**강조하는 낱말 위쪽이나** 아래쪽
·	间隔号 (가운데 점, 중점)	'**월과 날짜 사이**', '**민족이름의 구분**', '**외국사람의 성과 이름의 구분**' 등을 나타냄	월과 날짜 사이, 소수민족 이름, 외국인 이름의 중간
—	连接号 (하이픈)	**시간, 지점, 숫자 등의 시작과 끝을** 나타냄	장소와 장소 사이 숫자와 숫자 사이

올바른 예

他	这	个	人	正	在	对	着	我	笑	。				
他	参	加	过	五	·	四	运	动	。					
温	度	3	℃	—	7	℃								

3. 단문쓰기형식 익히기

① '서술문'이란 무엇일까?

서술문(记叙文)이란 어떤 인물이나 사건 등을 사실 그대로 적어놓은 글을 말합니다. 서술문에는 주로 '인물', '장면', '상황이나 사건', '환경' 등을 그대로 서술하거나, 묘사하는 내용이 주를 이루는데, 쓰기 2부분 단문쓰기에는 주로 서술문 형식의 문제가 출제되고 있습니다.
서술문의 특징은 다음과 같습니다.

① 주로 시간의 순서에 따라 서술한다.

서술문에서는 사건이나 상황이 발생하고 전개된 '시간'을 기준으로 하여, 시간의 순서대로 서술하여 쓰는 방법이 가장 많이 쓰입니다. 이 방법을 사용하면 글을 읽는 이에게 어떤 일이 일어나게 된 과정과 함께 글의 흐름을 한눈에 파악할 수 있도록 해주는 효과가 있습니다.

예 星期五，我先去图书馆学习汉语，然后再去食堂吃饭，最后天黑的时候，我才回家了。
금요일에 나는 먼저 도서관에 가서 중국어를 공부하고, 그런 다음 다시 식당에 가서 식사를 하고, 맨 마지막에 날이 어두워져서야 비로소 집에 돌아왔다.

② 결말이나 주제문을 먼저 서술하기도 한다.

자신이 말하고자 하는 주제나 결말을 맨 앞에 쓰고, 그 다음에 다시 앞에 있었던 일의 상황이나 구체적인 내용을 서술하여 쓰는 방법입니다. 결말을 먼저 쓰면, 글을 읽는 이에게 글에 대한 흥미를 느끼게 주고, 호기심을 자극하는 효과를 높일 수 있습니다.

예 我的梦想是当一名歌手。为此我每天都在努力地学习唱歌。每天早上起来得很早，到公园里练习发音，业余时间还报了歌唱培训班。有机会就参加各种唱歌

比赛，经常和朋友们一起去KTV 练歌。

나의 장래희망은 가수이다. 이것을 위해서 나는 매일 노래를 배우는 일에 매진하고 있다. 매일 아침 일 찍 일어나서, 공원에 가서 발음 연습을 하고, 여가시간에는 또 노래 학원에도 등록했다. 또 기회가 있으면 각종 가요제에도 나가고, 친구들과 함께 자주 노래방에 가서 노래연습을 하기도 한다.

③ 중요한 상황을 묘사하는 방법으로 보충 설명을 하기도 한다.

사건의 중요한 상황을 서술하는 과정 중에 '등장인물이 처한 상황', '성격' 등 주요 상황과 관련이 있는 내용을 소개하거나, 이 상황이 일어나게 된 원인 등에 관해 보충 설명을 해주는 방법입니다. 이런 경우 더 많은 내용을 매끄럽게 서술할 수 있어서, 글을 읽는 사람이 더 확실하게 이야기가 전개되는 상황을 쉽게 이해 할 수 있습니다. 보충설명을 하는 내용에는 '등장인물' 또는 '등장인물과 관련된 장면이나 환경' 등을 묘사하는 내용이 들어가는 경우가 많습니다.
묘사하는 방법은 다음과 같습니다.

例 星期五，我先去图书馆学习汉语，然后再去食堂吃饭，最后天黑的时候，我才回家了。

금요일에 나는 먼저 도서관에 가서 중국어를 공부하고, 그런 다음 다시 식당에 가서 식사를 하고, 맨 마지막에 날이 어두워져서야 비로소 집에 돌아왔다.

- **인물 묘사**

  등장인물의 생김새, 자태, 표정, 복장 등 외모적 특징의 묘사를 통해서 인물 성격을 나타내는 것

  [예문]

  她不到二十五岁，圆圆的脸，戴着一副太阳镜，身上穿着一件超短的连衣裙。
  그녀는 스물다섯이 채 안되었고, 둥근 얼굴에, 선글라스를 끼고, 초미니 원피스를 입었다.

  [분석]

  등장인물의 나이와 차림새로 보아 아주 세련된 젊은 여성임을 알 수 있습니다. 또 이런 차림을 하는 사람은 보통 외향적인 성격일 가능성이 높으며, '둥근 얼굴'이라고 묘사한 것으로 보아 귀염성 있는 얼굴임을 알 수 있습니다.

- **장면 묘사**

  많은 인물들이 공통적으로 활동하는 장면을 묘사하는 것

  장면을 잘 묘사하면 일이 일어난 '시간', '장소', '중심 사건' 등을 한 눈에 파악할 수 있는 효과가 있습니다.

  [예문]

  快过年了，火车站里有很多旅客，售票窗口排起了长长的队伍，有的人为了买票排了好几天的队，累得坐在包上睡着了，有的人在聊买火车票的事，火车站里、广场上挤满了人。
  곧 설이라서 기차역에는 여행객들이 매우 많다. 매표소에는 차표를 끊으려고 사람들이 긴 줄로 서있는데, 어떤 사람은 표를 사기 위해 여러 날을 줄을 서고 있던 터라, 지친 나머지 짐 위에서 잠이 들었고, 또 어떤 사람은 기차표 끊는 일에 대해 서로 이야기를 하고 있었다. 기차역과 광장에는 사람들로 만원사례를 이루었다.

[분석]

이 글에서는 중국인들이 설날 때쯤이면, 대부분 고향에 갈 기차표를 사기 위해, 몇날 며칠 힘들게 기차역에서 지내는 모습을 묘사하고 있습니다. 이 내용을 읽어 보면 '설날에 중국인들은 모두 가족이나 친척과 함께 설을 쇠기를 매우 바라는 것'을 알 수 있습니다.

● 환경 묘사

등장인물이 속해있는 구체적인 환경에 대해 묘사하는 것

모든 사람은 구체적인 환경 안에서 활동하고 살아가므로, 환경과 밀접하게 관련되어 있습니다. 환경을 잘 묘사하면 '현실생활의 반영', '인물의 성격', 글쓴이가 말하고자 하는 '중심사상(주제)' 등을 표현하는데 상당한 효과가 있습니다.

[예문]

记得小时候，我的家在农村，风景很美，空气很新鲜。我家门前有一棵大柳树。离柳树不远的地方有一条小河。那条小河很清澈，可以看见里边的小鱼，游来游去。我常常放学以后，和同学们一起在那条小河里游泳、捉鱼。那时候生活过得很快乐。

어릴 때를 기억해보면, 우리 집은 농촌이었는데, 경치가 아주 아름답고, 공기도 신선했다. 우리 집 문 앞에는 커다란 버드나무 한 그루가 있었다. 그리고 버드나무에서 멀지 않은 곳에 작은 강이 하나 있었다. 그 강은 매우 맑고 깨끗해서, 강 속의 작은 물고기가 헤엄쳐 다니는 것도 볼 수 있었다. 나는 자주 학교 수업이 끝나고 나서 같은 반 친구들과 함께 그 강에서 수영도 하고 물고기도 잡았다. 그 때 당시 너무 즐겁게 생활했었다.

[분석]

이 글은 어린 시절을 추억하면서 아름답고 편안한 농촌의 자연환경을 묘사한 글입니다. 농촌생활의 좋은 모습을 구체적으로 묘사한 이 글은 읽는 이로 하여금 삭막한 도시 생활과 다른 농촌의 모습에서 '농촌 생활에 대한 동경심'을 가지게 하고, '아름답고 행복했던 유년시절의 대한 그리움' 을 느끼게 해 줍니다.

④ 자신의 의견이나 견해를 나타낸다.

서술을 위주로 글을 써 나가되, 서술하는 과정 중에서 자신의 생각이나 감정이 들어가면 내용을 한 층 더 깊이 있고, 풍부하게 표현해 낼 수 있습니다.

[예문]

快过年了，火车站里有很多旅客，售票窗口排起了长长的队伍，有的人为了买票排了好几天的队，累得坐在包上睡着了，有的人在聊买火车票的事，火车站里、广场上挤满了人。我看到这个场面，心里很感动，因为我是外国留学生，也有想回家的心情，所以非常理解他们。

곧 설이라서 기차역에는 여행객들이 매우 많다. 매표소에는 차표를 끊으려고 사람들이 긴 줄로 서있는데, 어떤 사람은 표를 사기 위해 여러 날을 줄을 서고 있던 터라, 지친 나머지 짐 위에서 잠이 들었고, 또 어떤 사람은 기차표 끊는 일에 대해 서로 이야기를 하고 있었다. 기차역과 광장에는 사람들로 만원사례를 이루었다. 나는 이 장면을 보고 매우 감동했다. 나도 외국 유학생이라서 집에 돌아가고 싶은 마음이 간절하기 때문에, 그들을 아주 잘 이해할 수 있다.

[분석]

이 글은 위에서 설명한 ② 번 '장면을 묘사하는 글' 뒤에 '자신의 생각과 감정'을 보충 설명한 글입니다. 이렇게 장면을 묘사한 글에 자신의 생각이나 감정을 보탬으로써, 글을 읽는 사람은 설날의 풍경을 다양한 입장에서 간접적으로 경험을 할 수 있고, 공감할 수 있는 부분도 한 층 넓어졌습니다.

② '논설문' 이란 무엇일까?

논설문(议论文)이란 어떤 문제나 주제에 관하여 자기의 의견이나 주장을 조리 있고 분명하게 쓴 글을 말합니다. 논설문은 보통 시간성을 갖지 않기 때문에, 묘사하는 내용 보다 자신의 관점이나 주장을 객관적으로 서술한 내용이 주를 이룹니다.

논설문은 '문제제시 → 문제분석 → 문제해결'이라는 3단계의 과정을 거치는데, 이것을 보통 '서론, 본론, 결론' 이라고 합니다.

쓰기 2부분 단문쓰기는 80자 정도의 상당히 짧은 단문을 써야 합니다. 논설문 형식으로 글을 쓰고 싶다면 논설문에 대해 심도 있게 학습하고 그것을 100% 따르기 보다는 '서론−본론−결론'의 3단 논법에 맞게 전체적인 구조만 논설문의 형식을 본뜨고, 내용은 되도록 간결하게 핵심적인 내용만 서술하면 됩니다.
논설문의 특징은 다음과 같습니다.

쓰기
2부분

① 서론

글의 첫 머리에서 먼저 글을 쓰는 사람이 말하고자 하는 주제와 관련된 문제나 화제를 제시합니다.

② 본론

본론에서는 여러 가지 각도에서 자신이 왜 이런 주장을 하는지 상대방을 설득시켜야 합니다. 따라서 반드시 논리적이고 객관적으로 서술해야 하며, 문제점 역시 분명하고 상세하게 분석하고 지적하여야 합니다. 新HSK 5급 쓰기(2)부분 80자 단문은 본문에서 문제점을 2~3가지 정도로 나누어서 글을 전개하면 글자 수에 맞게 논설문 형식을 완성할 수 있습니다.

③ 결론

서론과 본론에서 제기되었던 문제에 대한 해답을 제시하고, 문제를 해결하여 결론을 내립니다.

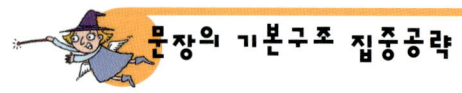

4. 단문쓰기 할 때 유의사항

단문쓰기 시험에는 답안지 안의 96자 원고지가 주어지는데, 수험생은 '문장부호'와 '글자'를 모두 합해서 80자 이상의 단문을 써야하고, '문장부호+글자 수'가 80자 이하이거나, 96자 이상이 넘으면 감점이 됩니다.
단문쓰기를 할 때의 유의사항은 다음과 같습니다.

❶ 제시어를 사용한 단문쓰기 유의사항

제시어를 사용한 80자 단문쓰기는 주어진 5개의 제시어를 사용해서 80자 정도의 단문을 쓰는 문제입니다. 이때 제시된 단어는 순서가 바뀌어도 상관없으나, 반드시 5개의 단어를 모두 사용해야 하고, 문법이나 단어 간의 조합 등 제시어를 올바르게 사용해야 합니다.

新HSK 기출문제를 분석해 보면 제시어 단문 쓰기에 출제되는 단어 중 서술어나 부사어에 해당하는 단어들은 5급 단어 중에서도 비교적 어려운 단어가 많이 출제되고 있습니다. 그러므로 평소에 5급 단어 1300개를 완전히 숙지해야하며, 주로 5급 단어를 사용한 단문 쓰기 연습을 많이 해야 고득점을 받을 수 있습니다.

❷ 사진보고 단문쓰기 유의사항

쓰기 2부분의 사진보고 단문쓰기는 주어진 한 장의 사진을 보고 80자 정도의 단문을 쓰는 문제입니다. 사진보고 단문쓰기는 반드시 제시된 사진과 관련된 내용을 써야하며, 단순히 그 장면만을 묘사하는데 그치는 것이 아니라, 하나의 줄거리가 있는 간단한 이야기를 써야 합니다.

1주차 금요일 제시어 단문쓰기 집중공략 I

제1주차 금요일 쓰기 2부분에서는 '시간 또는 장소'와 관련된 제시어를 사용한 서술문 형식의 80자 단문쓰기를 중심으로 학습해 봅시다.

 제시어를 사용한 서술문 단문쓰기 고득점 문제풀이 전략 I

● '시간 또는 장소'와 관련된 제시어를 사용한 서술문 쓰기

① 제시된 단어를 보고 전체적인 줄거리를 구상해보자.

우리가 어떤 장소를 찾아간다고 가정해 봅시다. 우리 머릿속에는 그 장소를 찾아가기 위한 다양한 정보가 들어있는데, 단순히 기계적으로 외운 정보를 생각하며 길을 찾아 가는 것보다, 찾아갈 장소가 그려진 약도(그림)를 보면서 찾아가면 훨씬 빠르고 정확하게 목적지에 도착할 수 있습니다. 단문쓰기도 마찬가지입니다. 단어를 보고 머릿속에 이야기의 줄거리를 연상하면서 전체적인 내용을 구상해 보는데, 이때 '시간의 흐름' 또는 '동작의 순서'에 따라 정리를 하면 훨씬 구체적이고 쉽게 단문쓰기 문제에 접근할 수 있습니다.

② '기본문형 만들기 → 추가하기 → 다듬기'의 순서로 연습해 보자.

단문 길이가 80자 밖에 안 된다 할지라도 중국어로 글을 처음 써보는 수험생이라면 어디서부터 어떻게 손을 대야 될지 몰라 당황해 하는 것은 어쩌면 당연한 것일지도 모릅니다. 무슨 영역이든 공부하기 어렵다고 느껴진다면 처음부터 많은 내용을 한꺼번에 학습하려고 하기 보다는 단계별로 나누어 정리하면서, 점차 학습할 내용을 늘려 나가는 것이 좋습니다.

단문쓰기도 마찬가지입니다. '주어+서술어(+목적어) 형태 만들기 [기본문형 만들기] → 부사어, 관형어 등 수식어 추가하기 [추가하기] → 접속사, 대명사 등을 사용해서 자연스러운 하나의 문장 완성하기 [다듬기]' 의 순서대로 글을 써봅시다.

'주어+서술어(+목적어)' 형태의 기본문형을 만들 때에는 '육하원칙(누가, 언제, 왜, 어디서, 무엇을, 어떻게)'에 입각해서 글을 쓰면 간결하고 수준 높은 단문도 완성할 수 있습니다.

❸ 문장을 최종적으로 다시 한 번 점검해 보자.

글을 다 쓴 후에는 전체적인 내용을 다시 한 번 읽어보면서 제시어 5개가 모두 쓰였는지, 글자 수는 적절한 지, 문법적으로 오류가 있는지, 내용이 매끄러운지, 틀린 글씨가 없는지 다시 한 번 최종 점검해 보아야 합니다.

지금까지 우리는 쓰기 2부분의 '시간 또는 장소'와 관련된 제시어를 사용해서 서술문 형식으로 80자 단문을 쓰는 것에 대해 학습해 보았습니다.
이 부분의 고득점을 향한 문제풀이 방법은 다음과 같이 요약을 할 수 있습니다.

---

01 단어파악과 핵심단어 선별하기

① 제시어의 품사와 뜻을 정확히 파악하고, 서로 호응이 되는 단어가 있는지 살펴본다. 서로 호응이 되는 단어가 있다면 되도록 함께 쓴다.
② 제시어에서 '시간' 또는 '장소'와 관련된 핵심단 어가 있는지 살펴본다.

02 내용구상하기

핵심이 되는 '시간 (때, 시기)' 또는 '장소' 중 한 가지를 구체적으로 설정하고 나서, 시간의 흐름이나 동작의 순서에 따라 머릿속에서 장면을 연상하면서 내용을 구상해 본다.

03 기본문형 만들기

내용을 만들 때에는 1차적으로 '육하원칙'에 입각해서 간단한 문형을 만든다.
① 우선 5개의 제시어 중에서 주어, 동사, 목적어로 사용할 수 있는 단어를 선택하고 나서 '주어+서술어(+목적어)' 형태의 간단한 문형을 만든다.
② 5개 제시어 중에서 부사어나 관형어로 쓸 수 있는 것을 선택하거나 또는 문맥에 어울리는 부사어나 관형어를 ①의 내용에 보충을 한다.

04 추가하고 다듬기

문장이 매끄럽게 이어지도록 전체적으로 다시 살펴보면서, 제한된 글자 수에 맞게 내용을 추가하거나 다듬어서 줄거리가 있는 자연스러운 단문 한 편을 만들어서 답안지 안의 원고지에 옮겨 적는다.

05 최종점검하기

틀린 글자가 있는 지, 문맥이 자연스러운지 다시 한 번 최종점검을 한다.

188

| 99. | 身材 | 裤子 | 适合 | 购物 | 合算 |

[단어]

身材 shēncái 몡 체격, 몸매, 몸집

① 사람주어+身材 (苗条 여성의 몸매가 날씬하다, 좋다 / 很好 좋다 / 高大 크다 / 高 크다 / 瘦 마르다)

② 사람주어+是+中等身材 ~는 보통체격이다

③ 很适合(....的)身材 ~의 몸에 잘 맞는다, 꼭 맞는다, 잘 어울리다

④ (保持 유지하다 / 很羡慕 매우 부러워하다) 身材苗条 좋은 몸매
　　有着(迷人的)身材 매력적인 몸매를 가지고 있다

裤子 kùzi 몡 바지

: (동사 / 买 사다 / 卖 팔다 / 挑选 고르다 / 喜欢 좋아하다 / 穿 입다 / 送给朋友 친구에게 선물하다)
　+ 裤子

适合 shìhé 동 적합하다, 알맞다, 적절하다, 어울리다

① 适合 (+목적어 / 身材 몸에 꼭 맞다, 잘 어울리다 / 我 나한테 잘 어울리다 / 她穿 그녀가 입기에
　적당하다 / 这个工作 이 일이 적합하다, 맞는다 / 公司使用 회사에서 사용하기에 적합하다 ......)

② 没有 (适合+我/他/你)的 衣服 (나한테 / 그한테 / 너한테 어울리는) 옷이 없다
　　　　└동사　　└관형어　　└목적어

购物 gòuwù 동 구매하다, 물건을 사다 [= 买东西]

① 购[=买] + 物[=东西] + 목적어。
　　└동사　　　└목적어

② a. 我[在(구입하는 장소 / 商店 상점에서 / 网上 인터넷에서)]购物。사다, 구입하다.
　　b. 去购物 물건을 사러가다 / 去购物中心 백화점에 가다

③ (购)买 + 물건 (东西 / 牛仔裤 / 电脑 ......) (물건 / 청바지 / 컴퓨터)를 사다, 구입하다
　　└동사　└목적어

合算 hésuàn 형 (가격이) 적당하다, 수지가 맞다

① (价格 가격이 / 花钱 돈을 지불한 것이) 合算(형) + 목적어。

② 价格 (很合算 가격이 적당하다, 합리적이다
　　　　　不合算 가격이 적당하지 않다, 수지가 맞지 않는다)

③ 这两件衣服/买了/都很合算。　이 옷 두벌을 산 것은 모두 가격이 적당하다.
　这件大衣/最终/还是/便宜/合算的。이 외투는 결국 역시 싸게 잘 샀다.
　用/这个价钱/买下来/很合算。이 가격으로 산 것은 아주 적당하다, 잘 샀다.

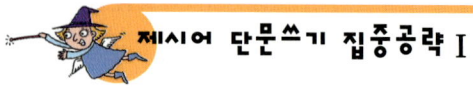

[문제를 푸는 방법]

01. 단어파악과 핵심단어 선별하기

　　(1) 주어진 제시어에는 '裤子' '购物'라는 단어가 있으므로 장소는 물건을 구입할 수 있는 상점이나
　　　　인터넷으로 정하는 것이 좋습니다.
　　(2) '适合'와 '身材'는 '适合身材'의 형태로 함께 호응해서 쓸 수 있는 단어입니다.
　　(3) 제시어에서 핵심단어는 '购物'와 '裤子' 입니다.

02. 내용구상하기

　　내가 바지를 사러 상점에 가는 상황을 글로 쓰겠다고 결정하고, 시간의 흐름이나 동작의 순서에 따
　　라 구체적인 내용을 구상합니다.
　　: 내가 바지를 사러 상점에 감 → 판매원이 바지를 추천해 줌 → 내가 입어 봄 → 내 몸에 잘 맞음 →
　　바지 값도 적당함 → 돈을 지불함 → 집에 옴

03. 기본문형 만들기

　　1차적으로 되도록 육하원칙에 입각해서 간단한 문형을 만들어 봅니다.

누가	내가	我
언제	주말에	周末
왜	(물건) 사러	去商店 / 购物
어디서	상점에서	周末
무엇을	바지 한 벌을	① 我 / 试穿一下 / 裤子。 ② 很适合 / 我的身材。 ③ 价格合算。 ④ 买了一条裤子。 ⑤ 回家
어떻게	바지를 입어보고, 나한테 잘 어울리고, 가격도 적당해서 사가지고 돌아왔음	

04. 추가하고 다듬기

　　　　　　　　　　　　　　　　　　　　　　　　　　[　　　　는 보충설명이 되어 진 부분입니다.]

今天是周末,	언제
我/去商店/购物。	누가, 어디를, 왜
① (商店的)售货员[非常热情地][向我]推荐一条(新上市的)裤子。 ② 我/试穿了一下, ③ 很适合/我的/身材, ④ 我/觉得/价格也/合算。	바지를 사는 과정을 구체 적으로 보충 설명함
⑤ 最后/我/买了/一条裤子, ⑥ 我很开心地/拿着裤子/回家了。	누가, 무엇을, 어떻게

05. 최종점검하기

　　틀린 글자가 있는 지, 문맥이 자연스러운지 다시 한 번 최종점검을 한다.

[모범답안]

		今	天	是	周	末	，	我	去	商	店	购	物	。	商
店	的	售	货	员	非	常	热	情	地	向	我	推	荐	一	条
新	上	市	的	裤	子	。	我	试	穿	了	一	下	，	很	适
合	我	的	身	材	，	我	觉	得	价	格	也	合	算	。	最
后	我	买	了	这	条	裤	子	，	很	开	心	地	拿	着	裤
子	回	家	了	。											

단어

热情 rèqíng 형 친절하다, 열정적이다 [형용사 뒤에 '地'를 함께 쓰면, 서술어 앞이나 전치사 앞에서 부사어로 쓰임] / 推荐 tuījiàn 동 추천하다

번역

오늘은 주말이라서 나는 물건을 사러 상점에 갔다. 상점의 판매원은 아주 친절하게 나한테 신상 바지 한 벌을 추천해 주었다. 내가 좀 입어보니까 내 몸에 잘 맞았고, 가격도 적당한 것 같았다. 결국 나는 바지 한 벌을 샀고, 매우 기쁜 마음으로 바지를 사가지고 집으로 돌아 왔다.

쓰기
2부분

[오답노트]

오답노트는 필자가 실제로 현장에서 新HSK 수업을 해오면서, 학생들이 자주 혼동하거나 틀리게 쓰는 어휘와 문장을 유형별로 분류해서 문법적으로 쉽게 설명해 놓은 부분을 입니다. 단문쓰기를 할 때 아래와 같은 실수를 하지 않도록 주의하시길 바랍니다.

⑴ 서술어가 없는 오답유형

> 我 / 要(春天穿的)裤子。

해설

이 문장의 구조를 살펴보면 다음과 같이 서술어가 없습니다.

→ 我 / 要 / + 동사 서술어 + (春天穿的) / 裤子。
　　주어　조동사　　　　　관형어　　목적어

따라서 '바지를 사러가다'는 뜻의 동사 '买'를 써서 '我要买春天穿的裤子'라고 바꾸어 써야 합니다.

⑵ 동사와 목적어의 위치를 잘못 쓴 오답유형

> ① (这里 / 对我 / 适合的)裤子 / 几乎没有。

해설

여기서 주어는 '裤子'인데, 주어 앞의 관형어를 보면 '这里/对我/适合'라고 했습니다. 여기서 동사 '适合'는 뒤의 목적어와 함께 '适合+목적어'의 형태로 쓰입니다. 따라서 이 문장은 '(这里/适合/我

的) 裤子/几乎/没有。'라고 바꾸어 써야 합니다.

② 价格 / 有点儿贵， / 要是 / 现在 / 这条裤子 / 买的话，就不合算了。

해설

'바지를 사다'는 뜻인 경우 '동사+목적어'의 형태로 쓰여 '买/这条裤子'의 형태가 되어야 합니다. 너무나 당연한 것처럼 보이지만, 실제로 수험생들이 단문쓰기를 할 때 주어와 목적어를 혼동해서 쓰거나 동사와 목적어의 위치를 바꾸어 쓰는 경우가 제일 많습니다. 반드시 이 점을 유의해서 쓰기 연습을 하시기 바랍니다.

(3) 서술어를 잘못 쓴 오답유형

① 这条裤子 / 很合适 / 我的身材。

해설

형용사 '合适 (héshì)'는 '적합하다, 적당하다, 어울리다'는 뜻으로 뒤에 목적어를 쓸 수 없으며, 만약에 목적어를 쓰고 싶다면 동사 '适合'를 써야 합니다. 따라서 이 문장은 '这条裤子/很适合/我的身材。' 또는 '这条裤子/对我来说/很合适。', '穿 / 在我身上 / 很合适。' 등으로 바꾸어 써야 합니다.

② 销售员 / 帮我 / 购物了。

해설

동사 '购物'는 '购(동)+物(목)'는 '물건을 사다, 구입하다[=买+东西]'는 뜻이므로 주어는 물건을 사는 사람(구매자)이 되어야 하는데, 이 문장에서 주어는 '售货员'입니다. 따라서 이 문장은 '售货员帮我挑选了。', '售货员帮我推荐了+ 물건。' 등으로 바꾸어 써야 합니다.

(4) 단어 또는 중국어표현을 잘못 쓴 오답유형

① 这条裤子的 / 样子 / 很时髦。

해설

명사 '样子'는 '모습, 생김새'의 뜻으로 사람이나 사물의 겉모습이나 외관을 말합니다. '어떤 물건이나 사물의 디자인, 스타일, 모양, 양식'을 말하는 경우에는 '款式 (kuǎnshì)' 또는 '样式 (yàngshì)'라고 해야 합니다.

② 我觉得 // 那条裤子 / 是 / 很合算的 / 价格。

해설

형용사 '合算'은 '가격이 적당하다, 합리적이다, 수지가 맞다'는 뜻인 경우 '价格合算'의 형태로 쓰이며, 뒤에 목적어를 쓸 수 없습니다. 따라서 이 문장은 '我觉得//(那条裤子的) 价格很合算。'이라고 바꾸어 써야 합니다.

192

③ 商人说 // 这条裤子 / 真的是 / 他们店 / 剩下的/唯一一条了。

해설

상점이나 길거리에서 물건을 파는 사람은 '商人'이라고 하지 않고, '店主 diànzhǔ (상점주인), 摊主 tānzhǔ (노점상), 老板 lǎobǎn (상점주인)' 또는 '售货员 shòuhuòyuán (상점점원, 판매원)'이라는 표현을 씁니다.

④ 我 / 只好 / 没 / 买到 / 裤子 / 回家。

해설

문맥상 '나는 결국은 바지를 못 샀고, 그래서 하는 수 없이 집으로 돌아왔다.'는 뜻이므로, 이 문장은 하나의 문장을 두 개의 구절로 나누어 써야 내용을 분명히 전달할 수 있습니다. 따라서 이 문장은 '最后/我/没/买到/裤子，只好/回家了。'라는 표현으로 바꾸어 써야 합니다.

(5) 문법적으로 잘못 쓴 오답유형

① 我想 // 就是 / 这条裤子 / 被打折以后 / 再买，总是 / 合算了。

해설

'동사+了'는 '~했다'의 뜻으로 '완성'을 나타냅니다. 그런데, 시간사 '每天 (매일)' 또는 부사 '经常 (자주)' '总是 (늘, 항상)' 등과 같은 낱말은 '자주 반복해서 일어나는 것'을 나타내므로 동사 뒤에 '了'를 함께 쓸 수 없습니다. 따라서 이 문장에서는 맨 뒤의 '了'를 삭제해야 합니다.

② 我 / 购物 / 一条裤子。

해설

'购物'는 '购(동)+物(목)'의 구조로 이루어진 동사로 '물건을 사다, 구입하다[=买+东西]'는 뜻입니다. 뒤에 이미 목적어 '物'가 있으므로 그 뒤에 다시 목적어를 쓸 수 없으며, 만약 목적어를 쓰고 싶다면 동사를 '购买' 또는 '买'로 바꾸어 써야 합니다. 따라서 이 문장은 '我去+장소+购物。', '我在商店购物。', '我(购)买一条裤子。' 등의 표현으로 바꾸어 써야 합니다.

③ 我网上买了时髦的一件裤子。

해설

a. '인터넷에서'라는 표현을 주어와 서술어 사이인 부사어 자리에 쓰는 경우, 장소 앞에 함께 쓰이는 전치사 '在'를 써서 '주어+[在(전)+网上]+서술어'의 형태로 써야 합니다.

예 我/在网上/购物。나는 인터넷에서 물건을 구입한다.

그러나 주어자리에 장소(网上)를 직접 쓰는 경우에는 전치사 '在'를 쓰지 않고, '网上+서술어'의 형태로 씁니다.

예 网上查资料。인터넷에서 자료를 찾다.

따라서 이 문장은 '我[在网上]买了~'로 바꾸어 써야 합니다.

b. 보통 옷을 세는 단위는 '件'을 쓰지만, 바지를 세는 단위는 '条'를 씁니다. '条'는 '一条河，一条路，一条裤子，一条鱼'와 같이 '가늘고 길고 구부릴 수 있는 것'을 세는 단위(=양사)입니다.

④ 我 / 因为 / 最近 / 越来越胖，所以 / 没有适合 / 我衣服。

해설

'(我的)+衣服' 처럼 사물을 나타내는 명사 앞에 '我/你/他/我们' 등처럼 소유를 나타내는 인칭대명사가 오는 경우, 명사 앞에는 반드시 '的'와 함께 써야 합니다. 따라서 '我衣服'를 '我的衣服'라고 바꾸어 써야 합니다.

[학생 단문쓰기 문장 엿보기]

단문쓰기는 정답이 하나로 정해져 있는 것이 아니라, 개인마다 주어진 제시어를 사용해서 얼마든지 다양하게 글을 쓸 수 있습니다.
'학생 단문쓰기 문장 엿보기'에는 필자의 수업을 들은 학생들 중에서 실제로 5급을 취득한 학생들의 글을 발췌해 놓은 것입니다. 참고해 보세요.

〈학생 단문쓰기 문장 1〉

		我	打	算	这	个	周	末	和	朋	友	们	一	起	去
旅	游	。	我	想	借	这	次	机	会	，	买	一	条	牛	仔
裤	，	所	以	用	电	脑	在	网	上	查	了	一	下	，	就
找	到	了	觉	得	适	合	我	身	材	的	牛	仔	裤	，	看
起	来	价	格	也	很	合	算	。	我	很	高	兴	地	在	网
上	买	到	了	它	。										

번역

나는 주말에 친구들과 함께 여행을 갈 계획이다. 이참에 나는 청바지 한 벌을 사고 싶어서, 컴퓨터로 인터넷에서 검색을 좀 했고, 바로 내 몸에 꼭 맞을 것 같은 청바지를 찾았다. 보니까 가격도 적당해서 나는 매우 기쁘게 인터넷에서 청바지를 구입했다.

〈학생 단문쓰기 문장 2〉

		昨	天	我	去	购	物	中	心	买	裤	子	。	那	里
有	各	种	各	样	的	裤	子	。	我	想	买	一	条	很	适
合	我	身	材	的	裤	子	。	这	时	，	售	货	员	给	我
挑	选	了	一	条	牛	仔	裤	。	款	式	很	时	髦	，	我

| 一 | 看 | 就 | 看 | 中 | 了 | 它 | ， | 可 | 我 | 觉 | 得 | 价 | 格 | 不 | 合 |
| 算 | 。 | 我 | 犹 | 豫 | 不 | 决 | ， | 最 | 后 | 只 | 好 | 放 | 弃 | 了 | 它。 |

번역

어제 나는 바지를 사러 백화점에 갔다. 그곳에는 다양한 바지들이 있었다. 나는 내 몸에 잘 맞는 바지 한 벌을 사고 싶었다. 이때, 판매원이 나에게 청바지 한 벌을 골라 주었다. 디자인이 매우 세련되어서 나는 보자마자 그 청바지가 마음에 들었다. 그러나 내 생각에 가격이 좀 비싼 것 같아서 망설이고 결정하지 못하다가, 결국은 하는 수 없이 그 청바지 사는 것을 포기했다.

쓰기
2부분

请结合下列词语(要全部使用)，写一篇80字左右的短文。

①　　休息　　　　挂号　　　　着凉　　　　严重　　　　治疗

②　　春节　　　　饺子　　　　放鞭炮　　　　拜年　　　　一起

사진보고 단문쓰기 집중공략 Ⅰ

제2주차 금요일 쓰기 2부분에서는 '사람 (동식물 포함) 또는 사물'과 관련된 사진을 보고 서술문 형식의 단문을 쓰는 것을 중심으로 학습해 봅시다.

사진보고 단문쓰기 고득점 문제풀이 전략 Ⅰ

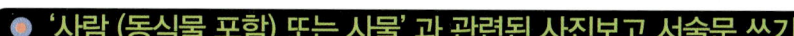

◉ '사람 (동식물 포함) 또는 사물' 과 관련된 사진보고 서술문 쓰기

① 주어진 사진을 보고 내용을 정확히 분석해 보자.

사진 속의 등장인물 (동식물 포함)이 무엇을 하고 있는지, 일은 언제 어디서 발생 했는지, 주변 환경은 어떠한지, 인물 간의 관계는 어떠한지, '표시' 또는 '표지판' 등의 사물은 어떤 의미를 나타내고 있는지 등을 자세히 관찰해서 우리에게 질문하고자 하는 내용이 무엇인지 분명히 파악해야 합니다.

② 사진과 관련된 핵심단어를 정하고, 전체적인 내용을 구상한다.

가령 '길에 있는 화살표 표지판을 보고 있는 여성의 뒷모습' 이 담긴 사진을 보고 단문 쓰기를 해야 한다면 반드시 화살표 표지판을 보고 있는 여성에 관한 이야기가 언급되어야 하며, 사진과 관련된 내용과 전혀 무관한 이야기를 쓴다면 점수를 받기가 힘듭니다.

또한 '이 사진은 한 여자가 화살표 표지판을 보고 있는 사진이다.'는 식으로 단순히 사진 자체의 표면적인 모습만 서술을 하면 이것 역시 점수를 받기가 어려우며, 반드시 한 편의 줄거리가 있는 딘문을 써야 합니다.

사진을 근거로 단문을 쓸 때에는 자신이 정한 핵심단어를 보고 머릿속에 이야기의 줄거리를 연상하면서 전체적인 내용을 구상합니다. 이 경우 1주차 금요일에서 학습한 제시어를 사용한

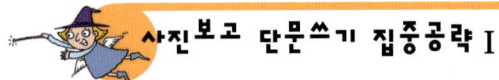

80자 단문쓰기와 같이 '시간의 흐름' 또는 '동작의 순서'에 따라 정리를 하면 훨씬 구체적이고 쉽게 단문쓰기 문제에 접근할 수 있습니다.

3 '기본문형 만들기 → 추가하기 → 다듬기'의 순서로 연습해 보자.

사진보고 단문쓰기도 제시어를 사용한 단문쓰기와 마찬가지입니다. '주어+서술어(+목적어) 형태 만들기 [기본문형 만들기] → 부사어, 관형어 등 수식어 추가하기 [추가하기] → 접속사, 대명사 등을 사용해서 자연스러운 하나의 문장 완성하기 [다듬기]'의 순서대로 글을 써봅시다.

'주어+서술어(+목적어)' 형태의 기본문형을 만들 때에는 '육하원칙(누가, 언제, 왜, 어디서, 무엇을, 어떻게)'에 입각해서 글을 쓰면 간결하고 수준 높은 단문도 완성할 수 있습니다.

또한 사진보고 단문쓰기를 할 때에 지나치게 어려운 단어를 사용하게 되면 오히려 내용이 어색해 지거나, 문법적인 오류가 생길 수 있으므로, 5급 단어(3,4급 단어 포함)를 잘 활용해서 쓰면 됩니다. 예를 들면 2010년 3월에 '두 사람이 컵을 들고 정수기를 사이에 두고 이야기하고 있는 장면'이 출제되었습니다. 이 문제의 핵심은 '두 사람이 컵을 들고 이야기하고 있는 것'이지 '정수기'라는 단어가 중요한 것이 아닙니다. 정수기는 5급단어가 아니므로 굳이 이 단어를 쓰지 않아도 점수와는 상관이 없으며, '두 사람이 물을 마시며 어떤 이야기를 주고받고 있다'는 식으로 이야기를 구성해서 쓰면 됩니다.

4 문장을 최종적으로 다시 한 번 점검해 보자.

글을 다 쓴 후에는 전체적인 내용을 다시 한 번 읽어보면서 글자 수는 적절한 지, 문법적으로 오류가 있는지, 내용이 매끄러운지, 틀린 글씨가 없는지 다시 한 번 최종 점검해 보아야 합니다.

'사람 (동식물 포함) 또는 사물' 과 관련된 사진을 보고 서술문 형식의 80자 단문쓰기에서 고득점을 향한 문제풀이 방법은 다음과 같이 요약을 할 수 있습니다.

01 사진분석하기
사진 속의 사람 (동식물 포함)이나 사물을 자세히 관찰해서 써야 될 내용을 정확히 분석한다.

02 핵심단어 정하기
사진 속의 장면과 관련된 핵심단어를 정한 후, 그 핵심단어를 중심으로 이야기를 구성한다.

03 내용구상하기

핵심이 되는 '장소'나 '때(시기)' 또는 '상황' 한 가지를 구체적으로 설정하고 나서, 시간의 흐름이나 동작의 순서에 따라 머릿속에서 장면을 연상하면서 내용을 구상하는데, 이때 반드시 사진의 내용과 관련된 글을 쓴다.

04 기본문형 만들기

내용을 만들 때에는 1차적으로 '육하원칙'에 입각해서 '주어+서술어(+목적어)' 형태의 간단한 문형을 만든다.

05 추가하고 다듬기

문장이 매끄럽게 이어지도록 전체적으로 다시 살펴보면서, 제한된 글자 수에 맞게 내용을 추가하거나 다듬어서, 줄거리가 있는 자연스러운 80자 단문 한 편을 답안지 안의 원고지에 옮겨 적는다.

06 최종점검하기

틀린 글자가 있는 지, 문맥이 자연스러운지 다시 한 번 최종점검을 한다.

쓰기
2부분

新 HSK문제 유형분석

100.

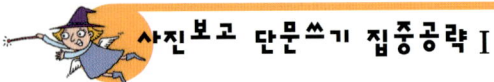

[문제를 푸는 방법]

01. 사진 분석하기

주어진 사진은 여자 두 사람이 앉아서 차를 마시면서 이야기하고 있는 사진입니다. 옷차림이 정장 스타일이 아닌 편한 차림인 것으로 보아 공식적인 자리나 회사가 아니고, 두 사람이 편하게 이야기를 나눌 수 있는 집이나 커피숍일 가능성이 높습니다.

02. 핵심단어 정하기

주어진 사진은 차를 마시면서 이야기를 하고 있는 사진이므로 핵심단어는 '喝(茶/咖啡/饮料)'와 '聊天儿(谈话)'입니다.

03. 내용구상하기

A와 B 여자 두 사람이 차를 마시면서 이야기를 하는 것을 객관적으로 서술하겠다고 결정하고, 시간의 흐름이나 동작의 순서에 따라 구체적인 내용을 구상합니다.
: A와 B를 간단히 소개함 → B가 A의 집에 놀러 옴 → 두 사람이 차를 마시면서 이야기함 → 매우 즐거움

04. 기본문형 만들기

1차적으로 되도록 육하원칙에 입각해서 간단한 문형을 만들어 봅니다.

누가	리쥐엔이	李娟
언제	일요일에	星期天
왜	놀러(옴)	来 / 王丹家 / 玩儿
어디서	왕단의 집에	
무엇을	차를 마시면서 이야기를 함	① 喝茶 ② 聊天
어떻게		

05. 추가하고 다듬기

[▢ 는 보충설명이 되어 진 부분입니다.]

王丹/和李娟/一起/学习汉语/已经/两年了。	등장인물 소개를 간단히 보충설명 함, 왜
星期天/李娟/来/王丹家/玩儿。	언제, 누가, 어디를
她们两个人/一边喝茶/一边聊天,	무엇을
① 交流/(学习汉语的)方法, ② 并且/约好/下周日/一起/去长城/游玩。	이야기하는 내용에 대해 구체적으로 보충 설명함
她们/一整天/聊得/非常愉快。	어떻게

06. 최종점검하기

틀린 글자가 있는 지, 문맥이 자연스러운지 다시 한 번 최종점검을 한다.

[모범답안]

		王	丹	和	李	娟	一	起	学	习	汉	语	已	经	两
年	了	。	星	期	天	李	娟	来	王	丹	家	玩	儿	。	她
们	两	个	人	一	边	喝	茶	一	边	聊	天	，	交	流	学
习	汉	语	的	方	法	，	并	且	约	好	下	周	日	一	起
去	长	城	游	玩	。	她	们	一	整	天	都	聊	得	非	常
愉	快	。													

단어

交流 jiāoliú 통 (의견, 경험, 문화 등을) 교류하다, 나누다
: ~意见 의견 / ~思想 사상, 생각 / ~经验 경험 / ~文化 문화 / ~信息 정보 / ~感情 감정/ ~学习的方法 학습방법

번역

왕단과 리쥐엔은 함께 중국어를 공부한 지 2년째 되었다. 일요일에 리쥐엔은 왕단의 집에 놀러갔다. 그녀 둘은 차를 마시면서 이야기를 했는데, 중국어 공부하는 방법에 대해 의견을 나누고, 또 다음 주 일요일에는 함께 만리장성에 놀러가기로 했다. 그녀들은 온종일 매우 즐겁게 이야기를 했다.

[오답노트]

오답노트는 필자가 실제로 현장에서 新HSK 수업을 해오면서, 학생들이 자주 혼동하거나 틀리게 쓰는 어휘와 문장을 유형별로 분류해서 문법적으로 쉽게 설명해 놓은 부분을 입니다. 단문쓰기를 할 때 아래와 같은 실수를 하지 않도록 주의하시길 바랍니다.

⑴ 주어 또는 서술어가 없는 오답유형

① 刘敏的 / 汉语 / 比(别的)朋友 / 还好。

해설

문맥상 '류민이 중국어를 말하는 것은 다른 친구들보다 훨씬 낫다.'는 뜻이므로 동사 '说'가 빠졌습니다. 따라서 이 문장은 정도보어 구문을 사용하여 '刘敏的/汉语/说得/比(别的)朋友/还好.'라고 바꾸어 써야 합니다.

② 我 / 和她 / 都是 / 韩国人, 而且 / 好朋友。

해설

뒤 절을 보면 접속사 '而且' 뒤에 '관형어+명사'의 형태인 '好朋友'만 있을 뿐 서술어가 없다. 따라서 이 문장은 '而且/是/好朋友.'라고 바꾸어 써야 합니다.

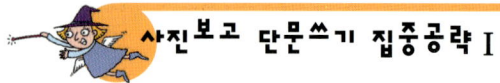

③ 我 / 跟她 / 在一家咖啡厅，一边 / 喝咖啡，一边/聊天 / 几个小时。

해설

a. 주어 '我' 뒤에 전치사구 '跟她'와 '在一家咖啡厅' 뒤에 서술어가 없습니다. 따라서 이 문장은 '我/跟她/在一家咖啡厅 / 见面。'으로 바꾸어 써야 합니다.

b. 동사 '聊天(한담하다, 잡담하다)'는 '聊(동)+天(목)' 의 형태로 나눌 수 있는 이합동사(离合动词)이며, '시간이 흐른 양'을 나타내는 시량보어 '几个小时'는 동사 바로 뒤에 써야합니다. 따라서 이 문장은 '聊天几个小时'는 '聊几个小时 (的) 天'이라고 바꾸어 써야 합니다.
 [→ 문법적으로 잘못 쓴 오답유형]

④ 我 / 有 / 一个朋友 / 叫 / 王连。昨晚 / 一起/吃完 / 中国菜后，去了(王连的)家 / 喝茶。

해설

중간부분의 '昨晚一起吃中国菜后，~。'에서 주어가 없습니다. 따라서 이 문장은 '我们' 또는 '我和王连'이라는 주어를 써서 '我们/昨晚/一起/吃~。' 또는 '我和王连/昨晚/一起/吃~。'이라고 바꾸어 써야 합니다. 수험생들이 자주 단문쓰기에서 주어가 없는 문장을 쓰는 경우가 많은데, 반드시 이 부분에 유의해서 글을 씁시다.

(2) 동사와 목적어의 위치를 잘못 쓴 오답유형

我 / 一边/喝/饮料，一边 / (对方的)话 / 倾听 / 了。

해설

'상대방의 말을 경청했다' 는 뜻은 '동사+목적어'의 형태로 써서 '倾听对方的话'라고 해야 합니다. 따라서 '我/一边/喝/饮料，一边 / 倾听 / (对方的) /话。'라고 바꾸어 써야 합니다.

(3) 서술어를 잘못 쓴 오답유형

今天 / 我们 / 偶然 / 在咖啡厅里 / 见面了。

해설

부사 '偶然(우연히)'가 있으므로 문맥상 '오늘 우리는 우연히 커피숍에서 보게 되었다.'는 뜻입니다. 따라서 이 문장은 '우연히 만나다'라는 뜻으로 동사 '碰见'을 써서 '今天/我们/偶然/在咖啡厅里/碰见了。'라고 바꾸어 써야 합니다.

(4) 단어 또는 중국어표현을 잘못 쓴 오답유형

① 她是一个谈话，她来中国的时候，受到压力。

해설

문맥상 '그녀는 자기가 중국에 왔을 때 스트레스를 받았다고 말했다.'는 뜻이므로, 이 문장은 '她说自

202

己来中国 的时候，～'라는 표현으로 바꾸어 써야 합니다.

> ② 女人 / 一 / 开始/聊天儿，就 / 不断地 / 对话。

해설

문맥상 '여자들은 함께 이야기를 하기 시작하면 끝없이 계속 이야기를 한다.'는 뜻으로 '女人/在一起/就/开始/不停地/聊天。'이라는 표현을 씁니다.

> ③ 我 / 把茶和水果 / 拿出来，以及 / 和小静 / 一起/谈起了 / 童年时代。

해설

'以及'는 '～및, 그리고'의 뜻으로 '我/买了/苹果、香蕉、李子/以及/(其他的)/水果。'처럼 보통 명사나 대명사를 병렬로 나열할 때 쓰는 접속사입니다. 이 문장은 문맥상 '내가 차와 과일을 내오고 나서 우리는 함께 어린 시절을 이야기했다.'는 뜻이므로, '먼저 ～을 하고, 그런 다음에 …을 하다'는 뜻인 '先(부)+서술어1…. , 然后(再)(부)+서술어2。'를 써야 합니다.

따라서 이 문장은 '我/先/把茶和水果/拿出来，然后/和小静/一起/聊起了/童年时代。'로 바꾸어 싸야 합니다.

(5) 문법적으로 잘못 쓴 오답유형

> ① a. 我们 / 一边/喝茶，一边 / 这个周末 / 该/怎么 / 度过 / 聊天儿。
> b. 我们 / 对(电影的)内容 / 聊起来, 接着 / 对(各自的)(男友的情况) / 聊起来了。

해설

a. 동사 '聊' 처럼 '말하다'는 뜻을 가지고 있는 동사는 첫 번째 서술어 자리에 쓰고, 뒤의 목적어 자리에 말하는 내용에 해당하는 문장이나 절이 나올 수 있습니다. 따라서 이 문장은 '～, 一边/聊/这个周末/该/怎么/度过。' 라고 바꾸어 써야 합니다.

b. '我们/聊起/(关于/电影的)内容，接着/又/聊了/(各自的)(男友的)情况。'이라고 바꾸어 써야 합니다.

> ② 她们 / 一边/喝咖啡 / 一边休息，一直 / 聊聊天儿 / (今天/有意思的)事。

해설

동사 '聊天' 처럼 '동사+목적어'의 형태로 나뉠 수 있는 이합동사는 이미 목적어를 포함하고 있기 때문에 뒤에 목적어를 또 쓸 수 없습니다. 또한 '聊天'을 중첩 형태로 쓰면 '聊聊'라고 하고 뒤에 목적어 '天(儿)'을 쓰지 않습니다. 따라서 이 문장은 '聊聊/(今天/有意思的)事。' 또는 '聊/(今天/有意思的)事。'이라고 바꾸어 써야 합니다.

[학생 단문쓰기 문장 엿보기]

단문쓰기는 정답이 하나로 정해져 있는 것이 아니라, 개인마다 주어진 사진을 보고 얼마든지 다양하게

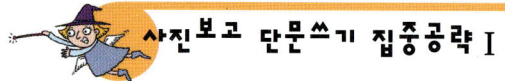

글을 쓸 수 있습니다.

'학생 쓰기문장 엿보기'에는 필자의 수업을 들은 학생들의 글을 발췌해 놓은 것입니다. 좋은 문장과 나쁜 문장을 서로 비교해 보면서 사진보고 단문쓰기의 개념을 확실히 잡아 보세요.

나쁜 문장의 예

〈예제 1〉

		玛	丽	和	张	明	都	在	清	华	大	学	上	课	，
本	来	玛	丽	是	从	美	国	来	的	交	换	学	生	，	张
明	是	本	科	生	。	有	一	天	她	们	在	路	上	碰	到
了	。	那	个	时	候	，	张	明	很	高	兴	地	说	："	好
久	不	见	了	，	你	最	近	情	况	怎	么	样	？"	玛	丽
回	答	说	："	谢	谢	，	我	很	好	！"					

번역

마리와 장밍은 모두 청화 대학교에서 수업을 하는데, 원래 마리는 미국에서 온 교환학생이고, 장밍은 본과생이다. 어느 날 그녀들은 길에서 우연히 만났다. 그 때, 장밍이 매우 기뻐하면서 "오랜만이야, 요즘 어떻게 지내니?" 하고 묻자, 마리는 "고마워, 난 잘 지내고 있어!" 하고 대답했다.

해설

제시된 사진은 두 여자가 차를 마시면서 이야기하고 있는 장면이므로 장소는 실내이어야 합니다. 하지만 위의 글은 길에서 우연히 만나서 서로 안부를 묻는 내용이므로 좋은 글이라고 할 수 없습니다.

〈예제 2〉

		我	有	一	个	中	国	朋	友	叫	刘	冰	，		她	非
常	喜	欢	韩	国	电	视	剧	和	音	乐	，		所	以	她	也
会	说	韩	语	。	因	为	我	们	互	相	交	往	，		我	受
到	她	的	影	响	，		我	最	近	不	但	开	始	学	习	汉
语	，		而	且	开	始	看	中	国	电	视	剧	或	听	她	推
荐	的	音	乐	。												

번역

나는 류빙이라고 하는 중국친구 한 명이 있는데, 그녀는 한국 드라마와 음악을 매우 좋아해서 한국어도 할 줄 안다. 우리는 서로 왕래를 하기 때문에, 나는 그녀의 영향을 받아서, 나는 최근에 중국어 공부를 시작했을 뿐만 아니라, 중국 드라마를 보거나 그녀가 추천해 주는 음악도 듣기 시작했다.

해설

제시된 사진은 두 여자가 차를 마시면서 이야기하고 있는 장면이므로 반드시 사진 속의 장면을 묘사하는 내용이 포함되어 있는 한 편의 짧은 이야기를 써야 합니다. 하지만 위의 글은 '두 친구가 왕래하는 내용'을 주로 서술하고 있고, '두 사람이 함께 차를 마시면서 이야기하는 장면'에 대한 언급이 전혀 없으므로 좋은 글이라고 할 수 없습니다.

〈예제 1〉

		我	和	刘	敏	是	在	美	国	学	习	英	语	的	学
生	。	我	们	在	咖	啡	厅	交	流	各	自	的	学	习	方
法	。	因	为	刘	敏	经	常	用	学	过	的	生	词	练	习
说	话	,	所	以	我	觉	得	她	的	英	语	说	得	比	别
的	朋	友	还	好	。	今	天	我	跟	她	一	边	喝	茶	一
边	认	真	地	练	习	说	英	语	。						

나와 류민은 미국에서 영어를 배우는 학생이다. 우리는 커피숍에서 각자의 학습방법에 대해 이야기를 나누었다. 나는 그녀가 자주 공부한 적이 있는 새로운 단어를 사용해서 말을 많이 하기 때문에 그녀는 영어를 다른 친구들 보다 훨씬 잘한다고 생각한다. 오늘 나도 그녀와 차를 마시면서 열심히 영어로 말하는 연습을 한다.

위의 글은 두 사람이 커피숍에서 차를 마시면서 영어 학습에 대해 이야기하는 것을 주된 내용으로 서술하고 있습니다. 또한 '누가, 언제, 왜, 어디서, 무엇을, 어떻게'에 해당하는 육하원칙이 잘 표현되어 있으며, 사진 속의 장면을 중심으로 한 편의 이야기를 전개해 나갔으므로 좋은 글이라고 할 수 있습니다.

〈예제 2〉

		我	认	识	李	丽	和	小	陈	快	一	年	了	。	她
们	每	天	在	咖	啡	厅	见	面	,	一	边	喝	咖	啡	,
一	边	聊	天	儿	。	我	觉	得	她	们	好	像	玩	得	都
忘	了	时	间	…	…	,	反	正	是	开	心	的	样	子	。
我	有	时	很	想	知	道	她	们	在	说	什	么	,	怎	么
这	么	开	心	,	有	时	很	羡	慕	她	们	的	关	系	。

나는 리리와 샤오천을 알고 지낸지 1년째 되었다. 그녀들은 매일 커피숍에서 만나서 커피를 미시면서 이야기를 한다. 나는 그녀들이 마치 시간도 잊은 채 노는 것 같다고 생각하는데 ……, 어쨌든 분명히 즐거워하는 모습이다. 나는 가끔 그녀들이 무슨 이야기를 하길래 그렇게 재미있어하는지 알고 싶기도 하고, 어떤 때는 그녀들 사이가 너무 부럽기도 하다.

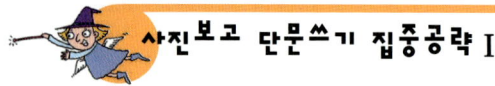

해설

위의 글은 친구 두 사람이 매일 커피숍에서 커피를 마시면서 즐겁게 이야기하고 있는 모습을 보면서 부러워하고 있는 것을 서술한 글입니다. 이글 역시 '누가, 언제, 왜, 어디서, 무엇을, 어떻게'에 해당하는 육하원칙이 잘 표현되어 있으며, 사진 속의 장면을 제 삼자의 입장에서 보면서 느끼는 자신의 감정을 그대로 자연스럽게 썼으므로 좋은 글이라고 할 수 있습니다.

〈예제 3〉

		随	着	社	会	的	发	展	,	我	们	可	以	享	受
休	闲	时	光	。	特	别	是	对	女	人	来	说	朋	友	之
间	的	闲	聊	是	很	轻	松	的	。	小	金	趁	休	息	的
工	夫	去	咖	啡	厅	,	然	后	跟	朋	友	见	面	喝	茶、
聊	天	。	她	们	的	谈	话	常	常	东	一	句	西	一	句
的	。	这	样	做	,	可	以	让	心	里	轻	松	愉	快	。

번역

사회의 발전에 따라, 우리는 쉬는 시간을 누릴 수 있게 되었고, 그중에서도 특히 여자들의 입장에서 말하면 한담은 제일 중요하다. 샤오진은 휴식시간을 이용해서 커피숍에 가서 친구와 만나서 차를 마시면서 이야기를 했다. 그녀들의 이야기는 늘 두서없이 편하게 하는 말들이다. 이렇게 하는 것은 기분을 가뿐하고 유쾌하게 할 수 있다.

해설

위의 글은 여자들이 쉬는 시간을 이용해서 편하게 한담을 하면 얻을 수 있는 장점을 샤오진의 경우를 예로 들어 서술하고 있습니다. 육하원칙에 따라 논리정연하게 잘 표현했으므로 좋은 글이라고 할 수 있습니다.

请结合下列词语(要全部使用),写一篇80字左右的短文。

 1

쓰기
2부분

 **2**

제1주차 금요일 쓰기 2부분에서는 '시간 또는 장소'와 관련된 제시어를 사용한 서술문 쓰기 를 중심으로 학습해 보았습니다.

제3주차 금요일 쓰기 2부분에서는 '인물이나 사물' 또는 '상황'과 관련된 제시어를 사용한 서술문 쓰기를 중심으로 학습해 보기로 하겠습니다.

제시어를 사용한 서술문 단문쓰기 고득점 문제풀이 전략 II

● '사람이나 사물' 또는 '상황'과 관련된 제시어를 사용한 서술문 쓰기

'사람이나 사물' 또는 '상황'에 관한 제시어를 사용한 서술문 형식의 80자 단문쓰기의 고득점을 향한 문제풀이 방법은 다음과 같이 요약을 할 수 있습니다.

01 단어파악과 핵심단어 선별하기

① 제시어의 품사와 뜻을 정확히 파악하고, 서로 호응이 되는 단어가 있는지 살펴본다. 서로 호응이 되는 단어가 있다면 되도록 함께 쓴다.

② 제시어에서 '인물(또는 사물)·상황'과 관련된 핵심단어가 있는지 살펴본다.

02 내용구상하기

핵심이 되는 '인물(또는 사물)'이나 '상황' 한 가지를 구체적으로 설정하고 나서, 시간의 흐름이나 동작의 순서에 따라 머릿속에서 장면을 연상하면서 내용을 구상한다.

03 기본문형 만들기

내용을 만들 때에는 1차적으로 '육하원칙'에 입각해서 간단한 문형을 만든다.

① 우선 5개의 제시어 중에서 주어, 동사, 목적어로 사용할 수 있는 단어를 선택하고 나서 '주어+서술어(+목적어)' 형태의 간단한 문형을 만든다.

② 5개 제시어 중에서 부사어나 관형어로 쓸 수 있는 것을 선택하거나 또는 문맥에 어

울리는 부사어나 관형어를 ①의 내용에 보충을 한다.

04 추가하고 다듬기

문장이 매끄럽게 이어지도록 전체적으로 다시 살펴보면서, 제한된 글자 수에 맞게 내용을 추가하거나 다듬어서 줄거리가 있는 자연스러운 단문 한 편을 만들어서 답안지 안의 원고지에 옮겨 적는다.

05 최종점검하기

틀린 글자가 있는 지, 문맥이 자연스러운지 다시 한 번 최종점검을 한다.

新 HSK 문제 유형분석

쓰기
2부분

| 99. | 减轻 | 方法 | 情绪 | 介绍 | 压力 |

[단어]

减轻 jiǎnqīng 통 경감하다, 덜다, 가볍게 하다 [목적어 자리에는 주로 가볍게 할 수 있는 추상적인 것, 또는 무게, 중량 등이 옵니다.]

① 减轻 (负担 부담 / 心理负担 심리적인 부담 / 压力 스트레스, 부담 / 精神压力 정신적인 스트레스 / 痛苦 고통 / 损失 손실, 손해 / 灾害损失 재해손실 / 处罚 벌금 / 5公斤 5킬로그램 / 体重 체중 / 重量 무게)
② 体重减轻 체중이 줄다

方法 fāngfǎ 명 방법 [일을 진행하거나 문제를 해결하기 위해 취하는 방법이나 대책을 말하고, 주로 '행동하는 면'에서의 방법을 말합니다.]

① (学习 학습하는 / 工作 일하는 / 设计 설계 / 计算 계산 / 戒酒 금주 / 戒烟 금연 / 教学 교학, 가르치는 / 招聘 채용 / 切 칼로 써는 / 发音 발음하는) 方法 방법
② (采取 채택하다, 받아들이다 / 实行 실행하다 / 创造 창조하다, 만들다) 方法 방법

情绪 qíngxù 명 정서, 기분, 마음가짐

: 学会/控制/情绪 마음을 다스리는 것을 배웠다.
   怎样/才能/控制好/自己的/情绪? 어떻게 하면 자신의 마음을 컨트롤할 수 있을까요?

介绍 jièshào 통명 소개(하다)

① 주어 + [给(전)+명/대] + 介绍 + 목적어。

                 └ 대상(사람)   └ 사물(, 사람)
② 주어 + [向(전)+명/대] + 介绍 + 목적어。
                 └ 대상(사람)   └ 사물(, 사람)

209

③ 주어 + 介绍给 + 목적어1 + 목적어2。
　　　　　└대상(사람)┘

④ 주어 +[把(전) + 목적어2] + 介绍给 + 목적어1。
　　　　　　└사물 (,사람)　　└대상(사람)┘

⑤ 介绍+ 목적어。
　　　　└소개할 사물 (,사람)

예 你/能帮我/介绍/一个男朋友吗?

네가 나한테 남자친구를 좀 소개시켜 줄 수 있어?

我/通过/这本书/给孩子/介绍了/学习的/方法。

나는 이 책을 통해서 아이에게 공부하는 방법을 소개해 주었다.

他/向我/介绍了/自己的父母。

그는 나한테 자기 부모님을 소개했다.

请/允许/我/向大家/介绍/这位作家。

제가 모두에게 이 작가를 소개해드려도 되겠습니까?

老板/把那个女人/介绍给了/我们。

사장님께서는 그 여자를 우리에게 소개해주었다.

压力 yālì 명 (추상적인 의미의) 압력, 스트레스

压力很大 스트레스가 많다, 심하다 / 压力很重 스트레스가 심하다 / 压力越来越大 스트레스가 점점 심해지다 / 有(很大的)压力 심한 스트레스가 있다 / 缓解压力 스트레스를 완화시키다 / 减轻压力 스트레스를 줄이다

[문제를 푸는 방법]

01. 단어파악과 핵심단어 선별하기

(1) '减轻'과 '压力'는 '减轻压力'의 형태로 함께 호응해서 쓸 수 있는 단어입니다.
(2) 주어진 제시어에는 '压力' '介绍'라는 단어가 있으므로, '스트레스를 완화하는 방법 소개'에 관한 내용으로 쓸 수 있습니다.
(3) 제시어에서 핵심단어는 '压力'와 '介绍' 등 입니다.

02. 내용구상하기

나는 스트레스완화에 관한 책을 읽었는데, 나한테 그 방법이 맞는 것 같아서 그대로 한 번 해보겠다는 상황을 글로 쓰겠다고 결정하고, 시간의 흐름이나 동작의 순서에 따라 구체적인 내용을 구성합니다.
: 나는 평소에 일에 대한 스트레스가 큼 → 우연히 책을 읽음 → 이 책은 스트레스를 줄이는 방법에 관한 책임 → 나한테 잘 맞음 → 그대로 한 번 해보겠음

03. 기본문형 만들기

1차적으로 되도록 육하원칙에 입각해서 간단한 문형을 만들어 봅니다.

누가	내가	我
언제	우연히	偶然

왜	나한테 잘 맞는 것 같아서	我/觉得/对我/很合适。
어디서	집에서	在家里
무엇을	스트레스를 줄이는 것에 관한 방법을 소개한 책을	书 → 介绍/(减轻/压力的)/方法
어떻게	책을 읽은 후, 그대로 한 번 해 보려고 함	① 我/读了/这本书。 ② 我/今后/要试一试。

04. 추가하고 다듬기

[　　　는 보충설명이 되어 진 부분입니다.]

我/平时/工作压力/很大，经常/不开心。	나의 현재 상황에 대해서 간단히 소개함, 왜
① 我/偶然/在家里/读了/一本书， ② 书上/介绍/(减轻/压力的)/方法。	누가, 언제, 어디서, 무엇을
比如：遇到/困难时， ① 我们/应该/保持/(乐观的)/情绪， ② 还有/多运动、 ③ 听音乐等。	책에서 소개한 방법을 구체적으로 보충 설명함
① 我/觉得/这些方法/对我/很合适， ② 我/今后/要/试一试。	어떻게

쓰기
2부분

05. 최종점검하기

틀린 글자가 있는 지, 문맥이 자연스러운지 다시 한 번 최종점검을 한다.

[모범답안]

		我	平	时	工	作	压	力	很	大	，		经	常	不	开
心	。	我	偶	然	在	家	里	读	了	一	本	书	，		书	上
介	绍	缓	解	压	力	的	方	法	。	比	如	：		遇	到	困
难	时	，		我	们	应	该	保	持	乐	观	的	情	绪	，		还
有	多	运	动	、	听	音	乐	等	。	我	觉	得	这	些	方
法	对	我	很	合	适	。	我	今	后	要	试	一	试	。	

단어

偶然 ǒurán 형부 우연한, 우연히
: (偶然的)机会 우연한 기회 / (偶然发生的)事情 우연히 일어난 일 / 偶然 우연히 (听到 들었다 / 碰见 만나다 / 看见 보다)

保持 bǎochí 동 유지하다, 지키다 [목적어 자리에는 '원래 가지고 있는 좋은 것' 또는 '조용한 상태'가 옵니다.]
: ~传统 전통 / ~风格 풍격, 스타일 / ~卫生 위생, 깨끗한 상태 / ~良好的 좋은 (习惯 습관 / 关系

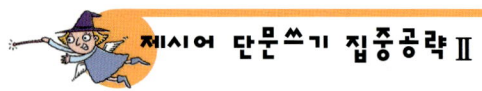

관계, 사이) / 沉默 침묵

乐观 lèguān 🌐 낙관하다, 낙관적이다, 낙천적이다 [주어자리에는 '사람'이나 '사람의 성격이나 태도'가 나옴]
: (~的性格 ~의 성격은 / 这个人 이 사람은) 很乐观。 매우 낙천적이다.
　保持着/乐观的/态度。 낙관적인 태도를 지니다, 유지하다.

번역

나는 평소에 일의 스트레스가 매우 커서 자주 기분이 좋지 않다. 나는 우연히 집에서 책한 권을 읽었는데, 책에는 예를 들어 우리는 낙관적인 마음가짐을 가져야 하며, 운동을 많이 하고, 음악을 들어야 된다는 등의 스트레스를 줄이는 방법을 소개하고 있었다. 나는 이런 방법들이 나한테 잘 맞는다고 생각한다. 나는 앞으로 책에서 소개한 대로 좀 해보아야겠다.

[오답노트]

오답노트는 필자가 실제로 현장에서 新HSK 수업을 해오면서, 학생들이 자주 혼동하거나 틀리게 쓰는 어휘와 문장을 유형별로 분류해서 문법적으로 쉽게 설명해 놓은 부분을 입니다. 단문쓰기를 할 때 아래와 같은 실수를 하지 않도록 주의하시길 바랍니다.

⑴ 서술어가 없는 오답유형

> 我 / 每天 / 下班后 / 半个小时 / 锻炼身体。

해설

문맥상 '30분씩(30분을 들여서) 운동을 하다'는 뜻이므로 이 문장은 '我/每天/下班后/花/半个小时/锻炼/身体。'라고 바꾸어 써야 합니다.

⑵ 동사와 목적어의 위치를 잘못 쓴 오답유형

> 我 / 想 / 健身 / 是 / (压力 / 减轻的) / (乐观的) / 方法。

해설

스트레스를 줄이다' 라고 하는 경우 '동사+목적어'의 형태인 '减轻压力'라고 해야 하며, 형용사 '乐观(낙관적이다, 낙천적이다)'은 사람한테 쓰는 단어이므로 '乐观的方法'라고 쓸 수 없습니다. 따라서 문맥상 '좋은 방법'이라는 뜻이므로 '好方法'라고 바꾸어 써야 합니다.

⑶ 서술어를 잘못 쓴 오답유형

> ① 他 / 本来/很乐观， 可是 / 今天 / 看起来 / 他 / 有 / 困难。

해설

'어려움을 겪다, 어려움을 당하다'는 뜻을 나타내는 경우 동사 '遇到'를 씁니다. 따라서 이 문장은 '可是/看起来/他/遇到/困难。'이라고 바꾸어 써야 합니다.

② 你 / 不但 / 可以 / 减轻 / 很大的 / 压力，还能 / **轻松 / 紧张的 / 心情。**

해설

'轻松'은 '일이 수월하다, 쉽다' 또는 '기분이 홀가분하다, 가볍다'는 뜻의 형용사로 뒤에 목적어가 올수 없습니다. 따라서 이 문장은 '긴장된 상태, 마음, 근육 등을 풀다, 늦추다, 느슨하게 하다'는 뜻의동사 '放松'을 써서 '~, 还能/**放松**/紧张的/心情。'이라고 바꾸어 써야 합니다.

③ 这本书 / **把 / (我的) / 性格/变化。**

해설

'变化'는 주로 명사 '변화'라는 뜻으로, 동사 '发生(발생하다, 일어나다, 생기다)'와 함께 '发生了变化'의 형태로 쓰이는데, 이 문장은 문맥상 '이 책은 내 성격을 바꾸었다'는 뜻입니다. 따라서 '생각, 태도,계획, 성격 등을 바꾸다'는 뜻의 동사 '改变'을 써서 '这本书/**改变了**/(我的)/**性格**。'라고 바꾸어 써야 합니다.

⑷ 단어 또는 중국어표현을 잘못 쓴 오답유형

我觉得 / (乐观想法的 / 效果) / 很大。

해설

문맥상 '나는 낙천적인 생각은 (~에 대해) 매우 효과적이라고 생각한다, 좋다고 생각한다.'는 뜻입니다. '~에 대해서 효과가 있다. 도움이 된다, 좋은 점이 있다'는 뜻으로는 '주어+[对~]+(很) 有+效果/帮助/好处。'의 형태로 씁니다. 따라서 이 문장은 '我/觉得/乐观想法/[**对**/**缓解压力**]/很有/(**效果, 帮助, 好处**)。'라는 표현으로 바꾸어 써야 합니다.

⑸ 문법적으로 잘못 쓴 오답유형

① 随着 / (社会的) / 竞争 / **越来越** / 激烈，(人们 / 受到的)压力也 / **增加。**

해설

뒤 절에 부사 '也'는 '他走了，我也走了。'처럼 서술어가 같거나 비슷한 경우 뒤 절의 부사 자리에 쓸수 있습니다. 따라서 이 문장의 앞 절에 '越来越激烈'라는 말이 있으므로 뒤 절에도 '越来越'를 써서'~, 人们受到的压力也**越来越大**。'라고 바꾸어 써야 합니다.

② 我 / 觉得 / **我性格** / 和我现在工作 / 不合适。

해설

'(我的)东西，(你的)书包，(他的)态度，(我们的)传统' 처럼 소유를 나타내는 대명사가 명사앞에서 수식을 하는 경우, '我爸爸'와 같이 친인척이나 가까운 사람을 제외한 나머지는 반드시 '(대명사+的)+명사' 의 형태로 써야 합니다. 따라서 이 문장은 '我/觉得/(**我的**)/性格/和/(**我/现在的**)工作/不合适。'라고 바꾸어 써야 합니다.

③ 在韩国 / 工作 / 的时候，我 / 工作/很吃力。可是 / (偶然的) / 机会 / 来 / 北京。

해설

① 뒤 문장에 주어가 없습니다. 문맥상 주어는 '我'입니다.
② '이미 어떤 장소에 도착했다'는 것을 나타내는 경우 반드시 동사 뒤에 장소 목적어와 함께 쓰는 결과보어 '到'를 함께 써서 '동사+到+장소'의 형태로 써야 합니다. 또한 주어를 함께 써야 합니다. 따라서 이 문장은 '~, 可是/(偶然的)/机会/我/来到/北京.'이라고 바꾸어 써야 합니다.

④ 我 / 一日 / 走着路，偶然 / 看到 / 一家健身房。

해설

① '一日，有一天，有一次'와 같은 낱말은 모두 문장 맨 앞에 쓰여 '어느 날, 하루는, 한 번은'의 뜻을 나타냅니다.
② 뒤 절은 문맥상 '우연히 헬스클럽을 보게 되었다.'는 뜻입니다. '원래부터 있었지만 모르고 지내다가 나중에 보게 되거나 알게 되다'는 뜻의 동사는 '发现(발견하다, 보다, 알게 되다)'를 씁니다. 따라서 이 문장은 '一日/我/走着路，偶然/发现/一家健身房.'이라고 바꾸어 써야 합니다.
[→ 서술어를 잘못 쓴 오답유형]

⑤ 一日 / 我 / 在家 / 看到 / 一个书。

해설

'~권'이라는 뜻으로 책을 세는 양사는 '本' 또는 '册(cè)'을 씁니다. 따라서 이 문장은 '看到一本书.'로 바꾸어 써야 합니다. 양사에 주의하세요.

[학생 단문쓰기 문장 엿보기]

단문쓰기는 정답이 하나로 정해져 있는 것이 아니라, 개인마다 주어진 제시어를 사용해서 얼마든지 다양하게 글을 쓸 수 있습니다.
'학생 단문쓰기 문장 엿보기'에는 필자의 수업을 들은 학생들 중에서 실제로 5급을 취득한 학생들의 글을 발췌해 놓은 것입니다. 참고해 보세요.

〈학생 단문쓰기 문장 1〉

		我	最	近	因	为	准	备	H	S	K	考	试	受	到
很	多	压	力	，		所	以	去	图	书	管	借	了	一	些	介
绍	减	轻	压	力	的	方	法	的	书	。	读	了	这	些	有
益	的	书	以	后	，		我	明	白	了	在	学	习	H	S	K
方	面	，		要	保	持	乐	观	的	情	绪	，		才	能	减	轻
考	试	压	力	。											

번역

나는 최근에 HSK 시험 준비 때문에 스트레스를 많이 받았기 때문에, 도서관에 가서 스트레스를 줄이는 방법을 소개한 책들을 빌렸다. 나는 이 유익한 책들을 읽고 나서 HSK 방면에서 낙관적인 마음가짐을 유지해야만, 비로소 시험 스트레스를 줄일 수 있다는 것을 알게 되었다.

〈학생 단문쓰기 문장 2〉

		我	们	在	生	活	中	受	到	的	压	力	很	大	，
总	是	想	用	什	么	方	法	能	减	轻	压	力	。	我	偶
然	看	到	关	于	儿	童	教	育	的	书	。	现	在	孩	子
受	到	压	力	更	大	，	可	大	人	还	常	常	忽	视	他	。
我	觉	得	应	该	给	孩	子	介	绍	一	些	缓	解	压	力
的	方	法	，	使	孩	子	变	成	一	个	乐	观	的	人	。

번역

우리는 생활 속에서 받는 스트레스가 크기 때문에 늘 무슨 방법으로 스트레스를 줄일 수 있는지를 생각한다. 나는 우연히 아동교육에 관한 책을 보았다. 지금 아이가 받는 스트레스는 매우 크지만, 어른은 여전히 자주 아이들을 소홀히 한다. 나는 아이에게 스트레스를 완화시키는 방법들을 알려 주어야만, 아이가 낙관적인 사람으로 변하게 된다고 생각한다.

〈학생 단문쓰기 문장 3〉

		我	从	小	就	一	直	很	乐	观	，		所	以	我	受
到	的	压	力	不	太	大	。	当	我	遇	到	困	难	的	时
侯	，	就	比	较	容	易	找	到	解	决	问	提	的	方	法
减	轻	压	力	。	我	觉	得	用	乐	观	的	情	绪	和	态
度	看	待	问	题	，	就	能	很	快	解	决	它	。	我	想
介	绍	给	别	人	这	种	减	轻	压	力	的	方	法	。	

번역

나는 어려서부터 계속해서 아주 낙천적이라서, 나는 별로 스트레스를 받지 않는다. 나는 어려운 일을 당했을 때, 쉽게 문제를 해결하는 방법을 찾는 편이다. 나는 낙관적인 마음가짐과 태도로 문제를 대하면, 빨리 문제를 해결할 수 있다고 생각한다. 나는 다른 사람에게 이런 스트레스를 줄이는 방법을 소개해 주고 싶다.

请结合下列词语(要全部使用),写一篇80字左右的短文。

① 电脑　　　带来　　　资料　　　一起　　　网上

② 考试　　　羡慕　　　虚心　　　着急　　　老师

제2주차 금요일 쓰기 2부분에서는 사진보고 서술문 쓰기에 관한 문제 중에서 '인물 (동식물 포함)' 또는 '사물'과 관련된 문제를 중심으로 학습해 보았습니다.

그러나 제시된 사진이 인물이나 사물과 관련된 것이 아니라 어떤 '표시나 표지판' 또는 '상황' 과 관련된 것인 경우 서술문 형식보다는 논설문 형식으로 단문을 쓰는 것이 더 쉬울 수 있습니다.

제4주차 금요일 쓰기 2부분에서는 ==사진보고 단문쓰기 중 논설문 형식으로 단문을 쓰는 방법을 학습해 봅시다.==

쓰기
2부분

사진보고 단문쓰기 고득점 문제풀이 전략 II

● '표시나 표지판' 또는 '상황'과 관련된 사진보고 논설문 쓰기

1 주어진 사진을 보고 내용을 정확히 분석해 보자.

우선 사진을 자세히 관찰해서 우리에게 질문하고자 하는 주제가 무엇인지 분명히 파악해야 합니다.

2 사진과 관련 된 핵심단어를 정하고, 전체적인 내용을 구상한다.

가령 '금연표시'가 있는 사진을 보고 단문 쓰기를 해야 한다면 ==반드시 '담배를 피우지 말자'는 내용이 언급되어야 하며,== 사진과 전혀 무관한 이야기를 쓴다면 점수를 받기가 힘듭니다.
또한 '이 사진은 금연을 하자는 사진이다.'는 식으로 단순히 사진 자체의 표면적인 모습만 서술을 하면 이것 역시 점수를 받기가 어려우며, 반드시 내용이 있는 단문을 써야 합니다.
사진을 근거로 단문을 쓸 때에는 자신이 정한 핵심단어를 보고 머릿속에 이야기의 줄거리를 ==연상하면서 전체적인 내용을 구상합니다.==

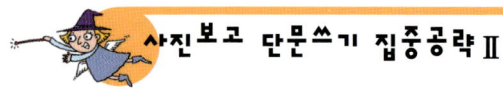

③ '기본문형 만들기 → 추가하기 → 다듬기'의 순서로 연습해 보자.

사진보고 논설문 단문쓰기도 서술문 단문쓰기와 마찬가지입니다. '주어+서술어(+목적어) 형태 만들기 [기본문형 만들기] → 부사어, 관형어 등 수식어 추가하기 [추가하기] → 접속사, 대명사 등을 사용해서 자연스러운 하나의 문장 완성하기 [다듬기]'의 순서대로 글을 써봅시다.

'주어+서술어(+목적어)' 형태의 기본문형을 만들 때에는 '서론(화제제시)-본론(문제분석)-결론(문제해결)'의 3단 논법에 따라 글을 쓰면 간결하고 수준 높은 단문도 완성할 수 있습니다.

사진보고 논설문 단문쓰기를 할 때도 서술문 단문쓰기와 마찬가지로 지나치게 어려운 단어를 사용하게 되면 오히려 내용이 어색해 지거나, 문법적인 오류가 생길 수 있으므로, 5급 단어(3,4급 단어 포함)를 잘 활용해서 쓰면 됩니다.

④ 문장을 최종적으로 다시 한 번 점검해 보자.

글을 다 쓴 후에는 전체적인 내용을 다시 한 번 읽어보면서 글자 수는 적절한 지, 문법적으로 오류가 있는지, 내용이 매끄러운지, 틀린 글씨가 없는지 다시 한 번 최종 점검해 보아야 합니다.

'표시나 표지판' 또는 '상황'과 관련된 사진을 보고 논설문 형식으로 80자 단문쓰기에서 고득점을 향한 문제풀이 방법은 다음과 같이 요약을 할 수 있습니다.

01 사진분석하기

사진속의 표시나 표지판 또는 상황을 자세히 관찰해서 써야 될 내용을 정확히 분석한다.

02 핵심단어 정하기

사진속의 장면과 관련된 핵심단어를 정한 후, 그 핵심단어를 중심으로 이야기를 구성한다.

03 내용구상하기

'핵심단어' 한 가지를 구체적으로 설정하고 나서 내용을 구상하는데, 이때 반드시 사진과 관련된 글을 쓴다.

04 기본문형 만들기

내용을 만들 때에는 1차적으로 '서론(화제제시)-본론(문제분석)-결론(문제해결)'의 3단 논법 형식에 입각해서 '주어+서술어(+목적어)' 형태의 간단한 문형을 만든다.

05 추가하고 다듬기

문장이 매끄럽게 이어지도록 전체적으로 다시 살펴보면서, 제한된 글자 수에 맞게 내용을 추가하거나 다듬어서, 내용이 명확한 80자 단문 한 편을 답안지 안의 원고지에 옮겨 적는다.

06 최종점검하기

틀린 글자가 있는 지, 문맥이 자연스러운지 다시 한 번 최종점검을 한다.

新 HSK 문제 유형분석

쓰기
2부분

100.

[문제를 푸는 방법]

01. 사진 분석하기

주어진 사진은 금연표지판입니다. 따라서 서술문으로 쓰기 보다는 논설문으로 쓰는 것이 더 쉬울 수 있습니다.

02. 핵심단어 정하기

핵심단어는 '戒烟' 또는 '禁止吸烟'입니다.

03. 내용구상하기

담배를 피우지 말자는 내용을 논설문 형식으로 서술하겠다고 결정하고, 서론(화제제시)-본론(문제지적)-결론(문제해결)의 순서에 따라 구체적인 내용을 구상합니다.

화제제시		문제분석		문제해결
: 많은 사람들이 담배를 피운다	→	담배를 피우게 되면? ① 자신의 건강을 해침 ② 다른 사람에게 피해를 줌 ③ 공기오염과 화재도 일으킬 수 있음	→	금연해야 함

04. 기본문형 만들기

1차적으로 3단 논법에 입각해서 간단한 문형을 만들어 봅니다.

219

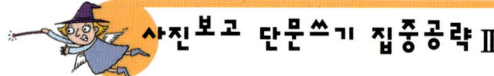

서론	많은 사람들이 흡연을 한다.	有/不少人/吸烟。
본론	흡연을 하면? ① 자신의 건강을 해침 ② 다른 사람에게 피해를 줌 ③ 공기오염과 화재위험을 초래할 수 있음	吸烟? ① 损害/自己的/健康。 ② 危害/他人。 ③ 造成 → 空气污染，火灾/危险。
결론	흡연하지 말자!	请大家/禁止/吸烟！

05. 추가하고 다듬기

[▨▨▨ 는 보충설명이 되어 진 부분입니다.]

现在/有不少人/吸烟，尤其/是/年轻人。	화제제시를 함
吸烟 不仅/能/损害/自己的/健康，还/会/危害/他人。 如果/你/在公共场所/吸烟， 就/可能会/造成/空气污染/和火灾危险。	문제점을 지적함
为了/创造(我们的)/健康社会，请大家/禁止/吸烟！	결론을 내림

06. 최종점검하기

틀린 글자가 있는 지, 문맥이 자연스러운지 다시 한 번 최종점검을 한다.

[모범답안]

	现	在	有	不	少	人	吸	烟	，		尤	其	是	年	轻
人	。	吸	烟	不	但	能	损	害	自	己	的	健	康	，	还
会	危	害	他	人	。	你	如	果	在	公	共	场	所	吸	烟，
就	可	能	会	造	成	空	气	污	染	和	火	灾	危	险	。
为	了	创	造	我	们	的	健	康	社	会	，	请	大	家	禁
止	吸	烟	！												

단어

吸烟 xīyān 명동 흡연(하다), 담배를 피우다 / 尤其 yóuqí 부 (앞의 것 중에서도) 특히

损害 sǔnhài 동 (건강, 명예, 사업, 이익 등을) 해치다, 훼손하다, 침해하다
: 损害 (健康 건강 / 名誉 명예 / 声誉 명성과 명예 / 事业 사업 / 利益 이익)
 (受到 입다 / 有 있다) 损害

危害 wēihài 동 해를 끼치다, 해치다 / 명 위해, 해로운 점
 ① 危害 (~健康 건강 / ~生命 생명 / ~生长 성장에 (해를 주다) / ~空气 공기 / ~社会秩序 사회
  질서 / ~周围环境 주위환경)
 ② 造成健康危害 건강상 해로운 점을 초래하다

③ 带来吸烟的危害 흡연의 해독을 끼치다, 가져오다

造成 zàochéng 통 초래하다 [뒤의 목적어 자리에는 나쁜 결과 또는 바라지 않는 것이 나옴]

禁止 jìnzhǐ 명 통 금지(하다), 금하다 [나쁜 것 또는 바라지 않는 것을 못하게 함]

【번역】

현재 많은 사람들은 흡연을 하는데, 특히 젊은 사람들이 그렇다. 흡연을 하면 개인의 건강을 해칠 수 있을 뿐만 아니라, 타인에게도 피해를 줄 것이다. 만약 당신이 공공장소에서 흡연을 하면 공기오염과 화재 위험까지도 초래할 수 있다. 우리의 건강한 사회를 만들기 위해서, 모두가 금연을 해야 한다.

[오답노트]

오답노트는 필자가 실제로 현장에서 新HSK 수업을 해오면서, 학생들이 자주 혼동하거나 틀리게 쓰는 어휘와 문장을 유형별로 분류해서 문법적으로 쉽게 설명해 놓은 부분을 입니다. 단문쓰기를 할 때 아래와 같은 실수를 하지 않도록 주의하시길 바랍니다.

(1) 서술어가 없는 오답유형

> 我 / 听说 / 三个男生中 / 两个男生 / 抽烟。

【해설】

위의 문장은 주어 '三个男生中'과 목적어 '两个男生抽烟'만 있을 뿐 서술어가 없습니다. '대략 이 수량정도이다'는 뜻을 나타내는 경우 동사서술어 '有' 앞에 '就'를 함께 써서 '就有+수량'의 형태를 씁니다. 따라서 이 문장은 '我/听说/三个男生中/就有/两个男生/抽烟。'이라고 바꾸어 써야 합니다.

(2) 동사와 목적어의 위치를 잘못 쓴 오답유형

> 吸烟 / 的时候, (各种各样的)病 / 会引起。

【해설】

문맥상 '각종 병을 초래할 것이다.'라는 뜻이므로 '동사+목적어' 형태로 써서 '吸烟的时候, 会引起/(这种各样的)病。'이라고 바꾸어 써야 합니다.

(3) 서술어를 잘못 쓴 오답유형

> ① 吸烟 / 很容易 / 产生 / 疾病。

【해설】

'나쁜 결과 또는 바라지 않는 상황을 초래하다'는 뜻으로는 동사 '造成 (zàochéng) [=导致 (dǎozhì), 引起 (yǐnqǐ)]'를 써야합니다. 따라서 이 문장은 '吸烟很容易造成疾病。'이라고 바꾸어 써야 합니다.

> ② 大家 / 一起 / 禁烟 / 吧!。

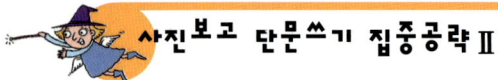

해설

'담배를 끊다, 금연하다'는 뜻의 동사는 '戒烟 (jièyān)'을 쓰며, 문장 맨 끝에 감탄을 나타내는 부호인 느낌표나 마침표는 둘 중 하나만 써야 합니다. 따라서 이 문장은 '大家/一起/戒烟/吧!'라고 바꾸어 써야 합니다.

(4) 단어 또는 중국어표현을 잘못 쓴 오답유형

　① 社会 / 发展得 / 越来越 / 快，人们的 / 生活 / 也复杂、感到/累。

해설

'생활이 복잡해져서 힘들게 느껴진다.'는 한국식 표현법입니다. 중국어에서는 보통 '사람들의 생활리듬이 빨라져서 스트레스를 많이 느낀다.'는 뜻으로 '生活节奏快，人们感到压力大.'라는 표현을 씁니다.

　② 如果 / 继续 / 抽烟 / 的话，不能 / 活 / 多久。

해설

문맥상 '얼마 못 살 것이다, 오래 못 살 것이다'라는 뜻입니다. 따라서 이 문장은 '~, 会/减少/寿命.' 이라는 표현으로 바꾸어 써야 합니다.

　③ (现在 / 高中学生的)抽烟 / 越来越 / 高。

해설

서술어가 '高'이므로 문맥상 주어는 '吸烟率'를 써야 합니다. 따라서 이 문장은 '(现在/高中学生的) 吸烟率/越来越/高.'라고 바꾸어 써야 합니다.

(5) 문법적으로 잘못 쓴 오답유형

　① 我们 / 常常 / 看到 / (禁止 / 吸烟的)标志 / 在 / 公共场所。

해설

'在/公共场所'는 전치사 구이므로 서술어 앞에 써야 합니다. 따라서 이 문장은 '我们/常常/[在/公共场所]/看到/(禁止/吸烟的)标志.'라고 바꾸어 써야 합니다.

　② (禁止 / 吸烟的)标志 / 有 / 很多公共场所。

해설

'很多公共场所(많은 공공장소)' 는 장소에 해당하므로 전치사 '在'와 함께 '在很多公共城所'의 형태로 서술어 앞에 써야 합니다. 따라서 이 문장은 '(禁止/吸烟的) 标志/[在/很多公共场所]/都有.' 라고 바꾸어 써야 합니다.

③ 吸烟 / 是 / 在身体 / 很不好。

해설

'~에 대해서 (아주) 나쁘다.'는 뜻으로는 전치사 '对'와 함께 '对......很不好.'의 형태로 써야 합니다. 따라서 이 문장은 '吸烟/[对身体]/很不好.'이라고 바꾸어 써야 합니다.

④ 因为 / 烟里 / 有 / (很多 / 不好的)东西，所以 / 你 / 得 / (容易各种各样的)/疾病。

해설

형용사 '容易(쉽다)'는 서술어가 없는 경우 형용사서술어로 쓰이고, 동사서술어가 있는 경우서술어 앞에서 부사로 쓰입니다. 따라서 이 문장은 동사 '得(병에 걸리다)'앞에 부사 '容易'를 써서 '~, 所以 /你/容易/得/(各种各样的)/疾病.'라고 바꾸어 써야 합니다.

⑤ 吸烟者 / [给 / 非吸烟者] / 伤害 / 健康。

해설

문맥상 '흡연자는 비흡연자에게 해로움을 준다.'는 뜻입니다. '~에게 ...을 가져다주다 또는 가져오다' 는 뜻의 동사는 '带来'로 전치사 '给'와 함께 '주어+[给.....]+带来了+목적어' 의 형태로 씁니다. 따라서 '吸烟者/[给/非吸烟者]/带来/伤害.'라고 바꾸어 써야 합니다.

[학생 단문쓰기 문장 엿보기]

단문쓰기는 정답이 하나로 정해져 있는 것이 아니라, 개인마다 주어진 제시어를 사용해서 얼마든지 다양하게 글을 쓸 수 있습니다.

'학생 단문쓰기 문장 엿보기'에는 필자의 수업을 들은 학생들 중에서 실제로 5급을 취득한 학생들의 글을 발췌해 놓은 것입니다. 참고해 보세요.

〈학생 단문쓰기 문장 1〉

		抽	烟	对	人	百	害	无	益	。	吸	烟	引	起	肺
病	，	虽	然	吸	烟	初	期	不	太	感	觉	得	到	吸	烟
的	严	重	性	，	但	是	过	了	一	段	时	间	以	后	，
吸	烟	者	会	失	去	自	己	的	健	康	，	更	重	要	的
是	周	围	不	吸	烟	的	人	也	会	受	到	伤	害	。	所
以	我	们	不	应	该	抽	烟	。							

단어

百害无益 bǎihàiwúyì 〔성〕 백해무익하다, 전혀 도움이 안 되다 / 肺病 fèibìng 〔명〕 폐병, 폐결핵

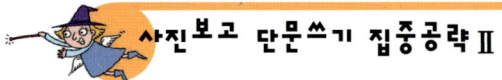

번역

흡연은 사람한테 백해무익하다. 흡연은 폐병을 일으킬 수 있는데, 초기에는 흡연의 심각성을 잘 못 느끼 겠지만, 일정시간이 지난 후에 흡연자는 자신의 건강을 잃을 수 있을 것이고, 더욱 중요한 것은 주변의 비흡연자들도 피해를 입게 될 것이다. 그러므로 우리는 당연히 흡연을 하지 말아야 한다.

해설

위의 문장은 3단 논법으로 쓴 전형적인 논설문 형식의 글로 금연을 해야 하는 구체적인 이유를 명확하게 들어서 말하고자 하는 주제를 잘 설명해 놓았습니다.

〈학생 단문쓰기 문장 2〉

		我	已	经	戒	烟	了	。	以	前	我	抽	了	很	多
烟	。	我	抽	烟	的	时	侯	,	不	但	我	身	体	不	好,
而	且	对	别	人	的	健	康	也	不	好	,	所	以	周	围
不	抽	烟	的	人	都	不	喜	欢	我	。	但	是	自	从	我
戒	烟	后	,	我	身	体	好	多	了	,	别	人	也	称	赞
我	戒	烟	。	我	感	到	很	开	心	。					

번역

이 문장은 논설문 형식이 아닌 서술문 형식으로 쓴 글입니다. 육하원칙에 따라 자신이 흡연을 했을 때와 흡연을 하지 않았을 때의 상황을 비교해서 자연스럽게 잘 썼습니다.

〈학생 단문쓰기 문장 3〉

		吸	烟	对	健	康	很	有	害	,	这	是	每	个	人
都	明	白	的	。	可	是	吸	烟	的	人	群	仍	在	逐	渐
增	多	。	现	在	中	国	吸	烟	率	是	35	%	,	2	00
万	人	的	死	因	与	吸	烟	有	关	。	因	此	政	府	推
出	了	禁	烟	政	策	。	例	如	,	公	共	场	所	禁	止
吸	烟	,	并	制	作	了	禁	止	吸	烟	的	广	告	。	

단어

逐渐 zhújiàn 부 점점, 점차, 차츰차츰 / 死因 sǐyīn 명 사인, 사망원인 / 推出 tuīchū 동 (신상품이나 새로운 아이디어를) 내놓다

制作 zhìzuò 동 제작하다, 제조하다, 만들다
: 制作 (工艺品 공예품 / 家具 가구 / 服装 옷 / 东西 물건 / 飞机模型 비행기 모형)

번역

흡연은 건강에 매우 해롭다는 것은 모두가 다 알고 있지만, 흡연을 하는 사람들은 여전히 증가하고 있

다. 현재 중국의 흡연율은 35%이고, 200만 명의 사망 원인은 흡연과 관계가 있다. 그래서 정부는 금연 정책을 내놓았다. 예를 들면 공공장소에서 흡연을 금지하거나, 흡연을 금지하는 광고를 만들었다.

해설

이 글은 흡연이 건강에 해롭다는 화제제시를 한 후, 정부가 내놓은 금연정책에 대해 객관적으로 설명해 놓은 글입니다. 이러한 설명문 형식의 글은 보통 말하고자 하는 주제와 관련된 사전지식이 어느 정도 있어야 글을 쓸 수 있으므로 중국어를 처음 배우는 수험생들에게는 약간 어려울 수 있습니다.

请结合下列词语(要全部使用),写一篇80字左右的短文。

❶

❷

독해 1부분

제4단원의 독해 1부분은 빈칸에 알맞은 단어, 구절, 문장을 고르는 문제 또는 핵심어휘와의 호응관계(搭配)가 알맞은 단어를 고르는 문제가 출제됩니다.

독해부분은 1·2·3부분의 총 45문제를 45분 안에 문제를 풀고 정답까지 표기해야 하므로 풀어야 하기 때문에 반드시 시간이 모자라지 않게 시간안배를 잘 해야 합니다.

독해 1부분은 문제를 풀고 나서는 반드시 단어를 정리하는 습관을 들여야 하며, 문제 푸는 방법을 익히고 모르는 단어를 암기한 후에는 시험문제 난이도에 맞춘 비슷한 유형의 문제를 많이 풀어보면서 문맥상 알맞은 의미의 어휘나 문장을 찾는 훈련을 꾸준히 해나가야 합니다.

 유형별 집중공략

● 기본기 익히기

제 **4** 단원

독해 2 · 3부분

제4단원의 독해2 · 3부분은 '독해(阅读)'에 관한 문제입니다.
독해2부분은 80자~130자 정도의 지문 한개를 읽고
본문 내용과 일치하는 알맞은 답을 고르면되고,
독해3부분은 200~500자 정도의 비교적 긴 지문 한개를 읽고
3–5개의 질문에 대한 알맞은 답을 고르면됩니다.

독해2부분과 3부분은 모두 객관적인 시각을 바탕으로 문맥상 의미를 파악하면서
주어진 시간 안에 지문의 내용을 읽고서 알맞은 정답을 골라야 합니다.

유형별 집중공략

● **기본기 익히기**

2주차_ 내용 파악하기
  · 질문유형
  · 新HSK 출제유형
  *실력다지기 실전문제

4주차_ 주제문 찾기
  · 질문유형
  · 新HSK 출제유형
  *실력다지기 실전문제

기본기 다지기

독해 1부분은 '어휘와 독해'에 관한 문제로 빈칸에 들어갈 알맞은 단어 또는 구절 (이나 문장)을 고르는 묻는 문제입니다.

빈칸에 들어갈 알맞은 단어를 고르는 문제에는 문장성분의 호응관계(搭配)를 묻는 유형의 문제와 문법적으로 알맞은 품사를 고르는 유형의 문제 등이 출제되고 있으며, 그밖에 문맥상 알맞은 구절이나 문장을 고르는 유형의 문제도 함께 출제되고 있습니다.

독해 1부분 문제를 풀려면 우선 중국어 문장의 기본 구조를 파악할 줄 알아야 하며, 이때 처음부터 끝까지 문장을 읽어 내려가는 것보다는 빈칸의 앞 뒤 구절의 품사와 문장성문을 정확히 파악하고 나서, 밑줄 친 부분의 문장성분과의 호응관계가 가장 알맞은 단어를 보기ABCD에서 찾거나, 앞 뒤 문장의 뜻을 파악한 후에 문맥상 알맞은 구절(이나 문장)을 고르면 됩니다.
독해 1부분에서 문제를 푸는 방법은 다음과 같습니다.

① **제일 먼저 밑줄 친 부분의 문장성분이 무엇인지 파악한다.**

보통 문장 맨 앞쪽의 명사/대명사는 '주어', 문장 맨 뒤쪽의 명사/대명사는 '목적어'이며, 동사 서술어는 주로 뒤쪽의 목적어와 함께 씁니다. 아래의 ①은 뒤쪽에 명사/대명사 목적어가 있으므로 '동사 서술어' 자리에 빈칸이 있는 유형입니다.

아래의 ②는 주어만 있을 뿐 서술어가 없고 빈칸 앞에 정도부사가 있으며, 서술어 뒤쪽에 목적어도 없으므로 '형용사 서술어' 자리에 빈칸이 있는 유형입니다.

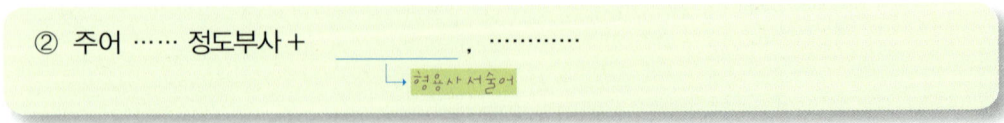

a처럼 서술어 앞쪽에는 주어가 올 수 있습니다. 또한 b처럼 맨 앞쪽에 관형어 '(… 的)'가 있다면, 그 뒤에는 반드시 주어에 해당하는 명사/대명사를 써야 합니다. 아래의 ③은 '주어' 자리에

빈칸이 있는 유형입니다.

③ a. _____ ⋯⋯ 서술어 。
   └→ 주어

   b. (⋯ 的) _____ ⋯⋯ 서술어 。
      └→ 주어

보통 명사나 대명사 앞에서 수식을 해주는 두 글자 이상의 '관형어'는 맨 뒤에 '的'를 함께 써서 '(⋯ 的)'의 형태로 명사/대명사 앞에 씁니다. 아래의 ④는 '(명사/대명사) 목적어' 자리에 빈칸이 있는 유형입니다.

④ 주어 ⋯ 동사+ (⋯ 的) _____ 。
   └→ 명사/대명사 목적어

명사/대명사 앞쪽에는 모두 수식성분인 관형어를 함께 쓸 수 있습니다. 따라서 관형어는 주어 앞, 목적어 앞, 전치사와 명사/대명사 사이에 올 수 있습니다. 아래의 ⑤는 '관형어' 자리에 빈칸이 있는 유형입니다.

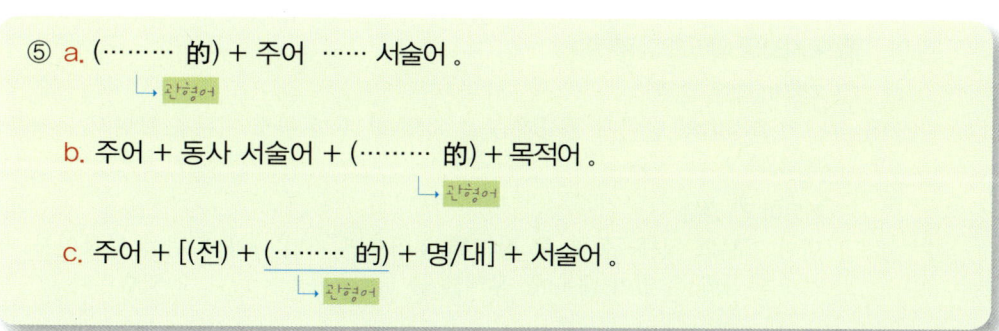

⑤ a. (⋯⋯⋯ 的) + 주어 ⋯⋯ 서술어 。
   └→ 관형어

   b. 주어 + 동사 서술어 + (⋯⋯⋯ 的) + 목적어 。
      └→ 관형어

   c. 주어 + [(전) + (⋯⋯⋯ 的) + 명/대] + 서술어 。
      └→ 관형어

② 빈칸에 들어갈 낱말과 호응하는 핵심단어를 찾는다.

① 동사 서술어 자리에 빈칸이 있는 경우 뒤쪽의 목적어가 핵심단어입니다.
   → 동사 서술어 + 목적어。

② 동사 서술어 자리에 빈칸이 있는데 목적어가 없다면 앞쪽의 주어가 핵심단어입니다.
   → 주어 + 동사 서술어。

③ 형용사 서술어 자리에 빈칸이 있는 경우 앞쪽의 주어가 핵심단어입니다.

→ 주어 + 형용사 서술어。

④ 관형어 자리에 빈칸이 있으면 우선 관형어만 따로 분리해서 봅니다.

→ (…… _____ 的) + 명사/대명사

⑤ 관형어만 보고서 이해가 잘 안가는 경우에는 관형어 바로 뒤의 명사/대명사까지 함께 봅니다.

→ (…… _____ 的) + 명사/대명사

⑥ 접속사 자리에 빈칸이 있는 경우 우선 호응하여 함께 쓰는 낱말을 찾습니다.

→ 如果 …… ，_____ 就 …… 。

③ 틀린 품사는 먼저 제외한 후 정답을 찾는다.

빈칸에 들어갈 알맞은 품사를 확인하고 나서 우선 보기 ABCD중에서 빈칸에 절대로 들어갈 수 없는 품사는 정답에서 제외하고 나서, 나머지 보기의 단어 중에서 알맞은 정답을 찾습니다.
지금까지 우리는 독해 1부분 문제를 푸는 방법에 대해 학습해 보았습니다. 이 부분의 <mark>고득점</mark> <mark>을 향한 문제풀이 방법은</mark> 다음과 같이 요약을 할 수 있습니다.

01 <mark>먼저 지문의 길이를 살펴본다.</mark>

① 지문이 짧은 경우
보기 ABCD의 단어의 품사와 뜻을 확인 한 후에 바로 지문을 보면서 문제를 풀면 됩니다.

② 지문이 긴 경우
먼저 지문의 첫째~둘째 줄 정도를 읽어보면 어떤 내용에 관한 문장인지 어느 정도 파악할 수 있기 때문에, 문제를 좀 더 쉽게 풀어 나갈 수 있습니다.

02 <mark>빈칸의 앞 뒤 구절의 품사와 문장성문 또는 내용을 정확히 파악한다.</mark>

무조건 처음부터 끝까지 문장을 읽어 내려가기 보다는 우선 빈칸의 앞 뒤 구절을 보면서, 품사와 문장성분 또는 내용을 파악해야 합니다.

03 <mark>밑줄 친 부분의 문장성분과 함께 쓸 수 있는 단어를 찾는다.</mark>

빈칸 앞 뒤 구절에 있는 단어의 품사와 문장성분을 파악하고 나서, 보기ABCD에서 핵심이 되는 낱말과 호응관계가 가장 알맞은 단어 또는 문맥상 알맞은 구절(이나 문장) 을 고르면 됩니다.

문장성분에 따른 호응관계 찾기

제1주차 수요일 독해 1부분에서는 '서술어 → 주어 → 목적어 → 관형어' 등 문장성분과 관련된 유형의 문제를 학습해 보면서 문장의 기본구조를 파악하는 연습과 더불어 단어 간의 알맞은 호응(搭配)관계를 마스터해 봅시다.

I. 서술어와 관련된 문제유형

독해
1부분

동사 서술어는 주로 목적어와 함께 씁니다. 아래의 ①은 뒤쪽에 명사/대명사 목적어가 있으므로 '동사 서술어' 자리에 빈칸이 있는 유형입니다. 아래의 ②는 주어만 있으므로 서술어자리에 빈칸이 있는 문제인데, 서술어 뒤쪽에 목적어가 없으므로 '형용사 서술어' 자리에 빈칸이 있는 유형입니다.

① 주어 ······ _____ ······ 목적어 ～
   └→ 명사/대명사   └→ 동사서술어   └→ 명사/대명사

② 주어 ······ 정도부사 + _____ , ···········
                     └→ 형용사 서술어

新 HSK문제 유형분석

📍 46.~48.

在现代社会，人才竞争越来越 ___46___ ，加上生活节奏加快，人们心理承受能力进一步 ___47___ ，心理疾病也随之增加。很多人都 ___48___ 心理医生的帮助，来解决困扰心理问题的疾病。

46. A. 强大　　　　B. 激烈　　　　C. 强烈　　　　D. 强调

47. A. 减弱　　　　B. 减少　　　　C. 增加　　　　D. 增强

48. A. 必要　　　　B. 必须　　　　C. 要求　　　　D. 需要

[단어]

竞争 jìngzhēng 명동 경쟁하다 / 加上 jiāshang 부 그 위에, 게다가 / 节奏 jiézòu 명 리듬, (일정한)규칙, 순서 / 承受 chéngshòu 동 이겨내다, 감당하다 / 疾病 jíbìng 명 질병 / 随之 suízhī 이에 따라 / 解决 jiějué 동 해결하다 / 困扰 kùnrǎo 동 괴롭히다, 귀찮게 굴다, 곤혹스럽게 하다

[용법]

强大 qiángdà 형 강대하다
→ 국가나 단체의 힘이 매우 강하고 크다는 뜻임
　: (国家的 국가의 / 祖国 조국 / 人民的 사람들의 / 军事 군사)力量很强大。

激烈 jīliè 형 치열하다, 격렬하다
→ 두 명 또는 여러 명이 함께 하는 시합과 같은 상황에서 분위기가 매우 열띠고 격렬하다는 뜻임
　: (比赛 시합, 경기 / 战争 전쟁 / 战斗 전투 / 竞争 경쟁)很激烈。

强烈 qiángliè 형 강하다, 강렬하다
→ 정도나 힘이 매우 강하고 세다는 뜻임.
　① (地震 지진 / 阳光 햇볕)很强烈。
　② '빛, 색깔, 감정 등이 강하다, 강렬하다'는 뜻으로도 쓰임.
　　: (光线 빛 / 色彩 색깔, 색채 / 感情 감정 / 反应 반응 / 求知欲望 지식을 추구하는 욕구, 욕망)
　　很强烈。/ 强烈的(愿望 바람 / 反应 반응 / 反响 반향)

强调 qiángdiào 동 강조하다
→ 어떤 부분에 특히 더 중점을 두어 설명하여 사람들의 중시와 주의를 끌어내는 것을 뜻함
　: 强调(重要性 중요성 / 这一点 이점) / 反复强调 반복해서 강조하다

减弱 jiǎnruò 동 약해지다, 약화되다, 약화시키다
→ 힘이나 기세 등이 약해지다는 뜻임
　: (力量 힘 / 气势 기세 / 风力 풍력 / 兴趣 흥미)减弱了。

减少 jiǎnshǎo 동 감소하다, 줄(이)다, 적어지다
→ '수량이 줄다 또는 수량을 줄이다'는 뜻으로 '增加'와 반대되는 낱말임.
　: 减少(数量 수량 / 人员 인원 / 疾病 질병 / 体重 체중 / 机会 기회 / 收入 수입 / 产量 생산량)

增加 zēngjiā 동 증가하다, 늘다, 늘리다
→ 수량을 늘(리)다, 증가 하다는 뜻으로 '减少'와 반대되는 낱말임.
　: 增加(收入 수입 / 体重 체중 / 产量 생산량 / 工资 월급 / 定额 정원, 정액 / 节目 프로(그램) /

次数 횟수 / 营养 영양 / 运动量 운동량)

增强 zēngqiáng 〔동〕 증강하다, 강화하다
→ '체력을 증강시키다, 강화 하다'는 뜻임
: 我每周登山一次，（增长，增强）了我的体质。나는 매주 등산을 한 번해서 체력이 강화되었다.

必要 bìyào 〔형〕〔명〕 필요(하다)
→ 반드시 있어야 하고, 없어서는 안 된다는 뜻임
① 这样做是十分必要的。 이렇게 하는 것은 매우 필요하다.
必要的条件 필요 조건 / 需要的措施 필요한 시책, 대책
② '必要'가 명사로 쓰이는 경우 '没(有)必要~'의 형태로 씀.
: 老师(没)有必要批评他。선생님께서 그를 혼낼 필요가 있다(없다).

必须 bìxū 〔부〕 반드시 ~해야 된다
→ '一定要'의 뜻임.
: 必须(工作 일하다 / 好好学习 잘 공부하다 / 参加 참가하다 / 解决 해결하다 / 有 있다 ……)

要求 yāoqiú 〔명〕〔동〕 요구(하다)
→ 구체적인 바람이나 조건을 제시하는 것을 말함.
: 提出要求 요구를 하다 / 答应要求 요구를 들어주다 / 接受要求 요구를 받아 들이다.

需要 xūyào 〔명〕〔동〕 필요(로 하다) / 욕구, 요구, 수요
→ 당연히 있어야 되거나 반드시 있어야 된다는 뜻임.
① 需要(人 사람 / 东西 물건 / 材料 재료 / 工具 도구, 공구 / 房子 집 / 调查 조사 / 帮助 도움/
休息 휴식 / 治疗 치료 / 讨论 토론 ……)
② 满足(……的)需要。~의 요구를 만족시키다.

[번역]

현대사회에서 인재들의 경쟁은 더욱더 치열해지고 있다. 게다가 생활 리듬은 더 빨라졌고, 사람들이 (어려움을) 견디어내는 능력은 한층 더 약해져서, 심리적인 질병도 이에 따라 증가하였다. 많은 사람들은 심리 치료사의 도움으로 곤혹스러운 심리문제와 질병을 해결하려고 하는 것이 필요하다.

46. A. (형) 강대하다　　　　　　　　B. (형) 치열하다
　　　C. (형) 강렬하다　　　　　　　　D. (동) 강조하다

47. A. (동) 약해지다　　　　　　　　B. (동) 감소하다, 줄(이)다
　　　C. (동) 증가하다, 늘(리)다　　　　D. (동) 증강하다, 강화하다

48. A. (형/명) 필요(하다)　　　　　　B. (부) 반드시, 꼭~해야 한다
　　　C. (동/명) 요구(하다)　　　　　　D. (동) 필요(로 하다) / (명) 요구, 수요, 욕구

[해설]

46. '竞争/越来越/__46__, (경쟁이 점점 더 _____하다)'에서 주어 '竞争' 뒤에 형용사서술어 자리에
빈칸이 있습니다. 따라서 문맥상 '시합, 경쟁, 전쟁 등이 치열하다'는 뜻의 형용사 '激烈'를 써야 합니다.

독해 1부분

235

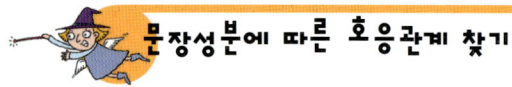

47. '人们心理承受能力/进一步/___47___, (사람들이 심리적으로 감당할 수 있는 능력이 한 층 더 _____ 해지다)'에서 주어 '人们心理承受能力' 뒤에 형용사서술어 자리에 빈칸이 있습니다. 따라서 문맥상 '힘(力)이 약해지다'는 뜻의 형용사 서술어 '减弱'를 써야 합니다. 참고로 '능력이 향상되다, 좋아지다'는 뜻인 경우에는 '能力提高'를 씁니다.

48. '很多人都/___48___/(心理医生的)/帮助 (많은 사람들이 모두 심리치료사의 도움을 _____.)'에서 빈칸 뒤에 목적어 '帮助'가 있으므로 동사서술어 자리에 빈칸이 있습니다. A의 '必要'는 형용사이므로 뒤에 목적어가 올 수 없으며, B의 '必须'는 부사이므로 동사서술어 자리에 올 수 없습니다. 따라서 문맥상 '도움을 필요로 하다'는 뜻의 동사 '需要'을 써야 합니다.

[정답] 46. B 47. A 48. D

2. 주어와 관련된 문제유형

아래의 ①처럼 서술어 앞쪽에는 주어가 올 수 있습니다. 또한 ②처럼 맨 앞쪽에 관형어 '(… 的)'가 있다면, 그 뒤에는 반드시 주어에 해당하는 명사/대명사를 써야 합니다. 아래의 ①②는 '주어' 자리에 빈칸이 있는 유형입니다.

① _____ …… 서술어 。
　　└→ 주어
② (… 的) _____ …… 서술어 。
　　　　　└→ 주어

49.~50.

　　当学生做出令教师满意的行为时，如果教师能及时给予肯定，那么这个行为就会得到强化，从而提高这个行为在以后的发生率。如果教师不注意明确表达自己内心的满意，学生就会觉得你很冷漠，他们的良好

_____49_____ 就会变弱。所以我十分赞同这种观点：不管是什么样的孩子，爱都是最好的教育，而表达爱的最好的_____50_____ 就是喜欢、称赞。

49. A. 行为　　　B. 动作　　　C. 行动　　　D. 心情

50. A. 能力　　　B. 方法　　　C. 称赞　　　D. 教师

[단어]

给予 jǐyú 동 주다, 베풀다 / 肯定 kěndìng 부 틀림없이, 반드시 / 强化 qiánghuà 동 강화하다, 강하게 하다 / 明确 míngquè 부 명확히, 확실히 / 冷漠 lěngmò 형 냉담하다, 무관심하다

[용법]

行为 xíngwéi 명 행위
→ 사람이 의지를 가지고 하는 행동이나 말을 모두 행위라고 하며, 행위에는 도덕적인 품성과 행동을 모두 포함하는 뜻임.

动作 dòngzuò 명 동작
→ 손과 발, 몸의 움직임 또는 그 모양을 말함

行动 xíngdòng 명 행동
→ 몸을 움직이는 것 또는 그 동작을 말함

[번역]

학생이 선생님을 만족하게 하는 행위를 했을 때, 교사가 적절하게 칭찬을 해준다면 이 행위는 더욱 강화될 것이고, 그래서 이런 행위의 발생률을 높일 것이다. 교사가 자신의 마음속의 만족스러움을 명확하게 표현하는 것에 신경을 쓰지 않는다면 학생은 당신이 무관심하다고 생각할 것이고, 그들의 좋은 행위는 곧 약해질 것이다. 그래서 나는 어떤 아이이든 상관없이 사랑은 모두 가장 좋은 교육이고, 사랑을 표현하는 가장 좋은 방법은 바로 좋아하고 칭찬하는 것이라는 관점에 매우 찬성한다.

49. A. (명) 행위　　　B. (명) 동작　　　C. (명) 행동　　　D. (명) 마음, 기분

50. A. (명) 능력　　　B. (명) 방법　　　C. (명) 칭찬　　　D. (명) 교사

[해설]

49. '他们的/良好__49__/就会/变弱。(그들의 좋은 _____은 곧 약해질 것이다.)'에서 맨 앞의 관형어 '他们的' 뒤의 주어자리에 빈칸이 있습니다. 또한 앞 문장에서 '아이가 선생님을 만족시키는 행위를 하는 것'을 '这个行为'라고 표현했으므로 문맥상 주어는 '行为'입니다.

50. '爱/都是/最好的/教育，而/(表达/爱的/最好的)/__50__/就是/喜欢、称赞。(사랑은 모두 가장 좋은 교육이고, 사랑을 표현하는 가장 좋은 _____은 바로 좋아하고 칭찬하는 것이다.)'에서 앞쪽의 관형어 '表达爱的最好的' 뒤의 주어자리에 빈칸이 있습니다. 또한 '가장 좋은 (주어) 은 바로 좋아하고 칭찬하는 것이다.' 라고 했으므로 문맥상 '方法'를 써야 합니다.

[정답] 49. A　50. B

3. 목적어와 관련된 문제유형

아래의 ①은 동사 뒤에 관형어가 있고 그 뒤에 '(명사/대명사) 목적어' 자리에 빈칸이 있고, ②는 동사 바로 뒤의 명사/대명사 목적어 자리에 빈칸이 있습니다. 아래의 ①②는 목적어 자리에 빈칸이 있는 유형의 문제입니다.

① 주어 … 동사 + (… 的) _____。
　　　　　　　　　　　　└→ 명사/대명사 목적어

② 주어 … 동사 + _____。
　　　　　　　　└→ 목적어

新 HSK 문제 유형분석

51.~52.

_____ 她上小学的时候就常常听爷爷和客人谈论书法。一天，她听了爷爷讲的古代书法家王羲之的 _____51_____ ，她对书法产生了 _____52_____ ，就对爷爷说，自己也想练习书法。

51.	A. 故乡	B. 故事	C. 事故	D. 事物
52.	A. 矛盾	B. 快乐	C. 兴趣	D. 疑问

[단어]

书法 shūfǎ 명 서예, 서예의 필법 / 王羲之 wángxīzhī 서성(书圣)으로 일컬어지는 중국 최고의 서예가

[용법]

产生 chǎnshēng 동 생기다, 나다
→ 원래 있었던 것으로부터 새로운 어떤 것이 생기는 것, 발생하는 것을 말하며, 목적어 자리에는 주로 추상적인 것이 옴.
　产生了(信心 자신감 / 怀疑 의심 / 矛盾 모순, 갈등 …)
　对 … 产生了(感情 감정 / 爱情 애정, 사랑 / 好感 호감 / 兴趣 흥미, 관심 …)

[번역]

그녀는 초등학교 때 자주 할아버지와 손님이 서예에 대해 말씀하시는 것을 들었다. 어느 날 그녀는 할아버지께서 말씀해 주신 고대 서예가 왕희지이야기를 들었고, 그녀는 서예에 대해 관심이 생겨서, 할아버지께 자기도 서예를 연습하고 싶다고 말씀을 드렸다.

51. A. (명) 고향　　　　　　 B. (명) 이야기
　　 C. (명) 사고　　　　　　 D. (명) 사물

52. A. (명) 모순, 갈등　　　　 B. (형) 즐겁다, 유쾌하다
　　 C. (명) 관심, 흥미　　　　 D. (명) 의문

[해설]

51. '她/听/了(……… 的)__51__(그녀는 ~의 _____를 들었다.)'에서 동사 '听' 뒤의 목적어 자리에 빈칸이 있습니다. 따라서 목적어 자리에는 들을 수 있는 것이 나와야 합니다. 따라서 목적어 자리에는 '故事'를 써야 합니다.

52. '她/对书法/产生了__52__, ……/, 自己也/想练习/书法。(그녀는 서예에 대해서 _____이 생겨서, ~ 자신도 서예를 배우고 싶다)'에서 동사 '产生' 뒤의 목적어 자리에 빈칸이 있습니다. 뒤 절에 자신도 서예를 배우고 싶다는 내용이 있으므로 문맥상 앞 쪽의 빈칸에는 '兴趣'를 써야 합니다. '관심이 생기다, 흥미가 생기다' 는 뜻은 '对…/产生/兴趣'라고 씁니다.

[정답] 51. B　52. C

독해 1부분

4. 관형어와 관련된 문제유형

명사/대명사 앞쪽에는 모두 수식성분인 관형어를 함께 쓸 수 있습니다. 따라서 관형어는 아래의 ①처럼 주어 앞에 오는 경우, ②처럼 목적어 앞에 오는 경우, ③처럼 전치사와 명사/대명사 사이에 오는 경우가 있습니다. 아래의 ①②③은 '관형어' 자리에 빈칸이 있는 유형입니다.

① (……… 的) + 주어 …… 서술어 。
　　└→ 관형어

② 주어 + 동사 서술어 + (……… 的) ㅣ목적어 。
　　　　　　　　　└→ 관형어

③ 주어 + [(전) + (……… 的) + 명/대] + 서술어 。
　　　　　　　└→ 관형어

239

新 HSK 문제 유형분석

53.~55.

> 今天，大量使用汽车所产生的废气对自然环境造成了 ___53___ 的污染，因此许多国家也制定了相当 ___54___ 的法规，限制汽车废气的排放。从政府、汽车商到消费者，人们越来越感到环境保护的压力，一些国家和地区早已把生产和销售低污染汽车作为法定目标，许多制造商也开始了 ___55___ 的行动。
>
> 53. A. 严肃　　B. 严重　　C. 重要　　D. 重视
>
> 54. A. 合法　　B. 合格　　C. 严格　　D. 严厉
>
> 55. A. 消极　　B. 积极　　C. 相当　　D. 被动

[단어]

废气 fèiqì 몡 폐기, 배기 / 污染 wūrǎn 몡동 오염(시키다), 오염되다 / 限制 xiànzhì 동몡 제한하다 / 排放 páifàng 동 (폐수, 오염물질 등을) 내보내다, 배출하다 / 销售 xiāo shòu 동 팔다, 판매하다 / 制造商 zhìzàoshāng 몡 제조상 / 消极 xiāojí 형 소극적이다 / 积极 jījí 형 적극적이다 / 被动 bèidòng 형 피동적이다, 소극적이다, 수동적이다

[용법]

严肃 yánsù 형 엄숙하다, 엄하다, 진지하다
→ 태도, 분위기, 표정 등이 엄하고 정중하다는 뜻임.
: (态度 태도 / 气氛 분위기 / 脸色 표정 [= 表情] / 人 사람) 很严肃。

严重 yánzhòng 형 심하다, 심각하다, 중하다
→ 나쁜 일이나 상황이 일어난 정도가 심(각)하다는 뜻임.
: (病情 병(세) / 伤得 다친 정도가 / 局势 정세, 상태) 很严重。
产生了严重后果。심각한 결과가 생겼다.

严格 yángé 형 엄격하다, 엄하다
→ 제도, 기준, 요구 등을 아주 잘 지키다는 뜻이고, 서술어 앞에서 부사어로 쓸 수 있음.
: 严格(遵守制度 제도를 준수하다 / 训练 훈련하다 / 检查 검사하다 / 要求 요구하다)。
他对自己的要求很严格。그는 자신의 요구에 대해 아주 엄격하다.
学校有严格的规定。학교에는 엄격한 규정이 있다.

严厉 yánlì 형 호되다, 무섭다, 엄하다
→ 엄하고(严肃) 무섭다(厉害)는 뜻다는 뜻임.

: (态度 태도 / 神情 표정) 很厉害。

严厉的 (批评 비평, 꾸지람 / 惩罚 chéngfá 처벌)

(批评 꾸지람, 비평 / 说 말) 得很厉害。

气氛很 (厉害，严肃)。

[번역]

오늘날 대량으로 사용하는 자동차가 생성한 폐기는 자연환경에 심각한 오염을 초래하였다. 따라서 많은 국가에서도 상당히 엄격한 법규를 제정하여서, 자동차 폐기의 배출을 제한하고 있다. 정부와 자동차 판매상에서 부터 소비자까지 사람들은 점점 더 환경보호에 대한 부담을 느끼고 있다. 몇몇 국가들과 지역에서는 이미 오염을 덜 시키는 자동차를 생산 판매하는 것을 목표로 삼고 있으며, 많은 제조상들도 적극적인 행동을 시작하였다.

53.　A. (형) 엄(숙)하다　　　　　　 B. (형) 심(각)하다
　　　C. (형) 중요하다　　　　　　 D. (형) 엄격하다

54.　A. (형) 합법적이다　　　　　　 B. (동) (물건의 품질이) 합격하다, 규격(표준)에 맞다
　　　C. (형) 엄격하다　　　　　　 D. (형) 호되다, 무섭다

55.　A. (형) 소극적이다　　　　　　 B. (형) 적극적이다
　　　C. (부) 상당히, 비교적, 꽤　　 D. (형) 피동적이다, 소극적이다

독해
1부분

[해설]

53.　'造成了/(___53___的)/污染 (_____한 오염을 초래하다)' 에서 명사 '污染(오염)' 앞의 관형어 자리에 빈칸이 있습니다. 문맥상 '심각한 오염'이라고 해야 하므로 나쁜 일이나 상황이 일어난 정도가 심(각)하다는 뜻의 형용사 '严重'을 써야 합니다.

54.　'制定了/(相当___54___的)/法规 (상당히 _____한 법규를 제정하였다)'에서 명사 '法规(법규)' 앞의 관형어 자리에 빈칸이 있습니다. 문맥상 '엄격한 법규'라고 해야 하므로 기준·제도·요구등을 잘 지키다는 뜻의 형용사 '严格'를 써야 합니다.

55.　'人们/越来越/感到/(环境保护的)/压力, ……., 许多制造商也/开始了(___55___的)/行动。(사람들은 점점 더 환경보호에 대한 부담을 느껴서, …. 많은 제조상들도 _____한 행동을 하기 시작했다.)'에서 명사 '行动' 앞의 관형어 자리에 빈칸이 있습니다. 문맥상 '적극적인 행동을 시작하다'는 뜻이므로 형용사 '积极'를 써야 합니다. '积极'는 동사서술어 앞에서 부사어로 쓸 수 있습니다. 참고로 A의 '消极' 와 D의 '被动'은 둘 다 '소극적이다, 피동적이다, 수동적이다'는 뜻의 형용사이므로 정답이 될 수 없으며, C의 '相当'은 명사 앞에서 관형어로 쓰는 경우 '상당한, 꽤'의 뜻으로 '比较(비교적)'에 가까운 '정도'의 의미를 나타내므로 문맥상 정답이 될 수 없습니다.

[정답]　53. B　54. C　55 B

▶ 정답 & 해설 p. 384 – 389

第46-60题: 请选出正确答案。

46 – 48

　　唐代有个名叫刘成的生意人，_____46_____很多货去市场做买卖，没想到在山里的小路上被另一辆货车挡住了路。而刘成的货车必须在半个小时内_____47_____目的地，否则就会_____48_____生意。正在大家十分焦急的时候，刘成决定用钱买下了那辆货车里的货物，然后叫大家把那辆货车推下山，从而使自己的车队顺利通过，按时赶到目的地，结果做成了一笔可观的生意，赚了大钱。

46. A. 看着　　　　B. 带着　　　　C. 走着　　　　D. 用着

47. A. 发达　　　　B. 达到　　　　C. 到达　　　　D. 到处

48. A. 耽误　　　　B. 错误　　　　C. 误会　　　　D. 迟到

49 – 52

　　加拿大是北美洲华侨和华人比较多的国家，华侨和华人___49___该国总人口的相当多部分。从1849年第一批中国人到加拿大至今已___50___一百五十年的历史了，中国文化特别是中国的饮食文化对这个国家___51___深刻的影响，中国菜已经成为加拿大的第二大国菜。在加拿大首都多伦多，中餐馆到处可见。因为，中国菜色香味俱佳，品种多样，价格也比西餐和当地菜便宜，而且中餐馆大都以礼待人，服务周到，因而___52___加拿大人的喜爱和欢迎。

독해
1부분

49.	A. 站	B. 占	C. 在	D. 到
50.	A. 占有	B. 是	C. 拥有	D. 具有
51.	A. 发生	B. 产生	C. 发现	D. 新生
52.	A. 收到	B. 接受	C. 受到	D. 充满

53 – 56

　　美国的中小学教育的长处是充分____53____儿童和青少年的身心发育的特点，根据他们好奇和好动的天性，把学习和玩儿结合在一起，着重____54____他们的想象力，创造力和动手能力。美国的小学较多____55____边玩边学的教学方法，课堂上对学生的要求较少，保护了孩子的好奇心和求知欲；中小学教师都拿出很多课堂时间让学生发表意见，从不轻易地否定学生的设想，总是____56____每种方案的优点和缺点，最后由教师和同学一起进行讨论。

53.　A. 考验　　　　B. 考虑　　　　C. 思考　　　　D. 思想

54.　A. 教育　　　　B. 发生　　　　C. 培养　　　　D. 养成

55.　A. 取得　　　　B. 采集　　　　C. 采购　　　　D. 采取

56.　A. 分析　　　　B. 安排　　　　C. 拥有　　　　D. 包含

57 – 60

　　高速铁路是目前速度最快的陆上交通工具，它以___57___的魅力，成为世界铁路发展的___58___趋势，它的发展趋势将是运用电脑自动控制，时速高达400公里，并逐步克服火车运行在曲线上所___59___的限速障碍。现在___60___世界投入运营的高速铁路超过1万公里，到21世纪末可达10万公里以上，高速铁路的发展前景十分广阔。

57.　A. 独特　　　　B. 独自　　　　C. 单独　　　　D. 孤独

58.　A. 普及　　　　B. 普遍　　　　C. 普通　　　　D. 通常

59.　A. 取得　　　　B. 获得　　　　C. 得到　　　　D. 遇到

60.　A. 都　　　　　B. 整　　　　　C. 全　　　　　D. 完

독해 1부분에서는 빈칸에 문맥상 알맞은 구절 또는 문장을 넣는 유형의 문제가 출제됩니다. 이러한 문제는 우선 앞 뒤 구절을 자세히 읽어서 문장의 뜻을 정확히 파악한 후에 보기ABCD에서 문맥상 알맞은 구절(이나 문장)을 고르면 됩니다. 글의 문맥과 관련된 시험문제 유형은 다음과 같습니다.

예제 1

> 他做了十多年的文学工作，经常在报刊上发表文章，他充满乡情味的作品，常常使人感动得流泪，城市的生活＿＿＿＿＿＿＿＿＿，他的'土气'依旧。他经常对儿子说："你的根在农村，一定要记住农村的苦、农村的累。"
>
> A. 虽然改变了他的想法　　　　B. 给他带来了很大的影响
> C. 方便而舒适　　　　　　　　D. 没能改变他

[단어]

报刊 bàokān 명 신문이나 잡지 등의 간행물 / 乡情味 xiāngqíngwèi 명 고향에 대한 향수, 고향을 그리워하는 분위기나 느낌 / 土气 tǔqì 형 촌스럽다, 시골스럽다, 유행에 뒤떨어지다 / 依旧 yījiù 형 여전하다, 예전대로이다 부 여전히, 예전대로 / 根 gēn 명 뿌리, 근본

[번역]

그는 십여 년 동안 문학에 관한 일을 했고, 자주 신문이나 잡지에 글을 발표했다. 그의 고향에 대한 향수로 충만한 작품은 자주 사람들을 감동시켜 눈물을 흘리게 했다. 도시생활은 그를 바꿀 수 없었고, 그의 '촌스러움'은 변함이 없다. 그는 자주 아들한테 "네 뿌리는 농촌에 있으니 반드시 농촌의 고통과 고됨을 기억해야 된다."고 말했다.

A. 비록 그의 생각을 바꾸었지만　　　B. 그에게 아주 큰 영향을 가져다주었다.
C. 편리하고 편안했다.　　　　　　　D. 그를 바꿀 수 없었다.

‘城市的/生活＿＿＿＿＿＿＿，/他的/‘土气’/依旧。(도시생활은 ＿＿＿＿＿＿, 그의 촌스러움은 변함이 없다)’에서 ‘他的土气依旧(그의 촌스러움은 여전했다, 변함이 없다)’ 라고 했으므로 빈칸에는 ‘도시생활은 그를 변하게 할 수 없다, 바꿀 수 없다’는 뜻을 써야 합니다.

[정답] D

예제 2

報告指出，新世纪人类面临的两个最大的挑战就是稳定气候和保持人口稳定方面。要达到稳定气候的目的，首先要更新传统的燃料，充分利用风能、太阳能及其他可以更新的能源。＿＿＿＿＿＿＿＿＿＿＿＿，报告认为，每个家庭只有一至两个孩子最理想。目前已经有20多个发达国家达到人口稳定局面，一些发展中国家，包括中国、韩国、泰国等也已经接近达到这一水平。

A. 促进人口增长方面
B. 保持人口稳定方面
C. 促进人口减少方面
D. 控制消耗能量方面

[단어]

挑战 tiǎozhàn 명동 도전(하다) [주로 해결해야 되는 문제나 과제를 말함] / 达到 dádào 동 도달하다, 달하다, 이르다 / 稳定 wěnding 형 안정되다, 변동이 없다 동 안정시키다, 가라앉히다 / 更新 gēngxīn 동 새롭게 고치다, 새롭게 바꾸다, 갱신하다 명 갱신, 업데이트 / 燃料 ránliào 명 연료 / 风能 fēngnéng 명 풍력 [발전에 이용하는 풍력을 말함] / 能源 néngyuán 명 에너지원 / 包括 bāokuò 동 포괄하다, 포함하다 / 接近 jiējìn 동 가까이하다, 다가가다, 접근하다 / 增长 zēngzhǎng 동 늘어나다, 증가하다, 신장하다 형 증가 / 减少 jiǎnshǎo 동 (수량을) 줄(이)다, 감소하다 / 消耗 xiāohào 동 (에너지, 힘, 정신, 물자 등을) 소모하다, 소비하다

[번역]

보고서에서는 새로운 세기의 인류가 처한 두 가지 가장 큰 도전은 바로 기후를 안정화시키고 인구안정을 유지하는 방면이라고 말한다. 기후 안정화의 목적에 도달하려면 우선 새로운 전통연료를 새롭게 바꾸고. 충분히 풍력, 태양 에너지 및 기타 새롭게 대체할 수 있는 에너지원을 이용해야 된다. 보고서에서는 인구안정을 유지하는 방면에서 각 가정마다 한 명~두 명의 아이만 있는 것이 가장 이상적이라고 여긴다. 현재 이미 인구안정국면에 도달한 20여 개 선진국이 있고, 중국, 한국, 태국 등을 포함한 개발도산국가들이 있는데, 이미 이런 수준 가까이 근접했다.

A. 인구증가를 촉진시키는 방면   B. 인구안정을 유지하는 방면
C. 인구감소를 촉진하는 방면   D. 에너지소비를 규제하는 방면

[해설]

문장 맨 앞에 '(新世纪人类/面临的) 两个(最大的)挑战/就是/稳定气候/和保持人口稳定/方面。
(새로운 세기의 인류가 처한 두 가지 가장 큰 도전은 바로 기후를 안정화시키고 인구의 안정을 유지하는 방면이다)'라고 설명을 하고나서, 다시 그 뒤에 '要达到稳定气候的目的 ~ (기후를 안정시키는 목적에 도달하려면~)' 이라고 하여 두 가지 도전 중 한 가지를 언급하였습니다. 따라서 문맥상 빈칸에는 두 가지 도전 중 또 다른 한 가지인 '保持人口稳定 (인구의 안정을 유지하다)'에 관한 내용이 나와야 합니다.

[정답]   B

第46-60题: 请选出正确答案。

46 - 48

> 　急性子的人最怕等，可____46____的是，在现代社会中，每个人都变得很匆忙，大家都在跟时间赛跑，谁都怕等，吃饭要快，坐车要抢，走路要冲，_____47_____，三言两语就结束，也不管____48____听明白了没有。因此，在今天人与人之间的沟通越来越难了，没有谁有耐心等你把心事说清楚，更没有谁肯为你等待。

46. A. 遗憾　　　　B. 抱歉　　　　C. 幸运　　　　D. 可怕

47. A. 却对别人说话的速度要慢　　　B. 为了不输给别人
　　C. 想超过别人　　　　　　　　　D. 就连对别人说话的速度也要快

48. A. 家人　　　　B. 人家　　　　C. 大家　　　　D. 人民

독해
1부분

49 – 52

在我童年的＿＿＿49＿＿＿中，母亲一直是严厉的。有一次，我和姐姐怕母亲不让我们游泳，就悄悄地瞒着母亲，用夹子将储蓄罐中的分币一个个夹出来，用作游泳的"经费"。一个暑假过去了，当我们在为这个暑假而得意的时候，储蓄罐的＿＿＿50＿＿＿却让母亲发现了，她让我和姐姐一个站在里屋，一个站在外屋，先对自己的行为思过，然后再用笔在纸上写下＿＿＿＿＿51＿＿＿＿＿。当我和姐姐同时写下"游泳"两个字时，母亲这才＿＿＿52＿＿＿，她对我们说："既然是游泳，为什么要瞒着妈妈？妈妈是怕你们做了不应当做的事啊。"

49. A. 记忆　　　B. 记得　　　C. 回忆　　　D. 回想

50. A. 保证　　　B. 保密　　　C. 秘密　　　D. 密切

51. A. 花了多少钱　B. 钱的用途　　C. 道歉书　　D. 把钱给谁了

52. A. 关心　　　B. 热心　　　C. 好心　　　D. 放心

53 – 56

　　北京的自行车拥有量号称全国之冠，现在　　53　　的数字是900多万
两。在北京，没有骑过自行车的人不多，一个　　54　　拥有两三辆自行车的
不是什么奇怪的事。北京城的小胡同很多，开汽车进胡同是一件令人头痛的
事，　　　55　　　。有些北京人已经不光把骑自行车当做上下班的代步工
具，而把它当做一项体育运动。他们骑车旅游，骑车比赛，近两年有的青少
年还用自行车做特技　　56　　等。

53.　A. 公布　　　　　　B. 告诉　　　　　　C. 宣布　　　　　　D. 宣告

54.　A. 国家　　　　　　B. 故乡　　　　　　C. 家乡　　　　　　D. 家庭

55.　A. 许多人都不买车　　　　　　　　B. 许多人买不起车
　　　C. 骑车却可以自由出入　　　　　　D. 骑自行车很不方便

56.　A. 表扬　　　　　　B. 表现　　　　　　C. 表演　　　　　　D. 表示

57 - 60

　　中国人跟美国人很不_____57_____。中国人重情，美国人重理；中国人重道德，美国人重法律。举一个例子说，一个人请客，客人来了，主人家的台阶上不慎洒下了水，有人_____58_____了一跤，伤了脚。这件事如果发生在中国，摔伤了脚骨的客人决不会怪主人的，他会说_____59_____。客人与主人的感情不会受影响，更不会用法律解决。但是如果在美国，情形可能完全是另一个样子，客人可能会立即去法院。主人与客人就会走上法庭，主人很有可能会因此_____60_____客人几千几万美元。

57. A. 相对　　　　　B. 相反　　　　　C. 一样　　　　　D. 同样

58. A. 摔　　　　　　B. 甩　　　　　　C. 打　　　　　　D. 挨

59. A. 是自己粗心大意　　　　　B. 请你必须给我治疗费
　　C. 请送我去医院　　　　　　D. 打车送我回家

60. A. 失去　　　　　B. 获得　　　　　C. 得到　　　　　D. 赔偿

3주차 수요일 | 알맞은 품사 찾기

제1주차 수요일 독해 1부분에서는 문장성분과 관련된 유형의 문제를 풀면서 문장의 기본구조를 파악하는 연습과 더불어 단어 간의 알맞은 호응(搭配)관계를 찾아서 정답과 연결시키는 것을 중심으로 학습하였습니다.

그러나 독해 1부분은 문장성분으로 문제를 푸는 방법이외에도 핵심이 되는 품사를 기준으로 문제를 푸는 방법도 있습니다. 제3주차 수요일 독해1부분에서는 문장 중 알맞은 품사를 찾아서 정답과 연결시키는 것을 중심으로 학습해 보겠습니다.

<mark>품사와 관련된 시험문제 유형</mark>은 다음과 같습니다.

독해
1부분

Ⅰ. 접속사와 관련된 문제유형

新HSK 5급 독해 1부분의 접속사와 관련된 문제는 주로 앞 절에 쓰이는 접속사와 뒤 절에 쓰이는 접속사의 호응관계를 묻는 문제가 출제되고 있고, 간혹 문맥상 알맞은 접속사를 고르는 문제가 출제되기도 합니다. 아래는 접속사 자리에 빈칸이 있는 유형의 문제입니다.

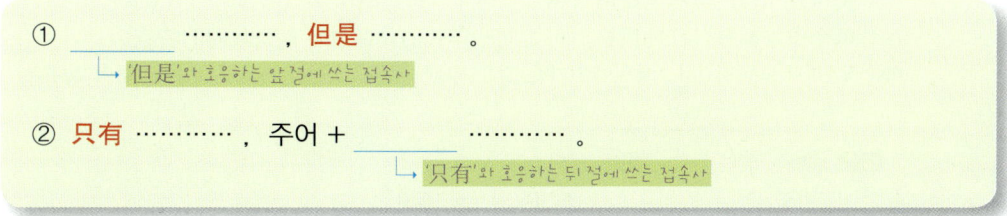

① _____ …………… , 但是 ……………… 。
   └→ '但是'와 호응하는 앞 절에 쓰는 접속사

② 只有 …………… , 주어 + _____ ……………… 。
   └→ '只有'와 호응하는 뒤 절에 쓰는 접속사

新 HSK문제 유형분석

46.~47.

我在北京住了三十年，北京人在饮食上的大多数习惯，我渐渐地适应了。比如，刚来北京时，我不要说馒头，＿＿＿＿46＿＿＿饺子也不爱吃，我＿＿＿＿47＿＿＿吃一碗米饭，再拿一个酱油当菜，也不愿意去排队买饺子。

46. A.但是 　　　B.总是 　　　C.因为 　　　D.就是

47. A.宁可 　　　B.可以 　　　C.首先 　　　D.然后

[단어]

渐渐 jiànjiàn 🔵 점점, 차츰차츰 / 适应 shìyìng 🔵 적응하다 / 馒头 mántou 🔵 소가 안 들어간 찐빵, 만두 / 饺子 jiǎozi 🔵 만두, 교 / 消除 xiāochú 🔵 없애다, 풀다 [목적어 자리에는 바라지 않는 부정적인 어감의 추상적인 것이 옴] : ~成见 선입견, ~误会 오해, ~怀疑 의심 / 排队 páiduì 🔵 줄을 서다

[용법]

虽然 suīrán + 사실 ～，　　　　　　　　**但是** dànshì + (주어) + 却 … 결과 …… 。
└ [= 固然 gùrán, 尽管 jǐnguǎn, 虽说 suīshuō]　└ [= 可是 kěshì, 不过 búguò, 然而 ránér]

: '비록(물론) ～이지만, 그러나 …이다'는 뜻으로, 앞뒤 절의 내용이 서로 반대되는 경우에 씁니다. '但(是)'는 '可(是)，不过，然而'과 동의어이고 반드시 뒤 절 맨 앞에 쓰이며, 부사 '却(그러나 오히려)'는 뒤 절에 주어가 있는 경우 주어 바로 뒤에 씁니다.

🔴예 虽然她没有经验，但是工作做得很好。비록 그녀가 경험은 없지만, 일은 매우 잘한다.

尽管每个作家都有自己的风格，可是同一年代的作品总还有些共同的特点。
비록 작가마다 모두 자신의 스타일이 있지만, 같은 시대의 작품은 늘 여전히 공통적인 특징들이 있다.

① **因为** yīnwèi + 원인 ～，　**所以** suǒyǐ + 결과 …… 。
　　└ [= 由于 yóuyú]　　　└ [= 就 jiù, 才 cái, 而 ér]

② **由于** yóuyú + 원인 ～，　**因此** yīncǐ + 결과 …… 。
　　　　　　　　　　└ [= 因而 yīnér, 所以, 就, 才, 而]

: '(원인이) ～이니까 (～하기 때문에), 그래서 (결과는) …이다'는 뜻으로 원인과 결과를 나타내는 경우에 씁니다. '因为'와 '由于'는 동의어이지만, '因为' 뒤에는 '因此'나 '因而'을 함께 쓸 수 없습니다.

🔴예 我因为事情太多，所以没去颐和园。나는 일이 너무 많아서 이화원에 못 갔다.

由于大家的观点不同，因此意见不统一。모두의 관점이 다르기 때문에, 의견이 통일되지 않았다.

即使 jíshǐ + 가정 ~，也[= 都] + 결과 …… 。
    └→ [= 即便 jíbiàn, 就是 jiùshì, 就算 jiùsuàn, 哪怕 nǎpà]

: '설령 ~라 할지라도, (그러나) 모두 …이다'는 뜻으로, 가정과 상관없이 결과가 바뀌지 않는 경우에 씁니다.

예 即使明天下大雨，我也要去公园玩儿。
설령 내일 비가 많이 오더라도, 나는 공원에 놀러 갈 것이다.

即使工作再忙，你也要去医院检查一下儿。
설령 일이 더 바쁘다 할지라도, 너는 병원에 검사를 좀 받으러 가야한다.

① 宁可 nìngkě + 가정(주어한테 불리한상황) ~，也要 + 결과 …… 。
    └→ [= 宁愿 nìngyuàn, 宁肯 nìngkěn]   └→ [= 愿意]

② 宁可 + 가정 ~，也不 + 결과 …… 。
                └→ [决不, 别, 不愿意]

: '설령 ~라 할지라도, 반드시 …을 하고 싶다 또는 절대로 …하고 싶지 않다'는 뜻입니다.주어한테 불리한 상황이 오더라도 반드시 뒤의 것을 하고 싶다 또는 하고 싶지 않다는 뜻을 강조하는 경우에 쓰며, 긍정의 뜻인 경우 '宁可' 뒤에 반드시 '也要 (= 也愿意)'와 함께 써야 하고, 부정의 뜻인 경우 '宁可' 뒤에 반드시 '也不 (= 也决不, 也别, 也不愿意)' 등과 함께 써야 합니다.

독해
1부분

예 我宁可不吃饭，也要去舞厅跳舞。
나는 밥을 안 먹는 한이 있어도, 클럽에 가서 춤을 추고 싶다.

我宁可找不到工作，也不愿意跟他一起工作。
나는 직장을 못 구하는 한이 있어도, 그와 함께 일하고 싶지 않다.

(首)先 shǒuxiān (부) + 서술어₁ ~，然后(再) ránhòu(zài) (부) + 서술어₂ …… 。

: '먼저 ~을 하고, 그런 다음에 다시 …를 하다'는 뜻으로 동작의 순서를 나타내는 경우에 쓰는 부사입니다.

예 我打算明天先去上海，然后再去香港。
나는 내일 먼저 상해에 갔다가 다시 홍콩에 갈 예정이다.

[번역]

나는 북경에서 30년을 살았고, 북경사람의 음식방면의 대다수 습관에 나는 점점 적응하였다. 막 북경에 왔을 때 나는 찐빵은 말할 것도 없고, 만두라 할지라도 먹기 싫어서, 밥 한 공기에 간장 한 종지만 있어도, 줄을 서서 만두를 사고 싶지 않았다.

46. A. (접) 그러나   B. (부) 늘, 항상
    C. (접) 왜냐하면 ~이기 때문에   D. (접) 설령(설사) ~라 하더라도

47. A. (접) 설령 ~라 할지라도   B. (조동) ~해도 된다, ~할 수 있다
     C. (부) 우선, 먼저   D. (부) 그런 다음에

[해설]

46. '我/不要说/馒头, /___46___/饺子/也/不爱吃 (나는 만두는 말할 것도 없고, _____만두라 할
     지라도 별로 좋아하지 않는다.)'는 뜻이므로, 앞의 내용과 상관없이 결과는 변하지 않음을 나타내는
     접속사 '就是[= 即使]'를 뒤 절의 '也'와 함께 써야 합니다.

47. '我/___48___/吃/一碗米饭, /再拿/一个酱油/当菜, /也不愿意/去排队/买饺子。(밥 한 공
     기에 간장 한 종지만 있어도 줄을 서서 만두를 사고 싶지 않았다.)' 에서 뒤 절에 '也不愿意'라는 낱말
     이 있으므로 빈칸에는 '주어한테 불리한 상황이 오더라도 절대 뒤의 것을 하고 싶지 않다'는 뜻을 나
     타내는 접속사 '宁可'를 써야 합니다.

[정답] 46. D   47. A

2. 전치사와 관련된 문제유형

전치사는 '그는, 그들은, 그들이, 그가, 학교에서, 하늘을 향해서' 처럼 우리나라의 조사와 같
은 역할을 하는 낱말인데, 우리나라의 '명사/대명사+조사' 의 형태와는 달리, 중국어의 전치
사[= 개사]는 '(전)+명사/대명사'의 형태로 쓰입니다. 아래는 전치사 자리에 빈칸이 있는 유형
의 문제입니다.

주어 + [_____ + 명/대] + 서술어 。
           └→ 전치사

新 HSK 문제 유형분석

48.~49.

　　二十年前，赵伯伯和爸爸都＿＿48＿＿汽车修配厂工作。有一次，爸爸开动机器时，不小心，差点儿把手卷进去，幸亏＿＿49＿＿爸爸一起工作的赵伯伯及时发现了，关掉了电，才避免了一场事故。从此爸爸和赵伯伯成了好朋友。

48.　A. 从　　　　　B. 在　　　　　C. 买　　　　　D. 销售

49.　A. 每天　　　　B. 为了　　　　C. 在　　　　　D. 和

[단어]

汽车修配厂 qìchēxiūpèichǎng 몡 자동차정비소 / 开动 kāidòng 동 (기계 등을) 가동시키다, 움직이게 하다, 틀다 / 机器 jīqì 몡 기계 / 卷进去 juǎnjìnqu 동 말려들어가다 / 及时 jíshí 뮈 제때에, 적절한 시기에 / 避免 bìmiǎn 동 피하다, 모면하다

[용법]

① 주어 + 从(전) + 명/대 +서술어 。
　　　↳[= 自, 由, 打]

② 从 ～ 到 …… : ～로부터 …… 까지

　从 ～ (开始 ～로부터 시작하다 [= 起] / 出发 ～로부터 출발하다 / 以后 ～로 이후로 / 以来 ～ 이래로)

: 전치사 '从'은 '～로부터'의 뜻으로 시작과 출발의 뜻을 나타냅니다. 동의어로는 '自, 由, 打'가 있습니다. ②는 관용적인 표현입니다.

예 我[从早上9点][到晚上5点]一直学习。
나는 아침 9시부터 저녁 5시까지 계속 공부한다.

① 주어 + 在 (전) + 명사/대명사 + 서술어 。
　　　　　↳시간,장소,(범위)

② 수어 + [在(선) + 녕사/내녕사 + 방위사]+ 서술어 。
　　　　　↳시간,장소,(범위)　↳上，下，中，里[=内]，边儿

③ a. 주어 + 동사 + 在 + 명사/대명사 。
　　　　　↳시간

b. 주어 + **동사** + **在** + 명사/대명사 + **방위사** 。
         ↓   └→ 시간, 장소, (범위)   └→ 上, 下, 中, 里[=内], 边儿
   坐, 站, 躺, 挂, 放, 发生

(1) 전치사 '在(~에, ~에서)'는 '어떤 시간이나 장소에서 ~하다'는 뜻으로 '在' 뒤에 시간이나 장소에 해당하는 명사/대명사를 함께 씁니다.

(2) '在' 뒤에 장소가 나오면 그 뒤에 방향을 나타내는 방위사를 함께 쓸 수 있습니다.

(3) '在'는 '坐在(~에 앉다)', '站在(~에 서다)', '躺在(~에 눕다)', '挂在(~에 걸다)', '放在(~에 두다, 놓다)', '发生在(~에서 발생하다, 일어나다)' 등처럼 동사 바로 뒤에도 쓸 수 있는데, 이 경우 대부분 관용적으로 쓰이며, 특히 '동사+在+장소'의 형태로 쓰면, 국가이름이나 지역이름처럼 고유명사를 제외하고는, 맨 뒤에는 반드시 방위사를 함께 써야합니다.

（예） 我喜欢安静，所以总是[在夜里]学习和工作。(시간)
나는 조용한 것을 좋아해서, 항상 밤에 공부하거나 일을 한다.

他前年[在北京]工作，后来调到上海去工作了。(장소)
그는 재작년에 북경에서 일했고, 나중에 상하이로 옮겨서 일했다.

小张坐在椅子上看着天空。(동사 / 在장소 / 방위사)
샤오장은 의자에 앉아서 하늘을 보고 있다.

[**为了**(전)] + 명사 / 대명사 / 동사 + (목적어) / 문장 / 절], 주어 + 서술어 。

（예） 为了(幸福的)明天，人们都在努力地工作。
행복한 내일을 위해서, 사람들은 모두 열심히 일하고 있다.

为了祝贺我们的结婚，他亲自来参加我们的婚礼。
우리결혼을 축하하기 위해서, 그는 직접 우리 결혼식에 참가하러 왔다.

① 주어 + **和**(전) + 명/대 +서술어 。
         └→ [= 跟, 与, 同]

② 和 ~ (见面 ~와 만나다 / 吵架 ~와 싸우다 / 一样 ~와 같다 / 打交道 ~와 사귀다, 교재하다 / 合作 합작하다, 협력하다 / 面谈 ~와 면담하다 / 一起 [= 一块儿] ~와 함께)

: 전치사 '和'는 '~와, ~과'의 뜻으로 '둘 이상이 함께 함'을 나타내며, 동의어로는 '跟, 与, 同'가 있습니다.

（예） 我和朋友一起去看电影。나는 친구와 함께 영화를 보러갔다.

和他面谈的是一位性格温柔的女教授。그와 면담을 한 사람은 부드러운 성격의 여교수이다.

[번역]

20년 전에 조씨 아저씨와 아버지께서는 두 분 모두 자동차 정비소에서 일을 하셨다. 하루는 아버지께서 기계를 작동하실 때 부주의로 하마터면 손을 자를 뻔 하셨는데, 아버지와 함께 일하시는 조씨 아저씨께서 제때에 발견하시고 전기를 끄셔서 비로소 사고를 면할 수 있었다. 이때부터 아버지와 조씨 아저씨께서는 좋은 친구가 되셨다.

48. A. (전) ~와, ~과 B. (전) (어떤 장소)에서, (어떤 시간)에
     C. (동) 사다 D. (동) 팔다, 판매하다

49. A. (시간사) 매일 B. (전) ~을 위해서
     C. (전) (어떤 장소)에서, (어떤 시간)에 D. (전) ~와, ~과

[해설]

48. 赵伯伯/和爸爸/都/[__48__ 汽车修配厂]/工作。(조씨 아저씨와 아버지께서는 두 분 모두 자동차정비소에서 일하셨다)'에서 주어 '赵伯伯和爸爸'와 동사서술어 '工作' 사이의 전치사자리인 '_____(전)+汽车修配厂(자동차정비소_____)'에 빈칸이 있습니다. 따라서 '장소에서'라는 뜻의 전치사 '在'를 써야 합니다.

49. '(__49__ 爸爸/一起/工作/的) 赵伯伯 .....'에서 명사 '赵伯伯' 앞의 관형어자리에 빈칸이 있으므로 우선 관형어인 '[_____爸爸]/一起/工作 (아버지와 함께 일하다)'만 살펴봅니다. 따라서 '~와 함께'의 뜻의 '和....一起'를 써야 합니다. '和'는 둘 이상이 함께함을 나타내는 전치사입니다.

[정답] 48. B   49. D

독해 1부분

3. 부사와 관련된 문제유형

부사어란 서술어 앞에서 수식을 해주는 낱말을 말합니다. 대표적인 부사어로는 부사와 전치사구가 있으며, ③처럼 부사와 전치사 구를 제외한 '수량사, 동사, 형용사' 뒤에 '地'를 함께 써서 부사어로 쓸 수 있습니다. 아래는 부사어 자리에 빈칸이 있는 유형의 문제입니다.

① 주어 + 부사 + 서술어 。
② 주어 + 부사 + [(전) + 명/대] + 서술어 。
③ 주어 + [수량사 / 동사 / 형용사 + 地] (부) +서술어 。

알맞은 품사 찾기

新 HSK 문제 유형분석

50.~51.

> 八月初，大学录取____50____没有消息，直到八月中旬，我们县才寄来几份大学录取通知书，我也____51____拿到了它。夜晚，我躺在床上一遍一遍地数窗外夜空中的星星，兴奋得睡不着觉。
>
> **50.** A. 仍　　　　B. 才　　　　C. 就　　　　D. 但
>
> **51.** A. 开始　　　B. 始终　　　C. 终于　　　D. 最后

[단어]

录取 lùqǔ 图 시험을 봐서 뽑다, 채용하다, 입학시험의 합격자를 선택하여 받아들이다 / 通知书 tōngzhīshū 圆 통지서 / 数 shǔ 图 세다, 헤아리다, 하나하나 계산하다 / 兴奋 xīngfèn 圈 흥분하다, 감격하다 / 睡不着觉 shuìbùzháojiào 图 잠들지 못하다, 잠을 이루지 못하다 / 始终 shǐzhōng 图 시종일관, 계속해서

[용법]

仍 图 여전히, 변함없이, 계속해서
→ '이전과 다름없다, 변함없다'는 뜻을 나타내는 부사로, '还, 仍然' 등과 바꾸어 쓸 수 있음.
> 예 这么多年他仍然保持着节俭的好习惯。
> 이렇게 여러 해 동안 그는 여전히 근검절약하는 좋은 습관을 유지하고 있다.

才 图 (~하고 나서야) 비로소
→ '시간이 오래 걸림' 또는 '시간이 늦음'을 나타내는 부사임.
> 예 我等了很长时间，他才回来了。
> 내가 한참동안 기다리고 나서야, 그가 돌아왔다.

就 图 (~하자마자) 곧, 바로
→ '시간이 얼마 안 걸림' 또는 '시간이 빠름'을 나타내는 부사임.
> 예 我等了不久，他就回来了。
> 내가 얼마 기다리지 않았는데, 그가 바로 돌아왔다.

终于 图 결국은, 마침내
→ '오랜 시간을 들이거나 노력 끝에 결국은, 마침내 ~했다.'는 뜻의 부사임.
> 예 经过一年的努力，我终于取得了好成绩。
> 1년간의 노력 끝에, 나는 결국은 좋은 성적을 거두었다.

最后 명 맨 마지막(으로), 최후(에)

→ '시간이나 순서상 맨 마지막에 ~하다'는 뜻으로 주로 '先 …, 然后 …, 最后。(먼저 ~을 하고, 그런 다음 ~을 하고, 맨 마지막에 ~을 하다)' 의 형태로 많이 씀

예 今天是假期的最后一天。

오늘은 방학기간의 마지막 남은 하루이다.

我打算先去市场买点东西，然后再回家，最后去他家玩。

나는 먼저 시장에 가서 물건을 좀 사고, 그런 다음 다시 집에 갔다가, 맨 마지막으로 그의 집에 놀러갈 예정 이다.

[번역]

8월 초 대학합격 소식은 여전히 없었고, 8월 중순이 되어서야 우리 마을에 비로소 대학합격통지서 몇 부 가 우편으로 도착했는데, 나도 결국은 통지서를 받았다. 늦은 밤, 나는 침대에 누워서 계속해서 창밖 하 늘의 별들을 세었고, 흥분해서 잠을 이룰 수 없었다.

50. A. (부) 여전히, 계속해서, 변함없이　　　B. (부) 비로소
C. (부) 곧, 바로　　　　　　　　　　　　　D. (접) 그러나

51. A. (명/동) 시작(하다)　　　　　　　　　B. (부) 시종일관, 계속해서
C. (부) 결국은, 마침내　　　　　　　　　D. (명) 맨 마지막(으로), 최후(에)

독해 1부분

[해설]

50. '八月初，/大学录取/＿50＿/没有消息，/直到/八月中旬/ ~ (8월 초 대학합격 소식은 ＿＿＿＿ 없었고, 계속해서 8월 중순까지 ~)'에서 동사서술어와 목적어인 '没有消息' 앞의 부사자리 에 빈칸이 있습니다. 또한 문맥상 '계속해서 여전히 소식이 없다'는 뜻이므로 부사 '仍'을 써야 합니다.

51. '我们县/才寄来/几份/大学录取通知书，/我也/＿51＿/拿到了/它。(우리 마을에서는 비로 소 대학합격통지서 몇 부를 우편으로 받았고, 나도 ＿＿＿＿합격통지서를 받았다)'에서 동사서술어 와 목적어인 '拿到了它' 앞의 부사자리에 빈칸이 있습니다. 또한 앞 절에 '시간이 오래 걸림'을 나타 내는 부사 '才'가 있으므로, 문맥상 '오랜 시간을 기다린 끝에 결국은 합격통지서를 받았다'는 뜻이므 로 부사 '终于'를 써야 합니다. D의 '最后'는 단순히 시간적으로 맨 마지막이라는 뜻이므로 정답이 될 수 없습니다.

[정답] 50. A　51. C

第46−60题: 请选出正确答案。

46 – 48

> 上大学时，有同学请喝酒，我总是找借口躲开。同学们都笑我幼稚，说我以后 ___46___ 不适应社会。我一直想不通，人为什么_____47_____ 这种方式来作为情感交流的手段呢？上学时，我看不惯用这种方式作为情感交流的手段，参加工作后 ___48___ 看不惯。

46.　A. 肯定　　　　　B. 未必　　　　　C. 总算　　　　　D. 越来越

47.　A. 一定要跟我来往　　　　　　　B. 非得用吃喝玩乐
　　　　C. 要用开玩笑　　　　　　　　D. 嘲笑对方

48.　A. 却　　　　　B. 然而　　　　　C. 便　　　　　D. 更

49 – 52

　　__49__幼小的儿童来说，其重要的情感特征之一就是渴望得到周围人们的关心和爱。儿童从入学那天起，便有一种共同的心理状态，即对教师具有带先天性的信任感。

　　在他们的心灵之中，教师的形象是高大的，教师的话是说一不二的。所以他们__50__希望得到老师像父母一样的关爱，又渴望从老师那里_____51_____。孩子们的这种心理，如果每个教师都能深深了解和掌握，并在教育实际中把它作为影响学生、塑造学生的有利条件，多__52__关心他们，多表扬鼓励他们，那么培养人、教育人的工作就会收到较好的效果。

49.	A. 便于	B. 至于	C. 对于	D. 关于
50.	A. 也	B. 既	C. 就	D. 很
51.	A. 得到好吃的东西		B. 获得对自己的称赞和肯定	
	C. 获得奖品		D. 得到一些帮助	
52.	A. 逐步	B. 悄悄	C. 主动	D. 居然

53 – 56

　　沿海地区的发展变化可以说令人吃惊。我每次去中国，第一感觉并不是故地重游，___53___似曾相识，有些地方则是面目全非。当然，西部地区的变化要相对慢___54___，但整个中国都在发展，都在变化，这是毫无疑问的。人民生活水平的提高，只要看看街上行人衣着的变化就知道了。商店里，商品丰富的情形___55___。举一个简单的例子，我第一次去中国___56___买不到凉啤酒，而现在到处都是。

53.　　A. 而是　　　　　B. 不是　　　　　C. 还是　　　　　D. 但是

54.　　A. 一次　　　　　B. 一回　　　　　C. 一些　　　　　D. 一下

55.　　A. 让人觉得想买东西　　　　　　　B. 一点也不比发达国家差
　　　　C. 让我有点感动　　　　　　　　　D. 觉得有点奇怪

56.　　A. 没想到　　　　　B. 果然　　　　　C. 偶尔　　　　　D. 居然

57 – 60

　　孟子很小的时候，他的父亲就去世了，可是母亲没再跟别人结婚，自己一个人抚养孩子。母亲带着孟子住在墓地旁边，孟子就和邻居的朋友们一起玩起办丧事的游戏。看到这个场面后，孟子的妈妈非常＿＿57＿＿地说："不行！我不能让我的孩子住在这里！"

　　孟子的妈妈就带着孟子搬到集市，靠近杀猪的地方去住。到了集市，孟子又和邻居的小朋友们，学起＿＿58＿＿做生意和杀猪的样子。孟子的妈妈知道了这个情况，又皱起眉头，说："这个地方也＿＿＿＿59＿＿＿＿！"

　　于是，他们又搬家了。这一次，他们搬到了学堂附近。孟子开始变得有礼貌，喜欢读书了。这时候，孟子的妈妈才满意地点着头说："这才是我儿子＿＿60＿＿住的地方！"

　　后来，大家用"孟母三迁"来表示人应该接近好的人、事、物，才能学到好的东西。

독해
1부분

57.　　A. 高兴　　　　B. 生气　　　　C. 好奇　　　　D. 严格

58.　　A. 妈妈　　　　B. 农民　　　　C. 老板　　　　D. 老师

59.　　A. 对我的孩子很合适　　　　　B. 没想到这么不干净
　　　　C. 让我很生气　　　　　　　　D. 不适合我的孩子居住

60.　　A. 会　　　　　B. 喜欢　　　　C. 应该　　　　D. 干脆

최종점검하기

지금까지 우리는 독해 1부분을 학습하기 전에 필요한 기본기정리를 시작으로, 제1주차 수요일 독해 1부분에서 문장성분과 관련된 유형의 문제를 중심으로 학습하였고, 제2주차 수요일 독해 1부분에서 문맥상 알맞은 구절(이나 문장)을 고르는 유형의 문제를 중심으로 학습하였으며, 제3주차 수요일 독해 1부분에서 문장 중 핵심이 되는 품사와 관련된 유형의 문제를 중심으로 학습해 보았습니다.

제4주차 수요일 독해 1부분에서는 1–3주차에서 배운 내용을 다시 한 번 최종점검하고, 실력다지기 실전문제의 총정리문제를 풀어보면서 독해 1부분을 완벽하게 마스터해 보도록 합시다.

46.~48.

　　我妈妈今年67岁，脸上_____46_____着一副深度近视眼镜，她平时轻声细语地说话，见人总是笑眯眯的。小时候，爸爸长期在外地工作，家里的里里外外全靠妈妈一个人，我们姐弟五个人不管是谁，只要想读书，_____47_____。虽然文化程度不高，不能直接为我们辅导功课，_____48_____妈妈很讲究教育方法，在学习上从来不给我们压力，而是为我们创造宽松愉快的学习环境。

46. 　A. 穿　　　　　B. 戴　　　　　C. 看　　　　　D. 有

47. 　A. 妈妈就给我们买几本书　　　　B. 妈妈就不同意
　　　C. 妈妈就全力支持　　　　　　　D. 让姐姐替妈妈帮助我们学习

48. 　A. 还　　　　　B. 仍然　　　　C. 但是　　　　D. 却

[단어]

深度 shēndù 囫 심한 [심한 정도를 말함] / 近视眼镜 jìnshìyǎnjìng 囫 근시안경 / 轻声细语 qīngshēngxìyǔ 작고 가는 소리, 작은 소리로 가만가만 말하다 / 笑眯眯 xiàomīmī 눈을 가늘게 뜨고 미

소를 짓는 모양, 빙그레 웃는 모습 / 文化程度 wénhuàchéngdù 図 지식수준, 교육(을 받은) 수준 / 辅导 fǔdǎo 图 (학습이나 훈련 등을) 개인지도하다, 도우며 지도하다 / 讲究 jiǎngjiu 图 중시하다, 중요하게 여기다 [= 重视] / 创造 chuàngzào 图 창조하다 / 宽松 kuānsōng 図 여유가 있다, 편안하다 / 愉快 yúkuài 図 유쾌하다, 기분이 좋다

[용법]

穿 chuān 图 입다

→ 옷을 입거나 신발을 신다는 뜻의 동사임.

　: 穿 (衣服 옷 / 毛衣 스웨터 / 裤子 바지 / 鞋 신발)

戴 dài 图 쓰다, 착용하다

→ 머리, 얼굴, 가슴, 팔, 손 등에 쓰다, 착용하다는 뜻의 동사임.

　: 戴 (帽子 màozi 모자 / 眼镜 yǎnjìng 안경 / 戒指 jièzhi 반지 / 项链 xiàngliàn 목걸이 / 手套 shǒutào 장갑 / 手表 shǒubiǎo 손목시계 / 口罩 kǒuzhào 마스크)

[번역]

우리 어머니는 올해 67세이신데, 두꺼운 근시안경을 끼셨으며, 어머니께서는 평소에 가만가만 작은 소리로 말씀하시고 사람을 보면 늘 웃으신다. 어릴 때 아버지께서 장기간 타지에서 일을 하셨기 때문에, 집안의 모든 일을 전부 어머니 혼자서 맡아하셨는데, 우리 형제자매 다섯 명이 누구든 상관없이 배우고 싶다고 하면, 어머니께서는 있는 힘껏 밀어 주셨다. 비록 많이 배우지 못하셔서 직접 우리에서 공부를 가르쳐 주실 수 는 없지만, 어머니께서는 교육방법을 매우 중시하셔서, 공부하는데 여태껏 한 번도 우리에게 스트레스를 주신 적도 없고, 우리를 위해 여유 있고 즐거운 학습 환경을 만들어 주셨다.

46. A. (동) 입다　　　B. (동) 끼다, 차다　　C. (동) 보다　　D. (동) 있다

47. A. 어머니께서 곧바로 우리에게 책 몇 권을 사 주신다
　　B. 어머니께서 곧바로 반대 하신다
　　C. 어머니께서 전심전력으로 밀어 주신다
　　D. 누나한테 어머니대신 우리공부를 도와주게 하신다

48. A. (부) 여전히, 변함없이, 계속해서　　　B. (부) 여전히, 변함없이, 계속해서
　　C. (접) 그러나　　　　　　　　　　　　D. (부) (그러나) 오히려

[해설]

46. '脸上/____46____着/一副/(～)/眼镜 (얼굴에는 ～안경을 끼셨다)'에서 '안경을 끼다'는 동사는 '戴'를 써야 합니다.

47. '不管/是谁, /只要/想读书, /_____47_____。(누구든 상관없이 배우고 싶다면 _____ 하다)'에서 문맥상 빈칸에는 '언제든지 배우게 해주셨다'는 것과 관련된 내용이 들어가야 하므로 C의 '어머니께서는 전심전력으로 밀어 주셨다. 지지를 해수셨다'를 써야 합니다. 참고로 집속사 '只要'는 뒤 절의 '就'와 함께 써서 '(조건이)~라면, (결과는) …이다'라는 뜻으로 뒤의 결과가 나오기 위해서는 앞의 조건이 필요함을 나타내는 접속사입니다.

48. '不能/直接/为我们/辅导/功课, /____48____/妈妈/很讲究/教育方法 (직접 우리에게 공부를 가르쳐 주실 수 는 없다, _____ 어머니께서는 교육방법을 매우 중시하신다)'에서 문맥상 앞 뒤 절

에 반대되는 내용이 나왔으므로, 뒤 절 맨 앞에 쓰는 접속사 '但是(그러나)'를 써야 합니다. 참고로 ABD는 모두 부사이므로, 반드시 주어 '妈妈' 뒤에 써야 하므로 정답이 될 수 없으며, 더욱이 A와 B는 동의어이므로 절대로 정답이 될 수 없습니다.

[정답]　46. B　47. C　48. C

1회

第46-60题: 请选出正确答案。

46 – 48

老虎饿得受不了， 在山里寻找小动物时，抓到了一只狐狸，狐狸说："上帝派我来做野兽之王，现在你吃掉我，就是违背上帝的命令。如果你不 _____46_____ 我的话，我在你前面走，你跟在我的后面。我敢说山里的野兽看见我，它们都会逃走的。" 老虎不相信狐狸的话，所以决定和狐狸一起走。果然，山里的野兽看见老虎和狐狸，_____47_____。老虎不知道所有的野兽是因为怕自己而逃走的，它还以为 _____48_____ 是害怕狐狸。

46. A. 相信　　　　B. 愉快　　　　C. 听　　　　D. 喜欢

47. A. 都围在了周围　　　　　　B. 都跟狐狸打招呼
　　C. 都吓得逃跑了　　　　　　D. 都害怕得哭起来了

48. A. 它们　　　　B. 老虎　　　　C. 我　　　　D. 你

49 – 52

　　春节俗称"过年"是中华民族几千年来最重视的大节日。新春佳节来临之际，人们都要贴春联、挂灯笼。年三十晚上，习惯上称为除夕，是农历全年最后的一个____49____，也是一年中最使人留恋的一晚。这天晚上，家家户户都要放鞭炮，吃年夜饭，是春节最热闹、最____50____的时候。春节里还有一项重要活动，就是到亲朋好友家和____51____，也叫"拜年"。整个春节期间，人们欢天喜地，互相祝福，登门拜年，到处充满着喜庆欢快的____52____。

49.　A. 早晨　　　　B. 早饭　　　　C. 晚饭　　　　D. 晚上

50.　A. 缓慢　　　　B. 迅速　　　　C. 愉快　　　　D. 生气

51.　A. 外面拜访问候　　　　　　　B. 超市购物
　　　C. 景点旅游　　　　　　　　D. 邻居那里祝贺新春

52.　A. 气氛　　　　B. 气愤　　　　C. 气温　　　　D. 气象

53 – 56

　　两个农民，一起来到大城市。过了一段时间，他们都开始卖菜。他们商店的规模不大，心里　　53　　也不重。三年之后，一个农民成了蔬菜批发商，手里　　54　　有三、四百万。另一个农民经营不下去，又回到了农村。

　　成功与失败，看上去好像相差甚远，但事实上，往往只差那么一点点。就拿两个卖菜的人而言：前者每天卖菜时，都要找时间把黄菜叶子和烂根去掉。后者却从来没有这样做过。前者每天总是把菜摊儿收拾得很干净，让客人感到很舒服。后者只把菜往地上一摊，　　55　　。前者每天要多卖一个小时，尽量把菜都卖光。后者认为什么都无所谓，今天卖不完，还有明天。

독해
1부분

　　虽然两个人的经营方式只差那么一点点，可是正是这一点点的差异　　56　　了一个人的成败。

53.　A. 满足　　　　B. 负担　　　　C. 充足　　　　D. 快乐

54.　A. 肯定　　　　B. 要　　　　　C. 至少　　　　D. 收到

55.　A. 随便踩掉了　　　　　　　　B. 爱怎么样就怎么样
　　　C. 才感到很开心　　　　　　　D. 观察有没有来买菜的客人

56.　A. 决定　　　　B. 造成　　　　C. 发挥　　　　D. 产生

271

57 - 60

　　接待客人是一门艺术，它要求主人讲究礼节，考虑周到。接待客人需要注意以下几点；首先，有客来访，主人应该做好各方面的准备。把居室收拾____57____，待客的必备物品如茶、茶杯、水果、点心、毛巾等都要准备好。其次。____58____，不能太随便。还有，不管是哪位家庭成员的客人，全家都要表示欢迎，并告诉孩子要懂得礼貌。如果是重要客人来访，全家可到门外等候；如果是一般客人，主人听____59____敲门声，应马上开门。最后客人要走时，主人不要先站起来，表示对客人的挽留之意。主人要将客人____60____出门外，如果是重要客人，主人可将客人送上车，并且送客人离开。

57.　A. 掉　　　　　B. 充分　　　　　C. 清楚　　　　　D. 干净

58.　A. 主人的衣服要穿戴整齐　　　　B. 主人要穿漂亮的衣服
　　　C. 客人要穿西服　　　　　　　　D. 全家人要穿正式的衣服

59.　A. 过　　　　　B. 到　　　　　C. 着　　　　　D. 好

60.　A. 送　　　　　B. 接　　　　　C. 迎　　　　　D. 还

第46-60题：请选出正确答案。

46 – 48

期中考试 ___46___ 了，老师要发试卷了。当老师叫到我的名字时，我的 ___47___ 怦怦直跳，紧张极了。我走上前去，接过试卷，我的手在 ___48___ 我回到座位上，定睛一看，啊，是一百分！我高兴得差点儿叫出声来。

46. A.结果　　　　B.结论　　　　C.结束　　　　D.结业

47. A.心　　　　　B.手　　　　　C.头发　　　　D.衣服

48. A.发动　　　　B.发抖　　　　C.发挥　　　　D.口袋

독해
1부분

49 – 52

　　有人做过试验，把江河里的淡水鱼____49____到大海里喂养，可是这些淡水鱼很快就窒息死亡了，而海鱼能在盐水一般的海水里，活得很好。科研人员研究发现，海鱼之所以能生活在海水里，是因为它们的呼吸器官里有一种特殊的细胞组织，它可以把咸的海水变成淡水。所以____50____海水味道比较咸，但通过这个器官进入海鱼体内的，仍然是淡水。淡水鱼却没有这种细胞，因此一进入大海____51____。

　　当然，也有的鱼往来于江河湖海之间，如刀鱼、鳗鱼等，它们既能在海里生活，也能在江河里生活。这是因为，这类鱼的呼吸器官有一种既能对付咸水，又能适应淡水的细胞组织，它随着海水和淡水的环境而进行____52____调整，求得了生存自由。

49. A. 放　　　　　　B. 养　　　　　　C. 抓　　　　　　D. 看
50. A. 无论　　　　　B. 不论　　　　　C. 即使　　　　　D. 尽管
51. A. 游得很快　　　B. 长得很小　　　C. 就会死亡　　　D. 就会数量减少
52. A. 可是　　　　　B. 不断　　　　　C. 稍微　　　　　D. 马上

53 – 56

　　老陈毕业于浙江大学，＿＿＿＿53＿＿＿＿在家乡的一所中学当过7年老师，之后他考入上海科技大学应用数学系攻读硕士研究生，毕业后在某合资企业＿＿＿54＿＿＿销售工作。亲朋好友谁也没料到，收入不高，年纪大的老陈会重新返回课堂，从头开始另一个全新专业 ——— 法学的学习。由于他在班里年龄最大，＿＿＿＿＿55＿＿＿＿＿，同学们都叫他"老陈"。老陈读法学，并不仅仅为了一纸学位证书，而是在兜了一个大圈之后寻找一条更适合自身发展的道路。中途改行虽然风险很大，但他不愿放弃这一机会，今年初他＿＿＿56＿＿＿辞职，考入一个法学硕士课程班。

53. A. 经常　　　　B. 已经　　　　C. 曾经　　　　D. 始终

54. A. 从来　　　　B. 从此　　　　C. 事业　　　　D. 从事

55. A. 脾气最好　　　　　　　　　B. 长得最老
　　 C. 经历最丰富　　　　　　　　D. 表情非常严肃

56. A. 干脆　　　　B. 能　　　　C. 简直　　　　D. 在

57 – 60

　　雾本身对人体没有多大危害，但结合城市的空气污染，其危害性便大大增强了。因此，一般人在雾里都会＿＿＿ 57 ＿＿＿不舒服 。这种情况在早晨最容易＿＿＿ 58 ＿＿＿，首先因为早晨一般是一天中空气污染浓度最高的时候。其次，雾中的水蒸气使汽车尾气、燃气等产生的废气容易与它结合，形成酸雾或酸雨。酸对人体的呼吸系统的危害很大，一般人＿＿＿＿＿＿ 59 ＿＿＿＿＿＿。医学专家提醒大家，大雾天要＿＿＿ 60 ＿＿＿减少出门，原来就有呼吸系统疾病、心血管疾病的人及老年人更应该避免接触污染比较重的空气，最好呆在家里，以免引起病情的发作或加重。

57.　A. 变成　　　　　B. 知道　　　　　C. 表达　　　　　D. 感到

58.　A. 接受　　　　　B. 发生　　　　　C. 违反　　　　　D. 无聊

59.　A. 会出现眼、鼻刺激等症状　　　　B. 经常发脾气 、心情不好
　　　C. 总是去医院看病　　　　　　　　D. 不能出门办事

60.　A. 才　　　　　　B. 告诉　　　　　C. 尽量　　　　　D. 提倡

기본기 다지기

독해 2 · 3부분은 '독해(阅读)'에 관한 문제입니다. 독해 2부분은 80자~130자 정도의 지문 하나를 읽고 본문 내용과 일치하는 알맞은 답을 고르면 되고, 독해 3부분은 250~500자 정도의 비교적 긴 지문 하나를 읽고 3–5개의 질문에 대한 알맞은 답을 고르면 됩니다.

독해2부분과 3부분은 모두 객관적인 시각을 바탕으로 주어진 시간 안에 지문의 내용을 읽고 문맥의 의미를 파악하여 알맞은 정답을 골라야 합니다.

독해 1부분에서 문제를 푸는 방법은 다음과 같습니다.

1 보기 ABCD를 먼저 확인해서 어떤 유형의 문제인지 파악한다.

新HSK 시험은 어떤 영역이든 상관없이 문제를 풀기 전에 먼저 문제지에 제시된 보기 ABCD의 내용을 확인하면 어떤 내용이 나올 것이라는 것을 미리 짐작할 수 있기 때문에 문제를 푸는 데 훨씬 유리합니다. 독해 2 · 3부분도 마찬가지입니다. 말하자면 보기 ABCD는 시험문제와 관련된 힌트라고 할 수 있습니다.

독해
2·3부분

2 본문을 읽을 때에는 의미단위로 끊어 읽기를 한다.

예를 들어 '아버지 / 가방에 / 들어 / 가신다.' 라고 읽으면 도무지 무슨 말인지 알아들을 수 없지만, '아버지가 / 방에 / 들어 / 가신다.' 라고 읽으면 금방 알아들을 수 있습니다. 문장을 읽는 것도 말하기와 마찬가지입니다. 독해를 할 때 의미단위로 끊어 읽으면 훨씬 쉽게 문맥을 이해할 수 있습니다. 독해 능력을 향상시키고 싶다면 먼저 차근차근 원문을 끊어 읽는 연습부터 해야 합니다. 의미단위로 끊어 읽는 방법은 다음과 같다.

★ 쉼표, 마침표, 물음표, 느낌표 뒤와 단락과 단락 사이는 끊어 읽고, 긴 문장의 중간에 문장 부호가 없을 때에는, 보통 문장 성분에 따라 끊어 읽는다.

① 翻译/外国书籍 // 不但/需要/外语能力, 而且/需要/(很高的)/文化修养。
　　└→주어　　　　　　　　　　　　　　　└→서술어 (+목적어)

② (八十年的/和一百年的) / 茅台酒 // 我 / 喝不出来/有什么区别。
　　└→관형어　　　　　　└→목적어　└→주어　└→서술어 (+목적어)

③ 韩国各地 / 都有 / （自己独具特点的）// （很美丽的）/ 风景点。
　　┗ 주어　　┗ 서술어　　┗ 관형어 1　　　　┗ 관형어 2　　┗ 목적어

④ 我 / 这么/没日没夜地 // 拼命苦干。
　┗ 주어　┗ 부사어　　　┗ 서술어

⑤ 妹妹 / 长得 // 跟我妈妈一样/那么漂亮。
　┗ 주어　┗ 서술어　┗ 보어 (부사어+서술어의 형태)

⑥ 她 / 每天都 / 在早上八点左右 / 吃早饭。
　┗ 주어　┗ 시간사　┗ 전치사구　　　┗ 서술어

* 보통 전치사구가 있는 경우 전치사 바로 뒤에서 끊어 읽지만, 독해를 할 때 전치사 구를 의미 단위로 보고 전치사 앞에서 끊어 읽기를 하면 더 쉽게 문맥을 이해할 수 있습니다.

③ 글 전체의 주제는 주로 문장 맨 앞부분이나 맨 마지막 부분에 있다.

글 전체에서 말하고자 하는 주제나 목적은 주로 문장 맨 앞 또는 맨 뒤에 나오는 경우가 많기 때문에, 말하고자 하는 내용을 강조하기 위해 구체적으로 예를 들어 부연설명을 하는 중간부분은 글 전체의 주제문으로 보기 어렵습니다. 만약 글의 주제문이 명확히 제시되지 않은 문장이라면, 내용을 부분적으로 이해하지 말고, 반드시 전체적이고 종합적으로 이해하여야 합니다.

④ 세부적인 내용은 보기 ABCD의 내용을 본문에서 하나하나 체크한다.

보기 ABCD에 '이 글에서 언급하지 않은 것은?' 또는 '이 글에서 언급한 것은?' 등의 형식으로 물어보는 경우, 보기 ABCD의 내용을 본문내용과 대조해 가며 하나하나 체크해야 합니다.

⑤ 단어의 뜻은 문맥상 의미에 주의한다.

단어의 뜻을 물어보는 경우, 보통 주제와 밀접히 관련된 단어를 묻는 경우가 대부분이므로 문장 맨 앞부분이나 맨 뒷부분에서 재빨리 문제에서 제시한 단어를 찾은 후 단어의 앞 뒤 부분을 해석해 보면서, 문맥상 의미를 파악해야 합니다.

지금까지 우리는 독해 2·3부분의 문제를 푸는 방법에 대해 학습해 보았습니다. 이 부분의 고득점을 향한 문제풀이 방법은 다음과 같이 요약을 할 수 있습니다.

01 의미단위로 끊어 읽기
문제와 보기 ABCD를 먼저 읽은 후 지문을 의미단위로 끊어서 읽어 내려간다.

02 전체적인 주제파악하기

주제나 목적은 주로 맨 앞부분이나 맨 뒤 부분에 있으며, 반드시 객관성을 염두에 두고 문제에 접근해야 하고, 글을 종합적으로 파악해야 한다.

03 세부적인 내용파악하기

본문의 구체적인 내용을 묻는 문제는 주로 각 단락의 중간부분에 있으며, 이 부분을 근거로 하나하나 체크해 가며 보기에서 알맞은 정답을 찾아야 한다.

04 단어의 뜻 파악하기

단어의 뜻을 문제는 어휘의 사전적 의미보다는 문맥상 의미에 유의해야 한다.

독해
2·3부분

독해 2 · 3부분에 관한 문제는 모두 여러 가지 역사와 유래, 유머, 이야기(우화), 개인의 신변잡기, 항공, 농업, 공업, 상업, 동물, 식물, 과학기술, 상식, 문화, 교육, 인체와 건강, 여행, 명승지, 유적 등 폭넓은 범위에서 다양하게 출제됩니다. <mark>제2주차 목요일 독해 2 · 3부분에서는 구체적인 내용과 관련된 문제를 중심으로 학습</mark>해 보기로 하겠습니다.

질문유형

독해 2 · 3부분에 자주 출제되는 질문 유형은 다음과 같습니다.

① **본문의 구체적인 부연설명 부분에서 정답을 찾는 문제**

根据上文, 下列哪项正确? 다음 중 옳은 것은 무엇인가?

根据文章, 下面哪种说法是正确的? 다음 중 옳은 견해는 무엇인가?

根据本文, 下列哪项没有提到的? 다음 중 언급하지 않은 것은 무엇인가?

本文提到了几种可能产生坏脾气的原因?
본문에서 나쁜 성격을 만들 수 있는 원인을 몇 가지로 언급했는가?

过去年纪大的女孩征婚时多出现什么情况?
과거의 나이 많은 여자가 구혼을 할 때 어떤 상황이 벌어졌는가?

② **사람 또는 사물에 대한 생각, 추측, 판단과 관련된 문제**

小许认为自己年纪差不多的人怎么样?
샤오쉬는 자기 나이 또래의 사람은 어떻다고 생각하는가?

作者认为宋代的服饰: 작가는 송 대 복장은 어떻다고 여기는가?

他认为, 老张为什么要画凶猛的动物?
그는 샤오장이 왜 사나운 동물을 그리려고 한다고 생각하는가?

他的行为为什么不符合别人的要求?
그의 행동은 왜 다른 사람의 요구에 맞지 않는가?

根据上文,"图客"最可能是什么样的人?
"图客"는 어떤 사람일 가능성이 높은가?

③ 지문에서 소개하고 있는 사람, 동물, 식물, 사물에 관한 특징이나 작용을 묻는 문제

他主要有什么特点? 그의 주된 특징은 무엇인가?

"这件衣服"最大的特点是什么? 이 옷의 가장 큰 특징은 무엇인가?

根据本文, 金丝猴有什么特点? 들창코 원숭이의 특징은 무엇인가?

"它"最重要的特征是: 그것의 가장 중요한 특징은 무엇인가?

④ 단어의 뜻을 묻는 문제

"骨干分子"在文中是什么意思? 본문에서 "骨干分子"가 의미하는 것은 무엇인가?

狗"汪汪"一声的意思是: 개의 "멍멍"소리는 무슨 뜻인가?

"道理"指的是: "道理"가 가리키는 것은 무엇인가?

60.

60. ① 握手是在相见、离别、祝贺、或感谢时相互表示问候的一种礼节,人们往往是先打招呼,后握手问候。② 一定要用右手握手。要紧握对方的手,③ 时间一般以1~3秒为宜。当然,④ 过紧地握手,或是只用手指部分漫不经心地接触对方的手都是不礼貌的。

A. 握手是一种礼节的表现　　B. 一定要用左手握手
C. 握手的时间一般越长越好　　D. 握手的时候要有力量

[단어]

握手 wòshǒu 통·명 악수(하다) / 离别 líbié 통 이별하다, 헤어지다 / 祝贺 zhùhè 통·명 축하(하다) / 问候 wènhòu 통 안부를 묻다, 문안드리다 / 漫不经心 mànbùjīngxīn 성 전혀 아랑곳하지 않다, 소홀히 대하다

[번역]

악수는 서로 만나고, 헤어지고, 축하하고, 감사할 때에 서로 안부를 표시하는 일종의 예절이다. 사람들은 흔히 먼저 인사를 하고 나중에 악수를 하면서 안부를 묻는데, 반드시 오른 손으로 악수를 해야 한다. 상대방의 손을 꽉 잡으려면 보통 1~3초 사이가 적당하다. 당연히 지나치게 손을 꽉 잡거나 손가락 일부로만 대충 상대방의 손을 잡는 것은 예의에 어긋난다.

A. 악수는 일종의 예절의 표현이다.　　　　B. 반드시 왼손으로 악수를 해야 한다.
C. 악수시간은 보통 길게 할 수 록 좋다.　　D. 악수할 때 힘이 있어야 된다.

[해설]

①에서 '握手是(………的)一种礼节。(악수는…한 일종의 예절이다)'라고 했으므로 정답은 A입니다.

②에서 '一定要用右手握手。(반드시 오른손으로 악수를 해야 한다)'라고 했으므로 B는 정답이 아닙니다.

③에서 '要紧握(对方的)手时间一般以1~3秒为宜。(상대방의 손을 꽉 잡는 시간은 보통 1초~3초 사이가 적당하다)'라고 했으므로 C는 정답이 아닙니다.

④에서 '过紧地握手 …… 是不礼貌的。(지나치게 손을 꽉 잡는 것은 예의에 어긋난다)'라고 했으므로 D는 정답이 아닙니다.

[정답]　60. A

🔍 **71-72.**

　　(72) ① 体育比赛的目的之一，是为了促进国际间人民的友谊和交流，特别是足球比赛受到了各国人民的关注和喜爱。由于国际比赛时，执法者往往是由第三国裁判担任，这样在语言上对比赛的执法造成了很大困难。
　　③ 英国人罗斯第一次担任国际足球裁判的时候是1927年。自从他担任国际裁判以后，② 他总是遇到一些不守规矩的队员，除了罚球之外，还需要对他们采取某种警告，(71) 如果用"外国语"进行警告，尽管执法者说了很多，也没有人会明白。怎样采取一种任何人都能明白的警告呢？

罗斯想出了一个好办法，那就是用警告牌，即今天人们都非常熟悉的红牌和黄牌，黄牌表示严重警告，红牌代表罚出场外，自从实行了红黄牌的规则后，对于促进比赛起到了非常重要的作用。

71. 今天足球比赛场上使用的黄牌和红牌是：

A. 将运动员罚出场时使用的   B. 对运动员语言警告的辅助手段

C. 法国人发明的   D. 执法第三国裁判使用的

72. 文中没有提到的是什么?

A. 体育比赛促进各国人民的友谊和交流

B. 一些足球队员常常需要警告

C. 红牌和黄牌是1927年出现的

D. 在体育比赛活动中使用外语是不文明的

[단어]

促进 cùjìn 图 촉진하다 / 关注 guānzhù 图명 관심(을 가지다) / 执法者 zhífǎzhě 명 (체육경기의) 심판 / 裁判 cáipàn 图명 심판(하다) / 担任 dānrèn 图 담당하다, 맡다 / 守规矩 shǒuguīju 图 규칙을 지키다 / 警告 jǐnggào 图 경고하다 / 采取 cǎiqǔ (방법, 제도, 태도 등을) 채택하다, 받아들이다, 취하다 / 警告牌 jǐnggàopái 명 경고판

[번역]

체육시합의 목적 중의 하나는 국제적으로 사람들의 우의와 교류를 촉진하기 위함인데, 특히 축구시합은 각국사람들에게 관심과 사랑을 받았다. 국제시합 때 심판관은 자주 제3국의 심판을 맡게 되는데, 이런 경우 시합을 진행하는데 언어적으로 큰 어려움이 생긴다. 영국인 로스는 1927년에 처음 국제축구심판을 맡았다. 그가 국제심판을 맡고나서 그는 자주 파울을 저지르는 축구선수들을 보게 되었는데, 벌점 이외에도 그들에게 어떤 경고를 주는 것이 필요했다. 만약 '외국어'로 경고를 한다면. 비록 심판이 많은 말을 했다하더라도 알아듣는 사람이 없을 것이다. 어떻게 하면 모든 사람이 다 알아들을 수 있는 경고를 할까? 로스는 좋은 방법을 생각해 냈는데 그것은 바로 경고판을 사용하는 것이다. 즉 오늘날 사람들이 잘 알고 있는 레드카드와 옐로우카드를 말한다. 옐로우카드는 엄중한 경고를 표시하고 레드카드는 벌로 퇴장당하는 것을 표시한다. 레드카드와 옐로우카드 규칙을 실행하고 나서, 시합을 촉진시키는 것에 대해 매우 중요한 작용을 하였다.

71. 오늘날 축구경기장에서 사용하는 옐로우카드와 레드카드는:

    A. 운동선수를 벌로 퇴장시킬 때 사용함   B. 운동선수에 대한 언어 경고의 보조수단임

    C. 프랑스인이 만든 것임   D. 제3국의 심판을 할 때 사용함

72. 본문에서 언급하지 않은 것은 무엇인가?

    A. 체육시합은 각국 사람들의 우의와 교류를 촉진함

    B. 몇몇 축구선수들은 자주 경고가 필요함

C. 레드카드와 옐로우카드는 1927년에 생겼음
D. 체육 경기 중에 사용하는 외국어는 현대적이지 않음

[해설]

71. '如果/用"外国语"/进行警告，…，/也就/没有人/会明白。/怎样/采取/一种任何人/都/能/明白的/警告呢？ (만약 '외국어'로 경고를 한다면, 비록 심판이 많은 말을 했다하더라도 알아듣는 사람이 없을 것이다. 어떻게 하면 모든 사람이 다 알아들을 수 있는 경고를 할까?)'라고 고민하는 내용으로 보아 문맥상 의사소통에 대한 문제점을 해결하기 위해서 레드카드와 옐로우카드가 등장했음을 알 수 있습니다.

72. ①에서 '体育比赛的/目的/之一/是为了/促进/国际间人民的/友谊/和交流, (체육시합의 목적 중의 하나는 국제적으로 사람들의 우의와 교류를 촉진하기 위함이다)'라고 했으므로 A는 정답이 아닙니다.

②에서 '他/总是/遇到/一些/(不守规矩的)/队员，…，/还需要/对他们/采取/某种警告。(그는 자주 파울을 저지르는 축구선수들을 보게 되었는데，…，그들에게 어떤 경고를 주는 것이 필요했다.)'라고 했으므로 B는 정답이 아닙니다.

③에서 '英国人/罗斯/第一次/担任/国际足球裁判/的时候/是/1927年。/自从/他/担任/国际裁判/以后~。 (영국인 로스는 1927년에 처음 국제축구심판을 맡았다. 그가 국제심판을 맡고나서)'라는 내용이 있고, 그 아래 로스가 레드카드와 옐로우카드를 만들게 된 이유를 설명해 놓았으므로 했으므로 C는 정답이 아닙니다.

따라서 정답은 D입니다. 본문에서는 '체육 경기 중에 사용하는 외국어는 현대적이지 않다고 말한 것이 아니라, 의사소통이 되지 않아 불편하다'고 했습니다.

[정답] 71. B   72. D

第二部分

第61-70题：请选出与试题内容一致的一项。

61 嘉子去浩然家里做客，看见浩然正围着围裙在厨房里做饭，她感到十分奇怪地问："怎么回事，你自己做饭啦？"浩然叹着气说："现在我只得自己做饭了。"嘉子问："为什么？你的保姆呢？"浩然回答说："她已经结婚了，现在当了女主人啦。"嘉子又问："是吗，跟谁结的婚？"浩然回答道："跟我。"

A. 浩然还没结婚
B. 浩然的保姆辞职去别的地方了
C. 浩然喜欢自己做饭
D. 保姆就是浩然的老婆

독해
2·3부분

62 睡眠对于大脑健康是极为重要的，未成年人最好每天有8个小时以上的睡眠时间，并且必须保证高质量，如果睡眠时间不足或者质量不高，那么对大脑就会产生不良的影响，大脑的疲劳就难以恢复，严重的可能影响大脑的功能。

A. 睡眠质量好坏与大脑无关
B. 睡眠时间越多越好
C. 睡眠不足会对大脑产生不良影响
D. 大脑疲劳主要是睡眠时间过长造成的

63 "老舍茶馆"，始建于1988年。一共有三层，环境优雅，京味浓厚，茶的味道也很有特色。客人每天都可以欣赏京剧、相声等表演节目，同时可以品尝各类名茶、点心和北京风味小吃。自开业以来，老舍茶馆接待了很多中外名人。

A. 客人每天都能欣赏节目
B. 茶馆生意不太好
C. 茶馆刚刚开业
D. 茶馆的茶没有味道

64 西红柿也叫番茄，人们认为西红柿有毒。16世纪，一个英国人把它从南美洲带回英国，作为礼物献给了爱人表达爱意。因此，西红柿也叫"爱情果"。现在人们知道西红柿不但没有毒，而且还非常好吃，有营养。

A. 西红柿营养很丰富
B. 西红柿最早出现在英国
C. 西红柿有毒
D. 西红柿长得好看，但是不好吃

65 中国古代绘画，按传统的分法，分成人物、山水、花鸟三个画科。中国古代山水画的主要描写对象是自然风景。它不但表现了丰富多彩的自然美，而且体现了中国古代人民的自然观与社会审美意识，中国山水画作为一个独立的画科比人物画形成的晚，隋唐时期才进入成熟阶段，但它在中国绘画史上得到了突出的发展。

A. 古代绘画分为人物、花鸟、国画
B. 人物画比山水画形成的晚
C. 山水画表现的是人物的自然美
D. 山水画主要描写的是自然风景

66 《爱的教育》这本书是以一个学生日记的形式写的，书中的每个故事都是日常生活中的一些小事，让我们读起来感到非常亲切。书中的人物描写的生动活泼，尤其是描写了小学生的各种形象，他们虽然各有缺点，但每个人都很善良、可爱。

A. 这本书故事讲得很精彩
B. 书中写的是关于中学生的故事
C. 这本书是用日记的形式写的
D. 书中写的是父母教育孩子的问题

67 冰灯节也叫冰雪节。哈尔滨的冰雪节每年农历一月举行。灯罩用冰制成，中间点燃蜡烛或放置电灯。虽然作为观赏艺术品，已有上千年历史.可它1963年才被定为节日。节日期间举行冰河游园会、冰灯雕刻比赛、展出各式冰灯，如冰龙灯、冰狮子灯、冰塔灯、冰孔雀灯等。造型多种多样。吸引了大量的旅游者前来参观。

A. 冰灯节有上千年的历史了
B. 冰灯的造型和样式很多
C. 每隔两年举行一次冰灯节
D. 冰灯节期间只举行游园会

68 有一个人晚上开着车，经过一个十字路口，这时绿灯已经变成红灯，他心想反正没车，于是加速冲了过去，结果被警察拦了下来，警察问他："你没看到红灯吗？"他回答："我看到了"。警察又问："那你怎么还闯红灯啊？"他回答说: 因为我没有看到你呀!

A. 这个人不理警察
B. 这个人违反了交通规则
C. 这个人酒后开车
D. 路上的车很多

69 小吃是一类在口味上具有特定风格的特色食品。世界各地都有各种各样的风味小吃，风味独特,往往是一个地区重要的特色，在当地非常有名。小吃一般价格不高，一般人都可以买得起。有一些学者更将小吃作为一种文化现象来研究。

A. 小吃就是比较简单的食品
B. 小吃的价格一般比较高
C. 有很多人喜欢做小吃
D. 小吃口味比较特别

70 灵宝位于河南省豫西地区，属于黄土高原丘陵地带，是最适于苹果生长地带之一。因为境内海拔高，早晚温差大，特别适宜苹果生长，果味在酸度和甜度上都高于全国其他地区，甘甜可口，为苹果之王，其中个别品种单重达1—2斤，色泽鲜艳，味道纯正，多出口至俄罗斯、日本等几十个国家和地区。

A. 灵宝在湖南省豫西地区
B. 灵宝的苹果出口到世界各地
C. 早晚温差大有利于苹果的生长
D. 灵宝的苹果甜度和其他地区差不多

第三部分

第71-90题：请选出正确答案。

71 – 73

　　王华是同我生活了46年的老伴。由于她勤奋料理家务，精心照顾丈夫受到表扬，登上了光荣榜。人们知道她，一个年过花甲的人，离休后，除了终年操劳家务外，还得照顾85岁的老母亲，照料多病的老伴——我。

　　1991年，我患重病住院时，她一直陪床照料。我能幸运康复出院，除了必要的治疗，与她日夜不辞劳苦的照顾是分不开的。人们都知道，她是我生活上的好老伴，却很少有人知道，在文学上事业上，她是我的一位好助手。我每写一首诗或一篇散文，她都先过目。她是我作品的第一读者，严格地说，她是我每篇作品的检查员。作品有什么毛病，在感情上是否健康，都得经过她这一关，进行检验。对我的书法作品，她又是一位评论员。我每写一幅作品，她总是评头论足。哪里写得不好,哪里需要修改。有时唠叨得让人心烦。但在重写一次之后，自己也觉得比前一幅有进步。

독해
2·3부분

71.　王华和作者是什么关系？

　　　A. 病人与护士　　　　　　　　B. 事业上的助手

　　　C. 夫妻　　　　　　　　　　　D. 被采访者和记者

72.　王华今年多大岁数了？

　　　A. 46岁　　　　　　　　　　　B. 85岁

　　　C. 60多岁　　　　　　　　　　D. 没提到

73.　作者认为王华是什么样的人？

　　　A. 爱唠叨的人　　　　　　　　B. 生活上的好伴侣

　　　C. 过于严格的检查员　　　　　D. 喜欢挑剔的评论员

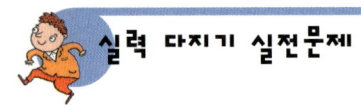

실력 다지기 실전문제

74 – 76

　　对于别人不满和无道理的责问，采取自己嘲笑自己的方式回答，这种应答方法叫自嘲法。

　　有一次，有位女顾客到照相馆去取照片，她很不满意地对摄影师说："以前我在这里照得挺漂亮的，怎么现在我的照片这么难看啊，我哪有这么胖？"摄影师抱歉地说："实在对不起，以前你来照相时，我还算年轻，现在你看看我，也变得有些老了，照的像也不如从前了"。摄影师的回答是非常巧妙的。随着年岁的增加，每个人的容貌都会逐渐变化。但是摄影师不但没有点明是女顾客容貌不如过去的缘故，反而嘲笑自己变老了，这样既把原因解释了，又不至于伤害女顾客的自尊心。由此可见，自嘲法既能道出原因，也能不伤害感情。

74. 相片不如以前漂亮的真正原因是：
　　A. 摄影师老了　　　　　　　B. 女顾客的容貌变得难看
　　C. 上次照得太漂亮　　　　　D. 摄影师照相不如从前了

75. 文中提到的自嘲法是什么？
　　A. 用嘲笑自己的方式回答他人无理责问
　　B. 通过别人的行为来嘲笑自己
　　C. 不点明真相的讽刺
　　D. 一种严厉批评对方的方式

76. 关于摄影师，我们可以知道什么？
　　A. 很粗心　　　　　　　　　B. 不太谨慎
　　C. 非常聪明　　　　　　　　D. 没有礼貌

290

运动，可使心脏收缩有力，肺活量增加，血流加快，机体免疫功能增强。运动还可使肌肉发达。但是，运动绝非多多益善。过度的，剧烈的运动，往往使人体的某些器官受损害，如某些生理功能失调，引起疾病，甚至使人短寿。

死亡率最低的不是喜欢体育锻炼的运动健将，而是从事小量运动的人群。因为过多、过激的运动，心脏长期劳累，结果导致人的早衰和死亡。由此看来，运动要适量。目前，国外正流行低强度运动，认为每日运动消耗2000卡热量对健康最有益。运动医学家认为，散步、慢跑、快步走、打太极拳等都属于低强度运动，其健身效果比过度的运动或高强度的运动效果更好。太极拳是一种缓慢的低强度运动，每天30分钟，坚持30天的太极拳运动，就能显著提高人体内高密度脂蛋白水平。

另外，据有关专家们研究，10分钟的轻松散步可消耗400—500卡热量，这样每天有40分钟左右的散步即可达到低强度运动的要求。

독해
2·3부분

77. 文中认为:
   A. 运动越多好处越多
   B. 常做剧烈运动，可延长人的寿命
   C. 小量运动对身体没有好处
   D. 低强度运动有利于健康

78. 低强度运动量是指什么?
   A. 每天散步10分钟
   B. 每日散步40分钟
   C. 每天做10—12分钟的体操
   D. 打30天太极拳

79. 哪些运动不属于低强度运动?
   A. 打太极拳
   B. 原地跑步
   C. 滑雪
   D. 散步

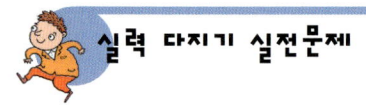

80 – 82

失恋，证明你真正爱过了，如果没有真正爱过，也就无所谓失恋。要知道，在这个世界上，一辈子也没有真正爱过的人很多。同这些人相比，在人生的道路上你已经赢得了丰富经验，尽管后来失去了，那也曾经拥有过。但是，你的人生已由此变得丰富，感情也由此变得深沉，气质已由此变得成熟。

恋爱是对一个人的选择，失恋也是对一些人的选择。只要在已相识或将要相识的人中，有一个能与你彼此心心相印的人，你就可以回过头对岁月说：谢谢，我感谢那次失恋。真的，别那么悲伤，或许那个真正能够使你得到幸福的人，正在不远的前边等着你。

得到了也有可能失去，无论你得到了什么，都不妨时常这样提醒自己。这样，得到的时候会倍加珍惜，失去的时候也不至无从接受，在爱情上尤其是如此。

80. 文中的"失恋"是什么意思?
　　A. 错过谈恋爱的时间　　　　　　B. 自己爱的人死了
　　C. 自己不爱对方了　　　　　　　D. 恋爱的一方失去另一方的爱情

81. 作者认为失恋是什么?
　　A. 很痛苦的事情
　　B. 是非常有价值的事
　　C. 首先是一种幸运，其次才是不幸
　　D. 令人感到可怜

82. 失恋可以使人怎么样?
　　A. 变得成熟　　　　　　　　　　B. 从此失去自信
　　C. 痛恨　　　　　　　　　　　　D. 无所谓

83 – 85

美国小服装商杰克兄弟，在服装经营中善于发现人们普遍有一种贪便宜的心理，采取了一个很有趣的方法，获得了成功。

在经营中，兄弟俩常常借"耳聋"来促销，两兄弟中一个总是扮成雇员热情接待顾客，耐心细致地为顾客介绍某衣服的特点。而大多数顾客都是觉得各方面都满意后才询问商品的价格道："这个衣服买多少钱？"雇员这时却总是把手放在耳边问道："您说什么"顾客又高声地问："这件衣服卖多少钱？"雇员这时才仿佛明白顾客的意图。他立刻对顾客说："十分抱歉，我的耳朵不聪，等我问一问老板？"他便转身向里面的老板大声问道："老板，这件衣服卖多少钱？"里面的老板站起来看了看服装，然后说："72美元。""多少？""72美元！"老板此时应声答道。雇员回头对顾客说："42美元一件。"

顾客一听，赶紧掏钱买下这件衣服后匆匆离去。

83. 文中那件衣服应该卖多少钱？
    A. 72美元　　　　　　　　　　B. 42美元
    C. 12美元　　　　　　　　　　D. 无法确定

84. 文中顾客匆匆买下衣服后离去，这是为什么？
    A. 担心老板生气　　　　　　　B. 贪便宜
    C. 觉得各方面都满意　　　　　D. 担心上当受骗

85. 根据本文，杰克兄弟是：
    A. 真正的聪明人　　　　　　　B. 生意做得不好的
    C. 很调皮的　　　　　　　　　D. 贪便宜的

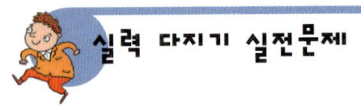

86 – 88

中国社会科学院考古研究所最近在琉璃厂开办了一家考古书店,着重经销考古方面的图书。以一位文化人的角度看架上的陈列品,你会惊讶的发现这里的好书是太多了。

在琉璃厂的各家书店,中国传统文化艺术各方面的图书几乎都有,还有各种各样的文化图集,全部是高档纸精印,而且全是大开本,配上彩色照片插图,绝对漂亮。看到这些书,就得承认这些年中国的文人学者与出版社,并没有虚度光阴,真的出了不少真正高品位的好书。可是,用一位店员的话说:"书好才会贵" 这些书除了一般大小的书普通人能买得起,稍微大一点的大书,普通人一般是买不起的。

考古书店一位女士告诉记者,他们店里最贵的是一套英国馆藏敦煌丛书,12卷,价值1万多元。记者一位朋友恰巧是国内有数的几位专攻敦煌学的博士之一,虽然他爱书如命,可是他无论如何也拿不下这部他需要的专业书。在光临书店的顾客中,一次花上千元的,大多是海外人士。而中国文化人,最多的是一次买几百元的书。

与发达国家相比,中国的高档书价钱并不算高,而且书的质量又相当好。因此一些对东方文化感兴趣的外国朋友,便在来华期间在书店买很多书回国。尤其是日本、韩国等亚洲国家的读书人,更把到中国买书当成一大乐事。

86. 高档书指哪些书?

    A. 一般大小的书   B. 高档纸印刷、质量好

    C. 价格贵,每本最少百余元   D. 内容质量好,价格贵

87. 高档书的买主主要是:

    A. 普通知识分子   B. 专家

    C. 对东方文化感兴趣的外国朋友   D. 博士

88. 关于短文，下面没有提到的是：
A. 有很多知识分子买高档书
B. 外国人喜欢来中国买书
C. 高档书的作者
D. 敦煌丛书由英国收藏

89 - 90

　　不要以为一岁读一本书这个目标太低了。如果你能活到70岁，你将读70部书！你可以随便找一位朋友，让他写出他读过的几部书，你会发现，他写不出70部。

　　10岁以前，你不可能一年读一部书，那时损失的10部要在中学或大学的时候读，这意味着，学生时代你将每年多读2至3本书。这并不算多，因为这刚好是你读书的季节。困难的是，30岁以后，当你从事与书关系不大的工作时，你还能不能一岁读一本书？如果不能，你将是一个因精神世界贫乏而未老先衰的人。

독해
2·3부분

　　对于少数爱书如命的人，一年只读一部书又是一个忠告。在信息时代，一年读许多书的人，无疑将会显得呆头呆脑，因为他在这个时代必须应付的许多事，都由于读了太多的书而耽误了。这个时代有更多的方法带给我们欢乐，读书已从求知和娱乐的主导地位，降低到与影视、广播、唱盘、报刊、旅游同等的地位。

　　青年时期读书不必贪多，以求得更广泛地融入生活之中。中年以后不要放弃读书，它可以保持浪漫、天真、年轻、清醒。

89. 一岁读一部书的意思是：
A. 从出生到70岁每年读一部书
B. 10岁到30岁读70部书
C. 中年以后读70部书
D. 学生时期多读，中年以后坚持读书

90. 一年读很多书会怎样？
A. 呆头呆脑，耽误了很多事情　　B. 年轻、清醒
C. 天真、浪漫　　　　　　　　　D. 精神世界贫乏

제2주차 목요일 독해 2 · 3부분에서는 구체적인 내용과 관련된 문제를 중심으로 학습해 보았고, 제4주차 목요일 독해 2 · 3부분에서는 <mark>주제문과 관련된 문제를 중심으로 학습</mark>해 보겠습니다.

질문유형

독해 2 · 3부분에 자주 출제되는 질문 유형은 다음과 같습니다.

독해
2·3부분

문장의 주제나 목적을 찾는 문제

哪个题目最适合这篇文章?
문장의 제목으로 가장 적합한 것은 무엇인가?

最适合做上文的标题的是?
본문의 제목으로 가장 적절한 것은 무엇인가?

写这段文章，作者提醒人们：
작가는 사람들에게 어떤 것을 일깨워주기 위해서 이 글을 썼는가?

作者写这段文章的目的是什么?
작가가 이 글을 쓰게 된 목적은 무엇인가?

上文主要介绍了：
본문에서 주로 무엇을 소개했는가?

本文主要讲的是：
본문에서 주로 말하는 것은 무엇인가?

 新 HSK문제 유형분석

 독해 2부분

🔍 **61.**

> **61.** ① 爬山要选择好时间，不要在雨天去爬山，一是路滑，二是山顶会有大雾，什么也看不见。② 应该在雨后的1、2个小时内去山顶观景最好；不要在天气炎热的时候去爬山，一是体力消耗太大，③ 二是如果没有树木遮挡太阳，人会被晒得很晕。
>
> A. 应该注意要爬山的时间　　　　B. 下雨之前爬山风景最好
> C. 爬山对身体很有益　　　　　　D. 身体不好的人爬山会晕倒

[단어]

爬山 páshān 동명 등산(하다), 산에 오르다 / 滑 huá 형 미끄럽다 / 雾 wù 명 안개 / 观景 guānjǐng 명 경치를 바라보다, 전망 / 消耗 xiāohào 동 소모하다, 소비하다 / 遮挡 zhēdǎng 동 막다, 저지하다 / 晒 shài 동 햇볕을 쬐다 / 晕倒 yūndǎo 동 기절하여 쓰러지다, 졸도하다

[번역]

등산을 하려면 좋은 시간을 선택해야 한다. 비오는 날에 등산을 해서는 안 된다. 첫째 길이 미끄럽고, 둘째 산 정상에 안개가 짙게 껴서 아무것도 안 보일 수 도 있기 때문이다. 당연히 비가 온 후 한 두 시간 내에 산 정상에 가면 전망이 가장 좋다. 날씨가 무더운 때에도 등산을 하지 말아야 한다. 첫째 체력소모가 너무 크고, 둘째 만약에 햇볕을 가릴만한 나무가 없다면 사람은 더위에 쓰러질 수 도 있기 때문이다.

A. 등산하려는 시간에 주의해야 한다.
B. 비가 내리기 전에 등산하면 경치가 가장 좋다.
C. 등산은 건강에 유익하다.
D. 건강이 안 좋은 사람이 등산을 하면 기절할 수 있다.

[해설]

①에서 '爬山/要选择/好时间 (등산을 하려면 좋은 시간을 선택해야 한다)'라고 하여, 문장 맨 앞에 주제문을 먼저 제시한 후에 좋은 시간을 선택해서 등산해야 되는 이유를 구체적으로 설명해 놓았으므로 정답은 A입니다.

②에서 '应该/在(雨后的)1、2个小时内/去山顶/观景/最好。(당연히 비가 온 후 한 두 시간 내에 산 정상에 가면 경관이 가장 좋다)' 라고 했으므로 B는 정답이 아닙니다.

③에서 '要紧握(对方的)手时间一般以1~3秒为宜。(상대방의 손을 꽉 잡는 시간은 보통 1초~3초 사이가 적당하다)'라고 했으므로 C는 정답이 아닙니다.

④ 에서 '二是<mark>如果没有树木遮挡太阳</mark>，人会被晒得很晕。(만약에 햇볕을 가릴만한 나무가 없다면 사람은 더위에 쓰러질 수 도 있기 때문이다)' 라고 했으므로 D는 정답이 아닙니다.

[정답] 61. A

독해 3부분

🔘 **71-73.**

> 　　有一位戏剧大师上场前，他的徒弟告诉他鞋带松了。大师点头表示感谢，蹲下来仔细系好。等到徒弟转身后，又蹲下来将鞋带解松。有个旁观者看到了这一切，不解地问："大师，您为什么又要将鞋带解松呢？"大师回答道: ① "因为我扮演的是一位劳累的旅者，长途的行走让他的鞋带松开，可以通过这个小动作表现他的劳累。"旁观者又问："那你为什么不直接告诉你的徒弟呢？"大师回答道: ② "他能细心地发现我的鞋带松了，并且热心地告诉我，我一定要保护他这种热情的积极性，及时地给他鼓励，至于为什么要将鞋带解开，将来会有更多的机会教他表演，可以下一次再说啊。"
> 　　③ 人一个时间只能做一件事，懂抓重点，才是真正的人才。

71.　大师为什么要把系紧的鞋带解松？

　　A. 为了表演角色的需要　　　　B. 为了教训他的徒弟
　　C. 做事总是粗心大意　　　　　D. 鞋坏了

72.　大师是怎样的一个人:

　　A. 非常粗心的　　　　　　　　B. 容易生气的
　　C. 很积极的　　　　　　　　　D. 会培养人才的

73.　上文主要告诉我们生活中应该:

　　A. 不要伤害别人的感情
　　B. 做事情一定要认真
　　C. 做事情一定要分清主要和次要
　　D. 多听别人的建议

[단어]

徒弟 túdì 명 제자 / 蹲 dūn 동 쪼그리고 앉다, 웅크리고 앉다 / 鞋带 xiédài 명 신발 끈 / 松 sōng 형 느슨하다, 헐겁다 / 系 jì 동 (끈을) 매다 / 解松 jiěsōng 명 (묶였던 것을) 느슨하게 하다, 느슨하게 풀다 / 主要 zhǔyào 형 주요하다 부 주로, 대부분 / 次要 cìyào 형 이차적인, 부차적인, 다음으로 중요한

[번역]

한 연극계의 거장이 무대에 오르기 전에 그의 제자가 그에게 신발 끝이 풀린 것을 알려 주었다. 거장은 고개를 숙여 고마움을 표시하고는 웅크리고 앉아서 꼼꼼하게 끈을 잘 매었고, 제자가 몸을 돌리자 또 웅크리고 앉아서 신발 끈을 느슨하게 풀었다. 옆에서 보던 사람이 이 일체를 보고는 이해할 수 없다는 듯이 '선생님, 왜 또 신발 끈을 푸세요?' 라고 여쭈어 보았다. 거장은 '나는 지친 여행자의 역할을 맡았는데, 장거리 보행을 하면 신발 끈이 풀릴 것 아니겠나, 이런 사소한 동작을 통해서 그의 지친모습을 표현할 수 있기 때문이라네.' 옆에서 보던 사람이 또 '그럼 선생님께서는 왜 직접 제자에게 말씀하시지 않으셨나요?' 하고 묻자, 거장은 '그가 세심하게도 나의 신발 끈이 풀린 것을 발견하고는 친절하게 나한테 알려 주었으니, 나는 반드시 그의 이런 다정다감한 적극성을 보호해야 하고, 적절하게 그를 격려해주어야 하며, 왜 신발 끈을 풀어야 하는지에 관해서는 앞으로 그에게 연기하는 것을 가르칠 더 많은 기회가 있을 것이니, 나중에 다시 말해도 되네.' 하고 대답하였다.

사람은 하나의 시간에는 한 가지 일밖에 할 수 없다. 중요한 점을 잡는 것을 아는 것이야 말로 진정한 인재이다.

71. 거장은 왜 꽉 맨 신발 끈을 느슨하게 풀어야 했는가?
   A. 맡은 배역을 연기하기 위해서   B. 그의 제자를 훈계하기 위해서
   C. 일하는 것이 늘 세심하지 못해서   D. 신발이 망가져서

72. 거장은 어떤 사람인가?
   A. 아주 덜렁대는 사람임   B. 쉽게 화를 내는 사람임
   C. 아주 적극적인 사람임   D. 인재를 길러낼 줄 아는 사람임

73. 이 글은 주로 우리가 생활 속에서 어떠해야 된다는 것을 알려주고 있는가?
   A. 다른 사람의 감정을 상하게 해서는 안 됨
   B. 일할 때 반드시 열심히 해야 함
   C. 일할 때 반드시 중요한 것과 덜 중요한 것을 구분해야 함
   D. 다른 사람의 의견을 많이 들어야 함

[해설]

71. ①의 '因为/我/扮演的/是/一位/(劳累的)/旅者，/长途的/行走/让(他的)鞋带/松开，/可以/通过/这个小动作表现他的劳累。(나는 지친 여행자의 역할을 맡았는데, 장거리 보행을 하면 신발 끈이 풀릴 것 아니겠나, 이런 사소한 동작을 통해서 그의 지친모습을 표현할 수 있기 때문이라네)'에서 문맥상 거장은 자신이 맡은 지친 여행자의 역할을 제대로 소화하기 위해서 신발 끝을 끌렀음을 알 수 있습니다.

72. ②에서 '……, /我/一定要/保护/他/这种热情的/积性，/及时/给他/鼓励，/至于/为什么/要/将鞋带/解开，/将来/会有/更多的/机会/教/他/表演，/可以/下一次/再说啊。(…, 나는 반드시 그의 이런 다정다감한 적극성을 보호해야 하고, 적절하게 그를 격려해주어야 하며, 왜 신발 끈을 풀어야 하는지에 관해서는 앞으로 그에게 연기하는 것을 가르칠 더 많은 기회가 있을 것이니, 나중에 다시 말해도 되네.)' 라고 말한 것으로 보아 거장은 인재를 잘 길러낼 줄 아는 사람인 것을 알 수 있습니다.

73. ③에서 '人一个时间只能做一件事，懂抓重点，才是真正的人才。(사람은 하나의 시간에는 한 가지 일밖에 할 수 없다. 중요한 점을 잡는 것을 아는 것이야 말로 진정한 인재이다.)'라는 내용으로 보아 일을 할 때에는 중요한 일과 덜 중요한 일을 구분할 줄 알아야 된다는 것을 강조하고 있음을 알 수 있습니다.

[정답] 71. A   72. D   73. C

독해
2·3부분

第二部分

第61-70题：请选出与试题内容一致的一项。

61 "农家乐"是一种旅游休闲方式，是农民向城市人提供的一种回归大自然，从而获得心情放松、愉悦精神的休闲旅游。一般来说，"农家乐"主要利用当地的农产品进行加工，满足客人的需要，成本较低，因此消费不高。

A. 农家乐是一种游戏
B. 农家乐是在农村的休闲旅游
C. 农家乐的产品质量比较低
D. 农家乐是在城市里的旅游

62 轿车为人类提供了交通便利，但是也对环境造成了严重的污染。呼吸道疾病、癌症、头痛等发病率迅速增加，都与环境污染有关。随着轿车进入家庭的增多，轿车排放的污染已成为城市大气污染的重要因素，越来越引起人们的广泛关注。

A. 人们重视轿车质量
B. 轿车与环境污染密切相关
C. 各种疾病的发生与轿车完全无关
D. 人们还不关心环境污染

63 孩子的好奇心，能激发孩子的学习兴趣。如果你希望人生过得有意思，那就生活中多带些好奇心；如果你有好奇心，那么便会发现生活中处处都有奇妙之处，你就能更好地发挥潜能。因此我们要像孩子一样始终保持一颗好新奇心。

A. 好奇心会帮助人们发挥能力
B. 好奇心在生活中没有什么用
C. 好奇心只在学习中有用处
D. 好奇心不能激发孩子的兴趣

64 水与空气，食品是人类生命和健康的三大要素。人体的50%到60%的重量是水分，儿童体内水分多达80%。没有水，就没有生命。地球上的淡水资源只占地球水资源总量的3%，而这3%淡水中，可直接饮用只有0.5%。所以说，水是人类宝贵资源，是生命之泉。

A. 地球上的淡水资源占水资源总量的5%
B. 人体的80%是水
C. 儿童体内的水分比较少
D. 水是生命的要素

독해
2·3부분

65 庄子的妻子去世了，朋友去看他，却吃惊地发现他在唱歌。他的朋友很不高兴地批评他："你不但不哭，居然还这么做？"庄子回答说:"我不是没有悲伤的感情，但是死是回避不了的事情，既然这是自然界的规律，为什么还要哭呢？"在庄子的思想里，具备理性的知识就可以摆脱情感的约束，达到心灵的自由。

A. 庄子不喜欢自己的妻子
B. 庄子喜欢唱歌
C. 朋友很理解庄子
D. 理性能使人摆脱痛苦

66 近年来由于手机的广泛使用，由其引起的健康问题逐渐受到人们的重视。手机辐射是否有害健康是科学界一直在探讨的话题。英国专家发现：手机比香烟更可能致癌。这也成为关于手机最新、最严重的警告。

A. 人们不太重视手机引起的问题
B. 手机比香烟更伤害身体
C. 手机的功能越来越多
D. 许多人反对使用手机

67 中国是筷子的发源地，用筷子吃饭已有3000年历史，是世界上最早用筷子的国家。筷子看起来只是非常简单的两根小细棒，但它有挑、拨、夹、拌、扒等功能，且使用方便，价廉物美。筷子也是当今世界上一种独特的餐具。目前使用筷子的国家主要是日本、韩国等亚洲国家。

A. 筷子的功能有很多
B. 说明我们筷子的使用方法
C. 主要说明在哪个国家最早用筷子
D. 世界各国都是使用筷子进餐

68 时尚不但是一种外表，还是一种内在，现在流行的不一定都适合你，而是要根据自身的特点来打扮自己，看你属于哪一种类型，成熟的，淑女的，还是简单自然的，还是运动的，其实哪一种都可以是时尚的。关键是要适合自己。

A. 时尚只是在外表
B. 时尚就是简单自然
C. 时尚不一定都适合自己
D. 我们要重视时尚

69 在如今这个信息时代，广告已深入到社会生活的各个方面，它用简练、生动的语言,集中而形象地表现商品的特色和性格，表达消费者的愿望和要求；它用富有感情色彩的语言来吸引消费者。广告不仅使人们了解商品、信任商品，同时也成为一种社会文化。

A. 人们得通过辨别而接受对自己有益的广告
B. 广告给社会文化带来了不少影响
C. 广告只表达消费者的愿望
D. 现在人们不太信任广告

70 现在大多数人都习惯饭后吃些水果，其实这个方法是错误的，饭后立即食用水果不仅对肠胃无益而且有害，因为刚吃完饭，肠道和胃里的饭都没有消化，立即食用水果会造成肠道不适，对胃造成伤害，影响健康。

A. 介绍强化消化能力的方法
B. 水果能帮助胃消化食物
C. 饭后吃水果对身体有好处
D. 饭后吃水果影响健康

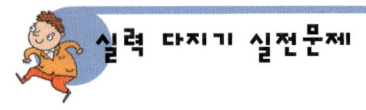
第三部分

第71-90题：请选出正确答案。

71 - 73

　　100年来，汽车对英国社会产生了深远影响。首先，它给英国提供大量就业机会，使英国社会的失业率一度降至5%以下；其次，促进了英国社会整体工业的发展，使英国工业更具竞争力。在社会生活中，汽车给英国人带来了极大的方便。在白领阶层中几乎每2人就拥有一辆自己的车，城市居民平均每3个家庭拥有一辆汽车，有的家庭拥有几部汽车，而有的家庭则以租或分期付款的形式用车代替步行。

　　英国汽车工业协会主席说："汽车给我们生活带来了方便，它使家庭团聚，给我们提供了更多的机会出去旅游度假，但我们不能乱用这种自由。而要对下一个百年负起责来。"在英国庆祝汽车诞生百年之际，同样有很多人抗议汽车给英国社会造成的不良影响。环境保护组织说，汽车是造成伦敦大气污染日益严重的主要原因，他们要求停止生产更多的车，还伦敦上空一个清洁透明的空间，除了废气污染，交通堵塞外，还有人例举汽车造成车祸的惨痛教训。在过去百年中，共有50万英国人丧命于车轮下，而全球则有1500万人死于交通事故。

　　专家提醒人类更多地关心使用汽车造成的污染。同时也希望在下个百年人类能发明出替代燃料的新型汽车，以节约地球上有限的资源。

71.　这段话告诉我们：
　　　A. 汽车给人们带来了方便　　　　B. 应该停止生产汽车
　　　C. 今后汽车将以电池为动力　　　D. 应该正确对待汽车问题

72. 关于汽车的坏处，文中没有提到哪些?

　A. 造成环境污染　　B. 造成车祸　　　C. 浪费大量燃料　　D. 堵塞交通

73. 哪些人中几乎每两个人就拥有一辆自己的汽车?

　A. 公务员　　　　　B. 家庭成员　　　　C. 服务员　　　　　D. 售货员

74 – 75

　　每修建一处体育馆时，人们都希望充分发挥其功能，尽量达到一个场馆多用。这样一来，在许多体育馆的地板上纵横交错地画着各种场地的边线，像篮球、排球、网球、羽毛球等等，这既不美观，又容易造成混乱。

　　为此，人们想出各种办法加以避免和改进。近来有位专家想出了办法，他设计了一种特殊光源在体育馆里划线。在一个调好的电器设备里，输入各种场地的图案，只要一按电钮，一个场地的边线就划好了。这种线条准确，色彩清楚丰富。不用时一关电钮，"场地"就消失了，可再换一个别的场地，举行另一种比赛。不仅十分方便，而且还可以避免油漆、石灰等污染。这项设计一经提出，立刻引起注意，人们普遍认为这将是运动场地的一项重大改革。

독해
2·3부분

74. 人们对新建体育馆功能上有何希望?

　A. 新建体育馆符合国际比赛的要求

　B. 新建体育馆同时具有多种用途

　C. 地板应该是横竖交错摆放

　D. 体育馆应用光来划线

75. 采用特殊光划线有什么优点?

   A. 实现一场馆多用途设计

   B. 绘制不同图案使场馆美观

   C. 可以同时举办几种不同的比赛

   D. 虽然使用油漆和石灰但没有污染

76 - 79

    可口可乐和百事可乐是闻名世界的两大名牌饮料。无论在美国还是在世界各地，这两家公司的竞争一直非常激烈。

    然而正当可口可乐在世界最为流行的时候，该公司为了进一步扩大销售量，却突然宣布要改变使用了99年之久的老配方，而采用刚研究出来的新配方，并说明要以新配方再创可口可乐在世界饮料行业中的新纪录。他们用了三年时间，花费了500万美元，前后进行20余万人次的口味调查和饮用试验，其中有55%的人认为新配方味道较好，同时公司又收到无数封抗议信件和1，500多次抗议电话，还有人举行抗议活动，反对改用新配方。这下乐坏了他的对手，几十年来一直处于劣势的百事可乐公司的老板以为是自己的产品在市场上已占据了优势，于是便乘机采取各种形式大做起广告来。

    可口可乐公司的决策者们发现市场上这微妙的变化，心中暗暗高兴。正当百事可乐公司老板高兴的时候可口可乐公司董事长突然宣布，为了尊重老顾客的意见，公司决定恢复老配方可口可乐的生产，并取名为"古典可口可乐"，同时考虑到消费者的新需要，新配方的可口可乐也同时投入生产。

消息传出，美国各地的可乐爱好者欢呼庆祝，老顾客们纷纷购买品尝传统的老牌可乐，新顾客也因老牌可乐的美名而抢购新可乐，品尝更换后的可口可乐的滋味，一时间新老可乐的销售量比往年同期上升了8%。可口可乐公司的股票也每张猛涨了2.57美元，而百事可乐公司的股票却下跌了0.75美元。

76. 可口可乐公司为什么决定改变旧配方？
    A. 受到来自百事可乐的压力   B. 受到55%的消费者欢迎
    C. 新配方已经花费了500万美元   D. 提高销售数量

77. 面对百事可乐的广告进攻，可口可乐公司怎么样？
    A. 十分担心
    B. 因有对策而欣喜
    C. 不得不保留原配方
    D. 应顾客的强烈要求而增添新品种

78. 百事可乐公司的股票为何下跌？
    A. 占据了更大的市场
    B. 比可口可乐公司的广告宣传质量低
    C. 质量下降
    D. 接到1500多次抗议电话

79. 关于这段文章，主要告诉我们什么？
    A. 良好的对策的重要性   B. 怎样要提高产品质量
    C. 只有大规模投资才能实现愿望   D. 经常要改变广告内容

독해
2·3부분

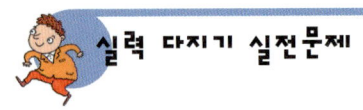

　　60年代时，城市里的某大医院向边远山区派出一支医疗队，为那里的农民看病治病。一天，医疗队里一位大夫得了急性盲肠炎，服药、打针仍控制不住不断发展的病情，急需做手术治疗。但当时的医疗队里只有他是外科大夫，其他三名大夫和两名护士都不会做手术。如果送到医院，山高路远交通困难，恐怕是来不及了。

　　在这种情况下，那位外科大夫提出：自己给自己做手术。这可是医疗史上很少见的。由于当时情况，医疗队里的其他大夫认为也只好如此了。

　　一个简易手术室很快被布置起来了，外科大夫自己躺在了用桌子搭起来的手术台上。在他的指挥下，两位护士做好了手术前的消毒、局部麻醉等准备工作。一位大夫从后边抱着他，外科大夫坐在了手术台上，他拿起手术刀，切开了自己的腹部……。

　　在其他大夫、护士的全力配合下，外科大夫以惊人的毅力为自己切除了发炎的盲肠。然后，医疗队把他转送回医院，他的生命保住了，他为自己做手术的奇事一时被传为佳话。

80.　外科大夫为什么决定亲自做手术?
　　　A. 他希望创造医疗史上的奇迹
　　　B. 他的手术水平比较高
　　　C. 他的病情紧急且找不到外科大夫
　　　D. 因为已做好了消毒局部麻醉工作

81.　那个外科医生原来在哪儿工作：
　　　A. 村里的小医院　　　　　　　B. 以前没有工作过
　　　C. 村里的某个诊所　　　　　　D. 城市里的大医院

82.　这段文章告诉我们什么：
　　　A. 要爱护自己的身体　　　　　B. 不要轻易相信别人
　　　C. 世上没有不可能的事情　　　D. 不要让陌生人给自己做手术

美国有一家服务公司，他们根据不同的消费者生产不同的产品，其产品质量很好，很受消费者的欢迎。但在美国这个生产力高度发达的国家，竞争激烈，任何优势都可能被其他公司赶上。因此，他们专门设立了一个对消费者的研究机构，对消费者的心理进行分析，以争取更多的顾客。

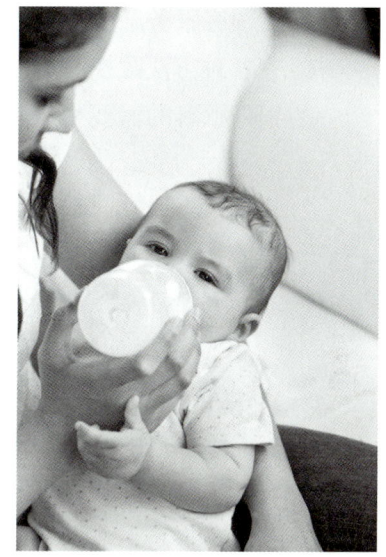

他们根据美国婴儿不吃母奶的特点，设计制成一系列婴儿食品。当他们的服务机构得知某人生了婴儿后，主动上门免费送给客户一二套样品，说是对婴儿食品进行口味试验，因为其食品做得很好，婴儿都很爱吃，吃了送给的样品后，婴儿对这种产品已经适应，再换其他公司生产的食品小孩就不爱吃。这样，小孩的母亲自然就与该公司签约，购买产品。

此外，他们还设计制造了有益于婴儿从小孩到成人健康成长的各种玩具，产品，使其父母对公司产生好感，并购买他们生产的婴儿食品、玩具和产品，生意越做越好。

83. 服务公司对婴儿食品进行口味试验的目的是：

A. 研究婴儿的一般口味　　　　　B. 慈善事业的一部分

C. 研究消费者的消费心理　　　　D. 销售婴儿食品

84. 文中没有提到的是：

A. 该公司产品质量很好

B. 美国婴儿不吃母奶

C. 该公司制造了各种玩具和产品

D. 该公司实行给所有消费者免费赠送食品的方法

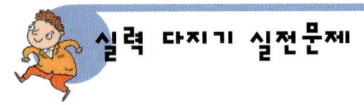

85. 这家服务公司能受到顾客的欢迎的原因是什么？

A. 做了大量的广告

B. 对顾客服务态度很好

C. 有各种方法吸引顾客

D. 根据顾客的需要生产质量好的产品

86 – 90

古时候有一个国王拥有无数的土地也有满屋子的金银财宝，可是他仍然觉得不够、不满足，所以闷闷不乐。

一天，有个仙子出现问国王说："国王，您觉得到底要怎么样，才会快乐呢？"

国王想了想说："我要有一只金手指，只要我的金手指随便一碰触，什么东西都可以变成金子，那我就会很快乐。"

仙子问道："真的吗？您真的想要一只金手指吗？您要不要考虑一下？"

国王就说："不用考虑了，这是我一生中最大的梦想，只要有金手指，我的梦想就能实现，我就会很快乐！"

于是，仙子就把国王的右手变成一只金手指。国王只要随意一指桌子、椅子、盘子、墙壁……，凡是他碰触过的东西都变成金制的物品。哇！真是太棒、太高兴了！ 这时，国王跑到花园闻到阵阵花香，就顺手摘朵花来闻赏。可是，手一碰到花朵，花朵立刻变成金花，不再有香味！国王又走到餐厅，闻到丰盛的大餐，就想饱餐一顿。可是当他拿起盘中鸡腿时，鸡腿立即就变成金鸡腿。正当国王垂头丧气时，他最疼爱的小女儿跑了进来，国王很高兴地抱起这可爱的小女儿，可是，她也变成金女孩。国王很生气地说："这是什么金手指，居然把我的女儿都变成金人。"

国王再怎么找还是找不到仙子。而他又饥、又渴、又失去心爱的小女儿，国王后悔极了。

86. 根据上文可以知道国王：
   A. 很爱金钱的人   B. 是个爱生气的人
   C. 是一个很快乐的人   D. 有一双金色的手

87. 国王的手指：
   A. 很漂亮   B. 能变很多颜色
   C. 能把所有的东西变成金子   D. 受伤了

88. 国王不快乐的原因是：
   A. 很穷   B. 失去了女儿
   C. 他的手指断了   D. 他的梦想没有实现

89. 最后国王怎么样了？
   A. 死了   B. 失去了女儿
   C. 变成了金人   D. 变得很快乐

독해
2·3부분

90. 这篇文章想告诉我们什么：
   A. 快乐来自你所拥有的东西   B. 每个人都想有金手指
   C. 不要轻易相信别人   D. 要懂得爱自己的孩子

정답 및 해설

듣기1부분

[1주차 원문 & 해설 & 정답]

[단어]

名胜古迹 míngshènggǔjì 몡 명승지 / 发言稿 fāyángǎo 몡 발표원고 / 休假 xiūjià 동 휴가를 보내다 / 呆 dāi 동 머무르다, 지내다 / 按时 ànshí 뷔 규정된 시간에, 제때에 / 靠岸 kàoàn 동 (배를) 물가에 대다, 항구에 대다 / 订 dìng 동 예약하다, 주문하다 / 尽量 jǐnliàng 뷔 가능한, 될 수 있는 대로 / 闹着玩儿 nàozhewár 동 농담하다, 장난하다 / 多亏 duōkuī 뷔 덕분히, 다행히 / 及时 jíshí 뷔 제때에 / 职责 zhízé 몡 직책 / 发型 fàxíng 몡 헤어스타일 / 剪短 jiǎnduǎn 동 (가위로) 짧게 자르다 / 脸色 liǎnsè 몡 안색, 얼굴표정 / 手艺 shǒuyì 몡 솜씨, 기술 / 装修 zhuāngxiū 동몡 인테리어(하다), 실내장식(하다) / 减肥茶 jiǎnféichá 몡 다이어트 차 / 按摩 ànmó 동 안마(하다), 마사지(하다) / 节食 jiéshí 동 절식하다, 다이어트하다 / 减 jiǎn 동 줄이다 / 开通 kāitōng 동 개통하다, 열다 / 身份证 shēnfènzhèng 몡 신분증

[정답]

1 B	2 A	3 B	4 C	5 A
6 C	7 A	8 D	9 C	10 A
11 B	12 A	13 A	14 A	15 C
16 B	17 D	18 B	19 C	20 B

01.

女: 你/暑假里/有什么/计划吗?
男: 我/打算/和朋友/去西安/看看名胜古迹, /7月中旬/出发/月底/回来。
问: 男的/打算/去西安/多久?

[번역]

여: 너는 여름 방학에 무슨 계획이 있니?
남: 나는 친구와 서안에 가서 명승지를 좀 보려고 해, 7월 중순에 출발해서 7월 말에 돌아 올 거야.
질문: 남자는 서안에 얼마동안 가려고 하나?
　　A. 1개월　B. 보름　C. 1개월 반　D. 2개월

[해설]

남자가 여자에게 '7月中旬/出发/月底/回来 (7월 중순에 출발해서 7월 말에 돌아오다)'라고 말했으므로 15일 동안 서안에 여행을 가려고 하는 것을 알 수 있습니다.

02.

女: 都/什么时候了, /你的/发言稿/还没有/准备好, /会议/8点/就要/开始了。
男: 急什么? /还有/一个多小时呢!
问: 谈话的/时间/大概/几点?

[번역]

여: 지금이 언제인데, 네 발표원고 아직도 준비가 안됐니, 회의는 8시에 곧 시작하는데.
남: 뭐가 그렇게 급해? 아직 한 시간이나 더 남았는데!
질문: 대화하고 있는 시간은 몇 시일까?
　　A. 7시　B. 7시 25분　C. 7시 35분　D. 8시

[해설]

여자가 남자에게 '会议/8点/就要/开始了 (회의는 8시에 곧 시작한다)'라고 말하자, 남자가 '还有/一个多小时呢 (아직 1시간이나 더 남아있다)'라고 대답한 것으로 보아, 두 사람은 7시 쯤 대화하고 있는 것을 알 수 있습니다.

03.

男: 你/这次休假/能呆/几天呀?
女: 我/已经/回来/两天了, /还有/十三天。
问: 女的/假期/有/多长时间?

[번역]

남: 너는 이번 휴가기간에 몇 칠이나 머무를 수 있니?
여: 제가 돌아온 지 이미 이틀이 되었고, 아직 13일이 남아 있어요.
질문: 여자의 휴가기간은 얼마나 되나?
　　A. 이틀　B. 보름　C. 13일　D. 1개월

[해설]

남자가 여자에게 휴가기간에 얼마나 머무를 수 있냐고 묻자, 여자는 '回来/两天了, /还有/十三天。(돌아온 지 이미 이틀이 되었고, 아직 13일이 남아 있다)'이라고 대답한 것으로 보아 여자의 휴가기간은 15일인 것을 알 수 있습니다.

04.

男: 请问, /船/8:30分/能/按时/靠岸吗?
女: 刚才/广播说, /船/要晚/半个小时。
问: 船/什么时候/才能/靠岸?

[번역]

남: 말씀 좀 묻겠는데, 배는 8시 30분에 제시간에 항구에 도착할 수 있나요?

여: 방금 방송에서 배가 30분 연착된다고 했어요.
질문: 배는 언제쯤에야 항구에 도착할 수 있나?
    A. 8시   B. 8시30분   C. 9시   D. 9시30분

[해설]
남자가 여자에게 '船/8:30分/能/按时/靠岸吗? (배가 8시30분에 제시간에 도착할 수 있습니까?)' 하고 묻자, 여자는 '船/要晚/半个小时 (배는 30분 연착할 것이다)'라고 대답한 것으로 보아 배는 9시에 도착하는 것을 알 수 있습니다.

05.
男: 香蕉/多少钱/一斤?
女: 一块八了, /不卖/两块了。/你/要买/再便宜/一毛。
问: 男的/花/多少钱/就可以/买到/一斤香蕉?

[번역]
남: 바나나 한 근에 얼마예요?
여: 1원 80전이에요, 2원에는 안 팔아요. 바나나 사시면 10전 싸게 해 드릴게요.
질문: 남자는 얼마에 바나나 한 근을 살 수 있나?
    A. 1원70전   B. 1원80전   C. 1원90전   D. 2원

[해설]
남자가 여자에게 바나나 한 근에 얼마냐고 묻자, 여자는 '一块八了, …。/你/要买/再便宜/一毛。(1원 80전이에요, …, 바나나 사시면 10전 싸게 해 드릴게요)'라고 대답한 것으로 보아 바나나 한 근에 1원 70전에 살 수 있는 것을 알 수 있습니다.

06.
女: 从这儿/向南, /过/一个路口, /看见/学校后/往西走/大概五分钟/就到了。
男: 那个/是/工商银行/不是/交通银行。
问: 男的/要去/哪儿?

[번역]
여: 여기에서 남쪽으로 가서 한 블록을 지난 후 학교가 보이면 서쪽으로 5분 정도 가면 됩니다.
남: 거기는 공상은행이 아니라 교통은행이잖아요.
질문: 남자는 어디에 가려고 하나?
    A. 서점   B. 학교   C. 공상은행   D. 교통은행

[해설]
남자가 여자에게 '那个/是/工商银行/不是/交通银行。(거기는 공상은행이 아니라 교통은행이잖아요)' 하고 말한 것으로 보아 남자는 공상은행에 가려고 하는 것을 알 수 있습니다.

07.
男: 要/哪趟车? /去/哪里呀?
女: 要/38次, /去/西安。
问: 他们/最可能/是/在哪儿/谈话?

[번역]
남: 몇 호 기차 타시려고요? 어디 가세요?
여: 서안에 가는 38호 기차를 타려고 해요.
질문: 그들은 어디에서 대화하고 있을까?
    A. 기차역   B. 공항   C. 버스정류장   D. 음식점

[해설]
남자가 여자에게 '要/哪趟车? (몇 호 기차 타시려고요?)' 하고 묻자, 여자는 '要/38次 (38호 기차를 타려고 해요)'라고 대답한 것으로 보아 기차역에서 대화하고 있는 것을 알 수 있습니다. 기차는 '趟' 또는 '次'를 씁니다.

08.
男: 小姐, /我们/可以/坐/(窗户旁边的)/座位吗?
女: 那里/已经/被别人/订了, /你们/这边请, /可以吗?
问: 对话/最可能/发生在/什么地方?

[번역]
남: 아가씨, 우리 창가 쪽 자리에 앉아도 됩니까?
여: 거기는 이미 다른 분이 예약을 하셨습니다. 이 쪽에 앉으시겠습니까?
질문: 대화는 어디에서 했을까?
    A. 버스 안   B. 극장   C. 비행기 안   D. 음식점

[해설]
남자가 여자에게 '我们/可以/坐/(窗户旁边的)/座位吗?(우리 창가 쪽 자리에 앉아도 됩니까?)' 하고 묻자, 여자는 '那里/已经/被别人/订了(거기는 이미 다른 분이 예약을 하셨습니다)'라고 대답한 것으로 보아 음식점에서 대화를 하고 있는 것을 알 수 있습니다.

09.
女: 师傅, /我/去机场/赶飞机, /还有/1个小时/就起飞了, /你/能不能/开得/快一点?
男: 好的, /我/尽量/快一点。
问: 对话/可能/发生在/什么地方?

[번역]

여: 기사님, 저는 빨리 비행기 타러 공항에 가야 되는데 1시간 후에 이륙하니까, 빨리 좀 가주시겠어요?
남: 알겠습니다. 최대한 좀 빨리 가보겠습니다.
질문: 대화는 어디에서 했을까?
　　A. 기차 안　B. 공장　C. 택시 안　D. 정류장

[해설]

여자가 남자에게 '你/能不能/开得/快一点? (빨리 좀 운전해 주실 수 있으세요?)'라고 물어 본 것으로 보아 대화는 택시 안에서 한 것을 알 수 있습니다.

10.

男: 你丈夫/到哪儿/去了?/你/叫他/到医院/来, /我们/得/和他/谈谈, /这/不是/闹着玩的。
女: 他/不在, /有事/出国了。
问: 女的/丈夫/现在/在哪里?

[번역]

남: 댁의 남편 어디 가셨어요? 그한테 병원으로 오라고 하세요. 우리가 그와 이야기를 좀 해야 되요. 이거 농담 아니에요.
여: 그는 지금 없어요. 일이 생겨서 외국에 나갔어요.
질문: 여자의 남편은 지금 어디에 있나?
　　A. 해외　B. 회사　C. 상점　D. 병원

[해설]

남자가 여자에게 남편 어디 갔느냐고 묻자, 여자가 '他 … 出国了。(그는 외국에 나갔어요.)'라고 대답한 것으로 보아 남편은 지금 해외에 있는 것을 알 수 있습니다.

11.

女: 多亏/你们/对这件事/进行了/及时的/报道。
男: 没什么, /这/本来/就是/我们的/职责。
问: 男的/最有可能/是/什么人?

[번역]

여: 당신들이 이 일에 대해 제때에 보도를 해주셔서 다행입니다.
남: 별말씀을요, 이게 원래 우리 일인데요.
질문: 남자는 어떤 사람일까?
　　A. 비서　B. 기자　C. 직원　D. 사장

[해설]

여자가 남자에게 '你们/对这件事/进行了/及时的/报道

(당신들이 이 일에 대해 제때에 보도를 해주었다)'라고 말한 것으로 보아 남자가 기자인 것을 알 수 있습니다. '报道(보도하다)', '采访 (취재하다)' 등의 단어가 들리면 직업은 기자입니다.

12.

女: 您/要/什么样的/发型?
男: 不要/太长, /把头发/剪短点儿/就行了。
问: 女的/是/做/什么工作的?

[번역]

여: 어떤 헤어스타일을 원하세요?
남: 너무 길지 않게, 머리를 좀 짧게 잘라주시면 됩니다.
질문: 여자는 어떤 일을 하는가?
　　A. 미용사　B. 선생님　C. 기사　D. 의사

[해설]

여자가 남자에게 '您/要/什么样的/发型?(어떤 헤어스타일을 원하세요?)' 하고 묻자, 남자는 '把头发/剪短点儿/就行了(머리를 좀 짧게 잘라주시면 됩니다)'라고 대답한 것으로 보아, 여자는 미용사인 것을 알 수 있습니다. '发型 (헤어스타일)' '剪短点儿 (좀 짧게 자르다)' 등의 단어가 들리면 직업은 미용사 또는 이발사인 것을 알 수 있습니다.

13.

男: 你/就/给我/准备/行李吧。/单位/明天/派我/去美国/出差。
女: 几点/出发啊? /有时间/在家/吃饭吗?
问: 他们/最有可能/是/什么关系?

[번역]

남: 당신 내 짐 좀 챙겨줘요. 회사에서 내일 나한테 미국으로 출장을 가라고 했어요.
여: 몇 시에 출발해요? 집에서 식사할 시간이 있어요?
질문: 그들은 어떤 사이일까?
　　A. 부부　B. 직장동료　C. 선생님과 학생　D. 친구

[해설]

남자가 여자에게 '你/就/给我/准备/行李吧。(당신 내 짐 좀 챙겨줘요.)' 하고 말하자, 여자가 '有时间/在家/吃饭吗?(집에서 식사할 시간이 있어요?)'라고 물어 본 것으로 보아 두 사람은 부부사이인 것을 알 수 있습니다.

14.

男: 今天/(李经理的)/脸色/很不好, /他/今天/

有什么/事情吗?

女: 我也/不知道。/(他的)/脸色/整天/这么差!

问: 谁的/脸色/不好?

[번역]

남: 오늘 이 사장님 안색이 무척 안 좋으신데, 무슨 일이 있으신가?

여: 저도 모르겠어요. 사장님 안색이 온 종일 안 좋으셨어요!

질문: 누구의 안색이 안 좋은가?

　　A. 이 사장　B. 여자　C. 남자　D. 모르겠음

[해설]

남자가 여자에게 '(李经理的)脸色/很不好 (이 사장님 안색이 무척 안 좋으시다)'라고 말한 것으로 보아 이사장의 안색이 안 좋은 것을 알 수 있습니다.

15.

女: 这个饺子/太好吃了, /在哪儿/买的?

男: 是/(我自己的)/手艺, /和/(在饭馆做的)/饺子/差不多吧?

问: 女的/吃的/饺子/是/谁/做的?

[번역]

여: 이 만두 너무 맛있다, 어디서 샀어?

남: 내 솜씨야, 음식점에서 만든 만두랑 비슷하지?

질문: 여자가 먹은 만두는 누가 만들었나?

　　A. 요리사　B. 여자　C. 남자　D. 엄마

[해설]

여자가 남자에게 '这个饺子 …, 在哪儿/买的?(이 만두 … , 어디서 샀어?)' 하고 묻자, 남자가 '是/(我自己的)/手艺(내 솜씨야)' 하고 대답한 것으로 보아 만두는 남자가 직접 만들었다는 것을 알 수 있습니다.

16.

女: 这个房子, /周围环境/不错, /又朝南/还送/装修/和家具。/您看/怎么样?

男: 回家以后, /我/再/考虑考虑。

问: 男的打算做什么?

[번역]

여: 이 집은 주위환경이 좋고, 또 남향인데다가 실내장식과 가구도 그냥 주는데, 어떠세요?

남: 집에 가서 다시 생각을 좀 해볼게요.

질문: 남자는 무엇을 하려고 하나?

　　A. 가구를 사려고 함　　B. 집을 사려고 함

　　C. 사업을 하려고 함　　D. 인테리어를 하려고 함

[해설]

여자가 남자에게 '这个房子, …, 您看/怎么样?(이 집…, 어떠세요?)' 하고 묻자, 남자가 '我/再/考虑考虑(다시 생각을 좀 해보겠습니다)'라고 대답한 것으로 보아, 남자는 집을 사려고 하는 것을 알 수 있습니다.

17.

女: 张明, /你/在哪儿?

男: 在/香港, /这几天/特别忙, /我/明天/早班飞机/回北京/去 。

问: 他们/在/做什么?

[번역]

여: 장밍아, 너 지금 어디야?

남: 홍콩에 있어, 요즘 너무 바빴어, 내일 아침비행기로 북경에 돌아 갈 거야.

질문: 그들은 지금 무엇을 하고 있나?

　　A. 배우자를 소개하고 있음

　　B. 비행기 표를 사고 있음

　　C. 식사를 하고 있음

　　D. 전화를 하고 있음

[해설]

여자가 남자에게 '你/在哪儿?(지금 어디니?)' 하고 묻자, 남자가 '在/香港 (홍콩이야)'라고 대답한 것으로 보아 두 사람은 지금 전화를 하고 있는 것을 알 수 있습니다. 두 사람이 서로 다른 곳에 떨어져서 이야기하는 내용이 들리면 '打电话'가 정답입니다.

18.

女: 喝/减肥茶、/按摩、/节食/也都/试过了, /可是/怎么也/减不下去呀!

男: 我看, /你/还是/运动/的好。

问: 他们/在/谈论/什么问题?

[번역]

여: 다이어트차도 마셔보고, 안마도 받아보고, 절식도 해보았지만, 아무리 살을 빼려고 해도 빠지지가 않아!

남: 내가 보기에 너는 역시 운동을 하는 게 좋을 거 같아.

질문: 그들은 어떤 문제에 대해 이야기하고 있나?

　　A. 식사　　B. 다이어트　　C. 안마　　D. 운동

[해설]

여자가 남자에게 '怎么也/减不下去呀(아무리 살을 빼려

고 해도 빠지지가 않는다)' 하고 말하자, 남자가 '你/还是/运动/的好(운동을 해라)'라고 말한 것으로 보아 그들은 지금 여자의 다이어트에 대해 이야기하고 있는 것을 알 수 있습니다.

19.

女: 这个学期/我/选了/西方历史/和西方文学史，/你/选了/什么课?
男: 我/想选/东方艺术史/和东方历史。
问: 男的/想/学习/什么课程?

[번역]
여: 이번 학기에 나는 서양역사와 서양문학사를 선택했어, 너는 무슨 과목을 선택했니?
남: 나는 동양예술사와 동양역사를 선택하고 싶어.
질문: 남자는 무슨 과목을 배우고 싶어 하나?
   A. 서양역사   B. 서양문학사
   C. 동양예술사   D. 동양문학사

[해설]
남자가 여자에게 '我/想选/东方艺术史/和东方历史。(나는 동양예술사와 동양역사를 선택하고 싶어)'라고 말한 것으로 보아 정답이 C인 것을 알 수 있습니다.

20.

男: 要是/我/现在/想开通/手机服务，/应该/怎样/办理呢?
女: 请你/带好/你的/身份证/到/我们的/服务大厅/办理/就可以了。
问: 男的/想/做什么?

[번역]
남: 제가 지금 핸드폰 부가서비스를 개통하고 싶다면, 어떻게 해야 되나요?
여: 본인 신분증을 가지고 우리 사무실로 오셔서 신청을 하시면 됩니다.
질문: 남자는 무엇을 하고 싶나?
   A. 핸드폰을 사고 싶어 함
   B. 핸드폰 부가서비스를 개통하고 싶어 함
   C. 신분증을 만들고 싶어 함
   D. 집을 사고 싶어 함

[해설]
남자가 여자에게 '我现在想开通手机服务 (나는 지금 핸드폰 부가서비스를 개통하고 싶다)'라고 말하면서 핸드폰 부가서비스 개통에 관해 물어보는 것으로 보아, 정답이 B인 것을 알 수 있습니다.

[단어]

丢三落四 diūsānlàsì (성) 건망증이 심하다. 이것저것 잘 빠뜨리다 / 辞职 cízhí (동) 사직하다. 직장을 그만두다 / 申请 shēnqǐng (동명) 신청(하다) / 琢磨 zuómo (동) 생각하다 / 到底 dàodǐ (부) 도대체 / 吵架 chǎojià (동) 싸우다, 말다툼하다 / 出徒 chūtú (견습공, 연생이) 견습 기간이 만료되다 / 适合 shìhé (동) 적합하다. 알맞다 / 甭 béng (부) ~할 필요가 없다 ['不用'을 합해서 하는 말] / 道歉 dàoqiàn (동) 사과하다 / 有出路 yǒuchūlù 방법이 있다 [= 有办法] / 聚会 jùhuì (동) 회합, 모임, 집회 (동) 모이다 / 妻管严 qīguǎnyán (명) 공처가 / 难得 nándé (부) ~하기 어렵다. (드물게) ~하다 / 骗人 piànrén (동) 남을 속이다. 기만하다 / 上映 shàngyìng (동) (영화를) 상영하다 / 精彩 jīngcǎi (형) (공연, 파티, 시합, 말, 글 등이) 뛰어나다. 훌륭하다. 멋있다 / 只顾 zhǐgù (부) 오로지 ~만 생각하다. ~하는데 만 정신이 팔리다 / 短信 duǎnxìn (명) 문자 메시지 / 多亏 duōkuī 덕분에, 다행히 (동) 은혜를 입다. ~덕택이다 / 骂 mà (동) 욕하다 / 发脾气 fāpíqi (동) 화내다, 성질을 부리다

[정답]

1 C	2 D	3 C	4 A	5 C
6 B	7 C	8 A	9 B	10 C
11 C	12 D	13 C	14 A	15 B
16 D	17 B	18 C	19 A	20 A

01.

女: 天啊！/我/把文件/放在/家里了。
男: 你/是/怎么搞的，/最近/总是/这样/丢三落四的。
问: 男的/对女的/是/什么态度?

[번역]
여: 맙소사! 서류를 집에다 두고 왔네.
남: 너 뭐하는 거야, 요즘 늘 이렇게 깜박깜박하고.
질문: 남자는 여자한테 어떤 태도인가?
   A. 이해함   B. 격려함   C. 꾸짖음   D. 위로함

[해설]
남자가 여자에게 '你/是/怎么搞的，/最近/总是/这样/丢三落四的 (너 뭐하는 거야, 요즘 늘 이렇게 깜박깜박하고)'라고 말하는 것으로 보아, 남자가 여자를 꾸짖고 있는 것을 알 수 있습니다. '怎么搞的 (뭐하는 거야, 어떻게 된 거야)'라는 단어가 들리면 상대방을 꾸짖거나 상당히 불만

스럽다는 것을 나타냅니다.

02.

女: 你的/辞职申请, /领导/是/怎么说的?
男: 我也/在/琢磨呢, /他/没说/同意, /也没说/不同意。
问: 关于/男的的/申请, /领导/是/什么态度?

[번역]
여: 네 사직서에 대해서 상사가 뭐라고 했어?
남: 나도 지금 생각중이야. 그는 동의한다고도, 또 동의하지 않는다고도 말하지 않았어.
질문: 남자의 사직서에 관해서 상사는 어떤 태도인가?
　　A. 동의함　　　　B. 반대함
　　C. 검토 중임　　D. 태도를 표시하지 않음

[해설]
여자가 남자에게 사직서에 대해서 윗사람이 뭐라고 말했냐고 물어보자, 남자가 '他/没说/同意, /也没说/不同意 (그는 동의한다고도, 또 동의하지 않는다고도 말하지 않았다)'라고 대답한 것으로 보아, 윗사람은 그의 사직서에 대해서 아무런 표현도 하지 않은 것을 알 수 있습니다.

03.

男: 你/不是说/你/能办好/这件事吗? /你/怎么/搞的?
女: 这/都是/我的/错。/你/到底/要问/我/多少遍/才满意!
问: 女的/是/什么口气?

[번역]
남: 네가 이 일을 잘 할 수 있다고 말하지 않았어? 어떻게 된 거야?
여: 내가 다 잘못했어. 너는 나한테 도대체 몇 번을 물어봐야 만족을 하겠니!
질문: 여자의 어투는 어떠한가?
　　A. 부드러움　　　B. 의아해함
　　C. 귀찮고 싫음　　D. 걱정함

[해설]
여자가 남자에게 '你/到底/要问/我/说/多少遍/才满意!(너는 내가 도대체 몇 번을 말해야 만족을 하겠어!)'라고 말한 것으로 보아, 여자는 남자의 계속되는 질문에 짜증이 나있음을 알 수 있습니다.

04.

男: 如果/你们/因为/我/而/吵架, /那/我帮你/向他/解释。
女: 行了, /行了, /你/别再/给我/添乱了!
问: 女的/是/什么态度?

[번역]
남: 만약에 너희가 나 때문에 다퉜다면, 그럼 내가 너 대핸 그한테 설명을 해 줄게.
여: 됐어, 됐다고! 더 이상 나 귀찮게 하지 마 !
질문: 여자의 태도는 어떠한가?
　　A. 불만스러움　　　B. 만족스러움
　　C. 차분함　　　　　D. 칭찬함

[해설]
여자가 남자에게 '行了, /行了, /你/别再/给我/添乱了!(됐어, 됐다고! 더 이상 나 귀찮게 하지 마 !)' 하고 말하는 것으로 보아, 남자에게 불만이 있는 것을 알 수 있습니다.

05.

男: 不错啊, /看来/你/可以/出徒了!
女: 还差得远呢, /我/还得/跟着/您/学。
问: 女的/是/什么口气?

[번역]
남: 훌륭해, 보아하니 너는 하산해도 되겠다!
여: 아직도 멀었어요, 아직 계속해서 선생님께 배워야 되요.
질문: 여자의 어투는 어떠한가?
　　A. 거만함　B. 화를 냄　C. 겸손함　D. 슬퍼함

[해설]
남자가 여자를 칭찬하자, 여자가 '还差得远呢 (아직도 멀었어요)'라고 겸손하게 대답을 했습니다. 어투를 묻는 문제에서 상대방이 칭찬을 했을 때 '还差得远呢'라고 대답하면 '谦虚 (겸손하다)'가 정답입니다.

06.

女: 厂长, /我/觉得/这个工作/不适合/我, /我/想/辞职, /换/一个工作。
男: 依我看, /你/甭想走。
问: 男的/是/什么口气?

[번역]
여: 공장장님, 저한테 이 일은 맞지 않는 것 같아서, 이 일을 그만두고, 다른 일을 구하고 싶습니다.

남: 내가 보기에 당신은 직장을 그만 둘 필요가 없는 것 같아요.

질문: 남자의 어투는 어떠한가?

   A. 칭찬함   B. 설득함

   C. 의심함   D. 찬성하고 동의함

[해설]

여자가 남자에게 직장을 그만두겠다고 하자, 남자가 '你/甭想走。(당신은 직장을 그만 둘 필요가 없다)' 하고 말하면서 여자를 설득하고 있는 것을 알 수 있습니다.

07.

男: 你的/意思/是/我/一定要/向他/道歉/吗?

女: 没错, /没有/别的/出路 。

问: 女的/是/什么口气?

[번역]

남: 당신 말뜻은 내가 반드시 그한테 사과를 해야 된다는 건가요?

여: 맞아요. 다른 방법이 없잖아요.

질문: 여자의 어투는 어떠한가?

   A. 매우 이상함   B. 망설이고 결정하지 못함

   C. 매우 긍정함   D. 매우 만족함

[해설]

여자는 남자의 질문에 '没错(맞다)'라고 대답한 것으로 보아서 남자의 말에 동의하고 있는 것을 알 수 있습니다.

08.

男: 我/不能/参加/(今天晚上的)/聚会了, /家里/有点/事, /老婆/让我/快点儿/回家。

女: 想不到/你也/得了/'妻管严' /啊!

问: 女的/是/什么口气?

[번역]

남: 나는 오늘 저녁 모임에 참가할 수 없어요. 집에 일이 좀 있어서, 아내가 나더러 빨리 좀 집에 와달라고 했거든요.

여: 당신도 공처가인 줄 생각지도 못했는데요!

질문: 여자의 어투는 어떠한가?

   A. 비아냥거림   B. 칭찬함

   C. 만족스러움   D. 표창함

[해설]

남자가 집에 빨리 가야 된다고 하자, 여자가 '想不到/你也/得了/'妻管严' /啊~ (당신도 공처가인 줄 생각지도 못했는데요!)'라고 비아냥거리고 있는 것을 알 수 있습니다.

09.

女: 你/能来/我们公司/工作/吗?

男: 没问题。

问: 男的/是/什么态度?

[번역]

여: 당신 우리 회사에 와서 일할 수 있어요?

남: 문제없습니다.

질문: 남자의 태도는 어떠한가?

   A. 거절하고 싶어 함   B. 매우 시원스러움

   C. 생각하지 않음   D. 불만이 있음

[해설]

여자가 남자에게 자기네 회사에 와서 일할 수 있냐고 묻자, 남자가 '没问题 (문제없어요)'라고 시원스럽게 동의를 한 것을 알 수 있습니다. '没问题'는 상대방이 부탁이나 요구를 했을 때 흔쾌히 동의함을 나타내는 말입니다.

10.

男: 即使/再/下/大雨, /我也/得走/了。

女: 我/不建议/你/现在/走, /再/等等/吧!

问: 对于/(男的的)/打算/女的/是/什么态度?

[번역]

남: 설령 비가 더 온다 하더라도, 나는 가야돼.

여: 나는 네가 지금 가는 거 바라지 않아. 조금만 더 기다려봐!

질문: 남자의 계획에 대해 여자의 태도는 어떠한가?

   A. 매우 믿고 있음   B. 매우 화를 냄

   C. 동의하지 않음   D. 칭찬함

[해설]

여자가 남자에게 '我不建议 …… (나는 ~라고 제안하지 않겠다)'라고 말한 것으로 보아 여자는 남자의 말에 반대하는 것을 알 수 있습니다. 태도나 어투를 묻는 문제에서 '不建议 (제안하지 않다)'라는 낱말이 들리면 '不同意' 또는 '反对'가 정답입니다.

11.

男: 春节/我/要加班, /不能/和你们/一起/去旅游/了。

女: 啊! /那/太可惜了, /我们/难得/有时间/能/一起/出去玩!

问: 女的/是/什么语气?

[번역]

남: 나는 설날에 야근을 해야 돼서, 너희와 함께 여행을 갈

수 없게 되었어.

여: 아! 너무 아쉽다. 우리가 모처럼 함께 여행 갈 시간이
생겼는데!

질문: 여자의 어투는 어떠한가?

    A. 불만스러움   B. 의심스러움

    C. 안타까움   D. 미안하게 생각함

[해설]

남자가 함께 여행갈 수 없다고 하자, 여자가 '那太可惜
了! (너무 아쉽다!)'라고 안타까워하고 있습니다. '可惜'와
'遗憾'은 둘 다 뜻대로 되지 않아서 안타깝고 아쉽다는 뜻
입니다.

12.

男: 他这个人/总是/喜欢/骗人，/很讨厌。

女: 他这个人/脸皮比长城还厚。

问: 女的/对他/是/什么态度？

[번역]

남: 그는 늘 사람을 속이길 잘해서 너무 싫어.

여: 그는 얼굴이 만리장성보다 더 두껍잖아.

질문: 여자의 그에 대한 태도가 어떠한가?

    A. 존경함 B. 칭찬함 C. 무서워함 D. 비아냥거림

[해설]

여자는 남자의 말에 '他这个人/脸皮比长城还厚。(그는
얼굴이 만리장성보다 더 두껍잖아)'
라고 비아냥거리는 말투로 말하면서 맞장구를 치고 있습
니다.

13.

女: 听说/昨天/(新上映的)/电影/特别/精彩。

男: 精彩什么/呀，/我/看着看着/都快睡着了！

问: 男的/觉得/新电影/怎么样？

[번역]

여: 어제 새로 상영한 영화 아주 재미있다고 들었어.

남: 뭐가 재미있냐? 나는 보다가 잘 뻔 했는데!

질문: 남자는 새영화에 대해 어떻게 생각하나?

    A. 매우 재미있음   B. 아주 훌륭함

    C. 재미없음   D. 새영화를 아직 못봤음

[해설]

남자가 여자에게 '精彩什么/呀，/我/看着看着/都快睡
着了！(뭐가 재미있냐? 나는 보다가 잘뻔했다!)'라고 말
한 것으로 보아 영화가 재미없었던 것을 알 수 있습니다.

14.

女: 孩子/整天/只顾/用手机/发短信/玩儿，/
什么也/不做，/怎么办呀？

男: 早/知道/这样，/当初/还不如/不给他/买
手机呢。

问: 男的/是/什么语气？

[번역]

여: 아이가 온 종일 핸드폰으로 문자를 보내면서 놀고 아
무것도 안하니 어쩌면 좋아요?

남: 진작 이럴 줄 알았다면 그 때 아이에게 핸드폰을 사주
지 않는 게 더 나을 뻔 했어.

질문: 남자의 어투는 어떠한가?

    A. 후회함   B. 책망함   C. 만족함   D. 기쁨

[해설]

남자가 여자에게 '早/知道/这样，/当初/还不如 (진작
이럴 줄 알았다면 그 때 ~하는 게 더 나았다)'라고 말하면
서 후회하고 있는 것을 알 수 있습니다. 태도와 어투를 묻
는 문제에서 '早知道这样，当初还不如~', '早(就)知道
如此~'라는 말이 들리면 '后悔 (후회하다)'가 정답입니다.

15.

女: 孩子/多亏了/有你/照顾，/我/不知道/怎
么/感谢你/才好呢！

男: 咱们/都是/邻居，/不用客气了。

问: 女的/是/什么意思？

[번역]

여: 아이를 당신이 보살펴주셔서 너무 다행이에요. 제가
어떻게 감사를 드려야 될지 모르겠네요!

남: 우리는 모두 이웃인데, 너무 그러지 마세요.

질문: 여자의 말은 무슨 뜻인가?

    A. 남자에게 감사하지 않음

    B. 남자에게 매우 감사함

    C. 남자가 아주 귀찮다고 생각함

    D. 남자의 말은 무슨 뜻인지 모르겠음

[해설]

여자가 남자에게 '我/不知道/怎么/感谢你/才好呢(제
가 어떻게 감사를 드려야 될지 모르겠어요!)' 하고 겸손하
게 감사의 말을 전하는 것을 알 수 있습니다. 대도나 어투
를 묻는 문제에서 상대방에게 겸손하게 하는 말로 '不知道
/怎么/感谢(你)/才好呢' 또는 '不知道/感谢什么/才
好呢' 등이 있습니다. 부사어 怎么는 서술어 앞에 쓰고,
什么는 보통 서술어 뒤에 씁니다.

16.

男: 这是/（下个月的）/计划书，/你/看一下吧。

女: 这/都是/你一个人/做的?/你/真是/太棒了!

问: 女的/说话的/语气/表示的/是:

[번역]

남: 이건 다음 달 계획서인데 좀 봐주십시오.

여: 이게 다 당신 혼자 한 거예요? 정말 대단하군요!

질문: 여자가 말한 어투는 어떠한가?

　　A. 비아냥거림　　B. 의심스러움

　　C. 책망함　　　　D. 칭찬함

[해설]

여자가 남자에게 '真是/太棒了! (정말 대단하군요!)'라고 감탄하면서 말한 것으로 보아, 여자가 남자를 칭찬하고 있는 것을 알 수 있습니다. 형용사 '棒 (bàng)'은 '(수준이) 높다', '(성적, 체력, 능력 등이) 훌륭하다, 좋다, 뛰어나다'는 뜻입니다.

17.

女: 总经理，/您/有什么/事情吗?

男: 你是/怎么搞的，/把（今天的）安排/都记错了。

问: 男的/是/什么态度?

[번역]

여: 사장님, 무슨 일 있으십니까?

남: 당신 지금 뭐하는 거야, 오늘 스케줄을 모두 잘못 기록했잖아.

질문: 남자의 태도는 어떠한가?

　　A. 만족함　B. 꾸짖음　C. 긴장함　D. 의심함

[해설]

남자가 여자에게 '你是/怎么搞的 (당신 지금 뭐하는 거야, 어떻게 된 거야)'라고 말하는 것으로 보아 상당히 불만스러워 하면서 상대방을 책망하고 있는 것을 알 수 있습니다.

18.

男: 自行车/都修完了吗?/老刘的/技术/怎么样?

女: 我看，/他的技术/还行。

问: 女的/是/什么口气?

[번역]

남: 자전거 다 고쳤어? 라오류의 기술은 어때?

여: 내가 보기에 그의 기술은 그런대로 괜찮은 거 같아.

질문: 여자의 어투는 어떠한가?

　　A. 아주 만족스러움　　B. 매우 화가 남

　　C. 그런대로 괜찮음　　D. 아주 불만스러움

[해설]

여자가 남자에게 '他的技术/还行 (그의 기술은 그런대로 괜찮다)'라고 말한 것으로 보아 정답은 C인 것을 알 수 있습니다. '还行'은 '아쉬운 대로, 그럭저럭 괜찮은 편이다'는 뜻으로 '还可以' 또는 '还算不错'과 동의어입니다.

19.

女: 今天/我来/露一手，/你/就等着/吃饭吧?

男: 算了，/算了。/你/还会/做饭?

问: 男的/是/什么态度?

[번역]

여: 오늘 내가 솜씨를 보여줄게, 기다렸다가 밥 먹고 갈 거지?

남: 됐다, 됐어. 네가 무슨 밥을 할 줄 안다고?

질문: 남자의 태도는 어떠한가?

　　A. 거절함　B. 이해함　C. 놀람　D. 기뻐함

[해설]

여자가 남자에게 밥 먹고 가라고 하자, 남자가 '算了，/算了 (됐다, 됐어)'라고 말하면서 거절한 것을 알 수 있습니다. '算了(됐어, 그만해)'는 '상대방을 책망함, 상대방에게 불만스러움, 상대방의 뜻을 거절함'을 나타내는 낱말이며, '得了(déle)'와 동의어입니다.

20.

女: 组长/今天/心情/不好，/又/把我/骂了/一顿!

男: 真是的! /他/整天/发脾气，/谁/喜欢/他呢?

问: 男的/是/什么态度?

[번역]

여: 팀장님 오늘 기분이 안 좋으신가봐, 또 나한테 심한 말을 하셨어!

남: 아휴 정말! 그는 온 종일 화만 내는데, 누가 그를 좋아하겠니?

질문: 남자의 태도는 어떠한가?

　　A. 불만스러움　　　　B. 놀라면서 기뻐함

　　C. 의심스러움　　　　D. 동의함

[해설]

남자가 여자에게 '真是的! (정말!)'라고 말하면서 매우 기분 나빠하는 것을 알 수 있습니다. '真是的'는 상대방한테 상당히 불만스럽거나 책망을 할 때 쓰는 말입니다.

[3주차 원문 & 해설 & 정답]

[단어]

灵通 língtōng ⑲ 소식이 빠르다 / 对待 duìdài 대(우)하다. 대응하다. 대처하다 / 繁华 fánhuá ⑲번화하다 / 便利 biànlì ⑲⑧ 편리하(게 하)다 / 新鲜 xīnxiān ⑲ 신선하다. 싱싱하다 / 特色 tèsè ⑲ 특색 / 红火 hónghuo ⑲ 번창하다. 번성하다. 성대하다 / 发言 fāyán ⑲⑧ 발언(하다). 말하다 / 出错 chūcuò 실수하다 / 错过机会 cuòguò jīhuì ⑧기회를 놓치다. 잃다 / 多亏 duōkuī ⑧ 덕분에, 다행히 은혜를 (덕택) 입다 / 提醒 tíxǐng ⑧ 일깨우다. 깨우치다 / 样式 yàngshì ⑲ 디자인 / 商量 shāngliáng ⑧ 의논하다. 상의하다 / 葡萄 pútáo ⑲ 포도 / 香蕉 xiāngjiāo ⑲ 바나나 / 调整 tiáozhěng ⑧ 조정(조절)하다 / 受欢迎 shòu huānyíng ⑧ 인기가 있다. 잘 팔리다 / 销售 xiāoshòu ⑧ 판매하다. 팔다 / 营销 yíngxiāo 경영판매하다 / 熟悉 shúxī ⑲ 익숙하다. 잘 알다 / 名牌 míngpái ⑲ 유명상표. 메이커 / 新潮 xīncháo ⑲⑲ 최신 유행. 유행의 / 单一 dānyī ⑲ 단일하다 / 舅舅 jiùjiu ⑲ 삼촌 / 饿肚子 èdùzi ⑧ 배고프다 / 厨房 chúfáng ⑲ 주방. 부엌 / 转告 zhuǎngào ⑧ 전달하다. 말을 전해주다 / 合适 héshì ⑲ 알맞다. 적합하다. 어울리다

[정답]

1 B	2 C	3 A	4 C	5 A
6 A	7 B	8 C	9 C	10 A
11 C	12 C	13 C	14 B	15 A
16 D	17 D	18 A	19 A	20 B

01.

男: 你呀, /小兰的/话/真的/能相信吗?
女: 听说/小兰的/丈夫/在电视台/工作, /消息/最灵通了, /所以/她的话/我/不能/不信。
问: 女的/是/什么意思?

[번역]

남: 너는 샤오란의 말을 정말 믿을 수 있니?
여: 샤오란 남편이 방송국에서 일해서 소식이 가장 빠르다고 하더라. 그래서 그녀의 말을 나는 안 믿을 수가 없어.

질문: 여자의 말은 무슨 뜻인가?
  A. 샤오란의 말을 믿지 않음
  B. 샤오란의 말을 믿음
  C. 샤오란을 매우 좋아 함
  D. 샤오란은 방송국에서 일함

[해설]

여자가 남자에게 '她的话/我/不能/不信 (그녀의 말을 나는 안 믿을 수가 없어)'라고 말한 것으로 보아, 여자는 샤오란의 말을 믿는 것을 알 수 있습니다.

02.

男: 他这个人/对待/工作/怎么样?
女: 只要/他要/(干的)/事, /就/非干/不成。
问: 女的/是/什么意思?

[번역]

남: 그는 일을 대하는 것이 어떠니?
여: 그는 하려고 하는 일이 있기만 하면, 하지 않으면 안 돼.
질문: 여자의 말은 무슨 뜻인가?
  A. 신임을 할 수 없음   B. 일처리를 매우 잘함
  C. 한다고 했으면 반드시 함   D. 준비가 충분함

[해설]

여자가 남자에게 '他 …非干/不成 (그는 하지 않으면 안 된다)'라고 대답한 것으로 보아, 그는 하려고 하는 일이 있으면 반드시 하고 만다는 것을 알 수 있습니다. '非要 fēiyào [= 非得 fēiděi]'는 뒤의 '不可 [= 不行, 不成]'과 호응하여 '非要 … 不可'의 형태로 써서 '~하지 않으면 안 된다' 즉 '반드시 ~해야 된다'는 뜻을 나타냅니다.

03.

男: 小王/和你/比起来, /谁的/学习成绩/更好?
女: 他/数学/比我/好, /但/化学/就不如/我了。
问: 下面/哪种说法/正确?

[번역]

남: 샤오왕과 너를 비교해 보았을 때, 누가 더 공부를 잘하나?
여: 그는 수학은 나보다 잘하지만, 화학은 나만 못해.
질문: 다음 중 옳은 것은?
  A. 샤오왕은 화학을 나만큼 잘하지 못함
  B. 샤오왕은 화학을 나보다 잘함
  C. 샤오왕은 수학을 나보다 못함
  D. 나는 수학을 샤오왕보다 잘함

[해설]

여자가 남자에게 '他/数学/比我/好，/但/化学/就不如/我了。(그는 수학은 나보다 잘하지만, 화학은 나만 못해)'라고 대답한 것으로 보아 정답은 A인 것을 알 수 있습니다. 'A不如B'는 'A가 B만 못하다' 즉 'B가 A보다 낫다'는 뜻이며, 이 경우 '没有'와 동의어입니다. 'A比B ~'는 'A가 B보다 ~하다'는 뜻으로 '不如'와 반대되는 개념입니다.

04.

男: 你觉得/城市好/还是/农村好?
女: 城市呢，/比较/繁华，/交通/也便利，/但/空气/没有/农村/那么新鲜。
问: 根据/女的的话/可以知道/什么?

[번역]

남: 네 생각에 도시가 좋으니 아니면 농촌이 좋으니?
여: 도시는요, 번화한 편이고, 교통도 편리해요. 그러나 공기는 농촌만큼 그렇게 신선하지 않아요.
질문: 여자의 말에 근거해서 알 수 있는 것은?
    A. 도시는 나쁨
    B. 도시공기는 농촌보다 좋음
    C. 농촌공기가 더 좋음
    D. 현재생활에 대해 매우 만족함

[해설]

여자가 남자에게 '城市呢，…空气/没有/农村/那么新鲜 (도시는요, … 공기가 농촌만큼 그렇게 신선하지 않다)'이라고 대답한 것으로 보아 농촌공기가 도시공기보다 더 좋다는 것을 알 수 있습니다.

05.

男: 听说/在你家附近/新开了/一家餐馆，/那家餐馆/怎么样?
女: (那家餐馆的)/菜/很有特色，/生意/越来越/红火了。
问: 现在/餐馆的/生意/怎么样?

[번역]

남: 네 집 근처에 새로운 음식점이 생겼다면서, 그 음식점 어떠니?
여: 그 음식점 음식은 아주 특색이 있어서, 장사가 점점 더 잘되고 있어.
질문: 지금 음식점은 장사가 어떠한가?
    A. 이전보다 잘되고 있음   B. 장사가 너무 안 됨
    C. 전과 같음   D. 전에만 못함

[해설]

여자가 남자에게 '生意/越来越/红火了 (장사가 점점 더 잘되고 있다)'라고 대답한 것으로 보아 새로 개업한 음식점은 장사가 이전보다 더 잘 되고 있는 것을 알 수 있습니다.

06.

男: 这次会议/让小张/发言，/能行吗? /要不然/还是/你来吧!
女: 你/别看/小张/年轻，/可/他/一点儿也/不比别人/差。
问: 女的/是/什么意思?

[번역]

남: 이번 회의에서 샤오장에게 발표하게 하는 거 괜찮겠어요? 아니면 역시 당신이 하는 게 좋겠어요!
여: 샤오장이 젊다고 얕보지 마세요. 그는 조금도 다른 사람한테 밀리지 않아요.
질문: 여자의 말은 무슨 뜻인가?
    A. 샤오장이 발표를 해도 문제없음
    B. 가장 좋은 것은 여자가 발표하는 것임
    C. 여자가 하든지 그가 하든지 다 괜찮음
    D. 그들 둘이 함께 발표를 해야 함

[해설]

남자가 여자에게 샤오장이 발표하는 것을 걱정하는 말을 하자, 여자가 '他/一点儿也/不比别人/差(그는 조금도 다른 사람한테 뒤떨어지지 않는다)'라고 대답한 것으로 보아 여자는 샤오장이 발표하는 것에 전혀 문제가 없다고 말하고 있는 것을 알 수 있습니다.

07.

男: 如果/太紧张，/往往/更容易/出错。
女: 没错，/很多人/就是/因为/太紧张，/而/错过了/很多好机会。
问: 女的/主要/是/什么观点?

[번역]

남: 너무 긴장을 하면, 종종 실수를 하기가 더 쉽지요.
여: 맞아요. 많은 사람들은 너무 긴장을 하기 때문에, 많은 좋은 기회들을 놓칩니다.
질문: 여자의 주된 관점은 무엇인가?
    A. 사람은 쉽게 실수를 함
    B. 너무 긴장을 해서는 안 됨
    C. 반드시 좋은 기회를 잡아야 됨
    D. 기회는 매우 중요함

남자가 여자에게 긴장을 하면 실수하기가 더 쉽다고 말하자, 여자가 '很多人/就是/因为/太紧张，/而/错过了/很多好机会(많은 사람들이 너무 긴장을 하기 때문에, 많은 좋은 기회들을 놓쳤다)'라고 남자의 말에 맞장구를 친 것으로 보아, 여자는 지나치게 긴장해서는 안 된다는 것을 역설하고 있음을 알 수 있습니다.

08.

男：今天/是/你妈妈的/生日吧?/差儿点/忘了/买/生日蛋糕。
女：多亏/你/提醒我，要不/我也/忘了。
问：从对话中/可以知道/什么?

[번역]

남: 오늘이 네 엄마 생일이지? 하마터면 생일케이크 사는 것을 잊을 뻔했다.
여: 다행이 아빠가 미리 알려주셨으니까 망정이지, 안 그랬으면 저도 잊을 뻔 했어요.
질문: 대화에서 무엇을 알 수 있나?
　　A. 오늘은 여자의 생일임
　　B. 오늘은 엄마 생신이 아님
　　C. 남자는 여자에게 일깨워 주고 있음
　　D. 남자는 엄마의 생일을 모름

[해설]

여자가 남자에게 '多亏/你/提醒我 (다행이 아빠가 나를 일깨워 주셨다)'라고 말한 것으로 보아, 정답은 C인 것을 알 수 있습니다.

09.

女：这件衣服/样式/很好看，/颜色/也不错，/只是/有点儿贵，/你/能不能/便宜点儿?
男：你/如果/买两件/的话，/价钱/可以再/商量。
问：男的/是/什么意思?

[번역]

여: 이 옷은 디자인이 예쁘고, 색상도 괜찮은데, 그런데 좀 비싸네요. 싸게 해주실 수 없나요?
남: 두 벌을 사신다면, 가격은 다시 조절할 수 있습니다.
질문: 남자의 말은 무슨 뜻인가?
　　A. 품질이 매우 좋음
　　B. 나중에 다시 말자고 함
　　C. 가격은 다시 이야기할 수 있음
　　D. 지금은 상품이 없음

[해설]

여자가 옷이 너무 비싸다고 하면서 값을 깎아 달라고 하자, 남자가 여자에게 '价钱/可以再/商量 (가격은 다시 상의할 수 있다)'이라고 말한 것으로 보아 정답은 C인 것을 알 수 있습니다. B는 주로 상대방의 요구를 부드럽게 거절할 때 쓰는 말입니다.

10.

男：都/夏天了，/西瓜/为什么/这么贵?
女：我也/不太清楚，/不过/葡萄/和香蕉/都比/西瓜/便宜。来点儿/尝尝吧。
问：什么水果/比以前/贵了?

[번역]

남: 여름인데, 수박이 왜 이렇게 비싸요?
여: 저도 모르겠어요. 그런데 포도와 바나나 모두 수박보다 싸니까 한 번 맛 좀 보세요.
질문: 어떤 과일이 전보다 가격이 비싸졌나?
　　A. 수박　B. 포도　C. 바나나　D. 딸기

[해설]

남자가 여자에게 '西瓜/为什么/这么贵? (수박이 왜 이렇게 비싸요?)' 하고 물어 본 것으로 보아 이전보다 수박가격이 비싸진 것을 알 수 있습니다.

11.

女：经理，/咱们公司的/产品/卖得/有点儿贵，/您看/能不能/调整一下/价格?
男：我觉得/价格/不是/最重要的，/只要/产品质量/好，/自然/会受/欢迎的。
问：男的/认为/公司的/产品/怎么样?

[번역]

여: 사장님, 우리 회사 상품을 좀 비싸게 파는 것 같은데, 가격을 좀 조정하시면 어떨까요?
남: 나는 가격이 제일 중요한 것이 아니라, 상품의 품질이 좋으면 자연스럽게 잘 팔릴 거라고 생각해요.
질문: 남자는 회사의 제품에 대해서 어떻게 생각하나?
　　A. 지금 매우 싸다고 생각함
　　B. 지금 매우 비싸다고 생각함
　　C. 품질이 관건이라고 생각함
　　D. 가격을 내려야 한다고 생각함.

[해설]

남자가 여자에게 '只要/产品质量/好，/自然/会受/欢迎的 (상품의 품질이 좋으면 자연히 잘 팔린다)'라고 말한 것으로 보아 남자는 상품의 품질을 가장 중요하게 생각하고 있는 것을 알 수 있습니다.

12.

男: 我看/你/没有/(销售管理方面的)/经验/吧?

女: 我/虽然/没有经验，/但/(我大学的)/专业/是/市场营销专业，/对销售方面/很熟悉。

问: 女的/为什么/熟悉/(销售方面的)/知识?

[번역]

남: 내가 보기에 당신은 판매관리 방면에서 경험이 없는 것 같은데요?

여: 저는 비록 경험은 없지만, 저는 대학에서 시장경영을 전공하였기 때문에, 판매 방법에 대해 매우 잘 알 고 있습니다.

질문: 여자가 판매방면의 지식에 대해 잘 알고 있는 이유는?

    A. 경험이 있어서

    B. 개인적으로 공부한 적이 있어서

    C. 대학에서 전공을 했기 때문에

    D. 친구와 공부한 적이 있어서

[해설]

여자가 남자에게 '(我大学的)/专业/是/市场营销专业，/对销售方面/很熟悉 (대학에서 시장경영을 전공하였기 때문에, 판매 방법에 대해 매우 잘 알고 있다)'라고 대답한 것으로 보아, 정답은 C인 것을 알 수 있습니다.

13.

男: 你/为什么/这么喜欢/名牌啊?

女: 名牌服装/虽然/有时候/款式/不够/新潮，/颜色也/比较单一，/价钱/还贵，/但是/质量/没说的。

问: 女的/为什么/这么喜欢/名牌?

[번역]

남: 너는 왜 이렇게 명품을 좋아하니?

여: 명품 옷은 비록 가끔은 디자인이 세련되지 않고, 색상도 단일한 편이고, 가격도 비싸지만, 품질이 너무 좋거든.

질문: 여자는 왜 명품을 좋아하나?

    A. 다지인이 참신해서   B. 색상이 예뻐서

    C. 품질이 좋아서   D. 가격이 싸서

[해설]

남자가 여자에게 왜 명품을 좋아하느냐고 묻자, 여자가 '质量/没说的 (품질이 매우 좋다)'라고 말하는 것으로 보아, 정답은 C인 것을 알 수 있습니다. '没说的'는 '나무랄 것이 없다' 즉 '매우 좋다, 훌륭하다'는 뜻으로 '没治(了) méizhì(liǎo)'와 동의어입니다.

14.

男: 你/去/火车站/送/你舅舅/了吗?

女: 去/是/去了，/不过/我去/的时候/火车/已经/开了。

问: 女的/是/什么意思?

[번역]

남: 너 기차역으로 네 삼촌 배웅 갔었어?

여: 갔긴 갔는데, 내가 갔을 때 기차는 이미 떠났어.

질문: 여자의 말은 무슨 뜻인가?

    A. 기차역에 가지 않았음

    B. 삼촌을 뵙지 못했음

    C. 삼촌을 뵈러 기차역에 가고 싶지 않음

    D. 삼촌을 뵈었음

[해설]

남자가 기차역으로 삼촌 배웅하러 갔었냐고 묻자, 여자가 '我去/的时候/火车/已经/开了 (내가 갔을 때 기차는 이미 떠났다)'라고 말한 것으로 보아, 여자는 삼촌을 만나지 못한 것을 알 수 있습니다.

15.

男: 你/告诉/王刚了吗? /大家都/来了，/可/只有/他一个人/怎么/现在/还没来。

女: 我/是/第一个/告诉/他的。/要是/他/不知道，/别人/就都/不知道了。

问: 女的/是/什么意思?

[번역]

남: 너 왕강한테 말했어? 모두 다 왔는데, 그 한 사람만 왜 아직까지 안 온 거야.

여: 나는 제일 처음 그한테 알려줬어, 만약에 그가 모른다면 다른 사람도 다 몰랐을 거야.

질문: 여자의 말은 무슨 뜻인가?

    A. 왕강은 당연히 알고 있음

    B. 왕강과 다른 사람 모두 모르고 있음

    C. 왕강은 모르고 있음

    D. 다른 사람은 모두 모르고 있음

[해설]

남자가 여자에게 다른 사람은 다 왔는데 왕강 한 사람만 안 왔다면서 그에게 알려주었냐고 묻자, 여자가 '要是/他/不知道，/别人/就都/不知道了 (그가 모른다면 다른 사람도 다 몰랐을 거야)'라고 대답한 것으로 보아 왕강은 이미 알고 있지만 아직까지 안 온 것을 알 수 있습니다.

16.

男: 他/要出差，/你/替他/买好了/他的/机票/了吗?

女: 已经/买好了，/不过/他/得/把(现在的)工作/做完了/才能去。

问: 他/为什么/还没/出发?

[번역]

남: 그가 출장을 가야하는데, 당신이 그 대신 비행기 표를 구입해 놓았습니까?

여: 이미 구입은 했지만, 그는 지금 하고 있는 일을 다 끝내고 나서야 갈 수 있어요.

질문: 그는 왜 아직 출발하지 않았나?

    A. 계획을 다 세우지 못해서

    B. 돈을 다 준비하지 못해서

    C. 비행기 표를 사지 못해서

    D. 하고 있는 일을 다 끝내지 못해서

[해설]

여자가 남자에게 '不过/他/得/把(现在的)工作/做完了/才能去。(그는 지금 하고 있는 일을 다 끝내고 나서야 갈 수 있다)' 대답한 것으로 보아 그는 아직 일을 다 끝내지 못해서 출발하지 못하고 있는 것을 알 수 있습니다.

17.

男: 你/平时/喜欢/做菜吗?

女: 我/宁可/饿肚子，/也不愿/自己/下厨房/做菜。

问: 女的/是/什么意思?

[번역]

남: 너는 평소에 음식 만드는 거 좋아하니?

여: 나는 굶는 한이 있어도, 내가 주방에 들어가서 음식을 만들고 싶지는 않아.

질문: 여자의 말은 무슨 뜻인가?

    A. 지금 식사를 하고 있음

    B. 음식을 하는 것을 매우 좋아함

    C. 친구한테 밥 먹으러 오라고 함

    D. 음식을 하는 것을 매우 싫어함

[해설]

여자가 남자에게 '···，也不愿/自己/下厨房/做菜 (내가 주방에 들어가서 음식을 만들고 싶지는 않다)'라고 대답하는 것으로 보아, 여자는 평소에 음식 만드는 것을 매우 싫어하는 것을 알 수 있습니다.

18.

男: 阿敏/现在/不在家，/如果/你/有/什么事，/我/可以转告/她。

女: 无论/多么晚，/你/都得/让阿敏/来我家/一趟。

问: 女的/是/什么意思?

[번역]

남: 아민은 지금 집에 없으니까, 무슨 일이 있으면, 내가 그녀한테 말을 전해줄게.

여: 늦어도 상관없으니까, 아민한테 우리 집에 꼭 오라고 좀 전해주세요.

질문: 여자의 말은 무슨 뜻인가?

    A. 아민은 반드시 우리 집에 와야 함

    B. 아민이 오든 안오든 상관없음

    C. 아민은 오고 싶어 함

    D. 아민은 오고 싶지 않아 함

[해설]

여자가 남자에게 '你/都得/让阿敏/来我家/一趟(아민한테 우리 집에 꼭 오라고 좀 전해주세요)'이라고 말한 것으로 보아 정답이 A인 것을 알 수 있습니다.

19.

女: 大哥，/你/怎么/又来了，/是不是/(刚才/买的)/鞋子/不合适啊?

男: 怎么会呢? /我/因为/明天/要去/爬山，/就想/再买/顶帽子。

问: 男的/为什么/来/商店?

[번역]

여: 오빠, 어떻게 또 오셨어요? 방금 산 신발이 안 맞으세요?

남: 아니요, 내일 등산을 가려고 하는데, 모자 하나를 더 사고 싶어서요.

질문: 남자는 왜 상점에 왔나?

    A. 내일 등산을 가려고

    B. 오늘 바람이 너무 세게 불어서

    C. 원래 산 신발이 싫어서

    D. 산 신발이 맞지 않아서

[해설]

남자가 여자에게 '我/因为/明天/要去/爬山，/就想/再买/顶帽(내일 등산을 가려고 하는데, 모자 하나를 더 사고 싶다)'라고 말한 것으로 보아 정답이 A인 것을 알 수 있습니다.

20.

男: 你/去过/美国/旅游吗?

女: 美国?/我/连(咱们的)首都/北京/都/没去过。

问: 女的/是/什么意思?

[번역]

남: 너 미국에 여행가본 적 있어?

여: 미국? 나는 우리나라 수도인 북경조차도 못 가봤어.

질문: 여자의 말은 무슨 뜻인가?

A. 어디든지 다 가 본 적이 있음

B. 아무데도 가 본 적이 없음

C. 다른 곳에 가는 것을 싫어 함

D. 미국에 가는 것만 좋아함

[해설]

여자가 남자에게 '我/连(咱们的)首都/北京/都/没去过 (나는 우리나라 수도인 북경조차도 못 가 보았다)'라고 말하는 것으로 보아 여자는 아직 아무데도 가보지 않은 것을 알 수 있습니다.

[4주차 원문 & 해설 & 정답]

[단어]

笔记本电脑 bǐjìběndiànnǎo 명 노트북(컴퓨터) / 心疼 xīnténg 통 ① 몹시 아끼다, 사랑하다 ② 아까워하다 / 节省 jiéshěng 통 아끼다, 절약하다 / 撞倒 zhuàngdǎo 통 부딪혀 넘어뜨리다, 부딪쳐 넘어지다 / 款式 kuǎnshì 명 디자인 / 牌子 páizi 명 ① 팻말 ② 상표 / 话剧 huàjù 명 연극 / 适应 shìyìng 통 적응하다 / 无所谓 wúsuǒwèi 상관없다, 관계없다 / 上市 shàngshì 통 (시장에 상품이) 출시되다 / 客满 kèmǎn 명동 만원(이다), 좌석이 꽉 차다 / 只顾 zhǐgù 부 오로지 ~만 생각하다, 신경 쓰다 / 耽误 dānwu 통 ① (시간에) 늦다, 지체하다 ② (일을) 그르치다 / 有空 yǒukòng 통 시간이 있다 [= 有时间] / 肯 kěn 조동 ~하기를 바라다 [= 愿意] / 逛街 guàngjiē 통 거리를 거닐다, 쇼핑하다 / 顺便 shùnbiàn 부 ~하는 김에 / 衣柜 yīguì 명 옷장, 장롱 / 发给 fāgěi 통 발급(지급)하다, ~에게 ...을 보내다, 부치다 / 电子邮件 diànzǐyóujiàn 명 전자우편, 이메일 / 预定 yùdìng 명동 예약(하다), 주문(하다) / 宴会厅 yànhuìtīng 명 연회실, 연회룸 / 取消 qǔxiāo 통 취소하다 / 设计师 shèjìshī 명 설계사, 디자이너 / 卧室 wòshì 명 침실 / 刷 shuā 통 (색을) 칠하다 / 光线 guāngxiàn 명 빛 / 温馨 wēnxīn 온화하고 따스하다. 그윽하다 / 地毯 dìtǎn 명 카펫 / 打通 dǎtōng 통 하나로 연결하

다, 하나로 트다 / 病毒 bìngdú 명 바이러스 / 删除 shānchú 통 삭제하다, 지우다 / 下载 xiàzài 통 (컴퓨터에서) 다운로드하다, 다운받다 / 调理 tiáolǐ 통 돌보다, 관리하다 / 驾照 jiàzhào 명 운전면허증 / 转 zhuàn 통 (둘레를) 돌다, 둘러보다 / 兜风 dōufēng 통 바람쐬다, 드라이브하다

[정답]

1 B	2 D	3 C	4 C	5 A
6 A	7 A	8 B	9 C	10 D
11 A	12 A	13 D	14 D	15 C
16 A	17 D	18 C	19 D	20 A

01.

男: 我/不就是/买了/一台笔记本电脑嘛?/又不是/很贵!

女: 我/不是/心疼/你/花钱,/只是/让你/学会/节省,/等/你自己/挣了钱,/就会/明白/钱/来得/不容易。

问: 女的/是/什么意思?

[번역]

남: 겨우 노트북 한 대 산다는 거잖아요? 비싸지도 않은데!

여: 내가 너한테 돈 쓰는 게 아까워서 그러는 것이 아니라, 단지 네게 절약하는 것을 배우게 하고 싶을 뿐이란다. 네 스스로 돈을 벌어보면 돈 벌기가 얼마나 어려운지 알게 될거다.

질문: 여자의 말은 무슨 뜻인가?

A. 남자는 곧 일을 할 것임

B. 스스로 돈을 벌면 돈 벌기가 어렵다는 것을 알게 될 것임

C. 여자는 아직 일을 하지 않음

D. 가정형편이 어려움

[해설]

여자가 남자에게 '等/你自己/挣了钱,/就会/明白/钱/来得/不容易 (네 스스로 돈을 벌어보면 돈 벌기가 얼마나 어려운지 알게 될 거다)'라고 말했으므로 정답은 B인 것을 알 수 있습니다.

02.

女: 那个司机/真/气人,/汽车把人/撞倒了,/也不/问问,/开车/就跑了!

男: 算了,/反正/我也/没事儿。

问: 根据对话/我们/可以知道/什么?

[번역]
여: 그 기사 정말 화나게 하네, 사람을 치어 놓고, 물어보
지도 않고 그냥 가버렸잖아!
남: 됐어, 어쨌든 나도 아무렇지도 않잖아.
질문: 대화에서 우리는 무엇을 알 수 있나?
　　A. 여자는 아직 운전면허증을 취득하지 못했음
　　B. 운동회를 함
　　C. 다친 사람이 있음
　　D. 사고가 났음

[해설]
여자가 남자에게 '把人/撞倒了(차로 사람을 치었다)'라고
말하면서 불쾌해하자, 남자가 '反正/我也/没事儿 (어쨌
든 나도 별일 없다, 괜찮다)'라고 말한 것으로 보아, 차사
고가 났지만 다친 사람은 없는 것을 알 수 있습니다.

03.

女: 你/这两件衣服/颜色、/款式/都差不多，/
　　怎么，/价钱/不一样/呢?
男: 那/也得看/是/什么牌子呀!
问: 根据对话/我们/知道/什么?

[번역]
여: 이 옷 두벌은 색상과 디자인이 모두 비슷한데, 왜 가격
이 달라?
남: 그건 말이야, 어떤 상표인지 봐야 되는 거야!
질문: 대화에서 우리는 무엇을 알 수 있나?
　　A. 길에 아직 간판이 없음
　　B. 옷 두벌의 디자인은 차이가 매우 큼
　　C. 명품은 가격이 비쌈
　　D. 남자는 사기당했음

[해설]
여자가 남자한테 같은 옷 두 벌이 왜 가격차이가 나냐고
묻자, 남자가 '得看/是/什么牌子呀! (어떤 상표인지 봐
야 된다)'라고 대답한 것으로 보아, 남자는 명품이기 때문
에 가격이 더 비싸다고 말하는 것을 알 수 있습니다.

04.

男: 那个话剧/演得/怎么样?/听说/好多人/去
　　看了，/我也/想去/看看。
女: 幸亏/你/没去。/找/看得/都快/睡着了。
问: 女的/是/什么意思?

[번역]
남: 그 연극 어때? 꽤 많은 사람들이 보러 갔다던데, 나도
보러가고 싶어.

여: 너 안 가길 잘했어, 나 보다가 잘 뻔했어.
질문: 여자의 말은 무슨 뜻인가?
　　A. 여자는 어제 저녁에 매우 피곤했음
　　B. 남자가 안와서 너무 아쉬웠음
　　C. 연극은 재미없었음
　　D. 여자는 원래 연극 보는 것을 싫어함

[해설]
남자가 여자에게 연극이 어땠냐고 묻자, 여자가 '我/看得
/都快/睡着了(나는 보다가 잘 뻔했다)'라고 대답한 것으
로 보아, 연극이 재미가 없었음을 알 수 있습니다.

05.

男: 你/在国外/生活得/还习惯/吧?
女: 吃住/都可以，/就是/对(这儿的)气候/还/
　　不太适应。
问: 关于女的/可以知道/什么?

[번역]
남: 너 외국생활에 그런대로 익숙해졌지?
여: 숙식은 괜찮은데, 이곳 기후에 아직도 적응이 잘 안 돼.
질문: 여자에 대해 무엇을 알 수 있나?
　　A. 기후에 적응이 안 됨
　　B. 숙박에 어려움이 있음
　　C. 국내에서 일함
　　D. 식사하는 면에서 익숙하지 않음

[해설]
여자가 '就是/对(这儿的)气候/还/不太适应。(이곳 기
후에 아직도 적응이 잘 안 된다)'라고 대답한 것으로 보아
정답이 A인 것을 알 수 있습니다.

06.

男: 妈妈，/这次考试/我/没考/第一名，/真难
　　过。
女: 孩子/考不考/第一名/都无所谓，/只要/你
　　/认真/努力过了，/就是个/好孩子。
问: 女的/觉得/什么/无所谓?

[번역]
남: 엄마, 이번시험에서 저는 일 등을 못해서 너무 괴로워요.
여: 얘야, 시험에서 일등을 하든 못하든 상관없어, 네가 열
심히 노력했다면, 그게 좋은 아이지.
질문: 여자는 무엇이 상관없다고 생각하나?
　　A. 일등을 하는 것　　　B. 학교 가는 것
　　C. 열심히 공부하는 것　　D. 좋은 아이가 되는 것

[해설]

여자가 아이에게 '考不考/第一名/都无所谓(시험에서 일등을 하든 못하든 상관없다)'라고 말한 것으로 보아 정답이 A인 것을 알 수 있습니다.

07.

女: 我/想买/一部手机，/不知道/挑选/哪个手机/才好。

男: (最近/新上市的)/(这几种手机的)/功能/都差不多，/还是/哪种便宜/就买/哪种吧！

问: 男的/是/什么意思?

[번역]

여: 나는 핸드폰을 하나 사고 싶은데, 어떤 핸드폰을 골라야 할지 모르겠어.

남: 요즘 새로 출시된 몇 종류의 핸드폰들의 기능은 거의 비슷하니까, 역시 가격이 저렴한 걸로 사는 게 제일 좋을 거 같은데!

질문: 남자의 말은 무슨 뜻인가?

　A. 가장 싼 것으로 사는 것이 좋음

　B. 기능이 제일 많은 것을 사는 것이 좋음

　C. 어떤 종류든 다 마찬가지 임

　D. 광고에서 소개한 것으로 사는 것이 좋음

[해설]

남자가 여자에게 '哪种便宜/就买/哪种吧！(가격이 저렴한 게 있으면 그것을 사라)'라고 대답한 것으로 보아 정답이 A인 것을 알 수 있습니다.

08.

男: 附近/有什么/好的/饭店吗?/你/知道吗?

女: 我/知道/一家饭店，/虽然/不太大，/但/服务/很好，/饭菜/不贵/而且/好吃，老板/很热情，/几乎/天天/客满。

问: 关于/那家饭店,/我们/可以知道/什么?

[번역]

남: 근처에 뭐 좋은 식당 있어? 너 아는데 있어?

여: 한 군데 아는데 있어, 별로 크지는 않지만, 서비스가 좋고, 음식도 싸고 맛있고, 사장님도 매우 친절하셔서 거의 매일 만원이야.

질문: 그 음식점에 대해 우리는 무엇을 알 수 있나?

　A. 장사가 잘 안됨

　B. 장사가 잘됨

　C. 음식점 면적이 매우 큼

　D. 음식은 맛이 없지만 손님이 많음

[해설]

여자가 남자에게 '几乎/天天/客满(그의 매일 만석이다, 자리가 꽉 찬다)'라고 대답한 것으로 보아 그 음식점은 장사가 잘되는 것을 알 수 있습니다.

09.

男: 你/有空/管管/孩子的/学习，/别/让他/只顾/玩儿，/耽误了/学习。

女: 我也/教育/他/好几次了，/可/他/就是/听不进去，/我也/没办法。

问: 关于对话下面哪一项是正确的?

[번역]

남: 당신 시간이 있으면 아이 공부에 신경을 좀 쓰지 그래, 아이한테 노는 것에만 정신이 팔려서 공부 엉망으로 하지 말라고 좀 해.

여: 저도 아이한테 여러 번 교육을 시켰는데도, 아이가 말을 안 들어서 저도 어쩔 수 없다구요.

질문: 대화에 관해 다음 중 옳은 것은?

　A. 아이는 공부하기를 좋아함

　B. 아이는 여자의 교육을 받아들임

　C. 아이는 여자의 말을 듣지 않음

　D. 여자는 아이에게 겨우 한 번 말한 적이 있음

[해설]

여자가 남자에게 '他/就是/听不进去,/我也/没办法(아이가 말을 안 들어서 나도 어쩔 수 없다)'라고 대답 한 것으로 보아 정답은 C인 것을 알 수 있습니다. 동사 뒤의 '进去'는 '상대방의 의견이나 뜻을 받아들이다'는 뜻이며, '听不进去'는 '(귀담아) 듣지 않다, 말을 듣지 않다'는 뜻으로 '不听话'와 동의어입니다.

10.

男: 你/叫他/明天/再来，/今天/我/没有空/见他。

女: 看样子，/不见到/你，/他是/不会/走的。

问: 女的/是/什么意思?

[번역]

남: 네가 그한테 내일 다시 오라고 해, 오늘 나는 그를 만날 시간이 없어.

여: 보아하니 너를 만나지 않으면, 그는 절대 안 갈 것 같은데.

질문: 여자의 말은 무슨 뜻인가?

　A. 그는 잠시 후에 감

　B. 그는 남자를 보고 싶어 하지 않음

　C. 그가 바빠서 올 수 없음

D. 그는 반드시 남자를 만날 것임

[해설]

여자가 남자에게 '不见到/你, /他是/不会/走的 (너를 만나지 않으면, 그는 절대 안 갈 것 이다)'라고 대답한 것으로 보아 그는 남자를 기필코 만나려고 하는 것을 알 수 있습니다.

11.

女: 这次考试/比上次/难多了。
男: 我也/觉得/这次考试/很难, /刚做了/三道题, /就/不会/做了, /后面的/题我都/没做。
问: 下面/哪个理解/是/正确的?

[번역]

여: 이번시험은 지난 번 시험보다 훨씬 어려웠어.
남: 나도 이번시험이 너무 어려웠다고 생각해, 겨우 3문제 풀고 못 풀겠는 거야, 뒤 문제는 다 못 풀었어.
질문: 다음 중 옳은 것은?
　　A. 이번시험은 너무 어려웠음
　　B. 이번시험은 간단했음
　　C. 지난 번 시험은 더 어려웠음
　　D. 지난 번 시험은 안 봤음

[해설]

여자가 남자에게 이번시험이 어려웠다고 말하자, 남자가 '我也/觉得/这次考试/很难 (나도 이번시험이 너무 어려웠다고 생각한다)'라고 여자의 말에 맞장구를 친 것으로 보아 정답이 A인 것을 알 수 있습니다.

12.

男: 你/昨天/告诉/小王, /今天/有/聚会/了吗? /他/怎么/还没/来啊?
女: 说啦, 可我怎么说, 他也不肯来。
问: 女的/是/什么意思?

[번역]

남: 너 어제 샤오왕한테 오늘 모임 있다고 알려줬어? 왜 아직도 안 오는 거야?
여: 얘기했어, 내가 아무리 말해도 오고 싶어 하지 않았어.
질문: 여자의 말은 무슨 뜻인가?
　　A. 샤오왕은 모임에 참가하고 싶어 하지 않음
　　B. 샤오왕은 오늘 모임이 있다는 것을 모름
　　C. 샤오왕은 곧 모임에 참가할 것임
　　D. 그녀는 샤오왕에게 아직 알려주지 않았음

[해설]

여자가 남자에게 '说啦, …, 他也不肯来 (말했지만, 그가 오고 싶어 하지 않았다)'라고 대답한 것으로 보아, 정답이 A인 것을 알 수 있습니다.

13.

女: 周末/我们/一起/去逛街/吧, /顺便/给你/买/一件衣服。
男: 衣服/就/不用/买了, /我的衣柜里/还/有的是呢, /还是/买/几本书吧。
问: 从这段对话可以知道什么?

[번역]

여: 주말에 우리 함께 쇼핑하자, 쇼핑하는 김에 네게 옷 한 벌 사줄게.
남: 옷은 살 필요 없어, 내 옷장에 얼마든지 있거든, 책 몇 권 사주는 게 더 좋을 거 같아.
질문: 대화에서 알 수 있는 것은?
　　A. 여자는 쇼핑가고 싶지 않음
　　B. 남자는 옷이 없음
　　C. 여자는 책 몇 권을 사고 싶음
　　D. 남자는 옷이 많이 있음

[해설]

남자가 여자에게 '衣服 … 我的衣柜里/还/有的是呢。(옷은 …, 내 옷장에 얼마든지 있다)'라고 대답한 것으로 보아 정답이 D인 것을 알 수 있습니다. '有的是'는 '얼마든지 있다, 많이 있다'는 뜻으로 '很多'와 동의어입니다.

14.

女: (我/需要的)/文件, /你/发给/我/电子邮件/了吗?
男: 我/正在/发呢, /文件/太大了, /再等/十分钟/就能/收到了。
问: 为什么/还要/再等/十分钟?

[번역]

여: 내가 필요하다는 문서, 네가 나한테 메일로 보냈니?
남: 지금 보내고 있는 중이야, 문서 용량이 너무 커서 10분 후에나 받을 수 있을 거야.
질문: 왜 몇 분 더 기다려야 되나?
　　A. 지금은 보낼 수 없어서
　　B. 메일에 문제가 생겨서
　　C. 다른 사람의 도움이 필요해서
　　D. 문서의 용량이 너무 커서

[해설]

남자가 여자에게 '文件/太大了，/再等/十分钟/就能/收到了 (문서 용량이 너무 커서 10분 후에나 받을 수 있을 거다)'라고 말한 것으로 보아 정답이 D인 것을 알 수 있습니다.

15.

男: 我/下个月/15号/举办/婚礼 ，/你/帮我/打电话/预定/饭店的/宴会厅。

女: 我/刚才/打过/电话，/他们的/宴会厅/已经/被别人/预定了，/还是/找/别的地方/吧。

问: 电话/了解到的/情况/怎么样?

[번역]

남: 나는 다음달 15일에 결혼식을 해야 하는데, 네가 나대신 전화로 음식점 연회실 예약 좀 해줄래?

여: 내가 방금 전화를 해보았는데, 그쪽 연회실은 이미 다른 사람이 예약을 했어, 다른 곳을 찾아봐야겠어.

질문: 전화로 어떤 상황을 알게 되었나?

    A. 가격이 매우 비쌈   B. 결혼식이 취소되었음

    C. 홀이 없음   D. 이미 다른 곳을 찾았음

[해설]

여자가 남자에게 '他们的/宴会厅/已经/被别人/预定了，/还是/找/别的地方/吧(그쪽 연회실은 이미 다른 사람이 예약을 했어, 다른 곳을 찾아봐야겠다)'라고 말한 것으로 보아 정답은 C인 것을 알 수 있습니다. 또한 다른 곳을 찾아봐야겠다고 말했으므로 D는 정답이 될 수 없습니다.

16.

女: (设计师/帮我/设计的)/装修方案/挺好的，/特别是/卧室，/墙的/颜色/刷成/彩色的，/空间/一下子/感觉/大多了。

男: 真的，/这样/感觉/卧室面积/大了，/光线/特别好，/还/很温馨呢。

问: 他们/准备/怎么/装修?

[번역]

여: 디자이너가 나한테 준 인테리어 방안은 너무 좋고, 특히 침실이 맘에 들어, 벽 색깔을 칼라로 칠해서, 공간이 훨씬 넓어진 느낌이야.

남: 진짜, 이렇게 하면 침실면적도 커 보이고, 불빛도 좋고, 너무 아늑해 보인다.

질문: 그들은 어떤 인테리어를 하려고 하나?

    A. 방의 인테리어를 바꾸려고 함

    B. 디자이너를 찾고 싶어 함

    C. 카펫을 깔고 싶어 함

    D. 거실과 침실을 트려고 함

[해설]

여자가 남자에게 '装修方案/挺好的，/特别是/卧室(인테리어 방안은 너무 좋고, 특히 침실이 맘에 든다)'라고 말하자, 남자도 '这样/感觉/卧室面积/大了…(이렇게 하면 침실면적도 커 보이고 …)'라고 대답한 것으로 보아, 침실의 인테리어를 바꾸려고 하는 것을 알 수 있습니다.

17.

女: 我的/电脑速度/为什么/这么慢了，/听说/最近/流行/一种新病毒，/你/还是/检查一下/看看/是不是/感染/这种病毒了。

男: 你的/电脑里/垃圾文件/太多了，/需要/删除一下。

问: 她的/电脑/怎么了?

[번역]

여: 내 컴퓨터 속도가 왜 이렇게 느려졌지, 요즘 신종바이러스가 유행한다던데, 네가 바이러스 먹었는지 검사 좀 해 줄래?

남: 네 컴퓨터 안의 안 쓰는 문서들이 너무 많아서 그래, 좀 삭제해야 돼.

질문: 여자의 컴퓨터는 어떠한가?

    A. 다운을 받을 수 없음   B. 바이러스에 감염되었음

    C. 고장이 났음   D. 반응이 매우 느림

[해설]

여자가 남자에게 '我的/电脑速度/为什么/这么慢了(내 컴퓨터 속도가 왜 이렇게 느려졌지)'라고 말한 것으로 보아 정답이 D인 것을 알 수 있습니다.

18.

男: (你/经常/失眠的)/问题/解决/了吗?

女: 还是/睡不好，/我/打算/去医院/检查一下/身体，/顺便/买些/中药/调理一下。

问: 关于/女的/可以知道/什么?

[번역]

남: 네가 자주 잠을 못자는 문제 해결했니?

여: 아직도 잠을 잘 못자, 나는 병원에 가서 건강검진을 좀 받고, 한약도 처방받아서 관리를 좀 해볼 생각이야.

질문: 여자에 관해서 알 수 있는 것은?

    A. 의사임   B. 몸이 건강함

    C. 잠을 잘 못잠   D. 이미 병원에서 건강검진을 받았음

여자가 남자에게 '还是/睡不好 (아직도 잠을 잘 못 잔다)' 라고 대답한 것으로 보아 정답이 C인 것을 알 수 있습니다.

19.

男: 最近/什么事/让你/那么/高兴啊?
女: 我的/驾照/拿到了, /咱们/这个周末/就/ 去郊区/转转。
问: 女的/为什么/高兴?

[번역]

남: 요즘 무슨 일로 네가 그렇게 즐거워 하니?
여: 나 운전면허 땄거든, 우리 이번 주말에 교외로 한 바퀴 돌고 오자.
질문: 여자는 왜 기뻐하나?
　　A. 새 차를 구입해서
　　B. 주말에 교외로 드라이브를 가기 때문에
　　C. 방학을 하기 때문에
　　D. 운전면허를 취득해서

[해설]

여자가 남자에게 '我的/驾照/拿到了 (나는 운전면허를 땄다)'라고 말한 것으로 보아 정답이 D인 것을 알 수 있습니다.

20.

女: 现在的/房子/太小了, /要是/能/有间大房子/就好了。
男: 行了, /还想/住/大房子, /别做梦了, /有房子/住/就/不错了。
问: 男的/是/什么意思?

[번역]

여: 지금 집은 너무 작아서, 큰 집이 있으면 좋겠어요.
남: 됐어, 아직도 큰 방 타령이야, 꿈꾸지 마, 살 집이 있는 것만으로도 훌륭해.
질문: 남자의 말은 무슨 뜻인가?
　　A. 불가능함
　　B. 지금 여자 집은 매우 큼
　　C. 큰 집에 살 수 있음
　　D. 여자가 사고 싶으면 사도 됨

[해설]

남자가 여자에게 '别做梦了 (꿈꾸지 마라)'라고 말한 것으로 보아 큰 집에서 사는 것은 불가능한 일이라고 말하는 것을 알 수 있습니다.

듣기2부분

[정답]

1 B	2 B	3 B	4 C	5 C
6 B	7 C	8 C	9 C	10 B
11 D	12 B	13 B	14 A	15 D
16 A	17 D	18 C	19 B	20 A
21 B	22 A	23 C	24 B	25 B
26 C	27 A	28 D	29 B	30 A
31 C	32 B	33 C	34 B	35 B
36 B	37 C	38 A	39 B	40 A
41 C	42 A	43 C	44 B	45 D
46 C	47 A	48 D	49 B	50 C

01.

女: 请问, /双人间/一天/多少钱?
男: 一天/250元左右, /有/洗澡间、/彩电、/ 冰箱、/电话。
女: 室内/有/空调吗?
男: 有, /中央空调。
问: 他们/可能是/什么关系?

[번역]

여: 말씀 좀 묻겠는데, 2인실은 하루에 얼마예요?
남: 하루에 250원 정도 합니다. 욕실, 컬러TV, 냉장고, 전화가 있습니다.
여: 실내에 에어컨이 설치되어 있나요?
남: 예, 중앙 에어컨입니다.
질문: 그들은 어떤 관계일까?
　　A. 집 주인과 세든 사람　　B. 손님과 호텔 종업원
　　C. 집 주인과 집을 살 사람　D. 직장 동료

[단어]

> 双人间 shuāngrénjiān ⑬ 2인실 / 洗澡间 xǐzǎojiān ⑬ 욕실 / 中央空调 zhōngyāngkōng tiáo ⑱ 중앙 에어컨

[해설]

여자가 남자에게 '双人间/一天/多少钱 (2인실은 하루에 얼마예요?)'라고 물어 본 것으로 보아, 호텔에서 손님이 종업원에게 하는 말인 것을 알 수 있으므로 정답은 B입니다.

02.

女: 这些日子/我/很少/见到/你!

男: 是啊，/ 因为 / **手底下** / **有些** / **稿子**，/ 整天 /
忙 / 这段儿呢，/ 觉得 / 很累。
女: 什么时候 / 能 / 做完?
男: 我看 / 下个星期 / 差不多 / 能 / 做完。
问: 男的 / 是 / 干什么的?

[번역]
여: 요즘 너 보기 힘들다 얘!
남: 그래, 수중에 원고가 좀 있어서 하루 종일 거기에 파묻
혀서 바삐 지내다 보니, 힘이 드네.
여: 언제 쯤 끝나는데?
남: 한 다음 주 쯤이면 거의 다 할 수 있을 것 같아
질문: 남자는 무엇을 하는 사람인가?
　　A 배우　B. 작가　C. 운동선수　D. 학생

[단어]

> 很少 (부) + 서술어 : 자주 ~하지 않다 [= 不经常] /
> 稿子 gǎozi (명) 원고

[해설]
남자가 여자에게 '手底下 / 有些 / 稿子 (수중에 원고가 좀
있다)'라고 말하는 것으로 보아, 남자는 글을 쓰는 작가인
것을 알 수 있습니다.

03.

男: 昨天的宴会怎么样?参加宴会的人有多少?
女: 大概有30个人左右。
男: 宴会几点开始的?
女: **本来应该两点开始**，都差五分钟就两点了，
人才到了一半儿。**结果推迟了一刻钟**。
问: 昨天的宴会是几点开始的?

[번역]
남: 어제 연회 어땠어? 연회에 참가한 사람은 얼마나 되니?
여: 한 30명 쯤 되었어
남: 연회는 몇 시에 시작했는데?
여: 원래 2시에 시작했어야 되는데, 5분전 두시가 됐는데
도 사람이 겨우 절반밖에 안온거야, 그래서 결국 15분
늦췄어.
질문: 어제 연회는 몇 시에 시작했나?
　　A. 2시　B. 2시15분　C. 3시　D. 1시55분

[단어]

> 宴会 yànhuì (명) 연회 / 大概 dàgài (부) 대략, 대체로
> / 推迟 tuīchí (동) (시간이나 날짜를) 늦추다. 연기하다

[해설]
여자가 남자에게 '本来应该两点开始，…。结果推迟了
一刻钟。(원래 2시에 시작했어야 되는데, … 결국 15분
늦췄어)'라고 대답한 것으로 보아 연회는 2시 15분에 시작
한 것을 알 수 있습니다.

04.

女: 张师傅，/ 听说 / 今年 / 比去年 / 还热，/ 是
吗?
男: 今年 / 热 / 是 / 热，/ **不过 / 我 / 没觉得 / 像去年**
/ 那么 / 难受。
女: 那是 / 为什么，/ 去年 / 没有 / 今年 / 热啊?
男: **八成 / 是 / 湿度的 / 原因吧**。
问: 男的 / 说话的 / 意思是 / 什么?

[번역]
여: 장 기사님, 올해가 작년보다 더 덥다던데 , 그런가요?
남: 올해가 덥긴 더워요. 그렇지만 작년만큼 견디기 힘든
것 같지는 않아요.
여: 그건 왜 그렇죠? 작년이 올해보다 덥지 않았나요?
남: 아마 틀림없이 습도 때문일 거예요
질문: 남자의 말은 무슨 뜻인가?
　　A. 올해는 작년보다 시원함
　　B. 작년이 올해보다 견디기 쉬웠음
　　C. 올해보다 작년이 습도가 높았음
　　D. 올해보다 작년이 더웠음

[단어]

> 难受 nánshòu (형) (육체적, 정신적으로) 괴롭다. 참을
> 수 없다. 버틸 수 없다 / 八成 bāchéng (수사) 대개, 십
> 중팔구는 (~일 것이다) / 湿度 shīdù (명) 습도

[해설]
남자가 여자에게 '我 / 没觉得 / 像去年 / 那么 / 难受 (작년
만큼 견디기 힘든 것 같지는 않아요)'라고 말했고, 또 '八
成 / 是 / 湿度的 / 原因吧 (아마 틀림없이 습도 때문일 거예
요)'라고 대답한 것으로 보아 작년이 습도가 더 심해서 견
디기 힘들었던 것을 알 수 있습니다.

05.

女: 你 / 觉得 / 今天下午 / 会 / 下雨吗?
男: **我 / 说不好**，/ 你 / 最好 / 带上 / 雨伞。
女: 你 / 带 / 雨伞 / 了没有?
男: 没有，/ 不过 / 我 / 不出门。
问: 男的 / 是 / 什么意思?

[번역]
여: 네 생각에 오늘 오후에 비가 올 거같니?

남: 나도 잘 모르겠어, 너 아무래도 우산을 가져가는 게 좋겠어.

여: 너는 우산 갖고 있니?

남: 아니, 하지만 나는 밖에 안 나갈 거야.

질문: 남자의 말은 무슨 뜻인가?

    A. 오늘은 분명히 비가 올 것임

    B. 오늘은 비가 오지 않을 것임

    C. 비가 올지 안 올지 확신할 수 없음

    D. 비가 오지만 우산을 휴대할 필요가 없음

[해설]
여자가 남자에게 오늘 비올 것 같으냐고 묻자, 남자가 '我/说不好(잘 모르겠다)'라고 대답한 것으로 보아 정답이 C인 것을 알 수 있습니다.

06.
男: 这些玩具/都是/你们厂/生产的?

女: 其实/也不全/是, /大部分/是/这儿/生产的, /有一些/是/分厂/或/合资厂/生产的。

男: 那, /这些玩具的/质量/怎么样呢?

女: 质量/没的说, /你/尽管/放心。

问: 女的/可能是/做/什么的?

[번역]
남: 이 장난감들은 다 당신 회사에서 생산한 건가요?

여: 사실, 전부는 아니고요, 대부분 여기에서 생산된 것이고, 일부는 자사 혹은 합작 회사에서 생산된 거예요

남: 그럼 장난감들의 품질은 어떤가요?

여: 품질은 말할 것도 없으니까 마음 푹 놓으세요.

질문: 여자는 무엇을 하는 사람인가?

    A. 신문사 기자   B. 공장의 공장장

    C. 학교 선생님   D. 상점 점원

[단어]
> 玩具 wánjù 명 장난감, 완구 / 合资 hézī 동형 합작(하다), 공동출자(하다) / 没的说 méideshuō 나무랄 것이 없다, 아주 잘한다, 좋다 [= 非常好] / 尽管 jǐnguǎn 부 얼마든지, 마음 놓고 [= 只管]

[해설]
남자가 여자에게 '这些玩具/都是/你们厂/生产的 (이 장난감들은 다 당신 회사에서 생산한 건가요)'라고 질문한 것으로 보아 여자는 공장에서 일하는 사람인 것을 알 수 있으므로 정답은 B입니다.

07.
女: 听说/王平/回来了?

男: 是/这么/回事, /不过/王平/在这儿/呆不住, /我想/他/一定/还得/出去。

女: 他/去/哪个国家/工作?

男: 上次/去的是/日本。

问: 关于/王平/下面/哪项/正确?

[번역]
여: 왕핑이 돌아왔다면서?

남: 그런가 봐, 하지만 王平은 여기에 있지 않고, 내 생각에 그는 분명히 또 나갈 것 같아.

여: 그는 어느 나라로 일하러 가니?

남: 지난번에는 일본에 갔었잖아.

질문: 왕핑에 대해서 다음 중 옳은 것은?

    A. 왕핑은 이미 여러 나라에서 일했음

    B. 왕핑은 외출을 하려고 함

    C. 왕핑은 외국에 나가서 일할 것임

    D. 왕핑은 일본에 갈 예정임

[단어]
> 呆 dāi 통 머무르다, 체제하다 / 合乎 héhū 통 맞다, 부합하다

[해설]
남자가 여자에게 '我想/他/一定/还得/出去 (내 생각에 그는 분명히 또 나갈 것 같아)' 하고 말하자, 여자가 '他/去/哪个国家/工作?(그는 어느 나라로 일하러 가니?)'라고 물어본 것으로 보아 왕핑은 해외에 나가려고 하는 것을 알 수 있습니다. 왕핑이 여러 번 해외에 나갔었는지에 대해 언급하지 않았으므로 A는 정답이 아니고, '他还得出去'라는 뜻은 여자가 그는 어느나라에 일하러 가냐고 물었으므로 단순히 외출하려고 한다는 표면적인 뜻이 아니므로 B도 정답이 아니며, 또한 남자가 '上次/去的是/日本(지난번에는 일본에 갔었다)'라고 대답한 것으로 보아 D 역시 정답이 아닙니다.

08.
女: 你/还记得/小张的/对象吗?

男: 我/怎么/不记得, /他是/我的/邻居。

女: 现在/他/可有/出息了。

男: 听说/他是/一家公司的/经理。

问: 小张的/对象/怎么样?

[번역]
여: 너 아직도 샤오장의 애인 기억하고 있니?

남: 내가 어떻게 기억을 못할 수 있니, 그는 나와 이웃인데.
여: 지금 그 사람 정말 잘 나간다.
남: 그는 어떤 회사 사장이라고 하던데.
질문: 샤오장의 배우자는 어떤 사람인가?
　　A. 그는 샤오장의 이웃임
　　B. 사람들은 그를 기억하지 못함
　　C. 아주 크게 발전했음
　　D. 그는 회사사장이 되고 싶어함

[단어]

> 对象 duìxiàng 몡 애인, 결혼상대, 배우자 / 有出息
> yǒu chūxi 횽 장래성이 있다. 전도유망하다 [= 有前
> 途 yǒu qiántú]

[해설]
여자가 남자에게 샤오장의 배우자를 기억하냐고 물어보면
서 '现在/他/可有/出息了 (지금 그 사람 아주 정도유망
하다)'라고 말한 것으로 보아 샤오장의 배우자는 현재 매
우 유능한 사람이 되어 있는 것을 알 수 있습니다.

09.
男: 据说/你的/网球/打得/很好。
女: 哪儿的话, /只不过/爱玩/就是了。
男: 小刘/怎么样?
女: 他/也是/这样。
问: 小刘/网球/打得/怎么样?

[단어]

> 网球 wǎngqiú 몡 테니스 / 只不过 zhǐbúguò [= 只
> 是 zhǐshì, 不过 búguò, 无非 wúfēi] … 就是了
> jiùshìle [= 而已 éryǐ, 罢了 bàle] 단지 ~일 뿐이다

[번역]
남: 너 테니스 잘 친다면서?
여: 아니야, 그냥 재미삼아 하는 것뿐이야.
남: 샤오류는 어떠니?
여: 그도 나와 마찬가지야.
질문: 샤오류의 테니스 수준은 어떠한가?
　　A. 아주 못함　　　　　　B. 프로 수준임
　　C. 괜찮지만 프로 수준은 아님　　D. 분명하지 않음

[해설]
남자가 여자에게 테니스 잘 친다고 들었다고 하자, 여자가
'只不过/爱玩/就是了。(그냥 재미삼아 하는 것뿐이다)'
라고 겸손하게 대답했고, 남자가 또 샤오류의 테니스 수준

은 어떠냐고 묻자, 여자는 '他/也是/这样 (그도 마찬가지
이다)'라고 말한 것으로 보아, 샤오류는 테니스를 어느 정
도 치지만, 취미로 하는 것이므로 프로수준까지는 아닌 것
을 알 수 있습니다.

10.
女: 小李, /毕业后/你/准备/做什么?
男: 现在/还没/想好, /不过, /我母亲/劝我/
　　做/公司职员, /我/有点儿/不情愿。
女: 你/不想/自己/开/一家公司吗?
男: 虽然/条件/还不具备, /可是/我/还是/想
　　/我自己/开/一家公司。
问: 男的/毕业以后/可能/做什么?

[번역]
여: 샤오리 너는 졸업 후에 뭐 할 생각이야?
남: 지금 아직까지는 잘 생각해보지 않았어, 우리 엄마는
　　나한테 회사에 들어가라고 권하시는데, 난 좀 내키지
　　않아.
여: 너는 네가 회사를 차리고 싶지 않니?
남: 준비는 아직 덜 됐지만, 나는 역시 내가 회사를 차리고
　　싶어.
질문: 남자는 졸업 후에 무엇을 할 가능성이 있나?
　　A. 회사직원　　　　　　B. 회사사장
　　C. 계속 학교에 다님　　D. 분명하지 않음

[단어]

> 劝 quàn 동 타이르다. 권(고)하다 / 不情愿
> bùqíngyuàn 동 원하지 않다. 바라지 않다 [= 不愿意]
> / 具备 jùbèi 갖추다. 구비하다 / 明确 míngquè
> 횽 명확하다. 분명하다. 뚜렷하다

[해설]
남자가 여자에게 '我/还是/想/我自己/开/一家公司
(나는 역시 내가 회사를 차리고 싶어)'라고 대답한 것으로
보아 샤오리는 졸업 후에 회사사장이 될 가능성이 있는 것
을 알 수 있습니다.

11.
女: 听说/明天/天气/不太好, /你/听/天气预
　　报/了吗?/有雨吗?
男: 不好意思, /我/没听/天气预报。/不过, /小
　　刚/听过, /他/告诉我/明天/是/多云天气。
女: 那/我/明天/就/不带/雨伞了。
男: 我/也是/这么想的。
问: 明天/天气/怎么样?

[번역]

여: 내일 날씨가 별로 좋지 않다던데, 너 일기예보 들어봤니? 비 온다 그랬니?

남: 미안해, 나 일기예보를 못 들었어. 그런데 샤오장이 그러는데 내일 구름이 많이 낀다고 하더라.

여: 그럼 나는 내일 우산 안 가져갈래.

남: 나도 그렇게 생각하고 있었어.

질문: 내일 날씨는 어떠한가?

    A. 내일은 날씨가 매우 나쁠 것임

    B. 내일 날씨는 매우 맑을 것임

    C. 내일은 비가 올 것임

    D. 내일은 구름이 많이 낄 것임

[단어]

天气预报 tiānqìyùbào 图 일기예보 / **多云** duōyún 图 구름이 많이 끼다 [일기예보 용어임]

[해설]

남자가 여자에게 '明天/是/多云天气 (내일은 구름이 많이 낀다)'라고 말한 것으로 보아 정답이 D인 것을 알 수 있습니다.

12.

女: 你/昨晚/干什么了?

男: 我/干什么/你/还能/不知道, /昨天/有/(乒乓球/决赛的)/实况转播。

女: 噢, /我/还/给忘了呢, /谁赢了?

男: 韩国队。

问: 男的/昨晚/做了/什么?

[번역]

여: 너 어제 저녁때 뭐했어?

남: 내가 뭐했는지 어떻게 모를 수가 있니? 어제 탁구시합 결승전 실황중계방송 했잖아.

여: 어머, 깜빡 잊어버렸네, 어느 팀이 이겼니?

남: 한국 팀이 이겼어.

질문: 남자는 어제저녁에 무엇을 했나?

    A. 드라마를 보았음

    B. 탁구경기에 관한 TV프로를 보았음

    C. 탁구시합을 한 게임 하였음

    D. 한국 탁구팀에 들어갔음

[단어]

乒乓球 pīngpāngqiú 图 탁구 / **决赛** juésài 图 결승전 / **实况转播** shíkuàngzhuǎnbō 图 실황중계방송 /

赢 yíng 图 이기다 / **加入** jiārù 图 가입하다. 집어넣다. 보태다

[해설]

여자가 남자에게 어제저녁에 뭐했냐고 묻자, 남자가 '昨天/有/(乒乓球/决赛的)/实况转播 (어제 탁구시합 결승전 실황중계방송을 했다)'라고 대답했고, 여자가 어느 팀이 이겼냐는 말에 남자가 한국 팀이 이겼다고 대답하는 것으로 보아 남자는 어제저녁에 TV로 탁구경기를 시청한 것을 알 수 있습니다.

13.

女: 听说/在中国/'婆婆'/这个词, /不是/'老太太'的/意思, 是吗?

男: '婆婆'/是/女人/对/(丈夫母亲的)/称呼, /这种称呼/一般/是/对第三者/来说的, /当面/还是/称呼/'妈妈'。

女: 对/一般老年女性/怎么/称呼呢?

男: 一般/可用/'大妈'、/'大娘'等。

问: 他们/说/(婆婆/这个词的)/(准确的)/概念/是/什么?

[번역]

여: 중국에서는 '婆婆'라는 말이 '老太太'라는 말과 의미가 다르다던데, 그러니?

남: '婆婆'는 여자가 남편의 어머니를 부르는 호칭이고, 이런 호칭은 보통 제3자의 입장에서 하는 말이고, 시어머니 앞에서는 '妈妈'라고 불러.

여: 나이가 드신 여자한테는 뭐라고 부르니?

남: '大妈', '大娘' 등의 호칭을 써.

질문: 그들이 말하는 '婆婆'라는 낱말의 정확한 개념은 무엇인가?

    A. '노부인'이라는 뜻임

    B. 여자가 남편의 어머니를 부르는 호칭임

    C. '어머니'와 전혀 다른 뜻임

    D. '아주머니'와 같은 뜻임

[단어]

婆婆 pópo 图 시어머니 / **称呼** chēnghu 图 호칭, 칭호 图 부르다. 일컫는다 / **大妈** dàmā [= 大娘 dàniáng] 图 아주머니 / **准确** zhǔnquè 图 정확하다, 들림없다 / **概念** gàiniàn 图 개념

[해설]

남자가 여자에게 "婆婆'/是/女人/对/(丈夫母亲的)/称呼 ('婆婆'는 여자의 남편 어머니에 대한 호칭이다)'라

고 대답 한 것으로 보아 정답이 B인 것을 알 수 있습니다.

14.

女: 师傅, /能不能/开得快点儿, /不然/我/这
趟火车/算是/赶不上了。
男: 快点/是/快点, /我/还得/保证/你的/安全
啊。
女: 是/这样, /你/能找/一条/(人少的)/路/走吗?
男: 我/来试试 。
问: 男的/是/做什么的?

[번역]

여: 아저씨, 빨리 좀 가주실래요? 안 그러면 저는 기차를
놓친단 말이에요.
남: 좀 더 빨리 갈 수도 있지만, 저는 손님의 안전도 생각
해야 되잖아요.
여: 그러면 사람이 적은 길로 가실 수 는 없나요?
남: 어디 한 번 찾아보죠.
질문: 남자는 무엇을 하는 사람인가?
　　A 기사　B. 행인　C. 운전학원 강사　D. 차에 탄 손님

[단어]

> **算是** suànshì 툉 ~라고 할 수 있다, ~한 것이 되다
> / **保证** bǎozhèng 툉 보증하다, 책임지다, 약속하다

[해설]

여자가 남자에게 '师傅, /能不能/开得快点儿? (아저
씨, 빨리 좀 운전해 주실 수 있으세요?)'라고 물어 본 것으
로 보아 남자는 택시기사인 것을 알 수 있습니다.

15.

男: 玛丽, /你说/我/这件事/办得/怎么样?/还
/不错吧?
女: 你/觉得/不错/就/不错吧 。
男: 你/还是/觉得/我/粗心大意吗?
女: 我/可/没/这样说。
问: 女的/是/什么意思?

[번역]

남: 마리야, 너는 내가 이 일을 처리한 거 어떻다고 생각
해? 그런대로 괜찮지?
여: 네가 괜찮다고 생각하면 괜찮은 거겠지.
남: 너는 아직도 내가 일을 대충 대충한다고 생각하니?
여: 난 그렇게 말하지 않았는데.
질문: 여자의 말은 무슨 뜻인가?

A. 이 일을 너무 엉망으로 처리했음
B. 이 일은 처리하기 쉬움
C. 이 일을 너무 건성으로 처리했음
D. 이 일은 그런대로 잘 처리했음

[단어]

> **粗心大意** cūxīndàyì 쳉 대충 대충하다, 세심하지 못
> 하다, 꼼꼼하지 않다 [= 马马虎虎 mǎmǎhūhū]

[해설]

남자가 여자에게 자신이 일을 잘 처리한 것 같으냐고 묻
자, 여자가 칭찬을 하지 않고, 무신경하게 대답을 했고, 그
러자 남자가 다시 여자에게 '你/还是/觉得/我/粗心大
意吗? (너는 아직도 내가 일을 대충 대충한다고 생각하
니?)'라고 물어 보았고, 여자는 '我/可/没/这样说。(나
는 그렇게 말하지 않았다)'라고 대답한 것으로 보아, 여자
는 남자가 일을 썩 맘에 들지는 않지만 그런대로 잘 처리
했다고 여기고 있는 것을 알 수 있습니다.

16.

男: 10块钱/不行/你/要多少?
女: 这个东西/不是/非卖不可。
男: 15块钱/怎么样?
女: 你/别再/给我/找麻烦。
问: 女的/是/什么意思?

[번역]

남: 10원에 안 된다면 얼마를 달라는 겁니까?
여: 이 물건은 꼭 팔아야 되는 것은 아니에요.
남: 15원이면 어때요?
여: 더 이상 저를 귀찮게 하지 마세요.
남: 여자의 말은 무슨 뜻인가?
A. 남자에게 팔고 싶지 않음
B. 그녀는 물건을 파는 사람이 아님
C. 여자는 곧 퇴근하려고 함
D. 팔만한 물건이 없음

[단어]

> **非(要)** fēi(yào) [= 非(得) fēi(děi)] ~ **不可** bùkě
> [= 不行 bùxíng, 不成 bùchéng] : ~하지 않으면 안
> 된다, 반드시(꼭) ~해야 된다 [= 一定要 yídìngyào
> 必须 bìxū] **给** gěi ~ **找麻烦** zhǎomáfan : ~를 귀
> 찮게 하다, 성가시게 하다

[해설]

남자가 여자에게 물건을 얼마에 팔겠냐고 물어보자, 여자

가 '这个东西/不是/非卖不可。(이 물건은 꼭 팔아야 되는 것은 아니다)', '你/别再/给我/找麻烦 (더 이상 나를 귀찮게 하지 마라)'라고 대답한 것으로 보아, 여자는 남자한테 물건을 팔 생각이 없는 것을 알 수 있습니다.

17.

男: 你/对中国茶/有/研究? /真了不起!
女: 算不了/什么, /只能/说/略知/一二吧。
男: 你/认为/哪种茶/最好呢?
女: "西湖龙井"/我/最喜欢。
问: 女的/是/什么口气?

[번역]

남: 당신은 중국차에 대해서 해박하시더군요? 정말 대단하세요!
여: 별거 아닙니다, 그저 대충 한두 개 정도를 알고 있다고나 할까요.
남: 당신은 어떤 차가 가장 좋다고 생각하십니까?
여: 저는 '서호의 용정차'를 가장 좋아합니다.
질문: 여자의 어투는 어떠한가?
　　A. 아주 거만함　　　B. 매우 만족스러워함
　　C. 의아하게 여김　　D. 겸손함

[단어]

略知一二 lüèzhīyíèr ❷ 대략 (조금) 알다 / 谦虚
qiānxū 겸손하다

[해설]

남자가 여자를 칭찬하자, 여자가 '算不了/什么 (별거 아닙니다)'라고 겸손하게 대답했습니다. '算不了什么'는 상대방이 칭찬했을 때 겸손하게 대답할 때 쓰는 낱말이고, '算不得什么', '了不起什么', '没什么' 등과 동의어입니다.

18.

男: 我家/小明/非常喜欢足球, 他/能踢上/一天/不吃饭。
女: 那/你/可得/管管/他, /这/不影响/学习了吗?
男: 最近/买了/一台计算机, /这下/可好了。
女: (计算机/玩的)/时间/太长/也不好。
问: 他们/在谈论/什么问题?

[번역]

남: 우리 샤오밍은 축구를 너무 좋아해서, 온 종일 밥도 먹지 않고 공을 차요.

여: 그럼 당신이라도 타일러야죠, 그러면 공부에 방해가 되지 않나요?
남: 최근에 컴퓨터를 한 대 사줬더니 훨씬 나아졌어요.
여: 컴퓨터를 가지고 노는 시간이 너무 길어도 좋지 않아요.
질문: 그들은 어떤 문제에 대해 이야기하고 있나?
　　A. 축구를 좋아하는 문제
　　B. 컴퓨터 다루는 문제
　　C. 아이의 교육문제
　　D. 아이의 습관에 관한 문제

[단어]

踢 tī ❷ (발로) 차다. (축구를) 하다 / 影响 yǐngxiǎng
❷❷ 영향(을 주다), 영향을 받다 / 操作 cāozuò ❷
조작하다. (손으로) 다루다

[해설]

여자와 남자는 아이가 축구하는 것과 컴퓨터를 가지고 노는 것에 대해 대화를 나누면서 아이 교육문제에 관해 이야기하고 있는 것을 알 수 있습니다. A와 B는 구체적인 예에 해당하므로 정답이 될 수 없고, A와 B를 모두 포함할 수 있는 C가 정답입니다.

19.

男: 昨天下午/你家的/电话/打不通, /你/去/哪儿了?
女: 孩子/有点/发烧, /我/带他/去医院/看看。
男: 哎哟, /现在/退烧了吗?
女: 比昨天/好多了, /还/有点儿。
问: 通过/对话, /我们/可以知道/什么?

[번역]

남: 어제 오후에 당신 집에 전화가 안 되던데, 어디 갔었어요?
여: 아이가 열이 좀 나서 데리고 병원에 갔었어요.
남: 저런, 지금은 열이 내렸나요?
여: 어제 보다는 훨씬 좋아졌는데, 아직도 열이 좀 있어요.
질문: 대화를 통해 우리는 무엇을 알 수 있나?
　　A. 아이가 지금 열이 나서 병원에 가야 됨
　　B. 아이는 많이 좋아졌음
　　C. 어제저녁에 전화가 고장이 났었음
　　D. 아이는 병이 완전히 다 나았음

[단어]

打不通 dǎbùtōng ❷+❷ 전화(통화)가 안 되다. 전화가 불통이다 / 发烧 fāshāo ❷ 열이 나다 / 退烧
tuìshāo ❷ 열이 (정상으로) 내리다

[해설]

남자가 여자에게 지금은 열이 좀 내렸느냐고 묻자, 여자가 '比昨天/好多了，/还/有点儿 (어제 보다는 훨씬 좋아 졌데, 아직도 열이 좀 있다)'라고 말한 것으로 보아 정답이 B인 것을 알 수 있습니다.

20.

女: 你/刚才/说/这花儿/怎么卖?
男: 15块钱/两支，/你/不信吧? /别说/你了，/最初/我也/不信。
女: 是不是/处理的?
男: 不是。
问: 对花儿/他们/怎么/看?

[번역]

여: 방금 이 꽃을 어떻게 판다고 하셨죠?
남: 15원에 두 송이입니다. 믿어지지 않으시죠? 손님 뿐 만 아니라 처음엔 저도 못 믿겠더라구요.
여: 싸구려 불량품 아니죠?
남: 아닙니다.
질문: 꽃에 대해서 그들은 어떻게 생각하는가?
　　A 여자는 가격이 너무 싸다고 생각함
　　B 남자는 꽃이 매우 싱싱하다고 생각함
　　C 남자는 가격이 적당하다고 생각함
　　D 여자는 가격이 너무 비싸다고 생각함

[해설]

여자가 남자에게 가격을 재차 확인하자, 남자가 '15块钱/两支, /你/不信吧?/别说/你了，/最初/我也/不信 (15원에 두 송이입니다. 믿어지지 않으시죠? 손님 뿐 만 아니라 처음엔 저도 믿어지지 않았습니다)'라고 대답한 것으로 보아, 둘 다 꽃의 가격이 너무 싸다고 생각하는 것을 알 수 있습니다.

21.

女: 公司/办起来/后，/我/要/辞职了，/我/觉得/这里/不适合/我。
男: 依我看，/这样/对你/来说/是/一个巨大损失。
女: 我/接受了/很多的/教训。
男: 是吗?/可/我觉得/还是/太可惜了。
问: 通过/对话/我们/可以知道/什么?

[번역]

여: 회사를 설립하고 나서, 저는 직장을 그만두려고 해요. 여긴 저한테 맞지 않는 것 같아요.
남: 제가 보기에 그렇게 하는 것은 당신에게 큰 손해인 것

같은데요.
여: 저는 많은 교훈을 얻었는걸요.
남: 그래요? 그래도 저는 역시 너무 안타깝군요.
질문: 대화를 통해 우리가 알 수 있는 것은 무엇인가?
　　A 남자는 회사 사장임
　　B 여자는 회사를 떠나려고 함
　　C 회사는 다년간의 역사가 있음
　　D 남자는 여자를 매우 부러워함

[단어]

> 适合 shìhé 동 적합하다. 꼭 알맞다. 적당하다 / 依 (yī)我看 내가 보기에는, 내 생각에는 [= 依我说] / 巨大 jùdà 형 거대하다. 크다 / 损失 sǔnshī 동/명 손해(를 보다), 손실(을 입다) / 教训 jiàoxun 명 교훈, 훈계 동 훈계하다. 꾸짖다. 혼내다

[해설]

여자가 남자에게 '我/要/辞职了，/我/觉得/这里/不适合/我 (저는 직장을 그만두려고 해요. 여긴 저한테 맞지 않는 것 같아요)'라고 말하는 것을 보아 정답이 B인 것을 알 수 있습니다.

22.

女: 你/就/没注意/你领导的/变化吗?
男: 我/从来就/没有/(看着/领导的/脸色/过/日子的)习惯。
女: 那/你/从不/担心/出/什么/问题吗?
男: 我/每天/认真工作，/还能/出/什么问题呢!
问: 根据对话/可以知道/什么?

[번역]

여: 너는 어쩜 윗사람의 변화에도 신경 쓰지 않니?
남: 난 지금까지 윗사람의 눈치나 보면서 일한 적은 없어.
여: 그럼 너는 여태껏 그런 것 때문에 무슨 문제가 생길 까 봐 걱정한 적은 없어?
남: 나는 매일 열심히 일하는데, 무슨 문제가 생기겠어!
질문: 대화에 근거해서 알 수 있는 것은?
　　A 남자는 열심히 일하는 것이 제일 좋은 것이라고 생각함
　　B 상사의 표정에 익숙하지 않음
　　C 상사의 지시를 따르지 않음
　　D 상사는 남자를 별로 좋아하지 않음

[해설]

남자가 여자에게 '我/每天/认真工作，/还能/出/什么问题呢! (나는 매일 열심히 일하는데, 무슨 문제가 생기겠어)'라고 대답한 것으로 보아, 남자는 열심히 일하는 것

이 가장 좋은 것이라고 생각하는 것을 알 수 있습니다.

[단어]

过日子 guòrìzi 图 생활하다, 살아가다 / 脸色
liǎnsè 명 안색, 낯빛, 눈치 / 吩咐 fēnfu 명동 분부(하
다), 명령(하다)

23.

男: 在这儿/干/真没意思，/回家/看孩子/都比
　　较/痛快。
女: 你看你，/都/说/到哪儿/去了！
男: 其实，/我/不说/也是/这样。
女: 那/你/就/别说了。
问: 女的/是/什么意思?

[번역]

남: 여기서 일하는 거 정말 재미없어, 집에 가서 애 보는
　　게 이보다는 재미있겠다.
여: 애 좀 봐, 무슨 말을 그렇게 하니?
남: 사실, 내가 말하지 않아도 그렇잖아.
여: 그럼 말하지 마.
질문: 여자의 말은 무슨 뜻인가?
　　A 아이를 돌보는 것이 더 중요함
　　B 아이를 돌보는 것은 결코 중요하지 않음
　　C 남자의 말이 너무 지나치다고 생각함
　　D 남자의 말은 아주 예의가 바르다고 생각함

[단어]

痛快 tòngkuai 형 통쾌하다, 유쾌하다, 즐겁다

[해설]

여자가 남자에게 '说/到哪儿/去了！(무슨 말을 그렇게
하니!)'라고 말한 것으로 보아, 여자는 남자가 하는 말이
지나치다고 여기는 것을 알 수 있습니다.

24.

女: 这双鞋/真便宜，/才/八十块钱　。
男: 现在/在各大商店/都/有/促销活动吧?
女: 没错，/你也/买/一双吧。
男: 算了，/便宜/没好货，/好货/不便宜。
问: 男的/觉得/这双鞋/怎么样?

[번역]

여: 이 신발 정말 싸다. 겨우 80원밖에 안해.

남: 지금 각 상점에서 모두 세일행사를 하지?
여: 그래, 너도 한 켤레 사지 그래.
남: 됐어, 싼게 비지떡이야.
질문: 남자는 이 신발이 어떻다고 생각하나?
　　A. 품질이 매우 좋다고 생각함
　　B. 품질이 나쁘다고 생각함
　　C. 한 켤레 사고 싶어 함
　　D. 가격이 비싸다고 생각함

[단어]

促销活动 cùxiāohuódòng 명 판촉활동, 세일행사
/ 便宜没好货 piányiméihǎohuò, 好货不便宜
hǎohuòbùpiányi 싼 것은 좋은 물건이 없고, 좋은 물건
은 비싸다, 즉 '싼 게 비지떡이다'

[해설]

여자가 남자에게 신발의 가격이 싸니까 한 켤레 사라고 하
자, 남자가 '算了，/便宜/没好货，/好货/不便宜。(됐
다, 싼게 비지떡이다)'라고 대답한 것으로 보아, 남자는 이
신발의 품질이 좋지 않다고 생각하는 것을 알 수 있습니다.

25.

女: 老李/明天/来/北京吧，/是/几点的/车?
男: (下午/三点的/) 车。
女: 明天/谁/去车站/接老李?
男: 本来/应该是/老赵/去的，/可/老赵/临时/
　　有事，/我/只好/让小张/去接/老李了。
问: 明天/谁/去车站/接人?

[번역]

여: 라오리가 내일 북경에 오지, 몇 시 차야?
남: 오후 세 시 차야
여: 내일 누가 정류장에 라오리 마중 나가니?
남: 원래 당연히 라오자오가 가야 되는데, 라오자오가 갑
　　자기 일이 생겨서, 내가 하는 수 없이 샤오장한테 라오
　　리를 마중가라고 했어.
질문: 내일 누가 정류장에 마중가나?
　　A. 라오자오　B. 샤오장　C. 나　D. 라오리

[단어]

临时 línshí 형 잠시, 임시 / 只好 zhǐhǎo 부 하는 수
없이, 어쩔 수 없이 / 接 jiē 통 마중하다

[해설]

남자가 '可/老赵/临时/有事，/我/只好/让小张/去接
/老李了 (라오자오가 갑자기 일이 생겨서, 내가 하는 수

없이 샤오장한테 라오리를 마중가라고 했어)'라고 대답한 것으로 보아, 내일 정류장으로 샤오장이 라오리를 마중가는 것을 알 수 있습니다. 이런 유형의 문제에서는 '让 뒤의 사람에게 ~을 하도록 시키다'는 뜻이므로 동작을 하는 주체는 '让' 뒤의 사람입니다.

26.

女: 欢迎/您/乘坐/438路/汽车，/本车/开往/西直门，/请您/中门/上车。

男: 请问一下，/这车/到/永丰站吗？

女: 您/坐错/方向了，/等/下一站，/您/下车，/然后/到/马路对面/再坐/438路。

男: 啊，/知道了，/谢谢！

问: 关于男的/可以知道/什么？

[번역]

여: 승객 여러분 438번 버스를 탑승해 주셔서 감사합니다. 이 버스는 시즈먼으로 가는 버스입니다. 가운데 문으로 탑승해 주십시오.

남: 말씀 좀 묻겠는데요, 이 차는 영풍역까지 갑니까?

여: 버스를 반대방향에서 타셨어요. 다음 정류장에서 내리셔서, 길 건너편에서 다시 438번 버스를 타세요.

남: 아, 알겠습니다, 감사합니다!

질문: 남자에 관해서 알 수 있는 것은?

　A. 길을 물음　　　　B. 길을 잘못 가르쳐 주었음

　C. 버스를 잘못 탔음　D. 전철을 타려고 함

[단어]

> 乘坐 chéngzuò 종 차를 타다 / 上车 shàngchē 종 차에 타다 / 下车 xiàchē 종 차에서 내리다

[해설]

남자가 여자에게 영풍역에 대해서 묻자, 여자가 '您/坐错/方向了，/等/下一站，/您/下车(반대방향 버스를 타셨으니, 다음 정류장에서 내리세요)'라고 대답한 것으로 보아, 남자가 버스를 잘못 탄 것을 알 수 있습니다.

27.

女: 你/知道吗？/(老张家的)小兰/考上/北京大学了。

男: 这孩子/从小/就/很聪明，/每回考试/都是/全班第一。

女: 这回/老张/可高兴了，/听说/老张/要请/(办公室里的)人/吃饭呢。

男: 对阿，/老张/刚/给我/打电话/让我/周末/

去他家/吃饭。

问: 关于/(老张家的)/小兰/可以知道/什么？

[번역]

여: 너 라오장 집의 샤오란이 북경대학교에 합격한 거 아니?

남: 이 아이는 어릴 때부터 똑똑해서, 매번 시험 때마다 반에서 일등을 했지.

여: 이번에 라오장이 너무 기뻐서, 라오장이 사무실 사람들에게 한 턱 쏜다고 하던데.

남: 맞아, 라오장이 막 나한테 전화를 해서 나한테 주말에 그의 집에 식사하러 오라고 했어.

질문: 라오장 집의 샤오란에 관해 알 수 있는 것은?

　A. 대학에 합격했음　　　B. 대학에 합격하지 못했음

　C. 별로 똑똑하지 않음　D. 직장을 구했음

[해설]

여자가 남자에게 '你/知道吗？/(老张家的)小兰/考上/北京大学了。(너 라오장 집의 샤오란이 북경대학교에 합격한 거 아니?)'라고 묻는 것으로 보아, 정답이 A인 것을 알 수 있습니다. 남자의 말에서 '这孩子/从小/就/很聪明 (이 아이는 어릴 때부터 똑똑했다)'이라고 했으므로 C는 정답이 아닙니다.

28.

男: 小赵，/你的/手艺/真是/太好了！

女: 没做/什么/好吃的，/都是/家常便饭，/你/别客气，/可要/多吃点啊。

男: 你/别忙了，/菜/已经/够吃了，/快坐下来/和我们/一起/吃吧。

女: 没事，/我/再做/一道菜，/马上就/好了。

问: 关于小赵，/可以知道/什么？

[번역]

남: 샤오자오, 당신 솜씨 정말 좋은데!

여: 별로 차린 건 없지만, 너무 예의 차리지 마시고, 많이 드세요.

남: 당신도 분주하게 그러지 말고, 음식은 충분하니 빨리 앉아서 우리와 함께 듭시다.

여: 괜찮아요, 음식 한 가지를 더 만들고 있는데, 곧 다 되어가요.

질문: 샤오자오에 관해서 알 수 있는 것은?

　A. 식사를 하고 싶지 않음

　B. 식사하러 음식점에 감

　C. 친구 집에 손님으로 방문함

　D. 손님에게 식사를 대접함

[단어]

手艺 shǒuyì 솜씨 / 家常便饭 jiāchángbiànfàn 평소 집에서 먹는 식사, 밥

[해설]
여자가 남자에게 '没做/什么/好吃的, /都是/家常便饭, …, /可要/多吃点啊 (차린 건 없지만, … , 많이 드세요.)', '我/再做/一道菜, /马上就/好了 (음식 한 가지를 더 만들고 있는데, 곧 다 되어 가요)'라고 말한 것으로 보아 여자가 남자를 집에 초대해서 식사대접을 하고 있는 것을 알 수 있습니다.

29.
女: 今年春天/天气/不太好, /不是/刮风/就是/下雨。
男: 天气预报说, /这几天/可能会/有/沙尘暴。
女: 你说/(现在的)/天气/怎么这么/反常呢。
男: 听说/[和/全球气候变暖]/有关。
问: 今年春天/天气/怎么样?

[번역]
여: 올해 봄은 날씨가 별로야. 바람이 불지 않으면 비가 내리잖아.
남: 일기예보에서 요 며칠 황사가 있을 거라 던데.
여: 지금 날씨가 왜 이렇게 이상한거야?
남: 지구온난화와 관계가 있다고 들었어.
질문: 올해 봄은 날씨가 어떠한가?
    A. 날씨가 매우 좋음   B. 날씨가 이상함
    C. 구름이 많이 낌   D. 바람이 불지 않고, 비가 옴

[단어]
沙尘暴 shāchénbào 모래먼지, 황사 / 反常 fǎncháng 이상하다 [= 不正常 búzhèngcháng, 奇怪 qíguài, 不对劲儿 búduìjìr]

[해설]
여자가 남자에게 '(现在的)/天气/怎么这么/反常呢 (지금 날씨가 왜 이렇게 이상한거야?)'라고 물어 본 것으로 보아, 정답이 B인 것을 알 수 있습니다.

30.
女: 我/已经/辞职了, /不干了。
男: 什么? /(那么好的)/工作, /你/怎么/说不干/就/不干了? /也不/和我/商量一下。
女: 要是/和您/商量, /我/估计/就没办法/辞

职了。
男: 这孩子, /真/拿你/没办法！
问: 根据对话/可以知道/什么?

[번역]
여: 저는 이미 직장을 그만 두었어요, 일 안하기로 했어요.
남: 뭐라고? 그렇게 좋은 직장을 네가 어떻게 그만두고 싶다고 그만두니? 나와 의논도 하지 않고.
여: 만약에 의논을 했다면, 제 생각에 직장을 그만둘 방법이 없었을 거 같아요.
남: 얘는, 정말 구제불능이구나!
질문: 대화에 근거해서 알 수 있는 것은?
    A. 여자는 직장을 바꾸었음
    B. 남자는 여자의 일이 별로 좋지 않다고 생각함
    C. 두 사람은 미리 의논하지 않았음
    D. 여자는 이미 다른 일을 찾았음

[단어]
辞职 cízhí 사직하다. 직장을 그만두다 / 商量 shāngliáng 의논하다. 상의하다

[해설]
남자가 여자에게 '你 … 也不/和我/商量一下 (너는 나와 의논을 좀 하지도 않았다)'라고 말한 것으로 보아, 정답이 C인 것을 알 수 있습니다.

31.-32.
男: 小李, /好久不见了, /最近/你/在忙/什么呢?
女: (31) 我/下个月/要结婚了, /所以/这几天/忙着/采购/结婚用品呢！
男: 是吗, /哎呀！恭喜你了, /他/做/什么工作的?
女: (32) 在/一所大学/教书呢。
男: 你们/谈了/多长时间的/恋爱? /他/一定/很优秀吧?
女: 谈了/三年的/恋爱, /他/做/什么都/很认真, /平时/在学校/工作, /周末/还是/去图书馆/充电。
男: 你/可/一定要/请我/喝喜酒啊！
女: 没问题啊, /欢迎您/来参加/我的/婚礼。

31. 他们/在谈论/什么?
32. 女的的/对象/做什么/工作的?

[번역]

남: 샤오리야 오랜만이다. 요즘 뭐가 그렇게 바쁘니?

여: 나 다음 달에 결혼해. 그래서 요즘 바쁘게 혼수품을 장만하고 있어!

남: 그래? 야! 축하한다. 신랑은 뭐하는 사람이니?

여: 대학에서 학생들을 가르치고 있어.

남: 얼마나 연애를 했는데? 그 사람 틀림없이 훌륭한 사람이지?

여: 3년간 연애를 했는데, 그는 뭐든지 열심히 해, 평소에 학교에서 일하고, 주말에는 또 도서관에 가서 재충전을 해.

남: 꼭 네 결혼식에 나 불러야 돼?

여: 알았어, 네가 꼭 내 결혼식에 와주면 좋겠어.

질문 (31) 그들은 무엇에 대해 이야기하고 있나?

　　A. 일　B. 공부　C. 결혼　D. 음주

(32) 여자의 배우자는 무슨 일을 하나?

　　A. 대학생　　　　　　B. 교수

　　C. 음식점 사장　　　　D. 중(고등)학교 교사

[단어]

采购 cǎigòu ⑧ 구매하다, 사들이다, 구입하다 / 结婚用品 jiéhūnyòngpǐn ⑲ 혼수품 / 恭喜 gōngxǐ ⑧ 축하하다, 축하를 드리다 / 谈恋爱 tánliànài ⑧ 연애하다, 사랑을 속삭이다 / 优秀 yōuxiù ⑲ 우수하다, 뛰어나다 / 充电 chōngdiàn ⑧⑲ 충전(하다) / 喝喜酒 hēxǐjiǔ ⑧ 결혼하다 / 婚礼 hūnlǐ ⑲ 결혼식

[해설]

31 여자가 남자에게 '我/下个月/要结婚了(나 다음 달에 결혼한다)'라고 말해 주었고, 두 사람이 계속 여자의 결혼에 관해 이야기하고 있습니다. '结婚(결혼하다)'와 동의어로는 '吃喜糖 chīxǐtáng', '喝喜酒 hēxǐjiǔ', '成家 chéngjiā', '终身大事 zhōngshēndàshì', '办喜事 bànxǐshì' 등이 있습니다.

32 여자가 남자에게 '在/一所大学/教书呢 (대학에서 학생들을 가르치고 있다)'라고 대답한 것으로 보아, 여자의 배우자는 대학교수인 것을 알 수 있습니다.

33.-35.

女: (我/刚买的)/笔记本电脑，/刚/用一星期/就坏了，/你/给看看/怎么回事？

男: 请您/稍等，/我/帮你/检测一下。

女: 好的。/那/就麻烦/你了，/检测/大概/花/多久？

男: 大概/两三分钟/就行了，/你/稍微/等一下。

女: **(33)** 如果/有/质量问题/的话，/你/可以/换/一个(新的)/笔记本电脑吗？

男: 可以，/ **(34)** 可是/电脑/没有问题，/只是/(你的)/系统/中毒了，/需要/装/一个杀毒软件。

女: 那/怎么办？/能不能/给我/装/一个杀毒软件？

男: 这里/没有/杀毒的/软件，/小姐，/你/拿着/电脑/去/电脑服务中心/下载一个/就行了。

女: 好的，/谢谢/你。

男: 你/如果/还需要/我的/帮助，/给我/打电话/就行了。

女: 好的，/再见！

33. 他们/可能/在哪儿/谈话？

34. 女的的/电脑/怎么了？

35. 他们/是/什么关系？

[번역]

여: 내가 방금 산 노트북컴퓨터 겨우 일주일밖에 안 썼는데 고장이 났어요. 어떻게 된 건지 좀 봐주시겠어요?

남: 잠시만 기다리세요, 제가 좀 검사를 해볼게요.

여: 알겠어요, 그럼 수고해 주세요, 검사하는데 얼마나 걸리나요?

남: 몇 분만 기다리시면 되요, 잠시만 기다리세요.

여: 만약에 품질에 이상이 있으면 새 것으로 바꿔주실 수 있나요?

남: 바꾸어 드릴게요, 그런데 노트북컴퓨터에는 문제가 없고, 컴퓨터 시스템이 바이러스에 감염되었네요, 바이러스 백신 프로그램을 설치해야겠어요.

여: 그럼 어떻게 하죠? 저한테 바이러스프로그램을 설치해 주실 수 있나요?

남: 여기는 바이러스프로그램이 없고요, 서비스센터로 컴퓨터를 가지고 가서서 받으시면 되요.

여: 알겠어요, 감사합니다.

남: 제 도움이 필요하시면 전화주세요.

여: 네, 안녕히 계세요.

질문 (33) 그들은 어디에서 이야기를 하고 있을까?

　　A. 컴퓨터 서비스센터　B. 집　C. 백화점　D. 친구 집

(34) 여자의 컴퓨터는 어떠한가?

　　A. 망가졌음　　　　　B. 시스템이 바이러스에 감염됨

　　C. 제품에 문제가 있음　D. 인터넷을 할 수 없음

(35) 그들은 어떤 관계인가?

　　A. 친구　　　　　　　B. 고객과 판매원

　　C. 직장동료　　　　　D. 고객과 수리공

[단어]

笔记本电脑 bǐjìběndiànnǎo ⑲ 노트북컴퓨터 / 检测 jiǎncè ⑧ 검사·측정하다 / 稍微 shāowēi ⑨ 좀, 약간 / 系统 xìtǒng ⑲ 시스템, 계통 / 中毒 zhòngdú ⑧ 바이러스에 감염되다, 바이러스 먹다 / 装 zhuāng

動 설치하다 / **杀毒软件** shādúruǎnjiàn 名 바이러스 백신 프로그램 / **服务中心** fúwùzhōngxīn 서비스센터 / **下载** xiàzài (컴퓨터로) 다운로드하다. 프로그램을 다운받다

[해설]

33 여자가 남자에게 '如果/有/质量问题/的话, /你/可以/换/一个(新的)笔记本电脑吗?(만약에 품질에 이상이 있으면 새 것으로 바꿔주실 수 있나요?)'라고 물어 본 것으로 보아, 두 사람은 컴퓨터를 파는 매장에서 대화하고 있는 것을 알 수 있습니다.

34 '여자가 남자에게 '电脑/没有问题, /只是/(你的)/系统/中毒了(노트북컴퓨터에는 문제가 없고, 컴퓨터 시스템이 바이러스에 감염되었다)'라고 대답한 것으로 보아 정답이 B인 것을 알 수 있습니다.

35 두 사람이 컴퓨터를 파는 매장에서 컴퓨터에 대해 이야기하고 있으므로 두 사람은 고객과 판매원일 가능성이 높습니다.

36.-37.

女: **(36)** 听说/最近/有个片子/特别火, /叫《2012》, /你/看了吗?

男: 我/还没/看过, /不过/听/朋友/简单地/说过, /是(关于/人类灾难的)片子, /挺/不错的。

女: 那/我们/周末/去看/这个片子/怎么样?

男: 那/太好了, /我/正/打算/去看呢!

女: 你说/咱们/什么时候/见面?

男: 星期天/我/有点/事, / **(37)** 这个星期六/下午一点/见面, /怎么样?

女: 好的, /见面后/我们/一起/去饭馆/吃午饭, /然后/看/(两点半的)/那场电影吧。

男: 是个/好主意, /吃饭/和看电影/全部/由我/请客。

女: 真的?/谢谢/你呀!

36. 关于(他们/要看的)/电影, /我们/可以知道/什么?

37. 他们/打算/什么时候/见面?

[번역]

여: 요즘 《2012》라는 영화가 아주 인기라면서, 너 봤니?

남: 아직 못 봤는데, 친구한테 간단하게 이야기를 들은 적이 있어, 인류재난에 관한 영화인데, 아주 잘 만들었대.

여: 그럼 우리 주말에 그 영화 보러 갈래?

남: 그거 좋겠다, 나도 마침 보러가려고 했었거든!

여: 우리 언제 만날래?

남: 일요일은 내가 일이 좀 있으니까, 이번 주 토요일 오후 1시에 만나는 게 어때?

여: 좋아, 만나서 우리 같이 식당에 가서 점심식사하고, 2시 반 영화를 보자.

남: 좋은 생각이야, 식사와 영화는 전부 내가 쏠게.

여: 정말? 고마워!

질문: **(36)** 그들이 보려는 영화에 관해, 우리가 알 수 있는 것은?
　　 A. 애정영화임
　　 B. 매우 인기가 있음
　　 C. 아직 상영을 하지 않음
　　 D. 좋은지 나쁜지 모르겠음

(37) 그들은 언제 만날 예정인가?
　 A. 일요일 오후 1시　　 B. 토요일 오후 2시반
　 C. 토요일 오후 1시　　 D. 아직 결정하지 않았음

[단어]

片子 piānzi 名 영화 / **火** huǒ 形 ① (사업이나 생활이) 번창하다. 흥성하다 ② 인기가 있다. 명성이 있다. (물건이) 잘 팔리다 불 / **灾难** zāinàn 名 재난 / **主意** zhǔyi 名 생각. 의견. 방법 / **修理工** xiūlǐgōng 名 수리공

[해설]

36 여자가 남자에게 '听说/最近/有个片子/特别火, /叫《2012》(요즘 《2012》라는 영화가 아주 인기가 있다고 들었다)'라고 말한 것으로 보아, 정답이 B인 것을 알 수 있습니다.

37 '남자가 여자에게 '这个星期六/下午一点/见面(이번 주 토요일 오후 1시에 만나자)' 하고 말하자, 여자가 좋다고 대답한 것으로 보아 정답이 C인 것을 알 수 있습니다.

38.-40.

男: 小姐, / **(38)** 你们店里/有什么/好茶吗?

女: 先生, /(我们店里的)/茶/有/好几个品种: /有/红茶、绿茶、花茶…您/看/需要/哪种呢?

男: 我/想买/一些/送给/老人, /不知道/送/什么茶/好。

女: **(39)** 现在/是/冬季, /应该/喝些/红茶, /可以/暖胃, /促/消化。/您/觉得呢?

男: 红茶/怎么卖?

女: 有/很多种, /红茶的/质量/越好/价钱/越贵, /一般来说, /一斤/350元的/红茶/最受/欢迎。

男: 好的, /那/你/给我/来/一斤这种红茶。

女: 先生, /您的/茶/包好了, / **(40) 是350元。**

男: **我/没有/零钱, /给你/400块。**

女: 好的, /我/给您/找/零钱, /谢谢您, /请慢走, /欢迎您/下次/再来。

38. 他们/可能/在哪儿/谈话?

39. 冬天/喝红茶/有什么/好处?

40. 女的/应该/给男的/找/多少钱?

[번역]

남: 아가씨, 이상점에는 좋은 차가 어떤 게 있습니까?

여: 손님, 우리 가게에는 홍차, 녹차, 화차 등 여러 가지 종류의 차가 있습니다. 어떤 종류를 찾으세요?

남: 노인한테 선물하고 싶은데, 어떤 차가 좋을지 모르겠네요.

여: 지금은 겨울이니까 당연히 홍차를 좀 드시는 게 좋을 거 같아요. 위를 따뜻하게 하고, 소화도 돕습니다. 어떠세요?

남: 홍차는 어떻게 파시나요?

여: 여러 종류가 있는데, 홍차의 품질이 좋을 수록 가격도 비쌉니다. 보통 500그램에 350원하는 홍차가 가장 있기가 있습니다.

남: 좋아요, 그럼 그걸로 500그램 주세요.

여: 손님, 포장이 다 되었습니다. 350원입니다.

남: 잔돈이 없는데, 400원을 드릴게요.

여: 괜찮습니다. 여기 잔돈 50원을 거슬러 드리겠습니다. 감사합니다. 안녕히 가세요, 다음에 또 오세요.

질문: **(38)** 그들은 어디에서 대화를 하고 있을까?

    A. 상점　　B. 병원　　C. 양로원　　D. 커피전문점

    (39) 겨울에 홍차를 마시면 좋은 점은 무엇인가?

    A. 맛이 있음

    B. 위를 따뜻하게 하고, 소화를 촉진함

    C. 노화를 예방함

    D. 다이어트 효과가 좋음

    (40) 여자는 남자에게 얼마를 거슬러 주어야 하나?

    A. 50원　　B. 100원　　C. 350원　　D. 400원

[단어]

红茶 hóngchá 명 홍차 / 绿茶 lǜchá 명 녹차 / 花茶 huāchá 명 화차 / 冬季 dōngjì 명 겨울(철), 동계 / 暖胃 nuǎnwèi 동 위를 따뜻하게 하다 / 促消化 cùxiāohuà 동 소화를 촉진하다, 소화를 돕다 / 斤 jīn 양 근, 500그램 / 包 bāo 동 포장하다 / 零钱 língqián 명 잔돈 / 养老院 yǎnglǎoyuàn 명 양로원 / 咖啡店 kāfēidiàn 명 커피숍, 커피전문점 / 预防 yùfáng 동 예방하다 / 衰老 shuāilǎo 동 노쇠하다, 늙고 쇠약해지다 / 减肥 jiǎnféi 동 다이어트(하다)

[해설]

38 남자가 여자에게 '你们店里/有什么/好茶吗? (이상점에는 좋은 차가 어떤 게 있습니까?)'라고 말한 것으로 보아, 정답이 A인 것을 알 수 있습니다.

39 '여자가 남자에게 现在/是/冬季, /应该/喝些/红茶, /可以/暖胃, /促/消化。 (지금은 겨울이니까 당연히 홍차를 좀 드시는 게 좋을 거 같아요. 위를 따뜻하게 하고, 소화도 돕습니다.)' 하고 말하자, 여자가 좋다고 대답한 것으로 보아 정답이 B인 것을 알 수 있습니다.

40 여자가 남자에게 홍차의 가격이 350원이라고 하자, 남자가 '给你/400块。(400원을 드릴게요.)' 하고 말하자, 여자가 좋다고 대답한 것으로 보아 정답이 A인 것을 알 수 있습니다.

41.-42.

女: 我说, /明天/有/家长会, /到底/是/你去/还是/我去啊?

男: 当然/是/你去了, /我/哪儿/有时间/去参加啊。

女: 你/整天/只顾/工作, /家里的/事/什么都/不管!

男: 我工作/不也/是/为了/我们家庭/和孩子嘛。

女: 你这个人/从来没有/关心过/咱儿子, /你/最近/跟儿子/谈过话吗?

男: 你/别这么说, /**(42) 我/虽然/很少/有时间/跟儿子/沟通, /但/心里/还是/很关心/咱儿子的。**

女: **(41) 那/明天/我/去参加/家长会, /这周日/你/能带着孩子/出去玩儿吗?**

男: 好, /好, /好, /我/一定会!

41. 女的/打算/明天/做什么?

42. 关于男的, /我们/可以知道/什么?

[번역]

여: 내가 내일 학부모회의가 있다고 그랬잖아요? 도대체 당신이 갈 거예요 아니면 내가 가요?

남: 당연히 당신이 가야지, 내가 참석하러 갈 시간이 어디 있어?

여: 당신은 온 종일 일만 하고, 집안일은 전혀 신경도 안 써요!

남: 내가 일하는 게 다 우리가정과 아이를 위해서 그러는 게 아니겠어.

여: 당신이란 사람은 한 번도 우리 아들한테 관심을 가진 적이 없다고요, 당신 요즘 아들과 이야기한 적 있어요?

남: 그렇게 말하지 마, 내가 비록 아이와 대화할 시간이 적어

도, 속으로는 늘 우리 아들한테 관심을 가지고 있다고.

여: 그럼 내일은 내가 학부모회의에 갈 테니까, 이번 주 일요일에 아이 데리고 놀러 나갈 수 있어요?

남: 좋아, 좋아, 좋다고, 반드시 그렇게 하지!

질문: (41) 여자는 내일 무엇을 할 예정인가?

　A. 일을 하려고 함

　B. 놀러 나가려고 함

　C. 학부모회의에 참석하려고 함

　D. 집안일을 하려고 함

(42) 남자에 관해서 우리가 알 수 있는 것은?

　A. 아들한테 매우 관심이 있음

　B. 아들한테 관심을 가지지 않음

　C. 학부모회의에 참석하려고 함

　D. 자주 아이와 이야기를 함

[단어]

家长会 jiāzhǎnghuì 몡 학부모회의 / 到底 dàodǐ 뮈 도대체 [의문문에서 상대방을 재촉하고 다그칠 때 씀] / 沟通 gōutōng 동 교류하다, (의사)소통하다 / 带 dài 동 ① (사람을) 데리고 (...하다) ② (물건을) 가지고 (...하다) ③ (얼굴표정을) 띠다 / 家务 jiāwù 몡 가사, 집안 일

[해설]

41 여자가 남자에게 '那/明天/我/去参加/家长会 (그럼 내일은 내가 학부모회의에 갈 것이다)'라고 말한 것으로 보아, 정답이 C인 것을 알 수 있습니다.

42 남자가 여자에게 '我/虽然/很少/有时间/跟儿子/沟通, /但/心里/还是/很关心/咱儿子的 (내가 비록 아이와 대화할 시간이 적어도, 속으로는 여전히 우리 아들한테 관심을 가지고 있다)'라고 말한 것으로 보아 정답이 A인 것을 알 수 있습니다.

43.-45.

女: 先生，/(43) (45) 我/要买一张/(明天/去广州 的)/卧铺车票。

男: 对不起!/卧铺票/刚刚/卖完，/(44) 只有/硬 座了，/你要吗?

女: 没办法，/那/就买/一张吧。

男: 要/(几点的)/车呢?

女: 我家里/离北京站/有/点儿/远，/有没有/ (下午的)/车?

男: 有，/下午3点，/可以吗?

女: 可以，/一张/多少钱?

男: 请付/253元。

43. 他们/在哪儿/谈话?

44. 女的/买了/什么车票?

45. 女的/明天/要去/哪儿?

[번역]

여: 아저씨, 내일 광주로 가는 침대 석 하나 주세요.

남: 죄송합니다, 침대 석은 방금 매진되었고, 일반석 밖에는 표가 없는데 구입하시겠습니까?

여: 하는 수 없죠, 한 장 주세요.

남: 몇 시 표로 사시겠습니까?

여: 우리 집이 북경 역에서 거리가 좀 먼데, 오후 기차표가 있나요?

남: 네, 오후 3시인데 괜찮으시겠습니까?

여: 괜찮아요, 한 장에 얼마예요?

남: 253원입니다.

질문: (43) 그들은 어디에서 대화를 하나?

　A. 공항　　B. 전철역　　C. 기차역　　D. 교외지역

(44) 여자는 어떤 기차표를 구입했나?

　A. 침대 석　　　　B. 일반 석

　C. 일등 석　　　　D. 표를 사지 못함

(45) 여자는 내일 어디에 가려고 하나?

　A. 북경　　B. 홍콩　　C. 광동　　D. 광주

[단어]

卧铺车票 wòpùchēpiào 몡 (기차나 여객선 등에서의) 침대 석 표 / 硬座 yìngzuò 몡 일반석, 보통석 [열차의 딱딱한 좌석] / 离 lí 젠 ～에, ～까지 / 地铁站 dìtiězhàn 몡 전철역 / 郊区 jiāoqū 몡 (도시의) 교외 지역 / 软座 ruǎnzuò 몡 일등석 [열차의 푹신한 좌석] / 硬卧 yìngwò 몡 일반 침대 석 [열차의 딱딱한 침대 석] / 软卧 ruǎnwò 몡 일등 침대 석 [열차의 푹신한 침대 석] / 上铺 shàngpù 몡 3층 침대의 맨 윗칸 / 中铺 zhōngpù 몡 3층 침대의 중간 칸 / 下铺 xiàpù 몡 3층 침대의 맨 아래 칸

[해설]

43 45 여자가 남자에게 '我/要买一张/(明天/去广州 的)/卧铺车票。(내일 광주로 가는 침대 석 하나 주세요.)'라고 말한 것으로 보아, 여자는 기차역에서 광주로 가는 기차표를 구입하고 있는 것을 알 수 있습니다. 중국의 기차 안에는 침대 석인 '卧铺'와 의자에 앉아서 가는 '硬座' 또는 '软座'가 있습니다. 침대 석에는 다시 '硬卧'와 '软卧'기 있으며, 침대의 위치에 따라 '上铺' '中铺' '下铺'로 나뉩니다. 듣기부분에서 이런 단어가 들리면 '기차와 관련된 문제'라는 것을 알 수 있습니다.

44 남자가 여자에게 '只有/硬座了，/你要吗? (일반석 밖에는 표가 없는데 구입하시겠습니까?)' 하고 말하자, 여자가 좋다고 대답한 것으로 보아 정답이 B인 것을 알 수 있습니다.

46.-48.

女: 老公，/ **(46) 你/现在/在哪里啊?**/在家吗?

男: 噢，/我/在家/休息呢，/有/什么事?

女: 我/把优盘/忘在/家里了，/你/快点儿/拿着/优盘/来公司吧。

男: **(47) 你/这个马大哈，**/(这么/重要的)/东西/都忘记/拿!

女: 啊，/我/过/半个小时后/在公司门口/等你，/你/快点来呀。

男: 你呀，/以后/小心一点，/别再/丢三落四了，/你/等一下，/我/马上/给你/送过去。

女: **(48) 我/现在/急得/要命，**/你/坐/出租车/来吧。

男: 我/知道了。

46. 他们/在/做/什么?

47. 关于/女的/有什么/特点?

48. 女的的/心情/怎么样了?

[번역]

여: 당신 지금 어디 있어요? 집이예요?

남: 응, 나 지금 집에서 쉬고 있는데, 무슨 일이야?

여: 내가 USB를 집에 두고 나왔는데, 당신이 빨리 회사로 가져다주세요.

남: 이 딜렁이, 그렇게 중요한 것을 가지고 가는 걸 잊어버리다니!

여: 아, 내가 30분 후에 회사입구에서 기다리고 있을 테니까, 빨리 오세요.

남: 당신 앞으로 조심 좀 해, 그렇게 딜렁대지 말고, 기다려, 내가 빨리 회사로 가져다줄게.

여: 나 지금 조급해 죽겠어요. 택시타고 오세요.

남: 알았어.

질문: **(46)** 그들은 무엇을 하고 있나?

A 쉬고 있음　　　B 일하고 있음

C 전화하고 있음　D 사업을 하고 있음

(47) 여자는 어떤 특징이 있나?

A 세심하지 못함　B 신중함

C 일을 열심히 함　D 아주 낙천적임

(48) 여자는 어떤 심정인가?

A 매우 놀람　　　B 아주 즐거움

C 매우 화남　　　D 아주 조급함

[단어]

老公 lǎogōng 몡 남편 / **优盘 yōupán** 몡 USB [문서를 저장하는 디스켓의 일종] / **马大哈 mǎdàhā** 몡 딜렁이, 일을 건성으로 하는 사람 혱 부주의하다, 꼼꼼하지 못하다 / **丢三落四 diūsānlàsì** 솅 잘 빠뜨리다, 잊어버리다, 실수가 많다, 건망증이 심하다 / **粗心**

cūxīn 혱 세심하지 못하다, 꼼꼼하지 못하다 / **慎重 shènzhòng** 혱 신중하다 / **乐观 lèguān** 혱 낙관하다, 낙관적이다, 낙천적이다

[해설]

46 여자가 남자에게 '你/现在/在哪里啊? (당신 지금 어디 있어요?)'라고 물어보자, 남자가 '我/在家/休息呢 (나는 지금 집에서 쉬고 있다)'라고 대답한 것으로 보아, 두 사람은 서로 다른 곳에 떨어져서 전화로 대화하고 있는 것을 알 수 있습니다.

47 '남자가 여자에게 '你/这个马大哈 (이 딜렁아)' 하고 말하는 것으로 보아 여자는 성격이 세심하지 못하고 딜렁대는 사람인 것을 알 수 있습니다.

48 '여자가 남자에게 '我/现在/急得/要命 (나는 지금 너무 조급하다)'이라고 말하는 것으로 보아, 정답이 D인 것을 알 수 있습니다. '서술어+得+要命'은 '매우 ~하다'는 뜻으로 뒤의 '要命 yàomìng' 대신 '要死 yàosǐ, 慌 huāng, 不得了 bùdéliǎo, 了不得 liǎobudé, 不行 (了) bùxíng(le)'를 써도 됩니다.

49.-50.

女: 听说/你爸爸/住院了，/现在/怎么样了?

男: 前天/动了/手术，/我/和妈妈/轮流/照顾/他，/ **(49) 现在/好多了。**

女: 我/打算/明天/去看望/你爸爸，/什么时间/可以/探视呢?

男: 一般/是/上午/可以探视/病人。

女: 医生说/他/什么时候/可以出院呢?

男: 大夫说/过几天/再检查一下/身体，/如果/没有/什么问题/的话，/ **(50) 下个月/就/可以出院了。**

女: 是吗?/那/太好了。/你也/保重身体。

男: 谢谢。

49. 关于/男的的/父亲/可以知道/什么?

50. 男的的/父亲/什么时候/就/可以/出院了?

[번역]

여: 네 아버지 병원에 입원하셨다면서? 지금은 어떠시니?

남: 그저께 수술을 하셨는데, 나와 어머니께서 돌아가면서 아버지를 보살피고 있어, 지금은 많이 좋아지셨어.

여: 나는 내일 네 아버님 뵈러 갈 건데, 언제 면회할 수 있어?

남: 보통 오전에 환자를 면회할 수 있어.

여: 의사선생님이 언제 퇴원하셔도 된다고 그래?

남: 의사선생님이 며칠 후에 다시 검사를 해보고, 만약에 무슨 이상이 없으면 다음 달에 퇴원하셔도 된다고 그랬어.

여: 그래? 잘됐다. 너도 건강 조심하고.

남: 고마워.
질문: **(49)** 남자의 아버지에 대해 알 수 있는 것은?
    A. 병세가 더욱 위중해 지셨음
    B. 병세가 이전보다 좋아 지셨음
    C. 아직 수술을 하지 않으셨음
    D. 아버지를 돌 볼 사람이 없음

    (50) 남자의 아버지는 언제 퇴원할 수 있나?
    A. 오늘   B. 내일오후   C. 다음달   D. 아직 모름

[단어]

住院 zhùyuàn ⑧ 입원하다 / **动手术** dòngshǒushù ⑧ 수술을 하다 / **轮流** lúnliú ⑧ 교대로 하다, 순번대로 하다. 돌아가면서 하다 / **照顾** zhàogù ⑧ 돌보다, 보살피다 / **看望** kànwàng ⑧ 방문하다, 문안하다, 찾아가 보다 / **探视** tànshì ⑧ (병)문안하다 / **出院** chūyuàn ⑧ 퇴원하다 / **检查** jiǎnchá ⑧ 검사하다 / **保重** bǎozhòng ⑧ 건강에 주의하다, 몸조심하다 [남에게 건강에 주의하기를 바란다는 말로 쓰임]

[해설]

49 여자가 남자에게 병원에 입원하신 아버지가 어떠시냐고 묻자, 남자가 '现在/好多了 (지금은 많이 좋아 지셨다)'라고 대답한 것으로 보아 정답이 B인 것을 알 수 있습니다.

50 남자가 여자에게 '下个月/就/可以出院了. (다음 달에 퇴원하셔도 된다)'라고 대답한 것으로 보아 정답이 C인 것을 알 수 있습니다.

[3주차 원문 & 해설 & 정답]

[정답]

1 A	2 C	3 B	4 B	5 C
6 B	7 C	8 B	9 A	10 C
11 B	12 D	13 A	14 A	15 A
16 B	17 A	18 B	19 B	20 D
21 C	22 B	23 B	24 A	25 A
26 A	27 D	28 A	29 A	30 B
31 C	32 B	33 C	34 B	35 A
36 A	37 B	38 B	39 C	40 A

01.-03.

01-03

  有/研究机构/表示, /(1) 即使/将手/洗干净, /还/存有/182种/细菌, /而/脏手上的/细菌/可达到/40万个, /所以/饭前/便后/洗手的/习惯/在旅途中/格外/重要, /最好/自己准备/消毒纸巾, /(1)(2) 洗手的时候/一定要/仔细/清洗/40秒钟以上, /不要/只是/用洗手液/或是/肥皂/涂抹完毕以后, /立即/用水冲/洗手, /这样/细菌/很难/被/彻底清除, /手上/仍/留/有/大量的/细菌。/因此/我们/平时/一定要/认真洗手。

01. 关于/洗手/下列/哪项/正确?
02. 根据/这段话/我们/可以知道:
03. 这段话/主要/谈什么?

[번역]

연구기관에서는 손을 깨끗이 씻더라도, 여전히 182 종류의 세균이 남아있고, 더러운 손의 세균은 40만 마리가까이 되므로, 식사하기 전과 대소변을 본 후에 손을 씻는 습관은 여행 도중에 더욱 중요하다고 전했다. 또한 스스로 항균티슈를 준비하는 것이 가장 좋으며, 손을 씻을 때에 반드시 꼼꼼하게 40초 이상을 씻어야 하고, 겨우 물비누 또는 비누만 묻힌 다음, 바로 물로 손을 씻어내면 안 된다. 이렇게 하면 세균을 철저히 없애기 힘들며, 손에는 여전히 많은 세균이 남아 있게 된다. 우리는 평소에 반드시 열심히 손을 씻어야 한다.

질문: **(01)** 손 씻기에 대해 다음 중 옳은 것은?
    A. 손을 깨끗이 씻어도 여전히 많은 세균이 있음
    B. 물비누를 묻힌 다음 즉시 물로 씻어내야 됨
    C. 손만 씻는다면 철저히 세균을 없앨 수 있음
    D. 반드시 2분 이상 손을 씻어야 함

    (02) 이 글에서 우리가 알 수 있는 것은?
    A. 손 씻기는 매우 간단한 일임
    B. 손을 씻고 나면 세균은 전부 없어짐
    C. 손을 씻을 때에는 반드시 꼼꼼하게 잘 씻어야 함
    D. 여행도중 손을 씻는 것은 번거로움

    (03) 이 글에서 주로 말하고 있는 것은?
    A. 손의 세균은 쉽게 죽음
    B. 손 씻기의 중요성
    C. 손을 씻을 때에는 물비누가 필요함
    D. 식사 전이나 대소변을 본 후에는 손을 씻어야 함

[단어]

研究机构 yánjiūjīgòu ⑧ 연구기관 / **存有** cúnyǒu ⑧ (남아) 있다, 존재하고 있다 / **细菌** xìjūn ⑧ 세균 / **脏** zāng ⑧ 더럽다 / **达** dá ⑧ 도달하다, 이르다 / **旅途** lǚtú ⑧ 여정, 여행도중 / **格外** géwài ⑧ 유달리, 매우 / **重要** zhòngyào ⑧ 중요하다 / **消毒纸巾** xiāodúzhǐjīn ⑧ 항균티슈 / **仔细** zǐxì ⑧ 자세하다, 꼼꼼하다, 세밀하다 / **洗手液** xǐshǒuyè ⑧ 물비누 / **肥皂** féizào ⑧ 비누 / **涂抹** túmǒ ⑧ 칠하다, 바르

다 / **完毕** wánbì ⑧ 끝나다, 끝내다 / **立即** lìjí ⑨ 즉시, 곧바로 / **冲洗** chōngxǐ ⑧ 물로 씻어내다 / **彻底** chèdǐ ⑨ 철저하게 / **清除** qīngchú ⑧ 철저히 제거하다, 완전히 없애다

[해설]

01-02

'即使/将手/洗干净, /还/存有/182种/细菌, (손을 깨끗이 씻더라도, 여전히 182 종류의 세균이 남아있다)'라고 했으므로 정답은 A입니다. '不要/只是/用洗手液/或是/肥皂/涂抹完毕以后, /立即/用水冲/洗手 (겨우 물비누 또는 비누만 묻힌 다음, 바로 물로 손을 씻어내면 안 된다)'라고 했으므로 B는 정답이 아니며, '洗手的时候/一定要/仔细/清洗/40秒钟以上 (손을 씻을 때에 반드시 꼼꼼하게 40초 이상을 씻어야 된다)'고 했으므로 D도 정답이 아닙니다. 또한 무조건 손만 씻는다고 되는 것이 아니라 씻을 때 반드시 꼼꼼히 씻어야 한다는 것을 강조하고 있으므로 C역시 정답이 될 수 없으며, 그러므로 2번 문제의 정답은 C입니다.

03

이 글은 꼼꼼하게 손을 씻는 것에 대한 중요성에 대해 서술하고 있습니다.

04.-06.

　　(4)(5)大蒜/被俄罗斯人/当做/天然的/抗生素, /能/同时/有效地/对付/细菌、病毒, (原虫/对人体/产生的)威胁, 吃饭时, /适当/吃点/生蒜, /能保证/你的/胃肠/健康, /同时也/能帮助/你/杀死/食物里的/细菌, /特别是/吃/凉菜的时候, /蒜/更是/(必不可少的)调料。/但是/让人/烦恼的是/(吃完/蒜的)/口气问题, /特别是/大蒜的/气味/是/很难/去除的, /没关系, /我们/可以吃/口香糖/来解决。

04. 关于/大蒜/下列/哪项/正确?
05. 通过/这段话/可以知道/大蒜/有什么/特点?
06. 这段话/主要/谈什么?

[번역]

러시아인은 마늘을 천연의 항생물질로 여기는데, 세균과 바이러스, 병원 충으로 인해 인체에 생기는 위협에 대해 동시에 효과적으로 대처할 수 있다. 식사를 할 때 생마늘을 먹으면, 당신의 위장건강을 보증해 주며, 동시에 또 당신이 먹는 음식 안의 세균을 죽이는데 도움을 준다. 특히 채소음식을 먹을 때 마늘은 더욱 없어서는 안 될 조미료이다. 그러나 누구나 마늘을 먹고 나서의 입 냄새문제로 신경이 쓰이기 마

런이고, 특히 마늘의 냄새는 없애기 힘들지만, 우리는 껌을 씹어서 냄새를 해결할 수 있으니 상관없다.

질문: **(04)** 마늘에 대해 다음 중 옳은 것은?
　　A. 마늘 냄새는 좋음
　　B. 마늘은 많은 종류의 세균을 죽일 수 있음
　　C. 마늘은 병을 치료할 수 있음
　　D. 마늘은 사람을 골치 아프게 함

(05) 이 글을 통해서 마늘은 어떤 특징이 있다는 것을 알 수 있나?
　　A. 아주 매움　　　　B. 아주 향기로움
　　C. 살균을 함　　　　D. 천연적임

(06) 이 글에서 주로 말하는 것은 무엇인가?
　　A. 마늘의 역사　　　B. 마늘의 장점
　　C. 마늘의 단점　　　D. 마늘을 먹는 법

[단어]

大蒜 dàsuàn ⑨ 마늘 / **俄罗斯人** éluósīrén ⑨ 러시아인 / **抗生素** kàngshēngsù ⑨ 항생물질 / **对付** duìfu ⑧ 대응하다, 대처하다 / **病毒** bìngdú ⑨ 바이러스 / **原虫** yuánchóng ⑨ 병원충 / **威胁** wēixié ⑧⑨ 위협(하다) / **适当** shìdàng ⑨ 적절(적당)하다, 알맞다 / **生蒜** shēngsuàn ⑨ 생마늘 / **保证** bǎozhèng ⑧ 보증하다, 책임지다, 약속하다 / **胃肠** wèicháng ⑨ 위장 / **杀死** shāsǐ ⑧ 죽이다 / **必不可少** bìbùkěshǎo ⑩ 없어서는 안된다, 반드시 필요하다 / **调料** tiáoliào ⑨ 조미료 / **烦恼** fánnǎo ⑧⑨ 고민(하다), 걱정(하다) / **口气** kǒuqì ⑨ 입냄새 / **气味** qìwèi ⑨ 냄새 / **去除** qùchú (동) 없애다, 제거하다 / **口香糖** kǒuxiāngtáng ⑨ 껌 / **辣** là ⑨ 맵다 / **香** xiāng ⑨ 향기롭다 / **天然** tiānrán ⑨ 자연의, 천연의, 자연적인

[해설]

04-05

'大蒜/被俄罗斯人/当做/天然的/抗生素, /能/同时/有效地/对付/细菌、病毒, (原虫/对人体/产生的)威胁 (러시아인은 마늘을 천연의 항생물질로 여기는데, 세균과 바이러스, 병원 충으로 인해 인체에 생기는 위협에 대해 동시에 효과적으로 대처할 수 있다)', '吃饭时, /适当/吃点/生蒜能帮助/你/杀死/食物里的/细菌 (식사를 할 때 당신이 먹는 음식 안의 세균을 죽이는데 도움을 주기 때문에 생마늘을 먹는 것이 좋다)'라고 했으므로, 4번 문제의 정답은 B, 5번 문제의 정답은 C인 것을 알 수 있습니다.

06

'吃点/生蒜, /能保证/你的/胃肠/健康, /同时也/能帮助/你/杀死/食物里的/细菌 (식사를 할 때 생마늘을 먹으면, 당신의 위장건강을 보증해 주며, 동시에 또 당신

이 먹는 음식 안의 세균을 죽이는데 도움을 준다'라고 했으므로 정답은 B입니다.

07.-09.

中国/是/一个农业/和人口大国, /(07) 政府/一向/十分重视/粮食问题, /始终/把发展粮食/和农业生产, /(09) 解决/人民的/温饱问题/放在/最重要的/位置。/新中国/成立以来, /特别是/改革开放以来, /(07) 中国的/粮食生产/有了/很大发展, /用/(世界上/7%的)耕地, /养活了/(世界上/22%的) 人口, /(07)(09) 创造了/(在/人多/地少的/国情下/实现/粮食/基本自给的) 奇迹。

07. 关于这段话/下列/哪项正确?
08. 这段话/主要/讲的是/什么?
09. 文章里面的/"温饱"/是/什么意思?

[번역]

중국은 농업과 인구의 대국이다. 정부는 지금까지 식량문제를 매우 중시하고 있고, 계속해서 식량발전과 농업생산으로 사람들의 민생문제를 해결하려는 것을 가장 중요하게 생각하고 있다. 신중국이 성립되고 나서, 특히 개혁개방이래로 중국의 식량생산은 아주 큰 발전이 있었다. 세계 7%의 경지를 사용해서 세계 22%의 인구를 먹여 살리고, 사람은 많고 토지는 적은 국가상황하에서 식량의 기본적인 자급자족을 실현하는 기적을 창조했다.

질문: **(07)** 이 글에 관해 다음 중 옳은 것은?
　　A. 중국은 인구가 많아서 식량이 부족함
　　B. 중국은 농업이 그다지 발전하지 않았음
　　C. 중국은 식량문제를 중시함
　　D. 중국은 식량을 수입하는 것이 필요함

(08) 이 글에서 주로 말하는 것은 무엇인가?
　　A. 인구문제　　　B. 식량문제
　　C. 경제문제　　　D. 토지문제

(09) 글 속의 "温饱"는 무슨 뜻인가?
　　A. 배불리 먹고 따뜻하게 입는 것
　　B. 밥 먹는 것
　　C. 옷을 입는 것
　　D. 식량을 재배하는 것

[단어]

农业 nóngyè 图 농업 / 政府 zhèngfǔ 图 정부 / 一向 yíxiàng 图 여태껏, 지금까지 / 重视 zhòngshì 图 중시하다, 중요하게 생각하다 / 粮食 shíliáng 图 양식, 식량 / 始终 shǐzhōng 图 시종일관, 계속해서 / 温饱 wēnbǎo 图 의식이 풍족한 생활, 배불리 먹고 따뜻

하게 옷 입는 생활 / 放在 fàngzài 图 ~에 놓다, 두다 / 位置 wèizhì 图 위치, 자리 / 成立 chénglì 图 성립하다, 만들다 / 改革开放 gǎigékāifàng 图 개혁개방 / 耕地 gēngdì 图 경지 / 养活 yǎnghuo 图 먹여 살리다, 부양하다 / 创造 chuàngzào 图 창조하다, (처음) 만들다, 세우다 / 国情 guóqíng 图 국정, 국가의 상황 / 实现 shíxiàn 图 실현하다, 이루다 / 基本 jīběn 图 기본적인, 최소한 图 대체로, 대부분 / 自给 zìjǐ 图图 자급(하다), 자력으로 생활하다 / 奇迹 qíjì 图 기적

[해설]

07
'政府/一向/十分重视/粮食问题 (정부는 지금까지 식량문제를 매우 중시하고 있다)'라고 했으므로 정답이 C인 것을 알 수 있습니다. '中国的/粮食生产/有了/很大发展 (중국의 식량생산은 아주 큰 발전이 있었다)'라고 했으므로 B는 정답이 아니며, '创造了/ … /(实现/粮食/基本自给的)/奇迹(식량의 기본적인 자급자족을 실현하는 기적을 창조했다)'라고 했으므로 A와 D는 정답이 아닙니다.

08
이 글은 계속해서 중국의 식량문제에 대해서 말하고 있습니다.

09
'温'은 '따뜻하다'는 뜻이고, '饱'는 '배부르다'는 뜻이므로 '温饱'는 따뜻하게 입고 배불리 먹는 것을 가리키는 말인 것을 알 수 있습니다.

10.-12.

(11) 喝咖啡/最好是/在早餐/及/午餐后, /因为/这样/可以促进/肠胃的/蠕动, /帮助/消化, /(10) 可以/分解/吃下去的/高热量、/高脂食物, /也不会/像空腹/喝咖啡, /那样, /对肠胃/造成/刺激。/最好/不要/在晚餐后/喝咖啡, /会/对睡眠/造成/影响。/如果/想/靠喝咖啡/熬夜, /可能会/在不知不觉中/喝/过量, /对身体/不好。

10. 关于喝咖啡/我们/可以知道/什么?
11. 喝咖啡/最好/是/在什么时候?
12. 这段话/主要/告诉我们/什么?

[번역]

커피를 마시는 것은 아침식사와 점심식사 후에 마시는 것이 가장 좋다. 이렇게 하면 위장의 연동운동을 촉진하고, 소화를 도울 수 있어서 섭취한 고칼로리, 고지방음식을 분해할 수 있기 때문이다. 또한 공복에 커피를 마시면, 위장

에 자극을 초래할 수 있으며, 수면에 지장을 줄 수 있기 때문에 저녁식사 후에는 커피를 마시지 말아야 한다. 만약에 잠을 안 자려고 커피를 마신다면, 자신도 모르게 지나치게 많이 마시게 되어서 건강에 해롭다.

질문: (10) 커피를 마시는 것에 대해 우리가 알 수 있는 것은?
　　A. 저녁식사 후에 커피를 마시면 건강에 좋음
　　B. 수면에 어떤 영향도 주지 않음
　　C. 공복에 커피를 마시면 위장을 자극함
　　D. 고칼로리음식을 분해할 수 없음

　　(11) 언제 커피를 마시는 것이 가장 좋은가?
　　A. 아침식사 전　　B. 점심식사 후
　　C. 저녁식사 후　　D. 잠자기 전

　　(12) 이 글은 주로 우리에게 무엇을 말하고 있는가?
　　A. 그 사람들은 커피를 마시는 것이 적합함
　　B. 커피를 마시는 것은 어떤 장점이 있나
　　C. 커피를 마시는 방법
　　D. 언제 커피를 마시는 것이 가장 좋은가

[단어]

促进 cùjìn 촉진하다 / 肠胃 chángwèi 위장 / 蠕动 rúdòng 연동 운동을 하다. 꿈틀거리다 / 消化 xiāohuà 소화(하다) / 分解 fēnjiě 분해하다 / 高热量 gāorèliàng 고칼로리 / 高脂食物 gāozhīshíwù 고지방 음식 / 空腹 kōngfù 공복 / 造成 zàochéng 초래하다 / 刺激 cìjī 자극 / 睡眠 shuìmián 수면(하다). 잠(자다) / 影响 yǐngxiǎng 영향(을 주다), 영향을 받다 / 熬夜 áoyè 밤새다, 철야하다 / 不知不觉 bùzhībùjué 자기도 모르는 사이에, 부지불식간에 / 过量 guòliàng 양을 초과하다. 넘다 [주로 마시는 것을 가리킴]

[해설]

10
'也不会/像空腹/喝咖啡, /那样, /对肠胃/造成/刺激 (공복에 커피를 마시면, 위장에 자극을 초래할 수 있다)'라고 했으므로 정답은 C입니다. 또한 最好/不要/在晚餐后/喝咖啡, /会/对睡眠/造成/影响 (수면에 지장을 줄 수 있기 때문에 저녁식사 후에는 커피를 마시지 말아야 한다)'라고 했으므로 A와 B는 정답이 아니며, '可以/分解/吃下去的/高热量 (먹은 고칼로리, 고지방음식을 분해할 수 있기 때문이다)'라고 했으므로 D역시 정답이 아닙니다.

11
'喝咖啡/最好是/在早餐/及/午餐后, /因为/这样/可以促进/肠胃的/蠕动 (커피를 마시는 것은 아침식사와 점심식사 후에 마시는 것이 가장 좋다)'라고 했으므로 정답은 B입니다.

12
이 글은 커피를 마시는 때에 따라서 건강에 좋을 수 도 있고, 해로울 수 도 있다는 것을 설명하고 있으므로 정답이 D인 것을 알 수 있습니다.

13.-15.

　　(14) 花样游泳/是/女子/体育项目。/原为/(游泳比赛/间歇时的)/水中/表演/项目。/由游泳、/技巧、/舞蹈/和音乐/编排/而成, /有/ "水中芭蕾" 之称。(13) 花样游泳/是/一项/(具有艺术性的)/(优雅的)/体育运动, /它/也需要/力量/和技巧, /需要/许多/(年不断的)/训练/来掌握。

13. "水中芭蕾" /指的/是/花样游泳的什么?
14. 关于花样游泳/下列/哪项正确?
15. 这段话/主要/讲的是/什么?

[번역]

싱크로나이즈드 스위밍은 여자 체육종목인데, 원래는 수영시합 중간휴식 때의 수중공연 항목이었다. 수영, 기교, 춤과 음악을 편성해서 만든 것이어서 '수중발레'라는 명칭이 생겼다. 싱크로나이즈드 스위밍은 예술성을 가진 우아한 체육운동인데, 그것은 힘과 기술이 필요하며, 여러 해 동안 부단히 훈련을 해야 마스터할 수 있다.

질문: (13) '수중발레'는 싱크로나이즈드 스위밍의 어떤 것을 말하는가?
　　A. 예술성　B. 오락성　C. 기술성　D. 역량성

　　(14) 싱크로나이즈드 스위밍에 관해 다음 중 옳은 것은?
　　A. 체육운동의 한 종목임
　　B. 힘이 필요하지 않음
　　C. 기교만 필요함
　　D. 장기간 훈련할 필요가 없음

　　(15) 이 글에서 주로 무엇을 말하고 있나?
　　A. 싱크로나이즈드 스위밍의 특징을 소개함
　　B. 싱크로나이즈드 스위밍의 발전
　　C. 싱크로나이즈드 스위밍의 역사
　　D. 수영종목을 소개함

[단어]

花样游泳 huāyàngyóuyǒng 싱크로나이즈드 스위밍[synchronized swimming]. 수중발레 / 体育项目 tǐyùxiàngmù 체육종목(항목) / 间歇 jiānxiē 중간휴식(하다) / 技巧 jìqiǎo 기교, 테크닉 / 舞蹈 wǔdǎo 춤 / 编排 biānpái 배열하다, 편성하다. 개편(편곡)하다 / 芭蕾 bālěi 발레 / 具有 jùyǒu (가지고) 있다 / 艺术性 yìshùxìng 예

술성 / **优雅** yōuyǎ 웹 우아하다 / **训练** xùnliàn
웹 훈련(하다) / **掌握** zhǎngwò 웹 (기술, 외국어, 어휘 등) 마스터하다. 익히다, 정통하다 / **娱乐性**
yúlèxìng 웹 오락성

[해설]

13

'花样游泳/是/一项(具有艺术性的)/(优雅的)/体育运动 (싱크로나이즈드 스위밍은 예술성을 가진 우아한 체육운동이다)'라고 했으므로 정답은 A입니다.

14

'花样游泳/是/女子/体育项目 (싱크로나이즈드 스위밍은 여자 체육종목이다)'라고 했으므로 정답은 A입니다.

15

이 글은 여자 체육 종목인 싱크로나이즈드 스위밍의 특징에 대해 소개하고 있는 글입니다.

16.-18.

有一只鸟/感到/很口渴，/飞到/一个高度很深的水瓶旁边。/水瓶里/有/很多水，/它/想尽了/办法，/仍/喝不到。/于是，/它/想/把水瓶/推倒，而/水瓶/却/推也/推不动。/这时，/这只鸟/想起了/(它/曾经/使用的)/办法，/用口/叼着/石子/投到/水瓶里，/随着/(石子的)/增多，/水瓶里的/水也/就/逐渐/升高了。/最后， / **(18)** 这只鸟/高兴地/喝到/了水，/解了/口渴。 / **(17)** 这故事/说明，/智慧/往往/胜过/力气。

16. 关于/这只鸟/我们/可以知道/什么？

17. 这段故事/说明了/什么？

18. 这只鸟/最后/怎么样了？

[번역]

새 한 마리가 너무 목이 말라서 긴 물병 옆으로 날아갔다. 물병 안에는 많은 물이 있었고 새는 열심히 방법을 생각했지만 여전히 물을 마실 수 없었다. 그래서 새는 물병을 밀어서 쓰러뜨리고 싶었는데, 물병은 아무리 밀어도 밀어지지가 않았다. 이때 이 새는 이전에 자기가 썼던 방법이 생각이 났다. 입으로 돌을 물어서 물병 속에 넣으니까 돌이 많아짐에 따라 물병 속의 물도 점점 더 올라오게 되었다. 결국 이 새는 기쁘게 물을 마시고 갈증을 해소하게 되었다. 이 이야기는 종종 지혜는 힘보다 낫다는 것을 말해 주고 있다.

질문: **(16)** 이 새에 관해 우리가 알 수 있는 것은 무엇인가?
　　A. 놀기를 좋아함　B. 매우 똑똑함
　　C. 힘이 무척 셈　D. 물 마시는 것을 좋아함

(17) 이 이야기는 무엇을 설명하고 있는가?
A. 지혜는 힘보다 중요함
B. 물이 없으면 목말라 죽을 것임
C. 물을 마시는 방법은 매우 중요함
D. 힘은 지혜보다 중요함

(18) 이 새는 결국 어떻게 되었나?
A. 목말라 죽었음　　B. 물을 마셨음
C. 물병을 깨뜨렸음　D. 물을 못 마셨음

[단어]

鸟 niǎo 웹 새 / **感到** gǎndào 웹 ~라고 생각하다. 여기다, 느끼다 / **口渴** kǒukě 웹 목이 타다. 갈증이 나다 / **高度** gāodù 웹 높이 / **全身力气** quánshēnlìqi 웹 전신전력, 온 힘 / **推** tuī 웹 밀다 / **叼** diāo 웹 입에 물다 / **石子** shízi 웹 돌 / **增多** zēngduō 웹 많아지다. 증가하다 / **逐渐** zhújiàn 웹 점점. 차츰차츰. 점차 / **升高** shēnggāo 웹 위로 오르다. 높이 오르다 / **解渴** jiěkě 웹 갈증을 해소하다 / **智慧** zhìhuì 웹 지혜 / **胜** shèng 웹 이기다 웹 ~보다 낫다 [뒤에 于 또는 过가 함께 쓰임] / **打破** dǎpò 웹 깨다. 뛰어넘다. 타파하다

[해설]

16

이 새는 긴 물병에 담긴 물을 마시기 위해서, 물병 속에 돌을 집어넣어 돌의 무게만큼 물의 높이가 올라오는 것을 이용해 물을 마셨으므로 아주 똑똑한 새라는 것을 알 수 있습니다.

17

'这故事/说明，/智慧/往往/胜过/力气 (이 이야기는 종종 지혜는 힘보다 낫다는 것을 말해 주고 있다)'라고 했으므로 정답은 A입니다.

18

'这只鸟/高兴地/喝到/了水，/解了/口渴 (이 새는 기쁘게 물을 마시고 갈증을 해소하게 되었다)'라고 했으므로 정답은 B입니다.

19.-21.

(19) 为了减轻/日常工作的/压力，改变/自己的/情绪/与心态，/不妨/在办公室里/养/金鱼。/国外的/心理专家/指出，/(越来越/多的)/上班族/将工作/视为/(自己的)全部，/导致/人际关系/越来越/冷漠。 / **(20)** 在办公室里/养鱼/可以/让(人的)/情绪/得到/明显/改善，/变得/乐观、/甚至/可以/使整个(办公室的)/气氛/都活跃起来。/另外，/喂鱼/的时候，/眼睛/随着鱼儿/游动，/还可以/缓解/眼部疲劳，/[在一定/程度上]/减轻/工作压力。

19. 专家认为/现在/上班族/怎么样？

20. 关于/在办公室里/养金鱼/下列/哪项/不正确？

21. 这段话/主要/讲的是/什么？

[번역]

일상적인 일의 스트레스를 줄이기 위해서는 자신의 기분과 마음가짐을 바꾸고, 사무실에 금붕어를 좀 기르는 것도 괜찮다. 해외의 심리전문가는 다음과 같이 말했다. 점점 더 많은 샐러리맨들이 일을 자신의 전부라고 생각해서 대인관계에 점점 더 무관심해지고 있는데, 사무실에서 물고기를 기르면 사람의 기분을 뚜렷이 개선하여 낙천적으로 바뀌게 해주고, 심지어 사무실 전체 분위기를 활기차게 만들 수 있으며, 그밖에 물고기에게 먹이를 줄 때 눈은 물고기의 움직임을 따라서 눈의 피로를 완화할 수 있으며, 그래서 어느 정도 일의 스트레스를 줄일 수 있다고 한다.

질문: **(19)** 전문가는 현재 샐러리맨들이 어떻다고 생각하는가?

A. 금붕어를 기르는 것을 좋아함
B. 일에 대한 스트레스가 큼
C. 매우 낙천적임
D. 쉽게 지침

(20) 사무실에서 금붕어를 기르는 것에 관해 다음 중 옳지 않은 것은?

A. 기분을 개선할 수 있음
B. 눈의 피로를 완화시킴
C. 일의 스트레스를 줄임
D. 대인관계가 냉담해짐

(21) 이 글에서 주로 말하는 것은 무엇인가?

A. 샐러리맨의 일에 대한 스트레스는 매우 큼
B. 샐러리맨의 대인관계는 나쁨
C. 사무실에서 금붕어를 기르면 좋은 점
D. 사무실에서 금붕어를 기르면 일에 지장을 줌

[단어]

减轻 jiǎnqīng 통 경감하다, 덜다, 가볍게 하다 / 压力 yālì 명 스트레스, 압력 / 改变 gǎibiàn 통 바꾸다 / 情绪 qíngxù 명 정서, 기분, 마음 / 心态 xīntài 명 마음가짐, 마음상태 / 不妨 bùfáng 무방하다, 괜찮다 / 金鱼 jīnyú 명 금붕어 / 上班族 shàngbānzú 명 샐러리맨 / 视为 shìwéi ~로보다, 생각하다 / 导致 dǎozhì 통 초래하다 / 人际关系 rénjìguānxi 인간관계 / 冷漠 lěngmò 형 냉담하다, 쌀쌀맞다 / 明显 míngxiǎn 형 분명하다, 뚜렷하다 (부) 분명히 / 改善 gǎishàn 통 개선하다 / 气氛 qìfēn 명 분위기 / 活跃 huóyuè 형 적극적이다, 활발하다 / 喂 wèi 통 (동물에게) 먹이를 주다, 기르다 / 游动 yóudòng 통 이리저리 옮겨 다니다 / 缓解 huǎnjiě 통 완화되다, 풀어지다 / 疲劳 píláo 명동 피로(해 지다), 지치다

[해설]

19-21

'为了减轻/日常工作的/压力 (일상적인 일의 스트레스를 줄이기 위해서)'라고 했으므로 사람들이 일에 대해 스트레스를 많이 받고 있는 것을 알 수 있습니다.

20

'在办公室里/养鱼/可以/让(人的)情绪/得到/明显/改善 (사무실에서 물고기를 기르면 사람의 기분을 뚜렷이 개선할 수 있다)', '还可以/缓解/眼部疲劳，/[在一定/程度上]/减轻/工作压力 (눈의 피로를 완화할 수 있으며, 그래서 어느 정도 일의 스트레스를 줄일 수 있다)'라고 했으므로 20번 문제에서 ABC는 모두 정답이 아니며, 요즘 샐러리맨들은 점점 더 대인관계에 무관심해지고 있다고 하였지, 금붕어를 기르면 대인관계에 무관심해진다고는 하지 않았으므로 정답은 D입니다. 또한 이 글은 주로 금붕어를 기르면 좋은 점에 대해 설명하고 있으므로 21번 문제의 정답은 C인 것을 알 수 있습니다.

22.-25.

(24) 宋国/有个/(种田的)人，/他的/田里/有/棵树。/有一次，/一只兔子/跑过来，/由于/跑得太急，/**(22)** 一头/撞到/树上，/把脖子/撞断了，/一会儿就/死了。/这个人/毫不费力地/捡到了/这只兔子。/打这天起，/他/干脆/放下/农具，/连/活儿/也不干了，/天天/守在/这棵树下，/希望/还能/捡到/死兔子。/可兔子/是/再也/捡不到了，/**(23)** 他的/行为/被人们/嘲笑。/这个故事/告诉/我们/**(25)** 不付出/劳动/就/不可能/有收获。/这/就是/成语/"守株待兔"的/由来。

22. 兔子/是/怎么死的？

23. 后来/这个人/怎么样了？

24. 这个人/是/做什么的？

25. 成语/"守株待兔"/告诉/我们/什么？

[번역]

송나라에 농사를 짓는 사람 하나가 있었는데, 그의 밭에는 나무가 한 그루 있었다. 하루는 토끼 한 마리가 뛰어오다가, 너무 급하게 뛰어오는 바람에 머리를 나무에 부딪쳐서 목이 부러져서 잠시 후에 죽어 버렸다. 이 사람은 아무 힘도 들이지 않고 이 토끼를 주웠고, 이 날부터 그는 아예 농기구를 내려놓고, 전혀 일을 하지 않고, 매일 나무아래서

또 죽은 토끼를 주울 수 있기를 바라며 기다리고 있었다. 그러나 토끼는 다시 줍지 못했고, 그의 행동은 오히려 사람들에게 웃음거리가 되었다. 이 이야기는 우리에게 일을 하지 않고 수확을 하는 것은 불가능하다는 것을 말해주는데, 이것이 바로 성어 '수주대토'이다.

질문: **(22)** 토끼는 어떻게 죽었나?
　　A. 사람에게 죽임을 당했음
　　B. 부딪쳐서 죽었음
　　C. 굶어 죽었음
　　D. 병들어 죽었음

(23) 나중에 이 사람은 어떻게 하였나?
　　A. 많은 토끼를 주웠음
　　B. 사람들에게 웃음거리가 되었음
　　C. 사람들에게 부러움의 대상이 되었음
　　D. 많은 양식을 수확했음

(24) 이 사람은 무엇을 하는 사람인가?
　　A. 농민　　B. 사냥꾼　　C. 노동자　　D. 상인

(25) 성어 '수주대토'는 우리에게 무엇을 알려주나?
　　A. 이 세상에 공짜는 없음
　　B. 큰 나무 아래서 기다리면 토끼를 주울 수 있음
　　C. 사람은 성실해야 함
　　D. 동물을 보호해야 함

[단어]

宋国 sòngguó 뗑 송나라 / 种田 zhòngtián 뗑 농사 짓다 / 兔子 tùzi 뗑 토끼 / 撞倒 zhuàngdǎo 뗑 부딪쳐 넘어지다. 부딪쳐 넘어뜨리다 / 脖子 bózi 뗑 목 / 毫不 háobù 뗑 전혀, 조금도 ~하지 않다 / 费力 fèilì 뗑 애쓰다, 힘쓰다 / 捡 jiǎn 뗑 줍다 / 干脆 gāncuì 뗑 시원스럽다 뗑 시원스럽게, 아예, 차라리 / 农具 nóngjù 뗑 농기구 / 守 shǒu 뗑 지키다 / 笑话 xiàohua 뗑 우스갯소리, 유머 / 付出 fùchū 내다, 지불하다 / 劳动 láodòng 뗑 노동, 일 / 收获 shōuhuò 뗑 수확, 성과 뗑 수확하다, 거두다 / 成语 chéngyǔ 뗑 성어 / 守株待兔 sòngzhūdàitù 성 나무 그루터기를 지키며 토끼를 기다리다. 요행만을 바라다, 융통성이 없다 / 由来 yóulái 뗑 유래 / 嘲笑 cháoxiào 뗑 비웃다, 조소하다 / 羡慕 xiànmù 뗑 부러워하다 / 猎人 lièrén 뗑 사냥꾼

[해설]

22
'一头/撞到/树上，/把脖子/撞断了，/一会儿就/死了 (머리를 나무에 부딪쳐서 목이 부러져서 잠시 후에 죽었다)'라고 했으므로 정답은 B입니다.

23
'他的/行为/被人们/嘲笑 (그의 행동은 오히려 사람들에게 웃음거리가 되었다)'라고 했으므로 정답은 B입니다.

24
'宋国/有个/(种田的)人 (송나라에 농사를 짓는 사람 하나가 있었다)'라고 했으므로 정답은 A입니다.

25
'不付出/劳动/就/不可能/有收获 (우리에게 일을 하지 않고 수확을 하는 것은 불가능하다)'라고 했으므로 정답은 A입니다.

26.-28.

(26) 武夷山/是/(中国/著名的)/风景旅游区，/它的/西部/是/(全球生物/多样性/保护的)/关键地区，/分布着/(世界同纬度带/现存/最完整、/最典型、/面积/最大的)/中亚热带/原生性森林/生态系统；/东部山/与水/完美结合；/**(27)** 中部/是/联系/东西部/并/保护/九曲溪水源，/保持/(良好/生态环境的) 重要区域。

26. 关于武夷山，/我们/可以知道:
27. 九曲溪/在/(武夷山的)/什么地方?
28. 这段话/介绍了/武夷山的/什么?

[번역]

우이산은 중국의 유명한 풍경여행지역이다. 우이산의 서쪽은 세계 생물 다양성 보호의 핵심지역이며, 세계의 동일한 위도에서 현존하는 가장 완전하고, 가장 전형적이며, 면적이 가장 큰 중아열대 원시성 산림생태계이다. 동쪽산은 물과 완벽하게 결합되어 있고, 중간부분은 동서부와 연결되어 구곡계를 보호하며, 좋은 생태환경을 유지하는 요충지이다.

질문: **(26)** 우이산에 관해 우리가 알 수 있는 것은?
　　A. 풍경여행지역임
　　B. 산만 있고 물이 없음
　　C. 세계에서 면적이 가장 큰 산림
　　D. 동물과 자연이 서로 융화되어 있음

(27) 구곡계는 우이산의 어디에 있나?
　　A. 서부　　B. 동부　　C. 남부　　D. 중부

(28) 이 글은 우이산의 무엇을 소개하였나?
　　A. 지리환경　　　B. 풍토인정
　　C. 식물과 동물　　D. 역사와 인물

[단어]

武夷山 wǔyíshān 뗑 우이산 [중국 복건성에 있는 유명한 산 이름으로 일명 '바위산'이라고도 부름] / 著名 zhùmíng 뗑 저명하다, 유명하다 / 风景旅游区 fēngjǐnglǚyóuqū 뗑 풍경여행지구 / 多样性 duōyàngxìng 뗑 다양성 / 关键 guānjiàn 뗑 관건, 핵심 / 分布 fēnbù 뗑 분포하다, 널려있다 / 纬

度 wěidù **명** 위도 / **现存** xiàncún **동** 현존하다 / **完整** wánzhěng **형** 온전하다, 제대로 다 갖추어져 있다 / **典型** diǎnxíng **형명** 전형(적이다) / **中亚热带** zhōngyàrèdài **명** 중아열대 / **原生性** yuánshēngxìng **명** 원시성 / **森林** sēnlín **명** 산림 / **生态系统** shēngtàixìtǒng **명** 생태계 / **完美** wánměi **형** 완전하다, 결함이 없다, 매우 훌륭하다 / **结合** jiéhé **동명** 결합(하다), 결부(하다) / **联系** liánxì **명동** 연결(하다), 연관(하다) / **九曲溪** jiǔqūxī **명** 구곡계 [우이산에 있는 계곡이름으로 9개의 계곡을 말함] / **水源** shuǐyuán **명** 수원 / **保持** bǎochí **동** 지키다, 유지하다 / **区域** qūyù **명** 구역, 지구 / **相融** xiāngróng **동** 서로 융합하다, 어울리다 / **风土人情** fēngtǔrénqíng **명** 풍토와 인정 / **植物** zhíwù **명** 식물

[해설]

26

'武夷山/是/(中国/著名的)/风景旅游区 (우이산은 중국의 유명한 풍경여행지역이다)'라고 했으므로 정답은 A입니다.

27-28

'中部/是/联系/东西部/并/保护/九曲溪水源 (중간부분은 동서부와 연결되어 구곡계를 보호한다)'라고 했으므로 27번 문제의 정답은 D이며, 이 글은 주로 우이산의 서쪽과 동쪽의 지리적 환경을 설명하고 있으므로 28번 문제의 정답은 A인 것을 알 수 있습니다.

29.-32.

有个/(放羊的)/孩子/赶着/(他的)/羊群/到(村外很远的)/地方/去放牧。/**(29)** 他/老是/喜欢/说谎,/开玩笑,/时常/大声地/向(村里的)/人/呼救,/谎称/有/(狼/来吃/他的)/羊群。/开始/两三回,/村里人都/惊慌得/立刻/跑来,/被他/嘲笑后,/大家都/生气地/走了回去。/后来,/有一天,/狼/真的/来了,/吃了/很多羊。/(放羊的)/孩子/对着村里/拼命地/呼喊"救命",/村里人/却以为/他/又/在/像往常一样/说谎,/开玩笑,/**(30)** 没有人/再理/他。/结果,/**(31)** 他的/羊群/全/被狼/吃掉了。

29. 这个/(放羊的)/孩子/怎么样?
30. 人们/对(这个孩子的)/印象/怎样?
31. 羊/后来/怎么样了?
32. 这个故事/告诉我们/什么?

[번역]

양치기 아이가 그의 양떼를 데리고 마을에서 멀리 떨어져 있는 곳에 가서 방목을 했는데, 그는 늘 장난치려고 거짓말하는 것을 좋아해서, 자주 큰 소리로 마을 사람들에게 거짓말로 늑대가 그의 양떼를 잡아먹으려고 한 다고 말하면서 큰 소리로 도움을 청했다. 처음 몇 번은 마을 사람들이 모두 허겁지겁 바로 뛰어 왔고, 모두가 그에게 놀림을 당한 것을 알고는 화가 나서 돌아갔다. 어느 날 하루는 정말로 늑대가 나타나서 많은 양들을 잡아먹었다. 양치기 아이는 마을을 향해서 필사적으로 살려달라고 도움을 청했지만, 마을사람들은 오히려 그가 또 여느 때와 마찬가지로 장난치려고 거짓말하는 것이라고 생각하고 그를 아무도 거들떠보지도 않았다. 결국 그의 모든 양은 늑대한테 다 잡아먹히고 말았다.

질문: **(29)** 이 양치기 아이는 어떠한가?
   A. 자주 사람을 속임
   B. 자주 다른 사람을 도와줌
   C. 양치는 것을 좋아함
   D. 마을 사람들을 무서워함

(30) 사람들은 이 아이를 어떻게 생각하고 있나?
   A. 아주 좋은 아이라고 생각함
   B. 그를 거들떠보고 싶어 하지도 않음
   C. 그를 불쌍히 여김
   D. 그를 몹시 사랑함

(31) 양은 나중에 어떻게 되었나?
   A. 늑대한테 많이 잡혀 먹힘
   B. 늑대한테 물려서 다침
   C. 늑대한테 전부 잡아먹힘
   D. 사람들이 구해줌

(32) 이 이야기는 우리에게 무엇을 알려주고 있나?
   A. 다른 사람을 존중하는 것을 배워야 함
   B. 늑대를 만나면 당황하지 말아야 함
   C. 사람은 성실해야하며 거짓말을 하면 안 됨
   D. 다른 사람에게 장난을 치면 안 됨

[단어]

放羊 fàngyáng **동** 양을 방목하다 / **羊群** yángqún **명** 양떼 / **放牧** fàngmù **동** 방목하다, 놓아서 기르다 / **说谎** shuōhuǎng **동** 거짓말하다 / **时常** shícháng **부** 자주, 항상 / **呼救** hūjiù **동** (큰 소리로) 도움을 청하다 / **称** chēng **동** 말하다, 부르다, 칭하다 / **狼** láng **명** 이리 / **立刻** lìkè **부** 즉각, 즉시, 곧바로 / **拼命** pīnmìng **부** 필사적으로, 적극적으로 / **理** lǐ **동** 상대하다, 거들떠보다 [주로 부정의 뜻인 '不理 (거들떠보지 않다, 무시하다)'의 형태로 쓰임] / **可怜** kělián **형** 불쌍하다, 가엾다 / **疼爱** téngài **동** 매우 사랑하다, 귀여워하다 / **咬伤** yǎoshāng **동** 물려서 상처가 나다 / **尊重** zūnzhòng **동** 존중하다 / **诚实** chéngshí **형** 성실하다

[해설]

29
'他/老是/喜欢/说谎 (그는 늘 장난치는 것을 좋아하다)'
라고 했으므로 정답은 A입니다.

30
'没有人/再理/他 (그를 아무도 거들떠보지도 않는다)'라
고 했으므로 정답은 B입니다.

31
'他的/羊群/全/被狼/吃掉了 (그의 모든 양은 늑대한테
다 잡아먹히고 말았다)'라고 했으므로 정답은 C입니다.

32
이 글은 양치는 아이가 자주 거짓말을 해서 나중에 아무도
그의 말을 믿지 않았다는 이야기이므로 정답이 C인 것을
알 수 있습니다.

33.-36.

从前/有一个人/丢了一把刀，/**(35)** 他/怀
疑/被(邻居的)/小孩/偷走了。/于是，/他/就
暗暗地/观察/小孩的/行动，/不论是/言语，/
或是/神态/与动作，/怎么看，/都觉得/小孩
是/像偷刀的/人。/由于/没有证据，/他也/没
办法。/过了几天，/**(33)(34)** 他/在后山/找到了
/(丢失的)/刀，原来是/自己/弄丢了。/从此
之后，/他再去观察/(邻居的)/小孩，/再/怎
么看也/不像是/会偷刀的/人。

认识/一个人，/**(36)** 一定/不要/以/自己
主观想象/作为/(评价/别人的)/标准，/只/以
(自己的)/想象/怀疑/别人，往往是/错误的。

33. 关于这把刀/下列哪项正确：
34. 这把刀/后来/怎么样了？
35. 关于/这个人/我们/可以知道：
36. 这个故事/说明了/什么？

[번역]

예전에 칼 한 자루를 잃어버린 사람이 있었는데, 그는 이
웃집 아이가 훔쳐 갔다고 의심했다. 그래서 그는 몰래 아
이의 행동을 관찰했는데, 말이며 표정이며, 태도며, 동작
이며 아무리 보아도 다 이 아이가 훔쳐간 것처럼 느껴졌지
만, 증거가 없었기 때문에 그도 어쩔 도리가 없었다. 며칠
후 그는 뒷산에서 잃어버린 칼을 찾았다. 알고 보니 자기
가 잃어버린 것이었다. 그날 이후 그는 다시 이웃집 아이
를 관찰해 보니 아무리 보아도 칼을 훔쳐간 사람 같지 않
았다. 아는 사람이 있을 때 반드시 자신의 주관적인 상상
만으로 다른 사람을 평가하는 기준으로 삼아서는 안 된다.
자신의 상상만 가지고 다른 사람을 의심하는 것은 잘못된
것이다.

질문: **(33)** 칼에 관해 다음 중 옳은 것은?

A. 아이가 훔쳐 갔음
B. 이웃에서 훔쳤음
C. 자기가 잃어 버렸음
D. 그가 이웃에게 빌려 주었음

(34) 이 칼은 나중에 어떻게 되었나?
A. 못 찾았음 　　　　　 B. 찾았음
C. 또 잃어 버렸음 　　 D. 이웃집 아이가 훔쳐 갔음

(35) 이 사람에 관해 우리가 알 수 있는 것은?
A. 그는 칼을 좋아함
B. 그는 아이와 노는 것을 좋아함
C. 그는 사람을 의심하기를 잘함
D. 그는 이웃집 아이를 싫어함

(36) 이 이야기는 무엇을 설명하고 있나?
A. 함부로 다른 사람을 의심해서는 안 됨
B. 자기의 물건을 잘 간수해야 함
C. 일은 대충해서는 안 됨
D. 아이의 의견을 존중해야 함

[단어]

丢 diū 葛 ① (물건 등을) 잃어버리다, 잃다 ② (내)던
지다, 버리다 / 刀 dāo 명 칼 / 怀疑 huáiyí 葛 의심
하다 / 偷走 tōuzǒu 葛 훔쳐가다 / 于是 yúshì 웹
그래서 / 暗中 ànzhōng 본 암암리에, 몰래 / 观察
guānchá 葛 관찰하다 / 神态 shéntài 명 표정과 태도
/ 证据 zhèngjù 명 근거 / 主观 zhǔguān 명형 주관
(적이다) / 评价 píngjià 명동 평가하다 / 借给 jiègěi
葛 (~에게 ...를) 빌려주다 / 保管 bǎoguǎn 葛 보관
(하다) / 马虎 mǎhu 葛 건성건성하다, 세심하지 못하다

[해설]

33-34
'他/在后山/找到了/(丢失的)/刀，原来是/自己/弄
丢了 (며칠 후 그는 뒷산에서 잃어버린 칼을 찾았다. 알고
보니 자기가 잃어버린 것이었다)'라고 했으므로 33번 문제
의 정답은 C이며, 34번 문제의 정답은 B인 것을 알 수 있
습니다.

35
'他/怀疑/被(邻居的)/小孩/偷走了 (그는 이웃집 아이
가 훔쳐 갔다고 의심했다)'라고 했으므로 정답은 C인 것을
알 수 있습니다.

36
'一定/不要/以/自己主观想象/作为/(评价/别人的)/
标准，/只有/以/(自己的)/想象/怀疑/别人，往往是
/错误的 (반드시 자신의 주관적인 상상만으로 다른 사람
을 평가하는 기준으로 삼아서는 안 된다. 자신의 상상만
가지고 다른 사람을 의심하는 것은 잘못된 것이다)'라고
했으므로 정답은 A입니다.

37.-40.

(37) 五岁的/知明/和爸爸、/妈妈、/哥哥/一起/到森林/干活，/突然/下起雨来，/可是/他们/只带了/一件雨衣。爸爸/将雨衣/给了/妈妈，/妈妈/给了/哥哥，/哥哥/又给了/知明。

知明/问道：/"为什么/爸爸/给了/妈妈，/妈妈/给了/哥哥，/哥哥/又给了/我呢?"

爸爸/回答道：/"因为/爸爸/比妈妈/强，/妈妈/比哥哥/强，哥哥/又比你/强呀。/我们都/要保护/(比较弱小的)/人。" (39) 知明/左看右看，/他/发现了/草丛中/有/一朵小花，/于是/他/用雨衣/为小花/挡住了/风雨。这个故事/告诉我们，(38) 真正的/强者/不一定/是/多有力量，/或/多有钱的人，/而是/给予/别人爱心/与帮助的人。(40) 责任感/可以/让我们/将事/做完整，/爱/可以/让我们/将事情/做好。

37. 知名家里/有/几口人?

38. 在这篇文章里/所说的/"强者"/是/什么意思?

39. 通过文章/可以知道/知名/是/一个怎样的/孩子?

40. 这个故事/告诉我们/什么道理?

[번역]

5살 된 즈밍은 아빠, 엄마, 형과 함께 숲속으로 일하러 갔는데, 갑자기 비가 내리기 시작했는데, 그들은 우비를 한 벌밖에 안 가져왔다. 아빠가 우비를 엄마한테 주자, 엄마는 형한테 우비를 주었고, 형은 다시 즈밍한테 주었다. 그러자 즈밍은 '왜 아빠가 엄마한테 주고, 엄마는 또 형한테 주고, 형은 또 나한테 줬어요?' 하고 물어 보았다. 아빠는 '아빠가 엄마보다 힘이 세고, 엄마는 형보다 힘이 세고, 형은 너보다 힘이 세기 때문이야, 우리는 모두 작고 약한 사람을 보해해야 된단다.' 하고 대답하였다. 즈밍은 이리저리 살피고는 풀더미에서 작은 꽃 한 송이를 발견하고는 우비로 작은 꽃을 위해 비바람을 막아 주었다. 이이야기는 우리에게 진정한 강자는 꼭 힘이 더 있거나 돈이 더 있는 사람이 아니라 다른 사람에게 사랑과 도움을 주는 사람이다. 책임감은 우리에게 일을 더 완벽하게 만들어주고, 사랑은 우리에게 일을 잘 할 수 있게 해준다는 것을 말해준다.

질문: (37) 즈밍의 집은 몇 식구인가?

A. 3명   B. 4명   C. 5명   D. 6명

(38) 이 글에서 말하는 '강자'는 무슨 뜻인가?

A. 강하고 큰 사람   B. 사랑하는 마음이 있는 사람
C. 힘이 있는 사람   D. 돈 있는 사람

(39) 이 글을 통해 즈밍은 어떤 아이라는 것을 알 수 있나?

A. 꽃을 좋아하는 아이임

B. 노는 것을 좋아하는 아이임

C. 착한 아이임

D. 힘이 있는 아이임

(40) 이 이야기는 우리에게 어떤 도리를 가르쳐 주고 있나?

A. 책임감과 사랑하는 마음은 사람을 강하게 해줌

B. 약한 사람을 보호해야 함

C. 일을 할 때에는 반드시 끝까지 계속해야 함

D. 가족 간에는 서로 도와야 함

[단어]

干活 gànhuó ⑧ 일하다 / 突然 tūrán ⑨ 갑자기, 별안간 ⑩ 갑작스럽다 / 雨衣 yǔyī ⑨ 우의, 비옷, 레인코트 / 强 qiáng ⑱ 강하다 / 弱小 ruòxiǎo ⑱ 작고 약하다 / 草丛 cǎocóng ⑨ 풀숲, 풀더미 / 挡住 dǎngzhù ⑧ 저지하다, 막(아내)다, 못하게 하다 / 风雨 fēngyǔ ① 비바람 ② 혹독한 시련, 고초 / 不一定 bùyídìng ⑨ (그러나) 반드시, 꼭 ~인 것은 아니다, 아닐 수도 있다 / 给予 jǐyú ⑧ 주다 / 爱心 àixīn ⑨ 사랑하는 마음 / 责任 zérèn ⑨ 책임 / 善良 shànliáng ⑱ 선량하다, 착하다

[해설]

37

'五岁的/知明/和爸爸、/妈妈、/哥哥/一起/到森林/干活 (5살 된 즈밍은 아빠, 엄마, 형과 함께 숲속으로 일하러 갔다)'라고 했으므로 즈밍은 모두 4식구인 것을 알 수 있습니다.

38

'真正的/强者 … 他/给予/别人/爱心/与帮助的人 (진정한 강자는 … 다른 사람에게 사랑과 도움을 주는 사람이다)'이라고 했으므로 정답은 B입니다.

39

'知明/左看右看，/他/发现了/草丛中/有/一朵小花，/于是/他/用雨衣/为小花/挡住了/风雨 (즈밍은 이리저리 살피고는 풀 더미에서 작은 꽃 한 송이를 발견하고는 우비로 작은 꽃을 위해 비바람을 막아 주었다)'라고 한 것으로 보아, 즈밍은 마음이 착한 아이인 것을 알 수 있습니다.

40

'责任感/可以/让我们/将事/做完整，/爱/可以/让我们/将事情/做好 (책임감은 우리에게 일을 더 완벽하게 만들어주고, 사랑은 우리에게 일을 잘 할 수 있게 해준다)'라고 했으므로 정답은 A입니다.

쓰기1부분

[1주차 실력다지기 실전문제]

1회

91.
[단어]

> 从事 cóngshì 图 종사하다 / 贸易行业 màoyìhángyè
> 图 무역업

[해설]

서술어가 될 수 있는 것은 동사 '从事'이며, 문맥상 주어는 '我'이고, 목적어는 '贸易行业'입니다.

[정답]

我从事贸易行业。 나는 무역업에 종사한다.

92.
[단어]

> 中秋节 zhōngqiūjié 图 추석 / 传统 chuántǒng 图
> 图 전통(적인) / 节日 jiérì 图 명절

[해설]

서술어가 될 수 있는 것은 동사 '是'이며, 주어는 '中秋节'이고, 목적어는 '一个节日'입니다. 또한 문맥상 관형어 '传统的'는 '전통명절'이라는 뜻으로 목적어 앞에 써야 하는데, 목적어가 수량사 형태이므로 양사와 명사 사이에 관형어를 써서 '一个(传统的)节日'라고 해야 합니다.

[정답]

中秋节是一个传统的节日。
추석은 전통명절이다.

93.
[단어]

> 发明 fāmíng 图图 발명(하다) / 缺乏 quēfá 图 부족
> 하다 / 创造力 chuàngzàolì 图 창조력

[해설]

서술어가 될 수 있는 것은 동사 '缺乏' 또는 '发明'입니다. '发明'은 주로 '구체적인 물건이나 사물을 처음 만들어 내다'는 뜻인데, 문맥상 목적어가 '创造力'이므로, 이 문제에서 동사는 '缺乏'이고, '发明'은 명사로 주어로 쓰인 것을

알 수 있습니다. [→ 发明/缺乏/创造力] 그리고 소유를 나타내는 관형어 '你的'는 주어 앞에 써서 '你的发明'이라고 해야 합니다.

[정답]

你的发明缺乏创造力。
네 발명은 창조력이 부족하다.

94.
[단어]

> 一直 yìzhí 图 줄곧, 계속해서 / 保持 bǎochí 图 유지
> 하다, 지키다 / 习惯 xíguàn 图 습관, 버릇 图 습관이
> 되다, 익숙해지다

[해설]

서술어가 될 수 있는 것은 동사 '保持'입니다. '习惯'을 동사로 써서, 뒤에 목적어와 함께 쓰는 경우 '习惯于(~에 익숙해지다)'의 형태로 쓰므로 이 문제에서는 '习惯'이 명사로 쓰인 것을 알 수 있습니다. 따라서 문맥상 주어는 '我'이고, 목적어는 '习惯'입니다. [→ 我/保持/习惯] 그밖에 부사 '一直'는 서술어 앞에 쓰며, 관형어 '写日记的'는 목적어 '习惯' 앞에서 '写日记的习惯'의 형태로 써야하고, 현재진행 또는 상태의 지속을 나타내는 '着'는 서술어 '保持' 뒤에 붙여 씁니다. [→ 保持/着/(写日记的)习惯]

[정답]

我一直保持着写日记的习惯。
나는 계속해서 일기를 쓰는 습관을 유지해 오고 있다.

95.
[단어]

> 一般 yìbān 图 ① 같다, 엇비슷하다 ② 보통이다, 일반
> 적이다 图 일반적으로, 대부분, 대체로

[해설]

서술어가 될 수 있는 것은 형용사 '大'이며, 정도부사 '很'과 함께 '很大'의 형태로 씁니다. 이 문제에서는 명사인 '风'과 '冬天'이 있습니다. 문맥상 '很大'의 주체는 '风'이므로 '风很大'라고 붙여 써야하는데, 이것이 바로 주술술어문의 서술어이고, 주어는 '冬天'입니다. [→ 冬天//风很大] 주술술어문에서 부사는 주술술어 앞에 써야 하므로 '一般'은 '风很大' 앞에 쓰고, 소유를 나타내는 관형어 '北京的'는 주어 앞에 씁니다.

[정답]

北京的冬天一般风很大。

북경의 겨울은 대체로 바람이 많이 분다.

96.

[단어]

> **请教** qǐngjiào 동 (남에게) 묻다. 가르침을 구하다 /
> **必须** bìxū 부 반드시 ~해야 한다 / **诚恳** chéngkěn
> 형 (태도가) 성실하다, 간절하다

[해설]

서술어가 될 수 있는 것은 '전치사구+동사서술어'의 형태인 '向别人请教'와 주술술어 형태인 '态度诚恳'입니다. 문맥상 '다른 사람한테 가르침을 구할 때에는 태도가 성실해야 된다'는 뜻이므로 '向别人请教'를 앞에, '态度诚恳'을 뒤에 써야합니다. 또한 '的时候'는 '시간이나 때'를 묻는 부사어로 보통 문장이나 절, 동사구 등과 함께 쓰이므로 '向别人请教的时候'라고 해야 하며 '态度诚恳'이 주술술어이므로 부사 '必须'는 주술술어 앞에 써야합니다. [→ .....的时候//必须/态度诚恳]

[정답]

向别人请教的时候必须态度诚恳。
다른 사람한테 가르침을 구할 때에는 반드시 태도가 성실해야 한다.

97.

[단어]

> **突出** tūchū 형 뚜렷하다. 두드러지다. 뛰어나다

[해설]

서술어가 될 수 있는 것은 형용사 '突出'이며, 정도부사 '非常'과 함께 '非常突出'의 형태로 씁니다. 또한 명사인 '妹妹'와 '学习成绩'가 있는데 문맥상 '성적이 매우 뛰어나다'는 뜻이므로 '学习成绩非常突出'가 주술술어이고, 주어는 '妹妹'입니다.

[정답]

妹妹学习成绩非常突出。
여동생의 학습성적은 매우 뛰어나다.

98.

[해설]

서술어가 될 수 있는 것은 동사 '工作'와 형용사 '认真'인데, '认真'은 정도부사와 함께 '很认真'의 형태로 써야하므로, 여기서 '工作'는 명사로 쓰인 것을 알 수 있습니다. 또

한 명사인 '我弟弟'와 '工作'가 있으므로, '工作很认真'이 주술술어이고, 주어는 '我弟弟'입니다. [→ 我弟弟//工作很认真.] 그밖에 부사인 '一直'는 주술술어 앞에 써야 합니다. [→ 我弟弟//一直/工作很认真.]

[정답]

我弟弟一直工作很认真。
내 남동생은 계속해서 일을 아주 열심히 한다.

2회

91.

[단어]

> **邀请** yāoqǐng 명동 초청(하다), 초대(하다) / **教授**
> jiàoshòu 명 교수 / **参加** cānjiā 동 참가하다 / **开学**
> **典礼** kāixuédiǎnlǐ 명 개학식

[해설]

동사 '邀请'은 첫 번째 동사 자리에 쓰며, 뒤에 '어떤 사람을 ...하도록 초청하다'는 뜻으로 뒤에 문장이나 절 목적어를 씁니다. [→ 주어+邀请// 명/대(사람)+서술어.] 동사 '参加'는 '어떤 장소나 활동에 참가하다'는 뜻이므로 뒤에 목적어 '开学典礼'와 함께 씁니다. [→ 参加开学典礼] 또한 명사인 '学校' '王教授'가 있는데, 문맥상 문장전체 주어는 '学校'이고 뒤의 목적어자리의 주어는 '王教授'가 되어야 합니다. [→ 学校/邀请//王教授/参加/开学典礼.] 그밖에 조동사 '要'는 첫 번째 서술어 앞에 써야 합니다. [→ 学校/要/邀请//王教授/参加/开学典礼]

[정답]

学校要邀请王教授参加开学典礼。
학교는 왕 교수를 개학식에 참가하도록 초청했다.

92.

[단어]

> **小麦** xiǎomài 명 소맥, 밀 / **减产** jiǎnchǎn 동명 감
> 산(하다), 생산을 줄이다. 조업을 단축하다 / **导致**
> dǎozhì 동 초래하다 / **食粮** shíliáng 명 식량, 양식 /
> **上涨** shàngzhǎng 동 (수위나 물가가) 오르다

[해설]

동사 '导致'은 첫 번째 동사 자리에 쓰며, 뒤에 '(~가) ...하는 것을 초래하다'는 뜻으로 뒤에 문장이나 절 목적어를 쓸 수 있습니다. [→ 주어+导致// 명/대(사람, 사물)+서술어.] 동사 '上涨'은 '물가 오르다'는 뜻이므로 앞의

주어 '食粮价格'와 함께 씁니다. [→ 食粮价格上涨] 또한 문맥상 명사인 '小麦减产'은 문장의 전체주어가 되어야 합니다. [→ 小麦减产/导致//食粮价格/上涨]

[정답]

小麦减产导致粮食价格上涨。
밀 생산을 줄인 것은 식량가격이 오르는 것을 초래하였다.

93.

[단어]

适当 shìdàng 형 적당하다. 적절하다. 알맞다 부 적당히, 적절하게 / 延长 yáncháng 명동 연장(하다) / 营业时间 yíngyèshíjiān 명 영업시간

[해설]

동사 '决定'은 첫 번째 동사 자리에 쓰며, 뒤에 문장이나 절 목적어를 씁니다. [→ 주어+决定// (사람, 사물 명/대)+서술어] 동사 '延长'은 '시간, 수명 등을 연장하다'는 뜻이므로 뒤의 목적어 '营业时间'과 함께 씁니다. [→ 延长营业时间] 또한 형용사 '适当'은 서술어가 있는 경우 서술어 앞의 부사어로 써야하고, 주어는 '商店'입니다. [→ 商店/决定//适当/延长/营业时间]

[정답]

商店决定适当延长营业时间。
나는

94.

[단어]

柜台 guìtái 명 계산대, 카운터 / 查询 cháxún 명동 조회(하다), 문의(하다), 알아보다

[해설]

동사 '请'은 첫 번째 동사 자리에 쓰는데, 보통 문장 맨 앞에 쓰며, 뒤에 문장이나 절 목적어를 씁니다. [→ 请// (사람 명/대)+서술어] 연동문에서 '去'는 장소목적어인 '柜台前'과 함께 첫 번째 동사 자리에 쓰고, 그 뒤에 다시 두 번째 동사 '查询'을 씁니다. [→ 去/柜台前/查询] 그밖에 '一下'는 '좀 ~하다'는 뜻의 보어로 보통 맨 마지막 동사 뒤에 씁니다. [→ 请/您/去/柜台前/查询/一下]

[정답]

请您去柜台前查询一下。
계산대 앞에 가서서 문의하시길 바랍니다.

95.

[단어]

偶尔 ǒuěr 부 간혹, 이따금, 때때로

[해설]

연동문에서 '去'는 장소목적어인 '图书馆'과 함께 첫 번째 동사 자리에 쓰고, 그 뒤에 다시 두 번째 동사와 목적어 '看书'를 씁니다. [→ 去/图书馆/看书] 또한 주어는 '我'이며, 부사 '偶尔'은 첫 번째 동사 '去' 앞에 써야 합니다.

[정답]

我偶尔会去图书馆看书。
나는 가끔 도서관에 책을 보러간다.

96.

[해설]

사역동사 '使'는 첫 번째 동사 자리에 쓰며, 주어는 사물주어인 '这条消息'를 씁니다. [→ 这条消息/使// 주어+서술어] 또한 '使' 바로 뒤에는 주술관계인 '我/高兴'을 써야 합니다. [→ 这条消息/使//我/高兴]

[정답]

这条消息使我高兴。이 소식은 나를 기쁘게 했다.

97.

[단어]

技术 jìshù 명 기술 / 佩服 pèifú 동 감탄하다, 탄복하다

[해설]

사역동사 '令'는 첫 번째 동사 자리에 쓰며, 주어는 사물주어인 '技术'를 씁니다. [→ 技术/令//주어+서술어] 또한 '使' 바로 뒤에는 주술관계인 '我们/佩服'을 써야 합니다. [→ 技术/令//我们/佩服] 그밖에 소유를 나타내는 관형어 '你的'는 주어 앞에 쓰며, 정도부사 '很'은 형용사서술어 '佩服' 앞에 '很佩服'의 형태로 함께 씁니다. [→ 你的技术/令//我们/很/佩服]

[정답]

你的技术令我们很佩服。
네 기술은 우리를 아주 감탄하게 한다.

98.
[단어]

> 获得 huòdé 통 획득하다, 얻다 (주로 추상적인 것에 쓰임) / 冠军 guànjūn 명 우승, 1등

[해설]

서술어가 될 수 있는 것은 동사 '获得了'이며, 문맥상 주어는 수량사의 형태인 '那个/运动员'이고, 목적어는 '冠军'입니다.

[정답]

那个运动员获得了冠军。 그 운동선수가 우승을 했다.

[2주차 실력다지기 실전문제]

1회

91.
[단어]

> 经营 jīngyíng 명·통 경영(하다) / 餐厅 cāntīng 명 음식점

[해설]

서술어는 동사 '经营'이며, '경영하다'는 '기업이나 사업을 관리하고 운영하다'는 뜻이므로 목적어는 '一家餐厅'이고, 주어는 '老王'입니다. [→ 老王/经营/一家餐厅。] 또한 부사 '还'는 '여전히, 계속해서'라는 뜻으로, 현재진행이나 상태의 지속을 나타내는 부사 '在'와 함께 '还在'의 형태로 서술어 앞에 씁니다.

[정답]

老王还在经营一家餐厅。
라오왕은 여전히 음식점을 경영하고 있다.

92.
[단어]

> 一共 yígòng 부 전부 합해서, 모두 합해서 / 消费 xiāofèi 통 소비하다, 쓰다

[해설]

서술어는 동사 '消费'이며, '소비하다'는 '돈이나 물건, 시간, 노력 등을 써서 없애다'는 뜻이므로 목적어는 '600美元'이고, 주어는 '我们'입니다. [→ 我们/消费/600美元。] 또한 부사 '一共'은 서술어 인 '消费' 앞에 써야 합니다.

[정답]

我们一共消费600美元。
우리는 모두 600달러를 소비했다.

93.
[단어]

> 出租车 chūzūchē 명 택시 / 挥手 huīshǒu 통 손을 흔들다

[해설]

서술어는 동사의 중첩 형태인 '挥了挥'이며, 문맥상 목적어는 '手'이고 주어는 '他'입니다. [→ 他/挥了挥/手。] 또한 전치사 '朝'는 명사 '出租车'와 함께 전치사구인 '朝出租车'의 형태로 서술어 앞에 써야 합니다. [→ 他/向出租车/挥了挥/手。]

[정답]

他朝出租车挥了挥手。
그는 택시를 향해 손을 좀 흔들었다.

94.
[단어]

> 提包 tíbāo 명 손가방, 핸드백 / 拿 ná 통 (손으로) 잡다, 쥐다, 가지다

[해설]

서술어는 동사 '拿出来(손으로 꺼내다)'입니다. 양사 '包'는 '꾸러미, 봉지'라는 뜻으로 뒤의 명사자리에는 구체적인 물건이 나와야 하므로, 문맥상 목적어는 수량사 형태인 '一包糖'이고, 주어는 '她'입니다. [→ 她/拿出来/一包糖。] 또한 전치사구인 '从提包里'는 서술어 '拿出来' 앞에 씁니다. [→ 她/从提包里/拿出来/一包糖。] 그밖에 관형어 '很甜的'는 목적어인 '一包东西'와 함께 써야 하는데, 관형어는 양사와 명사 사이에 씁니다. [→ 一包/很甜的/东西。]

[정답]

她从提包里拿出来一包很甜的糖。
그녀는 핸드백에서 달콤한 사탕 한 봉지를 꺼냈다.

95.
[단어]

> 取材于 qǔcáiyú 통 ~에서 제제를 얻다, 소재를 얻다 / 民间传说 mínjiānchuánshuō 명 민간전설

[해설]

서술어는 동사 '取材'이고, 전치사 '于'와 함께 '取材于'의 형태로 씁니다. 문맥상 주어는 '这部小说'이고, 목적어는 '民间传说'입니다. [→ 这部小说/取材于/民间传说。]

[정답]

这部小说取材于民间传说。
이 소설은 민간전설에서 소재를 얻었다.

96.

[단어]

拥有 yōngyǒu 동 소유하다, 가지(고 있)다 / 属于 shǔyú 동 ~ (의 범위에) 속하다, ~의 것이다

[해설]

서술어로 쓰일 수 있는 것은 동사 '拥有'와 '属于'가 있는데, '拥有'는 '토지, 재산 등 구체적인 물건이나 사물을 소유하다, 가지다'는 뜻이므로 목적어 '汽车'와 함께 쓰며, 주어는 '我'입니다. [→ 我/拥有/骑车。] 동사 '属于'는 '범위에 속하다'는 뜻으로 '属于+사람'의 형태로 쓰여 '소유'를 나타낼 수 있으므로 '属于自己的'의 형태로 써야하고, 문맥상 목적어인 '汽车' 앞에 씁니다. [→ 属于/自己的/汽车]

[정답]

我拥有属于自己的汽车。
나는 내 (소유의) 자동차를 가지고 있다.

97.

[단어]

挂 guà 동 (못이나 고리 등 뾰족한 곳에) 걸다 / 禁止 jìnzhǐ 명동 금지(하다) / 吸烟 xīyān 명동 흡연, 담배를 피우다 / 牌子 páizi 명 ① 팻말 ② 상표

[해설]

서술어로 쓰일 수 있는 것은 동사 '挂着'와 동사와 목적어의 형태인 '禁止吸烟'이 있는데, '挂着'는 '어떤 장소에 못이나 고리 등에 구체적인 물건 등이 걸려있다'는 뜻이므로, 이 문제에서 동사는 '挂着'이고, 목적어는 '牌子'이며, 주어는 '教室里'입니다. [→ 教室里/挂着/牌子。] 따라서 '禁止吸烟'은 '的'와 함께 관형어로 쓰여 목적어인 '牌子' 앞에 써야 합니다. [→ 教室里/挂着/禁止吸烟的/牌子]

[정답]

教室里挂着禁止吸烟的牌子。
교실에는 흡연금지라는 팻말이 걸려있다.

98.

[단어]

总是 zǒngshì 부 늘, 항상 / 占线 zhànxiàn 동 (전화가) 통화중이다

[해설]

서술어는 동사 '占线'이고, 주어는 '电话'입니다. [→ 电话/占线。] 또한 소유를 나타내는 '的'는 '办公室'와 함께 '办公室的'의 형태로 주어인 '电话' 앞에 써야하고, 부사인 '总是'는 서술어인 '占线' 앞에 씁니다. [→ 办公室里的/电话/总是/占线。]

[정답]

办公室的电话总是占线。
사무실 전화는 늘 통화중이다.

2회

91.

[단어]

分配给 fēnpèigěi 동 ~에게 분배해 주다, 나누어 주다

[해설]

서술어는 동사 '分配给了'이며, 문맥상 주어는 '老师'이고, 목적어는 '每个孩子'와 '午饭'입니다. 목적어가 2개인 경우 '대상+사물'의 순서로 씁니다. [→ 老师/分配给了/每个孩子/午饭。] 전치사 '把'가 있는 경우, 두 번째 목적어 앞에 '把午饭'의 형태로 써서 서술어 앞으로 다시 옮겨 써야 합니다. [→ 老师/把午饭/分配给了/每个孩子。]

[정답]

老师把午饭分配给了每个孩子。
선생님은 점심을 모든 아이들에게 나누어 주었다.

92.

[단어]

开业时间 kāiyèshíjiān 명 개업시간, 영업시간 / 中旬 zhōngxún 명 중순

[해설]

서술어는 동사 '定在'입니다. '在' 뒤에는 시간이나 장소를 나타내는 명사나 대명사가 와야 하므로, '定在下个月中旬'이라고 해야 하고, 문맥상 주어는 '餐厅'입니다. [→ 餐

厅/定在/下个月中旬』 또한 목적어 '开业时间'은 전치사 '把'와 함께 '把开业时间'의 형태로 동사 '定在' 앞에 써야 합니다. [→ 餐厅/把开业时间/定在/下个月中旬』

[정답]

餐厅把开业时间定在下个月中旬。

음식점은 개업시간을 다음 달 중순으로 결정했다.

93.

[단어]

> **短信** duǎnxìn 몡 문자메시지 / **删除** shānchú 동 삭제하다, 지우다

[해설]

서술어는 동사 '删除'이고, 문맥상 목적어는 '短信'이며, 주어는 '我'입니다. [→ 我/删除/短信』 그리고 문맥상 관형어인 '手机里的'는 목적어 '短信' 앞에 씁니다. [→ 手机里的/短信] 또한 전치사 '把'가 있는 경우, '把'를 목적어 '(手机里的)短信' 앞에 함께 쓴 후에, 동사서술어 '删除' 앞으로 다시 옮겨 써 야하며, 了는 동사 바로 뒤에 씁니다. [→ 我/把/手机里的/短信/删除/了』 그밖에 부사 '都'는 '모두, 전부'라는 뜻인 경우, 전치사 '把'가 있는 문장에서 서술어 바로 앞에 써야 합니다. [→ 我/把/手机里的/短信/都/删除/了』

[정답]

我把手机里的短信都删除了。

나는 핸드폰 안의 문자메시지를 전부 삭제했다.

94.

[해설]

서술어는 동사 '买走'입니다. 전치사 '被'가 있는 문제에서 명사/대명사가 2개인 경우, 주체에 해당하는 명사인 '顾客'를 被 바로 뒤에 함께 쓰고, 나머지 명사인 '最后一件衣服'를 주어자리에 씁니다. 이때 전치사구인 '被顾客'는 동사 앞에 써야 합니다. [→ 最后一件衣服/被顾客/买走』 부사 '已经'은 주어 바로 뒤에 쓰고, 了는 동사 '删除' 뒤에 씁니다. [→ 最后一件衣服/已经/被顾客/买走/了』

[정답]

最后一件衣服已经被顾客买走了。

마지막 옷 한 벌은 이미 손님이 사갔다.

95.

[단어]

> **录取** lùqǔ 동 (시험으로) 채용하다, 합격시키다, 뽑다

[해설]

서술어는 동사 '录取'입니다. 전치사 '被'가 있는 문제에서 명사/대명사가 2개인 경우, 주체에 해당하는 명사인 '大企业'를 被 바로 뒤에 함께 쓰고, 나머지 명사인 '小李'를 주어자리에 씁니다. 이때 전치사구인 '被大企业'는 동사 앞에 써야 합니다. [→ 小李/被一家企业/录取』 또한 了는 동사 '录取' 뒤에 씁니다. [→ 小李/被一家企业/录取/了』

[정답]

小李被一家大企业录取了。

샤오리는 한 대기업에 채용되었다.

96.

[단어]

> **管用** guǎnyòng 혱 유용하다, 쓸모가 있다

[해설]

서술어는 형용사 '管用'이며, 전치사 '比'가 있으므로 '주어+[比+명/대]+管用.'의 형태가 되어야 하고, 이 경우 부사 '都'는 형용사서술어 '管用' 바로 앞에 씁니다. 문맥상 주어는 '一句对不起'이고 전치사 '比' 뒤에는 '什么道歉的话'를 써야 합니다. 명사 '话'를 '一句对不起'와 함께 쓴다면 '的'와 함께 '一句对不起的话'라고 써야 하므로 이 문제에서 '话'는 '什么道歉的' 뒤에서 '什么道歉的话'의 형태로 써야 합니다. [→ 一句对不起/比什么道歉的话/都/管用』

[정답]

一句对不起比什么道歉的话都管用。

미안하다는 한 마디 말은 어떤 사과의 말보다 유용하다.

97.

[단어]

> **立即** lìjí 뷔 즉시, 곧, 바로 / **积极** jījí 혱 적극적이다 뷔 적극적으로 / **采取** cǎiqǔ 동 취하다, 채택하다, 수용하다, 받아들이다

[해설]

서술어는 동사 '采取'입니다. '采取'는 '태도, 방법, 제도 등을 받아들이다, 취하다, 채택하다'는 뜻이므로, 목적어는 '态度'이고, 주어는 '我们公司'를 써야 합니다. [→ 我

们公司/采取/态度。』 또한 '地'와 함께 쓴 부사어 '积极
地'는 서술어 바로 앞에 쓰고, 부사 '立即'는 그 앞에 씁니
다. [→ 我们公司/立即/积极地/采取/态度。』 그밖에 조
동사 '得'는 주어 바로 뒤에 써서 뒤의 내용 전체에 해당되
게 써야 합니다. [→ 我们公司/得/立即/积极地/采取/
态度。』 참고로 강조하고 싶은 낱말이 있다면, 그 낱말 바
로 앞에 조동사를 쓸 수 있습니다.

[정답]
我们公司得立即积极地采取态度。
우리 회사는 즉시 적극적으로 태도를 취해야 한다.

98.
[단어]

推迟 tuīchí 동 늦추다, 연기하다

[해설]
서술어는 동사 '推迟'입니다. '推迟'는 '시간이나 날짜를
늦추다, 연기하다'는 뜻이므로, 목적어는 '时间'이고, 주어
는 '我们'를 써야 합니다. [→ 我们/推迟/时间』 또한 부
사 '再'는 조동사 뒤에 써야 하므로 '不能再'의 형태로 동사
서술어 '推迟' 앞에 쓰고, 了는 동사 뒤에 씁니다. [→ 我
们/不能/再/推迟/了/时间』

[정답]
我们不能再推迟了时间。
우리는 더 이상 시간을 늦출 수 없었다.

[3주차 실력다지기 실전문제]

1회

91.
[단어]

拿定 nádìng 동 꽉 붙잡다, 정하다, 세우다 / 主意
zhǔyi 명 생각, 의견, 방법

[해설]
서술어가 될 수 있는 것은, 동사 '拿'와 '定'인데, '定'은 동
사 바로 뒤에서 '拿定'의 형태로 결과보어로 쓰여 '확실히
정하다'는 뜻입니다. 또한 문맥상 목적어는 '主意'이고, 주
어는 '他'를 써야 합니다. [→ 他/拿定/主意』 부사 '还没'
는 동사서술어 앞에 씁니다. [→ 他/还没/拿定/主意』

[정답]
他还没拿定主意。
그는 아직 생각을 확실히 결정하지 못했다.

92.
[해설]
과거를 나타내는 시간사 '前天'이 있으므로 '到'는 동사
'来' 바로 뒤의 결과보어로 써서 이미 일어났음을 나타내
야 하고, 장소목적어인 '北京'은 그 뒤에 쓰며, 주어는 '我'
입니다. [→ 我/前天/来到/北京』 또한 전치사구 '从北
京'은 서술어 '来到' 앞에 씁니다. 시간사 '前天'은 주어 앞
뒤 모두 상관없이 쓸 수 있습니다.

[정답]
我前天从上海来到北京。
[= 前天我从上海来到北京。]
나는 그저께 상해에서 북경에 왔다.

93.
[해설]
형용사 '干净'은 동사 '洗' 바로 뒤의 결과보어로 쓰고, 그
바로 뒤에 了를 씁니다. 또한 문맥상 주어는 '妈妈'이며,
전치사구 '把水果'는 동사 '洗干净了' 바로 앞에 써야 합
니다. [→ 妈妈/把水果/洗干净/了』 그밖에 부사 '已经'
은 주어 바로 뒤에 씁니다.

[정답]
妈妈已经把水果洗干净了。
엄마께서는 이미 과일을 깨끗이 씻으셨다.

94.
[해설]
첫 번째 동사 서술어자리에 '打算'을 쓰고 그 뒤에는 문장
이나 절 목적어를 쓰며, 주어는 '爸爸'입니다. [→ 爸爸/
打算//(명/대)+서술어』 또한 장소 목적어 '北京'은 동사
'回'와 한 글자 방향보어 '来' 사이에 써야 합니다. [→ 爸
爸/打算//回/北京/来』 그밖에 문맥상 시간사 '明天'은
목적어 자리이 맨 앞에 씁니다. [→ 爸爸/打算//明天/回
/北京/来』

[정답]
爸爸打算明天回北京来。
아버지께서는 내일 북경으로 돌아오실 예정이다.

95.

[단어]

不禁 bùjīn 🔂 자기도 모르게, 저절로

[해설]

동사 서술어인 '大哭' 바로 뒤에 두 글자 방향보어 '起来'를 쓰며, 주어는 '我'입니다. [→ 我/大哭/起来。] 부사인 '不禁'은 서술어 '大哭起来' 앞에 써야 합니다. [→ 我/不禁/大哭/起来。] 그밖에 了는 동사 바로 뒤에 쓰거나, 문장 맨 끝에 씁니다.

[정답]

我不禁大哭起来了。 [= 我不禁大哭了起来。]
나는 나도 모르게 큰 소리로 울기 시작했다.

96.

[해설]

동사 서술어인 '走进'과 방향보어 '来' 사이에 장소목적어 '教室'를 쓰고, 이 경우 '了'는 문장 맨 끝에 써야하며, 문맥상 주어는 '同学们'입니다. [→ 同学们/走进/教室/来了。] 또한 부사 '都'는 둘 이상을 나타내는 주어 '同学们' 바로 뒤에 써야 합니다. [→ 同学们/都/走进/教室/来/了。]

[정답]

同学们都走进教室来了。
학우들은 모두 교실로 걸어 들어왔다.

97.

[단어]

热烈 rèliè 🔂 (분위기가) 열띠다. 열렬하다

[해설]

'得', '정도부사', '형용사서술어'가 있으므로 이 문제는 정도보어 문제입니다. '得'를 동사 서술어 '讨论' 바로 뒤에 붙여 쓰고, 그 뒤에 '정도부사+형용사서술어' 형태인 '非常热烈'를 써야 하며, 주어는 '他们'입니다. [→ 他们/讨论/得/非常热烈。] 또한 목적어 '会议'는 동사 바로 앞에 씁니다. [→ 他们/会议/讨论/得/非常/热烈。]

[정답]

他们会议讨论得非常热烈。
그들은 매우 열띠게 회의를 토론한다.

98.

[단어]

厨师 chúshī 🔂 요리사

[해설]

'得', '정도부사', '형용사서술어'가 있으므로 이 문제는 정도보어 문제입니다. 동사 서술어 '做得' 바로 뒤에 '정도부사+형용사서술어' 형태인 '很好'를 써야 합니다. [→ 做得/很好。] 또한 목적어 '菜'는 동사 바로 앞에 쓰며, '的'는 '张师傅'와 함께 소유를 나타내는 관형어 '张师傅的'의 형태로 목적어 '菜' 바로 앞에 붙여 씁니다. [→ 张师傅/的/菜/做得/很好。]

[정답]

张厨师的菜做得很好。
장 요리사는 음식을 아주 잘 만든다.

2회

91.

[단어]

差不多 chàbuduō 🔂 (정도, 시간, 거리 등에서) 큰 차이가 없다, 거의 비슷하다 🔂 거의, 대부분 / 一样 yíyàng 🔂 같다

[해설]

'得', '差不多一样', '형용사서술어'가 있으므로 이 문제는 정도보어 문제입니다. '得'는 동사서술어 '长'과 함께 '长得'의 형태로 쓰고, 그 뒤에 '부사+형용사서술어' 형태인 '差不多/一样+高'를 써야 합니다. [→ 长得/吃不多/一样/高。] 이렇게 '差不多'와 '一样'은 함께 붙여 쓸 수 있으며, 주어는 '我们俩'입니다.

[정답]

我们俩长得差不多一样高。
우리 둘은 키가 거의 비슷하게 크다.

92.

[단어]

吓 xià 🔂 놀라다 / 昏 hūn 🔂 기절하다, 실신하다

[해설]

'得'와 '동사서술어+了'의 형태인 '昏了'와 또 다른 동사

'吓'가 있는데, 문맥상 '기절할 정도로 놀라다'는 어감이므로 이 문제는 정태보어 문제입니다. '得'는 동사서술어 '吓'와 함께 '吓得'의 형태로 쓰고, 그 뒤에 '동사+방향보어' 형태인 '昏了 / 过去'를 써야 하며, 주어는 '她'입니다. [→ 她/吓得/昏了/过去.] 이렇게 '잃어버림'의 뜻이 있는 동사 뒤에는 관용적으로 '过去'를 함께 쓸 수 있습니다.

[정답]
她吓得昏了过去。 그녀는 기절할 정도로 놀랐다.

93.
[해설]
동사서술어 '高兴'과 방향보어 '起来'는 함께 붙여 쓰고, '不'는 그 사이에 써서 가능보어의 부정 형태를 만듭니다. 또한 주어는 '他'이며, 부사 '又'는 서술어 '高兴不起来' 앞에 써야 합니다. [→ 他/又/高兴/不/起来.] 그밖에 了는 문장 맨 끝에 씁니다.

[정답]
他又高兴不起来了。 그는 또 기뻐할 수 없었다.

94.
[단어]

一时 yìshí ⓟ 일시적으로, 잠깐 동안

[해설]
'동사서술어+不+방향보어1'의 형태인 '说不出'와 '방향보어2+了'의 형태인 '来了' 사이에 목적어 '话'를 써서 가능보어의 부정 형태를 만듭니다. [→ 说不出/话/来了.] 이렇게 이합동사인 경우에는 목적어를 '방향보어1'과 '방향보어2' 사이에 써야 합니다. 또한 주어는 '我'이고, 부사 '一时'는 서술어 '说不出话来' 바로 앞에 씁니다.

[정답]
我一时说不出话来了。
나는 일시적으로 말을 할 수 없었다.

95.
[단어]

怎么也 zěnmeyě ⓟ 아무리 ~하려고 해도 (…할 수 없다) / 拿不动 nábudòng ⓟ (무거워서) 들 수 없다

[해설]
동사서술어 '拿'와 '不+결과보어'의 형태인 '不动'을 함께

붙여 써서 가능보어의 부정 형태를 만듭니다. 또한 문맥상 목적어는 '书'이고, 주어는 '这个孩子'입니다. [→ 这个孩子/拿不动/书.] 그밖에 부사어 '怎么也'는 뒤의 서술어의 부정 형태인 '拿不动' 바로 앞에 써서 '아무리 ~하려고 해도, …할 수 없다'는 뜻을 나타내며, 문맥상 관형어 '这么多的'는 목적어 '书' 앞에 써야 합니다. [→ 这个孩子/怎么也/拿不动/这么多的/书.]

[정답]
这个孩子怎么也拿不动这么多的书 。
이 아이는 이렇게 많은 책을 아무리 들어보려고 해도 들 수가 없다.

96.
[해설]
만약에 동사서술어 '参观' 뒤에 장소목적어인 '那家工厂'을 쓴다면 '在'는 '지금 ~하고 있(는 중이)다'는 뜻의 현재 진행이나 상태의 지속을 나타내는 부사로 쓰인 것인데, 이 경우 동사 뒤에는 '着'를 써야하고, '了'는 쓸 수 없습니다. 따라서 이 문제에서는 목적어 자리에 '那家工厂'을 쓸 수 없으며, 전치사 '在' 뒤에 장소에 해당하는 '那家工厂'을 함께 쓴 전치사구의 형태로 서술어 앞에 써야 합니다. [→ 在那家工厂/参观了.] 또한 주어는 '他们'이고, 了는 동사 서술어 바로 뒤에 쓰며, 시량보어 '两个多小时'는 '서술어+了' 뒤에 씁니다. [→ 他们/在那家工厂/参观/了/两个多小时.]

[정답]
他们在那家工厂参观了两个多小时。
그들은 그 공장에서 두 시간 남짓 견학을 했다.

97.
[단어]

连续 liánxù ⓟ 연속해서, 계속해서 / 精读 jīngdú ⓟ 정독하다, 자세히 읽다 / 课本 kèběn ⓟ 교과서

[해설]
'동사서술어+了'의 형태인 '精读了' 바로 뒤에 동량보어 '好几遍'을 쓰고, 그 뒤에 목적어 '课本'을 씁니다. [→ 精读了/好几遍/课本.] 또한 주어는 '我'이며, 부사 '连续'는 서술어 '精读' 바로 앞에 써야 합니다. [→ 我/连续/精读了/好几遍/课本.]

[정답]
我连续精读了好几遍课本。
나는 연속해서 여러 번 교과서를 정독했다.

98.

[해설]

'동사서술어+了'의 형태인 '吓了' 바로 뒤에 동량보어 형태인 '一大跳'를 씁니다. [→ 吓了/一大跳。] 또한 주어는 '她'이며, 전치사구 '被我'는 서술어 '吓' 바로 앞에 써야 합니다. [→ 她/被我/吓了/一大跳。]

[정답]

她被我吓了一大跳。
그녀는 내가 깜짝 놀래켰다.

[4주차 실력다지기 실전문제]

1회

91.

[해설]

동사 '说'는 보통 첫 번째 동사 자리에 쓰고, 그 뒤의 목적어 자리에는 말하는 내용에 해당하는 문장이나 절이 함께 나옵니다. 따라서 이 문제의 동사1은 '别说'이고 주어는 '你'입니다. [→ 你/别说//말하는 내용] 또 다른 동사 '穿上' 뒤에는 목적어 '那件大衣'를 함께 씁니다. [→ 你/别说//穿上那件大衣] 이렇게 양사 '件'은 옷을 세는 양사로 쓰입니다. 그밖에 관형어 '新买的'는 문맥상 목적어 '那件大衣'와 함께 써야 하는데, 수량사의 형태인 경우 양사와 명사 사이에 관형어를 써야 합니다. [→ 你/别说// 穿上那件/新买的/大衣。]

[정답]

你别说穿上那件新买的大衣。
너는 새로 산 그 외투를 입겠다고 말하지 마라.

92.

[단어]

留下 liúxià ⑧ 남기다, 남겨 두다, 남다 / 终身难忘 zhōngshēnnánwàng 평생 잊기 힘들다, 잊기 어렵다, 잊을 수 없다 / 印象 yìnxiàng ⑨ 인상

[해설]

동사서술어는 '留下了'이고, 문맥상 목적어는 '印象'이며, 주어는 '她'입니다. [→ 她/留下了/印象] 또한 전치사구인 '给我'는 서술어 '留下了' 앞에 써야하고, 문맥상 관형어 '终身难忘的'는 목적어 '印象' 바로 앞에 씁니다. [→ 她/给我/留下了/终身难忘的/印象。]

[정답]

她给我留下了终身难忘的印象 。
그녀는 나에게 평생 잊을 수 없는 인상을 남겨 주었다.

93.

[해설]

첫 번째 동사 서술어는 '不知道'이고, 그 뒤의 목적어 자리에 문장이나 절 목적어가 올 수 있으며, 주어는 '李海军'입니다. [→ 李海军/不知道/문장 또는 절] 그리고 또 다른 동사 '过去'는 '(어떤 시점이나 시간이) 지나다'는 뜻이므로, 문맥상 주어 '事情'과 함께 쓰고, 시간이나 때를 묻는 부사어 '什么时候'는 서술어인 '过去' 앞에 써야 합니다. [→ 李海军/不知道/事情/什么时候/过去。]

[정답]

李海军不知道事情什么时候过去。
리하이쥔은 일이 어떻게 지나갔는지 몰랐다.

94.

[단어]

充满 chōngmǎn ⑧ 넘치다, 충만하다, 가득차다 / 信心 xìnxīn ⑨ 자신(감)

[해설]

첫 번째 동사 서술어는 '是'이고, 그 뒤의 목적어 자리에는 문장이나 절 목적어가 올 수 있으며, 부사 '就'는 '是' 바로 앞에 붙여 씁니다. [→ 주어+就是// 문장 또는 절] 그리고 또 다른 동사 '充满'은 '(주로 추상적인 것이) 충만하다, 가득 차다'는 뜻이므로, 문맥상 목적어 '信心'과 함께 쓰며, 따라서 문장 전체주어는 '他的话'입니다. [→ 他的话/就是/充满了/信心] 그밖에 부사어 '那样'은 동사 '充满了' 바로 앞에 붙여 써야 합니다. [→ 他的话/就是/那样/充满了/信心。]

[정답]

他的话就是那样充满了信心。
그의 말은 매우 자신감으로 가득 찼다.

95.

[단어]

终于 zhōngyú ⑨ 결국은, 마침내 / 代表 dàibiǎo ⑨⑧ 대표(하다) / 名牌大学 míngpáidàxué ⑨ 명문대학

[해설]

동사 서술어는 '考上了'이고, 문맥상 목적어는 '北京大学'이며, 주어는 '小金'입니다. [→ 小金/考上了/大学] 또한 부사 '终于'는 서술어 '考上了' 앞에 쓰고, 문맥상 관형어 '代表名牌大学的'는 목적어 '北京大学' 바로 앞에 써야 합니다. [→ 小金/终于/考上了/信代表名牌大学的/北京大学]

[정답]

小金终于考上了代表名牌大学的北京大学。

샤오진은 마침내 명문대학을 대표하는 북경대학에 합격했다.

96.

[해설]

동사 서술어는 '做一下'이고, 목적어는 '作业'이며, 주어는 '我'입니다. [→ 我/做一下/ 作业] 그러나 전치사 '把'가 있는 경우, 목적어 '作业'와 함께 전치사구인 '把作业'의 형태로 다시 동사 서술어 '做一下' 바로 앞으로 재배열해야 합니다.[→ 我/把作业/ 做一下] 그밖에 부사어 '下课后'는 문장 맨 앞에 써야 하며, 조동사 '要'는 전치사 '把' 바로 앞에 쓴다. [→ 下课后/我/要/把作业/做一下]

[정답]

下课后我要把作业做一下。

수업을 마치고 나서 나는 숙제를 좀 해야 된다.

97.

[단어]

老板 lǎobǎn 명 (상점의) 주인, 기업주 / 敢于 gǎnyú 동 대담하게 ~하다, 용감하게 ~하다 / 批评 pīpíng 명동 비평(하다)

[해설]

동사 서술어는 '接受'인데, '接受'는 '상대방의 의견이나 요구를 거절하지 않고 받아 들이다'는 뜻이므로, 문맥상 목적어는 '批评'이며, 주어는 '老板'입니다. [→ 老板/接受/批评] 또한 동사 '敢于'는 그 뒤에 동사목적어가 올 수 있으므로 동사 서술어인 '接受' 바로 앞에 붙여 씁니다. [→ 老板/敢于/ 接受/批评] 그밖에 관형어 '大家的'는 목적어인 '批评' 앞에 써야 합니다. [→ 老板/敢于/接受/大家的/批评]

[정답]

老板敢于接受大家的批评。

사장은 과감하게 모두의 비평을 받아 들였다.

98.

[단어]

市政府 shìzhèngfǔ 명 시청 / 决定 juédìng 명동 결정(하다) / 尽快 jǐnkuài 부 되도록 빨리 / 蔬菜 shūcài 명 야채, 채소 / 降 jiàng 동 ① 떨어지다, 내리다 ② 내리게 하다, 떨어뜨리다

[해설]

첫 번째 동사 서술어는 '决定'이고 그 뒤에 문장이나 절 목적어를 쓰며, 주어는 '市政府'입니다. [→ 市政府/决定//문장 또는 절.] 그리고 또 다른 동사 '降下来'는 '내리다'는 뜻이므로, 문맥상 목적어는 '蔬菜价格' 입니다. [→ 市政府/决定//降下了/蔬菜价格] 그러나 전치사 '把'가 있는 경우 '把'는 목적어 '蔬菜价格'와 함께 전치사구인 '把蔬菜价格'의 형태로 동사서술어 '降下了' 바로 앞으로 다시 재배열해야 합니다.[→ 市政府/决定/把/蔬菜价格/降下了] 그밖에 '조동사+부사'의 형태인 '要尽快'는 전치사 '把' 앞에 쓴다. [→ 市政府/决定/要尽快/把蔬菜价格/降下了]

[정답]

市政府决定要尽快把蔬菜价格降下来。

시청은 가능한 빨리 채소가격을 내려야 한다고 결정했다.

2회

91.

[단어]

总算 zǒngsuàn 부 결국은, 마침내

[해설]

동사 서술어는 '解决'이고, 문맥상 목적어는 '问题'이며, 주어는 '他'입니다. [→ 他/解决/问题] 그러나 전치사 '把'가 있는 경우 '把'는 목적어 '问题'와 함께 전치사구인 '把问题'의 형태로 동사서술어 '解决' 바로 앞으로 다시 재배열해야 합니다.[→ 他/把/问题/解决] 그밖에 부사 '总算'은 전치사 '把' 바로 앞에 써야 하고, '了'는 동사서술어 바로 뒤에 붙여 쓴다. '[→ 他/总算/把问题/解决/了]

[정답]

他总算把问题解决了。

그는 마침내 문제를 해결하였다.

92.

[해설]

동사 서술어는 '见面'이고, 주어는 '我们' 입니다. [→ 我们/见面。] 또한 전치사 '在'는 장소를 나타내는 명사 '公园门口'와 함께 전치사구 '在公园门口'의 형태로 동사서술어 '见面' 바로 앞에 씁니다. [→ 我们/在/公园门口/见面。] 그밖에 시간사 '明天上午八点'은 주어 '我们' 바로 앞 또는 뒤에 씁니다.

[정답]

我们明天上午八点在公园门口见面。
[= 明天上午八点我们在公园门口见面。]
우리는 내일 오전 8시에 공원입구에서 만난다.

93.

[단어]

生产 shēngchǎn 명·동 생산(하다) / **感兴趣** gǎnxìngqù 동 흥미를 느끼다, 관심을 가지다

[해설]

동사 서술어는 '感兴趣'이고, 주어는 '我' 입니다. [→ 我/感兴趣。] 또한 전치사 '对'는 명사 '汽车'와 함께 전치사구 '对汽车'의 형태로 동사서술어 '感兴趣' 앞에 씁니다. [→ 我/对/汽车/感兴趣。] 그밖에 정도부사 '非常'은 서술어 '感兴趣' 바로 앞에 써야 하며, '生产'은 '물건이나 물질을 생산하다'는 뜻이므로, 관형어 '这家公司生产的'는 '汽车' 바로 앞에 씁니다.

[정답]

我对这家公司生产的汽车非常感兴趣。
나는 이 회사에서 생산한 자동차에 대해 매우 관심이 있다.

94.

[해설]

동사 서술어는 '见面'이고, 주어는 '我和大哥' 입니다. [→ 我和大哥/见面。] 또한 '3년 쯤 못 만났다, 대략 3년 만에 보게 되다'는 뜻으로 쓰는 경우, 관용적으로 '3年+没+见面'의 형태로 쓰며 문장 끝에 '了'를 함께 써서 변화의 의미를 나타냅니다. [→ 我/和大哥/3年/没/见面/了。] 참고로 '有3年'처럼 수량 앞에 '有'를 쓰면 '~정도, ~쯤'이라는 어림수를 나타내므로, '(대략) 3년 쯤, 3년 정도'라는 뜻인데, 이 문제는 '有'를 생략한 형태로 쓴 것입니다.

[정답]

我和大哥好几年没见面了。
나와 큰 오빠는 여러 해 만에 만나게 되었다.

95.

[단어]

似乎 sìhū 부 마치(~인 것 같다) / **黑暗** hēiàn 형 어둡다, 깜깜하다 / **光明** guāngmíng 명 광명, 빛

[해설]

동사 서술어는 '看到了'이고, 문맥상 목적어는 '光明'이며, 주어는 '李经理'입니다. [→ 李经理/看到了/光明。] 또한 전치사구 '在黑暗中'은 동사 서술어 '看到了' 바로 앞에 써야 하며, 부사 '似乎'는 전치사 '在' 앞에 씁니다. [→ 李经理/似乎/在黑暗中/看到了/光明。]

[정답]

李经理似乎在黑暗中看到了光明。
이 사장은 마치 어둠속에서 빛을 본 것 같았다.

96.

[해설]

'~에 눕다'는 뜻으로 동사서술어 '躺在'를 쓰고, 그 뒤에는 누울 수 있는 장소가 나와야 하므로 '躺在一张大床上'의 형태로 써야하고, 주어는 '他们家人' 입니다. [→ 他们家人/躺在/一张大床上。] 또한 부사 '都'는 둘 이상을 나타내는 주어 '他们家人' 바로 뒤에 씁니다. [→ 他们家人/都/躺在/一张大床上。]

[정답]

他们家人都躺在一张大床上。
그들 가족들은 모두 큰 침대하나에 누워있다.

97.

[단어]

导游 dǎoyóu 명 가이드 / **游客们** yóukèmen 명 여행객들

[해설]

동사 서술어는 '介绍给'는 그 뒤에 '대상(游客们)+사물(情况)'에 해당하는 목적어 2개를 함께 쓰며, 문맥상 주어는 '导游'입니다. [→ 导游/介绍给/游客们/情况。] 그러나 전치사 '把'가 있는 경우 '把'는 두 번째 목적어 '情况'와 함께 전치사구인 '把情况'의 형태로 동사서술어 '介绍给' 바로 앞으로 다시 재배열해야 합니다.[→ 导游/把/情况/介绍给/游客们。] 그밖에 관형어 '这儿的'는 '情况' 앞에 써야 합니다. [→ 导游/把/这儿的/情况/介绍给/游客们。]

[정답]

导游把这儿的情况介绍给游客们。

가이드는 이곳 상황을 여행객들에게 소개해 주었다.

98.

[단어]

> 绝大多数 juédàduōshù 명 절대다수, 대부분 / 还
> 在 háizài 부 여전히, 계속해서 ~하고 있다 / 甜睡
> tiánshuì 동 단잠을 자다, 숙면하다, 잠을 깊이 자다

[해설]

동사 서술어는 '甜睡'이고, 문맥상 주어는 '绝大多数人'입니다. [→ 绝大多数人/甜睡] 또한 현재진행 또는 상태의 지속을 나타내는 동태조사 '着'는 서술어 '甜睡' 바로 뒤에 쓰며, 부사 '还在'는 서술어 바로 앞에 써야 합니다. [→ 绝大多数人/还在/甜睡/着] 그밖에 관형어 '城市里的'는 주어 '绝大多数人' 바로 앞에 씁니다. [→ 城市里的/绝大多数人/还在/甜睡/着]

[정답]

城市里的绝大多数人还在甜睡着。

도시의 대부분의 사람들은 여전히 깊은 잠을 자고 있다.

91.

[해설]

동사 서술어는 '去看'이고, 문맥상 목적어는 '电影'이며, 주어는 '我弟弟'입니다. [→ 我弟弟/去看/电影] 또한 전치사구 '和朋友'는 서술어 '去看' 바로 앞에 쓰며, 부사 '经常'은 전치사 '和' 바로 앞에 써야 합니다. [→ 我弟弟/经常/和朋友/去看/电影] 부사 '一起'는 관용적으로 '和....一起'의 형태로 동사 서술어 바로 앞에 씁니다. [→ 我弟弟/经常/和朋友/一起/去看/电影]

[정답]

我弟弟经常和朋友一起去看电影。

내 남동생은 친구와 함께 영화보러 간다.

92.

[해설]

'~에 앉다'는 뜻으로 동사서술어 '坐在'를 쓰고, 그 뒤에는 앉을 수 있는 장소가 나와야 하므로 '坐在一把椅子上'의 형태로 써야하고, 주어는 '他'입니다. [→ 他/坐在/一

把椅子上] 또한 전치사 '离'는 '어떤 장소에게 거리가 얼마 떨어져 있다'는 뜻이므로, 전치사구 '离我们' 뒤에는 서술어 '不远'을 써야 합니다. 따라서 '离我们'은 '不远的'와 함께 관형어로 쓰여 '在'와 '一把椅子上' 사이에 씁니다. [→ 他/坐在/离我们/不远的/一把椅子上]

[정답]

他坐在离我们不远的一把椅子上。

그는 우리에게서 가까운 의자에 앉아 있다.

93.

[단어]

> 竞争者 jìngzhēngzhě 명 경쟁자 / 处于 chǔyú 동
> 어떤 지위나 상태에 처하다, 놓여있다 / 中游位置
> zhōngyóuwèizhì 명 중간위치, 중간자리

[해설]

서술어는 동사 '处于'이고, 문맥상 목적어는 '中游位置'이며, 주어는 '他'입니다. [→ 他/处于/中游位置] 또한 전치사 '在'는 '竞争者中'과 함께 전치사구의 형태로 서술어 '处于' 앞에 씁니다. [→ 他/离在竞争者中/处于/中游位置] '在'는 이렇게 방위사 '中'과 함께 전치사구가 될 수 있습니다. 그밖에 부사 '只是'는 전치사 '在' 앞에 써야 합니다.

[정답]

他只是在竞争者中处于中游位置。

그는 단지 경쟁자 중에서 중간위치에 있을 뿐이다.

94.

[해설]

서술어는 동사 '住下来'이고, 문맥상 주어는 '你们俩'입니다. [→ 你们俩/住下来] 또한 전치사구 '在那里'는 서술어 '住下来' 앞에 씁니다. [→ 你们俩/在那里/住下来] 그밖에 부사 '就'와 조동사 '可以'는 '就/可以'의 형태로 전치사 '在' 앞에 써야 합니다. [→ 你们俩/就/可以/在那里/住下来] 부사와 조동사가 함께 있는 경우, 보통 부사를 앞쪽에, 조동사를 뒤 쪽에 씁니다.

[정답]

你们俩就可以在那里住下来。

그들 둘은 그곳에서 살아도 된다.

95.

[단어]

现代人 xiàndàirén 명 현대인 / **正在** zhèngzài
부 지금 ~하고 있다, ~하고 있는 중이다 / **面临**
miànlín 동 (문제, 바라지 않는 상황, 도전 등에) 직면
하다, 당면하다, 앞에 놓여있다 / **挑战** tiǎozhàn 명동
도전(하다)

[해설]

서술어는 동사 '面临'인데, '面临'은 '(위험, 위기, 문제,
도전 따위의) 앞에 놓여있다, 직면하다'는 뜻으로 뒤의 목
적어 자리에는 보통 바라지 않는 상황이 쓰입니다. 따라
서 목적어는 '挑战'이며, 주어는 '现代人'입니다. [→ 现代
人/面临/挑战] '挑战'은 주로 '해결해야 되는 과제나 문
제' 등의 뜻으로 쓰입니다. 또한 부사 '正在'는 서술어 '面
临' 앞에 쓰고, 동태조사 '着'는 서술어 '面临' 바로 뒤에 쓰
며, 관형어 '不少的'는 문맥상 목적어 '挑战' 앞에 써야 합
니다. [→ 现代人/正在/面临/着/不少的/挑战]

[정답]

现代人正在面临着不少的挑战。
현대인은 지금 많은 도전에 직면해 있다.

96.

[단어]

缓解 huǎnjiě 동 완화되다, 풀어지다 / **情绪** qíngxù
명 정서, 기분, 마음, 의욕

[해설]

서술어는 동사 '缓解'인데, '缓解'는 ' 급박하거나 긴박한
정도가 완화되다, 풀어지다'는 뜻이므로, 문맥상 목적어는
'情绪'이며, 주어는 '锻炼身体'입니다. [→ 锻炼身体/缓
解/情绪] 또한 관형어 '紧张的'는 목적어 '情绪' 앞에 쓰
고, 조동사 '可以'는 서술어 '缓解' 앞에 써야 합니다. [→
锻炼身体/可以/缓解/紧张的/情绪]

[정답]

锻炼身体可以缓解紧张的情绪。
운동은 긴장된 마음을 완화할 수 있다.

97.

[해설]

첫 번째 서술어인 동사 '没想到'는 문장 맨 앞에 쓰고, 그 뒤
에는 문장이나 절 목적어가 옵니다. [→ 没想到 // 주어+
서술어] 또 다른 동사 '回答'는 목적어 '问题'와 함께 쓰고,

주어인 '小王'은 서술어 '回答' 앞에 써야 합니다. [→ 没想
到//小王/回答/问题] 그 밖에 부사 '竟'은 뒤 쪽의 서술어
'回到' 앞에 씁니다. [→ 没想到//小王/竟/回答/问题]

[정답]

没想到小王竟回答问题。
샤오왕이 뜻밖에 대답할 줄을 생각지도 못했다.

98.

[단어]

绝对 juéduì 부 ① 반드시, 꼭 ② 절대로 (~하지 않
다) / **出差错** chūchācuò 동 실수하다, 잘못하다 / **任
何** rènhé 대명 어떠한

[해설]

서술어는 동사 '出'이고, 목적어는 '差错'이며, 주어는 '你'
입니다. [→ 你/出/差错] 또한 부사 '绝对'는 뒤에 '부정
부사+조동사'와 함께 서술어 '出' 앞에 씁니다. [→ 你/绝
对/不能/出/差错] 그밖에 대명사 '任何'는 명사 앞에서
'어떠한'의 뜻으로 쓰므로, 문맥상 목적어 '差错' 앞에 써야
합니다.[→ 你/绝对/不能/出/任何/差错]

[정답]

你绝对不能出任何差错。
너는 절대로 어떠한 실수도 해서는 안 된다.

4회

91.

[해설]

서술어는 동사 '买到'이고, 양사 '件'은 옷을 세는 양사로
쓰이므로, 문맥상 목적어는 '一件毛衣'이며, 주어는 '我'
입니다. [→ 我/买到/一件毛衣] 또한 부정부사 '不'는 서
술어 '买到' 앞에 쓰고, 관형어 '喜欢的'는 목적어 '一件衣
服'와 함께 써야 하는데, 관형어는 수량사와 함께 쓰는 경
우, 양사와 명사 사이에서 '一件/喜欢的/毛衣'의 형태로
씁니다. [→ 我/没/买到/一件/喜欢的/毛衣]

[정답]

我没买到一件喜欢的毛衣。
나는 좋아하는 옷 한 벌을 못샀다.

92.

[해설]

서술어는 '동사+방향보어+了'의 형태인 '哭起来了'이고,

주어는 '你'입니다. [→ 你/哭起来了。] 또한 부사 '一下子'와 '就'가 함께 쓰이는 경우 '一下子就'의 형태로 서술어 '哭起来了' 앞에 쓰고, 부사어 '怎么'는 '왜'라는 뜻의 의문 대명사로 '为什么'와 같은 뜻이며, 부사와 함께 있는 경우, 부사 앞에 써야 합니다. [→ 你/怎么/一下子/就/哭起来了?]

[정답]

你怎么一下子就哭起来了呢?
너는 왜 곧바로 울기시작 하니?

93.

[단어]

抹黑 mǒhēi 동 먹칠하다, 체면을 손상시키다

[해설]

'是'의 부정형태인 '不是'는 동사 서술어 자리에 쓰고, 문장 맨 끝에 어기조사 '吗'를 쓰며, 주어는 지시대명사 '这'입니다. [→ 这/不是 + 문장 또는 절 + 吗?] 또한 관용적인 표현인 '给自己脸上/抹黑'는 '자신의 얼굴에 먹칠하다'는 뜻으로 동사 서술어인 '是' 뒤의 목적어 자리에 써야 합니다. [→ 这/不是/给自己/脸上/抹黑吗?]

[정답]

这不是给自己脸上抹黑吗?
이것은 자신의 얼굴에 먹칠하는 거 아니니?

94.

[해설]

'得', '정도부사', '형용사서술어'가 있으므로 이 문제는 정도보어 문제입니다. '得'를 동사 서술어 '踢' 바로 뒤에 붙여 쓰고, 그 뒤에 '정도부사+형용사서술어' 형태인 '特别好'를 써야 합니다. [→ 踢/得/特别好] 또한 목적어 '球'는 동사 바로 앞에 쓰며, 소유를 나타내는 관형어 '那个男孩的'는 목적어 바로 앞에 붙여 씁니다. [→ 那个男孩的/球/踢得/特别好。]

[정답]

那个男孩的球踢得特别好。
그 남자아이는 공을 아주 잘 찬다.

95.

[단어]

几乎 jīhū 부 거의, 대부분 / 游玩 yóuwán 동 (뛰)놀다

[해설]

연동문에서 동사 '去'는 장소목적어 '任何景点'과 함께 첫 번째 동사 자리에 쓰고, 그 뒤에 두 번째 동사 '游玩'을 쓰며, 주어는 '他们'입니다. [→ 他们/去/任何景点/游玩。] 부사 '几乎'와 '没有'는 '几乎没有'의 형태로 첫 번째 서술어 '去' 앞에 써야 합니다. [→ 他们/几乎/没有/去/任何景点/游玩。]

[정답]

他们几乎没有去任何景点游玩。
그들은 어떠한 여행지라도 거의 놀러가 본적이 없다.

96.

[단어]

换成 huànchéng 동 ~으로 바꾸다

[해설]

동사 '请'은 보통 문장 맨 앞에 씁니다. 또 다른 동사 '换成'은 목적어 '人民币'와 함께 쓰고, 전치사구 '把美元'은 동사 서술어 '换成' 바로 앞에 써야 합니다. [→ 请/把人民币/换成/人民币。] 그밖에 '帮我'는 '请' 바로 뒤에 씁니다. [→ 请//帮我/把人民币/换成/人民币。] 상대방에게 부탁을 하는 경우, 관용적으로 '请帮我+부탁하는 내용'의 표현을 쓰는 경우가 많습니다.

[정답]

请帮我把美元换成人民币。
달러를 인민폐로 바꾸어 주세요.

97.

[단어]

经过 jīngguò 동 ~을 경유하다, 거치다 전 ~을 거쳐서 / 终于 zhōngyú 부 결국은, 마침내

[해설]

전치사 '经过'은 '어떠한 과정을 거치고 나서 ...을 했다'는 뜻으로 보통 문상 맨 잎쪽에 쓰며, 뒤 쪽에 다시 주어와 두 번째 서술어가 나옵니다. 따라서 문맥상 전치사 '经过'는 목적어 '努力'와 함께 쓰고, 그 뒤에 다시 주어 '我'와 동사 '成功了'를 써야 합니다. [→ 经过/努力/我/成功了] 그밖에 관형어 '多年的'는 명사 '努力' 앞에 쓰고, 부사 '终于' 서술어 '成功' 앞에 써야 합니다. [→ 经过/多年的/努力/我/终于/成功了]

[정답]

经过多年的努力我终于成功了。

다년간의 노력 끝에 나는 결국 성공했다.

98.

[단어]

> **存** cún 통 ① 보존하다. 저장하다 ② 보관하다. 맡기다. 맡겨두다 ③ 존재하다. 있다

[해설]

서술어는 동사 '存'인데, '存'은 '(어떤 장소에) 구체적인 물건을 보관하다. 맡기다'는 뜻이므로, 뒤에 구체적인 물건에 해당하는 목적어 '自行车'를 써야하며, 주어는 '我'입니다. [→ 我/存/自行车。] 또한 전치사구 '在那里'는 동사 '存' 앞에 쓰고, 부정부사 '不'는 전치사 '在' 앞에 써야 하며, 과거의 경험을 나타내는 동태조사 '过'는 동사 '存' 바로 뒤에 씁니다. [→ 我/没/在那里/存/过/自行车。]

[정답]

我没在那里存过自行车。

나는 그곳에 자전거를 보관한 적이 없다.

쓰기2부분

[1주차 실력다지기 실전문제]

01.

休息 / 挂号 / 着凉 / 严重 / 治疗

[단어]

> **休息** xiūxi 명 휴식 통 휴식하다. 쉬다 [자동사이므로 뒤에 목적어를 함께 쓸 수 없음]
> 예 我们让她好好在家休息。
> 우리는 그녀를 집에서 푹 쉬게 하였다.
> 我想休息一下再工作。
> 나는 좀 쉬고 나서 다시 일하고 싶다.
>
> **着凉** zháoliáng 통 감기에 걸리다
> [= 感冒 gǎnmào, 受凉 shòuliáng, 伤风 shāngfēng]
>
> **挂号** guàhào 통 (병원에서) 접수하다. 수속하다
>
> **治疗** zhìliáo 명·통 치료(하다)
> 예 她着凉了, 去医院, 先挂号, 然后看病。
> 그녀는 감기에 걸려서 병원에 가서 먼저 접수하고,

그런 다음 치료를 했다.

> **严重** yánzhòng 형 심하다. 심각하다. 중하다
> [나쁜 일이나 상황이 일어난 정도가 심(각)하다는 뜻]
> ① (病情 병(세) / 伤得 다친 정도가 / 局势 정세, 상태) 很严重。
> ② 产生了严重后果。 심각한 결과가 생겼다.

[풀이]

⑴ 주어진 제시어에는 '着凉' '治疗'라는 단어가 있으므로 장소는 감기치료를 받을 수 있는 병원으로 정하는 것이 좋습니다.

⑵ 감기에 걸려서 치료받으러 병원에 가는 상황을 글로 쓰겠다고 결정하고, 시간의 흐름이나 동작의 순서에 따라 구체적인 내용을 구상합니다.
[나는 감기에 걸렸음 → 병원에 감 → 접수를 함 → 치료를 받음 → 집에서 휴식을 취함 → 감기가 호전됨]

⑶ 1차적으로 되도록 육하원칙에 입각해서 간단한 문형을 만들고 나서, 내용을 수정 보완한 후 원고지에 옮겨 씁니다.

[모범답안]

	我	今	天	起	床	时	,	身	体	有	点	不	舒	服	,
感	觉	好	像	着	凉	了	,	所	以	去	医	院	。	到	医
院	时	,	先	挂	号	后	等	了	几	分	钟	,	然	后	走
进	诊	疗	室	去	治	疗	。	大	夫	说	我	显	然	是	感
冒	,	不	过	不	太	严	重	,	吃	点	药	就	行	了	。
回	家	后	,	我	休	息	一	会	儿	就	好	多	了	。	

|단어

诊疗室 zhěnliáoshì 명 진료실 / **显然** xiǎnrán 형 명백하다. 분명하다 부 분명히, 분명하게

|번역

나는 오늘 아침에 잠자리에서 일어났을 때, 몸이 좀 아팠는데, 감기에 걸린 것 같이 느껴져서 병원에 갔다. 병원에서 우선 접수를 하고 몇 분 동안 기다리고 나서, 진료실에 들어가서 치료를 받았다. 의사선생님께서는 내가 감기에 걸린 것이 확실하지만, 심하지 않아서 약을 좀 먹으면 된다고 하셨다. 나는 집에 돌아와서 좀 쉬니까 훨씬 좋아졌다.

[학생 단문쓰기 문장]

|예문1|

	我	这	两	天	有	点	着	凉	了	,	不	过	不	太	
想	去	医	院	。	听	人	说	医	院	挂	号	特	别	难	,
而	且	治	疗	费	用	也	非	常	高	。	另	外	,	只	是
稍	微	有	点	儿	咳	嗽	,	病	也	不	严	重	,	在	家

| 随 | 便 | 吃 | 点 | 药 | 再 | 休 | 息 | 一 | 下 | 就 | 会 | 好 | 的 | ， | 我 |
| 觉 | 得 | 去 | 医 | 院 | 显 | 然 | 不 | 是 | 个 | 好 | 选 | 择 | 。 | | |

|번역|

나는 요 며칠 감기에 좀 걸렸지만, 별로 병원에 가고 싶지 않다. 사람들이 병원에서 접수하기가 너무 어렵고, 또 치료비도 비싸다고 했다. 그밖에 단지 기침이 좀 날 뿐, 병도 심하지 않아서 약을 좀 먹고 쉬면 좋아 질 텐데, 나는 병원에 가는 것은 분명 좋은 선택이 아니라고 생각한다.

|예문2|

	今	天	早	上	我	的	身	体	不	好	，	我	去	了
医	院	。	为	了	治	疗	先	要	挂	号	，	挂	号	的	费
用	比	较	便	宜	。	我	等	了	一	会	儿	和	大	夫	见
面	了	。	医	生	说	：	"	你	着	凉	了	，	而	且	很	严
重	，	回	家	以	后	要	好	好	儿	休	息	。	"	所	以	我
回	家	后	一	整	天	都	在	休	息	，	感	觉	好	多	了	。

|번역|

오늘 아침 나는 몸이 안 좋아서 병원에 갔다. 치료를 하기 위해서 우선 접수를 해야 되는데, 접수 비는 싼 편이었다. 나는 잠시 기다린 후에 의사선생님과 만났는데, 의사선생님께서는 감기가 심하니, 집에 가서 잘 쉬어야 된다고 말씀하셨다. 그래서 나는 집에 돌아와서 온종일 쉬고 나니 훨씬 좋아진 것처럼 느껴졌다.

02.

春节 / 饺子 / 放鞭炮 / 拜年 / 一起

[단어]

春节 chūnjié 명 설, 구정
① 过春节 설을 쇠다
② 春节是(中国的传统节日之一。중국의 전통명절 중의 하나이다. 我国最重要的节日。우리나라의 가장 중요한 명절이다.)
예 我最爱的节日就是春节。
내가 가장 좋아하는 명절이 바로 설이다.
祝你春节快乐! 새해 복 많이 받으세요!
春节期间你有什么打算?
설 기간에 뭐 할 생각이니?
春节的假期有七天。설 연휴는 일주일이다.

饺子 jiǎozi 명 교자, 만두
: 동사 (吃 먹다 / 做 만들다 / 包 빚다 / 卖 팔다 …)
　+ 饺子
예 今天一家人在家里一起包饺子、吃饺子, 我感到很快乐。

오늘 온 가족이 집에서 함께 만두를 빚고, 만두를 먹으니, 나는 너무 즐겁게 여겨졌다.

放鞭炮 fàng biānpào 동 폭죽을 터뜨리다
예 不少人喜欢在春节时放鞭炮。
많은 사람들은 설날에 폭죽을 터뜨리는 것을 좋아한다.

拜年 bàinián 동 세배하다, 새해인사를 하다
예 新年时人们互相拜年。
새해에 사람들은 서로 새해인사를 한다.
春节快乐! 爷爷给您拜年。
새해 복 많이 받으세요, 할아버지 절 받으세요.

一起 yìqǐ 부 함께, 같이 [= **一块儿** yíkuàir]
→ '함께 어떤 동작이나 행동을 하다' 는 뜻임
① 一起 (부) + 동사서술어(去看电影/工作/学习 …)
② 주어 + [和(전)+명/대] + 一起 + 동사서술어
③ 在一起 (부) + 동사서술어
예 今天我和我的朋友一起去看电影。
오늘 나는 내 친구와 함께 영화를 보러 간다.
我们在一起工作。우리는 함께 일한다.

[풀이]

⑴ 주어진 제시어에는 '春节'라는 단어가 있으므로 시간은 설 명절기간으로 정하는 것이 좋습니다.
⑵ 사람들이 함께 모여서 설을 쇠는 것을 글로 쓰겠다고 결정하고, 시간의 흐름이나 동작의 순서에 따라 구체적인 내용을 구상합니다.
[설은 전통명절임 → 설에는 온 가족이 함께 만두를 만들어 먹음 → 아이들은 폭죽을 터뜨리는 것을 좋아 함 → 사람들은 서로 새해인사를 함]
⑶ 1차적으로 되도록 육하원칙에 입각해서 간단한 문형을 만들고 나서, 내용을 수정 보완한 후 원고지에 옮겨 씁니다.

[모범답안]

	春	节	是	中	国	的	传	统	节	日	。	每	年	春
节	的	时	候	，	一	家	人	都	要	在	家	里	一	起	吃
饺	子	，	饺	子	代	表	幸	福	美	满	。	孩	子	们	最
喜	欢	放	鞭	炮	，	鞭	炮	的	声	音	可	以	赶	走	坏
运	气	。	人	们	还	喜	欢	互	相	拜	年	，	彼	此	问
侯	，	祝	福	新	年	快	乐	！							

|단어|

美满 měimǎn 형 원만하다, 순조롭다 / **赶** gǎn 동 (나쁜 것을) 쫓아 버리다, 내쫓다 / **坏运气** huàyùnqii 명 액운, 나쁜 기운

|번역|

설은 중국의 전통명절이다. 해마다 설이 되면 온 가족이 다 함께 만두를 먹는데, 만두는 행복과 원만함을 상징한다. 아이들은 폭죽 터뜨리는 것을 제일 좋아하는데, 폭죽 소리는 액운을 쫓을 수 있다. 사람들은 또 서로 새해 인사를 하며 서로 안부를 묻는 것도 좋아 하는데, 새해에 복을 많이 받기를 기원하는 것이다.

[학생 단문쓰기 문장]

|예문1|

		春	节	到	了	。	我	虽	然	昨	天	急	急	忙	忙
地	回	到	家	乡	,	所	以	感	到	很	累	,	但	我	一
看	到	家	人	,	就	十	分	开	心	。	我	们	在	春	节
晚	上	一	边	吃	饺	子	一	边	互	相	拜	年	祝	福	家
人	事	业	成	功	、	身	体	健	康	。	我	们	吃	晚	饭
以	后	,	一	起	出	去	外	边	放	鞭	炮	了	。		

|번역|

설이 되었다. 나는 어제 아주 급하게 고향에 왔기 때문에 피곤하게 느껴졌지만, 그러나 나는 가족들을 보자마자, 너무 기뻤다. 우리는 설날 저녁에 만두를 먹으면서, 서로에게 사업이 성공하고, 건강하기를 기원하는 새해인사를 했으며, 저녁식사를 하고나서 함께 밖에 나가서 폭죽을 터뜨렸다.

|예문2|

		一	听	到	鞭	炮	声	,	我	们	就	知	道	春	节
来	了	。	春	节	是	传	统	节	日	,	人	们	都	忙	着
回	家	团	圆	,	一	起	准	备	饺	子	和	各	种	菜	肴
而	且	人	们	互	相	拜	年	,	希	望	身	边	的	每	个
人	都	身	体	健	康	、	事	业	成	功	,	这	样	我	们
感	到	非	常	幸	福	快	乐	。							

|번역|

폭죽소리를 듣자마자, 우리는 설이 되었다는 것을 안다. 설은 전통명절이며, 사람들은 모두 바삐 집에 와서 한자리에 모여서, 함께 만두와 여러 가지 음식들을 준비한다. 또한 사람들은 서로 새해인사를 하며, 주변의 모든 사람들 모두 건강하고, 하는 일이 잘되기를 바란다. 이렇게 하면 우리는 아주 행복과 즐거움을 느낀다.

01.

[해설]

⑴ 주어진 사진은 나이든 한 남자가 다정히 웃는 얼굴로 개를 쓰다듬고 있는 사진입니다. 뒤 배경에 산이 보이는 것으로 보아, 집 안이나 실내가 아니고, 야외에서 애완견과 함께 산책을 하고 있는 중일 가능성이 높습니다.

⑵ 주어진 사진은 나이 든 남자가 애완견과 함께 산책하고 있는 사진이라는 가정 하에 핵심단어를 '一只狗', '宠物', '散步' 등으로 정합니다.

⑶ 나이가 든 남자가 자신의 애완견과 산책하고 있는 것을 서술하겠다고 결정하고, 시간의 흐름이나 동작의 순서에 따라 구체적인 내용을 구상합니다.
[남자의 애완견에 대해 간단히 소개함 → 남자는 평소에 개한테 목욕을 시켜줌 → 먹이를 먹여 줌 → 함께 산책을 함 → 둘은 좋은 친구임]

⑷ 1차적으로 되도록 육하원칙에 입각해서 간단한 문형을 만들고 나서, 내용을 수정 보완한 후 원고지에 옮겨 씁니다.

[모범답안]

		大	卫	喜	欢	养	宠	物	,	特	别	是	狗	。	大
卫	养	了	一	只	可	爱	的	狗	,	叫	多	力	。	它	是
朋	友	去	年	送	给	大	卫	的	生	日	礼	物	。	它	很
听	大	卫	的	话	,	大	卫	非	常	喜	欢	它	,	平	时
给	它	洗	澡	、	喂	它	狗	粮	、	和	它	一	起	散	步
它	是	大	卫	最	好	的	"	朋	友	"	。				

|단어|

宠物 chǒngwù （명） (개나 고양이 등의) 애완동물 / **可爱** kěài （형） 귀엽다 / **洗澡** xǐzǎo （동） 목욕하다. 씻다 / **喂** wèi （동） (동물에게) 먹이를 주다 / **狗粮** gǒuliáng （명） (개의) 먹이. 사료

|번역|

데이비드는 애완동물 기르는 것을 좋아하는데, 특히 강아지 기르는 것을 좋아한다. 데이비드는 귀여운 개 한 마리를 길렀는데, 개의 이름은 뚜어리이다. 그 강아지는 친구가 작년에 그한테 생일선물로 준 건데, 그의 말을 아주 잘 들어서,

그는 강아지를 매우 좋아한다. 그래서 강아지에게 목욕도 시켜주고, 먹을 것도 주고, 함께 산책도 한다. 강아지는 데이비드의 가장 좋은 '친구'이다.

[학생 단문쓰기 문장]

|예문1|

		他	家	里	有	一	只	狗	。	他	每	天	跟	它	一
起	玩	儿	。	它	是	几	个	月	之	前	来	他	家	的	。
虽	然	只	是	几	个	月	,	可	现	在	他	受	不	了	没
有	它	的	时	候	。	尽	管	他	们	不	能	聊	天	儿	,
但	是	他	们	俩	很	亲	密	,	经	常	一	起	散	步	。
他	觉	得	这	只	狗	是	自	己	的	一	个	好	朋	友	。

|번역|

그의 집에는 개 한 마리가 있다. 그는 매일 개와 함께 논다. 그 개는 몇 개월 전에 그의 집에 왔다. 단지 몇 개월 되었을 뿐이지만, 지금 그는 개가 없으면 견딜 수가 없다. 비록 그들은 이야기를 나누지는 못하지만, 그들 둘은 아주 친해서, 자주 산책을 한다. 그는 개가 자신의 좋은 친구라고 생각한다.

|예문2|

		他	是	年	纪	比	较	大	的	老	人	。	他	家	里
有	一	只	狗	,	可	是	除	了	他	以	外	,	其	他	家
人	都	不	太	喜	欢	它	。	这	只	狗	的	性	格	很	活
泼	,	他	最	喜	欢	这	只	狗	。	每	天	他	自	己	给
它	喂	吃	的	、	带	它	出	去	散	步	,	他	感	到	很
幸	福	。													

|번역|

그는 나이가 비교적 많은 노인이다. 그의 집에는 개 한 마리가 있지만, 그를 제외한 다른 식구들은 개를 별로 좋아하지 않는다. 이 개의 성격은 매우 활발해서 그는 이 개를 제일 좋아한다. 그는 매일 개에게 먹이도 먹여주고, 데리고 나가서 산책도 하는데, 그는 매우 행복하게 여긴다.

|예문3|

		随	着	现	代	社	会	的	生	活	节	奏	越	来	越
快	,	现	代	人	越	发	感	觉	孤	独	。	所	以	和	这
位	老	人	一	样	,	许	多	人	选	择	养	宠	物	。	因
为	养	宠	物	可	以	缓	解	人	们	的	孤	独	感	。	除
了	人	以	外	,	宠	物	也	可	能	会	感	到	孤	独	,
所	以	宠	物	也	需	要	关	爱	。						

|번역|

현대사회의 생활리듬이 점점 더 빨라짐에 따라, 현대인은 점점 더 외로움을 느낀다. 그래서 이 노인처럼 많은 사람들은 애완동물 기르는 것을 선택하는데, 애완동물을 기르면 사람들의 고독감을 완화시켜 줄 수 있기 때문이다. 사람뿐만 아니라, 애완동물도 외로움을 느낄 것이다. 그래서 애완동물도 관심과 사랑이 필요하다.

02.

[해설]

(1) 주어진 사진은 어떤 사람이 편한 차림으로 라켓을 들고 공을 치려고 하는 모습을 담은 사진입니다. 라켓을 든 것으로 보아, 축구처럼 발로 차거나 배구나 농구처럼 손을 직접 쓰는 운동이 아니고, 공의 형태로 보아 배드민턴도 아니며, 테니스를 하는 장면일 가능성이 높습니다.

(2) 주어진 사진은 테니스를 하고 있는 사진이므로 핵심단어는 '打网球' 입니다.

(3) 내가 테니스는 치고 연습하는 것을 객관적으로 서술하겠다고 결정하고, 시간의 흐름이나 동작의 순서에 따라 구체적인 내용을 구상합니다.

[나는 테니스 치는 것을 좋아함 → 자주 직장동료와 테니스를 치러감 → 나는 처음에는 테니스를 잘 못함 → 부단히 연습함 → 테니스 실력이 좋아졌음]

(4) 1차적으로 되도록 육하원칙에 입각해서 간단한 문형을 만들고 나서, 내용을 수정 보완한 후 원고지에 옮겨 씁니다.

[모범답안]

		我	很	喜	欢	打	网	球	,	下	班	后	,	经	常
跟	同	事	们	一	起	去	操	场	打	网	球	。	刚	开	始
打	网	球	的	时	候	,	我	因	为	年	龄	比	较	大	,
所	以	网	球	打	得	不	太	好	。	不	过	,	经	过	不
断	的	练	习	,	我	的	网	球	水	平	提	高	了	。	我
感	到	非	常	高	兴	。									

|단어|

提高 tígāo ⊕ 끌어 올리다. 향상시키다. 높아지다. 증가하다
: 水平~ 수준이 향상되다 / 质量~ 품질 / 收入~ 수입 / 成绩~ 성적 // ~水平 수준을 향상시키다

|번역|

나는 테니스 치는 것을 매우 좋아해서, 퇴근 후에 자주 동료들과 운동장에 가서 테니스를 친다. 처음 테니스를 치기

시작했을 때에 나는 나이가 많은 편이어서 테니스를 잘 하지 못했지만, 부단히 연습한 끝에 테니스 실력이 향상되어서 너무 기쁘다.

[학생 단문쓰기 문장]

|예문1|

		我	平	时	喜	欢	运	动	，	尤	其	是	打	网	球	。
因	为	两	个	人	一	起	运	动	比	一	个	人	运	动	更	
有	意	思	。	每	个	星	期	日	我	和	朋	友	们	一	起	
去	网	球	场	打	网	球	。	打	完	以	后	，	我	们	去	
饭	馆	一	边	吃	饭	，	一	边	聊	今	天	打	网	球	的	
事	情	。	我	很	开	心	。									

|번역|

나는 평소에 운동하는 것을 좋아하는데, 특히 테니스 치는 것을 좋아한다. 왜냐하면 두 사람이 함께 운동하는 것이 혼자 운동하는 것보다 더 재미있기 때문이다. 매 주 일요일 나는 친구들과 함께 테니스장에 가서 테니스를 친다. 테니스를 다 치고 난 후에, 우리는 음식점에 가서 식사를 하면서 오늘 테니스 친 일에 대해 이야기한다. 나는 너무 기분이 좋다.

|예문2|

		我	的	爱	好	是	打	网	球	。	平	时	，	我	的	
学	习	压	力	很	大	。	为	了	减	轻	压	力	，	我	跟	
朋	友	一	起	打	网	球	。	打	网	球	对	各	方	面	有	
好	处	，	不	但	缓	解	压	力	，	而	且	让	我	身	体	
健	康	、	增	进	友	谊	。	所	以	我	经	常	找	时	间	
打	网	球	。													

|번역|

나의 취미는 테니스 치는 것이다. 평소에 나는 공부에 대한 스트레스가 심해서, 스트레스를 줄이기 위해서 나는 친구와 함께 테니스를 친다. 테니스는 각 방면에서 장점이 있다. 스트레스를 완화시킬 뿐만 아니라, 건강하게 해주고, 친구와의 우정도 돈독히 하게 해준다. 그래서 나는 자주 시간을 내서 테니스를 친다.

[3주차 실력다지기 실전문제]

01.

电脑 / 带来 / 资料 / 一起 / 网上

[단어]

电脑 diànnǎo 몡 컴퓨터

예 高中学生中并不是所有的学生都有电脑。
고등학생 중에는 모든 학생들이 다 컴퓨터가 있는 것은 아니다.

带来 dàilái 통 가져다주다, 가져오다
[목적어 자리에 추상적인 것, 구체적인 것 모두 쓸 수 있음]
예 他的成功给他自己带来了名誉。
그의 성공은 그 자신에게 명예를 가져다 주었다.
你把我的本子带来了吗?
너는 내 노트를 가지고 왔니?

资料 zīliào 몡 자료
: (동사 / 找 찾다 / 删除 삭제하다, 지우다, 없애다 / 有 있다 / 提供 제공하다 / 需要 필요하다 / 收集 수집하다, 모으다 …) + 资料

一块儿 yíkuàr (부) 함께, 같이 [= 一起]
예 我们 / 一块儿 / 去看 / 电影吧。
우리 같이 영화 보러가자.

网上 wǎngshàng 몡 인터넷(에서)
예 他从来不在网上交朋友。
그는 여태껏 채팅을 해서 친구를 사귄 적이 없다.
网上下载的资料，昨天我都发给你了。
어제 나는 네게 이메일로 인터넷에서 다운받은 자료를 모두 보냈다.

[풀이]

(1) 주어진 제시어에 '电脑', '网上', '资料'라는 단어가 있으므로 컴퓨터를 사용해서 인터넷으로 자료를 찾는 등의 상황을 글로 쓰겠다고 결정하고, 시간의 흐름이나 동작의 순서에 따라 구체적인 내용을 구상합니다.
[나는 컴퓨터를 구입했음 → 생활하고 공부하기에 매우 편리해 졌음 → 인터넷으로 친구를 사귐 → 물건을 구입함 → 자료를 찾음 → 나에게 많은 즐거움을 가져다 줌]

(2) 1차적으로 되도록 육하원칙에 입각해서 간단한 문형을 만들고 나서, 내용을 수정 보완한 후 원고지에 옮겨 씁니다.

[모범답안]

		自	我	买	了	电	脑	以	后	，	我	感	觉	生	活	
和	学	习	方	便	多	了	。	我	在	网	上	交	了	很	多	
朋	友	，	每	天	晚	上	我	们	在	一	块	儿	聊	天	，	
很	有	趣	。	有	时	侯	，	我	还	会	在	网	上	买	东	
西	、	查	资	料	。	我	觉	得	电	脑	给	我	带	来	不	
少	快	乐	。													

|단어|

交朋友 jiāopéngyou 통 + 멍 친구를 사귀다

|번역|

나는 컴퓨터를 구입한 후에 생활하고 공부하는 것이 훨씬 편해졌다고 느낀다. 나는 인터넷으로 많은 친구를 사귀어서, 매일 저녁 우리는 함께 이야기를 하는데 아주 재미있다. 가끔 나는 또 인터넷으로 물건을 구입하거나, 자료를 찾을 수도 있다. 나는 컴퓨터가 나한테 많은 즐거움을 가져다준다고 생각한다.

[학생 단문쓰기 문장]

|예문1|

		我	的	爱	好	是	在	网	上	购	物	。	网	上	购
物	不	仅	价	格	便	宜	,	而	且	可	以	方	便	地	购
买	东	西	,	一	举	两	得	。	上	周	日	我	跟	朋	友
一	块	儿	在	网	上	买	了	一	台	笔	记	本	电	脑	,
然	后	在	网	上	查	资	料	。	我	觉	得	电	脑	给	我
们	的	生	活	带	来	很	多	方	便	。					

|단어|

爱好 àihào 명 취미 / **一举两得** yìjǔliǎngdé 성 일거양득, 꿩 먹고 알 먹기 / **笔记本电脑** bǐjìběndiànnǎo 명 노트북컴퓨터

|번역|

내 취미는 인터넷으로 물건을 구입하는 것이다. 인터넷으로 물건을 구입하면 가격이 쌀 뿐만 아니라, 편하게 물건을 살 수 있기 때문에 일거양득이다. 지난주 일요일에 나는 친구와 같이 인터넷에서 노트북컴퓨터 한 대를 구입하고 나서 인터넷으로 자료를 찾았다. 나는 컴퓨터가 우리생활에 많은 편리함을 가져다준다고 생각한다.

|예문2|

		在	我	们	日	常	生	活	中	,	电	脑	非	常	有
用	。	比	如	说	:	用	电	脑	在	网	上	查	资	料	、
购	物	、	跟	朋	友	们	一	块	儿	玩	电	脑	游	戏	、
互	相	收	发	电	子	邮	件	等	,	很	方	便	。	如	果
世	界	上	没	有	电	脑	,	就	会	给	人	们	的	生	活
带	来	不	少	麻	烦	。									

|단어|

玩(儿)电脑游戏 wán(r)diànnǎoyóuxì 동 + 명 컴퓨터 게임을 하다

|번역|

우리 일상생활 속에서 컴퓨터는 매우 유용하다. 예를 들면 컴퓨터를 사용해서 인터넷으로 자료를 찾고, 물건을 구입하고, 친구들과 함께 컴퓨터게임을 하며, 서로 이메일을 보낼 수 있는 등 매우 편리하다. 만약에 이 세상에 컴퓨터가 없다면 사람들의 생활에 많은 번거로움을 가져다 줄 것이다.

02.

考试 / 羡慕 / 虚心 / 着急 / 老师

[단어]

考试 kǎoshì 명동 시험(을 보다)
예 如果努力学习，你就能通过考试。
　　열심히 공부하면, 너는 시험에 통과할 수 있을 것이다.
　　这次考试是这个学期最后的一次考试了。
　　이번 시험이 이번 학기의 마지막 시험이다.

羡慕 xiànmù 동 부러워하다 [뒤의 목적어 자리에 반드시 부러워하는 대상이 나와야 하며, '羡慕' 앞쪽에는 정도부사를 함께 쓸 수 있음]
예 我很羡慕这个明星苗条的身材。
　　나는 이 배우의 좋은 몸매가 너무 부럽다.

虚心 xūxīn 형 겸허하다, 허심하다 부 겸허하게, 마음을 비우고 ['잘난 체 하지 않고 마음을 비우고 겸손한 자세로 남의 말을 잘 받아들이거나 어떤 일을 하다'는 뜻으로 서술어가 있는 경우 부사어로 쓸 수 있음]
　: 虚心(向别人请教 다른 사람한테 묻다, 가르침을 구하다 / 问人 사람에게 묻다, 질문하다 / 学习 배우다 / 接受别人的意见 다른 사람의 의견을 받아들이다 / 虚心地说 겸허하게 말하다 / 听取 귀를 기울이다, 청취하다 / 努力 노력하다 …)

着急 zháojí 동 조급해하다, 초조해하다

老师 lǎoshī 명 선생님
예 老师经常安慰我别着急。
　　선생님께서는 자주 나에게 조급해하지 말라고 위로해 주셨다.

[해설]

(1) '考试'와 '老师'라는 단어가 있으므로 배경은 '학교(생활)'이고, '虚心'과 '羡慕'란 단어가 있으므로 '성적'과 관련된 내용일 가능성이 높습니다.

(2) 내가 학기 중에 학습 성적과 관련해서 겪었던 상황을 글로 쓰겠다고 결정하고, 시간의 흐름이나 동작의 순서에 따라 구체적인 내용을 구상합니다.
　　[나는 지난학기 시험에서 성적이 안 좋았음 → 매우 조급하게 여김 → 선생님께서 나한테 마음을 비우고 공부를 해야 한다고 격려해 주심 → 학습효율이 많이 향상되었음 → 이번학기에 좋은 성적을 받음 → 학우들이 모두 나를 부러워함]

(3) 1차적으로 되도록 육하원칙에 입각해서 간단한 문형을 만들고 나서, 내용을 수정 보완한 후 원고지에 옮겨 씁니다.

[모범답안]

		上	个	学	期	考	试	我	的	成	绩	不	太	好	，
我	感	到	很	着	急	。	老	师	看	到	我	着	急	的	样
子	，	鼓	励	我	要	虚	心	学	习	、	多	向	别	人	请
教	。	通	过	一	段	时	间	的	努	力	，	我	的	学	习
效	率	提	高	了	很	多	，	这	个	学	期	我	终	于	取
得	了	好	成	绩	，	同	学	们	都	很	羡	慕	我	。	

|단어|

鼓励 gǔlì 명동 격려(하다) / **效率** xiàolǜ 명 효율, 능률 / **提高** tígāo 동 향상되다, 향상시키다, 높이다, 증가하다

|번역|

지난학기 시험에서 나는 성적이 별로 안 좋아서, 매우 조급한 마음이 들었다. 선생님께서 내가 조급해 하는 것을 보시고 나에게 마음을 비우고 공부를 하고, 다른 사람한테 많이 물어 보아야 한다고 격려해 주셨다. 일정기간 동안 노력을 한 끝에, 나는 학습능률이 많이 향상되었고, 이번 학기에 결국은 좋은 성적을 받아서 학우들이 모두 나를 부러워하였다.

[학생 단문쓰기 문장]

|예문1|

		上	个	学	期	我	的	考	试	成	绩	很	好	，	可
我	同	屋	的	成	绩	很	差	。	她	很	羡	慕	我	。	她
找	到	老	师	，	向	老	师	请	教	。	老	师	鼓	励	她
别	着	急	，	并	且	告	诉	她	能	提	高	学	习	效	率
的	方	法	，	她	虚	心	地	听	取	老	师	的	话	。	过
了	一	段	时	间	后	，	她	终	于	成	了	全	班	第	一

|단어|

请教 qǐngjiào 동 지도를 바라다, 가르침을 청하다 / **鼓励** gǔlì 명동 격려(하다), 북돋우다 / **听取** tīngqǔ 동 귀기울이다, 청취하다

|번역|

지난학기에 내 시험성적은 매우 좋았는데, 내 룸메이트는 성적이 나빠서 그녀는 나를 무척 부러워했다. 그녀는 선생님을 찾아가서 선생님께 가르침을 구했다. 선생님께서는 그녀에게 조급해하지 말라고 격려하시고, 그녀에게 학습능률을 향상시킬 수 있는 방법을 알려 주셨고, 그녀는 선생님 말씀에 경청을 했다. 일정기간이 지나고 나서 그녀는 결국 반에서 1등을 했다.

|예문2|

		去	年	我	的	考	试	成	绩	一	直	不	好	，	我
很	着	急	。	老	师	鼓	励	我	不	要	着	急	。	我	有
一	个	很	会	学	习	的	朋	友	，	我	平	时	很	羡	慕

	他	。	我	下	定	决	心	虚	心	向	他	学	习	。	他	也
热	情	地	告	诉	我	学	习	方	法	。	向	他	学	习	后	，
我	的	成	绩	越	来	越	好	了	。							

|번역|

작년에 나는 시험성적이 줄곧 안 좋아서, 매우 조급했는데, 선생님께서는 나에게 조급해하지 말라고 격려해 주셨다. 나는 공부를 아주 잘 하는 친구가 한 명 있는데, 평소에 내가 그를 무척 부러워했다. 나는 겸허하게 그한테 공부를 배울 것을 결심했고, 그도 친절하게 나한테 학습방법을 알려주었다. 그에게 배운 후에 내 성적은 점점 좋아졌다.

[4주차 실력다지기 실전문제]

01.

[해설]

⑴ 주어진 사진은 공장의 굴뚝에서 폐기를 대량으로 내뿜고 있는 모습을 담은 사진입니다. 따라서 서술문으로 쓰기보다는 공장의 폐기로 인해 발생할 수 있는 문제점을 지적하고 난후 결론을 이끌어 내는 논설문 형태로 쓰는 것이 더 쉬울 수 있습니다.

⑵ 핵심단어는 '工厂排放的废气', '环境污染', '保护环境' 등 입니다.

⑶ 환경을 보호하자는 내용을 논설문으로 쓰겠다고 결정하고, 서론(화제제시)-본론(문제지적)-결론(문제해결)의 순서에 따라 구체적인 내용을 구상합니다.
[과학기술과 공업화의 발전으로 환경이 오염됨 (화제제시) → 특히 공기오염이 심각함 → 공장의 폐기가스 배출과 자동차 배기가스 배출은 공기오염의 주된 원인임 (문제분석) → 인류의 생명과 건강을 위해서 환경을 보호해야 함 (문제해결)]

⑷ 1차적으로 되도록 서론-본론-결론에 입각해서 간단한 문형을 만들고 나서, 내용을 수정 보완한 후 원고지에 옮겨 씁니다.

[모범답안]

		随	着	科	学	技	术	与	工	业	化	的	不	断	发
展	，	对	地	球	造	成	了	严	重	的	环	境	污	染	，

<table>
<tr><td>尤</td><td>其</td><td>是</td><td>大</td><td>气</td><td>污</td><td>染</td><td>。</td><td>像</td><td>工</td><td>厂</td><td>排</td><td>放</td><td>的</td><td>废</td><td>气</td></tr>
<tr><td>汽</td><td>车</td><td>尾</td><td>气</td><td>什</td><td>么</td><td>的</td><td>都</td><td>是</td><td>大</td><td>气</td><td>污</td><td>染</td><td>的</td><td>主</td><td>要</td></tr>
<tr><td>原</td><td>因</td><td>。</td><td>为</td><td>了</td><td>人</td><td>类</td><td>的</td><td>生</td><td>命</td><td>和</td><td>健</td><td>康</td><td>，</td><td>我</td><td>们</td></tr>
<tr><td>应</td><td>该</td><td>保</td><td>护</td><td>环</td><td>境</td><td>。</td></tr>
</table>

|단어|

工业化 gōngyèhuà 명 공업화 / **造成 zàochéng** 동 (나쁜 결과 또는 바라지 않는 것을)초래하다 / **严重 yánzhòng** 형 심(각)하다 / **环境污染 huánjìngwūrǎn** 명 환경오염 / **尤其 yóuqí** 부 특히 / **排放 páifàng** 동 배출하다. 내보내다 / **废气 fèiqì** 명 배기(가스), 폐기(가스) / **汽车尾气 qìchēwěiqì** 자동차 배기가스 / **保护 bǎohù** 명동 보호(하다)

|번역|

과학기술과 공업화의 부단한 발전에 따라, 지구에 심각한 환경오염을 초래하였고, 그중에서 특히 대기오염은 더욱 그러하다. 공장에서 배출한 폐기가스, 자동차의 배기가스 등과 같은 것은 모두 환경오염의 주요원인이다. 인류의 생명과 건강을 위해서 우리는 마땅히 환경을 보호해야 한다.

[학생 단문쓰기 문장]

|예문1|

<table>
<tr><td></td><td></td><td>现</td><td>在</td><td>大</td><td>气</td><td>污</td><td>染</td><td>的</td><td>程</td><td>度</td><td>已</td><td>威</td><td>胁</td><td>到</td><td>人</td></tr>
<tr><td>类</td><td>的</td><td>生</td><td>活</td><td>。</td><td>为</td><td>了</td><td>人</td><td>类</td><td>的</td><td>欲</td><td>望</td><td>，</td><td>大</td><td>气</td><td>污</td></tr>
<tr><td>染</td><td>非</td><td>但</td><td>没</td><td>有</td><td>停</td><td>止</td><td>，</td><td>甚</td><td>至</td><td>恶</td><td>化</td><td>了</td><td>。</td><td>工</td><td>厂</td></tr>
<tr><td>排</td><td>出</td><td>煤</td><td>烟</td><td>、</td><td>车</td><td>量</td><td>增</td><td>加</td><td>等</td><td>有</td><td>许</td><td>多</td><td>原</td><td>因</td><td>直</td></tr>
<tr><td>接</td><td>或</td><td>间</td><td>接</td><td>起</td><td>着</td><td>破</td><td>坏</td><td>作</td><td>用</td><td>。</td><td>为</td><td>了</td><td>全</td><td>世</td><td>界</td></tr>
<tr><td>人</td><td>类</td><td>的</td><td>幸</td><td>福</td><td>，</td><td>我</td><td>们</td><td>要</td><td>开</td><td>始</td><td>保</td><td>护</td><td>大</td><td>气</td><td>层</td><td>。</td></tr>
</table>

|단어|

威胁 wēixié 명동 위협(하다) / **欲望 yùwàng** 명 욕망 / **恶化 èhuà** 동 악화되다. 악화시키다 / **煤烟 méiyān** 명 매연 / **直接 zhíjiē** 형 직접적인 부 직접(적으로) / **间接 jiànjiē** 형 간접적인 부 간접적으로 / **破坏 pòhuài** 명동 파괴(하다), 훼손(하다) / **大气层 dàqìcéng** 명 대기층

|번역|

현재 대기오염의 정도는 이미 인류생활을 위협하는 정도에 까지 이르렀다. 인류의 욕망을 위해서 대기오염은 멈추기는커녕, 심지어 악화시키고 있다. 공장에서는 매연을 배출하고, 차량이 증가하는 등 많은 원인이 직간접적으로 훼손하는 작용을 하고 있다. 전 세계 인류의 행복을 위해서 우리는 대기층을 보호하기 시작해야 한다.

|예문2|

<table>
<tr><td></td><td></td><td>最</td><td>近</td><td>我</td><td>们</td><td>的</td><td>生</td><td>活</td><td>越</td><td>来</td><td>越</td><td>舒</td><td>适</td><td>。</td><td>虽</td></tr>
<tr><td>然</td><td>我</td><td>们</td><td>的</td><td>生</td><td>活</td><td>好</td><td>了</td><td>，</td><td>可</td><td>环</td><td>境</td><td>污</td><td>染</td><td>越</td><td>来</td></tr>
</table>

<table>
<tr><td>越</td><td>严</td><td>重</td><td>。</td><td>很</td><td>多</td><td>工</td><td>厂</td><td>排</td><td>放</td><td>废</td><td>气</td><td>，</td><td>汽</td><td>车</td><td>也</td></tr>
<tr><td>排</td><td>放</td><td>尾</td><td>气</td><td>，</td><td>这</td><td>样</td><td>的</td><td>情</td><td>况</td><td>是</td><td>环</td><td>境</td><td>污</td><td>染</td><td>的</td></tr>
<tr><td>主</td><td>要</td><td>原</td><td>因</td><td>。</td><td>我</td><td>们</td><td>如</td><td>果</td><td>找</td><td>到</td><td>绿</td><td>色</td><td>能</td><td>源</td><td>，</td></tr>
<tr><td>就</td><td>能</td><td>保</td><td>护</td><td>环</td><td>境</td><td>，</td><td>对</td><td>不</td><td>对</td><td>？</td></tr>
</table>

|단어|

舒适 shūshì 형 편안하다. 쾌적하다 / **绿色 lǜsè** 명 ① 초록색, 녹색 ② 환경보호와 관련된 것을 가리킴 / **能源 néngyuán** 명 에너지(원)

|번역|

최근 우리의 생활은 점점 더 편안해지고 있다. 그러나 우리의 생활이 좋아질 수 록, 환경오염은 점점 더 심각해진다. 많은 공장에서는 폐기를 배출하고, 자동차도 배기가스를 배출하는데, 이런 상황은 환경오염의 주된 원인이다. 우리가 만약에 환경보호 에너지를 찾는다면, 환경을 보호할 수 있지 않을까?

|예문3|

<table>
<tr><td></td><td></td><td>最</td><td>近</td><td>空</td><td>气</td><td>污</td><td>染</td><td>越</td><td>来</td><td>越</td><td>严</td><td>重</td><td>，</td><td>因</td><td>为</td></tr>
<tr><td>人</td><td>们</td><td>随</td><td>便</td><td>办</td><td>起</td><td>很</td><td>多</td><td>大</td><td>规</td><td>模</td><td>工</td><td>厂</td><td>，</td><td>破</td><td>坏</td></tr>
<tr><td>环</td><td>境</td><td>。</td><td>工</td><td>厂</td><td>排</td><td>放</td><td>废</td><td>气</td><td>造</td><td>成</td><td>了</td><td>直</td><td>接</td><td>或</td><td>间</td></tr>
<tr><td>接</td><td>的</td><td>空</td><td>气</td><td>污</td><td>染</td><td>。</td><td>人</td><td>们</td><td>的</td><td>衣</td><td>服</td><td>穿</td><td>一</td><td>天</td><td>就</td></tr>
<tr><td>容</td><td>易</td><td>脏</td><td>了</td><td>。</td><td>破</td><td>坏</td><td>环</td><td>境</td><td>就</td><td>是</td><td>破</td><td>坏</td><td>人</td><td>类</td><td>自</td></tr>
<tr><td>己</td><td>，</td><td>我</td><td>们</td><td>应</td><td>该</td><td>保</td><td>护</td><td>环</td><td>境</td><td>。</td></tr>
</table>

|단어|

规模 guīmó 명 규모 / **脏 zāng** 형 더럽다

|번역|

최근 공기오염은 점점 더 심각해지고 있는데, 우리가 함부로 많은 대규모 공장을 지어서 환경을 파괴하기 때문이다. 공장의 폐기가스의 방출은 직간접적인 공기오염을 초래하였다. 사람들의 옷은 하루만 입어도 쉽게 더러워진다. 환경을 파괴하는 것은 바로 인류자신을 파괴하는 것이다. 우리는 당연히 환경을 보호해야 한다.

02.

[해설]

(1) 주어진 사진은 쓰레기통에 쓰레기가 담겨있거나 주변에 쓰레기가 버려져 있는 모습을 담은 사진입니다. 따라서 서술문으로 쓰기보다는 쓰레기를 함부로 버리는 것으로 인해 발생할 수 있는 문제점을 지적하고 난후

결론을 이끌어 내는 논설문 형태로 쓰는 것이 더 쉬울 수 있습니다.
(2) 핵심단어는 '垃圾', '垃圾桶', '爱护周围环境' 등 입니다.
(3) 쓰레기는 쓰레기통에 버려서 주변 환경을 보호하자는 내용을 논설문으로 쓰겠다고 결정하고, 서론(화제제시)-본론 (문제지적) -결론 (문제해결)의 순서에 따라 구체적인 내용을 구상합니다.
[어떤 사람은 쓰레기를 함부로 버리지 않는 습관이 길러지지 않음 → 함부로 쓰레기를 버림 → 사람이 없을 때는 더욱 그러함 (화제제시) → 쓰레기를 함부로 버리면 환경오염과 같은 많은 문제가 생길 수 있음 (화제제시) → 주위환경을 사랑하고 보호하기 위해 쓰레기는 쓰레기통에 버려야 함 (문제해결)]
(4) 1차적으로 되도록 서론-본론-결론에 입각해서 간단한 문형을 만들고 나서, 내용을 수정 보완한 후 원고지에 옮겨 씁니다.

[모범답안]

		有	的	人	还	没	养	成	不	乱	扔	垃	圾	的	习
惯	,	我	们	周	围	有	很	多	垃	圾	桶	,	可	是	仍
然	乱	扔	垃	圾	,	尤	其	是	没	人	的	时	侯	。	如
果	垃	圾	随	便	扔	的	话	,	可	能	会	出	现	不	少
环	境	污	染	之	类	的	问	题	。	为	了	爱	护	周	围
环	境	,	请	大	家	要	把	垃	圾	放	进	垃	圾	桶	。

|단어|
养成 yǎngchéng 통 (습관을) 기르다 / 垃圾 lājī 명 쓰레기 / 垃圾桶 lājītǒng 명 쓰레기통 / 尤其 yóuqí 부 특히, 더욱 / 出现 chūxiàn 통 출현하다. 나타나다 / 爱护 àihù 통 사랑하고 보호하다

|번역|
어떤 사람은 아직 쓰레기를 함부로 버리지 않는 것이 습관이 되지 않아서 우리 주변에 많은 쓰레기통이 있는데도 여전히 함부로 쓰레기를 버리고, 특히 사람이 없을 때면 더욱 그렇다. 만약에 쓰레기를 함부로 버린다면, 환경오염과 같은 문제가 많이 생길 것이다. 주위환경을 사랑하고 보호하기 위해서 모두가 쓰레기통에 쓰레기를 버리자.

[학생 단문쓰기 문장]

|예문1|

		今	天	早	上	我	收	到	了	一	封	信	,	是	国
家	政	府	寄	给	我	的	信	。	里	面	有	一	张	图	片
它	表	示	不	要	在	路	上	乱	扔	垃	圾	,	要	把	垃
圾	放	进	垃	圾	桶	的	意	思	。	妈	妈	对	我	说	:	"	这
是	今	年	开	始	的	国	家	活	动	之	一	。	"	我	下
心	要	积	极	参	加	这	个	活	动	。					

|단어|
收到 shōudào 통 (편지나 소포 등을) 받다 / 政府 zhèngfǔ 명 정부 / 图片 túpiàn 명 그림, 사진 / 表示 biǎoshì 통 표시하다. 나타내다 / 积极 jījí 형 적극적이다 부 적극적으로

|번역|
오늘 오전에 나는 편지 한 통을 받았는데, 국가정부에서 나에게 부친 편지이다. 안에는 사진 한 장이 있었는데, 길거리에 함부로 쓰레기를 버리지 말고, 쓰레기는 쓰레기통에 버려야 한다는 뜻이 담긴 사진이었다. 엄마께서는 나한테 '이것은 올해 시작한 국가 활동 중의 하나이다.' 라고 말씀해 주셨다. 나는 적극적으로 이 활동에 참가할 것을 결심했다.

|예문2|

		在	我	们	日	常	生	活	中	,	人	们	都	当	然
知	道	要	把	垃	圾	扔	进	垃	圾	桶	。	可	是	无	论
在	家	还	是	在	外	边	,	随	时	随	地	都	乱	扔	垃
圾	的	现	象	仍	然	很	多	。	为	了	保	护	我	们	的
美	丽	环	境	,	人	们	要	养	成	不	乱	扔	垃	圾	的
好	习	惯	。												

|단어|
随时随地 suíshísuídì 부 언제어디서나 / 乱 luàn 부 함부로, 마음대로 / 现象 xiànxiàng 명 현상

|번역|
우리의 일상생활 속에서 사람들은 모두 당연히 쓰레기를 쓰레기통에 버려야 한다는 것을 안다. 그러나 집에서든 밖에서든 상관없이 언제어디서나 함부로 쓰레기를 버리는 현상은 여전히 많다. 우리의 아름다운 환경을 보호하기 위해서 사람들은 쓰레기를 함부로 버리지 않는 좋은 습관을 길러야 한다.

독해1부분

[1주차 실력다지기 실전문제]

46.-48.
[단어]
唐代 tángdài 명 당나라 / 生意人 shēngyìrén 명 장사꾼 / 挡住 dǎngzhù 통 저지하다. 막다 / 必须 bìxū 부 반드시 ~해야 된다 / 目的地 mùdìdì 명 목적지 / 否则 fǒuzé 접 만약에 그렇지 않으면, 안 그러면 / 焦急 jiāojí 형 초조하다. 애타다. 안달하다 / 推 tuī 통

밀다 / **顺利** shùnlì 형 순조롭다 부 순조롭게 / **按时** ànshí 정해진 시간에, 제때에 / **可观** kěguān 형 볼만하다, 훌륭하다 / **赚** zhuàn 동 (돈을)벌다 / **到处** dàochù 부 도처에, 어느 곳에서나, 어디든지 / **误会** wùhuì 명동 오해(하다)

[번역]

당나라에 류청이라는 장사꾼이 있었는데, <u>많은 물건을 가지고</u> 시장에 장사를 하러 갔는데, 산속의 작은 길에서 다른 짐차 한 대가 길을 막고 있을 줄은 생각지도 못했다. 그러나 류청의 차는 반드시 30분 내에 목적지에 도착해야만 했고, 만약에 제시간에 도착하지 못하면 <u>장사를 망치게 될 거라서</u> 모두가 아주 초조해 하고 있을 때, 류청은 돈으로 그 화물차의 물건을 사기로 결정하고, 모두에게 그 짐차를 산 아래로 밀게 했다. 그래서 류청의 짐차는 순조롭게 그 길을 통과했고, 정해진 시간에 목적지에 도착해서 결국은 훌륭한 장사를 해서 큰 돈을 벌었다.

46 A. (동) 보고서, 보면서　　　B. (동) 가지고(서)
　　C. (동) 가면서, 걸으면서　　D. (동) 사용하면서

47 A. (형) 발달하다　　　　　B. (동) 도달하다, 이르다
　　C. (동) 도착하다　　　　　D. (부) 도처에, 어느 곳에서

48 A. (동) (일을) 망치다, 그르치다　B. (명) 잘못, 실수
　　C. (명/동) 오해 (하다)　　　D. (동) 늦다, 지각하다

[용법]

带着 dàizhe 동 ① (사람을) 데리고 다니다, 인솔하다 ② (물건을) 가지고 다니다, 휴대하다 ③ (얼굴표정을) 띠다
我带着孩子出去玩。 나는 아이를 데리고 놀러 나갔다.
天气预报说今天下午有雨，你带着雨伞出去吧。
오늘 일기예보에서 오늘 오후에 비가 온다고 했으니까, 너는 우산을 가지고 나가라.
他带着微笑说话。 그는 미소를 띠면서 말했다.

发达 fādá (형) 발달하다
→ 농・공・상업, 교통, 사업, 교육, 언어 등이 발달하다는 뜻의 형용사이므로 뒤에 목적어가 올 수 없음
(农业 농업 / 工业 공업 / 商业 상업 / 事业 사업 / 行业 업종, 직종 / 教育 교육 / 交通 교통 / 语言 언어 / 肌肉 교육)很发达。

达到 dádào 동 도달하다, 이르다
→ 수량이나 목적, 목표 등 추상적인 것에 도달하나, 이르다 는 뜻임
达到(30% 30퍼센트 / 三分之一 삼분의 일 / 50公斤 50킬로그램 …)。
达到 (目的 목적 / 目标 목표 / 水平 수준 / 标准 표준, 기준 / 要求 요구 / 效果 효과 / 满意 만족 …)。

到达 dàodá 동 (장소에) 도착하다
我昨天到达了北京。 나는 어제 북경에 도착했다.

耽误 dānwu 동 (시간을) 지체하다. (일을) 그르치다, 망치다
耽误(时间 시간을 지체하다 / 工作 일을 그르치다 / 上课 수업에 늦다 …)。

[해설]

46
'＿46＿ / 很多货 / 去市场 / 做买卖 (많은 물건을 ＿＿＿ / 시장에 가서 / 장사를 하다)'에서 목적어 '很多货' 앞의 동사 서술어 자리에 빈칸이 있는 문제입니다. 따라서 '물건을 가지고'라는 뜻의 동사 '带着'를 써야 합니다.

47
'＿47＿ 目的地 (목적지에 ＿＿＿)'에서 목적어 '目的地' 앞의 동사 서술어 자리에 빈칸이 있는 문제입니다. 따라서 '어떤 장소에 도착하다'는 뜻의 동사 '到达'를 써야 합니다.

48
'否则就会＿48＿生意 (안그랬으면 장사를 ＿＿＿ 것이다)'에서 목적어 '生意' 앞의 동사 자리에 빈칸이 있는 문제입니다. 따라서 '일을 망치다, 그르치다'는 뜻의 동사 '耽误'를 써야 합니다.

49.-52.
[단어]

北美洲 běiměizhōu 명 북미주, 북아메리카주 / **华侨** huáqiáo 명 화교 / **华人** huárén 명 중국인 / **相当** xiāngdāng 형 상당하다, 같다 / **至今** zhìjīn 부 지금까지, 오늘까지 / **饮食文化** yǐnshíwénhuà 명 음식문화 / **深刻** shēnkè 형 깊다 / **多伦多** duōlúnduō 명 토론토 / **到处可见** dàochùkějiàn 어디서나 볼 수 있다 / **佳** jiā 형 좋다, 훌륭하다 / **西餐** xīcān 명 양식, 서양요리 / **周到** zhōudao 형 꼼꼼하다, 세심하다 주도면밀하다 / **以礼待人** yǐlǐdàirén 예의로써 사람을 대하다, 예의바르다 / **新生** xīnshēng 명 신입생

[번역]

캐나다는 북아메리카 화교와 중국인이 비교적 많은 국가이며, 화교와 중국인이 <u>이 나라 총인구의 상당한 부분을 차지하고 있다.</u> 1849년에 처음으로 중국인들이 캐나다로 간 후 지금까지 이미 150년의 역사가 있다. 중국문화 특히 중국의 음식문화는 이 나라에 깊은 영향을 끼쳐서, 중국음식은 이미 캐내디의 두 번째 국가음식이 되었으며, 캐나나 수도 토론토에서 중국음식점은 어디에서나 볼 수 있다. 중국음식의 색과 향기와 맛이 모두 훌륭하고, 종류도 다양하며, 가격도 서양음식과 현지음식보다 싸며, 중국음식점이 대부분 매우 친절하고 서비스가 세심하기 때문에, <u>캐나다 사람들의 사랑과 환영을 받는다.</u>

49 A. (동) 서다　　　　　B. (동) 차지하다
　　C. (전) ~에, ~에서 (부) 지금 ~하고 있는 중이다

D. (전) (어떤 시간) 까지, (어떤 장소)에

50 A. (동) 차지하고 있다　　B. (동) ~이다
C. (동) 소유하다, 가지고 있다
D. (동) 가지고 있다, 구비하다

51 A. (동) 발생하다　　B. (동) 생기다, 나다
C. (동) 발견하다　　D. (명) 신입생

52 A. (동) 받다　　B. (동) 받다, 받아들이다
C. (동) 받다　　D. (동)충만하다, 가득 차다

[용법]

占 zhàn (동) 차지하다
① 대부분 수량을 차지하다는 뜻으로 많이 쓰임.
占(多数 다수 / 绝大多数 대부분 / 一半 절반 / 四分之一 사분의 일 …)
② 占有와 바꾸어 쓸 수 있음

占有 zhànyǒu (동) 차지하 (고 있) 다
→ 주로 지위, 위치, 자리 등을 차지하다는 뜻으로 쓰임
占有(地位 지위, 자리 / 座位 자리 / 位置 위치 / 优势 우세, 우위 …)

拥有 yōngyǒu (동) 소유하다, 보유하다, 가지다
→ 주로 토지나 재산 등 구체적인 것을 소유하다는 뜻임
拥有(土地 토지 / 财产 재산 / 东西 물건 …)

具有 jùyǒu (동) 구비하다, 가지다
→ 주로 가치, 장점, 사상 등 추상적인 것을 가지다, 구비하다는 뜻임
具有(价值 가치 / 思想 사상 / 优点 장점 / 特色 특색 / 说服力 설득력 / 精神 정신 / 历史 역사 …)

发生 fāshēng (동) 발생하다
① '원래는 없었던 변화, 일, 사건 등이 일어나다, 생기다, 발생하다'는 뜻으로, 주로 추상적인 사물 목적어가 옴.
发生(变化 변화 / 事情 일 / 事件 사건 / 事故 사고 / 地震 지진 / 争吵 말다툼 / 火灾 화재…)
兴趣 흥미 / 矛盾 모순, 갈등 / 作用 작용, 기능 / 关系 관계…..)
② '구체적인 장소나 시간에 발생하다, 나타나다, 생기다'는 뜻인 경우, '发生'은 전치사 '在'와 함께 씀.
这件事发生在(天安门广场 천안문 광장 / 今天下午 오늘 오후 / 去年冬天 작년 겨울 …)

产生 chǎnshēng (동) 생기다, 나다
① '원래 있었던 것으로부터 새로운 어떤 것이 생기다, 발생하다'는 뜻으로 주로 추상적인 목적어가 옴.
产生了(信心 자신감 / 怀疑 의심 …)
② '사람 사이에서 생긴 사랑의 감정" 이 생겨나다'는 뜻인 경우에는 '产生'을 쓰고, 주로 앞의 전치사 '对'와 호응하여 함께 쓰이는 경우가 많음.
我对小刚(产生, 发生)了爱情 /好感/感情。
나는 小刚에 대해서 사랑/호감/감정이 싹텄다.

③ '변화, 모순, 흥미가 생기다'는 뜻인 경우 '发生'과 '产生'을 둘 다 쓸 수 있음.
发生, 产生了(变化 변화 / 矛盾 모순 / 兴趣 흥미, 관심 …)

收到 shōudào (동) 받다
→ 편지나 소포등 주로 구체적인 것을 받다는 뜻임
收到(一封信 편지 한 통 / 电报 전보 / 包裹 소포 …)

受到 shòudào (동) 받다
→ 주로 추상적인 것을 받다는 뜻임
受到(欢迎 환영 / 称赞 칭찬 / 关注 관심 / 批评 비평 / 罚 벌 / 教育 교육 …)

接受 jiēshòu (동) 받아들이다
기본적으로 '거절하지 않고 받아들이다'는 뜻임.
① 상대방의 의견, 요구, 조건등을 거절하지 않고 받아들이다는 뜻임
接受(意见 의견 / 要求 요구 / 条件 조건 …)
② 비평, 시련, 교훈등을 받아들이다는 뜻임
接受(批评 꾸지람 / 考验 시련 / 教训 교훈 …)
③ 선물, 유산등을 받다는 뜻임
接受(礼物 선물 / 遗产 유산 …)

充满 chōngmǎn (동) 충만하다, 가득차다, 넘치다
① '가득 차 있다, 어디든지 다 있다, 충분히 가지고 있다'는 뜻의 동사이며, 주로 뒤에 추상적인 목적어가 옴.
充满了(信心 자신감 / 力量 힘 / 幻想 환상 / 节日气氛 명절 분위기 / 热情 열정 / 向往 동경, 그리움 ……)
② '어떤 장소에 소리나 냄새로 가득 차다, 충만하다', '눈에 눈물로 가득 차다' 는 뜻으로도 쓰임.
充满了(声音 소리 / 笑声 웃음소리 / 气味 냄새 ……)

[해설]

49
'华侨和华人 / ___49___ / (该国总人口的) / 相当多部分.(이 나라 총인구의 상당한 부분을 ____.)'에서 목적어 '相当多部分' 앞의 동사서술어 자리에 빈칸이 있는 문제입니다. 따라서 '수량을 차지하다'는 뜻의 동사 '占'을 써야 합니다.

50
'___50___ / (一百五十年的) / 历史了 (150년의 역사를 ____)'에서 목적어 '历史' 앞의 동사서술어 자리에 빈칸이 있는 문제입니다. 따라서 추상적인 목적어와 함께 '가지고 있다'는 뜻으로 쓰는 동사 '具有'를 써야 합니다.

51
'对这个国家 / ___51___ / (深刻的) / 影响 (이 나라에 대해서 깊은 영향을 끼쳤다)'에서 목적어 '影响' 앞의 동사서술어 자리에 빈칸이 있는 문제입니다. 따라서 앞의 전치사 '对'와 함께 '~에 대해서 영향을 끼쳤다, 생기게 했다'는 뜻의 동사 '产生'을 써야 합니다. 동사 '发生'은 전치사 '在'와 함께 쓰는 동사이므로 정답이 될 수 없습니다.

52

'____52____ / (加拿大人的) 喜爱和欢迎。(캐나다인의 사랑과 환영을 ____)'에서 목적어 '喜爱和欢迎' 앞의 동사 서술어 자리에 빈칸이 있는 문제입니다. 따라서 '사랑과 환영을 받다' 뜻의 동사 '受到'를 써야 합니다.

53.-56.

[단어]

教育 jiàoyù (명/동) 교육 (하다), 교육 (시키다) / 长处 chángchu (명) 장점 / 充分 chōngfèn (형) 충분하다 (부) 충분히 / 发育 fāyù (명/동) 발육 (하다) / 根据 gēnjù (명/동) 근거(하다) / 好奇 hàoqí (형) 호기심(이 많다) / 好动 hǎodòng (동) 움직이는 것을 좋아하다 / 天性 tiānxìng (명) 천성, 타고난 성격 / 结合 jiéhé (명/동) 결합 (하다), 결부 (하다) / 着重 zhuózhòng (동) 강조하다 / 想象力 xiǎngxiànglì (명) 상상력 / 创造力 chuàngzàolì (명) 창조력 / 动手能力 dòngshǒunénglì (명) 착수능력, 일을 시작하는 능력 / 要求 yāoqiú (명/동) 요구 (하다) / 好奇心 hàoqíxīn (명) 호기심 / 求知欲 qiúzhīyù (명) 알고자하는 욕구 / 课堂 kètáng (명) 교실 / 发表 fābiǎo (명/동) 발표 (하다) / 轻易 qīngyì (부) ① 쉽게, 간단하게 ② 함부로, 마음대로 / 否定 fǒudìng (명/동) 부정 (하다), 취소 (하다), 거부 (하다) / 设想 shèxiǎng (명/동) 상상 (하다), 생각 (하다), 구상 (하다) / 方案 fāng'àn (명) 방안, 계획 / 优点 yōudiǎn (명) 장점 / 缺点 quēdiǎn (명) 단점 / 考验 kǎoyàn (명/동) ① 시련 ② 테스트 (하다) / 考虑 kǎolǜ (명/동) 고려 (하다), 생각하다 / 思考 sīkǎo (동) 사고하다 / 思想 sīxiǎng (명) 사상

[번역]

미국의 초중등학교 교육의 장점은 충분히 <u>아동과 청소년의 심신발육의 특징을 고려한다는 것이다.</u> 그들의 호기심과 움직이기를 좋아하는 천성에 근거해서, 학습과 놀이를 함께 결합하여 <u>그들의 상상력, 창조력과 착수능력을 기르는 것을 강조한다.</u> 미국의 비교적 많은 초등학교에서는 놀면서 배우는 <u>교학방법을 채택하였고,</u> 아이의 호기심과 알고자하는 욕구를 보호하였다. 초중등학교 교사는 모두 많은 수업시간을 할애해서 학생들에게 의견을 발표하게 하고, 함부로 학생들의 생각을 부정하지 않으며, 항상 <u>모든 방안의 장점과 단점을 분석하고,</u> 맨 마지막에는 교사는 학생들과 함께 토론을 한다.

53 A. (명) ① 시련 ② 베스트 (농) 테스트하다
    B. (동) 고려하다, 생각하다
    C. (명/동) 사고(하다), 생각(하다)
    D. (명) 사상

54 A. (명/동) 교육(하다, 시키다)
    B. (동) 발생하다, 일어나다, 생기다
    C. (동) 배양하다, 기르다, 육성하다

    D. (동) (습관을) 기르다

55 A. (동) 취득하다, 얻다, 받다
    B. (동) 수집하다, 모으다
    C. (동) 사(들이)다
    D. (동) 채택하다, 받아들이다, 수용하다

56 A. (명/동) 분석(하다)
    B. (명/동) 안배(하다)
    C. (동) 소유하다, 가지다
    D. (동) 포함하다, 안에 가지다, 내포하다

[용법]

培养 péiyǎng (동) 배양하다, 기르다, 육성하다
→ '식물, 인재, 흥미, 습관, 감정 등을 기르다, 육성하다'는 뜻임.
培养 (植物 식물 / 花草 화초 / 人才 인재 / 能力 능력 / 兴趣 흥미 / 习惯 습관 / 感情 감정 …)

养成 yǎngchéng (동) 기르다
→ 습관을 기른다는 뜻임
养成习惯 습관을 기르다

取得 qǔdé (동) 취득하다, 얻다, 획득하다
→ 주로 '자신의 노력을 통해 어떤 결과를 얻다' 또는 '노력을 통해 어떤 구체적인 것을 얻다' 는 뜻임.
取得证书 자격증을 취득하다
取得 (冠军 우승 / 胜利 승리 / 奖品 상품 / 奖励金 장려금 / 奖学金 장학금 / 好成绩 좋은 성적.....)

采集 cǎijí (동) 수집하다, 모으다, 채집하다
→ '비교적 가치가 있는 것을 모으다, 수집하다(收集)'는 뜻임.
采集 (民间故事 민간 이야기 / 邮票 우표 / 古董 골동품 / 标本 표본…)

采购 cǎigòu (동) 사들이다, 구입하다
→ '필요한 물건이나 재료 등을 사다(购买)'는 뜻임.
采购 (东西 물건 / 设备 장비 / 一台电脑 컴퓨터 한 대 / 建筑材料 건축 재료 …)

采取 cáiqǔ (동) 채용하다, 채택하다, 취하다, 받아들이다
→ '방법, 정책, 태도, 의견 등을 받아들이다'는 뜻이고, 뒤에 구체적인 사람, 사물 목적어가 올 수 없음.
采取 (方法 방법 / 办法 방법 / 措施 시책, 방법 / 手段 수단, 방법 / 形式 형식 / 方案 방안 / 方针 방침 / 政策 정책 / 态度 태도 / 意见 의견 / 行动 행동……)

安排 ānpái (명/동) 안배 (하다)
① '일, 사람, 시간, 사물 등을 합리적으로 잘 배치하거나 안배하다'는 뜻이고, 보통 '안배하다'는 뜻이면 대부분 다 쓸 수 있음
安排 (工作 일 / 活动 활동 / 人员 인원 / 房间 방 …)
② '시간, 일정 등을 안배하다' 는 뜻인 경우에는 '安排' 만 쓸 수 있음.

安排(日程 스케줄 / 时间 시간 / 计划 계획)

包含 bāohán ⑧ 포함하다, 내포하다, (안에) 가지다
→ 사상, 감정등 추상적인 것을 안에 가지고 있다, 내재하고 있다는 뜻임
包含(思想 사상 / 意义 의미, 가치 / 感情 감정 / 心意 성의, 뜻 / 价值 가치 …)

[해설]

53
'____53____ / (儿童和青少年的) / (身心发育的) / 特点 (아동과 청소년의 심신발육의 특징을 ____)'에서 목적어 '特点' 앞의 동사서술어 자리에 빈칸이 있는 문제입니다. 동사 '思考'는 '어떤 문제나 과제를 해결하기위해 사고하다, 생각하다'는 뜻이고, '考虑'는 '주로 선택 또는 결정하기 위해 생각하다' 또는 '어떤 것에 대해 주의 깊게 생각해보다'는 뜻이므로, 문맥상 '특징을 고려하다, 생각하다'는 뜻의 동사 '考虑'를 써야 합니다.

54
'着重 (____54____ / (他们的) 想象力, 创造力和动手能力。(그들의 상상력, 창조력과 착수능력을 ____ 것을 강조하다)'에서 목적어 '想象力, 创造力和动手能力' 앞의 동사서술어 자리에 빈칸이 있는 문제입니다. 따라서 문맥상 '능력을 기르다'는 뜻의 동사 '培养'을 써야 합니다.

55
'____55____ / (边玩边学的) 教学方法 (놀면서 배우는 교학방법을 ____)'에서 목적어 '教学方法' 앞의 동사서술어 자리에 빈칸이 있는 문제입니다. 따라서 문맥상 '방법을 채택하다, 받아들이다, 취하다'는 뜻의 동사 '采取'를 써야 합니다.

56
'____56____ / (每种方案的) 优点和缺点, / 最后 / 由教师 / 和同学一起 / 进行讨论。(모든 방안의 장점과 단점을 ____, 맨 마지막에는 교사는 학생들과 함께 토론을 한다.)'에서 목적어 '优点和缺点' 앞의 동사서술어 자리에 빈칸이 있는 문제입니다. 또한 문맥상 '장단점을 분석하고 토론하다'는 뜻이므로 동사서술어 '分析'를 써야 합니다.

57.-60 .
[단어]

高速铁路 gāosùtiělù ⑨ 고속철도 / 陆上 lùshàng 육상 / 工具 gōngjù ⑨ 수단, 방법, 도구, 공구 / 魅力 mèilì ⑨ 매력 / 成为 chéngwéi ⑧ ～이 되다 / 趋势 qūshì ⑨ 추세 / 运用 yùnyòng ⑧ 운용하다, 사용하다 / 自动 zìdòng (형) 자발적인, 주체적인 ⑨ 스스로 / 控制 kòngzhì ⑧ 통제하다, 규제하다 / 时速 shísù ⑨ 시속 / 逐步 zhúbù ⑨ 점점, 차츰차츰 / 克服 kèfú ⑧ 극복하다 / 运行 yùnxíng ⑧ (별, 차 등이) 운행하

다/ 曲线 qūxiàn ⑨ 곡선 / 障碍 zhàngài ⑨⑧ 방해 (하다), 장애 (하다) / 投入 tóurù ⑧ 투입하다, 넣다 / 运营 yùnyíng ⑧ (차량과 선박 등의) 운행과 영업 / 前景 qiánjǐng ⑨ 전망, 미래 / 广阔 guǎngkuò ⑱ 넓다, 광활하다 / 独特 dútè ⑱ 독특하다 / 独自 dúzì ⑨ 혼자, 단독으로 / 单独 dāndú ⑨ 혼자, 단독으로 / 孤独 gūdú ⑱ 고독하다, 외롭다 / 普及 pǔjí ⑧ 보급하다, 일반화하다 / 普通 pǔtōng ⑱ 보통이다, 평범하다

[번역]
고속철도는 현재 속도가 가장 빠른 육상교통수단이다. 고속철도는 독특한 매력으로 세계 철도발전의 보편적인 추세가 되었고, 고속철도의 발전추세는 컴퓨터자동제어를 이용해서 시속 400킬로미터에 도달할 것이며, 점차 기차운행의 곡선 상에서 받는 속도제한의 장애를 극복할 것이다. 현재 전 세계 운영에 투입된 고속철도는 만 킬로미터를 넘어섰고, 21세기말에는 십만 킬로미터 이상에 다다를 것이어서, 고속철도의 발전전망은 매우 넓다.

57 A. (형) 독특하다
B. (부) 단독으로, 혼자서
C. (부) 단독으로, 혼자서
D. (형) 외롭다, 고독하다, 쓸쓸하다

58 A. (동) 보급하다, 일반화하다
B. (형) 보편적이다, 널리 알려져 있다
C. (형) 보통이다, 평범하다
D. (형) 통상적이다, 일반적이다

59 A. (동) 취득하다, 얻다, 받다
B. (동) 획득하다, 얻다, 받다
C. (동) 얻다, 받다
D. (동) 만나다, 겪다

60 A. (부) 모두　　　　B. (형) 완전하다, 온전하다
C. (부) 전부, 모두　　D. (동) 마치다, 끝나다

[용법]
普遍 pǔbiàn ⑱ 보편적이다, 공통적이다, 널리 퍼져있다 ⑨ 보편적으로, 대체로
→ 어떤 현상이나 생각 등이 예외가 없이 공통성을 띠고 전체적으로 널리 미치다는 뜻임
普遍的(现象 현상 / 趋势 추세 / 想法 생각 / 看法 견해 / 打扮 치장, 단장 / 说法 표현, 의견, 견해 …)
普遍受欢迎 대체로 환영을 받다 / 普遍存在 보편적으로 존재하다, 널리 퍼져있다

获得 huòdé ⑧ 획득하다, 얻다, 받다
→ '남에게 추상적인 것을 얻다, 받다, 획득하다'는 뜻임.
获得了(宝贵的经验 값진 경험 / 称号 호칭 / 机会 기회 / 好评 호평 …)

得到 dédào ⑧ 받다, 얻다

→ 목적어 자리에는 구체적인 것, 추상적인 것 모두 올 수 있음.
得到(好评 호평 / 称赞 칭찬 / 支持 지지 / 机会 기회 / 好成绩 좋은 성적 / 奖品 상품 …)

遇到 yùdào 통 만나다, 부닥치다, 봉착하다, 겪다
→ 사람을 우연히 만나다 또는 일이나 어려움을 겪다는 뜻임
遇到(人 사람 / 风沙 황사 / 事情 일 / 这种事 이런 일 / 困难 어려움 …)

[해설]

57
'以___57___的魅力 (___ 매력으로)'에서 명사 '魅力' 앞의 관형에 자리에 빈칸이 있는 문제입니다. 문맥상 '독특한, 평범하지 않은' 의 뜻인 형용사 '独特'를 써야 합니다. B의 '独自'와 C의 '单独'는 모두 '단독으로, 혼자서'란 뜻의 부사로 서술어 앞에 써야하므로 정답이 될 수 없습니다.

58
'成为 / (世界铁路发展的) / ___58___ 趋势 (세계 철도발전의 ___ 추세가 되다)'에서 명사 '趋势' 앞의 관형어 자리에 빈칸이 있는 문제입니다. 따라서 문맥상 '보편적인 추세, 일반적인 추세'라는 뜻의 형용사 '普遍'을 써야 합니다.

59
'克服 / (火车运行 / 在曲线上 / 所 / ___59___ 的) / 限速障碍. (기차운행의 곡선 상에서 받는 속도제한의 장애를 극복할 것이다)'에서 명사 '限速障碍' 앞의 관형어 자리에 빈칸이 있는 문제입니다. 따라서 '어려움 등 바라지 않는 일을 겪다, 당하다, 부닥치다' 는 뜻의 동사 '遇到'를 써야 합니다.

60
'在___60___世界'에서 '전 세계'라는 뜻은 관용적으로 '全世界' 또는 '整个世界'라는 표현을 씁니다.

[정답]

46 B	47 C	48 A	49 B	50 D
51 B	52 C	53 B	54 C	55 D
56 A	57 A	58 B	59 D	60 C

[2주차 실력다지기 실전문제]

46.-48.
[단어]

急性子 jíxìngzi 명 급한 성격 / **匆忙** cōngmáng 형 매우 바쁘다, 다급하다 / **赛跑** sàipǎo 명동 달리기(하다), 경주(하다) / **抢** qiǎng 동 서두르다, 급하게

하다 / **冲** chōng 동 돌진하다, 돌파하다 / **三言两语** sānyánliǎngyǔ 성 두세마디 말, 몇 마디 말 / **沟通** gōutōng 동 교류하다, 소통하다 / **耐心** nàixīn 형명 참을성(있다), 인내심(있다) / **肯** kěn 분 틀림없이, 반드시 / **等待** děngdài 명동 기다림, 기다리다 / **遗憾** yíhàn 형 유감스럽다, 유감이다 / **抱歉** bàoqiàn 동 미안하게 생각하다, 여기다 / **幸运** xìngyùn 명 행운, 운 형 운이 좋다 / **可怕** kěpà 형 무섭다, 두렵다, 끔찍하다 / **输** shū 동 지다 / **超过** chāoguò 동 초과하다, 넘다

[번역]

급한 성격의 사람은 기다리는 것을 제일 무서워하는데, 안타까운 것은 현대사회 속에서 모든 사람들이 모두 매우 바빠져서, 모두가 시간을 쫓아 경주를 하고 있으며 어느 누구도 기다리는 것을 두려워한다는 것이다. 먹는 것도 빨라야 하고, 차를 타는 것도 서둘러야 하며, 걸을 때도 빨리 걸어야 하고, 다른 사람한테 말하는 속도조차도 빨라야 해서, 다른 사람이 알아들었는지 상관없이 몇 마디면 끝난다. 그래서 오늘날 사람과 사람간의 의사소통은 점점 더 어려워지고 있다. 참을 성 있게 당신이 일을 분명히 말하기를 기다려주는 사람이 없고, 틀림없이 당신을 위해 기다려주는 사람은 더더욱 없다.

46 A (명/형) 유감(스럽다), 안타깝다
  B. (형) 미안하게 여기다, 생각하다
  C. (명) 행운, 운 (형) 운이 좋다
  D. (형) 두렵다, 무섭다, 끔찍하다

47 A 오히려 다른 사람한테 말하는 속도는 느려야한다
  B. 다른 사람한테 지지 않기 위해서
  C. 다른 사람을 뛰어넘고 싶다
  D. 다른 사람한테 말하는 속도조차 빨라야 한다

48 A. (명) 가족   B. (대명) 다른 사람
  C. (대명) 모두   D. (명) 인민, 사람들

[해설]

46
'急性子的人最怕等, 可___46___的是, …, 谁都怕等。(급한 성격의 사람은 기다리는 것을 제일 무서워하는데, ___, …, 어느 누구도 기다리는 것을 두려워한다는 것이다.)'에서 문맥상 '안타깝게도 ~이다'는 뜻으로 형용사 '遗憾'을 써야 합니다.

47
'吃饭要快, / 坐车要抢, / 走路要冲, / ___47___, / 三言两语 / 就结束, / 也不管 / ___ / 听明白 / 了没有. (먹는 것도 빨라야 하고, 차를 타는 것도 서둘러야 하며, 걸을 때도 빨리 걸어야 하고, ___, ___알아들었는지 상관없이 몇 마디면 끝난다.)'에서 47번 앞부분에는 뭔든지 빨리해야 한다는 내용이 있으며, 뒷 부분에 부사 '也'가 있는데, '也'는 서술어가 같거나 비슷할 때 뒤 절의 부

389

사자리에 쓸 수 있습니다. 따라서 문맥상 상대방이 알아들었는지 상관없이 말을 빨리 끝낸다는 내용이 있어야 하므로 정답은 D입니다.

48

'也 / 不管 / ___48___ / 听明白了没有。(____알아들었는지 상관없이)'에서 서술어 '听明白了' 앞의 주어자리에 빈칸이 있는 문제입니다. 따라서 문맥상 '다른 사람'의 뜻인 '人家'를 써야 합니다.

49.-52.
[단어]

童年 tóngnián 몡 어린 시절 / 严厉 yánlì 엄하다, 무섭다 / 悄悄 qiāoqiāo 및 몰래, 살짝 / 瞒 mán 통 (사실을) 감추다, 속이다 / 夹子 jiāzi 몡 집게 / 储蓄罐 chǔxùguàn 몡 저금통 / 分币 fēnbì 몡 동전 / 经费 jīngfèi 몡 경비 / 得意 déyì 통 득의양양하다, 우쭐대다 / 里屋 lǐwū 몡 안방 / 外屋 wàiwū 몡 다른 방 / 应当 yīngdāng 조동 (이치나 도리상) 당연히, 마땅히 ~해야 된다 / 记忆 jìyì 몡통 기억(하다) / 回忆 huíyì 몡통 회상(하다), 추억하다 / 回想 huíxiǎng 몡통 회상하다, 돌이켜 생각하다 / 保密 bǎomì 통 비밀을 지키다 / 秘密 mìmì 몡 비밀 / 密切 mìqiè 혱 관계가 밀접하다, 긴밀하다 / 用途 yòngtú 몡 용도 / 热心 rèxīn 혱 적극적이다, 열성적이다 / 放心 fàngxīn 통 마음을 놓다, 안심하다 / 好心 hǎoxīn 몡 호의, 선의, 친절한 마음

[번역]

내 어릴 적 기억 속에 어머니는 줄곧 엄하셨다. 한번은 나와 누나는 어머니께서 우리에게 수영을 하지말라고 하실까봐 걱정이 돼서 몰래 어머니를 속이고, 집게로 저금통 속의 동전을 계속 꺼내서 수영 '경비'로 썼다. 여름방학이 지나가고, 우리가 이 여름방학 때문에 의기양양해 할 때, 저금통의 비밀이 오히려 어머니께 발각이 되었다. 어머니께서는 나와 누나를 한 사람은 안방에 세워 두고, 한 사람은 다른 방에 세워 두시고는 먼저 자신의 행동에 대해 생각을 좀하고 나서, 다시 펜으로 종이위에 돈을 어디에 썼는지 쓰게 하셨다. 나와 누나가 동시에 '수영'이라는 두 글자를 썼을 때 어머니께서는 이때야 비로소 마음을 놓으시고는 우리한테 '수영을 했는데, 왜 엄마를 속이니? 엄마는 너희들이 나쁜 일을 했을까봐 걱정했잖아.' 하고 말씀하셨다.

49 A (명/동) 기억(하다)
B. (동) 기억하다, 기억하고 있다
C. (명/동) 회상(하다), 추억하다
D. (명/동) 회상(하다), 돌이켜 생각하다

50 A (동) 보증하다, 책임지다, 약속하다
B. (동) 비밀을 지키다

C. (명) 비밀
D. (형) 밀접하다, 긴밀하다

51 A 얼마를 썼는가　　B. 돈의 용도, 돈을 쓴 곳
C. 반성문　　D. 돈을 누구한테 주었는가

52 A (명/동) 관심(을 갖다)
B. (형) 열정적이다, 열의가 있다
C. (명) 선의, 호의, 친절한 마음
D. (동) 마음을 놓다, 안심하다

[용법]

保证 bǎozhèng (동) 보증하다, 책임지다, 약속하다
→ '상대방에게 반드시 어떤 일을 하겠다고 책임지고 약속하다, 보증하다'는 뜻임.
保证(质量 품질 / 完成任务 임무를 다할 것 / 按时到达机场 제시간에 공항에 도착하는 것 / 通过考试 시험에 통과할 것 / 口味纯正 정통의 맛, 맛이 있다는 것……)
保证书 보증서 / 保证人 보증인
孩子向妈妈保证以后好好儿学习。
아이는 엄마께 앞으로 열심히 공부하겠다고 약속했다.

热心 rèxīn (형) 열심이다, 열성적이다, 적극적이다
→ 어떤 일에 대해 관심을 가지고 최선을 다해 열정적으로 하다는 뜻임
他对这件事很热心。
그는 이 일에 대해 매우 열성적이다.
妈妈热心帮助别人。
엄마께서는 적극적으로 다른 사람을 도우신다.

[해설]

49
'在(我童年的) / ___49___ 中, / 母亲 / 一直 / 是 / 严厉的。(내 어릴 적 ____ 속에 어머니는 줄곧 엄하셨다.)'에서 '的'뒤의 명사 자리에 빈칸이 있는 문제입니다. 또한 문맥상 '기억 속에는'의 뜻이므로 명사 '记忆'를 써야 합니다.

50
'(储蓄罐的) / ___50___ / 却 / 让母亲 / 发现了(저금통의 ____ 오히려 어머니께 발각이 되었다)'에서 '的'뒤의 명사인 주어 자리에 빈칸이 있는 문제입니다. 따라서 명사 '秘密'를 써야 합니다.

51
'用笔 / 在纸上 / 写下 ___51___。当 / 我和姐姐 / 同时 / 写下 "游泳" / 两个字 / 时(펜으로 종이위에 ____ 쓰게 하셨다. 나와 누나가 동시에 '수영'이라는 두 글자를 썼을 때)'에서 동사 '写下' 뒤의 목적어 자리에 빈칸이 있는 문제입니다. 따라서 문맥상 '돈을 어디에 썼는지 적게 하셨고, 나와 누나는 수영이라고 썼다'는 뜻이므로 정답은 B입니다.

52
'母亲 / 这才 / ___52___, / 她 / 对我们 / 说: / "既然 /

是游泳. / 为什么 / 要瞒着 / 妈妈? / 妈妈 / 是 / 怕 / 你们 / 做了 / 不应当做的 / 事啊. (어머니께서는 이때 야 비로소 ____, 우리한테 '수영을 했는데, 왜 엄마를 속 이니? 엄마는 너희들이 나쁜 일을 했을까봐 걱정했잖아.' 하고 말씀하셨다.)'에서 주어 '妈妈' 뒤의 서술어 자리에 빈칸이 있는 문제입니다. 문맥상 '걱정하셨다가 그제서야 안심을 하셨다'는 내용이므로 동사서술어 '放心'을 써야 합니다.

53.-56.
[단어]

号称 hàochēng 통 부르다, 불리우다 / 奇怪 qíguài
형 이상하다 / 胡同 hútòng 명 골목 / 代步 dàibù 명
(말. 자동차 등에) 탈것 통 타다 / 特技 tèjì 명 특기 /
表扬 biǎoyáng 통 표창하다, 널리 칭찬하다 / 表演
biǎoyǎn 명통 공연(하다)

[번역]
북경의 자전거 보유량은 세계제일이라고 알려져 있는데, 현재 발표한 숫자는 900여 만 대이고, 북경에서 자전거를 타보지 않는 사람은 적으며, 한 가정에서 몇 대의 자전거를 소유하고 있는 것은 이상한 일이 아니다. 북경시에는 작은 골목이 많은데. 차로 골목을 들어오는 것은 매우 골치 아픈 일이지만, 자전거는 오히려 자유롭게 출입할 수 있다. 어떤 북경사람들은 이미 자전거 타기를 출퇴근 시의 교통수단으로 여기고 있고, 자전거 타는 것을 체육운동의 한 가지로 생각하기도 한다. 그들은 자전거로 여행을 가고, 자전거타기 시합을 하며, 최근 몇 년 어떤 청소년들은 자전거로 특별공연 등을 하기도 한다.

53 A. (동) 공표하다, 발표하다
　　B. (동) 알리다, 말하다
　　C. (동) 선포하다, 공표하다, 남에게 알리다
　　D. (동) 선포(선언)하다, 공표하다, 남에게 알리다

54 A. (명) 국가　　B. (명) 고향　　C. (명) 고향　　D. (명) 가정

55 A. 많은 사람들은 모두 차를 사지 않는다
　　B. 많은 사람들은 돈이 없어서 차를 살 수 없다
　　C. 자전거를 타면 오히려 자유롭게 출입할 수 있다
　　D. 자전거 타는 것은 매우 불편하다

56 A. (동) 표창하다, 널리 칭찬하다
　　B. (명/동) 표현(하다)
　　C. (면/동) 공연(하다)
　　D. (동) 표시하다, 나타내다

[용법]
公布 gōngbù 통 발표하다, 공포(공표) 하다
→ 어떤 사실이나 일을 공개적으로 발표하여 모두가 다 알게 하다는 뜻임

公布(成绩 성적 / 名单 명단 / 新法 신법 …)

宣布 xuānbù 통 공개적으로 알리다
→ 정식으로 모두에게 어떤 소식, 규칙, 결과 등을 알리는 뜻임
宣布(这条消息 이 소식 / 命令 명령 / 考场纪律 고사장규칙 / 比赛结果 시합결과 …)

宣告 xuāngào 통 선포하다
→ 비교적 크고 중대한 국가의 일을 모두에게 알리다는 뜻임
宣告(独立 독립 / 战争 전쟁 / 中华人民共和国的成立 중화인민공화국의 성립 …)

表现 biǎoxiàn 명통 표현(하다), 드러내다
① '사람이나 사물 안에 본질적으로 가지고 있는 정신, 품성, 성질이나 성격, 특징, 행위 등을 표현하다'는 뜻임.
表现(精神 정신/ 精神世界 정신세계 / 性格 성격/ 特点 특징 …)
故宫表现出来中国人民的智慧。
고궁은 중국사람의 지혜를 표현해냈다.
这就是民主主义精神的表现。
이것이 바로 민주주의 정신의 표현이다.
② '사람이 일부러 자신을 남에게 드러내다, 표현하다' 는 뜻으로도 씀.
小明很喜欢在别人面前表现自己。
샤오밍은 다른 사람 앞에서 자신을 드러내는 것을 좋아한다.
她很善于工作，可是不想表现个人。
그녀는 일을 아주 잘하지만, 개인을 드러내고 싶어하지 않는다.

表示 biǎoshì 통 표시하다, 나타내다
→ '말이나 행동으로 자신의 생각, 감정, 태도, 입장 등을 표시하다'는 뜻임.
表示(感谢 감사 / 谢意 감사의 뜻 / 歉意 유감의 뜻 / 满意 만족스러움 / 不满 불만 / 态度 태도 / 立场 입장 / 欢迎 환영 / 自己的意见 자기의 의견 / 决心 결심 / 支持 지지 / 反对 반대 ……)

[해설]
53
'(现在 / ___53___ 的 / 数字 / 是 / 900多万两. (현재 ____된 숫자는 900만대이다)'에서 명사 '数字'앞의 관형어 자리에 빈칸이 있는 문제입니다. 문맥상 '발표된 숫자'라는 뜻의 동사 '公布'를 써야 합니다.

54
'一个___54___ / 拥有 / 两三辆自行车的 / 不是 / 什么 奇怪的 / 事. (한 ____에서 몇 대의 자전거를 가지고 있는 것은 이상한 일이 아니다.)'에서 주어자리에 빈칸이 있는 문제입니다. 문맥상 명사 '家庭'을 써야 합니다.

55
'北京城的 / 小胡同 / 很多, / 开汽车 / 进 / 胡同 / 是

/ 一件 / (令人头痛的) / 事, ___55___ 。 (북경시에는 작은 골목이 많은데, 차로 골목을 들어오는 것은 매우 골치아픈 일이지만, ____.)'에서 문맥상 '그러나 자전거는 오히려 자유롭게 다닐 수 있다'는 뜻이 와야 합니다.

56

'(近两年有的) / 青少年 / 还 / 用 / 自行车 / 做 / 特技 ___56___ 等。 (최근 몇 년 어떤 청소년들은 자전거로 특별____ 등을 하기도 한다.)'에서 동사서술어 '做' 뒤의 목적어 자리에 빈칸이 있는 문제입니다. 문맥상 '자전거로 특별공연을 하다'는 뜻이므로 동사 '表演'을 써야 합니다.

57.-60.
[단어]

重情 zhòngqíng 통 감정을 중시하다 / 重理 zhònglǐ 통 이성을 중시하다 / 道德 dàodé 몡 도덕 / 例子 lìzi 몡 예 / 台阶 táijiē 몡 계단, 층계 / 洒 sǎ 통 (액체로 된 것을) 쏟다 / 不慎 búshèn 통 세심하지 않다, 부주의하다 / 跤 jiāo 몡 넘어지다 / 摔伤 shuāishāng 통 넘어져서 다치다 / 怪 guài 통 탓하다, 책망하다 / 情形 qíngxíng 몡 일의 정황, 상황 / 立即 lìjí 뵈 즉시, 곧바로 / 法庭 fǎtíng 몡 법정 / 相对 xiāngduì 통 상대적이다 뵈 상대적으로 / 相反 xiāngfǎn 통 상반되다, 반대되다 / 甩 shuǎi 통 휘두르다, 던지다, 뿌리치다 / 挨 ái 통 당하다, 받다, 입다 / 粗心大意 cūxīndàyì 통 세심하지 못하다, 데면데면하다, 덜렁대다 / 治疗费 zhìliáofèi 몡 치료비 / 赔偿 péicháng 통 변상하다, 물어주다

[번역]

중국인은 미국인과 매우 다르다. 중국인은 감정을 중시하는데, 미국인은 이성을 중시한다. 중국인은 도덕을 중시하는데, 미국인은 법률을 중시한다. 한 가지 예를 들어보자. 한 사람이 초대를 해서 손님이 왔고, 주인집 계단에서 부주의로 물을 쏟아서 어떤 사람이 넘어져서 다리를 다쳤다. 이 일이 만약에 중국에서 일어났다면, 다리를 다친 손님은 절대로 주인한테 뭐라고 하지 않고, 그는 자기가 덜렁대서 그랬다고 할 것이고, 손님과 주인의 감정은 상하지 않을 것이며, 더욱 법적으로 해결하지 않을 것이다. 그러나 만약에 미국에서 이런 일이 일어났다면 정황은 완전히 다른 모습일 것이다. 손님은 즉시 법원에 갈 수도 있을 것이다. 그러면 주인과 손님은 법정에 가게 되고, 주인은 이것 때문에 손님에게 많은 돈을 변상하게 될 수도 있을 것이다.

57 A. (형) 상대적인, 상대적이다 (부) 상대적으로
　　 B. (동) 상반되다, 서로 반대되다
　　 C. (형) 같다
　　 D. (형) 같다 (접) 마찬가지로

58 A. (동) 넘어지다, 엎어지다
　　 B. (동) 던지다, 뿌리치다, 휘두르다
　　 C. (동) 때리다
　　 D. (나쁜 일 등을) 당하다, 입다

59 A. 자기가 덜렁대서 그렇다
　　 B. 반드시 나에게 치료비를 달라고 부탁하다
　　 C. 나를 병원에 데리고 가달라고 부탁하다
　　 D. 택시로 나를 집까지 바래다 주다

60 A. (동) 잃(어버리)다
　　 B. (동) 획득하다, 얻다, 받다
　　 C. (동) 얻다, 받다
　　 D. (명/동) 변상(하다), 배상(하다)

[용법]

强大 qiángdà 톙 강대하다
→ 국가나 단체의 힘이 매우 강하고 크다는 뜻임
(国家的 국가의 / 祖国 조국 / 人民的 사람들의 / 军事 군사)力量很强大。

[해설]

57

'中国人 / 跟美国人 / 很不___57___.'에서 '주어＋전치사구'인 '中国人＋跟美国人' 뒤의 형용사서술어 자리에 빈칸이 있는 문제입니다. 문맥상 '중국인은 미국인과 매우 다르다'는 뜻이므로 정도부사 또는 부정부사와 함께 쓸 수 있는 형용사 '一样'을 써서 '很不一样'이라고 해야 합니다. '同样'은 형용사로 쓰면 '一样'과 같은 뜻이지만 문법적으로 정도부사 '很' 또는 부정부사 '不'와는 함께 쓸 수 없습니다.

58

'有人 / ___58___ 了一跤, 伤了 / 脚。 (어떤 사람이 ____ 다리를 다쳤다)'에서 '了' 앞의 동사서술어 자리에 빈칸이 있는 문제입니다. 따라서 '넘어지다'는 뜻의 동사 '摔(跤)'를 써야 합니다.

59

'(摔伤了 / 脚骨的) / 客人 / 决不会 / 怪。主人的, / 他 / 会说 / ___59___。 (다리를 다친 손님은 절대로 주인한테 뭐라고 하지 않고, 그는 ____ 라고 말할 것이다)'에서 문맥상 '주인한테 뭐라고 하지 못하고 자신이 잘못해서 넘어졌다고 말할 것이다'는 뜻을 써야 합니다.

60

'主人 / 很有可能 / 会 / 因此 / ___60___ / 客人 / 几千几万美元。 (주인은 이것 때문에 손님에게 많은 돈을 ____하게 될 수도 있을 것이다.)'에서 목적어 '几千几万美元' 앞의 동사서술어 자리에 빈칸이 있는 문제입니다. 따라서 '돈을 물어주다, 변상하다'는 뜻의 동사 '赔偿'을 써야 합니다.

[3주차 실력다지기 실전문제]

46.-48.
[단어]

借口 jièkǒu 명 핑계를 대다 / 躲开 duǒkāi 동 숨다. 피하다 / 幼稚 yòuzhì 형 나이가 어리다. 유치하다 / 适应 shìyìng 동 적응하다 / 想不通 xiǎngbùtōng 납득이 안가다. 이해할 수 없다 / 情感 qínggǎn 명 감정. 정감. 느낌 / 交流 jiāoliú 명동 교류(하다). 교환(하다) / 手段 shǒuduàn 명 수단. 방법 / 看不惯 kànbúguàn 눈에 거슬리다. 싫다 / 未必 wèibì 부 반드시. 꼭 ~인 것은 아니다 / 来往 láiwǎng 동 왕래하다 / 吃喝玩乐 chīhēwánlè 먹고 마시고 놀며 즐기다. 향락을 추구하면서 세월을 보내다 / 嘲笑 cháoxiào 동 조소하다. 비웃다. 놀리다

[번역]
대학을 다닐 때, 술을 권하는 학우가 있었는데, 나는 늘 핑계를 대어 피하려고 했다. 그래서 학우들은 모두 나를 어리다고 놀리면서, 내가 앞으로 틀림없이 사회에 적응을 못할 거라고 말했다. 나는 줄곧 사람들은 왜 반드시 먹고 마시는 유흥이라는 방식만이 감정을 교류하는 수단으로 여기는지 이해할 수 없었다. 학교 다닐 때, 나는 이런 방식으로 감정을 교류하는 수단으로 삼는 것을 싫어했고, 직장생활을 한 후에는 더욱 싫어했다.

46 A. (명/형/동) 긍정(하다). 긍정적이다. 틀림없다 (부) 틀림없이. 반드시
　　B. (부) 반드시. 꼭 (~인 것은 아니다)
　　C. (부) 결국은. 마침내　　D. (부) 점점 더

47 A 반드시 나와 사귀어야한다
　　B. 반드시 먹고 마시고 놀며 즐겨야한다
　　C. 농담을 해야 한다. 장난을 쳐야 한다
　　D. 상대방을 조소하다. 비웃다

48 A. (부) (그러나) 오히려　　B. (접) 그러나
　　C. (부) 곧. 바로　　D. (부) 더욱. 더

[해설]
46
'说 / 我 / 以后 / ___46___ / 不适应 / 社会。(내가 앞으로 ___사회에 적응을 못할 거라고 말했다)'에서 동사서

술어 '不适应' 앞의 부사자리에 빈칸이 있는 문제입니다. 또한 '以后'는 '앞으로, 이후로 (~일 것이다)'는 뜻으로 아직 일어나지 않은 미래를 뜻하는 시간사이므로 문맥상 '틀림없이, 반드시'의 뜻인 부사 '肯定'을 써야 합니다. B의 '未必'는 '(그러나) 꼭 ~인 것은 아니다' 즉 '아닐 수도 있다'는 뜻으로 부정의 뜻을 가지는 부사이고, C의 부사 '总算'은 '비교적 오랜 시간이나 노력 끝에 결국은, 마침내 ~ 했다'는 뜻으로 이미 일어난 것에 쓰며, D의 정도부사 '越来越'는 '越来越+형용사서술어+(了)'의 형태로 쓰므로 모두 정답이 될 수 없습니다.

47
'有 / 同学 / 请喝酒, …, / 人 / 为什么 / ___47___这种方式/来作为/(情感/交流的)/手段呢? (술을 마시라고 하는 학우가 있었는데, …, 사람들은 왜___방식만이 감정을 교류하는 수단으로 여기는가?)'에서 문맥상 '반드시 먹고 마시고 놀며 즐겨야한다' 라는 뜻을 써야 합니다.

48
'上学时, / 我 / 看不惯 / …, / 参加工作后 / ___48___ / 看不惯。(학교 다닐 때, 나는 …을 싫어했고, 직장생활을 한 후에는 ___싫어했다.) '에서 동사서술어 '看不惯' 앞의 부사 자리에 빈칸이 있는 문제입니다. 또한 '我的 / 个子 / 高, 他的 / 个子 / 更 / 高.'처럼 비교의 의미가 있는 문장에서 서술어가 같거나 비슷할 때, 뒤 쪽의 서술어 앞에 '더욱, 더' 의 뜻인 부사 '更'을 써야 합니다. 따라서 '上大学时, / 我 / 看不惯, / 参加工作后 / 更 / 看不惯。'이라고 써야 합니다.

49.-52.
[단어]

特征 tèzhēng 명 특징 / 渴望 kěwàng 명동 갈망하다 / 周围 zhōuwéi 명 주위 / 入学 rùxué 동 입학하다 / 心理状态 xīnlǐzhuàngtài 명 심리상태 / 先天性 xiāntiānxìng 명형 선천성(의) / 信任感 xìnrèngǎn 명 신뢰감 / 心灵 xīnlíng 명 영혼. 마음 / 形象 xíngxiàng 명 형상. 이미지 / 说一不二 shuōyībúèr 성 한 번 한말은 반드시 실행한다 / 关爱 guānài 명 관심과 사랑 / 掌握 zhǎngwò 동 숙달하다. 정통하다. 마스터하다. 익히다 / 实际 shíjì 명형 실제(적인). 현실(적인) / 塑造 sùzào 동 만들다. 빚다. 묘사하다 / 鼓励 gǔlì 동 격려하다. 고무하다 / 效果 xiàoguǒ 명 효과 / 便于 biànyú 동 (어떤 일을 하기에) 편리하다 / 奖品 jiǎngpǐn 명 상품 / 逐步 zhúbù 부 점점. 차츰차츰 / 主动 zhǔdòng 형 주동적이다. 적극적이다 부 주동적으로. 적극적으로

[번역]
어린이들에 대해서 말하자면 그 중요한 감정적 특징 중의 하나는 바로 주위사람들의 관심과 사랑을 얻기를 갈망한다

는 것이다. 어린이들이 입학하는 날부터 곧 공통적인 심리 상태를 가지는데, 그것은 교사에 대해 선천적인 신뢰감을 가진다는 것이다. 아이들 마음속의 교사의 이미지는 크고 높으며, 교사의 말은 반드시 지켜야 한다. 그래서 아이들은 한편으로는 선생님한테 마치 부모와 같은 관심과 사랑을 받기를 바라며, 또 다른 한편으로는 교사한테 자신에 대한 칭찬과 인정을 받기 바란다. 만약에 모든 교사들이 그것을 깊이 이해하고 파악을 하여, 교육실천 속에서 관심과 사랑으로 학생에게 영향을 주고, 학생의 유리한 조건을 만들어 주며, 적극적으로 그들에게 관심을 가지고, 많이 그들을 격려하고 칭찬해 준다면, 사람을 육성하고 교육시키는 일은 좋은 효과를 거두게 될 것이다.

49 A (동) ~하기에 편리하다
 B. (전) ~에 관해서 (동) ~의 정도에 이르다
 C. (전) ~에 대해서
 D. (전) ~에 관해서

50 A (부) ~도, 또한   B. (접) 한편으로 ~하면서
 C. (부) 곧, 바로   D. (부) 매우

51 A 맛있는 음식을 얻다
 B. 자신에 대한 칭찬과 인정을 받다
 C. 상품을 타다
 D. 약간의 도움을 받다

52 A (부) 점점, 차츰차츰
 B. (부) 몰래, 살짝
 C. (형) 주동적이다. 적극적이다 (부) 주동적으로, 적극적으로
 D. (부) 뜻밖에, 의외로

[해설]

49
'___49___儿童来说'에서 '어떤 사람의 입장에서 말하면'의 뜻인 경우 관용적으로 '对(于)+사람+来说'의 형태로 씁니다.

50
'他们 / ___50___ ~, / 又 … 。(그들은 ___ ~, 또 다른 한편으로는 …)'에서 뒷 절에 접속사 '又'가 있으므로 앞 절에 접속사 '既'를 함께 써야 합니다. 접속사 '既 ~ 又 …'는 '한편으로는 ~하고, 또 한편으로는 …하다'는 뜻입니다.

51
'他们 / … / 希望 / 得到 / 老师 / (像父母一样的) / 关爱, / … / 渴望 / 从老师那里 / ___51___。(그들은 선생님한테 마치 부모와 같은 관심과 사랑을 받기를 바라며, … 교사한테 자신에 대한 ___를 바란다.)'에서 '既 ~ 又 …'는 앞 뒤 절의 형태나 내용이 같거나 비슷할 때 쓰는 접속사입니다. 따라서 앞 절에 '希望 / 得到 / 老师 / (~的) / 关爱'라는 말이 있으므로, 뒤 절에도 비슷한 뜻인 '获得 / (~ 的) / 称赞 / 和肯定(~한 칭찬과 인정을 받다)'라는 말이 와야 합니다.

52
'多 / ___52___ / 关心 / 他们, …, / 那么 … / 工作 / 就 / 会收到 / 较好的 / 效果。(___ 그들에게 관심을 가지고, …해 준다면, … 일은 좋은 효과를 거두게 될 것이다.)'에서 동사서술어 '关心' 앞의 부사자리에 빈칸이 있는 문제입니다. 문맥상 '주동적으로, 적극적으로 그들에게 관심을 갖다'는 뜻이므로 부사 '主动'을 써야 합니다.

53.-56.
[단어]

吃惊 chījīng (동) 놀라다 / 故地重游 gùdìchóngyóu 전에 살던 곳에 다시 놀러오다 / 面目全非 miànmùquánfēi (성) 모습이 전혀 달라지다. 옛 모습을 찾아볼 수 없게 되다 / 毫无疑问 háowúyíwèn 아무런 의문도 없다 / 凉 liáng (형) 차갑다. 선선하다

[번역]
연해지역의 발전변화는 사람을 놀라게 한다고 말할 만하다. 나는 매 번 중국에 가는데, 첫 번째 느낌은 예전에 왔던 곳을 다시 왔다는 생각이 들지 않고, 마치 예전부터 잘 알고 있는 것처럼 여겨지지만, 어떤 곳들은 오히려 이전 모습과 전혀 판판이다. 당연히 서쪽지역의 변화는 상대적으로 좀 느린 편이지만, 중국 전체는 지금 발전·변화하고 있다는 것은 전혀 의문이 들지 않는다. 사람들의 생활수준의 향상은 거리의 행인들의 옷차림의 변화를 보면 바로 알 수 있고, 상점의 물건의 종류가 풍부한 모습은 전혀 선진국에 뒤처지지 않는다. 간단한 예를 한 가지 들자면, 내가 처음 중국에 갔을 때에 뜻밖에 차가운 맥주를 살 수 없었는데, 지금은 어디든지 다 있다.

53 A (접) (바로) ~이다   B. (접) ~가 아니다
 C. (접) 아니면 ~이다   D. (접) 그러나

54 A (동량) 한 번   B. (동량) 한 번
 C. (수량) 좀, 약간   D. (수량) 좀 ~해 보다

55 A 사람에게 물건을 사고 싶다는 생각이 들게 한다
 B. 전혀 선진국보다 뒤떨어지지 않다
 C. 나를 좀 감동하게 했다
 D. 좀 이상한 생각이 들다

56 A (동) 생각지도 못하다. 뜻밖이다
 B. (부) 과연, 생각대로
 C. (부) 가끔, 때때로
 D. (부) 뜻밖에, 의외로

[해설]

53
"并 / 不是 / 故地重游, / ___53___ / 似曾相识, ~。에서 앞 절에 쓰는 접속사 '不是' 뒤에는 '而是' 또는 '就是'를 함께 써야 합니다. 따라서 정답은 A입니다. '不是 A , 而

是 B。'는 'A가 아니라 B이다' 는 뜻의 접속사이고, '不是 A，就是 B。'는 'A이거나 B이다' 는 뜻의 접속사입니다. C 의 '还是'는 '(是) A，还是 B (呢)?'의 형태로 'A니 (아니면) B니?' 라는 뜻으로 A와 B둘 중 하나를 선택할 때 쓰는 접속사입니다. D의 '但是'는 '虽然 A，但是 B。'의 형태로 '비록 A이지만, 그러나 B이다.'라는 뜻으로 전환의 의미로 쓰이는 접속사입니다.

54

'慢＿＿54＿＿, (＿＿＿ 느리다)'에서 형용사서술어 '慢' 뒤에 빈칸이 있는 문제이므로 정답은 C입니다. '一些'는 '좀, 약간의 뜻으로 동사서술어 또는 형용사 서술어 뒤에 모두 쓸 수 있습니다. A의 '一次'와 B의 '一回'는 동사 뒤에 쓰는 동량보어로 둘 다 '한 번 ~하다'는 뜻을 가진 동의어이며, D의 '一下' 역시 '좀 ~하다'는 뜻의 동량보어로 동사서술어 뒤에 쓰므로 ABD는 모두 형용사서술어 뒤에 쓸 수 없습니다.

55

'人民 / 生活水平的 / 提高，…。/ 商店里，/ 商品丰富的 / 情形 ＿＿55＿＿。(사람들의 생활수준의 향상은 …. 상점의 물건의 종류가 풍부한 모습은 ＿＿＿.)'에서 문맥상 '전혀 수준이 뒤처지지 않는다' 는 뜻이 나와야 하므로 정답은 B입니다.

56

'我 / 第一次 / 去中国 ＿＿56＿＿ / 买不到 / 凉啤酒，/ 而 / 现在 / 到处都是。(내가 처음 중국에 갔을 때에 ＿＿＿ 차가운 맥주를 살 수 없었는데, 지금은 어디든지 다 있다.)'에서 동사서술어 '买不到' 앞의 부사자리에 빈칸이 있는 문제입니다. 문맥상 '뜻밖에, 생각지도 못하게, 의외로' 의 뜻인 부사 '居然'을 써야 합니다. A의 동사 '没想到'도 '居然'과 같은 뜻이지만 문장 중간에 쓸 수 없고, 맨 앞에 써야 합니다. B의 부사 '果然'은 '과연, 생각대로' 의 뜻으로 '원래 생각한 것 또는 알고 있던 것과 결과가 일치할 때' 결과에 해당하는 문장의 부사자리에 써야 합니다. C의 부사 '偶尔'은 '가끔, 때때로' 의 뜻으로 '我 / 总是 / 工作 / 很忙，/ 偶尔 / 在家 / 休息。(나는 항상 바쁜데, 가끔은 집에서 쉰다.)'처럼 문장 맨 앞 쪽에서 시간사처럼 쓰이는 부사인데, 이 문장은 앞쪽에 '第一次'라는 말이 있으므로 '偶尔'과 함께 쓸 수 없습니다.

57.-60.

[단어]

去世 qùshì 图 죽다. 사망하다 / **抚养** fǔyǎng 图 부양하다. 정성들여 기르다 / **墓地** mùdì 图 묘지, 무덤 / **丧事** sāngshì 图 장례 / **集市** jíshì 图 (농촌이나 소도시의) 시장, 장 / **生意** shēngyi 图图 장사(하다), 사업(하다) / **杀猪** shāzhū 돼지를 죽이다. 도살하다 / **皱眉头** zhòuméitóu 눈살을 찌푸리다. 미간을 찡그리다 / **学堂** xuétáng 图 학당, 서당 / **孟母三迁**

mèngmǔsānqiān 맹자의 어머니가 세 번 이사를 가다 / **接近** jiējìn 图 접근하다. 가까이 가다 / **合适** héshì 图 적합하다. 적당하다. 알맞다 / **干脆** gāncuì 图 시원스럽다 图 시원스럽게, 차라리, 아예

[번역]

맹자가 아주 어렸을 적에 그의 부친이 돌아가셨지만, 어머니는 다시 재가하지 않고, 혼자서 아이를 길렀다. 어머니는 맹자를 데리고 묘지 옆에서 살고 있었는데, 맹자는 이웃집 아이들과 함께 장례를 치르는 놀이를 하였다. 이 장면을 보고 맹자 어머니는 매우 화를 내면서 '안 돼! 내 아이를 이런 곳에서 살게 할 수 는 없어!' 라고 말했다. 맹자 어머니는 맹자를 데리고 시장으로 이사를 갔는데, 돼지도 살장과 가까운 곳에 살았다. 시장에 오니 맹자는 또 이웃집 아이들과 함께 주인이 돼지를 잡아서 장사를 하는 흉내를 내기 시작했다. 맹자어머니는 이 상황을 알고 또 이마를 찌푸리면서 '이곳도 아이가 살기에는 적합하지가 않구나!' 하고 말했다. 그래서 그들은 또 이사를 했다. 이번에는 그들이 서당근처로 이사를 했더니 맹자는 예의바르고 책 읽는 것을 좋아하는 아이로 변했다. 맹자어머니는 이때야 비로소 만족스럽게 고개를 끄덕이며 '이곳이야 말로 마땅히 내 아들이 살아야 할 곳이구나!' 그 후 '맹모삼천'은 사람은 마땅히 좋은 사람, 좋은 일, 좋은 물건을 가까이 해야만 좋은 것을 배울 수 있다는 의미로 쓰이게 되었다.

57 A. (형) 기쁘다. 즐겁다　　B. (동) 화내다. 성내다
　　C. (형) 호기심이 많다　　D. (형) 엄격하다

58 A. (명) 엄마　　　　　　B. (명) 농민
　　C. (명) 상점의 주인　　　D. (명) 선생님. 교사

59 A. 내 아이에게 아주 적합하다
　　B. 이렇게 지저분할 줄은 생각지도 못했다.
　　C. 나를 매우 화나게 했다
　　D. 내 아이가 살기에는 적합하지 않다

60 A. (조동) ~일 것이다
　　B. (동) 좋아하다
　　C. (조동) (이치나 도리상) 마땅히, 당연히 ~해야 한다
　　D. (형) 시원스럽다 (부) 시원스럽게, 차라리, 아예

[해설]

57

'孟子的 / 妈妈 / 非常 ＿＿57＿＿地 / 说: / "不行! / 我 / 不能 / 让我的孩子 / 住在 / 这里!"(맹자 이미니는 매우 ＿＿＿하면서 '안 돼! 내 아이를 이런 곳에서 살게 할 수 는 없어!' 라고 말했다.)'에서 동사서술어 '说' 앞의 부사어 자리에 빈칸이 있는 문제입니다. 뒷 절에 '不行!'이라는 말이 있으므로 문맥상 부정적인 뜻이 와야 하므로 '非常生气地'라고 써야 합니다. 형용사 '严格'는 '他的 / 要求 / 很严格', '他 / 严格 / 遵守 / 交通规则.' 등과 같이 '요구가 엄격하다' 또는 '기준을 엄격히 지키다'는 뜻으로 쓰

이는 낱말인데, 여기서는 단순히 맹자어머니가 혼자말로 하는 말이므로 정답이 될 수 없습니다.

58

'学起/(___58___/做生意/和杀猪的)/样子。(___가 돼지를 잡아서 장사를 하는 모습을 배우기 시작했다.)'에서 목적어 '样子' 앞의 관형어 자리인 '(___58___/做生意/和杀猪的)'에 빈칸이 있는 문제입니다. 관형어만 다시 보면 동사 '做生意' 앞의 주어자리에 빈칸이 있으므로 문맥상 장사를 하는 사람인 '老板'을 써야 합니다.

59

'靠近/杀猪的/地方/去住。/…, /又/皱起眉头, /说:"这个地方/也/___59___!"'(돼지도살장과 가까운 곳에 살았다. …, 또 이마를 찌푸리면서 '___!' 하고 말했다.)'에서 부사 '也'는 '他/走了, /我/也/走了。(그가 갔고, 나도 갔다.)' 처럼 서술어가 같거나 비슷할 때 뒤쪽의 부사자리에 씁니다. 따라서 문맥상 '여기도 내 아이가 살기에는 적합하지 않다' 는 말이 나와야 합니다.

60

'"这/才是/(我儿子/___60___/住的)/地方!"(이곳이야말로 ___ 내 아들이 살아야 할 곳이구나!)'에서 목적어 '地方' 앞의 관형어 자리에 빈칸이 있는 문제입니다. 관형어만 다시 보면, '我儿子/___/住/的 (내 아들이 ___ 살다)'에서 동사서술어 '住' 앞에 빈칸이 있으므로 부사 또는 조동사를 쓸 수 있습니다. 따라서 문맥상 '이치나 도리상 마땅히 ~해야 된다'는 뜻의 조동사 '应该'를 써야 합니다. A의 '会'는 '~일 것이다'는 뜻의 '추측, 또는 가능성'을 나타내는 조동사이므로 정답이 될 수 없습니다.

[정답]

46 A	47 B	48 D	49 C	50 B
51 B	52 C	53 A	54 C	55 B
56 D	57 B	58 C	59 D	60 C

[4주차 실력다지기 실전문제]

1회

46.-48.
[단어]

受不了 shòubùliǎo ⑱ 참을 수 없다 / 老虎 lǎohǔ ⑲ 호랑이 / 狐狸 húli ⑲ 여우 / 上帝 shàngdì ⑲ 하느님 / 野兽 yěshòu ⑲ 야수, 들짐승 / 违背 wéibèi ⑧ 위배(위반)하다, 어기다 / 逃走 táozǒu ⑧ 도망가다, 달아나다 / 愉快 yúkuài ⑱ 즐겁다, 유쾌하다 / 打招呼 dǎzhāohu ⑧ 인사하다

[번역]

호랑이가 배고픔을 참지 못하고, 산속에서 작은 동물을 찾고 있을 때, 여우 한 마리를 잡았다. 여우는 '하느님께서 나를 들짐승의 왕으로 파견하셨는데, 지금 당신이 나를 잡아먹는 다면, 하늘의 명을 어기는 것이오. 만약에 당신이 내 말을 못 믿겠다면, 내가 당신 앞에서 걸을 테니, 당신이 네 뒤에서 걸으시오. 내가 감히 말하는데 산 속의 들짐승들은 나를 보고 모두 달아날 것이오.' 하고 말했다. 호랑이는 여우의 말을 못 믿겠어서, 여우와 함께 걷기로 결정했다. 과연 산속의 들짐승들은 호랑이와 여우를 보더니 모두 놀라서 도망쳤다. 호랑이는 모든 들짐승들이 자기가 무서워서 도망가는 줄 모르고, 그들이 여우를 무서워서 도망가는 것이라고 생각했다.

46 A. (동) 믿다   B. (형) 즐겁다, 유쾌하다
C. (동) 듣다   D. (동) 좋아하다

47 A. 모두 주위로 모여 들었다
    B. 모두 여우와 인사하였다
    C. 모두 놀라서 달아났다
    D. 모두 무서워서 울기 시작했다

48 A. 그들   B. 호랑이   C. 나   D. 너

[해설]

46

'上帝/派我/来做/野兽之/王, …, 如果/你/不___46___/我的话, …。(하느님께서 나를 들짐승의 왕으로 파견하셨는데…, 만약에 당신이 내말을 ___다면, …)'에서 목적어 '我的话' 앞의 동사서술어 자리에 빈칸이 있는 문제입니다. 문맥상 '믿을 수 없다' 는 뜻의 동사로 '不相信'을 써야 합니다.

47

'看见/老虎/和/狐狸, /___47___。/老虎/不知道/所有的/野兽/是因为/怕/自己/而/逃走的。(호랑이와 여우를 보더니 ___. 호랑이는 모든 들짐승들이 자기가 무서워서 도망가는 줄 모르고)'에서 문맥상 '모두 놀라서 달아났다'는 뜻이 나와야 합니다.

48

'它/还以为/___48___/是/害怕/狐狸。(호랑이는 여전히 그들이 여우를 무서워하는 줄 알았다)'에서 동사서술어 '是' 앞의 주어자리에 빈칸이 있는 문제입니다. 문맥상 주어자리에는 '들짐승들'이 나와야 되므로, 들짐승을 지시하는 낱말인 지시대명사 '它们'을 써야 합니다.

49.-52.
[단어]

俗称 súchēng ⑲⑧ 속칭(하다), 세칭 / 重视 zhòngshì ⑧ 중시하다 / 新春 xīnchūn ⑲ 신춘, 설, 새해 / 佳节 jiājié ⑲ 즐거운 명절 / 来临 láilín ⑧ 이르다, 다가오

다. 도래하다 / 贴 tiē 동 붙이다 / 春联 chūnlián 명 주련. 대련 [새해에 문이나 기둥 등에 써 붙이는 글자] / 挂 guà 동 걸다 / 灯笼 dēnglong 명 초롱, 등 / 除夕 chúxī 명 섣달 그믐날 밤 / 留恋 liúliàn 동 그리워하다. (헤어지기) 섭섭하다. 아쉽다 / 家家户户 jiājiāhùhù 명 가가호호, 집집마다 / 放鞭炮 fàngbiānpào 동 폭죽을 터뜨리다 / 年夜饭 niányèfàn 명 음력 섣달그믐에 가족과 함께 먹는 밥 / 拜年 bàinián 동 새해 인사를 드리다. 세배하다 / 欢天喜地 huāntiānxǐdì 몹시 기뻐하다. 기쁨에 넘치다 / 祝福 zhùfú 명·동 축복(하다) / 登门 dēngmén 동 방문하다. 집을 찾아가다 / 充满 chōngmǎn 동 충만하다. 가득차다 / 喜庆 xǐqìng 명·형 경사(스럽다), 경사스러운 일 / 缓慢 huǎnmàn 형 완만하다. 느리다. 더디다 / 迅速 xùnsù 형 (동작, 행동, 발전 등이)신속하다. 빠르다 / 拜访 bàifǎng 명·동 방문(하다) / 气氛 qìfēn 명 분위기 / 气愤 qìfèn 명·동 분개(하다). 분노(하다). 화(내다)

[번역]

속칭 '过年(설을 쇠다. 새해를 맞다)'이라고 부르는 설은 중국 몇 천년동안 가장 중시하고 있는 대 명절이다. 설이 되었을 때, 사람들은 모두 대련을 붙이고, 등을 단다. 12월 30일 저녁을 습관적으로 섣달그믐이라고 부르는데, 음력 12월 맨 마지막 하루이며, 일 년 중에서 가장 아쉬운 하루이기도 하다. 이날 저녁에는 집집마다 폭죽을 터뜨리고, 가족들과 함께 저녁식사를 하는데, 설날 중 가장 시끌벅적하고 가장 즐거운 때이다. 설날에는 또 중요한 활동 한 가지가 있는데, 바로 친지와 친구, 이웃집에 서 새해를 맞이한 것을 축하하는데, '拜年'이라고 부른다. 설날 전 기간 동안 사람들은 기쁨이 넘치고, 서로 축복해 주며, 방문하여 세배를 드리며 어느 곳이든 즐거운 분위기로 충만하다.

49 A. (명) (이른) 아침, 새벽, 오전
    B. (명) 아침식사
    C. (명) 저녁식사
    D. 저녁

50 A. (형) 완만하다. 느리다. 더디다
    B. (형) 신속하다. 빠르다
    C. (형) 즐겁다. 유쾌하다
    D. (동) 화내다. 성내다

51 A. 밖에서 방문하여 안부를 묻다
    B. 수퍼마켓에 가서 물건을 사다
    C. 여행지로 여행을 가다
    D. 이웃집에서 새해를 맞이한 것을 축하하다

52 A. (명) 분위기   B. (명/동) 분노(하다), 화(내다)
    C. (명) 기온   D. (명/동) 기상

49

'除夕，/是/(农历/全年/最后的)/一个___49___ (섣달그믐은 음력 열두 달 중에서 가장마지막 ____이다)'에서 목적어자리에 빈칸이 있는 문제입니다. 문맥상 '가장 마지막 날 저녁' 이라는 뜻이므로 '晚上'을 써야 합니다.

50

'是/(春节/最热闹、/最___50___的)/时候。(설날 중 가장 시끌벅적하고 가장 ____한 때이다)'에서 문장부호 '、'는 '和'와 같은 뜻으로 병렬을 나타내므로 앞 뒤 단어의 뜻이 같거나 비슷한 낱말 또는 뜻이 완전히 반대되는 낱말이 나와야 합니다. 따라서 빈칸 앞쪽의 '最热闹'와 비슷한 뜻인 '最愉快'를 써야 합니다.

51

'就是/到/亲朋好友家/和/___51___(바로 친지와 친구 ____에 가다)'에서 '和' 는 병렬을 나타내므로 앞 뒤 단어의 뜻이 같거나 비슷한 낱말 또는 뜻이 완전히 반대되는 낱말이 나와야 합니다. 따라서 빈칸 앞쪽의 '亲朋友家'와 비슷한 뜻인 '邻居那里'를 써서 '到/亲朋友家/和邻居那里/祝贺新春'이라고 해야 합니다.

52

'充满着/(喜庆欢快的)___52___。(즐거운 ____로 충만하다)'에서 목적어자리에 빈칸이 있는 문제이며, 문맥상 명사 '气氛'을 써야 합니다.

53.-56.

[단어]

农民 nóngmín 명 농민 / 规模 guīmó 명 규모 / 批发商 pīfāshāng 명 도매상 / 经营 jīngyíng 동 경영하다 / 失败 shībài 명·동 실패(하다) / 相差甚远 xiāngchàshènyuǎn 서로 차이가 많이 나다 / 烂 làn 형 흐물흐물하다. 상하다 / 摊儿 tānér 명 노점, 가판대 / 收拾 shōushi 동 정리하다. 치우다 / 尽量 jǐnliàng 부 가능한 한, 되도록, 될 수 있는 대로 / 无所谓 wúsuǒwèi 상관없다. 아랑곳하지 않다 / 差异 chāyì 명 차이 / 成败 chéngbài 명 승패. 성공과 실패 / 满足 mǎnzú 동 만족하다 만족시키다 / 负担 fùdān 명 부담 / 充足 chōngzú 형 충분하다 / 踩 cǎi 동 (발로) 밟다 / 观察 guānchá 동 관찰하다. 자세히 보다 / 造成 zàochéng 동 초래하다 / 发挥 fāhuī 발휘하다

[번역]

농민 두 사람이 함께 대도시로 왔다. 얼마 지나서 그들은 야채장사를 시작했는데, 그들 상점은 규모가 크지 않아서 심적인 부담도 크지 않았다. 3년 후에 한 농민은 야채도매상이 되어서 수중에 최소한 몇백만 원의 돈을 가지고 있게

되었는데, 또 다른 농민을 더 이상 경영을 하지 못하고 다시 시골로 돌아갔다. 성공과 실패는 겉으로 보기에는 서로 차이가 많이 나는 것처럼 보이지만, 사실은 조금의 차이가 날 뿐이다. 야채장사를 한 두 사람을 예로 들어 말하자면, 성공한 사람은 매일 야채를 팔 때 시간을 내어 시든 잎이나 썩은 뿌리들을 제거했는데. 실패한 사람은 한 번도 이런 일을 해본 적이 없다. 성공한 사람은 매일 야채좌판을 깨끗이 정리해서 손님들을 편안하게 느끼게 해주었는데, 실패한 사람은 야채를 좌판에 펼쳐 놓기만 하고, <u>아무렇게나 내버려 두었다.</u> 성공한 사람은 매일 한 시간씩 더 장사를 하면서 야채를 될 수 있는 대로 다 팔아 치웠지만, 실패한 사람은 오늘 못 팔아도 내일 팔면 되기 때문에 전혀 개의치 않았다. 비록 두 사람의 영업방식은 사소한 차이였지만, 그 사소한 차이가 한 사람의 성공과 실패를 <u>결정했다.</u>

53 A. (형) 만족하다 (동) 만족시키다
　　 B. (명) 부담, 짐
　　 C. (형) 충분하다
　　 D. (형) 즐겁다, 유쾌하다

54 A. (부) 틀림없이, 반드시
　　 B. (조동) ～해야 된다. ～하려고 하다
　　 C. (부) 최소한
　　 D. (동) 받다

55 A. 함부로 발로 밟아 버렸다
　　 B. 하고 싶은 대로 하다
　　 C. 비로소 즐겁게 여겼다
　　 D. 야채를 사러오는 손님이 있는지 없는지 관찰하다

56 A. (명/동) 결정(하다)　B. (동) (나쁜 결과를) 초래하다
　　 C. (동) 발휘하다　　　D. (동) 생기다, 나다

[용법]

充足 chōngzú (형) 충분하다
→ '필요한 것이 더 이상 필요 없을 정도로 많이 있다, 충분하다'는 뜻의 형용사이며, 주어는 주로 구체적인 것이 옴.
(经费 경비 / 东西 물건 / 营养 영양 / 阳光 햇볕 / 维生素 비타민)很充足.

至少 zhìshǎo (부) 최소한
→ 대부분 수량과 함께 쓰는 부사임 [주어+至少(부)+동사+수량.]
我每天至少散两个小时步.
나는 매일 최소한 두 시간씩 산책한다.

发挥 fāhuī (동) 발휘하다
→ '안에 내재해 있는 힘을 밖으로 나타내 보이다, 표현하다, 발휘하다'는 뜻임.
发挥(能力 능력 / 力量 힘 / 功能 기능 / 作用 작용 / 想象力 상상력 / 实力 실력 / 水平 실력 ……)

[해설]

53
'他们都/开始/卖菜。/(他们商店的)/规模/不大, /心里___53___也不重。(그들은 야채장사를 시작했는데, 그들 상점은 규모가 크지 않아서, 심적인 ____도 무겁지 않다)'에서 서술어 '不重' 앞에 주어자리에 빈칸이 있는 문제입니다. 따라서 문맥상 명사 '负担'을 써야 합니다.

54
'手里/___54___/有/三、四百万。(수중에 ____ 몇 백만원이 있다)'에서 동사서술어 '有' 앞의 부사자리에 빈칸이 있는 문제이며, 서술어 뒤에 수량이 있으므로, 수량과 함께 쓰는 부사 '至少'를 써야 합니다.

55
'前者/ ～, /让顾客/感到/很舒服… 。/后者/ ～, /___55___。(전자는 ～해서 손님을 편하게 느끼도록 했지만, 후자는 ____)'에서 문맥상 전자와 후자를 비교해서 쓴 글이므로 앞뒤의 내용이 서로 반대가 되어야 합니다. 전자는 손님이 편하게 느끼도록 했다고 했으므로 후자는 그와 반대되는 행동을 해야 하므로 정답은 B입니다.

56
'(这一点点的)/差异/___56___了/一个人的/成败。(이 사소한 차이가 한사람의 승패를 ____)'에서 목적어 '成败' 앞의 동사서술어 자리에 빈칸이 있는 문제입니다. 문맥상 '좌우하다, 결정하다'는 뜻이 들어가야 하므로 동사 '决定'을 써야 합니다.

57.-60.
[단어]

接待 jiēdài (명/동) 접대(하다), 응접(하다) / 艺术 yìshù (명/형) 예술(적이다), 기술, 기능 / 讲究 jiǎngjiū (동) 중시하다, 신경을 쓰다 / 礼节 lǐjié (명) 예절 / 周到 zhōudào (형) 주도하다, 꼼꼼하다, 세심하다 / 准备 zhǔnbèi (명/동) 준비(하다) / 来访 láifǎng (명/동) 내방(하다), 방문(하다) / 居室 jūshì (명) 거실, 방, 집, 주택 / 茶杯 chábēi 찻잔 / 点心 diǎnxin (명) 간식 / 毛巾 máojīn (명) 수건 / 等候 děnghòu (동) 기다리다 / 敲门 qiāomén (동) 노크하다 / 挽留 wǎnliú (동) 만류하다, 권하여 말리다 / 穿戴 chuāndài (명) 옷차림, 의관

[번역]
손님접대는 일종의 기술이다. 손님접대는 주인에게 예절을 중시하고, 세심하게 고려하도록 요구한다. 손님접대는 다음 몇 가지를 주의해야 한다. 우선 손님이 왔을 때 주인은 각 방면에서 준비를 잘 해야 한다. 실내를 깨끗이 정리하고, 손님에게 필요한 물품 예를 들면 차, 찻잔, 과일, 간식, 수건 등은 준비를 잘 해야 한다. 그 다음 <u>주인은 옷차림이 매우 단정해야 하며 너무 무성의하게 입으면 안 된</u>

다. 그리고 어떤 가족구성원의 손님이든 상관없이 온 가족은 환영을 표시하고 아이들에게도 예의를 갖추도록 알려 주어야 한다. 중요한 손님이 왔다면 온 가족이 모두 문 밖에 나가서 기다려야 하고, 일반손님이라면 주인은 노크소리를 듣자마자 바로 문을 열어 주어야 한다. 마지막으로 손님이 가려고 할 때, 주인은 먼저 일어나서는 안 되고, 손님에게 만류하는 뜻을 내비쳐야 된다. 주인은 손님을 문 밖에까지 배웅하고, 만약에 중요한 손님일 경우에는 주인이 손님이 차에 타서 떠날 때까지 배웅해야 한다.

57 A. (동) 버리다
  B. (형) 충분하다 (부) 충분히, 충분하게
  C. (형) 분명하다, 뚜렷하다
  D. (형) 깨끗하다

58 A 주인은 옷을 단정하게 입어야한다
  B. 주인은 예쁜 옷을 입어야한다
  C. 손님은 양복을 입어야한다
  D. 온 가족이 정장을 입어야한다.

59 A. (동) 쇠다, 지내다 (조사) 이전에 ~한 적 있다 [과거의 경험]
  B. (결과보어) ~에 이르다, 미치다, 되다
  C. (조사) 지금 ~하고 있(는 중이)다 [현재진행, 상태의 지속]
  D. (형) 좋다

60 A. (동) 보내다, 배웅하다
  B. (동) 맞이하다
  C. (동) 영접하다, 맞이하다
  D. (부) 여전히, 계속해서 (동) 돌려주다, 반납하다

[용법]
결과보어
'결과보어'란 동사 바로 뒤에 '동사나 형용사'를 붙여 써서 동작이나 변화로 인해 생긴 '결과'를 강조하는 낱말을 말합니다. 동사와 결과보어 뒤에 결과를 나타내는 '了'나 '过'는 올 수 있지만 동작의 진행이나 상태의 지속을 나타내는 '着'는 쓸 수 없습니다.

```
주어 + 동사 + 동사/형용사 + (了/过/着) + 목적어 ~。
            └→ 결과보어
               掉 diào 버리다
               清楚 qīngchu 분명하다, 뚜렷하다
               干净 gānjìng 깨끗하다
```

他随便把垃圾扔掉了。
  그는 멋대로 쓰레기를 던져버렸다.
我能看清楚本子上的字。
  나는 노트의 글씨를 분명히 보았다.
妈妈把衣服洗干净了。
  엄마께서는 옷을 깨끗이 세탁하셨다.

[해설]
57
'把居室/收拾/___57___ (실내를 ____게 정돈하다)'에서 동사서술어 '收拾' 뒤에 빈칸이 있으므로 '깨끗이 정돈하다' 는 뜻의 결과보어 '干净'을 써야 합니다.

58
'其次，___58___，/不能/太随便。(그다음 ____해야 하고, 너무 편하게 입으면 안 된다)'에서 문맥상 주인은 손님이 왔을 때 옷을 단정하게 입어야 한다는 뜻이 들어가야 합니다.

59
'主人/听___59___/敲门声，/应/马上/开门。(주인은 노크소리를 들으면, 바로 문을 열어야 한다.)'에서 동사 '听' 뒤에 빈칸이 있는 문제인데, 뒤에 목적어 '敲门声'이 있습니다. 문맥상 '노크소리가 들리고 나면 바로 문을 열어야한다' 는 뜻이므로 빈칸에는 어떤 동작이나 상황이 완전히 끝났음을 나타내는 결과보어 '到' 를 써야 합니다.

60
'最后/客人/要走时，···。主人/要/将客人/___60___/出门外(마지막으로 손님이 가려고 할 때 ···. 주인은 손님을 문밖까지 ____해야 한다)'에서 목적어 '出门外' 앞의 동사서술어 자리에 빈칸이 있는 문제입니다. 문맥상 '손님을 문밖까지 배웅해야한다' 는 뜻이므로 동사 '送'을 써야 합니다.

[정답]

46 A	47 C	48 A	49 D	50 C
51 D	52 A	53 B	54 C	55 B
56 A	57 D	58 A	59 B	60 A

2회

46.-48.
[단어]

期中考试 qīzhōngkǎoshì (명) 중간고사 / **试卷** shìjuàn (명) 시험답안, 시험지 / **怦怦直跳** pēngpēngzhítiào 쿵쾅쿵쾅 계속 뛰다 / **定睛** dìngjīng (동) 주의하다, 눈여겨보다, 시선을 집중시키다 / **差点儿** chàdiǎr (부) 하마터면 (~힐 뻔 하나) / **结论** jiélùn (명동) 결론(을) 내리다, 결말(을) 짓다 / **结业** jiéyè (동) 학업을 끝마치다 (수료하다) / **发动** fādòng (동) 시동을 걸다 / **发抖** fādǒu (동) 덜덜 떨다 / **口袋** kǒudai (호)주머니

[번역]
중간고사가 끝났고, 선생님께서 시험지를 나누어 주려고

하신다. 선생님께서 내 이름을 호명하셨을 때 내 심장은 쿵쾅쿵쾅 계속 뛰었고, 너무 긴장이 되었다. 나는 앞으로 나가서 시험지를 받는데, 나는 손을 덜덜 떨면서 자리로 돌아와서 자세히 보았는데, 아, 100점이다. 나는 너무 기뻐서 하마터면 소리를 지를 뻔하였다.

46 A. (명) 결과
　　B. (명/동) 결론(을 내리다), 결말(을 짓다)
　　C. (동) 끝나다, 마치다, 종결하다
　　D. (동) 학업을 마치다, 수료하다

47 A. (명) 심장, 마음　B. (명) 손　C. (명) 머리　D. (명) 옷

48 A. (동) (기계 등의) 시동을 걸다
　　B. (동) 덜덜 떨다
　　C. (동) 발휘하다
　　D. (명) (호)주머니

[해설]

46

'期中考试 /＿＿46＿＿了，/老师/要/发/试卷了。(중간고사가 ＿＿＿, 선생님께서 시험지를 나누어 주려고 하신다)'에서 주어 '期中考试' 뒤의 서술어 자리에 빈칸이 있는 문제입니다. 문맥상 '중간고사가 끝나다'라는 뜻인 동사 '结束'를 써야 합니다. A의 '结果'는 명사이고, B의 '结论'은 '주어가 생각하거나 판단하여 결론을 내리다'는 뜻이며, D의 '结业'는 주로 '주로 훈련, 강습 등과 같은 단기 학업을 마치는 것'을 말하므로 모두 정답이 될 수 없습니다.

47

'我的 /＿＿47＿＿/怦怦/直跳，/紧张极了。(내 ＿＿＿은 쿵쾅쿵쾅 계속 뛰었고, 너무 긴장이 되었다)'에서 서술어 '怦怦直跳' 앞의 주어자리에 빈칸이 있는 문제입니다. 문맥상 '심장이 뛰다'라고 해야 하므로 정답은 A입니다.

48

'接过/试卷，/我的/手/在＿＿48＿＿ (시험지를 받아들고, 나는 손을 ＿＿＿)'에서 주어 '我的手' 뒤의 서술어 자리에 빈칸이 있는 문제입니다. 문맥상 '손을 떨다'라고 해야 하므로 정답은 B입니다. A의 '发动'은 '기계의 시동을 걸다'는 뜻의 동사이고, C의 '发挥'는 '안에 내재해 있는 힘을 밖으로 표현하다, 발휘하다' 는 뜻이므로 '发挥(能力 능력 / 功能 기능 / 作用 작용 / 想象力 상상력 / 实力 실력)' 등처럼 '力'과 관련된 목적어와 함께 써야 하며, D의 '口袋'는 명사이므로 서술어가 될 수 없으므로 모두 정답이 될 수 없습니다.

49.-52.
[단어]

试验 shìyàn 〔명동〕 시험(하다), 테스트(하다) / 淡水鱼 dànshuǐyú 〔명〕 담수어, 민물고기 / 喂养 wèiyǎng 〔동〕 사육하다, 기르다 / 窒息 zhìxī 〔동〕 질식하다, 숨막히다 / 呼吸器官 hūxīqìguān 〔명〕 호흡기관 / 特殊 tèshū 〔형〕 특수하다, 평범하지 않다 / 细胞组织 xìbāozǔzhī 〔명〕 세포조직 / 通过 tōngguò 〔동〕 통과하다 〔개〕 ~을 통해서 / 刀鱼 dāoyú 〔명〕 갈치 / 鳗鱼 mányú 〔명〕 뱀장어 / 对付 duìfu 〔동〕 대응하다, 대처하다 / 适应 shìyìng 〔동〕 적응하다 / 调整 tiáozhěng 〔동〕 조정하다, 조절하다 / 求得 qiúdé 〔동〕 구하다, 구하여 얻다, 요구가 실현되다 / 养 yǎng 〔동〕 기르다 / 抓 zhuā 〔동〕 잡다 / 稍微 shāowēi 〔부〕 좀, 약간 / 马上 mǎshàng 〔부〕 곧, 바로

[번역]

어떤 사람이 실험을 했는데, 강물속의 담수어를 바다에 놓아서 먹이를 주고 기르자, 이 담수어들은 금방 질식사하였다. 그러나 바닷물고기는 소금물과 마찬가지인 바닷물 속에서 잘 살 수 있었다. 과학자는 바닷물고기는 그들의 호흡기관 안에 특수한 세포조직이 있어서 바다에서 생활할 수 있으며, 바닷물고기는 짠 바닷물을 담수로 변하게 할 수 있어서 바닷물 맛이 짠 편이지만, 이 기관을 통해서 바닷물고기의 체내에 들어와도 여전히 담수가 된다. 그러나 담수어는 오히려 이런 세포가 없기 때문에 바닷물이 들어오면 죽게 되는 것이다. 당연히 어떤 물고기는 강물과 호수와 바다사이를 오갈 수 있다. 예를 들면 갈치와 뱀장어 등이 그것인데, 그들은 바다에서도 생활할 수 있고, 강에서도 생활할 수 있다. 이것은 이런 물고기들의 호흡기관에는 염수에도 대처할 수 도 있고, 또 담수에도 적응할 수 있는 세포조직이 있기 때문에, 그 세포조직은 해수와 담수의 환경에 따라 부단히 조절을 해서 생존의 자유를 얻을 수 있는 것이다.

49 A. (동) 놓다, 두다　　　　B. (동) 기르다
　　C. (동) 잡다　　　　　　D. (동) 보다

50 A. (접) ~을 막론하고, ~와 상관없이
　　B. (접) ~을 막론하고, ~와 상관없이
　　C. (접) 설령 ~라 할지라도
　　D. (접) 비록 ~이지만

51 A. 빨리 헤엄을 친다　　B. 아주 작게 생겼다
　　C. 죽을 것이다　　　　D. 수량이 감소할 것이다.

52 A. (접) 그러나
　　B. (동) 끊임없다 (부) 끊임없이, 부단히
　　C. (부) 좀, 약간
　　D. (부) 곧, 바로

[해설]

49

'把 /（江河里的）/淡水鱼 /＿＿49＿＿到/大海里(강물속의 담수어를 바다에 ＿＿＿)'에서 결과보어 '到' 앞의 동사서술어 자리에 빈칸이 있는 문제입니다. 문맥상 '담수어를 바다에 놓다, 두다'는 뜻이므로 동사 '放'을 써야 합니다.

50

'___50___ ～ , 但 …。'에서 뒷 절 맨 앞에 접속사 '但是(그러나)' 가 있으므로 앞 절에 함께 호응하여 쓰는 접속사 '尽管'을 써야 합니다. '尽管'은 '尽管 ～ , 但是 …。'의 형태로 쓰여 '비록 ～이지만, 그러나 …이다'는 뜻으로 '虽然'과 동의어입니다.

A의 '无论'과 B의 '不论'은 동의어입니다. '无论 ～ , 也/都 …。'의 형태로 쓰는 접속사로, '～와 상관없이, 모두 …이다'의 뜻이며, 앞 절의 '无论' 뒤에는 반드시 의문문 형태가 와야 합니다.　　C의 '即使'는 '即使 ～ , 也/都 …。'의 형태로 쓰는 접속사로, '설령 ～라 할지라도, 모두 …이다'의 뜻입니다. ABD는 모두 앞의 내용과 상관없이 뒤의 결과는 모두 불변함을 나타내지만, '无论' 바로 뒤에 의문문 형태가 와야 하는 것에 비해, '即使'는 평서문이 옵니다.

51

'淡水鱼/却/没有/这种细胞, /因此/一进入/大海/___51___。（담수어는 오히려 이런 세포가 없기 때문에 바닷물이 들어오면 ____。）'에서 문맥상 '이런 세포기관이 없기 때문에 바닷물이 들어오면 해롭다 또는 죽는다' 등의 부정적인 뜻이 와야 합니다. 또한 부사 '一'는 뒤쪽에 '就'와 함께 '一(부)+동사1～, 就(부)+동사2 …。'의 형태로 써서 '～하자마자 곧 …하다'는 뜻을 나타내므로 뒤의 부사자리에 '就'가 와야 합니다. 따라서 정답은 C입니다.

52

'它/随着/(海水/和淡水的)/环境/而/进行/___52___ 调整(그 세포조직은 해수와 담수의 환경에 따라 ____ 조절을 하다)'에서 동사 '调整' 앞의 부사 자리에 빈칸이 있는 문제입니다. 문맥상 '계속해서, 끊임없이, 부단히 조절하다'는 뜻이므로 부사 '不断'을 써야 합니다. A의 접속사 '可是'는 '그러나'의 뜻으로 뒷 절 맨 앞에 써야 하고, C의 부사 '稍微(shāowēi)'는 '좀, 약간' 의 뜻으로 반드시 같은 의미인 '有点儿', '一点儿', '一下', '一会儿' 등과 함께 써야 합니다. D의 부사 '马上'은 '곧, 바로(～할 것이다)'의 뜻으로 어떤 일이 임박해왔을 때 씁니다. 따라서 ACD는 모두 정답이 될 수 없습니다.

53.-56.

[단어]

浙江 zhèjiāng 명 절강성 / 数学系 shùxuéxì 명 수학과 / 攻读 gōngdú 동 열심히 공부하다 / 硕士 shuòshì 명 석사 / 合资企业 hézīqǐyè (외국과의) 합자기업 / 销售 xiāoshòu 동 판매하다, 팔다 / 没料到 méiliàodào 동 생각지 못하다, 예상치 못하다 / 重新 chóngxīn 부 (처음부터) 새롭게, 다시 / 返回 fǎnhuí 동 (원래의 곳으로) 되돌아가다(오다) / 法学 fǎxué 명 법학 / 尊称 zūnchēng 명동 존칭(하다) / 学位证书 xuéwèizhèngshū 학위증(명서) / 兜圈

dōuquān 동 빙빙 돌다, 선회하다 / 中途 zhōngtú 도중, 중도 / 改行 gǎiháng 동 직업을 바꾸다, 전업하다 / 风险 fēngxiǎn 명 위험 / 放弃 fàngqì (원래의 권리, 주장, 의견 등을) 버리다, 포기하다 / 辞职 cízhí 동 사직하다, 직장을 그만두다 / 曾经 céngjīng 부 일찍이, 이전에 (～한 적이 있다) / 脾气 píqi 명 성격, 기질, 성질 / 经历 jīnglì 명동 경험(하다), 겪다 / 严肃 yánsù 형 (분위기나 태도 등이)엄숙하다, 엄하다 / 干脆 gāncuì 형 시원스럽다 부 시원스럽게, 차라리, 아예 / 简直 jiǎnzhí 부 그야말로, 정말

[번역]

라오천은 절강대학을 졸업했고, 고향의 한 중학교에서 7년간 교직생활을 한 적이 있고, 후에 그는 상해 과학기술대학 응용수학과에 입학해서 석사공부를 하였으며, 졸업 후 모 합자기업에서 판매업에 종사하였다. 수입이 많지 않고, 나이가 많은 라오천이 다시 학교로 돌아가 처음부터 다시 전혀 새로운 전공인 법학을 공부하리라고는 친지와 친구들 어느 누구도 생각지도 못했다. 그는 반에서 나이가 가장 많고 경험도 가장 많기 때문에 학우들이 모두 '라오천'이라고 불렀다. 라오천이 법학을 공부하는 것은 학위를 취득하기 위해서가 아니라 한 바퀴를 빙 돌고 난 후에 자신이 발전하는데 더욱 적합한 길을 찾은 것이다. 비록 도중에 위험은 크지만, 그는 이 기회를 포기하고 싶지 않았다. 올해 초 그는 아예 직장을 그만두고 법학 석사과정 반에 입학했다.

53 A (부) 자주, 항상
B. (부) 이미 (～했다)
C. (부) 일찍이, 이전에 (～한 적이 있다)
D. (부) (시종일관) 계속해서

54 A (부) 여태껏 (～한 적이 없다)
B. (부) 이때부터, 그로부터
C. (명) 사업, 영업
D. (동) 종사하다

55 A 성격이 가장 좋다　　B. 제일 늙어 보인다
C. 경험이 가장 많다　　D. 표정이 제일 엄숙하다

56 A (형) 시원스럽다 (부) 차라리, 아예, 시원스럽게
B. (조동) ～할 수 있다
C. (부) 그야말로, 정말
D. (전) (～시간)에, (～장소)에서 (부) 지금 ～하고 있(는 중이)다

[해설]

53

'___53___ /在/(家乡的)/一所中学/当过/7年/老师(____ 고향의 한 중학교에서 7년간 교직생활을 한 적이 있고)'에서 전치사 '在' 앞의 부사자리에 빈칸이 있는 문제입니다. 또한 동사 '当' 뒤에 과거의 경험을 나타내는 동태

조사 '过'가 있으므로 부사 '曾经'을 써야 합니다. '曾经'은 '이전에 ~한 적 있다'는 뜻으로 과거의 경험을 나타내며, 과거를 나타내는 시간사 또는 동사 뒤의 '过'와 함께 쓰는 경우가 많습니다.

54

'___54___/销售工作. (판매업에 _____)'에서 목적어 '销售工作' 앞의 동사서술어 자리에 빈칸이 있는 문제입니다. 따라서 '어떤 일에 종사하다'는 뜻의 동사인 '从事'를 써야 합니다.

55

'由于/他/在班里/年龄/最大, /___55___(그는 반에서 나이가 가장 많고 _____)'에서 문맥상 '나이가 가장 많아서 경험도 가장 풍부하다'는 뜻이 와야 하므로 정답은 C입니다.

56

'今年初/他/___56___/辞职, /考入/一个法学硕士课程班. (올해 초 그는 _____ 직장을 그만두고 법학 석사과정 반에 입학했다.)'에서 동사서술어 '辞职' 앞의 부사자리에 빈칸이 있는 문제입니다. 문맥상 '아예 직장을 그만두고 석사 과정 반에 입학했다'는 뜻이므로 부사 '干脆'를 써야 합니다. C의 부사 '简直'는 '그야말로, 정말'의 뜻으로 '简直/累死了(그야말고 피곤해 죽겠다)', '简直/分不清/谁是我的朋友. (그야말로 누가 내 친구인지 구분을 못하겠다)' 등처럼 과장 되고, 주관적인 생각을 나타내는 경우에 씁니다. 그러나 '직장을 그만두다'는 것은 사실이므로 '简直'는 쓸 수 없습니다. D의 '在'를 부사로 쓰면 '지금 ~하고 있(는 중이)다' 의 뜻으로 '현재진행 또는 상태의 지속' 을 나타내며 '正在'와 동의어입니다. 따라서 문맥상 BCD는 모두 정답이 될 수 없습니다.

57.-60.
[단어]

雾 wù (명) 안개 / 危害 wēihài (명) 해를 끼치다, 손상시키다 (명) 위해, 해로움 / 空气污染 kōngqìwūrǎn (명) 공기오염 / 结合 jiéhé (명)(동) 결합(하다), 결부(하다) / 增强 zēngqiáng (동) 증강하다, 강화하다 / 浓度 nóngdù (명) 농도 / 水蒸气 shuǐzhēngqì (명) 수증기 / 汽车尾气 qìchēwěiqì (명) 자동차 배기가스 / 燃气 ránqì (명) 가스 / 废气 fèiqì (명) 폐기, 배기 / 酸雾 suānwù (명) 스모그 / 酸雨 suānyǔ (명) 산성비 / 呼吸系统 hūxīxìtǒng (명) 호흡기 계통 / 提醒 tíxǐng (동) 일깨우다, 미리 알려주다, 깨우쳐 주다 / 心血管疾病 xīnxuèguǎnjíbìng (명) 심혈관질병 / 避免 bìmiǎn (동) 피하다 / 接触 jiēchù (동) 접촉하다, 닿다 / 呆 dāi (동) 머무르다 / 以免 yǐmiǎn (명) ~하지 않도록 / 引起 yǐnqǐ (동) 야기 시키다, 이끌어내다, 초래하다 / 发作 fāzuò (동) (잠복해 있던 병이) 발작하다 / 加重 jiāzhòng (동) 가중하다, 무거워지다, 심해지

다 / 变成 biànchéng (동) ~로 변하다 / 违反 wéifǎn (동) 위반하다, 어기다 / 无聊 wúliáo (형) 무료하다, 심심하다, 따분하다/ 刺激 cìjī (명)(동) 자극(하다) / 症状 zhèngzhuàng (명) (병의) 증상, 증세 / 提倡 tíchàng (동) 제창하다

[번역]

안개 자체는 인체에 크게 위해하지 않지만, 도시의 공기오염과 결합하면 그 위험성은 크게 강화된다. 그렇기 때문에 일반사람들은 안개 속에서 불편함을 느낀다. 이런 상황은 아침에 가장 쉽게 발생하는데, 우선 아침에는 보통 하루 중 공기오염농도가 가장 높은 때이고, 그 다음 안개속의 수증기는 자동차 배기가스, 가스등에서 생성된 폐기는 쉽게 안개와 결합해서 스모그나 산성비를 만드는데, 산은 인체의 호흡기계통의 위해성이 가장 커서, 일반인은 눈, 코 자극 등의 증상이 나타날 수 있다. 의학전문가는 모두에게 안개가 짙은 날에는 되도록 바깥출입을 삼가고, 원래 호흡기 질병이나 심혈관질병이 있는 사람이나 노인들은 오염이 비교적 심한 공기와의 접촉을 피해야 하며, 병세의 발작이나 병세가 가중되지 않도록 집에 있는 것이 가장 좋다고 알려 주고 있다.

57 A. (동) ~로 변하다
　　B. (동) 알다
　　C. (명/동) 표현(하다)
　　D. (동) ~라고 여기다. 생각되다. 느끼다

58 A. (동) 받아들이다
　　B. (동) 발생하다. 일어나다. 생기다
　　C. (동) 위반하다. 어기다
　　D. (형) 무료하다. 심심하다. 따분하다

59 A. 눈, 코 자극 등의 증상이 나타날 수 있다
　　B. 자주 화가 나고 기분이 안 좋다
　　C. 늘 병원에 가서 진찰을 받아야 한다
　　D. 일을 보러 나갈 수 없다

60 A. (부) (~하고 나서야) 비로소
　　B. (동) (~에게 ...을) 알리다. 말하다
　　C. (부) 가능한 한, 될 수 있는 대로, 되도록이면
　　D. (동) 제창하다

[용법]

表达 biǎodá (동) 표현하다. 나타내다
→ '자신의 감정, 느낌, 생각 등을 말이나 행동으로 표현하다'는 뜻으로, 반드시 '생각이나 감정'과 관련된 낱말과 함께 써야 함.
　表达(感情 감정 / 感受 느낌 / 想法 생각 / 看法 견해 / 意见 의견 / 心里的话 마음 속의 말…)
　(表达, 表明, 表示)他们的立场。
　그들의 입장을 표명하다, 분명히 나타내다

感到 gǎndào 통 ~라고 여기다. 생각하다. 느끼다
→ '정신적, 감정적인 면에서 느끼다, 여기다, 생각하다'는 뜻으로, 목적어로는 주로 형용사나 감정과 관계가 있는 심리활동 동사가 옴.
感到(高兴 기쁘다 / 快乐 즐겁다, 기쁘다 / 痛苦 슬프다, 괴롭다 / 失望 실망스럽다 / 吃惊 놀라다 ....)

违反 wéifǎn 통 위반하다. 어기다
→ 법률이나 규정 등에 부합되지 않는다는 뜻이고, 반대말은 '遵守(zūnshǒu)'임.
违反(交通规则 교통규칙 / 原则 원칙 / 规律 규율 / 纪律 기율, 규칙 / 规定 규정 / 学校的规章 학교의 규칙 …)

提倡 tíchàng 통 제창하다. 부르짖다
→ 사물의 좋은점을 모두에게 사용하거나 실행하도록 격려하고 북돋워 주는 것을 뜻함.
提倡(节约 절약 / 好精神 좋은 정신 / 说普通话 표준어를 쓰는 것 / 晚婚晚育 늦게 결혼하여 출산을 늦추는 것 …)

[해설]

57
'___57___不舒服 (불편함을 ____)'에서 형용사 서술어의 부정형태인 '不舒服' 앞의 동사 서술어 자리에 빈칸이 있는 문제입니다. 따라서 '~라고 느끼다, 여기다'라는 뜻의 동사 '感到'를 써야 합니다.

58
'这种情况/在早晨/最容易/___58___ (이런 상황은 아침에 가장 쉽게 ____)'에서 부사 '容易' 뒤의 서술어자리에 빈칸이 있는 문제입니다. 따라서 '상황이 나타나다, 발생하다'는 뜻의 동사 '发生'을 써야 합니다. 동사 '发生'은 '어떤 일, 상황, 사건, 사고, 변화 등이 일어나다, 발생하다'는 뜻의 동사입니다.

59
'(酸/对/人体的/呼吸系统的)/危害/很大, /一般人/___59___。(산의 인체 호흡기계통에 대한 위해성이 가장 커서, 일반인은 ____)'에서 문맥상 '위해성이 크기 때문에 실제로 인체에 어떤 나쁜 증상이 나타난다' 는 뜻이 나와야 하므로 정답은 A입니다. B는 신체증상과 상관없이 기분이 나쁘다는 뜻이므로 정답이 될 수 없고, 짙은 안개, 산성비, 스모그 때문에 늘 병원에 가서 치료를 받아야 하거나 볼일을 보러 외출을 할 수 없는 것은 아니므로 C나 D도 정답이 될 수 없습니다.

60
'大雾天/要/___60___/减少/出门(안개가 짙은 날에는 ____ 바깥출입을 삼가고)'에서 동사 '减少' 앞의 부사자리에 빈칸이 있는 문제입니다. 따라서 정답은 A 또는 C인데, 문맥상 '되도록 바깥출입을 삼가 해야 한다'는 뜻이므로 부사 '尽量'을 써야 합니다. A의 부사 '才'는 '(~하고 나서야) 비로소 (...하다)'는 뜻으로 '시간이 오래 걸림' 또는 '시간

이 늦음' 을 나타내는 낱말입니다.

[정답]

46 C	47 A	48 B	49 A	50 D
51 C	52 B	53 C	54 D	55 C
56 A	57 D	58 B	59 A	60 C

독해2 · 3부분

[2주차 실력다지기 실전문제]

第二部分

61.
[단어]

做客 zuòkè 통 손님이 되다. 방문하다 / 围 wéi 통 ① 두르다 ② 둘러싸다. 에워싸다 / 保姆 bǎomǔ 명 가정부, 보모, 가사도우미

[번역]
지아즈가 하오란의 집에 손님으로 갔는데, 호연이 앞치마를 두르고 주방에서 음식을 하고 있는 것을 보고 매우 의아해하며 '왠일로 네가 밥을 하고 있어?' 하고 묻자, 하오란은 한숨을 쉬며 '지금은 내가 어쩔 수 없이 밥을 해야 돼.' 하고 말했다. 지아즈가 또 '왜? 가사 도우미는?' 하고 묻자, 하오란은 '그녀는 이미 결혼해서, 지금은 안주인이 되었어.' 하고 대답했다. 지아즈가 "그래? 누구랑 결혼했는데?' 하고 묻자, 하오란은 대답하였다. '나랑.'

A. 하오란은 아직 결혼하지 않았다
B. 하오란의 가사 도우미는 그만두고 다른 곳으로 갔다
C. 하오란은 자기가 밥하는 것을 좋아한다
D. 가사 도우미가 바로 하오란의 아내이다

[해설]
지아즈가 '你的保姆呢? (가사도우미는 뭐하고?)' 라고 묻자, 하오란이 '她已经结婚了, …, 跟我. (그녀는 이미 결혼을 했는데, … 나와 결혼을 했다)'라고 대답한 것으로 보아 정답이 D인 것을 알 수 있습니다.

62.
[단어]

极为 jíwéi 부 극히. 매우 / 未成年人 wèichéngniánrén

® 미성년자 / **难以** nányǐ ⑧ ~하기 어렵다, 곤란하다 [뒤에 보통 2음절로 된 동사를 씀] / **恢复** huīfù ⑧ 회복하다

[번역]

수면은 대뇌건강에 아주 중요해서, 미성년자는 매일 8시간 이상 자는 게 좋으며, 반드시 수면의 질도 유지해야 한다. 만일 수면시간이 부족하거나 수면의 질이 낮다면, 대뇌에 나쁜 영향을 끼칠 수 있어서, 대뇌의 피로감은 회복하기 어려우며, 심한 경우 대뇌의 기능에 영향을 끼칠 수 있다.

A. 수면의 질의 좋고 나쁨은 대뇌와 무관하다
B. 수면시간은 많을수록 좋다
C. 수면부족은 대뇌에 나쁜 영향을 끼칠 수 있다
D. 대뇌의 피로는 주로 수면시간이 지나치게 길어서 야기된 것이다

[해설]

'如果/睡眠时间/不足/或者/质量/不好 … /那么/对大脑/就会/产生/不良的/影响 (만약 수면시간이 부족하거나 수면의 질이 나쁘면 , 대뇌에 나쁜 영향을 끼칠 수 있다)' 라고 했으므로 정답은 C입니다.

63.

[단어]

优雅 yōuyǎ ® 우아하다, 고상하다 / **浓厚** nónghòu ® 진하다, 짙다, 농후하다 / **欣赏** xīnshǎng ⑧ ① 감상하다, 즐기다 ② 좋아하다 / **品尝** pǐncháng ⑧ 맛보다 / **接待** jiēdài ®⑧ 접대(하다), 대접(하다), 초대하다

[번역]

'노사 찻집'은 1988년에 처음 세워졌고, 모두 3층으로 되어 있다. 주위 환경이 운치 있고, 북경의 정취가 농후하며, 차맛도 아주 특색이 있다. 손님들은 매일 경극, 만담 등의 공연을 즐기면서 동시에 각종 명차와 간식 그리고 북경 고유의 간식을 맛볼 수 있다. 개업이래로 노사 찻집은 수많은 국내외 명사들을 맞이하였다.

A. 손님은 매일 공연을 즐길 수 있다
B. 찻집은 장사가 잘 안 된다
C. 찻집은 이제 막 개업했다
D. 찻집의 차 맛은 별로이다

[해설]

'客人/每天都/可以/欣赏/京剧、/相声/等/表演节目, 同时可以品尝各类名茶、点心和北京风味小吃。(손님들은 매일 경극, 만담 등의 공연을 즐기면서, 동시에

각종 명차와 간식 그리고 북경 고유의 간식을 맛볼 수 있다)'라고 했으므로 정답은 A입니다.

64.

[단어]

西红柿 xīhóngshì ® 토마토 [= **番茄** fānqié] / **毒** dú ® 독 / **南美洲** nánměizhōu ® 남미주, 남아메리카 / **献给** xiàngěi ⑧ 받치다, 드리다, 올리다

[번역]

토마토는 '판치에'라고 불리기도 하는데, 사람들은 토마토에 독이 있다고 여겼다. 16세기에 영국인이 토마토를 남아프리카에서 영국으로 가지고 돌아가서 아내에게 사랑의 표시로 선물을 했다. 이로 인해 토마토는 '사랑의 과일'이라고 부르기도 한다. 현재 사람들은 토마토에는 독이 없을 뿐만 아니라, 맛도 좋고 영양도 있다는 것을 잘 알고 있다.

A. 토마토는 영양이 매우 풍부하다
B. 토마토는 영국에서 제일 먼저 생겨났다
C. 토마토에는 독이 있다
D. 토마토는 예쁘게 생겼지만, 맛이 없다

[해설]

'现在/人们/知道/西红柿/不但/没有毒，/而且/还/非常好吃，/有营养。(현재 사람들은 토마토에는 독이 없을 뿐만 아니라, 맛도 좋고 영양도 있다는 것을 잘 알고 있다.)'라고 했으므로 정답은 A입니다.

65.

[단어]

绘画 huìhuà ® 회화, 그림 ⑧ 그림을 그리다 / **描写** miáoxiě ®⑧ 묘사(하다) / **丰富多彩** fēngfùduōcǎi ® 풍부하고 다채롭다 / **体现** tǐxiàn ⑧ 구현하다, 체현하다, 구체적으로 나타나다 / **审美** shěnměi ®⑧ 심미(적) / **独立** dúlì ®⑧ 독립(하다) / **成熟** chéngshú ⑧ 성숙하다, 무르익다 / **阶段** jiēduàn ® 단계, 계단

[번역]

중국 고대회화는 전통적인 분류법에 따라 인물, 산수, 화조 세 종류로 나뉜다. 중국 고대산수화의 주된 묘사대상은 자연풍경이다. 이것은 다채로운 자연미를 표현할 뿐만 아니라 중국 고대인들의 자연관과 사회의 미의식을 구현하고 있다. 중국의 산수화는 하나의 독립된 그림 분야로는 인물화보다 늦게 형성되었고, 수당시기에야 비로소 성숙기에 들어섰지만, 중국회화 역사상 두드러진 발전을 보였다.

A. 고대회화는 인물, 화조, 국화로 분류 된다

B. 인물화는 산수화보다 늦게 형성되었다
C. 산수화가 표현한 것은 인물의 자연미이다
D. 산수화가 주로 묘사한 것은 자연풍경이다

[해설]
'(中国古代/山水画的)/主要/描写对象/是/自然风景 (중국 고대산수화의 주된 묘사대상은 자연풍경이다)'라고 했으므로 정답은 D입니다.

66.
[단어]

亲切 qīnqiè 쥉 ① 친근하다. 친밀하다 ② 친절하다. 다정하다 / 活泼 huópo 쥉 활발하다. 적극적이다 / 尤其 yóuqí 튐 특히 / 形象 xíngxiàng 쥉 형상. 이미지. 모습

[번역]
『사랑의 교육』이란 책은 학생의 일기형식으로 쓴 책이다. 책속의 모든 이야기는 일상생활 속의 사소한 일들이어서 우리가 책을 읽을 때 아주 친근한 느낌을 받는다. 책속의 인물묘사는 매우 생동적이며, 특히 초등학생의 여러 가지 이미지를 묘사하였다. 비록 그들은 각자 단점들이 있지만, 모두 착하고 귀엽다.

A. 이 책은 내용이 아주 훌륭하다
B. 이 책은 중학생에 관한 이야기를 쓴 책이다
C. 이 책은 일기 형식으로 썼다
D. 책에서는 부모의 자녀교육 문제를 다루었다

[해설]
'这本书/是/以/(一个学生日记的)/形式/写的 (이 책은 학생의 일기형식으로 쓴 책이다)'라고 했으므로 정답은 C입니다.

67.
[단어]

农历 nónglì 쥉 음력 / 灯罩 dēngzhào 쥉 등갓. 전등갓 / 点燃 diǎnrán 통 불을 붙이다. 점화하다 / 蜡烛 làzhú 쥉 촛불. 초 / 放置 fàngzhì 통 방치하다. 그대로 내버려 두다 / 雕刻 diāokè 쥉통 조각(하다) / 展出 zhǎnchū 통 전시하다. 진열하다 / 孔雀灯 kǒngquèdēng 쥉 공작새모양의 등 / 造型 zàoxíng 쥉통 조형(하다). 모양을 만들어 내다 / 吸引 xīyǐn 통 끌어당기다. 매료시키다

[번역]
얼음등 축제는 얼음눈꽃 축제라고도 부르는데, 하얼빈의

얼음등 축제는 매년 음력 1월에 열린다. 등갓은 얼음으로 제작하고, 중간에 촛불을 켜놓거나 전등을 설치하는데, 관상예술품으로 이미 천년 이상의 역사가 있지만, 1963년에야 비로소 기념일로 제정되었다. 축제기간 동안 빙하 원유회와 얼음등 조각대회를 열고, 여러 가지 얼음등을 전시한다. 예를 들면, 용모양의 얼음등, 사자모양의 얼음등, 탑모양의 얼음등, 공작새 모양의 얼음등 등이 있는데, 그 조형이 각양각색이어서 많은 여행객들이 구경하러 오도록 끌어들인다.

A. 얼음등 축제는 천년 이상의 역사가 있다
B. 얼음등의 조형과 모양은 다양하다
C. 얼음등 축제는 2년마다 한 번씩 열린다
D. 얼음등 축제기간에는 원유회만 열린다

[해설]
'造型/多种多样(조형이 각양각색이다)'라고 했으므로 정답은 B입니다. 또한 '已/有/上千年/历史. /可/它/1963年/才/被定为/节日(이미 천년 이상의 역사가 있지만, 1963년에야 비로소 기념일로 제정되었다)'라고 했으므로 A는 정답이 아닙니다.

68.
[단어]

加速 jiāsù 통 가속하다. 속도를 증가하다 / 冲 chōng 통 돌진하다. 돌파하다 / 拦 lán 통 (가로)막다. 저지하다 / 交通规则 jiāotōngguīzé 쥉 교통규칙 / 酒后开车 jiǔhòukāichē 쥉통 음주운전(하다)

[번역]
어떤 사람이 밤에 차를 몰고 사거리를 지나가는데, 이때 파란불이 이미 빨간불로 바뀌었다. 그는 속으로 '어차피 다른 차도 없는데 뭘.'이라고 생각하고 그냥 속도를 내서 달리다가 결국은 경찰에 붙들렸다. 경찰이 그에게 '빨간불을 못 보셨습니까?' 하고 묻자, 그는 '보았는데요.' 하고 대답했다. 경찰이 다시 '왜 정지신호를 무시하고 차를 몰았습니까?' 하고 묻자, 그는 '당신을 보지 못했으니까요!' 라고 대답했다.

A. 이 사람은 경찰을 무시했다
B. 이 사람은 교통 법규를 위반했다
C. 이 사람은 음주 운전을 했다
D. 도로에 차가 아주 많다

[해설]
'绿灯/已经/变成/红灯, /他/ … /加速/冲了/过去, /结果/被警察/拦了下来 (파란불이 이미 빨간불로 바뀌었는데, 그는 … 속도를 내서 달리다가, 결국은 경찰에 의해 붙들렸다.)'라고 한 것으로 보아 그가 교통법규를 어긴 것을 알 수 있습니다. 따라서 정답은 B입니다.

69.

[단어]

> 特定 tèdìng ⑲ 특정한, 일정한 / 独特 dútè ⑲ 독특하다

[번역]

스낵은 맛에 있어 특정한 풍격의 특색을 지닌 음식이다. 세계각지에는 모두 여러 가지 풍미의 스낵이 있는데, 독특한 맛은 종종 한 지역의 중요한 특색이 되어 현지에서 아주 유명하다. 스낵은 보통 비싸지 않아 일반사람들이 모두 살 수 있다. 스낵을 일종의 문화현상으로 보고 더 연구를 하려고 하는 학자들도 있다.

A. 스낵은 비교적 간단한 식품이다
B. 스낵의 가격은 보통 비싼 편이다
C. 많은 사람들이 스낵 만드는 것을 좋아 한다
D. 스낵의 맛은 비교적 특별하다

[해설]

'小吃/是/一类/在口味上/具有/特定/风格的特色/食品 (스낵은 맛에 있어 특정한 풍격의 특색을 지닌 음식이다)', '风味/独特 (맛이 독특하다)'라고 했으므로 정답은 D입니다.

70.

[단어]

> 位于 wèiyú ⑧ ~에 위치하다, ~에 있다 / 属于 shǔyú ⑧ ~에 속하다 / 高原 gāoyuán ⑲ 고원 / 丘陵 qiūlíng ⑲ 언덕, 구릉 / 地带 dìdài ⑲ 지대, 지역, 지구 / 适于 shìyú ⑧ ~에 (알)맞다, ~에 적합하다 / 海拔 hǎibá ⑲ 해발 / 适宜 shìyí ⑲ 적합하다, 알맞다 / 酸度 suāndù ⑲ 산(성)도 / 甜度 tiándù ⑲ (정도가) 알맞다, 적당하다 / 色泽鲜艳 sèzéxiānyàn 빛깔과 광택이 선명하다 / 纯正 chúnzhèng ⑲ 순수하다

[번역]

링바오는 허난 성 위시지역에 위치하며 황토고원구릉지대에 속하여, 사과의 생장지로 가장 적합한 곳 중 하나이다. 이 지역은 해발이 높고, 조석의 기온차가 커서 특히 사과가 생장하기에 적합하다. 과일의 맛은 산도와 당도에서 모두 전국 기타 지역보다 높아, 달콤하고 맛있어 사과의 왕이라 할 수 있다. 그 중 일부 품종은 사과 한 알의 무게가 250~500그램에 달하고, 빛깔과 광택이 선명하며, 맛도 깨끗하여 러시아, 일본 등 수십 개 국가와 지역으로 많이 수출된다.

A. 링바오는 허난성 위시 지역에 있다.
B. 링바오의 사과는 세계 각지로 수출된다.

C. 조석의 기온 차는 사과의 생장에 유리하다.
D. 링바오 사과의 당도는 기타지역과 비

[해설]

'早晚/温差/大，/特别/适宜/苹果生长 (조석의 기온차가 커서 특히 사과가 생장하기에 적합하다)' 라고 했으므로 정답은 C입니다.

[정답]

61 D	62 C	63 A	64 A	65 D
66 C	67 B	68 B	69 D	70 C

第三部分

71.-73.

[단어]

> 勤奋 qínfèn ⑲ 부지런하다, 근면하다 / 料理 liàolǐ ⑧ 돌보다 / 光荣榜 guāngróngbǎng ⑲ 표창판 [모범적인 인물을 표창하는 게시판] / 花甲 huājiǎ ⑲ 환갑, 회갑, 60세 / 操劳 cāoláo ⑧ (신경을 써서) 일을 처리하다, 보살피다, 심려하다 / 患 huàn ⑧ 병에 걸리다, 앓다 / 康复 kāngfù ⑧ 건강을 회복하다, 병이 낫다 / 治疗 zhìliáo ⑧ 치료하다 / 不辞劳苦 bùcíláokǔ 노고를 마다하지 않다, 고생을 마다하지 않다 / 检验 jiǎnyàn ⑧ 검열하다, 검사하다 / 评论员 pínglùnyuán ⑲ 평가원 / 评头论足 píngtóulùnzú ⑲ 부인의 두발이나 발의 모양을 비평하다, 이러니저러니 하면서 함부로 말을 늘어놓다, 과감하게 비평하다 / 唠叨 láodāo ⑧ 되풀이하여 말하다, 잔소리하다 / 助手 zhùshǒu ⑲ 조수 / 护士 hùshi ⑲ 간호사 / 伴侣 bànlǚ ⑲ 반려자, 동반자 / 挑剔 tiāoti ⑲ 까다롭다 ⑧ 지나치게 트집을 잡다

[번역]

(71) (72) 왕화는 나와 46년간 함께 생활한 배우자이다. 그녀는 열심히 집안일을 돌보고 세심하게 남편을 보살펴 표창을 받아 영광의 명단에 올랐다. 환갑이 넘은 그녀가 퇴직 후에 일 년 내내 집안일에 힘쓰는 것도 모자라, **(72)** 85세 노모를 모시고, 병약한 배우자 즉, 나를 보살피고 있다는 것을 사람들은 잘 알고 있다. 1991년 내가 중병에 걸려 병원에 입원했을 때, 그녀는 한결 같이 병상을 지키며 간호를 했다. 내가 운 좋게도 건강을 회복하여 퇴원할 수 있었던 것은 필요한 치료를 받은

것 이외에도 그녀가 밤낮으로 고생을 마다하지 않고 보살 핀 덕이 크다. **(73)** 사람들은 그녀가 나의 생활하는 면에서 좋은 배우자인 것은 잘 알고 있지만, 나의 집필활동에 있어서 그녀가 훌륭한 조수라는 것은 잘 모른다. 내가 시 한 수, 산문 한 편을 쓸 때마다 그녀가 전부 봐준다. 그녀는 내 작품의 첫 독자인데, 엄격히 말해서 그녀는 나의 매 작품의 검열관이라 할 수 있다. 작품에 무슨 문제가 있는지, 감정상 건전한지의 여부는 모두 그녀의 검열을 거친다. 또한 나의 서예작품에 있어서 그녀는 또 평론가가 된다. 나의 모든 작품마다 그녀는 늘 과감하게 비평을 가하고, 잘못 쓴 곳이 있으면 고치라고 한다. 때로는 잔소리가 심해 귀찮기도 하지만, 다시 쓴 뒤에 보면 스스로 생각해도 전에 쓴 것보다 나아졌다고 생각한다.

71 왕화와 작가는 어떤 관계인가?
    A. 환자와 간호사   B. 사업상의 조수
    C. 부부   D. 인터뷰 대상과 기자

72 왕화는 올해 몇 살인가?
    A. 46세   B. 85세   C. 60여세   D. 언급하지 않음

73 작가가 생각하기에 왕화는 어떤 사람인가?
    A. 잔소리가 심한 사람임
    B. 생활하는 면에서의 좋은 배우자임
    C. 지나치게 엄격한 검열관임
    D. 트집 잡기 좋아하는 평론가임

[해설]

71

'王华/是/同我/生活了/46年的/老伴 (왕화는 나와 46년간 함께 생활한 배우자이다)' 이라고 했으므로 정답은 C 입니다.

72

'王华/是/同我/生活了/46年的/老伴 (왕화는 나와 46년간 함께 생활한 배우자이다)', '还得/照顾/85岁的/老母亲 (85세 노모를 모시다)'라고 했으므로 미루어 짐작컨대 정답이 C인 것을 알 수 있습니다.

73

'人们都/知道，/她/是(我/生活上的)/好老伴 (사람들은 그녀가 나의 생활하는 면에서 좋은 배우자인 것은 잘 알고 있다)' 라고 한 것으로 보아 정답이 B인 것을 알 수 있습니다.

74.-76.
[단어]

不满 bùmǎn 📝 불만(족하다) / 责问 zéwèn 📝 힐 문하다. 문책하다 / 嘲笑 cháoxiào 📝 조소하다. 비웃다 / 自嘲 zìcháofǎ 📝 자조하다. 스스로 자기를 조소하다 / 摄影师 shèyǐngshī 📝 촬영기사, 사진사 / 抱歉 bàoqiàn 📝 미안하게 여기다, 생각하다 / 巧妙 qiǎomiào

📝 (방법이나 기술 등이) 교묘하다. 좋다. 뛰어나다 / 逐渐 zhújiàn 📝 점차. 차츰차츰 / 点明 diǎnmíng 📝 일일이 지적하여 명확하게 밝히다 / 容貌 róngmào 📝 용모, 모습. 생김새 / 缘故 yuángù 📝 원인, 이유, 연고 / 自尊心 zìzūnxīn 📝 자존심 / 讽刺 fěngcì 📝 풍자(하다). 비꼬다 / 谨慎 jǐnshèn 📝 신중하다. 조심하다

[번역]

(75) 타인의 불만과 도리에 어긋난 힐책에 대해, 자신이 자신을 조소하는 방식으로 대답하는 방법을 자조법이라고 한다. 한번은 한 여성고객이 사진관에 사진을 찾으러 갔다가 불만에 가득차서 사진사에게 말했다. '예전에 내가 여기서 찍었을 때는 아주 예쁘게 나왔는데, 오늘 사진은 왜 이렇게 못생겼나요, 내가 어디 이렇게 뚱뚱한가요?' 그러자 사진사는 미안해하며 '정말 죄송합니다. 예전에 고객님께서 사진 찍으러 왔을 때는 제가 아직 그래도 젊었었는데, 지금은 고객님께서도 보시다시피 좀 나이가 들지 않았습니까. 찍은 사진 역시 예전만 못하네요.' 사진사의 대답은 아주 교묘하여 나이가 들어감 따라 모든 사람의 외모도 점차 변한다는 것을 말해준다. 하지만 **(74) (76)** 사진사는 여성고객의 용모가 예전보다 못하다는 이유를 지적하여 밝히기보다는 오히려 자신이 늙었다는 것을 조소함으로써 원인도 설명하고, 또한 여성 고객의 자존심도 건드리지 않았다. 이것으로 보아 자조 법은 원인도 알리면서 감정도 상하지 않게 할 수 있다는 것을 알 수 있다.

74 사진이 예전처럼 예쁘지 않게 나온 진짜 이유는 무엇인가?
    A. 사진사가 늙었기 때문에
    B. 여성고객의 외모가 밉게 변해서
    C. 지난번에 찍은 사진이 너무 예쁘게 나와서
    D. 사진사의 실력이 예전만 못해서

75 문장 중 거론한 자조 법은 무엇인가?
    A. 자기를 조소하는 방식으로 타인의 도리에 어긋난 힐책에 대응하는 것
    B. 타인의 행위를 통해 자신을 조소하는 것
    C. 진상을 일일이 명확하게 밝히지 않는 풍자를 말함
    D. 상대방을 신랄하게 비평하는 방식을 말함

76 사진사에 관해서, 우리가 알 수 있는 것은?
    A. 데면데면 함   B. 별로 신중하지 못함
    C. 매우 똑똑함   D. 무례함

[해설]
74

'摄影师/不但/没有/点明/是/女顾客/容貌/不如/过去的/缘故，/反而/嘲笑/自己/变老了，/这样/既/把/原因/解释了，/又/不至于/伤害/女顾客的/自尊心 (사진사는 여성고객의 용모가 예전보다 못하다는 이유를 지적하여 밝히기보다는 오히려 자신이 늙었다는 것을 조소함으로써 원인도 설명하고, 또한 여성 고객의 자존심도

건드리지 않았다)'에서 정답이 B인 것을 알 수 있습니다.

75

'对于/别人/不满/和(无道理的)/责问，/采取/自己/嘲笑/自己的/方式/回答，/这种应答方法/叫/自嘲法 (타인의 불만과 도리에 어긋난 힐책에 대해, 자신이 자신을 조소하는 방식으로 대답하는 방법을 자조법이라고 한다)'라고 했으므로 정답은 B입니다.

76

위의 내용으로 보아 사진사가 매우 현명한 것을 알 수 있습니다.

77.-79.
[단어]

收缩 shōusuō 통 수축하다, 오그라들다 / 肺活量 fèihuóliàng 명 폐활량 / 机体 jītǐ 명 유기체 / 免疫功能 miǎnyìgōngnéng 명 면역기능 / 失调 shītiáo 통 균형을 잃다, 잘 조절하지 못하다 / 短寿 duǎnshòu 명통 단명(하다) / 死亡率 sǐwánglǜ 명 사망률 / 健将 jiànjiāng 명 달인, 명수, 실력자 / 早衰 zǎoshuāi 통 일찍 쇠약하고 늙다 / 适量 shìliàng 명형 적량, 적당량이다. 수량이나 분량이 적당하다 / 低强度 dīqiángdù 명 저 강도, 낮은 강도 / 消耗 xiāohào 통 (정신, 물자, 힘 등을) 소모하다, (필요 이상으로) 소비하다 / 打太极拳 dǎtàijíquán 통 태극권을 하다 / 健身 jiànshēn 통 몸을 튼튼히(건강하게) 하다 / 显著 xiǎnzhù 형 현저하다, 뚜렷하다, 두드러지다 / 高密度 gāomìdù 명 고밀도 / 脂蛋白 zhīdànbái 명 지방단백질 / 剧烈 jùliè 형 격렬하다, 극심하다 / 延长 yáncháng 명통 연장(하다)

[번역]

운동은 심장수축을 강력하게 하고, 폐활량을 증가시키며, 혈액순환을 빠르게 하고, 몸의 면역 기능을 증강시킨다. 또한 운동은 근육을 발달시킨다. 그러나 결코 운동을 많이 할수록 좋은 것은 아니다. 지나치게 격렬한 운동을 하게 되면, 종종 인체의 어떤 기관이 손상을 입기도 한다. 예를 들면 어떤 생리기능이 균형을 잃게 되어 질병을 초래하고, 심지어는 수명을 단축하기도 한다. 사망률이 가장 낮은 사람은 체력단련을 좋아하는 운동의 고수가 아니라 운동을 적게 하는 일에 종사하는 사람들이다. 지나치게 운동량이 많거나 격렬한 운동은 심장이 장기간 피로해져서, 결국은 사람을 일찍 노쇠하게 하거나 사망하게 만든다. 이것을 보면 운동도 적당히 해야 한다는 것을 알 수 있다. 현재, (77) 해외에서 저 강도 운동이 유행하고 있는데, 매일 운동으로

2000칼로리를 소모하면 건강에 가장 좋다고 생각한다. 운동 의학자들은 (79) 산책, 조깅, 빨리 걷기, 태극권 등이 저 강도 운동에 속하며, 그 건강 효과는 과도한 운동이나 고강도 운동의 효과보다 더 좋다고 여긴다. 태극권은 일종의 느린 저 강도 운동으로, 매일 30분씩, 30일간 지속한다면 인체 내 고밀도 지방단백질수준을 현저히 높일 수 있다. 이밖에, 관련 전문가의 연구에 따르면, 10분간의 가벼운 산책은 400~500칼로리를 소모할 수 있는데, 이렇게 (78) 매일 40분가량을 산책을 하면 저 강도 운동 요구에 도달할 수 있다.

77 다음 중 옳은 것은 무엇인가?
   A. 운동은 많이 할수록 장점도 많다
   B. 자주 격렬한 운동을 하면 인간의 수명을 연장할 수 있다
   C. 소량의 운동은 몸에 좋은 점이 없다
   D. 저 강도 운동은 건강에 좋다

78 다음 중 저 강도 운동량에 속하는 것은 무엇인가?
   A. 매일 10분씩 산책을 하는 것
   B. 매일 40분씩 산책을 하는 것
   C. 매일 10~12분씩 체조를 하는 것
   D. 30일 동안 태극권을 하는 것

79 다음 중 저 강도 운동에 속하지 않는 운동은 무엇인가?
   A. 태극권   B. 제자리 뛰기   C. 스키   D. 산책

[해설]

77

'国外/正/流行/低强度运动，/认为/每日/运动/消耗/2000卡热量/对健康/最有益 (해외에서 저 강도 운동이 유행하고 있는데, 매일 운동으로 2000칼로리를 소모하면 건강에 가장 좋다고 생각한다.)'라고 했으므로 정답은 D입니다.

78

'(这样/每天/有/40分钟左右的)/散步/即/可/达到/低强度运动的/要求。(매일 40분가량을 산책을 하면 저 강도 운동 요구에 도달할 수 있다)'라고 했으므로 정답은 B입니다.

79

'散步、/慢跑、/快步走、/打太极拳等/都属于/低强度运动 (산책, 조깅, 빨리 걷기, 태극권 등이 저 강도 운동에 속하며)'이라고 했으므로 '滑雪'가 저 강도운동에 속하지 않는 것을 알 수 있습니다.

80.-82.
[단어]

失恋 shīliàn 명통 실연(하다) / 证明 zhèngmíng 명통 증명(하다) / 无所谓 wúsuǒwèi 상관없다. 관계없다 / 一辈子 yíbèizi 명 한 평생, 일생 / 赢得 yíngdé

① 이기다. 승리하다 ② (칭찬, 호평, 갈채, 박수 등을) 얻다. 받다. 획득하다 / **丰富** fēngfù ⑱ 풍부하다. 많다 / **经验** jīngyàn ⑲ 경험 / **拥有** yōngyǒu ⑧ 소유하다. 가지다 / **深沉** shēnchén ⑱ (정도가) 심하다. 깊다 / **气质** qìzhì ⑲ 기질. 성격. 성미 / **选择** xuǎnzé ⑧ 선택하다 / **心心相印** xīnxīnxiāngyìn ⑳ 서로 마음이 통하다 / **悲伤** bēishāng ⑱ 몹시 슬퍼하다 / **不妨** bùfáng 무방하다. 괜찮다 / **提醒** tíxǐng ⑧ 일깨우다 / **珍惜** zhēnxī ⑧ 소중히 여기다 / **错过** cuòguò ⑧ (기회를) 잃다. 놓치다 / **幸运** xìngyùn ⑱ 운. 행운 ⑱ 운이 좋다 / **可怜** kělián ⑱ 불쌍하다. 가엾다 / **成熟** chéngshú ⑱ 성숙하다. 무르익다 / **自信** zìxìn ⑱ 자신(하다) / **痛恨** tònghèn ⑧ 몹시 미워하다. 원망하다

[번역]

실연은 당신이 진정으로 사랑했었다는 것을 증명한다. 만일 진정으로 사랑한 적이 없다면 실연에 신경을 쓰지 않는다. 이 세상에 평생 동안 진정한 사랑을 못해본 사람은 많이 있다. 이런 사람들과 비교하면, 인생의 여정에서 당신은 이미 많은 경험을 얻은 것이다. 비록 **(80)** 나중에 잃긴 했지만, 예전에 가졌던 것이기도 하다. 하지만 **(81)(82)** 당신의 인생은 이미 그로 인해 풍부해졌으며 감정 또한 깊이 있어졌고, 성격도 성숙하게 되었다. 연애는 한 사람에 대한 선택이며, 실연 역시 어떤 사람들에 대한 선택이다. 이미 알고 있거나 앞으로 알게 될 사람 중에 당신과 서로 마음이 통할 수 있는 사람이 있기만 하다면, 당신은 바로 고개를 돌려 세월에게 '나는 지난 번 실연에 감사한다.'라고 말해도 된다. 정말 너무 슬퍼하지 마라. 어쩌면 진정으로 당신에게 행복을 가져다 줄 사람이 가까운 곳에서 당신을 기다리고 있을지 도 모른다. 얻었다가도 잃을 수 있다. 당신이 무엇을 얻었든지 자주 이렇게 자신을 일깨워보는 것도 괜찮다. 이렇게 하면 얻었을 때 훨씬 소중할 것이며, 잃었을 때 역시 그 상황을 못 받아들이는 정도까지는 이르지 않을 것이다. 애정문제에 있어서 특히 더 이러하다.

80 이 글에서 말하는 '실연'이란 무엇인가?
　　A. 연애시기를 놓치는 것
　　B. 자신이 사랑하던 사람이 죽은 것
　　C. 자신이 상대방을 사랑하지 않게 되는 것
　　D. 연애하던 한쪽이 상대방의 사랑을 잃게 되는 것

81 작가는 실연이란 어떤 것이라고 생각하는가?
　　A. 아주 고통스러운 일임
　　B. 아주 가치 있는 일임
　　C. 처음에는 행운이고, 그 다음에는 불행임
　　D. 불쌍하게 여기게 하는 것

82 실연은 사람을 어떻게 만들 수 있는가?
　　A. 성숙하게 함　　　　B. 이때부터 자신감을 잃게 함
　　C. 몹시 원망하게 함　　D. 상관없음

[해설]

80
'尽管/后来/失去了，/那/也/曾经/拥有过 (나중에 잃긴 했지만, 예전에 가졌던 것)'라고 했으므로 정답은 D입니다.

81-82
'你的/人生/已/由此/变得丰富，/感情也/由此/变得深沉，/气质/已/由此/变得成熟 (당신의 인생은 이미 그로 인해 풍부해졌으며 감정 또한 깊이 있어졌고, 성격도 성숙하게 되었다)'라고 했으므로 82번의 정답은 A입니다. 또한 실연으로 인해 인생이 풍부해 졌고, 감정이 깊이 있어졌으며, 성격도 성숙해 졌다고 했으므로 작가는 실연을 가치가 있는 것이라고 생각하고 있는 것을 알 수 있습니다. 따라서 81번의 정답은 B입니다.

83.-85.
[단어]

经营 jīngyíng ⑧ 경영하다. 운영하다 / **善于** shànyú ⑧ ~에 능숙하다. ~를 잘하다 / **贪便宜** tānpiányi ① 이기적이다. 자기 편리만 찾다 ② 공짜를 좋아하다 / **采取** cáiqǔ ⑧ 취하다. 채택하다. 수용하다. 받아들이다 / **耳聋** ěrlóng ⑧ 귀가 먹다. 귀가 들리지 않다 / **促销** cùxiāo ⑧ 판매를 촉진시키다 / **扮** bàn ⑧ ~의 역할을 하다. 역을 맡다 / **雇员** gùyuán ⑲ 임시직원, 아르바이트생 / **接待** jiēdài ⑱⑧ 접대(하다), 맞이하다 / **耐心** nàixīn ⑱ 참을성(이 있다), 인내심(이) 강하다 / **细致** xìzhì ⑱ 꼼꼼하다. 치밀하다 / **询问** xúnwèn ⑧ 묻다. 알아보다 / **仿佛** fǎngfú ⑧ 마치 ~인 듯 하다 / **意图** yìtú ⑲ 의도 / **赶紧** gǎnjǐn ⑧ 재빨리 / **掏钱** tāoqián ⑧ 돈을 꺼내다. 돈을 내다 / **匆匆** cōngcōng ⑱ 황급하다 ⑧ 황급히, 분주히, 총총히 / **调皮** tiáopí ⑧ 장난치다. 까불다

[번역]

(85) 미국의 소규모 의류상 잭 형제는, 옷을 팔던 중 사람들이 보편적으로 공짜를 좋아하는 심리를 발견하여, 한 가지 재미있는 방법을 취해서 성공을 거두었다. 장사를 하던 중, 형제는 자주 '귀머거리' 행세를 해서 판매를 촉진했다. 형제 중 한 사람은 늘 판매원 역할을 맡아 친절하게 손님을 대하고, 손님에게 참을성 있고 꼼꼼하게 어떤 옷에 대한 특징을 소개를 한다. 대부분의 고객들은 보뉴 여러 방면에서 다 만족스러워야 비로소 '이 옷은 얼마예요?' 하고 상품가격을 물으면, 판매원은 이때 항상 손을 귀에다 갖다 대면서 '뭐라고요?'라고 묻는다. 그러면 고객은 다시 한 번 큰 소리로 '이 옷 얼마에 파냐고요?'라고 물으면, 판매원은 이때야 비로소 마치 손님의 의도를 알아차렸다는 듯이 바로 고객에게 '너무 죄송합니다. 제 귀가 밝지 않아서요. 제가 사장님께 여쭤보겠습니다.'라고 말한다. 그는 바

로 몸을 돌려 안쪽에 있는 사장에게 큰 소리로 '사장님, 이
옷 얼마에 팔아요?'라고 물으면, 안쪽의 주인은 일어나서
잠깐 옷을 본 뒤에 '72달러야.'라고 대답을 한다. '얼마라
고요?' **(83) (84)** 사장은 이때 다시 '72달러라고!' 하며 대답
을 한다. 그리고 나서 판매원은 고개를 돌려 손님에게 '한
벌에 42달러입니다.'라고 말하면, 손님은 그 말을 듣자마자
얼른 돈을 꺼내 옷을 산 후 바쁘게 그 자리를 떠난다.

83 그 옷은 마땅히 얼마에 팔아야 하는가?

   A. 72달러   B. 42달러

   C. 12달러   D. 확실히 정할 수 없음

84 고객은 왜 바삐 옷을 산 후 그 자리를 떠났는가?

   A. 사장이 화낼까봐

   B. 공짜를 좋아해서

   C. 여러 방면에 모두 만족스럽다고 느껴서

   D. 바가지 쓸까봐 걱정돼서

85 잭 형제에 대해서 다음 중 옳은 것은 무엇인가?

   A. 진짜 머리가 좋은 사람들임

   B. 장사를 잘 못함

   C. 심한 개구쟁이임

   D. 공짜를 좋아함

[해설]

83-84

'美国/小服装商/杰克兄弟，/在服装经营中/善于/发
现/人们/普遍/有一种/贪便宜的/心理，/采取了/一
个很有趣的方法/获得了/成功。在经营中，/兄弟俩
/常常/借"耳聋"/来促销。(미국의 소규모 의류상 잭
형제는, 옷을 팔던 중 사람들이 보편적으로 공짜를 좋아하
는 심리를 발견하여, 한 가지 방법을 취해서 성공을 거두
었다. 장사를 하던 중, 형제는 자주 '귀머거리'행세를 해서
판매를 촉진했다.)', '"72美元!" /老板/此时/应声/答
道。/雇员/回头/对顾客/说：/"42美元一件。顾客
/一听，/赶紧/掏钱/买下/这件衣服后/匆匆/离去。
(사장은 이때 다시 '72달러라고!' 하며 대답을 한다. 그리
고 나서 판매원은 고개를 돌려 손님에게 '한 벌에 42달러
입니다.' 라고 말하면 손님은 그 말을 듣자마자 얼른 돈을
꺼내 옷을 산 후 바쁘게 그 자리를 떠난다.)'라고 한 것으
로 보아, 원래부터 이 옷의 가격이 42달러였다는 것을 알
수 있으므로 83번의 정답은 B이며, 이 고객은 공짜를 좋
아하는 것을 알 수 있으므로 84번의 정답은 B입니다.

85

84-85번 문제의 내용을 보면 잭 형제는 머리가 아주 좋은
사람들인 것을 알 수 있습니다.

86.-88.

[단어]

考古 káogǔ 몡통 고고학, 고고하다 [옛 유물이나 유

적으로 고대의 사실을 연구하고 고찰하는 것을 말함]
/ **琉璃厂** liúlíchǎng 고유명 유리창 / **开办** kāibàn 통
설립(창립)하다. 개업하다 / **着重** zhuózhòng 통 힘을
주다, 강조하다. 역점을 두다 / **经销** jīngxiāo 통 중개
판매하다. 위탁 판매하다 / **文化人** wénhuàrén 몡 지
식인 / **角度** jiǎodù 각도, 사물을 보거나 생각하는
출발점. 관점 / **陈列品** chénlièpǐn 몡 진열품, 전시품
/ **惊讶** jīngyà 통 놀랍고 의아하다 / **传统** chuántǒng
몡혱 전통(적인) / **各种各样** gèzhǒnggèyàng 여
러 가지. 각종(의) / **高档** gāodàng 혱 고급의. 상등의
/ **插图** chātú 몡 삽화. 도판 / **承认** chéngrèn 통 승인
하다. 허가하다. 동의하다 / **出版社** chūbǎnshè 몡 출
판사 / **虚度光阴** xūdùguāngyīn 허송세월을 하다 /
高品位 gāopǐnwèi 몡 고품격 / **稍微** shāowēi 뷘 좀.
약간, 다소 / **馆藏** guǎncáng 통 (도서관이나 박물관
등에서) 수장하다 / **敦煌** dūnhuáng 고유명 돈황 / **恰
巧** qiàqiǎo 뷘 때마침, 공교롭게도 / **专攻** zhuāngōng
몡통 전공(하다) / **博士** bóshì 몡 박사 / **海外** hǎiwài
몡 해외, 외국, 국외 / **乐事** lèshì 몡 즐거운 일, 즐거움

[번역]

중국 사회과학원 고고
학연구소는 최근 유리
창에 고고학 서점을 열
어, 고고학 방면의 도서
를 판매하는데 치중하고
있다. 지식인의 관점에
서 선반 위의 진열품을 볼 때, 당신은 놀랍게도 이곳에 좋
은 책이 정말 많다는 것을 발견하게 될 것이다. 유리창의
각 서점의 중국 전통문화예술방면의 도서는 거의 모두 있
으며, 또한 각종 문화화집이 있는데, **(86)** 전부 고급종이로
정밀하게 인쇄한 것이며 전부 대판으로 컬러사진 삽화를
넣어 만들어서 매우 아름답다. 이런 책들을 보게 되면, 요
즘 **(86) (88)** C. 중국의 문인, 학자, 출판사가 결코 허송세
월하지 않고, 진정한 고품격의 좋은 책들을 정말 많이 만
들어냈다는 것을 인정하게 된다. 하지만 한 점원은 '좋은
책이야 말로 가격이 매우 비쌉니다.' 라고 말한다. 이런 책
은 일반적인 크기의 책들만 보통사람들이 살 수 있지 다
소 큰 책은 보통사람은 일반적으로 살 수 없다. 고고학 서
점의 한 여성이 기자에게 그 서점에서 가장 비싼 것은 **(88)**
D. 영국에서 수장한 둔황총서인데, 총12권짜리로 가격이
1만 위안에 이른다고 알려 주었다. 마침 기자의 한 친구
가 국내에서 몇 안 되는 둔황학을 전공한 박사 중의 한 사
람인데, 그는 비록 책을 목숨처럼 아끼지만 어쨌든 그는
그가 필요한 이 전공서를 사지는 못한다. **(87)** 서점을 찾는
고객 중 한 번에 천 위안 이상을 쓰는 사람은 대부분 외국
인사들이고, **(88)** 중국의 지식인은 가장 많아야 한 번에 몇
백 위안의 책을 산다. 선진국과 비교해서 중국의 고급서
적 가격은 비싼 편이 아니며, 또한 책의 질도 상당히 좋다.

이 때문에 **(88)** B. 일부 동양문화에 흥미를 갖고 있는 외국 친구들은 중국에 있는 동안 서점에서 많은 책을 사서 자기 나라로 돌아간다. 특히 일본, 한국 등 아시아 국가의 학자들은 중국에서 책 사는 것을 큰 즐거움으로 여긴다.

86 어떤 책들이 고급서적이라 할 수 있는가?
    A. 일반적인 크기의 책
    B. 고급 종이로 인쇄한 품질이 좋은 책
    C. 권당 최소한 백여 원 하는 가격이 비싼 책
    D. 내용이 좋고, 가격이 비싼 책

87 누가 주로 고급서적을 사는가?
    A. 일반 지식인
    B. 전문가
    C. 동양문화에 관심을 가지고 있는 외국인
    D. 박사

88 이글에서 다음 중 언급하지 않은 것은 무엇인가?
    A. 많은 지식인들은 고급서적을 산다
    B. 외국인은 중국에 와서 책 사는 것을 좋아 한다
    C. 고급서적의 저자
    D. 돈황 총서는 영국에서 수장하고 있다

[해설]

86
'全部/是/高档纸/精印, /而且/全是/大开本, /配上/彩色/照片插图, /绝对/漂亮。/看到/这些书, …, /真的/出了/不少/(真正/高品位的)/好书。(전부 고급종이로 정밀하게 인쇄한 것이며 전부 대판으로 컬러사진 삽화를 넣어 만들어서 매우 아름답다.)'이라고 했으므로 정답은 B입니다.

87
'在/光临书店的/顾客中, /一次/花/上千元的, /大多/是/海外人士。(서점을 찾는 고객 중 한 번에 천 위안 이상을 쓰는 사람은 대부분 외국 인사들이다)'라고 했으므로 정답은 C입니다.

88
본문에서 '书好才会贵(좋은 책이야 말로 비싸다)'라고 했는데, '中国文化人, /最多的/是/一次/买/几百元的/书。(중국의 지식인은 가장 많아야 한 번에 몇 백 위안의 책을 산다)'라고 했으므로 이 글에서 언급하지 않았습니다.

89.-90.

[단어]

日标 mùbiāo 명 목표 / 损失 sǔnshī 명동 손실(하다), 손해(보다) / 意味着 yìwèizhe 동 의미하다 / 季节 jìjié 명 계절, 철 / 贫乏 pínfá 형명 ① 빈궁(하다), 가난(하다) ② 부족(하다), 빈약(하다), 결핍(하다) / 忠告 zhōnggào 명동 충고(하다) / 无疑 wúyí 부 의심할 것도 없이, 틀림없이 / 呆头呆脑 dāitóudāinǎo 성 멍청하
다. 우둔하다. 멍하다 / 应付 yìngfù 동 대응하다. 대처하다 / 耽误 dānwu 동 ① 시간에 늦다. 시간을 지체하다 ② 일을 그르치다. 망치다 / 娱乐 yúlè 명 오락, 즐거움 / 主导 zhǔdǎo 명 주도적인 것 동 주도하다 / 唱盘 chàngpán 명 레코트, 음반 / 放弃 fàngqì 동 포기하다. 그만두다 / 广泛 guǎngfàn 형 광범위하다. 폭넓다 / 融入 róngrù 동 녹아들다 / 保持 bǎochí 동 지키다. 유지하다 / 浪漫 làngmàn 형 로맨틱하다. 낭만적이다 / 天真 tiānzhēn 형 ① 천진하다. 순진하다. 꾸밈없다 ② 유치하다. 단순하다 / 清醒 qīngxǐng 형 (머릿속이) 맑고 깨끗하다. 뚜렷하다. 분명하다

[번역]

(89) 1살씩 나이가 들 때마다 책 한 권 읽는 것이 목표가 너무 낮은 것이라고 생각해서는 안 된다. 만일 당신이 70살까지 살 수 있다면, 당신은 70권의 책을 읽게 된다! 당신은 아무나 붙잡고 그가 읽었던 책들을 써보라고 해보면 70부를 써내지 못한다는 사실을 발견하게 될

것이다. 10살 이전에 당신이 1년에 책 한 권을 읽는 것은 불가능하다. 그 때 손해 본 10권은 중고등학교나 대학교 때 읽어야 한다. 이것은 당신이 학창 시절에 매년 2-3권의 책을 더 읽어야 한다는 것을 의미한다. 이것은 이때는 마침 당신이 공부를 하는 시기이므로 결코 많은 편이 아니다. 문제는 30살 이후인데, 당신이 책과 크게 관련 없는 일에 종사할 때 1살 씩 나이가 들 때마다 한 권의 책을 읽을 수 있을까? 그럴 수 없다면 당신은 앞으로 정신세계의 빈곤으로 걸늙게 될 것이다.

소수의 목숨처럼 책을 좋아하는 사람에게도 **(90)** 1년에 1권의 책만 읽도록 충고한다. 정보화 시대에 1년에 많은 책을 읽는 사람은 우둔하게 보일 수 있다. 왜냐하면, 그는 이 시대에 반드시 해야 할 많은 일들을 너무 많은 책을 읽는 바람에 그르칠 수도 있기 때문이다. 지금은 더욱 많은 방법들이 우리에게 즐거움을 가져다 줄 수 있는데, 독서는 이미 지식탐구와 오락의 주요위치에서 영화와 텔레비전, 라디오, 레코드 음반, 신문잡지, 여행과 동등한 위치로 떨어졌다. 청년시기에는 폭넓게 생활 속으로 융화하기 위해서는 독해에 욕심을 부릴 필요가 없다. 독서는 낭만, 순수함, 젊음, 맑은 머리를 유지하게 해줄 수 있기 때문에 중년 이후에도 독서를 그만 두어서는 안 된다.

89 1살씩 나이 들 때마다 책 1권을 읽는다는 것은 어떤 의미인가?
    A. 출생 후부터 70살까지 매년 1권씩 책을 읽는 것을 말함
    B. 10살부터 30살까지 70권의 책을 읽는 것을 말함
    C. 중년 이후에 70권의 책을 읽는 것을 말함
    D. 학창시절에 많이 읽고, 중년 이후에도 독서를 계속하는 것을 말함

90 1년에 많은 책을 읽으면 어떻게 되나?

　A. 우둔해져서 많은 일들을 그르치게 됨

　B. 젊어지고, 머리가 맑아짐

　C. 순수하고, 낭만적이 됨

　D. 정신세계가 빈곤해짐

[해설]

89

'不要以为一岁读一本书这个目标太低了。如果你能活到70岁，你将读70部书 (1살씩 나이가 들 때마다 책 한 권 읽는 것이 목표가 너무 낮은 것이라고 생각해서는 안 된다. 만일 당신이 70살까지 살 수 있다면, 당신은 70권의 책을 읽게 된다)'라고 했으므로 정답은 A입니다.

90

'一年/只读/一部书/又是/一个忠告。/在信息时代，/ (一年/读/许多书的)/人，/无疑/将会/显得/呆头呆脑，/因为/他/在这个时代/必须/应付的/许多事，/都/由于/读了/太多的书/而/耽误了 (1년에 1권의 책만 읽도록 충고한다. 정보화 시대에 1년에 많은 책을 읽는 사람은 우둔하게 보일 수 있다. 왜냐하면, 그는 이 시대에 반드시 해야 할 많은 일들을 너무 많은 책을 읽는 바람에 그르칠 수도 있기 때문이다.)'라고 했으므로 정답은 A입니다.

[정답]

71 C	72 C	73 B	74 B	75 B
76 C	77 D	78 B	79 C	80 D
81 B	82 A	83 B	84 B	85 A
86 B	87 C	88 A	89 A	90 A

[4주차 실력다지기 실전문제]

第二部分

61.

[단어]

农家乐 nóngjiālè 명 농촌생활체험 / 休闲 xiūxián 명동 (휴일에) 휴식 오락 활동(을 즐기다), 레저 활동(을 하다) / 提供 tígōng 동 제공하다 / 回归 huíguī 명동 회귀(하다), 돌아가다 / 愉悦 yúyuè 형 유쾌하고 기쁘다 희열, 기쁨 / 农产品 nóngchǎnpǐn 명 농산품 / 加工 jiāgōng 동 가공하다 / 成本 chéngběn 명 원가

[번역]

'농촌생활체험'은 일종의 여행 레저 활동방식이다. 농민이

도시사람에게 일종의 대자연으로 돌아가는 기회를 제공하여 마음을 가볍게 하고, 정신도 즐겁게 하는 레저여행이다. 일반적으로 '농촌생활체험'은 주로 현지의 농산품을 가공하여 손님의 요구를 만족시켜주며, 원가도 비교적 적게 들기 때문에 비용도 별로 들지 않는다.

A. 농촌생활체험은 일종의 놀이이다

B. 농촌생활체험은 농촌에서 하는 레저 여행이다

C. 농촌생활체험에서의 상품은 수준이 떨어지는 편이다

D. 농촌생활체험은 도시에서 하는 여행이다

[해설]

'"农家乐"/是/一种/旅游休闲方式 ('농촌생활체험'은 일종의 여행 레저 활동방식이다)'라고 했으므로 정답은 B입니다.

62.

[단어]

便利 biànlì 형동 편리하(게 하)다 / 造成 zàochéng 동 초래하다 / 污染 wūrǎn 명동 오염(시키다), 오염되다 / 疾病 jíbìng 명 질병 / 呼吸道 hūxīdào 명 호흡기관 / 发病率 fābìnglǜ 명 발병률 / 关注 guānzhù 명동 관심(을 가지다), 배려(하다)

[번역]

자동차는 인류에게 교통의 편리함을 제공해 주었지만, 환경의 심각한 오염 또한 초래하였다. 호흡기 질환, 암, 두통 등의 발병률은 빠르게 증가하고 있는데 모두 환경오염과 관련이 있다. 일반가정에서의 자동차구입이 증가함에 따라 자동차가 배출하는 오염물질은 이미 도시 대기오염의 주요원인이 되었으며, 점점 더 사람들의 폭넓은 관심을 야기 시키고 있다.

A. 사람들은 자동차의 품질을 중시한다

B. 자동차와 환경오염은 밀접한 관계가 있다

C. 각종 질병의 발생과 자동차는 전혀 무관하다

D. 사람들은 아직 환경오염에 관심이 없다

[해설]

'轿车/为人类/提供了/交通便利，/但是/也/对环境/造成了/严重的/污染。(자동차는 인류에게 교통의 편리함을 제공해 주었지만, 환경의 심각한 오염 또한 초래하였다)' 라고 하였으므로 정답은 B입니다.

63.

[단어]

好奇心 hàoqíxīn 명 호기심 / 激发 jīfā 동 (감정을) 불러일으키다, 분발시키다 / 奇妙 qímiào 형 기묘하

다, 신기하다 [흥미를 갖게 하는 신기한 사물에 대해 많이 씀] / **发挥** fāhuī 통 발휘하다 / **潜能** qiánnéng 명 잠재(능)력, 가능성 / **始终** shǐzhōng 부 (시종일관) 계속해서

[번역]

아이의 호기심은 아이의 학습흥미를 불러일으킬 수 있다. 만일 당신이 인생을 재미있게 살고 싶다면, 생활하면서 호기심을 많이 가지면 된다. 만일 당신에게 호기심이 있다면, 일상생활 곳곳에 신기한 부분이 있다는 것을 발견할 것이며, 당신은 잠재능력을 더욱 잘 발휘할 수 있을 것이다. 따라서 우리는 아이들처럼 한 결 같이 새로운 것을 좋아하는 마음을 유지해야 한다.

A. 호기심은 사람들이 능력을 발휘하는 것을 도울 수 있다
B. 호기심은 생활하는데 있어서 별로 쓸모가 없다
C. 호기심은 학습할 때만 에만 유용하다
D. 호기심은 아이의 흥미를 불러일으킬 수 없다

[해설]

'如果/你/有/好奇心，…，/你/就/能/更好地/发挥/潜能。(만일 당신에게 호기심이 있다면, … , 당신은 잠재능력을 더욱 잘 발휘할 수 있을 것이다.)' 라고 했으므로 정답은 A입니다.

64.
[단어]

要素 yàosù 명 요소, 요인 / **淡水** dànshuǐ 명 담수 / **饮用** yǐnyòng 통 마시다, 음용하다 / **宝贵** bǎoguì 형 귀중하다 통 소중히 하다, 중시하다 / **生命之泉** shēngmìngzhīquán 명 생명의 원천

[번역]

물과 공기와 음식은 인류의 생명과 건강에 필요한 3대요소이다. 인체에서 50%–60%의 무게는 수분이며, 어린이의 체내수분은 많게는 80%에 다다른다. 물이 없으면, 생명도 없다. 지구상의 담수자원은 겨우 지구 수자원 총량의 3%를 차지하고 있으며, 이 3%의 담수 중에서 직접 마실 수 있는 것은 겨우 0.5%에 불과하다. 그래서 물은 인류의 소중한 자원이며, 생명의 원천이라고 말할 수 있다.

A. 지구상의 담수자원은 수자원 총량의 5%를 차지하다
B. 사람의 80%는 물이다
C. 어린이 체내의 수분은 비교적 적다
D. 물은 생명의 요소이다

[해설]

'水/与空气，/食品/是/(人类生命/和健康的)/三大要素。(물과 공기와 음식은 인류의 생명과 건강에 필요한

3대요소이다.)'라고 했으므로 정답은 D입니다.

65.
[단어]

去世 qùshì 통 죽다, 사망하다 / **吃惊** chījīng 통 놀라다 / **批评** pīpíng 명통 비평(하다), 꾸짖다 / **居然** jūrán 부 뜻밖에, 의외로 / **悲伤** bēishāng 통 몹시 슬퍼하다 / **回避** huíbì 통 회피하다, 피하다 / **规律** guīlǜ 명 규율 / **具备** jùbèi 통 갖추다, 구비하다 / **理性** lǐxìng 명형 이성(적이다), 지적이다 / **摆脱** bǎituō 통 (속박, 어려운 상황 등에서) 벗어나다, 빠져나오다, 떨쳐 버리다 / **约束** yuēshù 통 단속하다, 구속하다, 제한하다, 얽어매다 / **自由** zìyóu 명형 자유(롭다)

[번역]

장자의 아내가 죽어서 친구가 그를 찾아와 보니, 놀랍게도 그가 노래를 부르고 있는 것을 발견하였다. 친구는 매우 언짢아하며 '자네는 울기는커녕, 어떻게 이럴 수가 있나?' 하고 나무랐다. 그러자 장자는 '내게 슬픈 감정이 없는 것은 아니지만, 죽음은 피할 수 없는 일이잖아. 어차피 이것이 자연의 법칙이라면, 구태여 울 필요가 있겠는가?' 하고 말했다. 장자는 이성적인 사고를 하면 감정의 속박에서 벗어날 수 있어서 마음의 자유에 이를 수 있다는 사상을 가지고 있다.

A. 장자는 자신의 아내를 좋아하지 않았다
B. 장자는 노래 부르기를 좋아 한다
C. 친구는 장자를 잘 이해한다
D. 이성은 사람을 고통에서 벗어날 수 있게 한다

[해설]

'理性的/知识，/就可以/摆脱/情感的/约束，/达到/心灵的/自由。(이성적인 사고를 하면 감정의 속박에서 벗어날 수 있어서 마음의 자유에 이를 수 있다)'라고 했으므로 정답은 D입니다.

66.
[단어]

辐射 fúshè 명통 방사(하다), 복사(하다) / **探讨** tàntǎo / **话题** huàtí 명 화제 / **警告** jǐnggào 통 경고하다

[번역]

최근 핸드폰의 광범위한 사용으로 인해 야기되는 건강문제는 점차 사람들에게 중시되고 있다. 핸드폰에서 나오는 전자파가 건강에 유해한지의 여부는 과학계에서 줄곧 거론되고 있는 화제다. 영국의 한 전문가는 핸드폰이 담배보다 더 암을 유발할 수 있다는 사실을 발견하였다. 이것

은 지금까지 핸드폰에 관해 나온 가장 최근의 가장 심각한 경고가 되었다.

A. 사람들은 핸드폰이 초래하는 문제를 별로 중시하지 않는다
B. 핸드폰은 담배보다 더 몸을 상하게 한다
C. 핸드폰의 기능은 점차 많아지고 있다
D. 많은 사람들이 핸드폰의 사용을 반대한다

[해설]
'手机/比香烟/更/可能/致癌。(한 전문가는 핸드폰이 담배보다 더 암을 유발할 수 있다는 사실을 발견하였다)' 라고 하였으므로 정답은 B입니다.

67.
[단어]

发源地 fāyuándì 몡 발원지 / 棒 bàng 몡 막대기, 몽둥이 / 挑 tiāo 통 뽑다, 선택하다 끄집어 내다 / 拨 bō 통 (손, 발, 막대기 따위를 옆으로) 밀어 움직이다 / 夹 jiā 통 끼우다, 집다 / 拌 bàn 통 뒤섞다, 버무리다 / 扒 pá 통 (손이나 갈퀴로) 그러모으다, 긁다 / 价廉物美 jiàliánwùměi 셍 값도 싸고 물건도 좋다 / 独特 dútè 톙 독특하다 / 餐具 cānjù 몡 식기

[번역]
중국은 젓가락의 발원지로 젓가락으로 식사하는 것이 이미 3000년의 역사가 있는 세계에서 가장 먼저 젓가락을 사용한 나라이다. 젓가락은 아주 간단한 두 개의 작고 가는 막대기처럼 보이지만, 움직이고, 뽑고, 집고, 뒤섞고, 긁어모을 수 있는 기능들이 있으며, 사용하기가 편리하며, 값도 싸고 물건도 좋다. 젓가락은 또한 현재 세계에서 일종의 독특한 식기이기도 하다. 현재 젓가락을 사용하는 국가로는 주로 일본, 한국 등의 아시아 국가가 있다.

A. 젓가락의 기능은 매우 많다
B. 우리에게 젓가락의 사용방법을 설명해주고 있다
C. 주로 어느 나라에서 가장 먼저 젓가락을 사용했는지를 설명하고 있다
D. 세계 각국은 모두 젓가락으로 식사를 한다

[해설]
'它/有/挑、/拨、/夹、/拌、/扒/等/功能 (움직이고, 뽑고, 집고, 뒤섞고, 긁어모을 수 있는 기능들이 있다)'라고 했으므로 정답은 A입니다.

68.
[단어]

时尚 shíshàng 몡 당시의 풍조, 유행 / 适合 shìhé

통 적당하다, 적합하다, 알맞다 / 特点 tèdiǎn 몡 특징 / 打扮 dǎbàn 통 꾸미다, 치장하다 / 属于 shǔyú 통 ~에 속하다 / 淑女 shūnǚ 몡 숙녀 / 关键 guānjiàn 몡 관건, 핵심 / 重视 zhòngshì 몡통 중시(하다), 중요시(하다)

[번역]
유행은 겉모양뿐만이 아니라, 내재적인 부분을 가리키기도 한다. 지금 유행하는 것이 반드시 모두 당신에게 맞으라는 법은 없다. 자신의 특징에 따라 자신을 꾸며야 하고, 당신이 어떤 유형에 속하는 지를 보아야 한다. 성숙한 형인지, 숙녀 형인지, 단순하면서 자연스러운 형인지, 스포티한 형인지. 사실 어떤 형이던지 모두 유행을 따를 수 있지만, 관건은 자신한테 맞아야 한다는 것이다.

A. 유행은 단지 겉모양만을 말한다
B. 유행은 바로 단순하면서 자연스러운 것이다
C. 유행이 반드시 모두 자신에게 맞는 것은 아니다
D. 우리는 유행을 중시해야 한다

[해설]
'现在/流行的/不一定/都/适合/你 (지금 유행하는 것이 반드시 모두 당신에게 맞으라는 법은 없다)'라고 했으므로 정답은 C입니다.

69.
[단어]

时代 shídài 몡 시대 / 深入 shēnrù 통 깊이 들어가다, 깊이 파고들다 / 简练 jiǎnliàn 톙 간결하고 세련되다, 간단하고 요령이 있다 / 生动 shēngdòng 톙 생동감 있다, 생생하다 / 集中 jízhōng 통 집중하다, 모으다 / 特色 tèsè 몡 특색 / 消费者 xiāofèizhě 몡 소비자 / 富有 fùyǒu 톙 부유하다 / 吸引 xīyǐn 통 끌어들이다, 매료시키다 / 信任 xìnrèn 몡통 신임(하다) / 辨别 biànbié 통 판별하다, 분별하다, 분간하다

[번역]
지금 이 정보화 시대에서 광고는 이미 사회생활의 각 방면에 깊숙이 들어와 있다. 광고는 간결하면서 세련되고, 생동감 넘치는 언어로 집약적이고 구체적으로 상품의 특징과 성격을 표현하며, 소비자의 바람과 요구를 나타낸다. 광고는 감정의 색채가 강한 언어로 소비자를 매료시킨다. 광고는 사람들이 상품을 이해하고, 신뢰하게 할 뿐만 아니라 동시에 일종의 사회문화가 되었다.

A. 사람들은 변별을 통해 자신에게 유익한 광고를 받아들여야 한다
B. 광고는 사회문화에 많은 영향을 가져왔다
C. 광고는 소비자의 바람만을 나타낸다

D. 현재 사람들은 광고를 별로 신뢰하지 않는다

[해설]
'广告/已/深入到/社会生活的/各个方面 (광고는 이미 사회생활의 각 방면에 깊숙이 들어와 있다)', '成为/一种 社会文化 (동시에 일종의 사회문화가 되었다)'라고 했으 므로 정답은 B입니다.

70.

[단어]

> 立即 lìjí 🔟 즉시, 곧바로 / 无益 wúyì 🔟 무익하다, 쓸데없다 / 消化 xiāohuà 🔟 소화(하다) / 不适 búshì 🔟 ① (몸이) 불편하다. 찌뿌드드하다 ② (기분 이) 언짢다 / 伤害 shānghài 🔟 손상시키다. 해치다

[번역]

현재 대다수 사람들은 식후에 과일을 먹는 습관이 있는데, 사실 이 방법은 잘못된 것이다. 식후에 바로 과일을 먹으 면 위와 장에 무익하고 해롭다. 방금 밥을 먹었기 때문에 장과 위안의 음식이 아직 소화가 되지 않았는데, 바로 과 일을 먹으면 장이 불편해지고, 위에 손상을 주어 건강에 영향을 주게 된다.

A. 소화력을 강화시키는 방법을 소개하였다
B. 과일은 위가 음식을 소화하는 것을 돕는다
C. 식후 과일을 먹으면 몸에 좋다.
D. 식후 과일을 먹으면 건강에 영향을 끼친다

[해설]
'饭后/立即/食用/水果/不仅/对肠胃/无益/而且/有 害 (식후에 바로 과일을 먹으면 위와 장에 무익하고 해롭 다)' 라고 하였으므로 정답은 D입니다.

[정답]

61 B	62 B	63 A	64 D	65 D
66 B	67 A	68 C	69 B	70 D

第三部分

71.-73.
[단어]

> 深远 shēnyuǎn 🔟 ① (영향, 의의 등이) 깊고 크다, 심각하고 거대하다 ② (시간적으로) 장구하고 (공간 적으로) 광범위하다. 심원하다 / 就业 jiùyè 🔟 취직 하다, 취업하다 / 失业率 shīyèlǜ 🔟 실업률 / 一度

yídù 한때, 한동안 / 竞争力 jìngzhēnglì 🔟 경쟁률 / 白领阶层 báilǐngjiēcéng 🔟 화이트 컬러 계층 / 拥 有 yōngyǒu 🔟 소유하다, 보유하다, 가지고 있다 / 代 替 dàitì 🔟 대신하다, 대체하다 / 团聚 tuánjù 🔟 한 자리에 모이다 [주로 가족이나 친척이 헤어졌다가 다 시 만날 때 씀] / 度假 dùjià 🔟 휴가를 보내다 / 诞生 dànshēng 🔟 탄생하다, 생기다 / 抗议 kàngyì 🔟 항 의(하다) / 伦敦 lúndūn 🔟 런던 / 清洁 qīngjié 🔟 청 결하다, 깨끗하다 / 透明 tòumíng 🔟 투명하다 / 交 通堵塞 jiāotōngdǔsè 🔟 교통체증 / 车祸 chēhuò 🔟 차사고 / 惨痛 cǎntòng 🔟 비통하다, 비참하고 침통 하다 / 丧命 sàngmìng 🔟 목숨을 잃다, 죽다 [주로 비 명횡사하거나 갑작스런 병으로 죽을 경우에 씀] / 燃 料 ránliào 🔟 연료 / 节约 jiéyuē 🔟 절약하다 / 有限 yǒuxiàn 🔟 유한하다, 한계가 있다 / 资源 zīyuán 🔟 제한

[번역]

100년간 자동차는 영국 사회에 깊은 영향을 끼 쳤다. 우선 자동차는 영 국에 많은 취업기회를 제공해서 영국사회의 실 업률이 한 때 5%이하까 지 떨어졌었고, 그 다음 영국 사회전체의 공업발전을 촉진 하여 영국공업이 더욱 경쟁력을 갖게 하였다. 사회생활 속의 자동차는 영국인에게 지극히 편리함을 가져왔다. 화 이트 컬러 계층 중에는 거의 2인당 자동차 한 대씩을 소유 하고 있고, 도시주민은 평균 세 가구당 한 대씩 자동차를 소유하고 있으며, 어떤 가정은 몇 대씩 자동차를 소유하고 있고, 또 어떤 가정은 임대 또는 분할납부 등의 형식으로 자동차를 사용하는 것으로 보행을 대신하고 있다. 영국 자 동차 공업협회 위원장은 '자동차는 우리생활에 편리함을 주어서 가족이 한자리에 모이고, 우리에게 여행을 가서 휴 가를 보내는 더 많은 기회를 제공해 주었지만, 우리는 이 런 자유를 함부로 이용해서는 안 되며, 앞으로의 100년에 대해 책임을 져야한다.' 라고 말했다. 영국은 자동차 탄생 의 100년을 경축할 때 마찬가지로 많은 사람들이 자동차 가 영국사회에 끼치는 나쁜 영향에 대해 시위를 했다. 환 경보호단체에서는 (72) A. 자동차는 런던의 대기오염이 나 날이 심각해지는 것을 초래하는 주요원인이라고 말하고, 그들은 더 많은 차를 생산하는 것을 중단하여 런던이 깨끗 하고 투명한 공간을 드러내도록 요구하였으며, (72) B.D. 배기오염, 고통 체증 이외에도 자동차가 초래하는 차사고 의 비통한 교훈도 열거하였다. 지난 100년 간 영국인 50 만 명이 차바퀴에 생명을 잃었고, 세계에서는 1500만 명 이 교통사고로 사망했다. (71) 전문가는 인류가 자동차 사 용으로 야기되는 오염에 더 많은 관심을 가지도록 일깨우 는 동시에 지구상의 유한한 자원을 절약할 수 있도록 다음

정답 및 해설

100년간 사는 후세들이 연료를 대체할 수 있는 신형자동차를 발명할 수 있기를 바란다.

71 이 글은 우리에게 무엇을 알려주고 있는가?
 A. 자동차는 우리에게 편리함을 가져왔다
 B. 자동차 생산을 중단하여야 한다
 C. 앞으로 자동차는 건전지를 동력으로 해야 한다
 D. 자동차 문제에 올바르게 대처해야 된다

72 자동차의 단점에 관해 다음 중 언급하지 않은 것은 무엇인가?
 A. 환경오염을 초래함   B. 차 사고를 초래함
 C. 많은 연료를 낭비함   D. 교통체증을 야기함

73 어떤 사람들이 거의 2인당 자신의 차를 소유하고 있는가?
 A. 공무원   B. 가족구성원   C. 종업원   D. 판매원

[해설]

71
'人们/提醒/人类/更多地/关心/(使用/汽车/造成的)/污染。/同时也/希望/在下个百年人类/能/发明出/(替代/燃料的)/新型汽车，/以/节约/地球上/有限的/资源。(사람들은 인류가 자동차 사용으로 야기되는 오염에 더 많은 관심을 가지도록 일깨우는 동시에 지구상의 유한한 자원을 절약할 수 있도록 다음 100년간 사는 후세들이 연료를 대체할 수 있는 신형자동차를 발명할 수 있기를 바란다)'라고 한 것으로 보아 정답이 D인 것을 알 수 있습니다.

72
'汽车/是/(造成/伦敦/大气污染/日益/严重的)/主要原因 (자동차는 런던의 대기오염이 나날이 심각해지는 것을 초래하는 주요원인이다)', '除了/废气/污染，/交通堵塞外，/还/有人/例举/(汽车/造成/车祸的)/惨痛教训 (배기오염, 교통 체증 이외에도 자동차가 초래하는 차사고의 비통한 교훈도 열거하였다)'라고 했고, 본문에서 많은 연료를 낭비한다는 내용은 언급하지 않았습니다.

73
'在/白领阶层中/几乎/每2人/就/拥有/一辆/自己的/车 (화이트 컬러 계층 중에는 거의 2인당 자동차 한 대씩을 소유하고 있다)'라고 했는데, '화이트 컬러 계층'은 정신노동을 하는 사람을 말하므로 공무원이 여기에 해당합니다.

74.-75.
[단어]

纵横交错 zònghéngjiāocuò ⑧ 종횡으로 교차하다 / 排球 páiqiú ⑱ 배구 / 网球 wǎngqiú ⑱ 테니스 / 羽毛球 yǔmáoqiú ⑱ 배드민턴 / 美观 měiguān ⑱ (장식, 외관 등이) 보기 좋다. 아름답다 / 混乱 hùnluàn ⑱⑧ 혼란(하다) / 避免 bìmiǎn ⑧ 피하다 / 改进 gǎijìn ⑧ 개진하다. 개선하다 / 特殊 tèshū ⑧ 특수하다 / 光源 guāngyuán ⑱ 광원 / 划线 huáxiàn ⑧ 선을 긋다. 줄을 치다 / 调 tiáo ⑧ 조절하다 / 电气 diànqì ⑱ 전기 / 设备 shèbèi ⑱⑧ 설비(하다), 시설(을 갖추다) / 输入 shūrù ⑱⑧ 입력(하다), 인풋(하다) / 图案 túàn ⑱ 도안 / 按 àn ⑧ (손이나 손가락으로) 누르다 / 电钮 diànniǔ ⑱ 전기 스위치, 버튼 / 油漆 yóuqī ⑱ (유성) 페인트 / 石灰 shíhuī ⑱ 석회 / 改革 gǎigé ⑱⑧ 개혁(하다) / 绘制 huìzhì ⑧ 제도하다. (도면 등을) 제작하다

[번역]
(74) 매번 체육관 한 곳을 세울 때면 사람들은 모두 그 기능을 충분히 발휘할 수 있고, 되도록 많이 사용되는 체육관이 되기를 바란다. 이렇게 되니 많은 체육관의 바닥은 종횡으로 교차하여 농구, 배구, 테니스, 배드민턴 등과 같은 각종 그라운드의 경계선이 그려져 있어 보기 안 좋기도 하고 혼란을 초래하기 쉽다. 이것 때문에 사람들은 이것을 피하고 개선하는 여러 가지 방법을 생각해냈다. 최근 한 전문가가 방법을 생각해냈는데, 그는 특수한 광원이 체육관 안에 선을 긋도록 설계를 했다. **(74)** 조절이 되는 전기시설 안에 각종 그라운드의 도안을 입력하고, 버튼을 누르기만 하면 한 그라운드의 경계선이 그려지는 것이다. 이런 윤곽선은 정확하고 색채가 뚜렷하고 풍부하다. 사용하지 않을 때는 버튼을 끄면, '그라운드'는 곧 사라지고, 다시 다른 그라운드로 바꾸고 다른 경기를 진행할 수 있다. 매우 편리할 뿐만 아니라, 페인트나 석회 등 오염을 피할 수 있다. 이런 설계는 제안하자마자, 바로 주의를 끌었는데, 사람들은 보통 이것이 운동그라운드의 중대한 개혁이 될 것이라고 생각한다.

74 사람들은 새로 건축한 체육관의 기능이 어떠하기를 바라는가?
 A. 새로 건축한 체육관이 국제경기의 요구에 부합하기를 바람
 B. 새로 건축한 체육관이 동시에 여러 용도로 쓰이기를 바람
 C. 바닥은 종횡으로 교차하여 두어야 함
 D. 체육관은 빛을 사용하여 선을 그어야 함

75 특수 광선으로 선을 그으면 어떤 장점이 있는가?
 A. 체육관 한 곳이 다용도로 설계되는 것을 실현함
 B. 다른 도안을 제작하는 것은 그라운드를 보기 좋게 만듦
 C. 동시에 몇 가지 다른 경기를 진행할 수 있게 함
 D. 페인트와 석회를 사용하지만 오염이 되지는 않음

[해설]

74
'每/修建/一处体育馆/时，/人们都/希望/充分/发挥/其功能，/尽量/达到/一个场馆/多用。(매번 체육관 한 곳을 세울 때면 사람들은 모두 그 기능을 충분히 발휘

할 수 있고, 되도록 많이 사용되는 체육관이 되기를 바란다.)'라고 했으므로 정답은 B입니다.

75

'在/一个/(调好的)/电器设备里，/输入/(各种场地的)/图案，/只要/一按/电钮，/一个/(场地的)/边线/就/划好了。(조절이 되는 전기시설 안에 각종 그라운드의 도안을 입력하고, 버튼을 누르기만 하면 한 그라운드의 경계선이 그려지는 것이다)', '不用时/一关/电钮，/"场地"/就/消失了，/可/再换/一个/(别的)/场地，/举行/另一种比赛 (사용하지 않을 때는 버튼을 끄면, '그라운드'는 곳 사라지고, 다시 다른 그라운드로 바꾸고 다른 경기를 진행할 수 있다.)'라고 했으므로 정답은 A입니다.

76.-79.
[단어]

闻名 wénmíng 통 이름(명성)을 듣다. 유명하다 / 饮料 yǐnliào 명 음료 / 激烈 jīliè (시합, 경쟁 등이) 치열하다. 격렬하다 / 销售量 xiāoshòuliàng 명 판매량 / 配方 pèifāng 명 조제하다. 만들다 배합방법, 조제방법 / 新纪录 xīnjìlù 신기록 / 试验 shìyàn 명통 시험(하다), 테스트(하다) / 抗议 kàngyì 명통 항의(하다) / 劣势 lièshì 명 열세 / 优势 yōushì 명 우세. 우위 / 占据 zhànjù 통 (지역, 장소 등을) 점거하다. 차지하다 / 采取 cǎiqǔ 통 (제도, 방법, 태도 등을) 취하다. 채택하다. 받아들이다 / 乘机 chéngjī 기회를 타다 [주로 동사 앞에서 부사처럼 씀] / 决策者 juécèzhě 정책 결정자 / 微妙 wēimiào 형 미묘하다 / 暗暗 ànàn 부 암암리에. 몰래. 살짝 / 宣布 xuānbù (모두에게 공개적으로) 알리다. 발표하다 / 古典 gǔdiǎn 명 고전 / 投入 tóurù 통 (인력, 물력, 힘 등을) 투입하다. 쏟다. 붓다 / 欢呼 huānhū 통 환호하다 / 庆祝 qìngzhù 경축하다 / 抢 qiǎng 부 앞 다투어 ~을 하다. 서로 다투다 / 更换 gēnghuàn 통 교체하다. 바꾸다 / 股票 gǔpiào 명 주식 / 猛涨 měngzhǎng 통 (값이) 폭등하다. 급등하다 / 下跌 xiàdiē 통 하락하다. 떨어지다 / 对策 duìcè 명 대책 / 保留 bǎoliú 통 보류하다 / 投资 tóuzī 명통 투자(하다). 투자금 / 增添 zēngtiān 통 보태다. 더하다. 늘리다

[번역]

코카콜라와 펩시콜라는 세계에서 유명한 양대 유명상표 음료이다. 미국은 물론 전 세계 각지에서 이 두 회사의 경쟁은 줄곧 매우 치열했다. 그러나 코카콜라가 세계에서 가장 유행하고 있을 때, 때마침 (76) 이 회사는 한 층 더 판매량을 늘리기 위해 갑자기 99년간 사

용해 왔던 오래된 제조방법을 바꾸고, 막 연구해낸 새로운 제조방법으로 다시 코카콜라가 세계음료업계의 새로운 기록을 새울 것이라고 설명하였다. 그들은 3년간 500만 달러를 들이고, 20여 만 명을 투입해 맛을 조사하고 시음테스트를 진행하였는데, 그 중에서 55%의 참가자가 새로운 제조방법으로 만든 맛이 좋은 편이라고 하였으며, 동시에 회사에서는 또 무수한 항의편지와 1500여 통의 항의전화를 받았고, 또 어떤 사람은 새로운 제조방법으로 바꾸는 것을 반대하는 시위를 하기도 했다. 이때 그의 경쟁상대는 너무 기뻐하였다. 수 십 년 간 계속 열세에 처해있던 펩시콜라회사 사장은 자신의 상품이 시장에서 이미 우위를 차지했다고 여기고, 이 기회를 틈타 여러 가지 방식으로 대대적인 광고를 하기 시작하였다. **(77)** 코카콜라 회사의 정책결정자들은 시장의 미세한 변화를 발견하고, 속으로 몰래 기뻐하였다. 펩시콜라 회사사장이 기뻐하고 있을 때 코카콜라회사 이사장은 갑자기 오랜 고객들의 의견을 존중하기 위해 회사에서는 오래된 제조법으로 만든 코카콜라 생산을 회복하고 '고전콜라' 라고 명명하는 동시에, 소비자의 새로운 요구를 고려하여 새로운 제조방법의 코카콜라도 동시에 생산을 할 것이라고 결정하였다. 소식이 전해지자, 미국각지의 콜라 애호가들은 환호하며 경축하였고, 오랜 고객들도 계속해서 전통적인 옛날상표의 콜라를 맛보기 시작하였고, 새로운 고객들도 옛날상표 콜라의 명예스런 이름 때문에 앞 다투어 새 콜라를 구입하여 바뀐 후의 콜라의 맛을 보아서 신 · 구 콜라 판매량이 모두 과거보다 8% 상승하였고, 코카콜라 회사의 주식도 2.57달러나 폭등했으나 펩시콜라회사의 주식은 오히려 0.75달러 하락하였다.

76 코카콜라회사는 왜 오래된 제조방법을 바꾸기로 결정했는가?
  A. 펩시콜라로부터 압력을 받았기 때문에
  B. 55%의 소비자의 환영을 받았기 때문에
  C. 새로운 제조방법에 이미 500달러를 썼기 때문에
  D. 판매수량을 높이기 위해서

77 펩시콜라의 홍보 공격을 받고서, 코카콜라는 어떠했는가?
  A. 매우 걱정함
  B. 책략이 있었기 때문에 기뻐했음
  C. 어쩔 수 없이 원래의 제조방법을 보류하였음
  D. 고객의 강한 요구를 받아들여서 새로운 품종을 더 보태었음

78 펩시콜라회사의 주식은 왜 하락하였는가?
  A. 더 큰 시장을 차지했기 때문에
  B. 코카콜라회사의 광고홍보의 질보다 낮았기 때문에
  C. 품질이 떨어졌기 때문에
  D. 1500통의 항의전화를 받았기 때문에

79 이 글은 우리에게 주로 무엇을 알려주고 있는가?
  A. 좋은 책략의 중요성
  B. 어떻게 상품의 질을 향상시켜야 하는 가
  C. 오로지 대규모 투자만이 바람을 이룰 수 있다
  D. 자주 광고내용을 바꾸어야 한다

[해설]

76

'该公司/为了/进一步/扩大/销售量，/却/突然/宣布/要改变/使用了/99年之久的/老配方，/而/采用/(刚/研究出来的)/新配方，/并/说明/要/以/新配方/再创/(可口可乐/在世界饮料行业中的)/新纪录。(이 회사는 한 층 더 판매량을 늘리기 위해 갑자기 99년간 사용해 왔던 오래된 제조방법을 바꾸고, 막 연구해낸 새로운 제조방법을 사용해서 다시 코카콜라가 세계음료업계의 새로운 기록을 세울 것이라고 설명하였다.)'라고 하였으므로 정답은 D입니다.

77

'(可口可乐公司的)/决策者们/发现/(市场上/这微妙的)/变化，/心中/暗暗/高兴。(코카콜라 회사의 정책 결정자들은 시장의 미세한 변화를 발견하고, 속으로 몰래 기뻐하였다)'라고 한 것으로 보아 정답이 B인 것을 알 수 있습니다.

78

이 글은 코카콜라 회사의 뛰어난 책략으로 인해 콜라시장을 더 많이 점령했다는 내용이 주된 내용이므로, 펩시콜라 회사의 광고홍보가 코카콜라의 광고홍보보다 수준이 떨어진 것을 알 수 있습니다.

79

이글은 코카콜라회사를 예로 들어 좋은 책략이 결과에 미치는 중요성을 말하고 있습니다.

80.-82.
[단어]

医疗队 yīliáoduì ⑲ 의료팀 / 急性盲肠炎 jíxìngmángchángyán ⑲ 급성맹장염 / 打针 dǎzhēn ⑤ 주사를 놓다. 맞다 / 服药 fúyào ⑤ 약을 복용하다. 먹다 / 控制 kòngzhì 제압하다. 제어하다. 억제하다 / 恐怕 kǒngpà ⑨ 아마도 (~일 것이다) / 手术室 shǒushùshì ⑲ 수술실 / 布置 bùzhì ⑤ 배치하다. 설치하다 / 指挥 zhǐhuī 지휘하다 / 消毒 xiāodú ⑤ 소독하다 / 麻醉 mázuì ⑲⑤ 마취(하다) / 手术台 shǒushùtái ⑲ 수술대 / 切开 qiēkāi ⑤ 절개하다. 베어내다 / 腹部 fùbù ⑲ 복부, 배 / 配合 pèihé ⑤ 협동하다. 협력하다 / 毅力 yìlì ⑲ 굳센 의지 / 发炎 fāyán ⑤ 염증이 나다 / 佳话 jiāhuà ⑲ 미담. 아름다운 이야기 / 奇迹 qíjì 기적 / 诊所 zhěnsuǒ ⑲ 진료소 / 陌生人 mòshēngrén ⑲ 낯선 사람

[번역]

60년대에 **(81)** 도시의 어떤 큰 병원에서는 농민들을 진찰하고 치료하기 위해 먼 국경지대의 산간지역에 의료팀을 파견했다. **(80)** 하루는 의료팀 중 의사 한 명이 급성맹장

염에 걸렸는데, 약을 먹고 주사를 맞아도 여전히 병이 심해져서 급히 수술을 하고 치료를 해야만 했다. 그러나 그 때 당시 의료팀 안에는 오로지 그 한 사람만 외과의사이고, 기타 세 명의 의사와 두 명의 간호사들은 모두 수술을 할 줄을 몰랐다. 만약에 병원으로 후송하면 산이 높고 길이 멀어서 교통에 어려움이 있어서 시간이 안 될 수도 있었다. 이런 상황에서 그 외과의사는 자기가 자기에게 수술을 하겠다고 했는데, 이것은 그야말로 의료역사상 보기 드문 일이었다. 그때 당시 상황 때문에 의료팀 안의 다른 의사들도 어쩔 수 없이 이렇게 할 수 밖에 없다고 생각했다. 간이수술실이 빨리 설치되었고, 외과의사는 스스로 테이블을 이어서 만든 수술대 위에 누웠다. 그의 지휘 하에 두 간호사는 수술 전의 소독을 한 후 국부마취 등을 할 준비를 했다. 한 의사는 뒤쪽에서 그를 안고 있었고, 외과의사는 수술대 위에 앉아서 수술 칼을 들고서 자기의 복부를 개복했다 ……. 다른 의사들과 간호사들의 혼신의 힘을 다한 협력으로 외과의사는 놀랄만한 의지로 자기에게 염증이 생긴 맹장을 잘라내었다. 그런 다음 의료팀은 그를 병원으로 후송하였고, 그는 생명을 지켰다. 그가 자신한테 수술을 한 기이한 일이 한동안 미담으로 전해졌다.

80 외과의사는 왜 직접 수술을 하기로 결정을 했는가?
    A. 그는 의료역사상 기적을 만들기를 바랐기 때문에
    B. 그의 수술수준이 높은 편이어서
    C. 그의 병세가 긴박했지만 외과의사를 찾을 수 없어서
    D. 이미 소독을 하고 국부마취를 했기 때문에

81 그 외과의사는 원래 어디에서 일을 하였나?
    A. 시골의 한 작은 병원
    B. 전에는 일을 한 적이 없음
    C. 시골의 어떤 진료소
    D. 도시의 큰 병원

82 이 글은 우리에게 무엇을 알려주고 있는가?
    A. 자신의 몸을 사랑하고 보호해야 함
    B. 함부로 다른 사람을 믿어서는 안 됨
    C. 세상에는 불가능한 일을 없음
    D. 모르는 사람이 자기에게 수술을 하게 해서는 안 됨

[해설]

80

'医疗队里/一位大夫/得了/急性盲肠炎，/…，/急需/做手术/治疗。/但/当时的/医疗队里/只有/他/是/外科大夫/其他/三名大夫/和两名护士/都不会/做手术。(하루는 의료팀 중 의사 한 명이 급성맹장염에 걸렸는데, …, 급히 수술을 하고 치료를 해야만 했다. 그러나 그때 당시 의료팀 안에는 오로지 그 한 사람만 외과의사이고, 기타 세 명의 의사와 두 명의 간호사들은 모두 수술을 할 줄을 몰랐다)' 라고 했으므로 정답은 C입니다.

81

'城市里的/某大医院/向边远山区/派出/一支医疗队，/为(那里的)/农民/看病/治病。(도시의 어떤 큰

병원에서는 농민들을 진찰하고 치료하기 위해 먼 국경지대의 산간지역에 의료팀을 파견했다.)'라고 한 것으로 보아 그 외과 의사는 원래 도시의 큰 병원 외과의사인 것을 알 수 있습니다.

82

이 이야기는 한 외과의사가 자기 자신한테 직접 맹장수술을 하는 현실적으로 일어나기 힘든 일이 벌어졌지만, 옆에서 의료팀이 협심해서 그 외과의사를 도와서 결국은 수술을 무사히 마쳤다는 내용을 통해 세상에 불가능한 일은 없다는 것을 말해주고 있습니다.

83.-85.

[단어]

发达 fādá 图 발달하다 / 分析 fēnxi 명동 분석(하다) / 争取 zhēngqǔ 图 쟁취하다. 얻다. 획득하다. 이루다 / 样品 yàngpǐn 견본(품). 샘플 / 免费 miǎnfèi 图 무료로 하다 / 签约 qiānyuē 图 (조약 또는 계약서에) 서명하다 / 玩具 wánjù 图 장난감 / 设计 shèjì 명동 설계(하다). 디자인(하다). 계획(하다). 구상(하다) / 制造 zhìzào 图 제조하다. 만들다 / 慈善事业 císhànshìyè 명 자선사업 / 赠送 zèngsòng 图 증정하다. 선사하다

[번역]

(85) 미국의 한 서비스 회사에서는 다른 소비자에 따라 다른 상품을 생산하는데, 그 상품은 (84) A. 품질이 매우 좋아서 소비자의 환영을 받았다. 그러나 생산력 수준이 높은 미국이라는 선진국에서는 경쟁이 치열해서, 어떤 우세에도 곧 다른 회사에 따라잡힐 수 있었다. 그래서 그들은 전문적으로 소비자에 대한 연구기관을 설립해서 (83) 더 많은 고객을 유치하기위해 소비자심리에 대해 분석을 했다. 그들은 미국 영아들이 모유를 먹지 않는 특징에 따라 영아식품 시리즈를 계획하고 만들었다. 그들의 서비스기관은 (84) D. 어떤 사람이 아이를 낳으면 자발적으로 고객의 집을 방문하여 한 두 세트의 샘플을 무료로 나누어 주었고, (84) B. 샘플을 먹어 보면 아기들은 이런 상품에 대해 이미 적응을 하여 다시 다른 회사에서 생산한 식품으로 바꾸면 먹기 싫어한다는 것을 알게 되었다. 이렇게 해서 아이의 어머니는 자연히 이회사와 계약을 하고, 물건을 구입하게 되었다. 이것 이외에도 (84) C. 그들이 또 아기가 어릴 때부터 성인이 될 때까지 건강하게 성장하는데 유익한 각종 장난감과 제품을 계획하고 만든 것은 부모들이 회사에 대해 호감을 생기게 하여 그들이 생산한 영아식품과 장난감과 제품을 구매하게 하였고, 실적은 점점 더 좋아졌다.

83 서비스회사는 영아식품에 대해 기호 테스트를 진행한

목적은 무엇인가?
A. 영아의 일반기호를 연구하기 위해서
B. 자선사업의 일부임
C. 소비자의 소비심리를 연구하기 위해서
D. 영아식품을 판매하기 위해서

84 다음 중 언급하지 않은 것은 무엇인가?
A. 이 회사제품은 품질이 매우 좋음
B. 미국의 아기는 모유를 먹지 않음
C. 이 회사는 각종 장난감과 제품을 만들었음
D. 이 회사는 모든 소비자에게 무료로 식품을 증정하는 방법을 실시하였음

85 이 서비스회사가 고객의 환영을 받은 원인은 무엇인가?
A. 많은 홍보를 했기 때문에
B. 고객에 대한 서비스 태도가 좋았기 때문에
C. 여러 가지 방법으로 고객을 끌어들였기 때문에
D. 고객의 욕구에 따라 품질 좋은 제품을 생산했기 때문에

[해설]

83

'对/(消费者的)/心理/进行/分析，/以/争取/(更多的)/顾客。(더 많은 고객을 유치하기위해 소비자심리에 대해 분석을 했다)'라고 했으므로 정답은 D입니다.

84

'当/他们的/服务机构/得知/某人/生了/婴儿后，/主动/上门/免费送给/客户/一二套样品 (어떤 사람이 아이를 낳으면 자발적으로 고객의 집을 방문하여 한 두 세트의 샘플을 무료로 나누어 주었다.)'라고 했지, 모든 소비자에게 무료로 나누어 주는 방법을 실시했다고는 하지 않았으므로 정답은 D입니다.

85

'美国/有/一家服务公司，/他们/根据/不同的/消费者/生产/不同的/产品，/其产品/质量/很好，/很受/(消费者的)/欢迎。(미국의 한 서비스 회사에서는 다른 소비자에 따라 다른 상품을 생산하는데, 그 상품은 품질이 매우 좋아서 소비자의 환영을 받았다.)'라고 했으므로 정답은 D입니다.

86.-88.

[단어]

无数 wúshù 图 무수하다. 매우 많다 / 金银财宝 jīnyíncáibǎo 명 금은보배. 재물 / 闷闷不乐 mènmènbúlè 점 마음에 차지 않아 답답하다. 울적하다 / 仙子 xiānzǐ 图 신선 / 碰触 pèngchù 图 만지다. 닿다. 접촉하다 / 随意 suíyì 图 마음대로 하다 图 뜻대로 하다. 마음먹은 대로 하다 / 墙壁 qiángbì 图 벽. 담 / 闻 wén 图 ① 냄새를 맡다 ② 듣다 / 顺手

shùnshǒu 튀 ~하는 김에 / 摘 zhāi 동 따다. 꺾다. 뜯다 / 丰盛 fēngshèng 형 (음식이) 풍성하다. 많다 / 饱餐 bǎocān 동 배부르게 먹다. 포식하다 / 垂头丧气 chuítóusàngqì 성 풀이 죽고 기가 꺾이다. 의기소침하다 / 疼爱 téngài 동 매우 사랑하다. 몹시 귀여워하다 / 后悔 hòuhuǐ 명동 후회(하다)

[번역]

(86) 옛날에 국왕 한 사람이 있었는데, 그는 무수한 토지를 소유하고 있고, 집안 가득 금은보화가 있었지만, 여전히 부족하다고 느껴서 불만

스럽고 마음에 차지 않아 답답해하였다. 하루는 신선이 나타나서 국왕에게 '국왕폐하, 당신은 도대체 어떻게 해야 기쁘시겠습니까?' 하고 물어 보았다. 그러자 국왕은 생각을 좀 하더니 '나한테 금 손가락 하나가 있어서 내 금 손가락이 닿는 것은 뭐든지 다 금으로 변할 수 있으면 행복하겠소.' 하고 대답하였다. (88) 신선은 '정말이십니까? 당신이 정말 금 손가락을 원하시는 지 다시 한 번 생각해 보시겠습니까?' 하고 물어보았고, 국왕은 '생각할 것도 없소. 이것은 내 평생의 가장 큰 꿈이오, 금 손가락만 있다면 내 꿈을 이룰 수 있고, 그렇게 되면 나는 너무 행복할 것 이오.' 라고 대답하였다. 그래서 (87) 신선은 국왕의 오른 손을 금 손가락으로 변하게 하였다. 국왕은 무심결에 테이블, 의자, 접시, 벽 등 을 가리켰는데, 그가 만지는 물건은 모두 금으로 변하였다. 우와! 정말 멋지고, 너무 기뻤다! 이때 국왕은 화원에 가서 꽃향기를 맡으면서 꽃 한 송이를 따서 냄새를 맡으려고 했는데, 손이 닿자마자 꽃은 곧바로 금꽃으로 변해버려서 더 이상 향기가 나지 않았다! 국왕은 또 식당으로 가서 풍성한 음식냄새를 맡으니 배불리 한 끼를 먹고 싶었지만, 그가 접시에 담긴 닭다리를 집었을 때, 닭다리는 곧바로 금 닭다리로 변하였다. 국왕이 의기소침해 있을 때, 그가 가장 사랑하는 어린 딸이 뛰어 들어왔다. 국왕은 매우 기뻐하면서 (89) 이 귀여운 어린 딸을 안았는데, 어린 딸도 금으로 변해버렸다. 국왕은 매우 화를 내면서 '무슨 금 손가락이 이래? 생각지도 못하게 우리 딸이 금으로 변해 버렸잖아.' 하고 말했다. 국왕은 아무리 찾아도 다시는 신선을 찾을 수 없었고, 그는 배고프고, 목말랐으며, 또 사랑하는 어린 딸도 잃어버렸다. 국왕은 매우 후회를 하였다.

86 국왕은 어떤 사람이라는 것을 알 수 있는가?
　　A 돈을 매우 좋아 함
　　B 화내기를 잘하는 사람임
　　C 아주 유쾌한 사람임
　　D 금빛 손을 가진 사람임

87 국왕의 손가락은 어떠한가?
　　A 매우 아름다움

　　B 많은 색깔로 변할 수 있음
　　C 모든 물건을 다 금으로 변하게 할 수 있음
　　D 다쳤음

88 국왕이 즐겁지 않은 이유는 무엇인가?
　　A 가난하기 때문에
　　B 딸을 잃었기 때문에
　　C 그의 손가락이 잘렸기 때문에
　　D 그의 꿈이 실현되지 않았기 때문에

89 결국 국왕은 어떻게 되었는가?
　　A 죽었음　　　　　　B 딸을 잃어버렸음
　　C 금으로 변해버렸음　　D 즐거워졌음

90 이 글이 우리에게 알려주는 것은 무엇인가?
　　A 즐거움은 당신이 소유한 것에서부터 오는 것임
　　B 모든 사람들은 다 금 손가락을 가지고 싶어 함
　　C 다른 사람을 함부로 믿어서는 안 됨
　　D 자기의 아이를 사랑하는 것을 알아야 함

[해설]

86

'有／一个国王／拥有／无数的／土地／也有／满屋子的／金银财宝，／可是／他／仍然／觉得／不够、不满足，／所以／闷闷不乐 (국왕 한 사람이 있었는데, 그는 무수한 토지를 소유하고 있고, 집안 가득 금은보화가 있었지만, 여전히 부족하다고 느껴서 불만스럽고 마음에 차지 않아 답답해하였다.)'라고 했으므로 국왕은 재물을 매우 좋아하는 사람인 것을 알 수 있습니다.

87

'仙子／就／把 (国王的)／右手／变成／一只金手指。／……，／凡是／他／碰触过的／东西／都变成／金制的／物品。 (신선은 국왕의 오른 손을 금 손가락으로 변하게 하였다 ……, 그가 만지는 물건은 모두 금으로 변하였다.)'라고 하였으므로 정답은 C입니다.

88

'国王／就说：／"不用／考虑了，／这是／我一生中／最大的／梦想，／只要／有／金手指，／我的／梦想／就能／实现，／我／就／会／很快乐！" (국왕은 '생각할 것도 없소. 이것은 내 평생의 가장 큰 꿈이오, 금 손가락만 있다면 내 꿈을 이룰 수 있고, 그렇게 되면 나는 너무 행복할 것 이오.' 라고 대답하였다.)'라고 하였으므로 정답은 D입니다.

89

'抱起／这／(可爱的)／小女儿，／可是，／她也／变成／金女孩。 (이 귀여운 어린 딸을 안았는데, 어린 딸도 금으로 변해버렸다.)'라고 했으므로 정답은 B입니다.

90

화원의 꽃향기를 맡고, 배부르게 식사하고, 물을 마시며, 사랑하는 어린 딸을 안는 등은 평소에 국왕이 모두 할 수 있는 일인데도 불구하고, 금 손가락을 가진 후부터는 일상생활에서 할 수 있는 이 모든 것을 할 수 없게 되어서 국왕은 매우 후회를 했다는 내용으로 보아서, 이글은 '즐거움

은 자신이 가지고 있는 것에서부터 오는 것이다'라는 것을
알려주고 있습니다.

[정답]

71 **D**	72 **C**	73 **A**	74 **B**	75 **A**
76 **D**	77 **B**	78 **B**	79 **A**	80 **C**
81 **D**	82 **C**	83 **D**	84 **D**	85 **D**
86 **A**	87 **C**	88 **D**	89 **B**	90 **A**

HSK（五级）答题卡

新 汉 语 水 平 考 试
HSK（五级）答题卡

姓名

国籍
[0] [1] [2] [3] [4] [5] [6] [7] [8] [9]
[0] [1] [2] [3] [4] [5] [6] [7] [8] [9]
[0] [1] [2] [3] [4] [5] [6] [7] [8] [9]

性别　　　　男 [1]　　　　女 [2]

序号
[0] [1] [2] [3] [4] [5] [6] [7] [8] [9]
[0] [1] [2] [3] [4] [5] [6] [7] [8] [9]
[0] [1] [2] [3] [4] [5] [6] [7] [8] [9]
[0] [1] [2] [3] [4] [5] [6] [7] [8] [9]
[0] [1] [2] [3] [4] [5] [6] [7] [8] [9]

考点
[0] [1] [2] [3] [4] [5] [6] [7] [8] [9]
[0] [1] [2] [3] [4] [5] [6] [7] [8] [9]
[0] [1] [2] [3] [4] [5] [6] [7] [8] [9]

你是华裔吗？

是 [1]　　　　不是 [2]

年龄
[0] [1] [2] [3] [4] [5] [6] [7] [8] [9]
[0] [1] [2] [3] [4] [5] [6] [7] [8] [9]

学习汉语的时间：

1年以下 [1]　　　1年-2年 [2]　　　2年-3年 [3]　　　3年-4年 [4]　　　4年以上 [5]

注意　|　请用2B铅笔这样写：▅

一 听力

1. [A] [B] [C] [D]　　6. [A] [B] [C] [D]　　11. [A] [B] [C] [D]　　16. [A] [B] [C] [D]　　21. [A] [B] [C] [D]
2. [A] [B] [C] [D]　　7. [A] [B] [C] [D]　　12. [A] [B] [C] [D]　　17. [A] [B] [C] [D]　　22. [A] [B] [C] [D]
3. [A] [B] [C] [D]　　8. [A] [B] [C] [D]　　13. [A] [B] [C] [D]　　18. [A] [B] [C] [D]　　23. [A] [B] [C] [D]
4. [A] [B] [C] [D]　　9. [A] [B] [C] [D]　　14. [A] [B] [C] [D]　　19. [A] [B] [C] [D]　　24. [A] [B] [C] [D]
5. [A] [B] [C] [D]　　10. [A] [B] [C] [D]　　15. [A] [B] [C] [D]　　20. [A] [B] [C] [D]　　25. [A] [B] [C] [D]

26. [A] [B] [C] [D]　　31. [A] [B] [C] [D]　　36. [A] [B] [C] [D]　　41. [A] [B] [C] [D]
27. [A] [B] [C] [D]　　32. [A] [B] [C] [D]　　37. [A] [B] [C] [D]　　42. [A] [B] [C] [D]
28. [A] [B] [C] [D]　　33. [A] [B] [C] [D]　　38. [A] [B] [C] [D]　　43. [A] [B] [C] [D]
29. [A] [B] [C] [D]　　34. [A] [B] [C] [D]　　39. [A] [B] [C] [D]　　44. [A] [B] [C] [D]
30. [A] [B] [C] [D]　　35. [A] [B] [C] [D]　　40. [A] [B] [C] [D]　　45. [A] [B] [C] [D]

二 阅读

46. [A] [B] [C] [D]　　51. [A] [B] [C] [D]　　56. [A] [B] [C] [D]　　61. [A] [B] [C] [D]　　66. [A] [B] [C] [D]
47. [A] [B] [C] [D]　　52. [A] [B] [C] [D]　　57. [A] [B] [C] [D]　　62. [A] [B] [C] [D]　　67. [A] [B] [C] [D]
48. [A] [B] [C] [D]　　53. [A] [B] [C] [D]　　58. [A] [B] [C] [D]　　63. [A] [B] [C] [D]　　68. [A] [B] [C] [D]
49. [A] [B] [C] [D]　　54. [A] [B] [C] [D]　　59. [A] [B] [C] [D]　　64. [A] [B] [C] [D]　　69. [A] [B] [C] [D]
50. [A] [B] [C] [D]　　55. [A] [B] [C] [D]　　60. [A] [B] [C] [D]　　65. [A] [B] [C] [D]　　70. [A] [B] [C] [D]

71. [A] [B] [C] [D]　　76. [A] [B] [C] [D]　　81. [A] [B] [C] [D]　　86. [A] [B] [C] [D]
72. [A] [B] [C] [D]　　77. [A] [B] [C] [D]　　82. [A] [B] [C] [D]　　87. [A] [B] [C] [D]
73. [A] [B] [C] [D]　　78. [A] [B] [C] [D]　　83. [A] [B] [C] [D]　　88. [A] [B] [C] [D]
74. [A] [B] [C] [D]　　79. [A] [B] [C] [D]　　84. [A] [B] [C] [D]　　89. [A] [B] [C] [D]
75. [A] [B] [C] [D]　　80. [A] [B] [C] [D]　　85. [A] [B] [C] [D]　　90. [A] [B] [C] [D]

三 书写

91. _____

92. _____

93. _____

94. _____

95.

96.

97.

98.

99.

100.